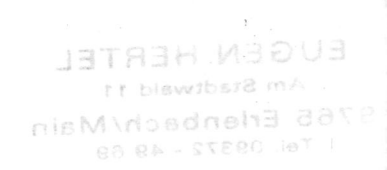

Walter Wellenhofer

Handbuch der Unterrichtsgestaltung

9. Schuljahr

bearbeitet von:

Peter Allerberger, Klaus Bendel, Josef Benker,
Manfred Brunner, Günter Drachsler,
Max Haidacher, Klaus Halden, Otto Hofmeier,
Alfred Ilsanker, Gerd Jocher,
Karl-Heinz Kolbinger, Egbert Kuhlmay,
Anton Mangelkramer, Bernd Meierhöfer,
Britta Schneider, Wolfgang Silvester,
Josef Smola, Max-Josef Unterreiner,
Erich Anton Wagner, Rudolf Wastl,
Walter Wellenhofer

R. Oldenbourg Verlag München

© 1985 R. Oldenbourg Verlag GmbH, München

Das Werk ist urheberrechtlich geschützt. Die dadurch begründeten Rechte, insbesondere die der Übersetzung, des Nachdrucks, der Funksendung, der Wiedergabe auf photomechanischem oder ähnlichem Wege sowie der Speicherung und Auswertung in Datenverarbeitungsanlagen, bleiben auch bei auszugsweiser Verwertung vorbehalten. Die in den §§ 53 und 54 Urh.G. vorgesehenen Ausnahmen werden hiervon nicht betroffen. Werden mit schriftlicher Einwilligung des Verlages einzelne Vervielfältigungsstücke für gewerbliche Zwecke hergestellt, ist an den Verlag die nach § 54 Abs. 2 Urh.G. zu zahlende Vergütung zu entrichten, über deren Höhe der Verlag Auskunft gibt.

1. Auflage 1985
Unveränderter Nachdruck   90   89   88   87   86   85
Die letzte Ziffer bezeichnet
lediglich das Jahr des Drucks.

Druck: Grafik + Druck, München
Bindearbeiten: R. Oldenbourg Graphische Betriebe GmbH, München

ISBN 3-486-83101-1

Inhaltsverzeichnis

Das lernzielorientierte Strukturmodell - Grundkonzeption und
Erläuterung seiner didaktischen Elemente 9

Deutsch 33

Literatur und Gebrauchstexte:

Wolfgang Borchert: An diesem Dienstag 34
'Kinohelden' von Sigi Sommer 38
Was macht den Witz so witzig? 40
"Saisonbeginn" Kurzgeschichte von Elisabeth Langgässer 42
Was macht ein Schlager aus "El Lute"? 44
Die heiße Schlacht am kalten Buffet. (Chanson von Reinhard Mey) 46
Mein Freund, der Baum (Chanson von Alexandra) 48
Lernmaterialien zu den Themen: Was macht ein Schlager aus "El Lute"?
- Die heiße Schlacht am kalten Buffet - Mein Freund, der Baum 50
"Die Kaninchen, die an allem schuld waren" (James Thurber) 52

Schriftliche Sprachgestaltung - Sprachgebrauch:

Von der Glosse zum Bericht 54
Ein Aufsatzthema - zwei Gliederungen 56
Welche Gefahren birgt der Urlaubsverkehr? (Erörterungen) 58
Wir gestalten mit Sprache: Ein humoristisches Sprechgedicht 60

Sprachlehre - Sprachkunde:

Fremdwörter aus der Sportsprache 62
Die Sprache der Werbung 64
So berichtet die Tageszeitung 66

Mathematik 69

Rechnen mit Zahlen und Größen - Lösen von Gleichungen:

Zinsen - des einen Freud, des andern Leid! 70
Zinsrechnen - leicht gemacht 72
Wo und wann holt Karl mit seinem Moped seinen Freund ein? 74
Wo und wann begegnen sich Linienflugzeug und Chartermaschine? 76
Vorsicht, Zahldarstellungen können täuschen und irreführen! 78
Wird das Leben immer teurer? 80
Rentiert sich ein Hausfrauenkredit? 82
In welchem Geschäft ist das Mofa am billigsten? 84
Fremdkapital kostet Geld 86
Wir lösen Mischungsaufgaben 88
Einsetzverfahren 90
Gleichsetzverfahren 92

Geometrische Grundbegriffe, Darstellungen und Größen:

Der Satz des Pythagoras 94
Wie schaut das Netz eines Kegels aus? 96
Wie können wir die Mantelfläche A_M eines geraden Kreiskegels berechnen? 98

Volumen des Kegels 100
Oberflächenberechnung der Pyramide 102
Volumen der Pyramide 104

Physik/Chemie 107

Wie kann man elektrische Energie gewinnen? 108
Was haben alle Erdölprodukte in ihrem Aufbau gemeinsam? 110
Der Fahrraddynamo (Elektromagnetische Induktion) 112
Wovon hängt die Induktionsspannung ab? 114
Der elektrische Strom - ein unsichtbarer Geist 116
Wie läßt sich Strom über weite Strecken ohne Verlust transportieren?
(Die Stromversorgung) 118
Wir transportieren elektrische Energie. (Der Weg vom Kraftwerk zum
Verbraucher) 120
Wie kann man verschiedene Spannungen erzeugen? (Der Transformator) .. 122
Elektrische Geräte haben viele Vorzüge 124
Wie können wir die Energiequellen einteilen? 126
Transistor, ein Baustein der Elektronik (Wie funktioniert ein
Transistor?) 128
Wie funktioniert ein einfaches Rundfunkempfangsgerät? 130
Wie funktioniert ein elektrischer Schwingkreis? 132
Wie funktioniert ein Kondensator? 134
Halbleiterdiode - ein elektronischer Baustein (Wie arbeitet eine
Diode?) 136
Wie gelangt der Schall an unser Ohr? 138
Wie lassen sich Töne verstärken? (Resonanz) 140
Welche Eigenschaften haben Kunststoffe? 142
Polymerisationskunststoffe am Beispiel des Polystyrols 144
Warum lassen sich Gegenstände mit Seife wesentlich besser säubern? .. 146

Geschichte 149

Der deutsche Widerstand gegen Hitler 150
Hitlers Weg in den Zweiten Weltkrieg 152
Die ersten Kriegsjahre 154
Der totale Krieg - die totale Niederlage 156
Deutschland unter der Herrschaft der Sieger 158
Entnazifizierung 160
Die Sowjetunion dehnt ihren Einzugsbereich aus 162
Entstehung der Bundesrepublik Deutschland 164
Der 17. Juni 1953 166
Gründung der Vereinten Nationen 168
Wie wurde Deutschland zur Zeit des Nationalsozialismus gleichge-
schaltet? 170
Wie sah die nationalsozialistische Erziehung aus? 172
Lernmaterialien zum Thema: Wie wurde Deutschland zur Zeit des Na-
tionalsozialismus gleichgeschaltet? - Wie sah die nationalsozialisti-
sche Erziehung aus ? 174
Wie überstand der Bäckerbetrieb Deisel die Zeit nach 1945? 176

Biologie 179

Wie ist das Leben auf der Erde entstanden? 180
Woher wissen wir, wie sich die Lebewesen entwickelt haben? 182
Gesucht: Ein steinerner Beweis für die Abstammungslehre 184
Sind Mensch und Menschenaffe miteinander verwandt? (Wir vergleichen:
Mensch und Menschenaffe) 188

Was kann ein Paar tun, um möglichst ein gesundes Kind zu bekommen? .. 190
Wie werden die Erbanlagen eines Kindes festgelegt? 192
Übermäßiger Alkoholgenuß - ein großes Problem! 194
Blauer Dunst - muß das sein? 196
Wodurch ist die Zukunft der Menschheit bedroht? 198
Wie kann die Zukunft der Menschheit gesichert werden? 200
Familie Müller sucht eine passende Wohnung 202
Schadstoffe in den Nahrungsmitteln gefährden die Gesundheit der
Menschen 204
Tödliche Bedrohung aus der Luft! 206

Erdkunde 209

Welche Vorteile bringt eine Industrieansiedlung auf dem Lande? ... 210
Warum haben sich die Lebensbedingungen der Landwirte verbessert? . 212
Warum wehren sich Naturschützer gegen den Bau einer Autobahn? 214
Warum ist der Chiemgau so ein beliebtes Fremdenverkehrsgebiet? ... 216
Probleme des Kiesabbaus im Donauraum 218
Warum leben in der Altstadt von Ingolstadt so viele Gastarbeiter? . 220
Leben in der Altstadt oder in der Trabantenstadt? 222
Warum braucht man am Chiemsee eine Ringkanalisation? 224

Sozialkunde 227

Der Staat hilft sozial schwachen Mitbürgern 228
Wie kann das bayerische Volk an der Gesetzgebung mitwirken? 230
Welche Aufgaben haben Bund und Länder? 232
Landwirtschaft hüben und drüben 234
In der DDR bestimmt die Partei 236
Gibt es auch in der DDR Grundrechte? 238
Mit der Schulklasse in Ost-Berlin; die besondere Situation Berlins .. 242
Das militärische Kräfteverhältnis zwischen Ost und West 244
Die Bundeswehr im NATO-Bündnis 246
Sicherheit in Europa durch Entspannungspolitik 248
Wie leisten wir sinnvolle Entwicklungshilfe? 250
Die UN - eine Organisation für den Frieden in der Welt 252

Arbeitslehre 255

Das BGJ im Berufsfeld "Bautechnik" 256
Wir entwickeln ein Berufsbild (Fliesen-, Platten-, Mosaikleger) .. 258
Wie werde ich Fliesenleger? 260
Gezielte Bewerbung 262
Der Berufsausbildungsvertrag 264
Kann Karin fristlos kündigen? 266
Betriebliche Mitbestimmung - eine Forderung unserer Zeit 268
Die große Verantwortung der Tarifpartner! 270
Die Erkundung der Sparkasse Berchtesgadener Land 272
Kommt der Hundert-Mark-Schein wieder einmal zurück? 274
Krankheiten unserer Wirtschaft: Inflation - Deflation 276
Was tut der Dienstleistungsbetrieb "Sparkasse" für seine Kunden? . 278
Wie funktioniert die freie Marktwirtschaft? 280
Warum bildet sich eine Käuferschlange vor dem Obststand? 282
Wie funktioniert die soziale Marktwirtschaft? 284
Die Deutsche Bundesbank - Hüterin der Währung 286

Arbeitslos - was nun? 288
Können die Preise nicht stabil bleiben? 290
Wie beeinflußt das Wirtschaftswachstum unsere Umwelt? 292
Sparen, ein alter Hut? 294
Die Aktie ist ein Wertpapier 296

<u>Erziehungskunde</u> 299

Auf die Eltern kommt es an! 300
Ein Kind - ja oder nein? 302
Warum hat Frau Weber Erziehungsschwierigkeiten? 306
Wie kann sich die Berufstätigkeit beider Eltern auf die Kinder aus-
wirken? 308
Wie können die Eltern Peter helfen? Ein gutes Gespräch macht froh 310
"Warum sind heute so viele Mütter berufstätig?" 312
Eigenverantwortliches Handeln braucht Wertorientierung 314
Wie kann ich mein Verhalten verbessern? 316

Das lernzielorientierte Strukturmodell –
Grundkonzeption und Erläuterung seiner didaktischen Elemente

1. Ziel und Absicht

Das vorliegende Handbuch greift Unterrichtsthemen auf, die, didaktisch durchdacht, mit Hilfe verschiedener methodischer Gestaltungselemente aufbereitet wurden. Jeder ausgewählte Lerngegenstand wird zielorientiert erfaßt und so strukturiert angeboten, daß der Unterrichtspraktiker eine handliche Arbeitshilfe in kompakter Form für die konkrete Lernprozeßgestaltung zur Verfügung hat. Mehrere Leitgedanken liegen dieser Publikation zugrunde.

Didaktische Aspekte:

- Erfassung des Lernprozesses als dynamisches Gefüge von Grob- und Feinstrukturelementen;
- Präzision beim Gebrauch der notwendigen Termini;
- keine schematisch-formale Abfolge der Phasen des Prozeßverlaufs;
- Berücksichtigung der Anordnungsprinzipien der Interdependenz (= wechselseitige Abhängigkeit der Strukturelemente – horizontaler Bezug) und der Sequenz (= sinnlogische Abfolge und Abhängigkeit der Stufen bzw. Phasen – vertikaler Bezug).

Arbeitsökonomische und unterrichtspragmatische Aspekte:

- Verzicht auf Angaben von Zeitumfängen für einzelne Phasen des Lernprozesses;
- Verzicht auf kommentierende Hinweise verwendeter didaktischer Strategien bzw. Strukturelemente;
- Verzicht auf die Fixierung von wortwörtlichen Formulierungen von geplanten Gesprächsverläufen (mit nur ganz wenigen Ausnahmen);
- Beschränkung auf die unverzichtbaren Elemente einer methodischen Verlaufsplanung;
- methodische Verlaufsplanung in transparenter, durchgängig strukturierter Kompaktbauweise;
- Reduzierung der Quantität auf ein vertretbares und zeitlich realisierbares Mindestmaß;
- relativ geringer Zeitaufwand bei der Konzeption von Lernprozessen;
- verwendbar für die tägliche Unterrichtsplanung (nicht nur für Visitationen);
- optimale Lesbarkeit zur schnellen Orientierung in der Gebrauchssituation.

Diese methodischen Verlaufsplanungen tragen den Charakter von Produktmodellen, sie sind zweckrational, also auf ein beabsichtigtes Ziel hin konzipiert, um so den in den Lehrplänen vorgegebenen Bildungsauftrag zu erfüllen: Auseinandersetzung mit inhaltlichen Problembereichen und Entwicklung fachtypischer und fächerübergreifender psychomotorischer Qualifikationen. Die ausgewählten Fächer Deutsch, Mathematik und die sachkundlich bestimmten Bereiche werden von der Quantität her so dosiert erfaßt, daß neben diesen angebotenen sogenannten 'Einführungsstunden' ausreichend Zeit zur Verfügung bleibt, um die erarbeiteten Lernresultate zu sichern. Die Aufbereitung der Unterrichtsmodelle orientiert sich hinsichtlich des erforderlichen Leistungsniveaus an der Durchschnittsklasse. Bewußt wird auf die Darstellung von breit ausgelegten, oft entmutigenden Herzeigestunden verzichtet; weiterhin wird berücksichtigt, daß nicht durch die Fülle von Materialvorgaben der mit dem Buch arbeitende Lehrer mehr verwirrt wird, als daß man ihm echte Hilfeleistung bietet. Auf dieser Grundlage ist die vorgegebene Publikation sicher das Recht als Handbuch bezeichnet im Sinne einer echten Arbeitshilfe, die man tagtäglich zur Hand nimmt.

2. Der Aufbau der Modelle

Jeder Lerngegenstand wird auf zwei gegenüberliegenden Seiten dargestellt. Auf der linken Seite ist neben dem Unterrichtsthema das Hauptlernziel der Unterrichtsstunde fixiert. In der Kopfzeile findet man als Empfehlung die Angabe der dafür erforderlichen Zeit. Auf eine differenzierte Zeitangabe innerhalb der Verlaufsplanung wird jedoch verzichtet, weil niemand begründbar vorhersagen kann, wie lange in der konkreten Unterrichtssituation nun tatsächlich die Stufe der Lösungsfindung, der Problembegegnung, der Lernzielkontrolle etc. dauert.

Der Abschnitt 'Vorbemerkung', bewußt kurz gehalten, sollte einige Hinweise über didaktische Kriterien, Voraussetzungen, Schwierigkeiten usw. aufgreifen. Mitunter wird auf ein Regulationselement verwiesen. Es handelt sich hier um einen Lehrschritt, der bei Zeitknappheit übersprungen werden kann oder der, wenn noch genügend Zeit zur Verfügung steht, ausgeweitet werden könnte.

Da die Modelle auf der Basis des lernzielorientierten Strukturmodells (das in den übrigen drei Jahre an der Universität Regensburg erprobt wurde) aufbauen, werden die im Laufe des Lernprozesses zu erreichenden Teillernziele vorgegeben. Diese sind nun mit Bedacht nicht nach allen Gesichtspunkten formuliert, die die Lernzielforschung ermittelte. Es fehlen z.B. der Aspekt der definitiven Operationalisierung und der der Taxonomisierung. Die Teillernziele sind aber so dargestellt, daß sie besitzen Inhaltskomponente und Verhaltensaspekt. Sie besitzen Inhaltskomponente und Verhaltensaspekt. Sie besitzen Inhaltskomponente und Verhaltensaspekt, weiterhin werden sie mitunter nach den 3 Lernzieldimensionen geordnet und klassifiziert. Die angegebenen Ziffern wollen keine Rang- oder Reihenfolge zum Ausdruck bringen, sie dienen nur dazu, das Lernziel in der Spalte Lehrinhalte der methodischen Verlaufsplanung kurz kennzeichnen zu können (Lz 4 verweist also auf das Lernziel Nr. 4).

Der Abschnitt Medien-Literatur gibt einige Hinweise auf weitere Quellen oder didaktische Materialien, die man noch verwenden könnte. Bisweilen erscheint es auch angebracht, kurz jene Lernhilfen nochmals aufzugreifen, die im Unterrichtsmodell verwendet werden.

Das Tafelbild ist nicht im wortwörtlichen Sinne als Bild auf einer Tafel zu interpretieren. Es handelt sich hier einfach um das oder die Lernresultate, die während der Auseinandersetzung mit dem Lerngegenstand erarbeitet werden. Das so visualisierte und strukturierte Lernergebnis kann ebenso auch als Folienbild, als Applikation auf Haftafeln und, wie in vielen Fällen empfohlen, auch als Inhalt eines Arbeitsblattes verwendet werden. Bei differenzierteren Tafelbildern werden Ziffernvermerke beigefügt, die (in der Spalte Lernhilfen wieder aufscheinend) die Zuordnung der einzelnen Bildelemente zu den Arbeitsstufen, in denen sie gebraucht werden, erleichtern.

Auf der rechten Seite wird der Lernprozeß, phasisch gegliedert, mit Hilfe verschiedener Strukturelemente erfaßt. Die methodische Verlaufsplanung basiert auf einer Strukturgitterform, deren horizontaler und vertikaler Aufbau im folgenden Abschnitt dargestellt und begründet wird. Wesentliches Kriterium ist die Erfassung des Lernprozesses durch unterrichtliche Grundakte und deren Aufgliederung durch Lehrschritte. Jeder nach seiner Funktion gekennzeichnete Lehrschritt ist determiniert durch

Lehrinhalte (+ Lernziele), Lehrakte des Lehrers, Lernakte des Schülers, die als Handlungsaktivitäten dargestellt sind, Sozialformen (Hb = Hörblock, Aa = Alleinarbeit, Pa = Partnerarbeit, Ga = Kleingruppenarbeit, Kr = Kreisformation, Hkf = Halbkreisformation) und den Lernhilfen.

3. Erläuterung der Aufbaustruktur

Beim Bemühen um eine gebrauchsfähige, gut strukturierte Verlaufsplanung kommt der Praktiker ohne Berücksichtigung einer angemessenen Artikulation der Unterrichtseinheit nicht aus. Die Bestimmungsfaktoren für die der Unterrichtsabsicht adäquaten Artikulation im Sinne einer phasischen Stufung sind einmal sachlogische Komponenten, die vom Lerngegenstand, dem Problemfeld selbst, fordernd ausfließen. Weiterhin gilt es dabei auch die lern- bzw. entwicklungspsychologischen Faktoren zu berücksichtigen, die immer aus der Kenntnis der individuellen, unterschiedlichen Art der Problembegegnung, bestimmt durch die Gesetzmäßigkeiten der Tätigkeits- und Aneignungsprozesse seitens des Schülers (Klingberg 1973), die Stufung des Lernprozesses primär beeinflussen.

a) <u>Unterrichtliche Grundakte (= UG).</u> Vertreter der Unterrichtsmethodik versuchten seit der vielfach falsch interpretierten Formalstufentheorie Herbarts und dessen Interpreten immer neue Artikulationsmodelle zu entwickeln, die sich letztlich alle auf drei Grundstufen oder unterrichtliche Grundakte verdichten lassen. Die Phase der Eröffnung des Lernprozesses, die der Lernzielerarbeitung und jene der Lernzielsicherung können nun, ohne in die starren Formen von Artikulationsvorschlägen dieser oder jener schulpädagogischen Richtung zu verfallen, durch selbständig formulierte Artikulationsstufen differenzierter dargestellt werden. Dabei darf nur jene Fehlerquelle nicht übersehen werden, die dann in Erscheinung tritt, wenn die Bestimmungsfaktoren Lerngegenstand und Lerner nicht ausreichend Berücksichtigung finden.

Beleuchten wir einmal genauer eine Artikulationsphase, so können wir ohne Interpretationsschwierigkeiten erkennen, welche Aufgaben sie zu erfüllen hat. Bei der Motivierung wollen wir z.B. den Lerngegenstand in den Interessenkreis des Schülers rücken, bei einer rekurrierenden Wiederholung des Lernergebnisses wird der Lernablauf in einer bestimmten Form nochmals aufgegriffen, bei der Lernzielkontrolle wollen wir die eben erarbeiteten Kenntnisse oder die neu eingeschulten Fähigkeiten der Schüler überprüfen.

Artikulationsstufen geben also die jeweilige Absicht unseres Lehrbemühens an, sie verdeutlichen, was die gerade anstehende Unterrichtsphase bewältigen soll.
Die für eine Unterrichtseinheit gewählte Abfolge aufeinanderbezogener verschiedener Artikulationsstufen ist für eine zielorientierte und damit effektive Unterrichtsarbeit unerläßlich. Sie hat aber den Nachteil, daß sie bei zu eingehender Differenzierung innerhalb der Lehrdarstellung unübersichtlich wird, wodurch das Interesse des Lehrers stärker an die Verlaufsplanung gebunden wird. Außerdem besteht die Gefahr, daß bei allzu leicht die wechselseitige Bezogenheit der verschiedenen Artikulationsstufen unberücksichtigt bleibt.

b) Grobstrukturierung des Unterrichtsprozesses durch Lehrschritte.
Aus diesen Überlegungen heraus sollte man nichts unversucht lassen, dem Unterrichtsprozeß eine transparente Struktur zu unterlegen, um die ungünstigen Auswirkungen verwendeter Artikulationsstufen auszuschalten. Wenn wir davon ausgehen, daß eine Unterrichtseinheit ein lernprozessuales Geschehen bildet, so dürfen wir weiter folgern, daß jeder Lernprozeß in sich den Charakter einer phasisch ablaufenden, geordneten Reihe trägt. Unterrichtsprozesse sind also sequentiert, weshalb Unterrichtseinheiten oft auch als Lernsequenzen aus der Sicht des Schülers bzw. als Lehrsequenzen aus der Sicht des Lehrers betrachtet werden, wobei solche Lern- bzw. Lehrsequenzen natürlich von unterschiedlich umfangreicher Dimension sein können. Wir leiten daraus die Berechtigung ab, Unterrichtseinheiten als Lehr- oder Lernsequenzen, die in Lehr- oder Lernschritten ablaufen, zu strukturieren. Bruner weist ebenfalls darauf hin, wenn er feststellt, daß beim Lernen das Problemfeld, der sog. Stoff, in Sequenzen darzustellen ist (Bruner 1972).
Dies bedeutet nichts anderes als die Strukturierung des Unterrichtsverlaufs in einzelne aufeinander bezogene Lehr- bzw. Lernschritte, immer mit dem Blick auf das gesteckte Hauptziel des Lernprozesses.
Diese, nach kleinportionierten Lernschritten gegliederte Lern-

sequenz stammt, vom Begriff her betrachtet, ursprünglich aus dem programmierten Unterrichtsverfahren, das die Absicht verfolgt, das Lerngeschehen in kleine und kleinste Lernschritte zu zerlegen, damit diese auch vom leistungsschwächeren Schüler voll erfaßt werden können. Für unser Bemühen kann die Portionierung der einzelnen Unterrichtsphasen ruhig größer sein, da ja in der Regel, im Gegensatz zum Programmierten Lernen, der Schüler den Lernprozeß unter intensiver Assistenz des Lehrers zu bewältigen hat. Aus terminologischen und inhaltlichen Gründen verwenden wir dafür besser die Begriffe Lehrsequenz und Lehrschritt, da ja außerdem die Planungsbemühungen fast ausschließlich vom Lehrenden zu bewältigen sind.

c) Kombination von Lehrschritten und Artikulationsstufen
Wir haben nun zwei Möglichkeiten zur Strukturierung geplanter Unterrichtsabläufe zur Verfügung: die bisher gebräuchliche, bei reflektierter Anwendung durchaus bewährte Artikulation mit den vielfältigen Modellvorschlägen, weiterhin die aus der Lernpsychologie abgeleitete Sequenzierung des Lernprozesses in aufeinanderbezogene, zielgerecht geordnete Lehrschritte. Beide wollen wir die Unterrichtsakte ordnen und gliedern. Die gemeinsame Funktion beider Möglichkeiten erlaubt uns, sie auch gemeinsam für die Darstellung methodischer Verlaufsskizzen (= Lehrdarstellung) zu verwenden:
Wir verbinden jeweils einen Lehrschritt mit einer Artikulationsstufe, was beispielhaft verdeutlicht werden soll:

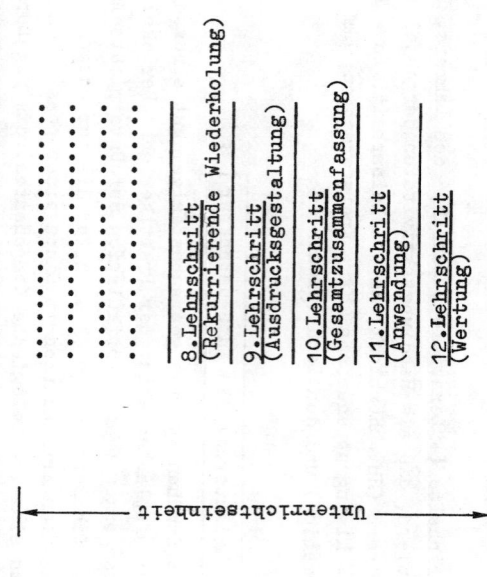

....
....
....
....
....

8. Lehrschritt
(Rekurrierende Wiederholung)
9. Lehrschritt
(Ausdrucksgestaltung)
10. Lehrschritt
(Gesamtzusammenfassung)
11. Lehrschritt
(Anwendung)
12. Lehrschritt
(Wertung)

⟵ Unterrichtseinheit ⟶

Zunächst sei nur am Rande erwähnt, daß die hier aufgeführten Lehrschritte der dritten Hauptstufe eines Unterrichtsprozesses, nämlich der Lernzielsicherung, zugeordnet werden müssen. Die Aufgabe des jeweils fixierten Lehrschrittes ist die, den sequentierten Charakter des Lerngeschehens zum Ausdruck zu bringen. Die jeweils beigefügte Artikulationsbezeichnung gibt immer die Intention des jeweiligen Lehrschrittes wieder. Wir bekommen durch diese Art der Strukturierung eine größere Transparenz des Unterrichtsprozesses, weiterhin geht aber daraus auch ein größerer Zwang zu einer folgerichtigen, sequentierten Reihung der Unterrichtsakte hervor.

d) Artikulation der unterrichtlichen Grundakte. Die in der Fachliteratur angebotenen Modelle (z.B. Roth, Correll, Stöcker, Welton u.a.) bergen die Gefahr der schematisch-stereotypen Anwendung in sich. Sie sind deshalb für den Gebrauch innerhalb der methodischen Planungsphase nur nach einer mehr oder weniger starken Differenzierung bzw. gegenstandsbezogenen Relativierung geeignet. Nachfolgend werden kurz als Beispiel für eine differenzierte, lernprozessualen Ansprüchen und dem Problemfeld angemessene Artikulation der erste und der dritte unterrichtliche Grundakt aufgezeigt.

Für die Anfangsphase werden meist gleichwertig, aber z.T. terminologisch unscharf, Begriffe verwendet wie: Einstieg, Anknüpfung, Einführung, Hinführung, Eröffnungsphase, Eröffnungsstrategie, Erregungsphase, Initialphase. Eine fachgerechte Gewichtung dieser Bezeichnungen zwingt zur Feststellung, daß die Termini Anfangs- bzw. Eröffnungsphase die geeignetsten Formulierungen darstellen. Von ausschlaggebender Bedeutung für die Artikulation sind die psychischen Funktionen, die innerhalb der Eröffnungsphase durch entsprechende Lernsteuerungsmaßnahmen im Schüler mobilisiert werden sollen. Als solche dürfen betrachtet werden: Spannung erzeugen, Neugierde wecken, Problembewußtsein schaffen, innere Teilnahme wecken, Fragehaltung erzeugen, Denkorientierung geben, Bedürfnisspannung aufbauen, insgesamt also motivieren. Von diesen psychischen Funktionen ausgehend, natürlich immer

unter Berücksichtigung der beiden Bestimmungsfaktoren Lerner und Lerngegenstand, lassen sich die jeweils erforderlichen Artikulationsstufen ohne Schwierigkeiten ableiten bzw. ermitteln.

<u>A r t i k u l a t i o n s s t r a t e g i e n - d e r - E r =
ö f f n u n g s p h a s e</u> (erster unterrichtlicher Grundakt)

▲ didaktische Intentionen:

das Brauchbare	das Fragwürdige	das Unbekannte
das Andersartige	das Unglaubwürdige	das Überraschende
das Provozierende	das Ungewöhnliche	das Unvollständige
das Fehlerhafte	das Problematische	das Rätselhafte
das Erschütternde		

▲ Artikulationsdefinition:

Anknüpfung
———————
Erwähnung des letzten Lernergebnisses als Anknüpfungspunkt (assoziative Stütze) für neu zu erarbeitende Lernresultate; dient der zuverlässigen Einordnung bzw. Orientierung im lerngegenständlichen Gefüge; aber auch bei Aufgreifen von Vorerfahrungen aus der Umwelt des Schülers;

Wiederholung
——————————
Wiederholung unmittelbar vorher behandelter Lernergebnisse in Form einer Rekapitulation; das Beherrschen dieser Lernergebnisse bildet unerläßliche Voraussetzung für die neu zu erarbeitenden Qualifikationen;

13

Vorkenntnisermittlung

Einholen der Vorkenntnisse zum anstehenden Problemgegenstand; Entgegennahme der Ergebnisse zu einem vorweg gestellten Arbeitsauftrag (Sammel-, Erkundungs-, Beobachtungsauftrag); Aufgreifen von Schülerfragen;

Problemstellung - gegenständlich

aussagegleiche Begriffe: originale Begegnung, Problemkonfrontation, Problemdarstellung (-begrenzung); ein Lerngegenstandselement wird als Problem (Teilproblem) durch didaktisches Material (ausgewählte Wirklichkeit bzw. Wirklichkeitsersatz) dargestellt;

Problemstellung - verbal

aussagegleiche Begriffe: Problemdarstellung, Problembegrenzung, Problemkonfrontation; ein Lerngegenstandselement wird als Problem (Teilproblem) verbal dargeboten; Aussageträger ist das Wort (meist des Lehrers);

Arbeitsplanung

bei dominant schülerzentrierter Lernprozeßgestaltung; gemeinsame Besprechung des Arbeitsweges, der Arbeitsmittel, der Arbeitsverteilung;

Kontrastdarstellung

Gegenüberstellung unterschiedlicher Vorgänge, Prozesse, Sachverhalte, Zustände;
Voraussetzung: Fähigkeit des Ordnens und Vergleichens;
Gefahr: Vergleichsinhalte zu wenig intelligibel, zu zahlreich; oftmals Erzeugung von Emotionen;

Einstimmung

Aufbau einer subjektiven Betroffenheit; Schaffen einer inneren Teilhabe, einer stimmungshaften Ausgangslage; Mobilisierung habitueller Einstellungen, für emotional geprägte Lerngegenstände;

Sachliche Vorbesprechung

unmittelbare Ankündigung und Konfrontation mit dem neuen Lerngegenstand; Nennung der sachstrukturellen Elemente bzw. der Lernziele, außerdem der neuralgischen Stellen; überaus nüchtern, nur für ältere Schüler;

Provokation

Stiften einer 'produktiven Verwirrung'; Erschütterung der Erfahrungen und Kenntnisse der Schüler; Schaffen eines kognitiven Konflikts; Darstellen einer Entscheidungssituation; Widerspruch hervorrufen;

Zielangabe

präzise, motivierende Formulierung des Themas, visuell erfaßbar; wenn sinnvoll möglich, durch Schüler formulieren lassen (Finden der Problemfrage);
Themenangabe als Statement;

Pre - Test

umfangreiche Überprüfung der bereits vorhandenen Kenntnisgrundlage über einen größeren Inhaltsbereich in schriftl. Form innerhalb der ersten Unterrichtseinheit einer Lernsequenz (Epoche); Ziel: ökonomische Lerngegenstandserarbeitung durch Weglassen bzw. schwerpunktmäßige Erfassung bestimmter Elemente;

▶ mögliche Lehrakte:

Erarbeitungsgespräch	–	Kurzbericht	– Experiment
Partnergespräch	–	Kurzerzählung	– Vorführung
Gruppengespräch	–	Kurzbeschreibung	
Unterrichtsfrage	–	Kurzschilderung	
Unterrichtsimpuls	–	Demonstration didaktischen Materials	
Sachimpuls			

Der dritte unterrichtliche Grundakt wird in der Fachsprache mit einer Vielzahl von Termini umschrieben. Darunter sind etliche, die ungenau, unscharf und wenig aussagekräftig sind und daher zu Mißverständnissen Anlaß geben. Aus dem Begriffsangebot seien u.a. genannt: Übung, Vertiefung, Wiederholung, Lernzielkontrolle, Erfolgssicherung, Schlußphase, Schlußstrategie. Dabei handelt es sich wie im Falle der Eröffnungsphase wieder um Über- und Unterbegriffe, genauer um Begriffe, die die dritte Phase ausdrücken wollen (Schlußphase, Erfolgssicherung), aber auch um Formulierungen für einzelne Artikulationsstufen dieser Phase (Wiederholung, Lernzielkontrolle). Die treffendste Bezeichnung läßt sich ermitteln, wenn man Funktionen und Aufgaben dieses Grundaktes ins Auge faßt. Es geht hier zuallererst um die Steigerung der Behaltensleistung und um die Anwendungsfähigkeit des erarbeiteten Lernresultats. Aus diesem Grunde sind wohl die Termini Ergebnissicherung, Phase der Lernzielsicherung, kurz Lernzielsicherung am deutlichsten.

Zur Sicherung der erarbeiteten Lernergebnisse sind nun innerhalb dieser Phase ebenso wie bei der Eröffnungsphase verschiedene Intentionen und Strategien erforderlich, die sich durch Artikulationsstufen ausdrücken lassen. Die sich hier anbietenden Artikulationsmöglichkeiten können aufgrund ihrer Wirkungen durch verschiedene Kategorien erfaßt werden (Ausdrucksgestaltung des Lernresultats, Wiederholung des Lernresultats, Strukturierung des Lernresultats, Anwendung des Lernresultats, Wertung des Lernresultats, Kontrolle des Lernresultats).

Sicherungsmaßnahmen, die bereits während der Erarbeitungsphase erforderlich sind, werden innerhalb der Verlaufsskizze und zwar in der schmalen Spalte 'Unterrichtliche Grundakte' (= UG) durch ein mit Schraffen versehenes Feld gekennzeichnet.

Möglichkeiten der Artikulationsdefinition von Sicherungs-(Festigungs-)strategien in Verbindung mit Lehrschritten (dritter unterrichtlicher Grundakt)

<u>auf Eindruckswirkung</u> abzielende, primär als Sicherungsstrategien wirkende Lehrschritte:

▷ ... Lehrschritt
(Teilzusammenfassung)

... Lehrschritt
(Gesamtzusammenfassung)

... Lehrschritt
(Darstellung des Lernresultats)

o d e r

... Lehrschritt
(Ergebnisfixierung)

<u>auf Ausdrucksgestaltung</u> abzielende Lehrschritte im Sinne von Sicherungsstrategien:

▷ ... Lehrschritt
(Ausdrucksgestaltung)

<u>oder differenzierter:</u>

... Lehrschritt
(optische Wiedergabe des Lernresultats)

... Lehrschritt
(mündl. Wiedergabe des Lernresultats)

... Lehrschritt
(schriftl. Wiedergabe des Lernresultats)

... Lehrschritt
(szenische Wiedergabe des Lernresultats) *1

Lehrschritte, die auf Strukturierung des Lernresultats abzielen:	Wiederholungsformen als Sicherungsstrategien:	Lehrschritte, die auf Anwendung des Lernresultats abzielen:	Lehrschritte, die auf Kontrolle des Lernresultats abzielen:	Lehrschritte, die auf eine Wertung des Lernresultats abzielen:
... **Lehrschritt** (Einordnung)	... **Lehrschritt** (Rekapitulation)	... **Lehrschritt** (Anwendung)	... **Lehrschritt** (Überprüfung: Inhalt)	... **Lehrschritt** (Motivaufhellung)
... **Lehrschritt** (Integration)	... **Lehrschritt** (rekurrierende Wiederholung)	... **Lehrschritt** (Verwertung)	... **Lehrschritt** (Überprüfung: Weg)	... **Lehrschritt** (Besinnung)
... **Lehrschritt** (Vergleich)	... **Lehrschritt** (kommunikative Wiederholung)	... **Lehrschritt** (Verifikation)	... **Lehrschritt** (mündl. Kontrolle)	... **Lehrschritt** (Kritik)
... **Lehrschritt** (Systematisierung)	... **Lehrschritt** (Arbeitsrückschau) *2	... **Lehrschritt** (Transfer i.e.S.) *3	... **Lehrschritt** (schriftl. Kontrolle) *4	... **Lehrschritt** (Wertung)
				o d e r
				... **Lehrschritt** (Beurteilung)

*1: diese Lehrschritte erfassen Schüleraktivitäten, durch die ein Lernresultat, wie aufgeführt, wiedergegeben werden soll, z.B. szenische Wiedergabe durch ein Rollenspiel;

*2: Rekapitulation ist inhaltliche Wiedergabe von Anfang an; – rekurr. Wiederholung ist inhaltliche Wiederholung vom Schluß her; – komm. Wiederholung ist inhaltl. Wiederholung unter bestimmten Betrachtungsgesichtspunkten; – Arbeitsrückschau ist Wiederholung des Arbeitsweges, des Arbeitsverfahrens;

*3: Anwendung und Transfer dürfen nicht gleichgesetzt werden; Anwendung ist einfacher Gebrauch und/oder Übertragung eines erarbeiteten Lernresultats; Transfer beinhaltet bereits Teilelemente eines neuen Lernresultats;

*4: in der Realsituation handelt es sich immer um eine Verschränkung, z.B. eine mündliche Kontrolle kann sich auf den Inhalt oder den Arbeitsweg beziehen.

- Für die Phase der Lernzielsicherung gibt es grundsätzlich kein Artikulationsschema; die Wahl der dafür vorgesehenen Lehrschritte wird bestimmt durch die Faktoren Lerngegenstand (=Inhaltselemente) und Lernleistungsniveau des Schülers;
- Die o.g. Lehrschritte sind der besseren Transparenz und der präziseren Erfassungsmöglichkeit wegen ihrer Funktionalität nach kategorisiert;
- Sicherungsstrategien können als selbständige, geschlossene Phase (= dritter unterrichtlicher Grundakt) innerhalb eines Lernprozesses oder als integrierter Lehrschritt innerhalb der Erarbeitungsphase aufscheinen.

e) **Feinstrukturelemente zur Determinierung der einzelnen Lehrschritte.** Nach der Darstellung der Notwendigkeit einer sequenzierten Abfolge der geplanten Lehrschritte wären noch deren Aufgaben und Funktionen zu erläutern. Lehrschritte erfüllen verschiedene Funktionen:
Sie
- gliedern und sequenzieren das Lehr- und Lerngeschehen,
- erläutern die methodische Absicht jedes neuen Unterrichtsaktes und
- zielen auf die sie tragenden prozessualen Strukturelemente.

Die letzte Funktion sei nun kurz herausgestellt. Jeder Lehrschritt wird vollzogen in einer bestimmten Absicht. Wir geben an, was wir methodisch gesehen tun wollen, wozu der einzelne Unterrichtsakt dienen soll, beispielsweise der Problemfindung, der Problemdarstellung, der Anwendung etc.. Jeder Lehrschritt braucht aber zu seiner Realisierung einen stofflichen Hintergrund, das Problemfeld, und die daran zu entfaltenden Lernziele. Aus diesem Grunde müssen wir bei jedem Lehrschritt den Lehrinhalt durch wenige Stichpunkte einschließlich eines Hinweises auf die anstehenden Lernziele berücksichtigen, was wir als erstes Feinstrukturelement bezeichnen.

Zur Umsetzung unserer geplanten Absichten benötigen wir entsprechende Steuerungsinstrumente in Form von Lehrakten, oder wie man sie neuerdings bezeichnet sog. Aktionsformen, wie z.B. das Lehrgespräch (=Erarbeitungsgespräch), die Diskussion, die Unterrichtsfrage, den Denkimpuls, die Schilderung, den Arbeitsauftrag etc.. Lehrakte korrespondieren auf seiten der Schüler immer mit sog. Lernakten. Dieses Feinstrukturelement erläutert ganz wesentlich unser unterrichtliches Bemühen jeweils bei einem ganz bestimmten Lehrschritt, weshalb es – und dies sei als Praktiker gesagt – das Herzstück des Planungsvorgangs bildet. Die Fixierung dieser Lehrakte sollte aber nicht in einer seitenlangen Darlegung vermuteter Schülerantworten geschehen, wie wir das in der offensichtlich unausrottbaren, auch in den neuesten Veröffentlichungen immer wieder aufscheinenden Lehrer-Schüler-Gesprächskettendarstellung lesen müssen.

Gesprächsformen als Lehrakte sollten vielmehr sinnvoller in sog. Aktgruppen (Klafki) zusammengefaßt werden, damit die Verlaufsplanung nicht an Prägnanz und Übersichtlichkeit verliert. Dies könnte z.B. so erfolgen, daß anstelle der ausformulierten Lehrer-Schüler-Kommunikation der Begriff Lehrgespräch mit einer kurzen Zielangabe verwendet wird, wodurch das detaillierte Ausformulieren überwunden werden kann (siehe Ziffer 4!).

Nachdem nun auch dieses Planungselement fixiert ist, gilt es noch die Sozialformierungen zu berücksichtigen, also die Form binnenmenschlicher Interaktionen, die unter dem ungenauen und verwaschenen Begriff 'indirekte Unterrichtsformen' bekannt sind. Wir unterscheiden und betrachten dabei im wesentlichen die Allein-, Partner-, Gruppenarbeit und den Hörblock, der sich zwangsläufig beim frontalunterrichtlichen Arbeitsverfahren ergibt, weiterhin die Kreis- und Halbkreiskonstellation.

Schließlich wird jeder Lehrschritt noch durch die Angabe der jeweils zu verwendenden Lehr- und Arbeitsmittel determiniert. Hier erfolgt die Angabe der Hilfsmittel, die für die effektive Bewältigung des einzelnen Lehrschrittes benötigt werden. Die Verwendung des Begriffs Lernhilfen bringt deren Hilfs- bzw. Unterstützungsfunktion zum Ausdruck. Dieses Feinstrukturelement erfaßt das Arbeitsbuch ebenso wie das Bild, das spezifische Gerät für das physikalische Experiment, den Winkelmesser, die Landkarte, das Diagramm u.a.m.

Aus diesen Überlegungen ergibt sich zur methodischen Bewältigung jedes einzelnen Lehrschritts die Notwendigkeit, folgende Feinstrukturelemente zu berücksichtigen:

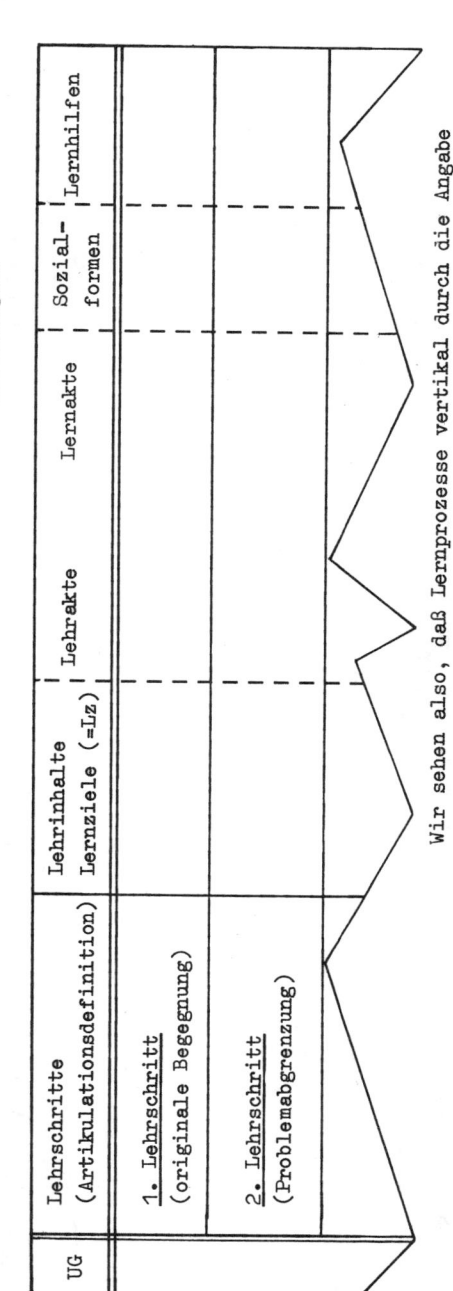

Lehrschritte (Artikulationsdefinition)	Lehrinhalte Lernziele (=Lz)	Lehrakte	Lernakte	Sozialformen	Lernhilfen
UG					
1. Lehrschritt (originale Begegnung)					
2. Lehrschritt (Problemabgrenzung)					

Wir sehen also, daß Lernprozesse vertikal durch die Angabe sog. Grobstrukturelemente (Grundakte und Lehrschritte mit der jeweiligen Artikulationsbezeichnung) und horizontal durch die Berücksichtigung der verschiedenen Feinstrukturelemente (Lehrinhalte und Lernziele, Lehr- und Lernakte, Sozialformierung, Lernhilfen) sinnvoll zu gliedern und transparent zu strukturieren sind.

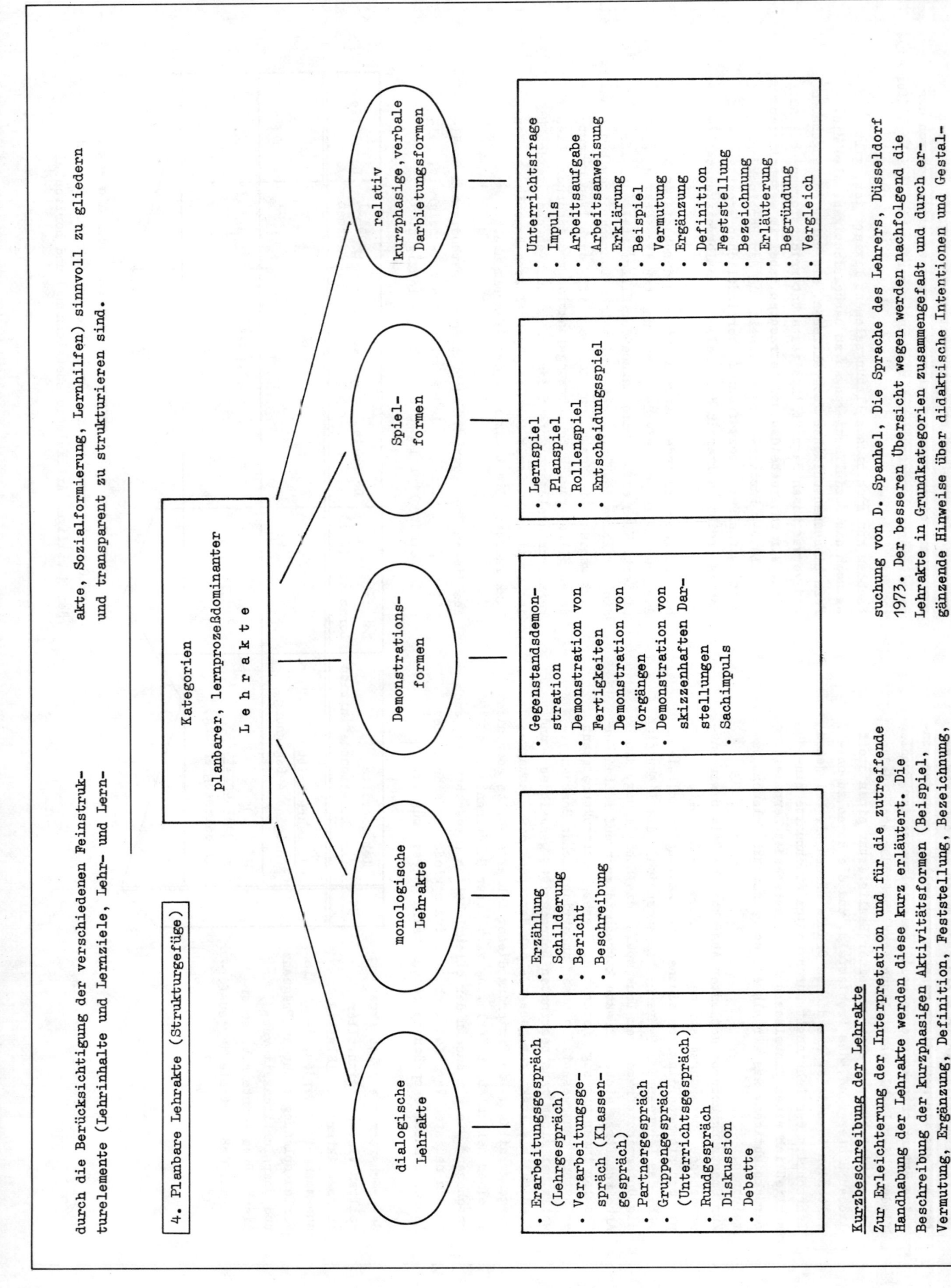

4. Planbare Lehrakte (Strukturgefüge)

Kategorien planbarer, lernprozeßdominanter Lehrakte

dialogische Lehrakte
- Erarbeitungsgespräch (Lehrgespräch)
- Verarbeitungsgespräch (Klassengespräch)
- Partnergespräch
- Gruppengespräch (Unterrichtsgespräch)
- Rundgespräch
- Diskussion
- Debatte

monologische Lehrakte
- Erzählung
- Schilderung
- Bericht
- Beschreibung

Demonstrationsformen
- Gegenstandsdemonstration
- Demonstration von Fertigkeiten
- Demonstration von Vorgängen
- Demonstration von skizzenhaften Darstellungen
- Sachimpuls

Spielformen
- Lernspiel
- Planspiel
- Rollenspiel
- Entscheidungsspiel

relativ kurzphasige, verbale Darbietungsformen
- Unterrichtsfrage
- Impuls
- Arbeitsaufgabe
- Arbeitsanweisung
- Erklärung
- Beispiel
- Vermutung
- Ergänzung
- Definition
- Feststellung
- Bezeichnung
- Erläuterung
- Begründung
- Vergleich

Kurzbeschreibung der Lehrakte

Zur Erleichterung der Interpretation und für die zutreffende Handhabung der Lehrakte werden diese kurz erläutert. Die Beschreibung der kurzphasigen Aktivitätsformen (Beispiel, Vermutung, Ergänzung, Definition, Feststellung, Bezeichnung, Erläuterung, Begründung, Vergleich) basiert auf einer Untersuchung von D. Spanhel, Die Sprache des Lehrers, Düsseldorf 1973. Der besseren Übersicht wegen werden nachfolgend die Lehrakte in Grundkategorien zusammengefaßt und durch ergänzende Hinweise über didaktische Intentionen und Gestaltungsaspekte charakterisiert.

a) Dialogische Lehrakte (Gesprächsformen)

Lehrakte	didaktische Intentionen	Gestaltungsaspekte	Formulierungsbeispiele	mögl. Sozialformen
Erarbeitungsgespräch: oder: Lehrgespräch	zur Entwicklung eines Gedankenganges auf ein vorher geplantes Ziel hin; zur gesprächsweisen Erarbeitung neuer Lerninhalte; zur Kontrolle der Schülerleistungen; zur schnelleren Bewältigung umfangreicher Lerngegenstände;	diese Aktgruppe wird durch Lehrakte gebildet: Unterrichtsfragen verschiedener Art, Unterrichtsimpulse bzw. Denkanstöße, Aufforderungen, Beispiele u.a.; kann kurz- oder langphasig sein; den Schüleraktionen breiten Raum geben; Lehrer ist Initiator und Lenker des Gesprächsablaufes; nur er kennt das Gesprächsziel; besonders zu beachten: Teil- und Gesamtzusammenfassungen bei langphasigen Gesprächen (evtl. als visualisierte und strukturierte Tafelbildelemente);	<u>Erarbeitungsgespräch:</u> Unterschied zwischen Passivform Präsens und Futur I. oder: <u>Erarbeitungsgespräch:</u> Notwendigkeit, zahlbestimmte Sachverhalte mit mathematischen Zeichen auszudrücken und in Operationen umzusetzen.	Hb / Kf / Hkf Hb / Kf / Hkf
Verarbeitungsgespräch: oder: Klassengespräch	zur Korrektur, Ergänzung; Erklärung von Arbeitsergebnissen, die durch Gruppenaktivitäten zustande kamen;	Lehrer initiiert die Gruppenarbeit; das Arbeitsergebnis wird vor und durch die Klassengemeinschaft besprochen; Arbeitsergebnisse visualisiert vorgestellt; intensiviert das Gespräch; Lehrer lenkt, ergänzt, korrigiert, faßt zusammen, integriert;	<u>Verarbeitungsgespräch:</u> Auswertung des Beobachtungsergebnisses: die Bedeutung des Sauerstoffes bei der Verbrennung. oder: <u>Verarbeitungsgespräch:</u> Verbesserung und Verbalisierung der zeichnerisch dargestellten Verschiebung im Gitternetz.	Hb / Kf / Hkf Hb / Kf / Hkf
Partnergespräch bzw. **Gruppengespräch** oder Unterrichtsgespräch	dient der gesprächsweisen Erschließung eines zielorientierten Sachverhalts innerhalb und durch Kleingruppen; aber auch zur Einschulung der Qualifikation einer kritischen Gesprächsteilnahme;	Gesprächsanlässe schaffen, zur gesprächsweisen Auseinandersetzung motivieren; Gesprächsaufträge schriftlich vorgeben, Gesprächsergebnisse schriftlich fixieren lassen (Stichwortreihe, Satz, Bild, Symbol); Voraussetzungen: vorhandene Sacherfahrungen, angemessenes Beherrschen der Gesprächstechniken; Gesprächsunterlagen (Bild, Text, Zahl) bereitstellen! Aufgaben des Lehrers: unterstützend überwachen;	<u>Partnergespräch</u> (Gesprächsauftrag): Überlegt euch, welche Wege zur Hansezeit die Handelsherrn der Hafenstädte zum Transport ihrer Waren ins Binnenland benutzten! <u>Gruppengespräch</u> (Gesprächsauftrag): Diskutiert die Industrieentwicklung im Raum Ingolstadt! Stellt Vorteile und Nachteile gegenüber!	Pa Ga

19

Rund-gespräch	Einführung in Gesprächsteilnahme, zur sprachlichen Fassung von Gedanken veranlassen, zur aktiven Gesprächsteilnahme führen; Erschließung einfacher Lerngegenstände;	Gesprächsteilnahme ist obligatorisch; Gesprächsaktivität der Reihe nach; Teilnahme durch neue Gedanken oder durch Stellungnahme zu bereits geäußerten Gedanken; spätere Zwischenmeldungen werden vom Gesprächsleiter (Lehrer oder Schüler) gestattet; kleine Klassen erforderlich;	Rundgespräch: Entwicklungshilfe kann auf vielfältige Weise geleistet werden. Jeder nennt ein Beispiel.	Kf / Hkrf
Diskussion	ein Problemfeld wird von verschiedenen Standpunkten aus erschlossen; für problemorientierte Lerngegenstände (geschichtl., politische, sozialkundliche Themen); zur Einschulung diskussionsangemessener Verhaltensformen;	Themen, die Sach- und/oder Personenidentifikationen erlauben; frühzeitige Bekanntgabe des Diskussionsthemas zur ausreichenden Sachinformation; Diskussionsleiter (Lehrer oder Schüler) gestattet Gesprächsteilnahme, hält Hauptargumente fest, lenkt abschweifende Beiträge wieder auf Thema zurück, zieht Resümee; keine Diskussion ohne abschließendes Diskussionsergebnis; evtl. Auftrag an Schüler zur Protokollführung; Diskussion kann einen Lernprozeß geschlossenen Lernprozeß tragen (langphasiger Einsatz) oder als Montageteil dienen (kurzphasiger Einsatz); nur in kleinen Klassen sinnvoll einsetzbar;	Diskussion: Soll es Schülern aus der sechsten Klasse erlaubt sein, mit einem Mofa auf öffentlichen Straßen zu fahren?	Kf / Hkrf
Debatte	sachliche, emotionsfreie Bewältigung stark problemhaltiger Lerngegenstände (sozialkundliche, politische, historische Themen); Hinführung zum Verständnis der parlamentarischen Diskussionsform;	Debattenthema frühzeitig bekanntgeben zur Sicherung der Informationsgrundlage; genau festgelegter Gesprächsablauf; Debattenvorsitzender (Lehrer oder Schüler) formuliert Antrag; eine Schülergruppe (maximal 3 Teilnehmer) als Befürworter, eine andere Schülergruppe (maximal 3 Teilnehmer) als Antragsgegner; je Teilnehmer festgelegte Redezeit (3-5 Minuten); Beiträge der Befürworter und Gegner erfolgen im Wechsel; nach Austausch der Argumente; Wortmeldungen aus der Klasse; nach Zusammenfassung der Pro- und Contra-Argumente Abstimmung über den Antrag durch alle Teilnehmer; nur in höheren Klassen.	Debatte: Autobahn durch eine Naherholungszone! Argumente Für und Wider.	Pa/Ga und Hb

b) Monologische Lehrakte (verbale Darbietungsformen)

Lehrakte	didaktische Intentionen	Gestaltungsaspekte	Formulierungsbeispiele	mögl. Sozialformen
<u>Erzählung</u>	Darstellung eines Ereignisses; beim Schüler Einstellungen hervorrufen, Problembewußtsein schaffen, die Schüler psychisch mobilisieren; Spannung erzeugen; Darstellung eines zeitlichen Nacheinanders;	persönlich-emotional gefärbt, spannend, konkret, lebendig, farbig; im Mittelpunkt ein besonderes Erlebnis oder ein interessanter Vorgang; auf ausdrucksstarke Verben achten; evtl. zusätzliche Veranschaulichungshilfen notwendig (Bilder, Gegenstände, akustische Materialien); auf Spannungsbogen achten; Erzähldauer auf die Aufmerksamkeitsleistung der Schüler abstimmen; steter Blickkontakt erforderlich; Stör- und Ablenkungsfaktoren vermeiden;	<u>Erzählung:</u> Die Entwicklung eines nordatlantischen Niederschlagstiefs zum Orkan und die Bedrohung der Halligen durch die damit entstehende Sturmflut.	Hb / Hkf / Kf
<u>Schilderung</u>	Ansprechen der Phantasie; Zielen auf psychische Stimmungslage; beim Schüler zu den darzustellenden Sachverhalten bestimmte Einstellungen hervorrufen; Darbietung eines Zustandes;	mehrere Aussagesätze; Sachverhalt als räumliches Nebeneinander darstellen; geringerer subjektiver Charakter als bei der Erzählung, emotionale Färbung vorhanden; auf genaue Gliederung des Sachverhaltes achten; bei Möglichkeit Zielangabe vorschalten;	<u>Schilderung:</u> Die Auswirkungen von ungeklärten Abwässern auf den Zustand der Wasserqualität des Flusses ...	Hb / Kf / Hkf
<u>Bericht</u>	Sachlich nüchterne Darstellung eines Sachverhaltes, eines Vorganges, eines Ereignisses, menschlicher Verhaltensformen; für sachunterrichtliche Lerngegenstände etwa ab 10. Lebensjahr; bildet oft Ausgangspunkt für Problemerörterungen; als Ergebnisfindungshilfe; primär das zeitliche Nacheinander;	sachlich, nüchtern, objektiv; nicht Interpretation, sondern genaue Wiedergabe von Einzelheiten; enthält keine persönliche Stellungnahme; exakte Angaben über Ort und Zeit; kurze, prägnante Gliederung durch Stichpunkte, Symbole oder einfache Bildreihe vorgeben (Tafelbild); nicht länger als 10 Minuten;	<u>Bericht:</u> Die geophysikalischen Abläufe bei der Entstehung der Oberrheinischen Tiefebene.	Hb / Kf / Hkf
<u>Beschreibung</u>	Darstellung von Zuständen und Gegebenheiten, primär das räumliche Nebeneinander; zur Darstellung von Versuchsergebnissen, Bildanalysen, lokalen Merkmalen eines Lebensbereiches etc.;	wirklichkeitsgetreu, sachlich, nüchtern; knappe Darlegung eines Sachverhaltes, Aussagesätze; Veranschaulichungshilfen (Bild, Modell, Lagezeichnung) unterstützen die Beschreibung;	<u>Beschreibung:</u> Anlage und Gebäude einer mittelalterlichen Burg.	Hb / Kf / Hkf

c) Demonstrationsformen

Lehrakte	didaktische Intentionen	Gestaltungsaspekte	Formulierungsbeispiele	mögl. Sozialformen
Gegenstandsdemonstration	ein Stück Wirklichkeit dient als Anschauungsobjekt (Modell, Präparat, originales Material); "Beweisführung aus der Anschauung heraus", zum Aufbau der Motivationen, zur Ermittlung von Teilergebnissen, zur Verifikation, zur Ergebnissicherung;	angemessene Größe, relativ einfache Strukturen, evtl. mehrere Exemplare, ausreichend Zeit zum Beobachten und Betrachten geben, kurze, präzise Beobachtungshinweise erforderlich; Schüler zum Gegenstand sprechen lassen; sprachliche Lehreräußerungen dosieren; besser: Realobjekte den Schülern übergeben; denkendes Betrachten und handelndes Tun durch den Schüler (evtl. in Kleingruppen) vornehmen lassen;	Gegenstandsdemonstration: Zeigen von Stoppuhr und Tachometer. oder: Gegenstandsdemonstration: Modell des menschlichen Auges und Darlegung der einzelnen Organteile.	Hb / Kf / Hkf
Demonstration von Fertigkeiten	Einschulung und Ausentfaltung psychomotorischer Qualifikationen (Musik, Zeichnen, Sport, Schreiben); Automatisierung der Handlungsmuster; Lehrerdemonstration als Vorbild für den Nachvollzug;	vorbildliche Lehreraktivität (korrekt, präzise); zuerst: Vorführen von Fertigkeit als geschlossene Einheit; dann: Zerlegen in einzelne Teilabläufe; dosierte verbale Hinweise erforderlich; häufiges Üben notwendig; Einkleiden in Spiel- und Wettkampfformen;	Fertigkeitsdemonstration: Verbindung der Schreibspur von c und h.	Hb / Kf / Hkf
Demonstration durch Sachimpuls	nonverbale Demonstration von Gegenständen oder Abbildungen; Ziel: Provokation, Denkmobilisierung, Aktivierung, zu Äußerungen veranlassen, Sachverhalte, Problemgebiete veranschaulichen;	Inhalt muß gut strukturiert sein, damit der Schüler den Aussageschwerpunkt schnell erfassen kann; die Provokation geht entweder vom Inhalt oder von der Art ihrer Darstellung (äußere Form) aus; keine sprachliche Lehreraktivität zur Erläuterung erforderlich; Unterschiede: sprachlicher Sachimpuls, bildhafter Sachimpuls, Sachimpuls im eigentlichen Sinne (= der originale Gegenstand);	Sachimpuls: Konfrontation mit der Abbildung eines Umspannwerkes. oder Sachimpuls: Aufzeigen von Preisschildern für die gleiche Ware, aber mit verschiedenen Preisen und unterschiedlichen Mengenangaben.	Hb / Kf / Hkf

Demonstration von Vorgängen (Experiment)	den Ablauf eines Naturvorganges planmäßig und systematisch demonstrieren; beliebig oft wiederholbar; Funktionszusammenhänge aufdecken und erläutern; Veranschaulichung naturwissenschaftlicher Erkenntnisse; Überprüfen ermittelter Erkenntnisse; Überprüfen von Hypothesen;	organischer und folgerichtiger Einbau in den Lernprozeß; Problemstellung - Problemlösungsvermutung - Experiment (= Lösungsfunktion); oder: Problemstellung - Ergebnisdarlegung - Experiment (= Beweisfunktion); Versuchsreihe vor Schülern aufbauen, Versuchselemente beschreiben (lassen); Beobachtungen festhalten (in gemeinsamer Arbeit oder auch individuell) Verbalisieren des Versuchsergebnisses; Vergleiche vornehmen; Problemstellung - Anwendung und Tauglichkeitsprüfung der Versuchsergebnisse;	Experiment: Reinigen von Schmutzwasser mit Hilfe eines engmaschigen Siebs und eines Keramikfilters. oder: Experiment: Wirkungsweise des Ionenaustausches bei ...	Hb / Kf /Hkf Hb / Kf / Hkf
Demonstration durch skizzenhafte Darstellung	Visualisierung der Strukturen des Lerngegenstandes; Freilegen von Funktionszusammenhängen; wird mehr oder weniger stark durch das Lehrerwort unterstützt; zur Veranschaulichung und Klärung von Sachverhalten;	je jünger der Schüler, umso konkreter, realer die Elemente der Skizze (hohe Abstraktion erschwert den Wahrnehmungs- und Durchdringungsvorgang); verschiedene Arten: Flußdiagramme (erläutern größere Kausalgefüge); begriffliche Schemaskizzen (keine naturgetreue, sondern schematische Darstellung der Informationselemente); anschauliche Schemaskizze (hohes Maß an realer Erscheinung, jedoch Tendenz zur Typisierung der Formgliederung, flächenhafte Darstellungsweise); räumliche Skizze (räumlich-perspektivische Darstellung, relativ natürliche Gegenstandswiedergabe);	Skizzenhafte Darstellung: Darstellung des Querschnitts einer Lippenblüte.	Hb / Kf / Hkf

d) Spielformen

Lehrakte	didaktische Intentionen	Gestaltungsaspekte	Formulierungsbeispiele	mögl. Sozialformen
Lernspiel	spielerisch-handelnder Umgang mit bereits erarbeiteten Lernresultaten; Ziele: Steigerung der Behaltensleistung bzw. Anwendungssicherheit und Reduzierung des Bewegungsdranges (Aspekt der Psychohygiene) vornehmlich für den Grundschulbereich;	Voraussetzung: angstfreie Lern- und Arbeitsatmosphäre und ein notwendiges Maß an Disziplin; auf Beteiligung möglichst vieler Schüler achten; unterstützende Arbeitsmaterialien bereitstellen (Wortkarten, Satzstreifen, Karten mit Namen, Symbolen etc. zur leichteren Identifizierung); vielfältige Formen: Bewegungsspiele, Ordnungsspiele, Schreibspiele, Karten- und Würfelspiele etc.;	<u>Lernspiel:</u> Darstellen der unterschiedlichen Position der Hauptglieder eines Satzes durch Schüler (mit Hilfe von Wortkarten).	Ga und Hb Aa und Hb Pa und Hb
Planspiel	Dient der Ausdrucksgestaltung aufgenommener Eindrücke; nach Vollzug eines Problemhalts; zur spielerischen Einschulung kognitiver Qualifikationen; zur Entfaltung von ausgewählten Verhaltensmustern;	eine gestellte Aufgabe, eine imaginäre Situation ist planmäßig (nach überlegten Schritten) zu lösen; Voraussetzung: ausreichende Sachkenntnis; auf Erkennen und Bewerten der Aussagen der Spielpartner achten; am Ende wird die zuhörende Klasse nach Korrekturmöglichkeiten der vorgeschlagenen Problemlösung aufgerufen; im Mittelpunkt immer ein vom Menschen (soziale Gruppen) zu bewältigendes Problemfeld; Schüler versuchen durch Sich-Hineinversetzen, durch logische Schlußfolgerungen, durch ihren Erfahrungsschatz die gestellte Aufgabe zu lösen; auf die Begründung der vorgeschlagenen Lösungsschritte achten;	<u>Planspiel:</u> Das Deichbauamt plant die Trockenlegung einer Meeresbucht.	Ga und Hb Aa und Hb Pa und Hb

Entscheidungs-spiel	dient der Offenlegung eines Falles bzw. einer Entscheidung hinsichtlich der daraus entstehenden Konsequenzen; zur bewußten Erfassung von Wenn-dann-Beziehungen;	im Mittelpunkt: Neuleistung durch Problemlösungsversuche; das Lernresultat, das Lernziel wird erst durch den Lehrakt erbringt, erreicht; im vorausgehenden Unterricht wird das Problemfeld erläutert, abgegrenzt; 2 Schülergruppen spielen das Problem durch und führen es jeweils einer Lösung zu; Klasse stimmt über die bessere Lösung, über die brauchbareren Argumente ab;	Entscheidungsspiel: Bewohner eines Wohnhauses wollen die Errichtung eines Kinderspielplatzes auf der naheliegenden Grünfläche verhindern.	Pa und Hb Ga und Hb
Rollenspiel	zur Erhellung der natürlichen sozialen Umwelt; zum Erlernen von richtigen Verhaltensweisen in Konfliktsituationen; zur Identifikation mit menschlichen Problemen;	erforderliche Voraussetzungen: präzise Erläuterung und kognitives Erfassen der Problemsituation; das Stegreifspiel (kreativ, spontan) versucht den Nachvollzug einer menschlichen Verhaltensform; Schüler versetzt sich in die Situation eines anderen Menschen; Lösung der Konfliktsituation nicht erforderlich;	Rollenspiel: Einige Mitglieder des Gemeinderates versuchen ihren Kollegen die Umgestaltung zweier Baggerseen in eine Naherholungslandschaft überzeugend zu erläutern.	Pa und Hb Ga und Hb

e) Kurzphasige Aktivitätsformen (überwiegend Elemente monologischer und dialogischer Lehrakte)*

* nur in seltenen Ausnahmefällen (Schlüsselposition) wörtliche Formulierung; Ausnahmen: gelegentliche Impulse und Fragen, die Feststellung bei der Zielangabe, alle Arbeitsaufgaben und Arbeitsanweisungen.

Lehrakte	didaktische Intentionen	Gestaltungsaspekte	Formulierungsbeispiele	mögl. Sozialformen
Unterrichts-frage	eigentlich ein Element des Lehrgesprächs; weist auf einen Probleminhalt hin, soll beim Schüler auf einen Betrachtungsgesichtspunkt des Probleminhalts verweisen; eine falsche Denkrichtung korrigieren, ein Lerngegenstandselement problematisieren; das Leistungsniveau der Schüler ermitteln;	Unterrichtsfrage als didaktische Frage ist eine berechtigte und taugliche Aktionsform; ungeeignete Fragen (Ergänzungs-, Suggestiv-, Entscheidungs- und Kettenfrage); geeignete Fragen (Prüfungs-, Wiederholungs-, entwickelnde Frage, Begründungsfrage); grundsätzlich: Fragewort an den Anfang, nicht zu eng formulieren, wenn möglich, nach Begründung der Antwort verlangen; dem Schüler Zeit zum Beantworten geben; Antwort in ganzen Sätzen nur dann, wenn dies sinn-notwendig ist;	Unterrichtsfrage: Was erwartest du von einem attraktiven Erholungsgebiet?	Hb / Kf / Hkf
Unterrichts-impulse	eigentlich ein Element des Lehrgesprächs, zur Mobilisierung der Denkbewegung; dient der Steuerung des Lernprozesses; richtet sich auf die Wahrnehmung, Vorstellung, Handlungsantriebe; zur Auseinandersetzung des Schülers mit dem Stoff; zur Beeinflussung der Arbeitshaltung;	eine gleichwertige Aktionsform; Arten: inhaltlicher Denkanstoß und allgemeine inhaltliche Aufforderung ohne inhaltliches Element (z.B. Erkläre! Fasse zusammen! etc.); stummer Impuls: Gebärde, Geste, Kopfschütteln; siehe auch Sachimpuls;	Impuls: Wenn ihr den Struwwelpeter anschaut, dann seht ihr, daß Waschen alleine nicht ausreicht! oder: Impuls: Bei einer Personenbeschreibung müssen wir also auf bestimmte Merkmale achten!	Hb / Kf / Hkf

Arbeits- aufgabe	Schüler zum selbstän- digen Erwerb kognitiver Qualifikationen veran- lassen; unterstützt die Konfrontation und die direkte Auseinander- setzung mit einem Lern- gegenstand;	in jeder Lernphase ein- setzbar; Voraussetzungen: Beherrschen von Arbeits- techniken, relativ ein- fache Lernfelder, Vorhan- densein von Arbeitsmateri- alien; Arbeitsaufgaben visuell erfaßbar vorgeben; einfacher Satzbau; Schwie- rigkeiten (z.B. unbekannte Begriffe) vorher erläutern; Elemente der Arbeitsauf- gabe: Kurzaussage, die den Sachverhalt zur gedankli- chen Eingrenzung erfaßt, Auftrag in unmißverständ- licher Form (eindeutige Verben verwenden), wenn möglich Ergänzung durch Lösungshilfen; Arten: Sammelaufgaben, Beobach- tungsaufgaben, Versuchsauf- gaben; für differenzieren- de Unterrichtsarbeit: ver- schiedene Arbeitsaufgaben mit unterschiedlichen An- forderungsschwierigkeiten;	Arbeitsaufgabe: Versuche einen Schüler aus unserer Klasse, ohne daß du den Namen nennst, so genau zu beschreiben, daß wir ihn aufgrund deiner Beschreibung erkennen! oder: Arbeitsaufgabe: Suche in deinem Text Aussagen, die den Unterschied des Ver- haltens der beiden Fabeltiere deutlich machen (unterstreiche Aussagen des Hasen rot, die des Igels blau)!	Aa / Pa / Ga Aa / Pa / Ga
Arbeits- anweisung	didaktische Intentionen wie bei der Arbeitsauf- gabe; besonders zur selb- ständigen Erschließung komplexer Lerngegenstände; bildet Ausgangspunkt für relativ geschlossene und langphasige Schüleraktivi- täten an einem Problem- gegenstand;	differenzierter als Ar- beitsaufgabe, in jeder Lernphase einsetzbar; be- steht aus mehreren Auf- bauelementen: Kurzaus- sage über den Sachverhalt zur gedanklichen Eingren- zung, Hinweise bezüglich Lernhilfen und Arbeits- schritte, evtl. einen Ver- merk über Problemstellen, unmißverständlicher Ar- beitsauftrag mit eindeuti- gen Verben, gegebenenfalls auch Lösungshilfen; für differenzierende Unter- richtsarbeit: verschiedene Arbeitsanweisungen mit un- terschiedlichen Anforde- rungsschwierigkeiten;	Arbeitsanweisung: Versuche die Aufgabe zu- nächst mit deinem Spielgeld zu lösen. Achte dabei darauf, daß du zuerst die Menge von 16 Elementen in 4 Teilmengen zerlegst. Über- trage dann deine Erkenntnis in die vorbe- reitete Tabelle und mache jeweils die Pro- be mit allen waagrechten und dann mit allen senkrechten Einzelergebnissen!	Aa / Pa / Ga
Festste- llung	Vorgabe von Regeln, Be- griffen, Urteilen, von Inhaltselementen, die die Schüler kennen müs- sen, um dem weiteren Ablauf des Lernprozes- ses folgen zu können; auch für Zielangabe der Unterrichtsstunde; soll Schüler motivieren, zum Mit- und Weiterdenken anhalten;	Aussagesätze mit enger inhaltlicher Zusammen- gehörigkeit; kurz, trans- parent, einprägsam;	Feststellung: Ein dichtes und gut ausgebautes Verkehrsnetz ist für Industriestaaten unerläßlich. oder: Feststellung: Wir wollen uns heute überlegen, welche Folgen der Vertrag von Versailles für Deutschland hatte (im Sinne einer Zielangabe).	Hb / Kf / Hkf Hb / Kf / Hkf

Definition	dient dem Begriffslernen; zur Abgrenzung eines neuen Inhalts nach Erscheinungsform, Umfang und Funktion;	mehrere Aussagesätze; effektiv die gleichzeitige bildhafte Veranschaulichung. Aufzeigen der typischen Merkmale; bereits bekannte Begriffe werden als Verständniselemente herangezogen; zur Erleichterung der Einordnung auf dazugehörende Oberbegriffe verweisen;	Definition: Die Infrastruktur gibt uns das Ausmaß der Erschließung eines Gebietes mit Versorgungseinrichtungen für die hier lebenden Menschen an.	Hb / Kf / Hkf
Bezeichnung	zur Klassifizierung eines Gegenstandes oder Sachverhaltes; dient der Zuordnung oder Benennung vornehmlich bei der Erarbeitung von Begriffen;	meist nur ein Aussagesatz; dieser hat Bezeichnungsfunktion; häufige Formulierungsformen: das ist..., das gehört zu ..., das heißt...;	Bezeichnung: Dies ist eine Spiegelachse.	Hb / Kf / Hkf
Erklärung	zur Erhellung von Sachverhalten oder Sinnzusammenhängen, die optisch erfaßbar sind (Text, Modell, Bild), das entsprechende Gegenstandselement wird gedeutet und interpretiert; über das äußerlich Erfaßbare zur Struktur, dem Funktionszusammenhang, dem Aussagegehalt vordringen; notwendig dann, wenn selbständige Auseinandersetzung der Schüler mit dem Sachverhalt nicht mehr möglich ist;	Zeit zum Wahrnehmen lassen; sprachlich transparent strukturieren; Aussagesätze, Kausalsätze; Arten: Sacherklärung (der Aussagegehalt eines Gegenstandes wird interpretiert, die dem Gegenstand innewohnenden Strukturen und Funktionszusammenhänge werden herausgestellt); nicht zu verwechseln mit Gegenstandsdemonstration! Texterklärung (bei Quellenmaterial, Freilegen der Gedanken); Bilderklärung (Beobachtungsimpulse; Erhellen der Zusammenhänge, der Wirkung der Bildelemente; menschlicher Aktivitäten; Ziel: das vollständige Erfassen des Aussagegehaltes des Bildes); vgl. auch Erläuterung!	Erklärung: In großen Höhen kann die Sonne den Schnee nicht mehr abschmelzen. Durch den großen Druck der Schneemassen und durch das immer wieder gefrierende Schmelzwasser entsteht der grobkörnige Firn aus dem sich schließlich das bläulich schimmernde Gletschereis bildet.	Hb / Kf / Hkf
Erläuterung	zur Erklärung nichtverbaler Mittel (Zeichnungen, Bilder, Versuche, Landkarten, Zahlenmaterial); Erhellung des Aussagegehalts;	Aussagesätze, kurz, anschaulich; hinweisende Gesten, Verbindungslinien, Pfeile verwenden; siehe auch Erklärung!	Erläuterung: Das Foto zeigt uns den Verlauf des Flusses ...; schräg aus der Luft aufgenommen. Man sieht hier, daß sich der Fluß genau an der Terrassenkante entlangzieht.	Hb / Kf / Hkf

Beispiel	Zur Erleichterung von Auffassungs- und Verständnisvorgängen; als ergiebiger Einzelfall zur Intensivierung der Anschauung; insgesamt zur Optimierung der Wissensvermittlung;	auf hohen Anschaulichkeitsgehalt achten, Aussagesätze, Hervorheben von Eigenschaften; zwei Formen; das belegende Beispiel: Grundlage für die Erarbeitung eines Lernergebnisses, auch Ausgangsbeispiel genannt; das illustrierende Beispiel: zur Befestigung und Differenzierung bereits erarbeiteter Ergebnisse oder schon vorhandener Anschauungen;	Beispiel: Ein Schüler erhält von seinem Bruder, der mit seiner Klasse im Schullandheim ist, folgenden Brief: ... (als Grundlage für die Erarbeitung typischer sprachlicher Formen)	Hb / Kf / Hkf
Ergänzung	zur Optimierung der vom Schüler erarbeiteten Unterrichtsergebnisse bezüglich Präzision und Umfang; zur Vervollständigung von Schüleraussagen; wenn möglich immer einzuplanen bei dominanter, schülerzentrierter Unterrichtsarbeit;	Kern der Schüleraussage nochmals aufgreifen; Aussagesätze, kurz und ausdrucksstark; Umsetzen dieser Aktionsform durch visualisierte Formen;	innerhalb des Lernprozesses nur im Zusammenhang mit dialogischen Lehrakten;	Hb / Kf / Hkf
Vergleich	zur Herausarbeitung der Eigenart von Personen oder Gegenständen durch direktes Nebeneinanderstellen der einzelnen charakteristischen Elemente;	Bekanntgabe des Vergleichsziels; gleichzeitiges Nebeneinander ist effektiver als zeitversetztes Nacheinander; Beschreibung des Wesensmerkmales durch Gebrauch ausdrucksstarker Eigenschaftswörter; häufige Formulierungen: dagegen, anders, aber, während;	Vergleich: Landgewinnung an der deutschen und niederländischen Nordseeküste (Koog - Polder).	Hb / Kf / Hkf
Begründung	zur verbalen Verifizierung oder Bestätigung vorausgehender Aussagen über kognitive Sachverhalte und psychomotorische Handlungsabläufe;	Kausal- und Aussagesätze; häufige Verwendung von: denn, weil, infolge, darum, deshalb, daher;	innerhalb des Lernprozesses nur im Zusammenhang mit monologischen Lehrakten;	Hb / Kf / Hkf
Vermutung	zur Denkorientierung, den Schüler bei einer Problemlösung in die richtige Richtung verweisen; ein Fall, ein Inhaltsaspekt, ein Sachverhalt wird als möglich, als wahrscheinlich hingestellt;	Aussagesätze; Verwendung des Konjunktivs erforderlich; Ausdrücke wie: wahrscheinlich, vermutlich, vielleicht, es könnte sein, daß, etc.;	innerhalb des Lernprozesses nur im Zusammenhang mit dialogischen Lehrakten, im Sinne eines Impulses;	Hb / Kf / Hkf

5. Lernakte und ihre Fixierung im Strukturmodell

a) Wesensmerkmale

- Lernakte erfassen die Aktivitäten der Schüler während eines Lernprozesses, die sie jeweils in bezug auf Lehrakte äußern;

- Lernakte sind als Handlungsaktivitäten darstellbar, was dann notwendigerweise durch Verben zum Ausdruck kommen muß (in Anlehnung an den lernzieltypischen Verhaltensaspekt);

- Lernakte besitzen unterschiedliches Komplexitätsniveau (= Schwierigkeitsniveau); als Ziel gilt dabei stets, die anspruchsvolleren Problemlösestrategien und die sog. Lerntechniken (instrumentale Qualifikationen) dominant zu berücksichtigen;

- Lernakte, die kommunikatives, verbales Lernverhalten ausdrücken, dürfen nicht als vorformulierte Äußerung fixiert werden, da die individuellen Schülerreaktionen bei dialogischen Akten jeweils aus der augenblicklichen Lernsituation heraus entstehen;

- In der Fachliteratur findet man anstelle des Begriffes Lernakte die Formulierung 'Aktionsformen der Schüler' (Lehrakte = 'Aktionsformen des Lehrers');
Grund für den Gebrauch des Terminus Lernakte ist sein unmißverständlicher Aussagewert;

- aus der Vielzahl möglicher Lernakte seien beispielhaft einige den drei Kategorien zugeordnet:

rein rezeptive Lernakte	problemlösende Lernakte	operativ-handlungs- betonte Lernakte
- zuhören	- vergleichen	- markieren
- mitdenken	- verbalisieren	- falten
- nachvollziehen	- zusammenfassen	- berechnen
- aufnehmen	- begründen	- lesen
	- werten	- ausfüllen
	- einordnen	- spielhandeln

- Innerhalb des Strukturmodells werden die Lernakte mit einem sog. 'Spiegelstrich' versehen; dies dient der Verbesserung der Lesbarkeit in der Gebrauchssituation;

b) Möglichkeiten der Kategorisierung von Lernakten:

- Es gibt in der Literatur mehrere Gliederungs- bzw. Kategorisierungsvorschläge zur Erfassung der Vielfalt von Lernakten: z.B. fremdgesteuerte Lernakte - selbstgesteuerte Lernakte;

- Im Strukturmodell unterscheiden wir drei Kategorien: rein rezeptive Lernakte - problemlösende Lernakte - operativ-handlungsbetonte Lernakte; Begründung: Diese Kategorisierung macht die Realisierung der Forderung nach emanzipativen Lernakten transparent bzw. erfaßt sie zwanghaft, sowohl bei der Konzeption des Lernprozesses, als auch bei der Überprüfung und eventueller Bewertung der Verlaufsplanung;

6. Grundraster mit den didaktischen Variablen zur Planungsfixierung von Lernprozessen nach dem lernzielorientierten Strukturmodell

(Anordnungsmuster siehe nächste Seite)

- Die graphisch-gestalterische Bewältigung der einzelnen Strukturelemente wird bestimmt von deren Lesbarkeit in der Gebrauchssituation.

- Die im Sinne von Beispielen eingetragenen Strukturelemente stellen nur eine Auswahl dar.

- Dimensionierung, Auswahl und phasische Zuordnung (didaktischer Ort) der Strukturelemente innerhalb der Verlaufsplanung sind das Ergebnis didaktischer Reflexionen, beeinflußt bzw. bestimmt von den jeweiligen fachdidaktischen Forderungen und der individuellen dramaturgisch-strategischen Gestaltungsabsicht.

- Abkürzungen: **UG** = unterrichtliche Grundakte
  Sf = Sozialformen: **Hb** – Hörblock,
  Aa – Alleinarbeit,
  Pa – Partnerarbeit,
  Ga – Gruppenarbeit,
  Kf – Kreisformation
  Hkf – Halbkreisformation

In diesem Zusammenhang ist noch ein kurzer Hinweis erforderlich. Die den Modellen zugrunde liegenden Strukturelemente tragen einerseits grundsätzlichen Charakter, da beim Fehlen des einen oder anderen Elements Lernprozesse nicht zureichend geplant und organisiert werden können. Andererseits sind diese Strukturelemente in ihrer interdependenten und sequentierten Bezogenheit so offen konzipiert, daß sie immer eine adäquate Projektion auf die situative Individualität der Zielgruppe gestatten. In jedem Falle wird also der Unterrichtspraktiker in der konkreten Gebrauchssituation die aufbereiteten Themen auf den Anspruch und das Leistungsvermögen seiner Klasse abstimmen können.

Der vorliegende Band möge allen Kollegen zur Erleichterung ihrer Unterrichtsarbeit dienen. Er möge überdies Anregungen geben für eine präzise, methodisch zureichende und effektive Konzeption zielorientierter Lernprozesse.

Abschließend möchte ich einen dreifachen Dank aussprechen:

- den Studenten, die in den einschlägigen Seminaren durch kritische Beiträge und durch zahlreiche Erprobungsversuche zur Entwicklung des Strukturmodells beitrugen,
- den Autoren der Unterrichtsmodelle, die flexibel, kreativ, engagiert und aus der Fülle der Erfahrungen mit ihren Schülern die Themen aufbereiteten,
- dem Schulbuchlektorat des Verlages, das in jeder Phase die Realisierung des Projekts großzügig fördernd unterstützte.

München, 1985   Dr. Wellenhofer

Sollten Sie Themen vermissen oder Interesse haben, selbst ausgearbeitete Unterrichtsmodelle einzubringen, so wäre ich Ihnen dankbar, wenn Sie sich an mich wenden würden.

Anschrift: Dr. Walter Wellenhofer
             Philosophische Fakultät II
             Psychologie und Pädagogik
             Universität Regensburg
             Postfach
             8400 Regensburg

UG	Lehrschritte (Artikulation)	Lehrinhalte/Lernziele	Lehrakte	Lernakte	Sozialformen	Lernhilfen
Eröffnungsphase	1. Lehrschritt (Kontrastdarstellung)	....	Sachimpuls:	- betrachten - reflektieren	Hb	Folienbild 1 Tonbandausschnitt
	2. Lehrschritt (Problemabgrenzung)	....	Erarbeitungsgespräch:	- vergleichen - schlußfolgern	Hb	
	3. Lehrschritt (Zielangabe)	Problemfrage: .... (Lz 1)	Arbeitsaufgabe:	- formulieren	Pa	Notizblock Tafelanschrift a)
	4. Lehrschritt (Hypothesenbildung)	.... (Lz 4)	Diskussion:	-	Kf	Arbeitsprojektor (Folie 2)
	5. Lehrschritt (erste Teilergebnisgewinnung)	Begriffe: .... (Lz 2)	Schilderung:	-	Hb	Wandbild: ....
-phase	6. Lehrschritt (Ergebnisfixierung)	Lernresultat: .... (Lz 5)	Impuls: .... Erarbeitungsgespräch:	- .... -	Hb Hb	Tafelanschrift b)-c)
	7. Lehrschritt (Rekapitulation)	(Lz 1/4)	Arbeitsaufgabe: .... Verarbeitungsgespräch:	- .... -	Ga Hb	Arbeitsblatt, Abschnitt 3 Wortkarten: ..../.........../......
Erarbeitungs-	8. Lehrschritt (Problemstellung)	(Lz 5)	Partnergespräch (Gesprächsauftrag):	-	Pa	Notizblock
	9. Lehrschritt (Problemlösung und -fixierung)	Regel: .... (Lz 6)	Verarbeitungsgespräch: .... Frage: .... Erarbeitungsgespräch:	- .... - .... -	Hb Hb Hb	Tafelanschrift d) Tafelanschrift e) Arbeitsblatt, Abschnitt 4
Sicherungsphase	10. Lehrschritt (Ausdrucksgestaltung)	.... (Lz 7)	Rollenspiel:	-	Ga/Hb	
	11. Lehrschritt (Anwendung und mündl. Kontrolle)	.... (Lz 3/4/6)	Arbeitsauftrag: .... Verarbeitungsgespräch:	- .... -	Aa Hb	Arbeitsblatt, Abschnitte 1 und 2 OHP
	12. Lehrschritt (Wertung)	.... (Lz 8)	Impuls: .... Erarbeitungsgespräch:	- .... - .... -	Hb Hb	Statistik (Folie 2)

Deutsch

Hauptlernziel: Kennenlernen der literarischen Gattung Kurzgeschichte und deren Gattungsmerkmale.	Unterrichtsthema: Wolfgang Borchert: An diesem Dienstag	Autor: Anton Mangelkramer
		Unterrichtszeit Empfehlung: 3 UE

Vorbemerkungen:

In dieser Kurzgeschichte von Wolfgang Borchert soll "der Krieg" dargestellt werden am konkreten Fall, hier an dem Schicksal des Hauptmanns Hesse. Die grausame Totalität des Krieges wird besonders in dem beziehungslosen Nebeneinander der Ereignisse mittels der Montagetechnik dargestellt. Der Montage liegt ein antithetisches Prinzip zugrunde, das einerseits die Abfolge der neun Teile als ständiger Wechsel des Schauplatzes zwischen Heimat und Front unter Wahrung der Gleichzeitigkeit der Ereignisse ("An diesem Dienstag") bestimmt, andererseits aber auch die innere Struktur als Gegensatz zwischen den Menschen, die vom Krieg scheinbar kaum berührt werden, und denen, die seine Realität brutal erleiden.

Die Sprache ist äußerst knapp und sachlich nüchtern, auch in ihrer Symbolhaftigkeit kommt die Grausamkeit des Krieges bildlich vor Augen. Der offene Schluß desillusioniert den Leser und fordert ihn zum Reagieren auf.

Dieses Musterbeispiel einer modernen Kurzgeschichte weist sämtliche Merkmale dieser literarischen Gattung auf:
- die KÜRZE, durch die sie ihre Dichte und Intensität erreicht,
- die ALLTÄGLICHKEIT im Geschehen und in der Sprache. Es existiert kein Held, sie scheut den Umgangston nicht.
- die SYMBOLHAFTIGKEIT, mit der sie über sich hinausweist,
- die OFFENHEIT, durch die die Spannung ungelöst bleibt, die Handlung nicht abgeschlossen wird oder ein Problem keine Lösung findet.

Die Kernaussagen dieser Kurzgeschichte sowie die sprachgestalterischen Mittel des Autors werden nach dem motivierten stillen Erlesen des Textes und der unmittelbar anschließenden freien Aussprache im wesentlichen mit Hilfe eines Leitfragenkatalogs erschlossen.

Der Einsatz dieser Kurzgeschichte sollte aufgrund ihrer Thematik besser erst erfolgen, wenn die Schüler aus Geschichte die historischen Hintergründe und Ereignisse des Zweiten Weltkriegs kennen.

Das Tafelbild wird sukzessiv erstellt. Dabei könnte der Mittelteil des Tafelbildes auf Wortkarten mit zwei unterschiedlichen Farben vom Lehrer bereits zu Hause vorbereitet werden: evtl. "rosa" für das Geschehen zu Hause und "rot" für die Ereignisse an der Front. Auch das Vorbereiten von Merkmalkärtchen für die Kurzgeschichte (gelb) würde wertvolle Unterrichtszeit einsparen helfen.

Text:

Wolfgang Borchert

An diesem Dienstag

1 Die Woche hat einen Dienstag.
Das Jahr ein halbes Hundert.
Der Krieg hat viele Dienstage.

An diesem Dienstag

5 übten sie in der Schule die großen Buchstaben. Die Lehrerin hatte eine Brille mit dicken Gläsern. Die hatten keinen Rand. Sie waren so dick, daß die Augen ganz leise aussahen.

Zweiundvierzig Mädchen saßen vor der schwarzen Tafel und schrieben mit großen Buchstaben:

10 DER ALTE FRITZ HATTE EINEN TRINKBECHER AUS BLECH. DIE DICKE BERTA SCHOSS BIS PARIS. IM KRIEGE SIND ALLE VÄTER SOLDAT.

Ulla kam mit der Zungenspitze bis an die Nase. Da stieß die Lehrerin sie an. „Du hast Krieg mit ch geschrieben, Ulla. Krieg wird mit g geschrieben. G wie Grube. Wie oft habe ich das schon gesagt." Die Lehrerin nahm ein Buch und machte einen
15 Haken hinter Ullas Namen. „Zu morgen schreibst du den Satz zehnmal ab, schön sauber, verstehst du?"
„Ja", sagte Ulla und dachte: Die mit ihrer Brille.
Auf dem Schulhof fraßen die Nebelkrähen das weggeworfene Brot.

An diesem Dienstag

20 wurde Leutnant Ehlers zum Bataillonskommandeur befohlen.
„Sie müssen den roten Schal abnehmen, Herr Ehlers."
„Herr Major?"
„Doch, Ehlers. In der Zweiten ist sowas nicht beliebt."
„Ich komme in die zweite Kompanie?"
25 „Ja, und die lieben sowas nicht. Da kommen Sie nicht mit durch. Die Zweite ist an das Korrekte gewöhnt. Mit dem roten Schal läßt die Kompanie Sie glatt stehen. Hauptmann Hesse trug sowas nicht."
„Ist Hesse verwundet?"
„Nee, er hat sich krank gemeldet. Fühlte sich nicht gut, sagte er. Seit er Haupt-
30 mann ist, ist er ein bißchen flau geworden, der Hesse. Versteh ich nicht. War sonst immer so korrekt. Na ja, Ehlers, sehen Sie zu, daß Sie mit der Kompanie fertig werden. Hesse hat die Leute gut erzogen. Und den Schal nehmen Sie ab, klar?"
„Türlich, Herr Major."
„Und passen Sie auf, daß die Leute mit den Zigaretten vorsichtig sind. Da muß ja
35 jedem anständigen Scharfschützen der Zeigefinger jucken, wenn er diese Glühwürmchen herumschwirren sieht. Vorige Woche hatten wir fünf Kopfschüsse. Also passen Sie ein bißchen auf, ja?"
„Jawohl, Herr Major."
Auf dem Wege zur zweiten Kompanie nahm Leutnant Ehlers den roten Schal ab.
40 Er steckte eine Zigarette an. „Kompanieführer Ehlers", sagte er laut.
Da schoß es.

An diesem Dienstag

sagte Herr Hansen zu Fräulein Severin: „Wir müssen dem Hesse auch mal wieder was schicken, Severinchen. Was zu rauchen, was zu knabbern. Ein bißchen Literatur.
45 Ein paar Handschuhe oder sowas. Die Jungens haben einen verdammt schlechten Winter draußen. Ich kenne das. Vielen Dank."
„Hölderlin vielleicht, Herr Hansen?"
„Unsinn, Severinchen, Unsinn. Nein, ruhig ein bißchen freundlicher. Wilhelm Busch oder so. Hesse war doch mehr für das Leichte. Lacht doch gern, das wissen
50 Sie doch. Mein Gott, Severinchen, was kann dieser Hesse lachen!"
„Ja, das kann er", sagte Fräulein Severin.

An diesem Dienstag

trugen sie Hauptmann Hesse auf einer Bahre in die Entlausungsanstalt. An der Tür war ein Schild:
55 OB GENERAL, OB GRENADIER: DIE HAARE BLEIBEN HIER.

Er wurde geschoren. Der Sanitäter hatte lange dünne Finger. Wie Spinnenbeine. An den Knöcheln waren sie etwas gerötet. Sie rieben ihn mit etwas ab, das roch nach Apotheke. Dann fühlten die Spinnenbeine nach seinem Puls und schrieben in ein dickes Buch: Temperatur 41,6. Puls 116. Ohne Besinnung. Fleckfieberverdacht. Der
60 Sanitäter machte das dicke Buch zu. Seuchenlazarett Smolensk stand da drauf. Und darunter: Vierzehnhundert Betten.

Die Träger nahmen die Bahre hoch. Auf der Treppe pendelte sein Kopf aus den Decken heraus und immer hin und her bei jeder Stufe. Und kurzgeschoren. Und dabei hatte er immer über die Russen gelacht. Der eine Träger hatte Schnupfen.

Hauptlernziel: Kennenlernen der literarischen Gattung Kurzgeschichte und deren Gattungsmerkmale.	Unterrichtsthema: Wolfgang Borchert: An diesem Dienstag (Fortsetzung)	Autor: Anton Mangelkramer
		Unterrichtszeit Empfehlung: 3 UE

Teillernziele:

Die Schüler sollen:

1. Verbindungen zwischen den Lebensdaten eines Autors mit Ereignissen seiner Zeit herstellen und Vermutungen über deren eventuelle Einflüsse auf seine schriftstellerische Tätigkeit verbalisieren können;
2. ausgehend von der Überschrift des Textes Antizipationen hinsichtlich des Inhalts eines Textes machen können;
3. einen Text in Handlungsabschnitte einteilen und den Ablauf des Geschehens in Stichwortsätzen in der richtigen Reihenfolge notieren können;
4. mit Hilfe von Leitfragen selbständig einen literarischen Text erschließen können;
5. die sprachgestalterischen Mittel des Autors sowie die Gattungsmerkmale einer Kurzgeschichte nennen können:
   - steigernde Reihung
   - die Kürze
   - die Montage-/Mosaiktechnik
   - die Alltäglichkeit im Geschehen und in der Sprache
   - die Symbolhaftigkeit
   - die Offenheit;
6. den Gehalt des Textes, die Mitteilung des Autors an einen Leser, verstehen.

Medien - Literatur

- Lesebuch C 8 (8. Schuljahr), Klett-Verlag Stuttgart 1971
- Lehrerbegleitheft zum Lesebuch C 8, Klett-Verlag Stuttgart, 1971
- Heumann, Unser Weg durch die Geschichte, Bd. 3, Ausgabe Bayern, Hirschgraben-Verlag Frankfurt 1972 (Bild 2)
- Glogauer/Hampel, Wir erleben die Geschichte, 8.Sch.j., Bayerischer Schulbuch-Verlag, München 1973 (Bild 1)

Bild 1

Bild 2

Text (Fortsetzung):

65 An diesem Dienstag
klingelte Frau Hesse bei ihrer Nachbarin. Als die Tür aufging, wedelte sie mit dem Brief. „Er ist Hauptmann geworden. Hauptmann und Kompaniechef, schreibt er. Und sie haben über 40 Grad Kälte. Neun Tage hat der Brief gedauert. An Frau Hauptmann Hesse hat er oben drauf geschrieben."

70 Sie hielt den Brief hoch. Aber die Nachbarin sah nicht hin. „40 Grad Kälte", sagte sie, „die armen Jungs. 40 Grad Kälte."

An diesem Dienstag
fragte der Oberfeldarzt den Chefarzt des Seuchenlazarettes Smolensk: „Wieviel sind es jeden Tag?"
75 „Ein halbes Dutzend."
„Scheußlich", sagte der Oberfeldarzt.
„Ja, scheußlich", sagte der Chefarzt.
Dabei sahen sie sich nicht an.

An diesem Dienstag
80 spielten sie die Zauberflöte. Frau Hesse hatte sich die Lippen rot gemacht.

An diesem Dienstag
schrieb Schwester Elisabeth an ihre Eltern: Ohne Gott hält man das gar nicht durch. Aber als der Unterarzt kam, stand sie auf. Er ging so krumm, als trüge er ganz Rußland durch den Saal.
85 „Soll ich ihm noch was geben", fragte die Schwester.
„Nein", sagte der Unterarzt. Er sagte das so leise, als ob er sich schämte.
Dann trugen sie Hauptmann Hesse hinaus. Draußen polterte es. Die bumsen immer so. „Warum können sie die Toten nicht langsam hinlegen. Jedesmal lassen sie sie so auf die Erde bumsen." Das sagte einer. Und sein Nachbar sang leise:

90 „Zicke zacke juppheidi
schneidig ist die Infanterie."

Der Unterarzt ging von Bett zu Bett. Jeden Tag. Tag und Nacht. Tagelang. Nächte durch. Krumm ging er. Er trug ganz Rußland durch den Saal. Draußen stolperten zwei Krankenträger mit einer leeren Bahre davon. Nummer 4, sagte der eine. Er hatte
95 Schnupfen.

An diesem Dienstag
saß Ulla abends und malte in ihr Schreibheft mit großen Buchstaben:

IM KRIEG SIND ALLE VÄTER SOLDAT.
IM KRIEG SIND ALLE VÄTER SOLDAT.

100 Zehnmal schrieb sie das. Mit großen Buchstaben. Und Krieg mit G. Wie Grube.

Leitfragen 1:

LEITFRAGEN (arbeitsteilig/arbeitsgleich)

1. Ermittle den Aufbau des Textes, indem du mit Hilfe eines Bleistiftes die einzelnen Abschnitte einrahmst!
   Vergleiche dann den allerersten Abschnitt mit den weiteren (von seiner Form und von seinem inhaltlichen Geschehen her)!
2. Lege dir eine Tabelle nach folgendem Muster an und notiere jeweils in Stichworten:

Abschnitt	Ort der Handlung	Was geschieht?
⋮	⋮	⋮

3. Vergleiche die einzelnen Orte der Handlung! Welche zwei Hauptschauplätze wechseln miteinander ab? Suche für jeden einen übergeordneten Begriff!
4. Borchert macht den ständigen Wechsel des Schauplatzes auch sichtbar. Wie?
5. Welchen Zeitraum umfaßt der Text? Begründe!
6. Welche Person steht im Mittelpunkt des Geschehens? Welches Schicksal widerfährt dieser Person?

Hauptlernziel: Kennenlernen der literarischen Gattung Kurzgeschichte und deren Gattungsmerkmale.	Unterrichtsthema: Wolfgang Borchert: An diesem Dienstag (Fortsetzung)	Autor: Anton Mangelkramer
		Unterrichtszeit Empfehlung: 3 UE

Leitfragen 2:

LEITFRAGEN (GRUPPE A)

Wir untersuchen die Abschnitte, in denen Borchert die WELT DES KRIEGES darstellt.

1. Suche in diesen Textstellen nach und notiere, mit welchen Mitteln eines Schriftstellers Borchert versucht, die Wirklichkeit des Krieges darzustellen!
2. Borchert beschreibt die Unbarmherzigkeit und Grausamkeit des Krieges auch mit sprachlichen Symbolen. Markiere mehrere Ausdrücke und Textstellen mit roter Farbe!
3. Borchert schildert nur einen Ausschnitt im Verlauf eines Krieges, einen einzigen Tag, einen Dienstag.
   Warum wohl? Überlege: Wie viele solcher "Dienstage" es wohl im Verlauf eines Krieges gibt!
4. Das Schicksal des Hauptmann Hesse ist also nichts Außergewöhnliches, nichts Einmaliges, sondern etwas _____.
   Dies kommt auch mit sprachlichen Mitteln zum Ausdruck. Markiere dafür Textstellen mit gelber Farbe!

Leitfragen 3:

LEITFRAGEN (GRUPPE B)

Wir untersuchen Abschnitte, in denen Borchert die WELT ZU HAUSE darstellt und beschreibt.

1. Lege dir eine Tabelle nach folgendem Muster an und notiere jeweils in Stichworten:

Personen	Was tun sie?	Welches Verhältnis zum Krieg kommt durch ihr Tun zum Ausdruck?
⋮	⋮	⋮

2. Suche im Text an den entsprechenden Stellen nach sprachlichen Mitteln und Ausdrücken, in denen das Verhältnis dieser Personen zum Krieg zum Ausdruck kommt!

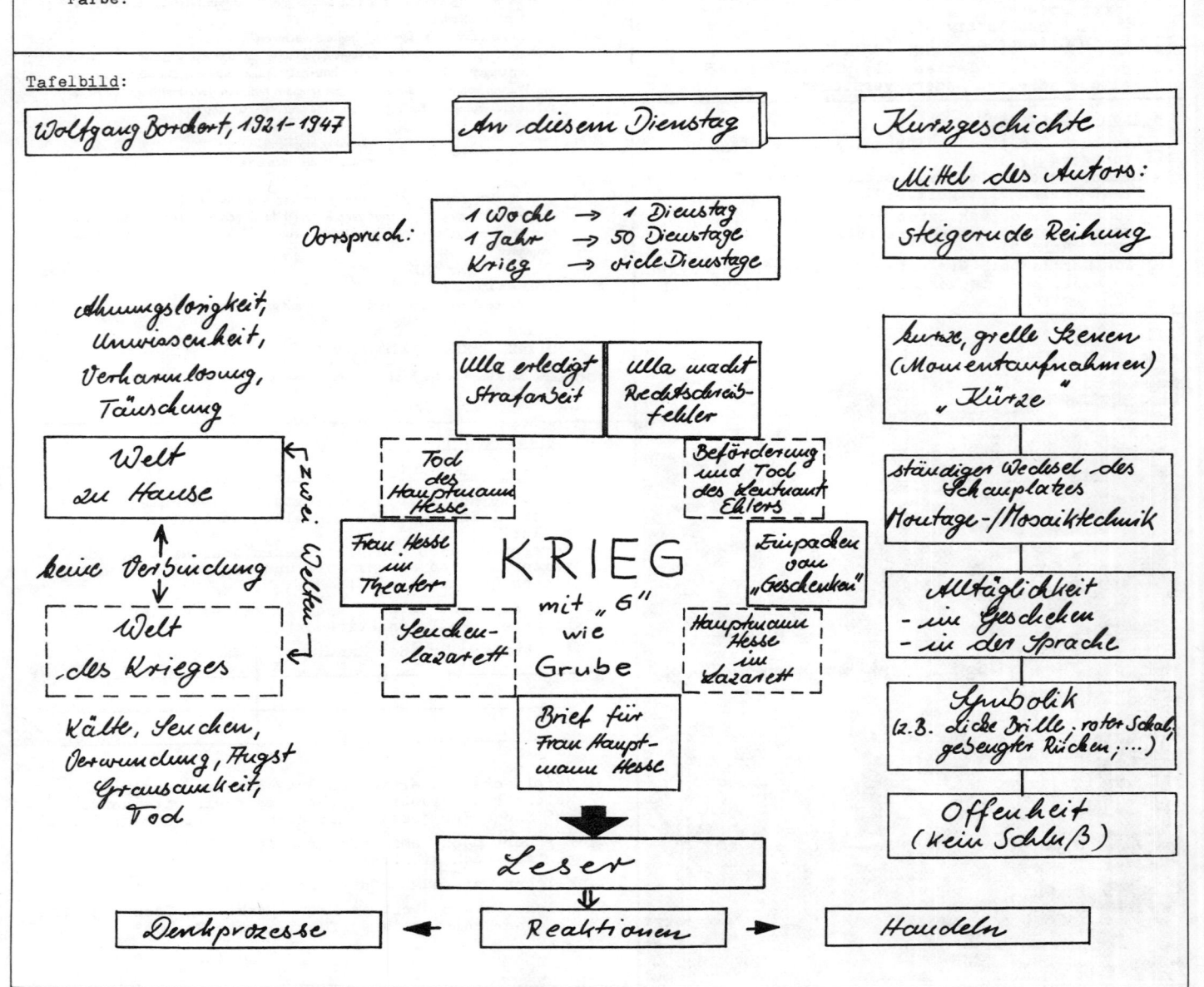

Tafelbild:

Wolfgang Borchert, 1921–1947 — **An diesem Dienstag** — **Kurzgeschichte**

Vorspruch:
- 1 Woche → 1 Dienstag
- 1 Jahr → 50 Dienstage
- Krieg → viele Dienstage

Mittel des Autors:
- steigernde Reihung
- kurze, grelle Szenen (Momentaufnahmen) „Kürze"
- ständiger Wechsel des Schauplatzes / Montage-/Mosaiktechnik
- Alltäglichkeit – im Geschehen – in der Sprache
- Symbolik (z.B. dicke Brille, roter Schal, gebeugter Rücken; ...)
- Offenheit (kein Schluß)

Welt zu Hause: Ahnungslosigkeit, Unwissenheit, Verharmlosung, Täuschung
- Ulla erledigt Strafarbeit
- Ulla macht Rechtschreibfehler
- Frau Hesse im Theater
- Beförderung und Tod des Leutnant Ehlers
- Einpacken von „Geschenken"

Welt des Krieges: Kälte, Seuchen, Verwundung, Angst, Grausamkeit, Tod
- Tod des Hauptmann Hesse
- Seuchenlazarett
- Hauptmann Hesse im Lazarett

zwei Welten — keine Verbindung

KRIEG mit „G" wie Grube

Brief für Frau Hauptmann Hesse ⬇ Leser ⇒ Reaktionen → Denkprozesse / Handeln

UG	Lehrschritte (Artikulationsdefinition)	Lehrinhalte und Lernziele (= Lz)	Lehrakte .... Lernakte		Sozialformen	Lernhilfen
Eröffnungsphase	1. Lehrschritt (Ankündigung)		Feststellung: Ich habe euch heute einen Text eines deutschen Autors mitgebracht. Sachimpuls: Wolfgang Borchert, 1921-1947: An diesem Dienstag.	– zuhören – lesen – nachdenken	Hb Hb/ Aa	TA-Überschrift
	2. Lehrschritt (Problemkonfrontation)	(Lz 1 und 2)	Gruppengespräch (Gesprächsauftrag): Äußert euch zu den Lebensdaten und stellt Vermutungen bezüglich des Textinhalts an! Verarbeitungsgespräch: Geringes Lebensalter, schreibt z.Zt. des Zweiten Weltkrieges, was sich thematisch möglicherweise auf sein Werk auswirkt. Besprechung unterschiedlicher Antizipationen hinsichtlich des Inhalts.	– aufnehmen – schlußfolgern – vermuten – antizipieren – auswerten – vermuten – überdenken – zuhören	Ga Hb	
	3. Lehrschritt (Zielangabe)	Hauptlernziel	Unterrichtsfrage: Was hat es mit "diesem Dienstag" auf sich?	– problematisieren	Hb	
Erarbeitungsphase	4. Lehrschritt (Textbegegnung)	Erlesen eines literarischen Textes.	Arbeitsaufgabe: Erlest euch still den Text!	– zuhören – stilles Erlesen	Aa	Text
	5. Lehrschritt (Aussprache)		Erarbeitungsgespräch: Spontanäußerungen zum Inhalt, zur Klärung der Unterrichtsfrage.	– zusammenfassen – verbalisieren	Hb	
	6. Lehrschritt (Erschließen des Inhalts)	Einteilen eines Textes in Handlungsabschnitte. (Lz 3) Klärung des Inhalts eines Textes. (Lz 4)	Arbeitsanweisung (arbeitsteilig/arbeitsgleich): s. Leitfragen 1! Verarbeitungsgespräch: Besprechen der Lösungen zu den Leitfragen, Klärung des vordergründigen Geschehens, Reihenfolge der Ereignisse, ständiger Wechsel des Schauplatzes, Rollen der einzelnen Personen. Fixierung: des Geschehens in Stichworten (2 Farben!)	– lesen – nachlesen – auffinden – markieren – notieren – zusammenfassen – berichten – textnah argumentieren – mitdenken – sich äußern	Ga Hb Hb	Leitfragen 1 Text Notizblock Notizen, Bild 1 (Der Alte Fritz); evtl. Lexika zur Klärung von Begriffen TA-Bild (Mitte)
	7. Lehrschritt (Kontrastierung)		Feststellung: Ein Abschnitt unterscheidet sich wesentlich von allen übrigen! Erarbeitungsgespräch: Klärung der Bedeutung des Vorspruchs. Erkennen der Gestaltungsabsicht des Autors: Borchert will uns den "KRIEG" vor Augen führen.	– zuhören – nachdenken – aufsuchen – vorlesen – interpretieren – deuten	Hb/ Pa Hb	Text Text TA-Bild (oben Mitte) TA: "KRIEG"
	8. Lehrschritt (Erschließen des Gehalts)	Klärung des Gehalts eines literarischen Textes. (Lz 6)	Feststellung: Borchert stellt die Welt des Krieges und die Welt zu Hause dar. Arbeitsanweisung (arbeitsteilig): Untersucht mit Hilfe eines Leitfragenkatalogs, wie Borchert diese unterschiedlichen Welten darstellt! Verarbeitungsgespräch: Besprechen der Lösungen zu den Leitfragen, Klärung des Gehalts des Textes: Grausamkeit des Krieges - Ahnungslosigkeit zu Hause.	– zusammenfassen – aufnehmen – zuhören – lesen – nachlesen – auffinden – notieren – begründen – textnah arbeiten	Hb Ga Hb	TA: "Welt des Krieges" - "Welt zu Hause" (links); Leitfragen 2 (Gruppe A); Leitfragen 3 (Gruppe B) Notizen; Ta-Bild (links)
	9. Lehrschritt (Sprachreflexion)	Sprachgestalterische Mittel des Autors einer Kurzgeschichte. (Lz 5)	Verarbeitungsgespräch: Aufgreifen der Leitfragen Gruppe A 1,2,4 und Gruppe B 2. Herausarbeiten der sprachlichen Gestaltungsmittel der Kurzgeschichte. Fixierung: Mittel des Autors.	– aufsuchen – vorlesen – erläutern – verbalisieren – mitdenken	Hb Hb	Notizen: Leitfragen 2 und 3 TA-Bild rechts
Sicherungsphase	10. Lehrschritt (Wertung)	Erkennen der Absicht des Autors. (Lz 6)	Verarbeitungsgespräch: Herausarbeiten der Absicht des Autors nach dem Sender-Empfänger-Modell. Fixierung: Wirkung des Textes.	– reflektieren – argumentieren – verbalisieren	Hb Hb	TA-Bild unten
	11. Lehrschritt (Besinnung)	Bildinterpretation	Sachimpuls: Konfrontation mit der Zeichnung von A.P. Weber aus dem Jahr 1932. Erarbeitungsgespräch: Interpretation des Bildes. Vergleich des Inhalts und der Gestaltungsmittel mit unserer Kurzgeschichte.	– betrachten – interpretieren – vergleichen	Hb Hb	Bild 2

Hauptlernziel: Einsicht in den Zusammenhang der Intention des Autors mit den verwendeten Darstellungsmitteln.	Unterrichtsthema: 'Kinohelden' von Sigi Sommer	Autor: Gerd Jocher
		Unterrichtszeit Empfehlung: 45 Min.

Vorbemerkungen:

- Die Statistik über den Kinobesuch von Jugendlichen ist fingiert. ~~Sie~~ soll zur selbständigen Formulierung der Problemfrage durch die Schüler beitragen.
- Durch die Isolierung und den Vergleich von Personen und Situationen mit gängigen TV-Serien soll dem Schüder schematische Ablauf eines Trivialwestern vor Augen geführt werden. Wichtig dabei ist wiederum die selbständige Formulierung der Erkenntnis.
- Das Auffinden von Analysebelegen im 1o. Lehrschritt kann durch eine Folie erleichtert werden, die die gesuchten Textstellen bildlich darstellt.
- Die Unterrichtseinheit erhebt nicht Anspruch auf Vollständigkeit hinsichtlich der Kriterien einer Satire. Sie dient lediglich der Einführung dieser Textgattung.

Arbeitsblatt — Kinohelden — Sigi Sommer

Es handelt sich um den sensationellen Banditenfilm 'Morgenstund hat Blei im Schlund'. So etwas beginnt meistens mit einem galoppierenden Reiter, der, auf der Filmleinwand von rechts unten kommend, in die billigen Parkettplätze hineinsprengt. Im Hintergrund die blauen Berge. Mit fünf Schritt Abstand folgt des Helden getreuer, aber älterer Freund, der nur drei Finger hat, einen Bart wie wildgewachsenes Sauerkraut und einen knochentrockenen Humor. Nachdem die zwei durch eine aufspritzende Flußfurt geritten sind, gelangen sie auf die staubige Hauptstraße von Bloody Hill. Dort binden sie ihre Mustangs an ein Geländer, das unter einem Balkon angebracht ist. Dies ist notwendig, weil im dritten Akt eine Szene vorkommt, in der sie mit gegrätschten Beinen aus dem Zimmer der Colorado-Lilly direkt auf die parkenden Pferderücken springen. Die geduldigen Rösser wiehern entzückt und sind nun nicht mehr einzuholen. Auch nicht von den Schurken Bill Mc Govern und seiner Bande. - Vorerst aber steht der Held an der Bar und läßt sich von der verrufenen Lilly bedienen, die aber absichtlich so tief gesunken ist, weil sie für ihren kranken Bruder Geld verdienen muß. Plötzlich kommt der Schurke und sagt:"Was, du willst mir einen Drink ausschlagen! Kalkuliere, du willst vor weitem trinken." Daraufhin schütten sie sich gegenseitig aus Sechzehntelgläsern den Whisky zu, ohne den Mund zu treffen. Dann folgt ein Boxkampf, bei dem man die klatschenden Schläge bis nach San Antonio hört. Als der Bösewicht nicht mehr kann, greift er tückisch nach dem Colt. Das sieht natürlich der Dreifinger-Mann im großen Spiegel über der Bartheke. Blitzschnell zieht er seine Kugelspritze und pumpt den schuftigen Slim so voll Blei, daß dieser in Anbetracht seines erhöhten Gewichts zwangsläufig zu Boden geht. Durch seine Brust scheinen die letzten Strahlen der Abendsonne. - Rauschendes Aufschnaufen zeigt die Zufriedenheit der Kinobesucher. Die Männer werden von ihren Bräuten prüfend am Oberarm angefaßt. - In der Schlußszene geht der Drei-Fingerbob mit gemäßigten Fußballerbeinen durch die menschenleere Hauptstraße, denn im Gefängnis schmachtet sein einziger Freund. Dieser aber entdeckt im letzten Augenblick, bevor er gehängt werden soll, daß die Zellenstäbe genau so weit auseinander stehen, um den Wächter mühelos heranzulocken, niederzuschlagen und der Schlüssel zu berauben. Sein Pferd steht schon seit Tagen mit eingeschaltetem Taxometer an der hinteren Tür. Nunmehr beginnt es zu knallen. 16 Schüsse fallen, 18 Banditen sinken aus den Sätteln. Der Ausbrecher trägt Wildlederhandschuhe und schießt aus der Hüfte. Nach der letzten Patrone bläst er das Rauchwölkchen von der Revolvermündung und galoppiert zu Lilly. Er legt die Aufschluchzende quer vor sich über den Sattel wie einen blonden Sack. Dann reitet er in den Abend hinein, knapp an der untergehenden Sonne vorbei. Den Dreifinger-Bob aber, der den Rückzug gedeckt hat, hat's erwischt. Mit fünf Unzen Blei in der Milzgegend macht er sich auf die große Reise. Sterbend verlangt er noch eine auf C-Dur gestimmte Mundharmonika, um dem jungen Paar das letzte Liebeslied zu spielen:"Braune Rose, jippi, jippi, jei." So treu ist er. - 124 junge Helden verlassen stumm und mit schleppenden Schritten das Kino. Schurken sind auch darunter. Well!

Tafelbild — Kinohelden — Sigi Sommer

Was macht den Western spannend?

Personen	Situationen
• Held	• Beleidigung
• Freund	• Schlägerei
• Freundin	• Schießerei
• Bandit(en)	• Flucht

Der Held siegt immer!

Sigi Sommer will durch Übertreibung:
- den Western 'auf den Arm nehmen'
- den Leser erheitern

→ Satire

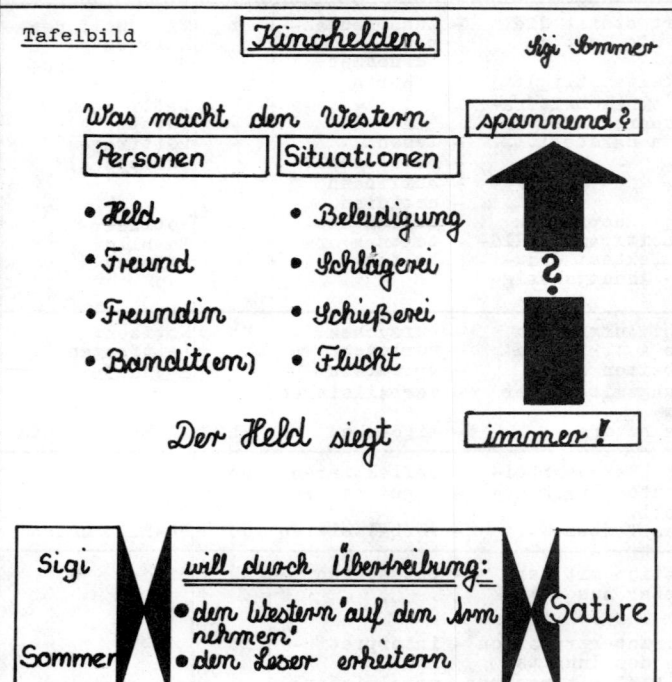

Lernziele: Die Schüler sollen:

1. erkennen, daß die Spannung im Western auf Personen und Situationen beruht;
2. die Verfasserintention erkennen und verbalisieren können;
3. den Begriff Satire kennen;
4. durch Analogiebildung erkennen, daß der Western für den Helden stets gut endet;
5. das Problem der Identifikation mit dem Helden erkennen wollen.

Folie 1

Nach einer Untersuchung des deutschen Jugendwerks werden von den 14 - 17 Jahre alten Jugendlichen folgende Filme bevorzugt:

Abenteuerfilme	25%
Wildwestfilme	45%
Liebesfilme	20%
Rest	10%

Medien:
- Wandtafel
- Arbeitsblatt
- Folien
- Tageslichtproj.
- Filmplakat (s.rechts, für Ls 1)

TERENCE HILL — BUD SPENCER — Das bisher Stärkste der unschlagbaren Zwei! ZWEI BÄRENSTARKE TYPEN — 10. Woche ab 6 Jahren

UG	Lehrschritte (Artikulationsdefinition)	Lehrinhalte und Lernziele (= Lz)	Lehrakte .... Lernakte		Sozial-formen	Lernhilfen
Eröffnungsphase	1. Lehrschritt (Denkbereichs-begrenzung)	Kinoplakat	Sachimpuls: Fragment eines Kinoplakats; Aussprache darüber.	– betrachten – vermuten	Hb	Kinoplakat
	2. Lehrschritt (Problemorientierung und Zielangabe)	Statistik über Besuch von Kinofilmen 'Kinohelden'	Sachimpuls: Folie mit Statistik über Kinobesuch von Jugendlichen. Erarbeitungsgespräch: Durch ein impulsgesteuertes Gespräch wird die Problemfrage 'Was macht den Western spannend?' erzielt. Diese Frage beantworten wir heute anhand eines Lesestücks von Sigi Sommer mit dem Titel 'Kinohelden'.	– lesen – verbalisieren – reagieren – schließen – formulieren	Hb Hb	Folie 1 OHP Tafelbild: Überschrift und erster Satz
Erarbeitungsphase	3. Lehrschritt (Informations-übergabe)	Text	Vortrag: Lehrer liest bis 'bevor er gehängt werden soll'.	– zuhören – verstehen	Hb	Arbeitsblatt
	4. Lehrschritt (Informations-vermutung)	Ausgang der Geschichte	Impuls: Ich glaube, der hat keine Chance mehr. Die Schüler unterbreiten Lösungsvorschläge für den Ausgang der Geschichte.	– vermuten	Hb	
	5. Lehrschritt (Informations-entnahme)	Text	Arbeitsauftrag: Lies den restlichen Text und bearbeite dann den Auftrag für flinke Leser: ... 16 Schüsse fallen, 18 Banditen sinken aus den Sätteln ... Kann man das glauben?	– lesen – verstehen – überlegen – notieren	Aa	Arbeitsblatt
	6. Lehrschritt (Sachstrukturelle Analyse)	Isolieren der Personen	Verarbeitungsgespräch: Einer steht im Mittelpunkt (Held). Colorado-Lilly hat eine Beziehung zum Helden (Freundin). Eine Person ist stets in der Nähe des Helden, um zu helfen (Freund). Im Saloon legt sich jemand mit dem Helden an (Bandit). Begleitende Tafelanschrift!	– zuhören – erinnern – formulieren	Hb	Wandtafel: . Held . Freund . Freundin . Bandit(en)
	7. Lehrschritt (Sachstrukturelle Analyse)	Isolieren der Situationen	Arbeitsauftrag: Besprich mit deinem Nachbarn und unterstreiche die Stellen, die du gerne im Film gesehen hättest. Verarbeitungsgespräch: Die Schüler lesen die entsprechenden Stellen vor und drücken das Geschehen jeweils durch einen Begriff aus: – Beleidigung – Schlägerei – Schießerei – Verhaftung, Ausbruch. Begleitende Tafelanschrift!	– erinnern – besprechen – unterstreichen – vorlesen – kategorisieren – formulieren	Pa Hb	Arbeitsblatt Arbeitsblatt Wandtafel: . Beleidigung . Schlägerei . Schießerei . Flucht
	8. Lehrschritt (Verallgemeinerung)	Vergleich mit bekannten Fernsehserien	Erarbeitungsgespräch: Anhand einer Folie mit den Titeln folgender Fernsehserien – Rauchende Colts – Shilo Ranch – Marshal v. Cimarron kommen die Schüler zu der Erkenntnis, daß im Western die Personen und Situationen fast immer gleich sind. Fixierung der Erkenntnis. Impuls: Du schaltest den Fernseher ein und siehst den Helden. Bald ist er in größter Gefahr. Doch du hast keine Angst um ihn! Der Held siegt immer! (Fixierung)	– lesen – berichten – vergleichen – erkennen – formulieren – zuhören – verallgemeinern	Hb Hb	Folie, OHP Wandtafel: Personen Situationen Wandtafel: Der Held siegt immer!
	9. Lehrschritt (Kommunikativ-linguistische Analyse)	Merkmale der Satire	Erarbeitungsgespräch: Rückgriff auf den Arbeitsauftrag für flinke Leser. Schülermeinungen und Impulse führen zu den Merkmalen der Satire: – Übertreibung – sich lustig machen über etwas – den Leser erheitern wollen.	– vortragen – überlegen – erkennen – formulieren	Hb	Wandtafel: Gesamtergebnis (letzter Block)
Sicherungsphase	10. Lehrschritt (Verifizierung)	Analysenbelege aus dem Text	Arbeitsauftrag: Suche weitere Textstellen, in denen sich S. Sommer durch Übertreibung über den Western lustig macht!	– aufsuchen – erkennen – vorlesen	Aa	Arbeitsblatt
	11. Lehrschritt (Ausklang)	Problem der Identifikation	Erarbeitungsgespräch: Die Schüler erklären im Verlauf des Gesprächs die Verfasserintention, die sich deutlich in der Überschrift und im Schlußsatz niederschlägt.	– nachlesen – überlegen – deuten	Hb	Arbeitsblatt

Hauptlernziel: Einblick in die Merkmale trivialer Texte (als Grundlage zur Bearbeitung)	Unterrichtsthema: Was macht den Witz witzig?	Autor: Gerd Jocher
		Unterrichtszeit Empfehlung: 45 Min.

Vorbemerkungen:
- Bei der Auswahl des Wort- und Bildmaterials zur Bewältigung des 3. Lehrschritts muß darauf geachtet werden, daß alle sichtbaren Unterscheidungsmerkmale von Witzen dabei Berücksichtigung finden.
- Die auf Arbeitsblatt 2 dargebotenen Witze wurden willkürlich ausgewählt und lassen sich jederzeit durch andere, die sich zur Zeit bei den Schülern einiger **Beliebtheit erfreuen, ersetzen**.
- Aus Gründen der Effektivität ist es denkbar, die Sicherungsphase im 8. Lehrschritt halbschriftlich in Allein- oder Partnerarbeit durchzuführen.

Lernziele:
Die Schüler sollen:
1. die sichtbaren Unterscheidungsmerkmale von Witzen erkennen und verbalisieren können;
2. Oberbegriffe für in Witzen agierende Personen finden und so die Gattung bestimmen können;
3. die Pointen erkennen und deren Wirkung durch einen Begriff erklären können;
4. ihm unbekannte Witze selbständig nach den erarbeiteten Kriterien analysieren können.

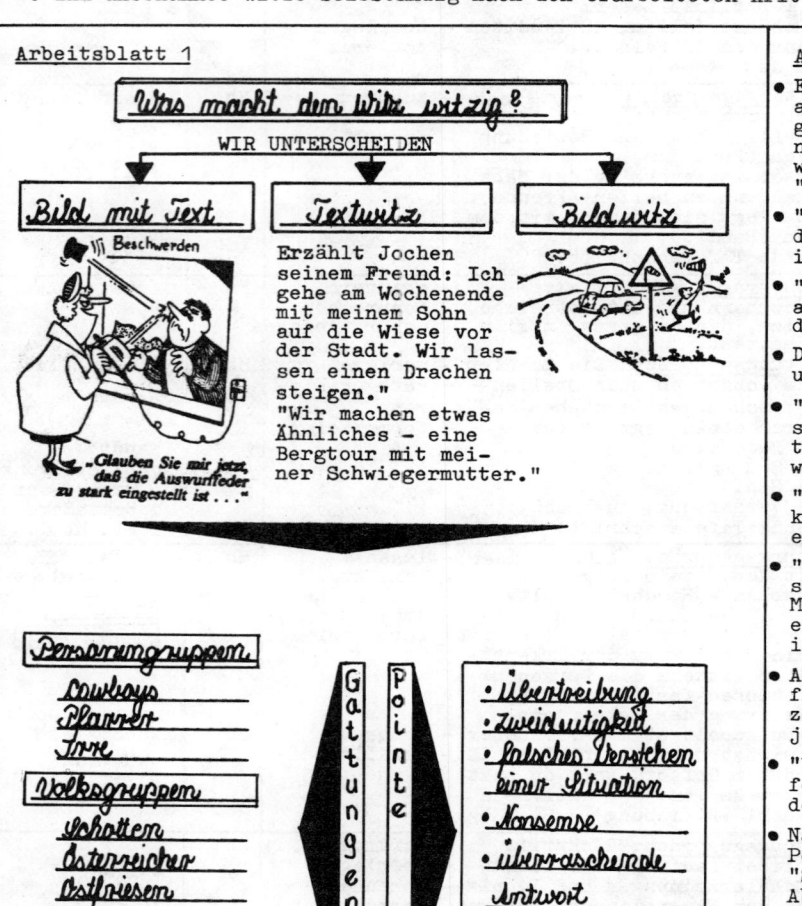

Arbeitsblatt 1

Was macht den Witz witzig?
WIR UNTERSCHEIDEN

Bild mit Text | **Textwitz** | **Bildwitz**

Bild mit Text (Beschwerden): „Glauben Sie mir jetzt, daß die Auswurffeder zu stark eingestellt ist..."

Textwitz: Erzählt Jochen seinem Freund: „Ich gehe am Wochenende mit meinem Sohn auf die Wiese vor der Stadt. Wir lassen einen Drachen steigen." „Wir machen etwas Ähnliches – eine Bergtour mit meiner Schwiegermutter."

Personengruppen:
- Cowboys
- Planner
- Irre

Volksgruppen:
- Schotten
- Österreicher
- Ostfriesen

usw.
- Tiere
- Sex

Gattungen ⟷ **Pointe**
- Übertreibung
- Zweideutigkeit
- falsches Verstehen einer Situation
- Nonsense
- überraschende Antwort

Arbeitsblatt 2

- Ein Fremder kommt nach Gunhill Town. Er klopft an die Tür des rauhen Jimmy. „Können sie mir sagen, wo ich Tom Smith finde?". „Den werden sie nirgends finden." „Wieso, man hat mir gesagt er wohnt nur einen Gewehrschuß von ihnen entfernt." „Eben deshalb!"

- „Begegne ich einem Gäubiger, wechsle ich rasch die Straßenseite." – „Ist es nicht sehr ermüdend immer Zickzack zu gehen?"

- „Ein Pfund Briketts, bitte."–„Geschnitten oder am Stück?"–„Lassensie es, ich habe eine Flasche dabei."

- Da war doch noch der pensionierte Lokführer, der unter Entzugserscheinungen litt ...

- „Sind sie betrunken,"fragt der Wachtmeister,"Sie sind ja eben Schlangenlinien gefahren!" – „Betrunken? Nein! Aber würden sie die niedlichen weißen Mäuse einfach überfahren?"

- „Herr Ober, in meinem Kirschkuchen befindet sich keine einzige Kirsche!" – „Haben sie schon mal einen Hundekuchen gesehen, in dem Hunde sind?"

- „Lieber Mann,"sagte der Arzt „Ihre Magenschmerzen sind mir klar. Sie haben ein Taschenmesser im Magen liegen." – „Das ist eine gute Nachricht," erwidert der Degenschlucker,"Ich dachte schon, ich hätte etwas Verkehrtes gegessen."

- Angestellter zum Chef:"Kann ich morgen einen Tag frei bekommen? Wir feiern unsere Silberne Hochzeit." – „Schon recht. Aber nicht, daß Sie mir jetzt alle 25 Jahre mit so was kommen!"

- „Wohin darf's denn heute gehen?" fragt der Chauffeur. – „Ich möchte Selbstmord begehen", seufzt der Baron,"fahren sie mich gegen einen Baum."

- Nachdem Mc Mackinson sein Mittagessen auf den Pence genau bezahlt hatte, meinte der Kellner: „Selbst der Inhaber des Sparsamkeitsrekordes von Aberdeen gab mir stets 2 Pence Trinkgeld!" Da streckte der Gast blitzartig seine Hand aus und rief:"Gratulieren Sie mir – ich bin ab sofort der neue Rekordinhaber."

Medien:
- Wandtafel
- Arbeitsblätter 1 und 2
- Witzseite einer Illustrierten
- Folien
- Tageslichtprojektor

UG	Lehrschritte (Artikulationsdefinition)	Lehrinhalte und Lernziele (= Lz)	Lehrakte .... Lernakte		Sozialformen	Lernhilfen
Eröffnungsphase	1. Lehrschritt (Eingrenzung des Denkbereichs)	Erzählter Witz	Vortrag: Erzählt Hans seinem Nachbarn: "Ich gehe am Wochenende mit meinem Sohn auf die Wiese vor der Stadt. Wir lassen den Drachen steigen!" - "Wir machen etwas ähnliches - eine Bergtour mit meiner Schwiegermutter!"	- zuhören - verstehen - sich äußern	Hb	
	2. Lehrschritt (Problemorientierung und Zielangabe)	Was macht den Witz witzig?	Erarbeitungsgespräch: Durch ein impulsgesteuertes Gespräch werden die Schüler zur Formulierung der Zielangabe geführt. Fixierung.	- überlegen - formulieren - fixieren	Hb	Arbeitsblatt 1: Überschrift
Erarbeitungsphase	3. Lehrschritt (Teilergebniserarbeitung)	Sichtbare Unterscheidungsmerkmale	Arbeitsauftrag: Verteilen einer vervielfältigten Witzseite aus einer beliebigen Illustrierten. Kennzeichne jeweils die Witze, die Gemeinsamkeiten zeigen, durch ein Kreuz in der gleichen Farbe.	- betrachten - vergleichen - erkennen - markieren	Aa	Witzseite einer Illustrierten
	4. Lehrschritt (Teilergebnisgewinnung)	•Bild mit Text •Textwitz •Bildwitz	Verarbeitungsgespräch: Die Schüler tragen ihre Ergebnisse vor und beschreiben die Unterscheidungsmerkmale.	- vortragen - beschreiben	Hb	Arbeitsblatt 1: Wir unterscheiden ...
	5. Lehrschritt (Teilergebniserarbeitung)	Gattungen	Arbeitsauftrag: Notiere die in den Witzen vorkommenden Personen!	- nachlesen - herausschreiben	Aa	Witzseite einer Illustrierten
	6. Lehrschritt (Teilergebnisgewinnung)	Personengruppen, Volksgruppen usw.	Verarbeitungsgespräch: Die Schüler tragen ihre Ergebnisse vor und formulieren Oberbegriffe für die genannten Personen. →Fixierung!	- vorlesen - einteilen - formulieren - aufschreiben	Hb	Notizblock Arbeitsblatt 1: Gattungen ...
	7. Lehrschritt (Teilergebnisgewinnung)	Vielfalt der Pointen	Erarbeitungsgespräch: Anhand der Textwitze auf Arbeitsblatt 2 werden die einzelnen Pointen isoliert und der Grund ihrer belustigenden Wirkung geklärt. → Fixierung!	- lesen - erkennen - erklären - aufschreiben	Hb	Arbeitsblatt 2 Arbeitsblatt 1: Pointe ...

Sicherungsphase	8. Lehrschritt (Anwendung der Arbeitsergebnisse)		Rundgespräch nach Sachimpuls: Verschiedene Witze - Bild mit Text
			              - Textwitz
			              - Bildwitz
			auf Folie. Die Schüler kategorisieren und analysieren die dargebotenen Witze mit Hilfe der oben erarbeiteten Kriterien.
				- betrachten
				- lesen
				- verstehen
				- anwenden
				- vergleichen
				- sich äußern
					Hb/Aa	Folie

	9. Lehrschritt (Ausklang)		Impuls: Jeder hat seinen Lieblingswitz, den er besonders gut erzählen kann ...	- erinnern - erzählen - analysieren - kategorisieren	Hb/Aa	

Folienvorschlag für LS 8

„Gesundheit, Meister!"

„Natürlich sind Federn drin – es ist ja auch Hühnersuppe...!"

„Am besten nehmen Sie ihn gleich mit in Ihre Werkstatt!"

Zwei Angler unterhalten sich. „Im Atlantik", sagt der eine, „habe ich mal einen Fisch gefangen, der war so groß, daß der Wasserspiegel um zehn Zentimeter sank, als ich ihn an Land zog." „Wohl ein Walfisch?" – „Nein, den Wal habe ich als Köder benutzt.

Das Meinungsforschungsinstitut fragt einen Passanten: **„Können Sie sich für die Ideen der Konservativen erwärmen?"** – „Nein, ich mag nichts aus Dosen"

Vertreter nach der Waschvorführung: **„Sagen Sie selbst, ist das nicht phantastisch weiß?"** – „Ja, aber vorher war es bunt!"

Hauptlernziel: Erfassen des Inhalts und der wichtigsten Aussagen der Kurzgeschichte "Saisonbeginn" von Elisabeth Langgässer.	Unterrichtsthema: "Saisonbeginn" Kurzgeschichte von Elisabeth Langgässer	Autor: Smola Josef
		Unterrichtszeit Empfehlung: 1 - 2 UE

Vorbemerkungen:
Die Geschichte weist drei Handlungsebenen auf: Zunächst schildert E. Langgässer (1899 - 1950), wie sich ein Bergdorf auf die neue Saison vorbereitet. Auch die Natur präsentiert sich in ihrem schönsten Gewand: "Überall standen die Wiesen wieder in Saft und Kraft...". Doch in dieser Idylle wird die neue politische Saison deutlich, die mit der Aufstellung des Schildes "Juden unerwünscht!" beginnt und im Holocaust des jüdischen Volkes endet. Die Autorin erlebte selbst leidvoll diese Zeit, da sie im Jahre 1936 Schreibverbot erhielt und ihre älteste Tochter im KZ - Lager Auschwitz verlor. Diese politische Deutung ergibt sich erst am Schluß der Kurzgeschichte, als das Geheimnis der Tafel enthüllt wird.
Die dritte Dimension ist die religiöse: Die Art, wie die Männer das Schild aufstellen, erinnert an die Kreuzigungsgeschichte Christi, der auch mitleidet: "Unerbittlich und dauerhaft wie sein Leiden würde sie (die Inschrift) ihm schwarz auf weiß gegenüberstehen".
Es bietet sich an, die Kurzgeschichte zu lesen, wenn in Geschichte die Zeit der Judenverfolgung durch die Nazis behandelt wurde, weil dann der historische Kontext für die Schüler leichter verständlich wird. Der Text selbst ist in vielen Lesebüchern für die 9. Jgst. enthalten (z.B. schwarz auf weiß S. 14, Lesebuch 65 S. 37 usw.), so daß die Kurzgeschichte nicht abgedruckt werden muß.

Lernziele:
Die Schüler sollen:
1. zu einem Bild von einem Bergdorf in Verbindung mit der Überschrift "Saisonbeginn" Vermutungen anstellen;
2. Informationen über das Leben von Elisabeth Langgässer erhalten;
3. den Inhalt der Kurzgeschichte anhand von Bildern wiedergeben und mit entsprechenden Textstellen belegen;
4. die Überschrift der Kurzgeschichte deuten können;
5. Parallelen zur Kreuzigungsgeschichte Christi erkennen und angeben können;
6. wichtige Merkmale der Kurzgeschichte erkennen;
7. die Kurzgeschichte sinnvertiefend lesen können.

② Transparent

| ① Ein Bergdorf bereitet sich auf die neue _Saison_ vor. Zeile von ___ bis ___ | ② Drei Männer suchen nach einem _geeigneten_ Platz zum Aufstellen eines Schildes. Zeile von ___ bis ___ | ③ Das Schild wird _rechts_ neben dem Kreuz aufgestellt. Zeile von ___ bis ___ |
| ④ Manche Leute _lachen_, manche sind _unsicher_ oder _gleichgültig_. Zeile von ___ bis ___ | ⑤ Die Verbotstafel betrifft auch _Christus_. Zeile von ___ bis ___ | ⑥ "In diesem Kurort sind _Juden_ _unerwünscht!_" Verbotstafel Zeile: ___ |

① Bild von einem Bergdorf

SAISONBEGINN

Tafelbild:
SAISONBEGINN
von Elisabeth Langgässer (1899 - 1950)

- E. Langgässer erhielt 1936 von den Nazis als Halbjüdin Schreibverbot.
- Sie verlor ihre älteste Tochter im KZ-Lager Auschwitz.

1. Zum Inhalt:
   a) Ein Bergdorf bereitet sich auf die neue Fremdensaison vor.
   b) Ein Schild wird aufgestellt mit der Aufschrift "In diesem Kurort sind Juden unerwünscht!"
2. Zur Aussage:
   a) Die neue Saison ist die Zeit des Hitlerregimes.
   b) Mit dem Aufstellen des Verbotsschildes beginnt in Deutschland die Zeit der Judenverfolgung.
   c) wie die Juden, so wird auch Christus verfolgt.
3. Zum Aufbau der Kurzgeschichte:

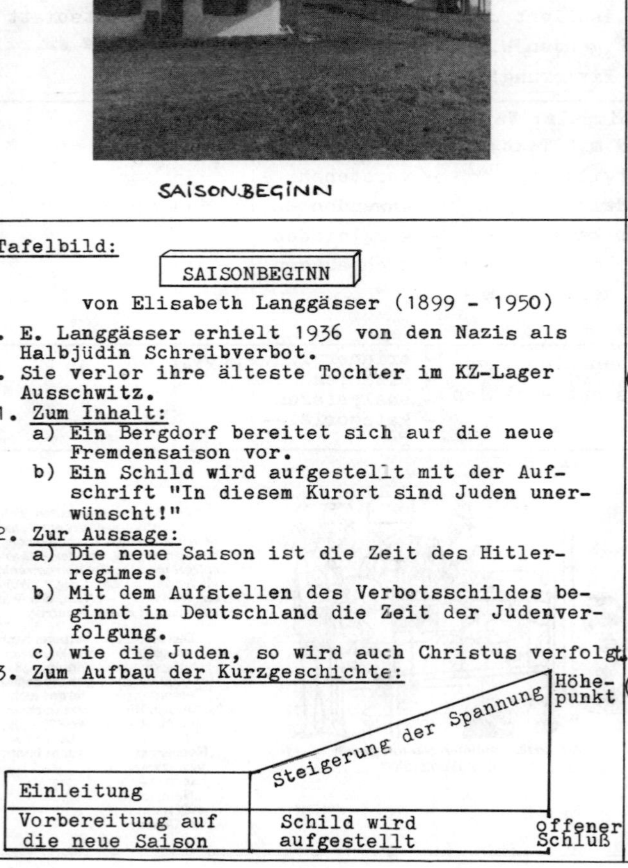

Einleitung	Steigerung der Spannung	Höhepunkt
Vorbereitung auf die neue Saison	Schild wird aufgestellt	offener Schluß

Arbeitsblatt:
SAISONBEGINN
von Elisabeth Langgässer (1899 - 1950)

① Zum Inhalt:
a) Ein Bergdorf bereitet sich auf die _neue Saison_ vor.
b) Ein Schild wird aufgestellt: "Juden sind _unerwünscht!_"

② Welche Zeilen aus dem Text haben Ähnlichkeit mit dem Bericht von der Kreuzigung Christi?
Joh.19, 18-20: "Er trug selber sein Kreuz und ging hinaus zu dem Ort, den man Schädelstätte nennt ... Dort kreuzigten sie ihn." Auf der Kreuzesaufschrift stand geschrieben: "Jesus von Nazareth, König der Juden." "Diese Aufschrift lasen viele Juden."
Mt.27,39: "Die Vorübergehenden aber lästerten ihn, schüttelten ihre Köpfe und sagten ..."
Textparallelen:
"Die Männer schleppten den Pfosten" ... "Der dritte nagelte rasch das Schild mit wuchtigen Schlägen auf..."
"Einige lachten, andere schüttelten nur den Kopf..."
"In diesem Kurort sind Juden unerwünscht!"

③ Zur Aussage:
a) Die neue Saison ist die Zeit des _Hitlerregimes_.
b) Mit dem Aufstellen des Verbotsschildes beginnt die _Judenverfolgung_ in Deutschland.
c) Wie die Juden, so wird auch _Christus_ verfolgt.

UG	Lehrschritte (Artikulationsdefinition)	Lehrinhalte und Lernziele (= Lz)	Lehrakte	Lernakte	Sozialformen	Lernhilfen
Eröffnungsphase	1. Lehrschritt: (Einstimmung)	Vermutungen der Schüler zur Überschrift. (Lz 1)	Sachimpuls: Mittels Epidiaskop wird das Bild von einem Bergdorf mit der Überschrift "Saisonbeginn" eingeblendet. Erarbeitungsgespräch: Freie Schüleräußerungen: Mögliche Vorbereitungen auf eine neue Saison.	- betrachten - verbalisieren	Hb Hb	Bild ①
	2. Lehrschritt: (Zielangabe)	Titel der Kurzgeschichte; Informationen über Elisabeth Langgässer. (Lz 2)	Bericht: Wir lesen heute eine Geschichte mit der Überschrift "Saisonbeginn" von Elisabeth Langgässer. Sie wurde 1899 in Alzey (Rheinhessen) geboren. Als Halbjüdin erhielt sie 1936 Schreibverbot von den Nazis. Ihre älteste Tochter starb im KZ Auschwitz. 1950 starb sie in Rheinzabern. Fixierung der wichtigsten Angaben an der Tafel.	- zuhören - wiederholen	Hb	Tafelbild
	3. Lehrschritt: (inhaltliche Erfassung)	Inhaltserfassung (Lz 3)	Arbeitsauftrag: Lies die Geschichte durch und löse die Aufgaben auf der Folie! Verarbeitungsgespräch: Ausfüllen der Lückentexte zu den Bildern 1 bis 6; Fixierung der entsprechenden Zeilenangaben.	- lesen - berichten - schreiben	Aa Hb	Text Transparent ②
	4. Lehrschritt: (Teilzusammenfassung)		Arbeitsauftrag: Du kannst auf dem Arbeitsblatt den 1. Punkt bereits ergänzen! Verarbeitungsgespräch: Vorlesen bzw. Vergleichen der Ergebnisse; Fixierung an der Tafel.	- schreiben - berichten	Aa Hb	Arbeitsblatt 1a und b Tafelbild Punkt 1a u. b
Erarbeitungsphase	5. Lehrschritt: (politische Aussage des Textes)	Erfassen der politischen Aussage. (Lz 4)	Arbeitsauftrag: Überlege mit deinem Nachbarn, woran man erkennen kann, daß eine neue Zeit angebrochen ist! Verarbeitungsgespräch: Der Saisonbeginn kann zweifach gedeutet werden: - Vorbereitung auf die neue Sommersaison (Belegen durch Textstellen); - Die Judenverfolgung unter Hitler kündigt sich an: Juden sind unerwünscht. Fixierung der Aussagen an der Tafel.	- lesen - sich äußern	Aa Hb	Text Tafelbild Punkt 2a und b
	6. Lehrschritt: (religiöse Aussage des Textes)	Parallelen zur Kreuzigungsgeschichte. (Lz 5)	Arbeitsauftrag nach Impuls: Einige Stellen des Textes erinnern uns an ein Ereignis, das sich vor 2000 Jahren zugetragen hat! Bearbeitet in Partnerarbeit Punkt 2 auf dem Arbeitsblatt! Verarbeitungsgespräch: Vorlesen bzw. Erläutern der Parallelen im Text. Fixierung der Ergebnisse an der Tafel.	- zuhören - lesen - schreiben - berichten - begründen	Pa Hb	Arbeitsblatt Punkt ② Tafelbild Punkt 2c
	7. Lehrschritt: (Teilzusammenfassung)	(Lz 4 und 5)	Arbeitsauftrag: Ergänze nun im Arbeitsblatt den Punkt 3! Verarbeitungsgespräch: Vortragen der Ergebnisse.	- schreiben - berichten	Aa Hb	Arbeitsblatt Punkt ③
Sicherungsphase	8. Lehrschritt: (wertende Stellungnahme)	Deutung der Überschrift. (Lz 4)	Frage: Warum hat wohl E. Langgässer als Überschrift für die Kurzgeschichte "Saisonbeginn" gewählt? Denke an ihr persönliches Schicksal! Erarbeitungsgespräch: E. Langgässer hat selbst viel Leid erfahren. Sie möchte deutlich machen, wie die NS-Zeit der Judenverfolgung begann, und wie sich die Menschen teilweise verhalten haben: Schweigen, Lachen, Gleichgültigkeit.	- reflektieren - sich äußern	Hb Hb	
	9. Lehrschritt: (literarische Form)	Merkmale der Kurzgeschichte. (Lz 6)	Impuls: Du kannst mit Hilfe des Spannungsbogens beweisen, daß es sich um eine Kurzgeschichte handelt. Erarbeitungsgespräch: Gliederung der Kurzgeschichte; Höhepunkt und offener Schluß fallen zusammen.	- reflektieren - begründen - schreiben	Hb Hb	Tafelbild Punkt 3
	10. Lehrschritt: (sinngestaltendes Lesen)	Lesen der Kurzgeschichte.	Arbeitsauftrag: Lies die Einleitung der Kurzgeschichte! Lies vor, was zu Bild 5 usw. paßt!	- lesen	Aa/Hb	Text Transparent ②

43

Hauptlernziel: Einblick in wesentliche Merkmale trivialer Texte am Beispiel des Schlagers "El Lute".	Unterrichtsthema: Was macht ein Schlager aus "El Lute"?	Autor: Günter Drachsler
		Unterrichtszeit Empfehlung: 1 UE

Vorbemerkungen:

Die vorliegende Unterrichtseinheit will an einem Beispiel aufzeigen, wie Schlagertexte manchmal die Wirklichkeit verfälschen. Ziel ist es auch, die Schüler für die oft sehr zweifelhafte Qualität von Schlagertexten zu sensibilisieren und ein kritischeres Konsumverhalten anzubahnen. Im Rahmen der Gesamtsequenz wäre es sinnvoll, weitere und auch andere triviale Texte (Schlager, Groschenromanauszug usw.) in gesonderten Unterrichtseinheiten hinsichtlich sprachlicher Mittel, Struktur der Handlung, Wirkung und Absicht zu analysieren (vgl. Lehrschritt 8), also schwerpunktmäßig unter kommunikativen Aspekten. Eine integrative Verknüpfung bietet sich mit dem Fach Musik an, wo neben Text und Wirkung vor allem musikalische Merkmale des Schlagers erarbeitet werden sollten.

Teillernziele:

Die Schüler sollen:

1. in einem Bericht über das Leben von "El Lute" wichtige Einzelheiten unterstreichen und den Inhalt zusammenfassen;
2. den Schlagertext der deutschen Fassung kennenlernen und Kernaussagen herausfinden;
3. den Schlagertext mit der im Bericht dargestellten Wirklichkeit vergleichen und Unterschiede erarbeiten;
4. Die Wirkung des Schlagers auf den Hörer und die Absicht der Schlagerproduzenten erkennen.

Medien:

Schallplatten bzw. Cassette;
Texte auf Arbeitsblatt;
Tafelbild.

Literatur:

Watzke, O., (Hrsg.) u.a. Lesebuch 7, Donauwörth 1980;

Tafelbild:

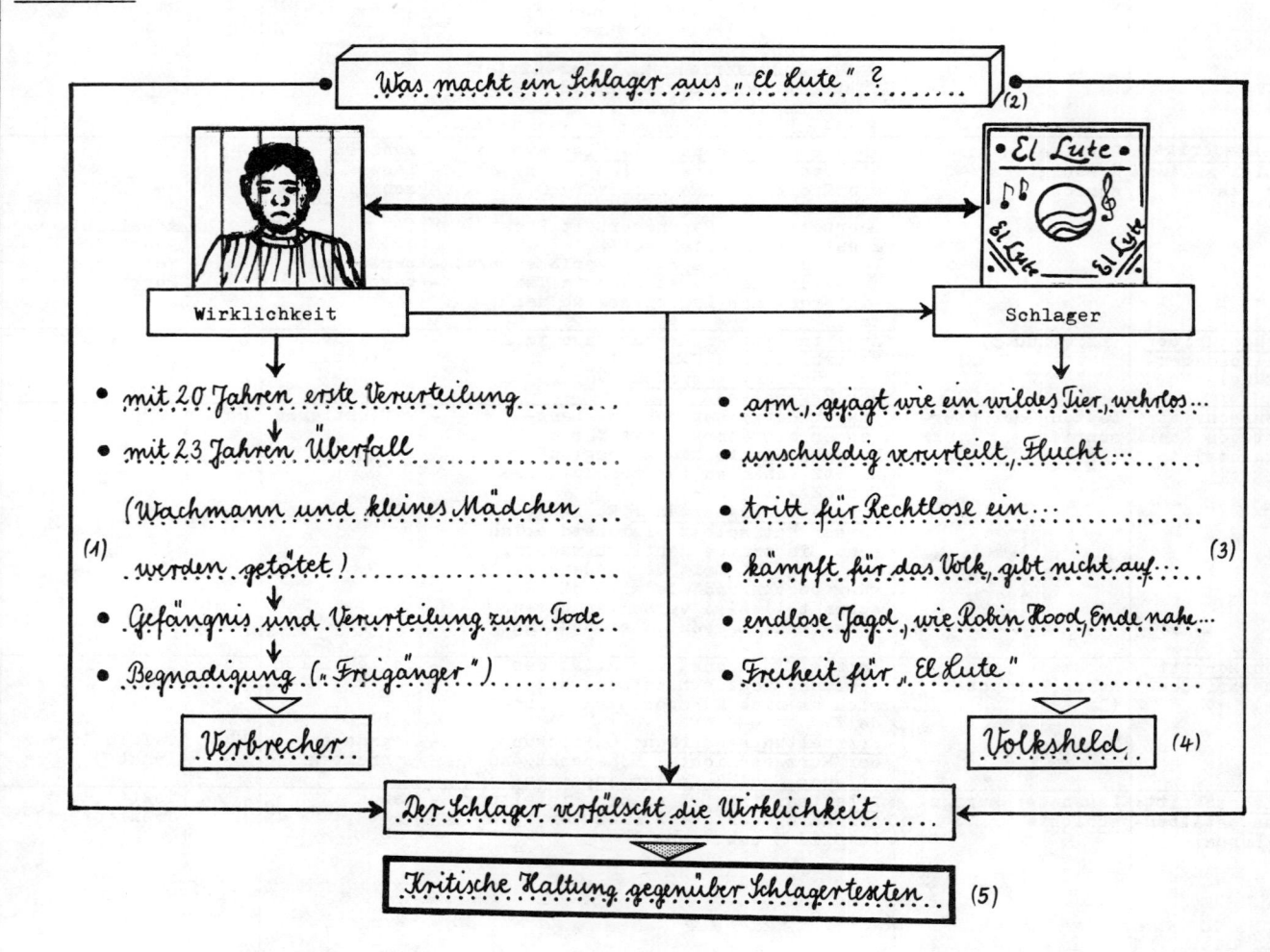

Was macht ein Schlager aus „El Lute"? (2)

Wirklichkeit ←→ **Schlager**

Wirklichkeit:
- mit 20 Jahren erste Verurteilung
- mit 23 Jahren Überfall (Wachmann und kleines Mädchen werden getötet) (1)
- Gefängnis und Verurteilung zum Tode
- Begnadigung („Freigänger")

→ **Verbrecher**

Schlager:
- arm, gejagt wie ein wildes Tier, wehrlos
- unschuldig verurteilt, Flucht
- tritt für Rechtlose ein
- kämpft für das Volk, gibt nicht auf
- endlose Jagd, wie Robin Hood, Ende nah
- Freiheit für „El Lute" (3)

→ **Volksheld** (4)

Der Schlager verfälscht die Wirklichkeit

Kritische Haltung gegenüber Schlagertexten (5)

UG	Lehrschritte (Artikulationsdefinition)	Lehrinhalte und Lernziele (= Lz)	Lehrakte .... Lernakte		Sozialformen	Lernhilfen
Eröffnungsphase	1. Lehrschritt: (Einstimmung)	Akustische Konfrontation mit der englischen Fassung des Schlagers (Ausschnitt).	Arbeitsauftrag: Höre dir das folgende wahrscheinlich bekannte Lied der Popgruppe Boney M. an und bilde dir eine Meinung!	– zuhören – nachdenken – Meinung äußern	Hb	Schallplatte oder Cassette
	2. Lehrschritt: (Zielangabe)	Vorläufiges Stundenthema: ... "El Lute".	Erarbeitungsgespräch: → Titel des Songs: "El Lute". Persönliche Meinungen der Schüler (schöne Melodie, gefällt mir usw.).	– sich äußern	Hb	
Erarbeitungsphase	3. Lehrschritt: (erste Teilergebnisgewinnung)	Bericht über das Leben von "El Lute" (Realität). (Lz 1)	Arbeitsauftrag: Lies den Bericht über "El Lutes" Leben aufmerksam, unterstreiche wichtige Einzelheiten und fasse zusammen! Verarbeitungsgespräch: Einholen der Arbeitsergebnisse und Fixierung.	– zuhören – lesen – unterstreichen – zusammenfassen – sich äußern	Hb/Aa	Informationstext auf Arbeitsblatt Tafelbild (1)
	4. Lehrschritt: (Problemfindung und -fixierung)	Endgültiges Stundenthema: Was macht ein Schlager aus "El Lute"?	Erarbeitungsgespräch nach Impuls: So spielte sich das Leben von "El Lute" in Wirklichkeit ab ... In einem deutschen Schlager werden diese Tatsachen allerdings übergangen ... Fixierung des Stundenthemas.	– zuhören – reflektieren – formulieren – sich äußern	Hb	Tafelbild (2)
	5. Lehrschritt: (zweite Teilergebnisgewinnung)	Akustische Konfrontation mit der deutschen Fassung des Schlagers. Analyse des Schlagertextes. (Lz 2)	Arbeitsauftrag: Den Text der deutschen Fassung findest du auf deinem Arbeitsblatt. Höre genau zu und lies mit! Verarbeitungsgespräch: Erste Äußerungen der Schüler zur Diskrepanz Wirklichkeit – Schlager. Verarbeitungsgespräch nach Arbeitsauftrag: Unterstreiche wesentliche Aussagen des Schlagertextes und besprich dich mit deinem Partner! Fixierung der Beiträge.	– aufnehmen – hören – mitlesen – sich äußern – zuhören – unterstreichen – besprechen	Hb Aa Hb Hb Aa Pa	Schallplatte oder Cassette Arbeitsblatt Schlagertext auf Arbeitsblatt Tafelbild (3)
	6. Lehrschritt: (dritte Teilergebnisgewinnung)	Vergleich des Schlagertextes mit der Wirklichkeit. (Lz 3)	Arbeitsauftrag: Vergleiche den Bericht und den Schlager über "El Lute"! Suche unterschiedliche Aussagen heraus, unterstreiche die entsprechenden Textstellen farbig und mache dir Notizen! Ergebnisfixierung nach Verarbeitungsgespräch: → Der Schlager verfälscht die Wirklichkeit. (Volksheld / Verbrecher)	– zuhören – nachlesen – nachdenken – unterstreichen – notieren – sich äußern	Ga Hb	Arbeitsblatt Tafelbild (4)
Sicherungsphase	7. Lehrschritt: (Gesamtzusammenfassung)	Verbalisierung der Tafelanschrift.	Impuls: Du weißt nun, was der Schlager aus "El Lute" gemacht hat ... (Verweis auf Problemfrage).	– nachdenken – verbalisieren – erläutern – wiederholen	Hb	Tafelbild als Gesamtdarstellung
	8. Lehrschritt: (Ausweitung und Besinnung)	Wirkung und Absicht des Schlagers. (Lz 4)	Erarbeitungsgespräch nach provokativen Impulsen: Wenn man den Schlager so hört, dann kommen einem fast die Tränen ... → gefühlsbetont, erregt Mitleid ... Die "Schlagermacher" stellen ihre Melodien und Texte nur her, damit der Hörer Freude hat ... → finanzielle Gründe, Geschäft, Anregen zum Kauf ... Erkenntnisgewinnung und -formulierung: → Kritische Haltung, kein kurzsichtiges Konsumverhalten ...	– aufnehmen – reflektieren – sich äußern – schlußfolgern	Hb	 Tafelbild (5)
	9. Lehrschritt: (Ausklang und persönliche Wertung)	Nochmaliges Anhören des Liedes.	Impuls: Nach dem bisher Gehörten wirst du den Schlager nun sicher unter einem anderen Blickwinkel aufnehmen und beurteilen ...	– anhören – reflektieren – besinnen	Hb/Aa	Schallplatte oder Casette

Hauptlernziel:	Unterrichtsthema:	Autor:
Einblick in wesentliche Merkmale trivialer Texte am Beispiel des Chansons "Die heiße Schlacht am kalten Buffet".	Die heiße Schlacht am kalten Buffet. (Chanson von Reinhard Mey)	Günter Drachsler
		Unterrichtszeit Empfehlung: 1 - 2 UE

Vorbemerkungen:
Die ausgearbeitete Unterrichtseinheit könnte die Fortsetzung der Sequenz "Analyse trivialer Texte" darstellen. Da in dieser Stunde, in der die "erziehliche Substanz" und der gesellschaftskritische Ansatz des Textes im Vordergrund stehen soll, bewußt auf die Erarbeitung sprachlicher Darstellungsmittel verzichtet wird, wäre es vielleicht empfehlenswert, diese Zielsetzung in einer eigenen Unterrichtseinheit zu realisieren. Als Alternative oder zusätzliche Möglichkeit bietet sich der Vergleich eines trivialen Textes mit einem literarischen Text an. Das Chanson ist der letzte Titel auf der A-Seite der Langspielplatte "Mein achtel Lorbeerblatt". Beschaffungsprobleme dürften sich sowohl in diesem Fall als auch beim Schlager "El Lute" und dem Chanson "Mein Freund, der Baum" nicht ergeben, da viele der Schüler erfahrungsgemäß zu Hause über ein erstaulich vielfältiges "Musikangebot" (Platten, Cassetten) verfügen und gerne bereit sind, den benötigten Titel in den Unterricht mitzubringen.

Teillernziele: Die Schüler sollen:	Medien:
1. durch Nachschlagen in einem Lexikon den Begriff "Chanson" klären; 2. Schlüsselstellen im Text unterstreichen und den Inhalt des Chansons wiedergeben; 3. aus dem jeweiligen Textabschnitt Ausdrücke herausfinden, die für das Verhalten der Teilnehmer typisch sind; 4. den gesellschaftskritischen Ansatz des Textes und die Intentionen des Interpreten erkennen; 5. auf die Bedeutsamkeit des Textes für ihr eigenes Leben aufmerksam werden; 6. Möglichkeiten aufschreiben, wie sie selber einen Beitrag zur Linderung der Not in der Dritten Welt leisten zu können.	Zeichnung oder Abbildung; Lexikon; Schallplatte oder Cassette; Text auf Arbeitsblatt; Schreibblock; Tafelbild.

Tafelbild:

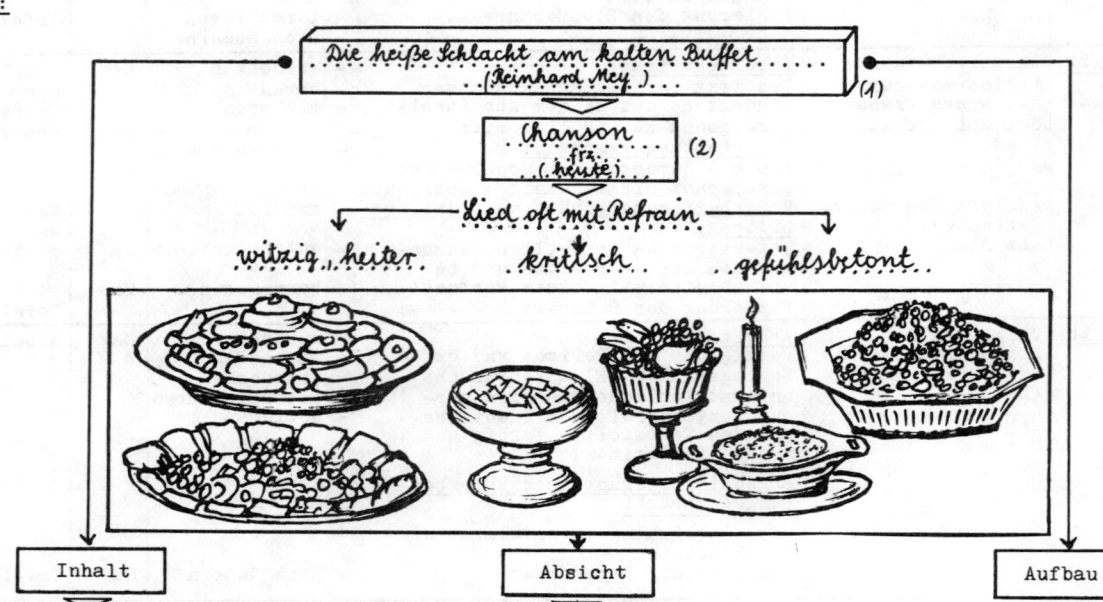

Die heiße Schlacht am kalten Buffet (Reinhard Mey) (1)

Chanson frz. (heute) (2)

Lied oft mit Refrain

witzig, heiter — kritisch — gefühlsbetont

Inhalt | **Absicht** | **Aufbau**

1. Beginn des Essens am Buffet — Denkanstoß — 3 Textteile (je 12 Zeilen)
2. Essen in vollem Gange — Kritik an übersteigertem Konsumverhalten — Reimschema → a b a b
3. Ende des Essens (3) — Hinweis auf Mißstände in der heutigen Wohlstands- und Überflußgesellschaft (4) — Refrain nach 1. und 2. Strophe (je 5 Zeilen) (6)
4. unbedeutende Spende — Verweis auf Armut und Hunger (Dritte Welt) — Reimschema → a b a b
 | | • Textabschluß (je 5 Zeilen)
 | | • Reimschema → a b a b b

Wir überdenken das eigene Konsumverhalten, zeigen Verantwortungsbereitschaft für andere und helfen armen Menschen nach unseren Möglichkeiten. (5)

UG	Lehrschritte (Artikulationsdefinition)	Lehrinhalte und Lernziele (= Lz)	Lehrakte .... Lernakte	Sozialformen	Lernhilfen
Eröffnungsphase	1. Lehrschritt: (Problemstellung bildlich)	Abbildung eines "kalten Buffets".	Erarbeitungsgespräch nach Sachimpuls: → reichlich gedeckte Tafel mit Köstlichkeiten, kaltes Buffet (Begriffsklärung), Feierlichkeit ... — betrachten — überlegen — sich äußern	Hb	Zeichnung oder Abbildung
	2. Lehrschritt: (Zielangabe)	Stundenthema: "Die heiße Schlacht am kalten Buffet" (Reinhard Mey).	Impuls: Du kennst vielleicht ein Lied von Reinhard Mey ... Fixierung des Stundenthemas. — zuhören — nachdenken — sich äußern	Hb	Tafelbild (1)

UG	Lehrschritte (Artikulationsdefinition)	Lehrinhalte und Lernziele (= Lz)	Lehrakte .... Lernakte		Sozial-formen	Lernhilfen
Erarbeitungsphase	3.Lehrschritt: (erste Teilergebnisgewinnung)	Klärung des Begriffes "Chanson" im heutigen Sprachgebrauch. (Lz 1)	Impuls: Wie ein deutscher Schlager klingt sowohl die Melodie als auch der Text nicht... (Hilfsimpuls:...Ursprungsland Frankreich). Verarbeitungsgespräch nach Arbeitsauftrag: Schlage den Begriff "Chanson" im Lexikon nach! Ergebnisfixierung.	- aufnehmen - reflektieren - sich äußern - nachschlagen - wiedergeben	Hb Aa Hb	Lexikon Tafelbild (2)
	4.Lehrschritt: (zweite Teilergebnisgewinnung)	Erste Begegnung mit Melodie und Text. Konfrontation mit dem Text (Inhaltliche Erschließung). (Lz 2)	Arbeitsauftrag: Höre dir nun das Chanson an, besprich dich kurz mit deinem Partner und versuche dann, den Inhalt in eigenen Worten wiederzugeben! Einholen der Schülerbeiträge und Stellungnahme. Verarbeitungsgespräch nach Arbeitsauftrag: Lies den Chansontext auf dem Arbeitsblatt aufmerksam durch, unterstreiche Schlüsselstellen und fasse den Inhalt zusammen! Verdichtung und Fixierung der Schülerbeiträge.	- zuhören - denken - besprechen - wiedergeben - zuhören - nachlesen - unterstreichen - zusammenfassen - belegen	Aa Pa Hb Aa	Schallplatte oder Cassette Text auf Arbeitsblatt Tafelbild (3)
	5.Lehrschritt: (dritte Teilergebnisgewinnung)	Analyse des Chansontextes. (Lz 3)	Verarbeitungsgespräch nach Arbeitsauftrag: Suche aus dem Textabschnitt deiner Gruppe Ausdrücke heraus, die für das Verhalten der Gäste an diesem Buffet typisch sind, unterstreiche auf dem Arbeitsblatt und notiere! Gr. 1: Textteil 1; Gr 2: Textteil 2; Gr. 3: Textteil 3; Gr 4: Textabschluß.	- aufnehmen - lesen - überlegen - suchen - unterstreichen - notieren - sprechen	arbeitsteilige GA	Text auf Arbeitsblatt
	6.Lehrschritt: (vierte Teilergebnisgewinnung)	Gesellschaftskritischer Ansatz und Intentionen des Interpreten. (Lz 4)	Provokative Impulse: R. Mey hat sein Lied geschrieben, weil er uns zeigen möchte, wie schön und lustig so ein Buffet ist... - oder weil er immer so komische Lieder schreibt... - oder weil er auf die prominenten Teilnehmer nur neidisch ist... Erarbeitungsgespräch: →Denkanstoß, Kritik usw. (jeweils Konkretisierung und Belegen durch Textstellen z.B. Übergewicht als Merkmal unserer Zeit: "Recke mit Übergewicht"/rücksichtsloser Einzelkämpfer: "kämpft jeder für sich allein"/schlechtes Benehmen: "es rülpst..."; "in die Handtasche steckt"). Fortführung durch provokativen Impuls: So schlecht sind die Leute auch wieder nicht, da sie ja 10% als Spende geben... →scheinheilige, wenig ergiebige Hilfsbereitschaft zur Gewissensberuhigung: "Geld geh'n 10%... Ergebnisformulierung und -fixierung.	- aufnehmen - reflektieren - sich äußern - konkretisieren - belegen	Hb Hb Aa	Tafelbild (4)
	7.Lehrschritt: (fünfte Teilergebnisgewinnung)	Analyse des Gehaltes (Erhellung der persönlichen Bedeutsamkeit). (Lz 5)	Erarbeitungsgespräch nach Impuls: Nur gut, daß die meisten von uns an solchen Buffets nicht teilnehmen. So gehen uns auch die angeschnittenen Probleme nichts an... →eigenes Konsumverhalten, Verantwortungsgefühl, Verzicht, Hilfsmöglichkeiten... Verdichtung der Beiträge und Fixierung.	- zuhören - reflektieren - kombinieren	Hb	Tafelbild (5)
Sicherungsphase	8.Lehrschritt: (Besinnung und Transfer)	Zweite Begegnung mit Melodie und Text. Eigene Möglichkeiten der Hilfe. (Lz 6)	Arbeitsauftrag: Lasse das Chanson noch einmal auf dich wirken und schreibe auf, wie du selber im Rahmen deiner Möglichkeiten helfen könntest! →Teil des Taschengeldes für Misereor, Adveniat; Fastenopfer usw...	- zuhören - konzentrieren - besinnen - aufschreiben	Hb Aa	Schallplatte oder Cassette Schreibblock
	9.Lehrschritt: (Lernzielkontrolle - schriftlich)	Rekapitulation der Lernergebnisse.	Arbeitsaufträge: Betrachte und durchdenke das Tafelbild! Vervollständige das Arbeitsblatt (evtl. Hausaufgabe)!	- betrachten - durchdenken - bearbeiten	Aa	Tafelbild als Gesamtdarstellung Arbeitsblatt
	10. Lehrschritt: (Stellung der Hausaufgabe)	Aufbau des Chansons (Formale Kriterien)	Arbeitsauftrag: Untersuche den Aufbau des Chansontextes (Strophen, Zeilen, Reimschema)!	- nachlesen - analysieren	Aa	Arbeitsblatt Tafelbild (6)

Hauptlernziel: Überblick über Inhalt, Aufbau und Intention des Chansontextes "Mein Freund, der Baum".	Unterrichtsthema: Mein Freund, der Baum (Chanson von Alexandra).	Autor: Günter Drachsler
		Unterrichtszeit Empfehlung: 1-2 UE

Vorbemerkungen:

Im Rahmen der Jahresplanung des Klassenlehrers wäre es unter sachlogischen und lernpsychologischen Gesichtspunkten sinnvoll, diesen Chansontext eventuell nach der unterrichtlichen Behandlung von Schlagertexten anzusetzen. Didaktische Schwerpunkte in dieser Unterrichtseinheit bilden Inhalt, Aufbau, Intention des Liedtextes. Im Mittelpunkt der Anschlußstunde könnte der Vergleich des Chansontextes "Mein Freund, der Baum" von Alexandra mit dem Mundartgedicht "Mei Baum" von Helmut Zöpfl (verfaßt in Anlehnung an das Chanson) stehen. Abschließend sei noch ein möglicher Vorschlag zum Aufbau der gesamten Lernsequenz angeführt:

I. Analyse Schlagertext(e)
II. 1. UE: Was macht ein Schlager aus "El Lute"? (Vergleich Schlagertext - Wirklichkeit)
    2. UE: Die heiße Schlacht am kalten Buffet (Textanalyse)
    3. UE: Mein Freund, der Baum (Textanalyse)
    4. UE: Mei Baum (Vergleich Mundartgedicht - Chansontext)
III. Analyse Mundartgedicht(e)

Teillernziele:

Die Schüler sollen:

1. im Chansontext Schlüsselstellen unterstreichen und den Inhalt mit eigenen Worten zusammenfassen;
2. den Aufbau des Chansontextes (Strophen, Zeilen, Refrain, Reimschema) analysieren;
3. Grundanliegen bzw. Hauptintentionen der Interpretin herausfinden;
4. "gefühlsbetonte" bzw. "kritische" Stellen im Chansontext unterstreichen und erkennen, daß die Vermenschlichung durch den Vergleich Baum - Freund dazu beiträgt, den Sachverhalt besonders eindrucksvoll und anschaulich darzustellen.

Medien:
Zeichnung und Skizze bzw. Abbildungen;
Schallplatte oder Cassette;
Texte auf Arbeitsblatt;
Tafelbild

Literatur:
Alexandra - Star und Stimme, Polystar (Text auf Plattenhülle);
Zöpfl, Helmut, Das kleine Glück, Rosenheim, 1977;

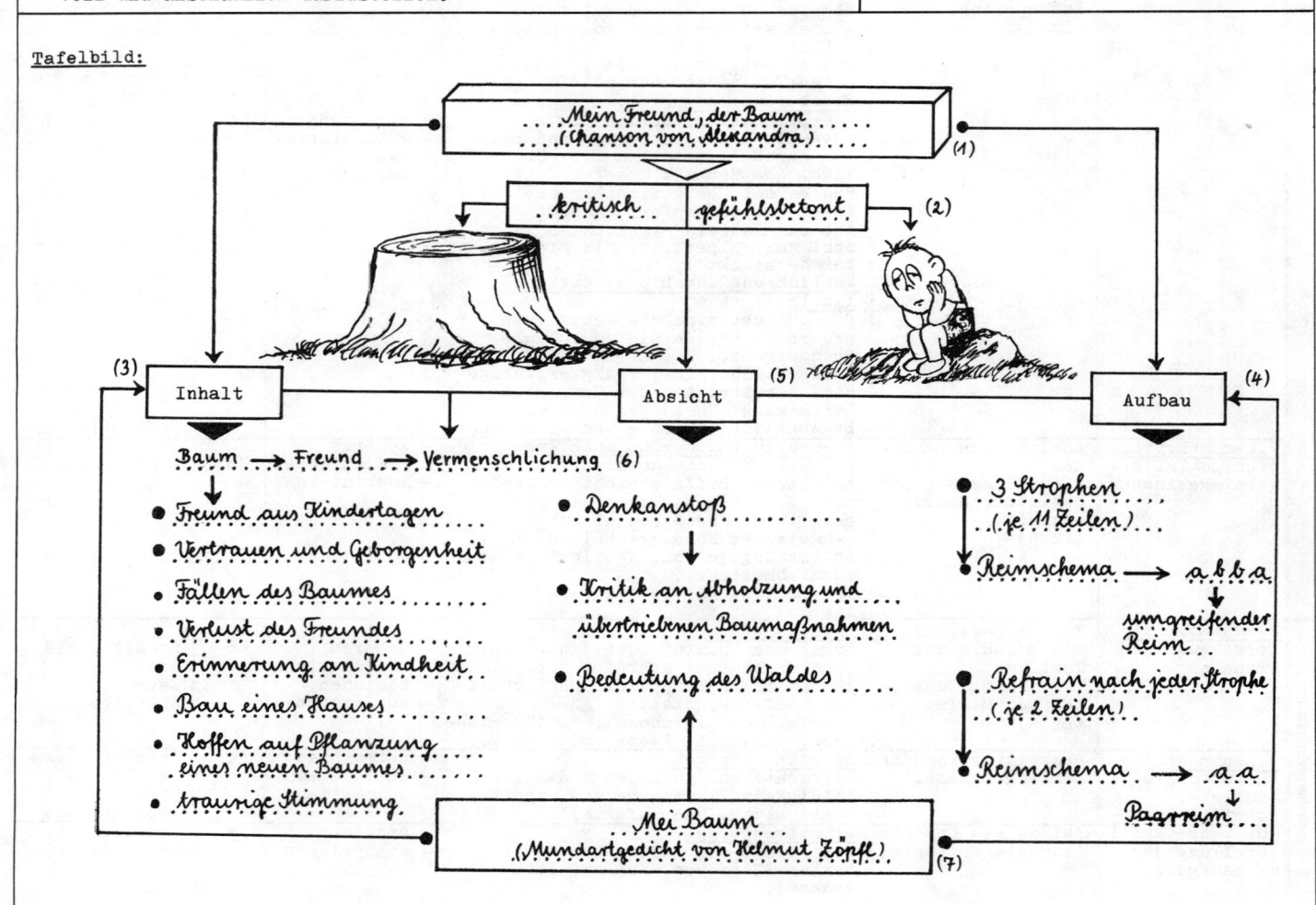

Tafelbild:

Mein Freund, der Baum (Chanson von Alexandra) (1)

kritisch — gefühlsbetont (2)

(3) Inhalt — (5) Absicht — (4) Aufbau

Baum → Freund → Vermenschlichung (6)

- Freund aus Kindertagen
- Vertrauen und Geborgenheit
- Fällen des Baumes
- Verlust des Freundes
- Erinnerung an Kindheit
- Bau eines Hauses
- Hoffen auf Pflanzung eines neuen Baumes
- traurige Stimmung

- Denkanstoß
- Kritik an Abholzung und übertriebenen Baumaßnahmen
- Bedeutung des Waldes

- 3 Strophen (je 11 Zeilen)
- Reimschema → a b b a ↓ umgreifender Reim
- Refrain nach jeder Strophe (je 2 Zeilen)
- Reimschema → a a ↓ Paarreim

Mei Baum (Mundartgedicht von Helmut Zöpfl) (7)

UG	Lehrschritte (Artikulationsdefinition)	Lehrinhalte und Lernziele (= Lz)	Lehrakte .... Lernakte		Sozial-formen	Lernhilfen
Eröffnungsphase	1. Lehrschritt: (Problemstellung - bildlich)	1. Zeichnung eines Baumstumpfes. 2. Skizze eines traurigen Kindes.	Erarbeitungsgespräch nach Sachimpuls: → Brainstorming und Assoziationen zu Bild 1, anschließend zu Bild 2.	- betrachten - reflektieren - assoziieren - sich äußern	Hb	Zeichnung und Skizze bzw. Abbildungen im Tafelbild
	2. Lehrschritt: (Zielangabe)	Stundenthema: Mein Freund, der Baum (Chanson von Alexandra).	Impuls: Die Sängerin Alexandra hat zu diesem Sachverhalt ein Lied geschrieben ... Fixierung des Stundenthemas.	- aufnehmen - überlegen - sich äußern	Hb	Tafelbild (1)
	3. Lehrschritt: (Aktualisierung von Vorwissen)	1. Person "Alexandra". 2. Liedgattung (Chanson).	Bericht bzw. Zusatzinformation: → begabte deutsche Interpretin (Chanson) ... Impuls: Den Begriff "Chanson" hast du schon in der letzten Stunde kennengelernt ... → Lied (Refrain); kritisch, gefühlsbetont ...	- Vorwissen einbringen - nachlesen - erinnern - sich äußern	Hb Aa	s.Lernmaterialien, 3.UE, Nr. 2
Erarbeitungsphase	4. Lehrschritt: (erste Teilergebnisgewinnung)	Erste Begegnung mit Melodie und Text. Konfrontation mit dem Text (Inhaltliche Erschließung). (Lz 1)	Arbeitsauftrag: Höre dir nun das Chanson an und versuche, das Wesentliche des Inhaltes zu erfassen! Einholen der Schülerbeiträge. Verarbeitungsgespräch nach Arbeitsauftrag: Lies den Text konzentriert durch und unterstreiche Schlüsselstellen! Verdichtung und Fixierung geeigneter Schülerbeiträge.	- zuhören - nachdenken - wiedergeben - lesen - überlegen - unterstreichen - sich äußern	Aa Hb Aa Hb	Schallplatte oder Cassette s.Lernmaterialien, 3.UE, Nr. 1 Tafelbild (3)
	5. Lehrschritt: (zweite Teilergebnisgewinnung)	Analyse des Chansontextes (Aufbau)/formale Kriterien) (Lz 2)	Erarbeitungsgespräch nach Impuls: Der Text klingt nicht nur deshalb so gut, weil die Melodie ausgezeichnet zum Inhalt paßt (langsam, traurig usw.) ... → Reim, Refrain ... Verarbeitungsgespräch nach Arbeitsauftrag: Untersuche in der Gruppe den Aufbau des Textes und notiere Stichpunkte! Einholen der Arbeitsergebnisse und Fixierung.	- aufnehmen - reflektieren - sich äußern - zuhören - untersuchen - notieren	Hb Hb Ga	s.Lernmaterialien, 3.UE, Nr. 1 Tafelbild (4)
	6. Lehrschritt: (dritte Teilergebnisgewinnung)	Analyse des Chansontextes (Intentionen der Interpretin). (Lz 3)	Erarbeitungsgespräch nach Impuls: Nach dem, was du über Chansons bereits weißt, kannst du dir vorstellen, daß Alexandra das Lied nicht nur zur Unterhaltung der Hörer geschrieben hat ... → z.B. Kritik an Abholzung, Bedeutung des Waldes ... Fixierung der Lernresultate.	- zuhören - reflektieren - sich äußern	Hb	Tafelbild (5)
	7. Lehrschritt: (Besinnung)	Zweite Begegnung mit Melodie und Text (Vermenschlichung). (Lz 4)	Arbeitsaufträge: Höre dir das Chanson noch einmal bewußt an! Unterstreiche "gefühlsbetonte Stellen im Text grün (Gruppe 1 evtl. Mädchen) und Stellen, wo Kritik anklingt rot (Gruppe 2 evtl. Knaben)! Verarbeitungsgespräch nach Arbeitsauftrag Überlege, wie es der Interpretin gelingt, die Bedeutung des Baumes für sich selber, dem Hörer so eindrucksvoll nahezubringen! → Vergleich mit Freund; Begriff: Vermenschlichung.	- anhören - besinnen - unterstreichen - überlegen - sich äußern	Hb Aa Hb Aa	Schallplatte oder Cassette, Text:s.Lernmaterialien, 3.UE (vgl.Tafelbild 2) Tafelbild (6)
Sicherungsphase	8. Lehrschritt: (Gesamtzusammenfassung)	Rekapitulation der Lernergebnisse.	Arbeitsauftrag: Fasse die Ergebnisse dieser Stunde nun mit Hilfe der Tafelanschrift zusammen!	- aufnehmen - betrachten - zusammen-	Hb	Tafelbild als Gesamtdarstellung
	9. Lehrschritt: (Transfer und Ausweitung)	Aktueller Bezug.	Erarbeitungsgespräch nach Impuls: Obwohl das Lied nun schon fast 15 Jahre alt ist, schneidet es einige zur Zeit besonders aktuelle Themen an ... → Baumsterben, Abholzung, Landschaftsschutz ...	- mitdenken - überlegen - sich äußern	Hb	
	10. Lehrschritt: (vorbereitende Hausaufgabe)	Vorbereitung für Weiterarbeit: Vergleich Chansontext - Mundartgedicht.	Arbeitsauftrag: Lies als Hausaufgabe das Mundartgedicht "Mei Baum" und notiere Unterschiede bzw. Gemeinsamkeiten mit dem Chanson "Mein Freund, der Baum"!	- zuhören - lesen - reflektieren - notieren	Aa	Mundartgedicht s.Lernmaterialien, 3.UE, Nr. 3 Tafelbild (7)

| Lernmaterialien zu den Themen: | 1. Was macht ein Schlager aus "El Lute"? | Autor: |
| | 2. Die heiße Schlacht am kalten Buffet (Chanson von Reinhard Mey) | Günter Drachsler |

1. UE
Arbeitsblatt für Ls 2, 5, 6:

"El Lute" - Die Wirklichkeit, und was ein Schlager daraus macht.
(entnommen: Auer Lesebuch, 7. Jahrgangsstufe S. 167/169)

Bericht
"El Lute" heißt mit bürgerlichem Namen Eleuterio Sanchez. Mit 20 Jahren wurde er wegen Diebstahls vor Gericht gestellt und zum ersten Mal verurteilt. Im Alter von 23 Jahren verübte er mit zwei Helfern in Madrid einen Überfall auf ein Juweliergeschäft. Dabei wurde ein Wachmann getötet.

Als die Polizei Eleuterio Sanchez festnehmen wolte, kam es zu einer Schießerei. Dabei fand ein kleines Mädchen durch einen Querschläger den Tod.

Sanchez wurde gefangengenommen, vor Gericht gestellt und zum Tode verurteilt. Später wandelte man die Todesstrafe in eine 30jährige Gefängnisstrafe um, im Jahre 1978 wurde im Rahmen einer Begnadigungsaktion der spanischen Regierung auch die Strafe des damals 35 Jahre alten Eleuterio Sanchez gemildert. Als sog. "Freigänger" arbeitet er tagsüber bei einem Anwalt, muß aber bis zur Verbüßung seiner Strafzeit jeden Abend zum Schlafen ins Gefängnis zurück.

Schlagertext
EL LUTE

Dies ist die Geschichte von El Lute.
Ein Mann der geboren wurde,
um wie ein wildes Tier gejagt zu werden,
weil er arm war und sich nicht wehren konnte,
aber er gab sich mit seinem Schicksal nicht zufrieden
und heute wurde seine Ehre wieder hergestellt.

Er war 19 und arm und verurteilt zum Tod,
dabei wußten alle, der Schuldige war nicht El Lute.
Man begnadigte ihn, er bekam lebenslang,
er träumte von Flucht und ließ nichts unversucht,
bis er schließlich entkam,
damit fing die Jagd an - nach El Lute.

Er hat nie das Licht der Sonne gesehen,
sie nannten ihn El Lute.
Was er wollte, war nur ein Zuhaus und mehr Brot
und ein Ende von Hunger und Not.
Aber Spanien war damals kein Land
für einen wie El Lute,
doch weil er für das Recht der Rechtlosen stand,
waren sie für El Lute.

Und es sprach sich herum,
daß es nicht um El Lute nur ging.
Hier war einer wie sie,
und er beugte sich nie,
ihre Hoffnung, sie stieg,
denn sein Sieg war ihr Sieg,
denn sein Sieg war ihr Sieg.

Auf und ab durch das Land ging die endlose Jagd,
wo immer er war, überall hing das Bild von El Lute.
Er war wie Robin Hood, und es ging lange gut,
dann schloß sich die Falle, das Ende schien nah,
doch ein Wunder geschah -
in dem sonnigen Land - von El Lute.

Er hat nie das Licht der Sonne gesehen,
sie nannten ihn El Lute.
Was er wollte war nur ein Zuhaus und mehr Brot,
und ein Ende von Hunger und Not,
und es kam ein neuer Morgen ins Land,
er kam auch für El Lute,
denn die Freiheit, die dort für die Menschen heut gilt
sie gilt auch für El Lute.

Er hat nie das Licht der Sonne gesehen ...

2. UE
Arbeitsblatt für Ls 4, 5, 10:

DIE HEISSE SCHLACHT AM KALTEN BUFFET

I.
1 Gemulmel dröhnt drohend wie Trommelklang
2 bald stürzt eine ganze Armee
3 die Treppe hinauf und die Flure entlang;
4 dort steht das kalte Buffet.
5 Zunächst regiert noch die Hinterlist,
6 doch bald schon brutale Gewalt.
7 Da spießt man, was aufzuspießen ist,
8 die Faust um die Gabel geballt.
9 Mit feurigem Blick und mit Schaum vor dem Mund
10 kämpft jeder für sich allein
11 und schiebt sich in seinen gefräßigen Schlund,
12 was immer hinein paßt, hinein!

a Bei der Schlacht am kalten Buffet,
b da zählt der Mann noch als Mann,
c und Auge um Auge, Aspik um Gelee.
d Hier zeigt sich, wer kämpfen kann!
e Hurra! Hier zeigt sich, wer kämpfen kann!

II.
13 Da blitzen die Messer, da prallt das Geschirr
14 mit elementarer Wucht
15 auf Köpfe und Leiber, und aus dem Gewirr
16 versucht ein Kellner die Flucht.
17 Ein paar Veteranen im Hintergrund
18 tragen Narben auf Hand und Gesicht,
19 quer über die Nase und rings um den Mund,
20 wohin halt die Gabel sticht.
21 Ein tosendes Schmatzen erfüllt den Raum,
22 es grunzt, es rülpst und es quiekt.
23 Fast hört man des Kellners Hilferuf kaum,
24 der machtlos am Boden liegt!

a Bei der heißen Schlacht am kalten Buffet,
b da ...

III.
25 Da braust es noch einmal wie ein Orkan.
26 Ein Recke mit Übergewicht
27 wirft sich aufs Buffet im Größenwahn,
28 worauf es donnernd zerbricht.
29 Nur leises Verdauen dringt noch an das Ohr,
30 das Schlachtfeld wird nach und nach still.
31 Unter Trümmern sieht angstvoll ein Kellner hervor,
32 der längst nicht mehr fliehen will.
33 Eine Dame träumt lächelnd vom Heldentod,
34 gebettet in Kaviar und Sekt!
35 Derweil sie, was übrig zu bleiben droht,
36 blitzschnell in die Handtasche steckt!

I Das war die Schlacht am kalten Buffet,
II von fern tönt das Rückzugssignal
III Viel Feind, viel Ehr und viel Frikassee.
IV Na dann "Prost" bis zum nächsten Mal! Hurra!
V Na dann "Prost" bis zum nächsten Mal!

VI Das war die Schlacht am kalten Buffet,
VII und von dem vereinnahmten Geld
VIII geh'n 10 Prozent, welch noble Idee,
IX als Spende an "Brot für die Welt"!
X Hurra! Als Spende an "Brot für die Welt"!

Lernmaterialien zum Thema: 3. Mein Freund, der Baum
(Chanson von Alexandra)

Autor: Günter Drachsler

3. UE

1. **MEIN FREUND, DER BAUM**
(Chanson von Alexandra)

I.
1 Ich wollt dich längst schon wiederseh'n
2 mein alter Freund aus Kindertagen
3 ich hatte manches dir zu sagen
4 und wußte du wirst mich versteh'n
5 als kleines Mädchen kam ich schon
6 zu dir mit all den Kindersorgen
7 ich fühlte mich bei dir geborgen
8 und aller Kummer flog davon
9 hab ich in deinem Arm geweint
10 strichst du mit deinen grünen Blättern
11 mir übers Haar mein alter Freund

   Mein Freund der Baum ist tot
   er fiel im frühen Morgenrot

II.
1 Du fielst heut früh ich kam zu spät
2 du wirst dich nie im Wind mehr wiegen
3 du mußt gefällt am Wege liegen
4 und mancher der vorübergeht
5 beachtet nicht den Rest von Leben
6 und reißt an deinen grünen Zweigen
7 die sterbend sich zur Erde neigen
8 wer wird mir nun die Ruhe geben
9 die ich in deinem Schatten fand
10 mein bester Freund ist mir verloren
11 der mit der Kindheit mich verband

   Mein Freund der Baum ...

III.
1 Bald wächst ein Haus aus Glas und Stein
2 dort wo man ihn hat abgeschlagen
3 bald werden graue Mauern ragen
4 dort wo er liegt im Sonnenschein
5 vielleicht wird es ein Wunder geben
6 ich werde heimlich darauf warten
7 vielleicht blüht vor dem Haus ein Garten
8 und erwacht zu neuem Leben
9 doch ist er dann noch schwach und klein
10 und wenn auch viele Jahre gehn
11 er wird nie mehr derselbe sein

   Mein Freund der Baum ...

3. **Mei Baum**
(nach einem Lied der Alexandra)

War nix no grün sonst weit und breit,
er hat als erster d' Fruahjahrszeit
uns ozoagt und vom neuen Lebn
mit seine Blattl Kund uns gebn.
Hab braucht bloß ausm Fenster schaun,
na hab i'n gseing mein Freund, an Baum.
Beim Fangsterl, beim Versteckerlspui,
dort habn'ma ogschlagn, er war's Zui.
Hab zerst auf eahm mi kraxln traut,
auf eahm drobn unser Lager baut.
De Vögl habn in seine Äst
drin gsunga und habn baut ihr Nest.
Hat d' Sonna mal recht runterbrennt,
er hat uns kühlen Schatten gspendt.
Und später war er abnds der Ort
an dem mir habn uns troffn dort.
... Heut warn oa da mit ara Säg.
Sei Platz is leer, mei Freund is weg.
Mein Gott, i kann's no gar net glaubn.
Er lebt net mehr mei Freund, der Baum.
... Vielleicht, daß ma an neuen dann
an seiner Stell pflanzt irgendwann.
Bestimmt werd der aa Schattn gebn,
werdn Vögl in seim Laub drin lebn.
Und trotzdem bleibt für mi was leer.
Mei Freund der Baum, der lebt net mehr.

Helmut Zöpfl

2. Zur Person von Alexandra:

Alexandra Doris Treitz;
1944 im Memelland geboren (Flüchtling);
studierte in Hamburg Graphik;
jobte als Zimmermädchen, um Gitarre zu
kaufen;
Sekretärin, später Redakteurin;
Beziehung zu russischer Folklore;
begabte, sehr erfolgreiche deutsche
Chanson-Sängerin;
markante, tiefe, rauchige Stimme;
1969 bei einem Verkehrsunfall tödlich
verunglückt;
bekannte Lieder: Zigeunerjunge, Erstes
Morgenrot, Sehnsucht, Schwarze Balalaika,
Mein Freund, der Baum.

Hauptlernziel:	Unterrichtsthema:	Autor: Otto Hofmeier
Fähigkeit, literarische Texte zu erschließen.	"Die Kaninchen, die an allem schuld waren" (James Thurber).	Unterrichtszeit Empfehlung: 1 – 2 UE / 45-90 Min.

Vorbemerkungen:
- Gemessen an den klassischen Bestimmungsmerkmalen literarischer Gattungsformen ist eine eindeutige Einordnung des vorliegenden Textes kaum möglich und wohl auch zweitrangig.
- Der analogische Textaufbau eröffnet neben der ausformulierten Moral zahlreiche andere Übertragungsmöglichkeiten.
- Die genannten Kriterien erschweren die literarische Erschließung des Textes und erfordern eine diesbezüglich geübte Klasse bzw. einen entsprechenden Zeitaufwand.

Lernziele: Die Schüler sollen:
1. die inhaltliche Struktur des Textes erfassen,
2. die beschriebenen Verhaltensweisen analysieren und verallgemeinernd bewerten,
3. den analogischen Textaufbau erkennen und wesentliche Grundaussagen ableiten,
4. eine literarische Einordnung des Textes nach bekannten Gattungsmerkmalen versuchen, abweichende Kriterien bestimmen und neue kennenlernen,
5. Vergleiche zwischen dem literarischen Text und aktuellen sowie geschichtlichen Ereignissen herstellen,
6. die literarische Darstellung mit einer Karikatur mit einer gleichartigen Grundaussage vergleichen,
7. die Realitätsbezogenheit der ausformulierten Moral hinterfragen,
8. in verschiedenen Formen des Lesens (erschließendes, überschauendes, begründendes, bewußtes, sinngestaltendes, ...) geschult werden.

OHP-Folie:

„Will jetzt etwa noch jemand bestreiten, daß das meine innere Angelegenheit ist?"
Zeichnung: Haitzinger

Literatur:
- Haitzinger; Karikatur in: Augsburger Allgemeine; 1980;
- "schwarz auf weiß", Texte 9; Hermann Schroedel Verlag KG; Hannover 1979;
- Wolfrum, Dr., Erich; Taschenbuch des Deutschunterrichts; Burgbücherei Wilhelm Schneider; Esslingen 1972;

Medien:
Textblatt oder Lesebuch; OHP-Projektor; OHP-Folien; Arbeitsblatt; Notizblock.

OHP-Folie/Arbeitsblatt:

DIE KANINCHEN, DIE AN ALLEM SCHULD WAREN

Mißfallen an der Lebensweise

Die Kaninchen sind schuld an:
- Erdbeben → Hämmern auf den Erdboden
- Blitzschlag → Salatfresser
- Überschwemmung → Mohrrübenknabberer

fallen über die Kaninchen her, soweit sie ein, fressen sie auf.
- fragen nach dem Verbleib der Kaninchen
Antwort: seien gefressen worden, daher eine „rein innere Angelegenheit"
- verlangen eine Begründung
- wollten ausreißen: Dies ist keine Welt für Ausreißer!

Flucht? STOP Dies ist keine Welt für Ausreißer!

① ②

Willkürliche Gewalt der Stärkeren (Intoleranz gegenüber anderer Lebensweise → Unberechtigte Vorwürfe → Ausrottung) | Hilfloses Ausgeliefertsein der Schwächeren (nur die Flucht bleibt; auf andere ist kein Verlaß) | Untätigkeit der Gesicherten (scheinbare Anteilnahme)

- Dem Mächtigen genügen Vorwände, um seine Ziele und Launen durchzusetzen.
- Wenn es darauf ankommt, ist auf andere kein Verlaß.
- Ein Wehrloser ist einem Starken hilflos ausgesetzt.

③

UG	Lehrschritte (Artikulationsdefinition)	Lehrinhalte und Lernziele (= Lz)	Lehrakte .... Lernakte		Sozialformen	Lernhilfen
Eröffnungsphase	1. Lehrschritt (Wiederholung)	Bekannte literarische Gattungsformen und deren typische Merkmale.	Rundgespräch: Fabel (Der Fuchs und die Weintrauben, ...), Tiere sprechen und handeln wie Menschen,...; Satire ...	– wiederholen – zuordnen – Beispiele nennen	Aa/Hb	
	2. Lehrschritt (Textbegegnung)	Erlesen des Inhalts (Lz 1, 8)	Ankündigung/ Arbeitsauftrag: Der Text "Die Kaninchen, die an allem schuld waren" von James Thurber ist nicht leicht einzuordnen. Gegen Ende der Stunde werden wir es versuchen. Lies zunächst, worum es geht!	– zuhören – erlesen	Hb Aa	Text: "Die Kaninchen, die an allem schuld waren";
Erarbeitungsphase	3. Lehrschritt (Klärung und Strukturierung des Inhalts)	Entwickeln einer strukturierten Darstellung. (Lz 1, 8)	Erarbeitungsgespräch: Absichten, Vorwände und Aktivitäten der Wölfe; Reaktion der Kaninchen und der anderen Tiere; Dialog der Wölfe mit den anderen Tieren.	– nacherzählen – berichten – nachlesen – strukturieren – verbalisieren – mitschreiben	Hb	OHP-Projektor; OHP-Folie und Arbeitsblatt ①; Text;
	4. Lehrschritt (Erschließen des Gehalts - Teilzielerarbeitung)	Bewertung der Verhaltensweisen. (Lz 2, 8)	Partnergespräch - arbeitsteilig (Arbeitsauftrag): Bewertet das Verhalten der Wölfe (bzw. Kaninchen bzw. anderen Tiere)! Verarbeitungsgespräch: Wölfe: Intoleranz - Vorwände - Gewalt; Kaninchen: friedfertig - passiv; Andere Tiere: scheinbare Anteilnahme.	– besprechen – nachlesen – bewerten – verbalisieren – besprechen – fixieren	Pa Hb	Text; OHP-Projektor; OHP-Folie und Arbeitsblatt ②;
	5. Lehrschritt (Erschließen des Gehalts - Teilzielerarbeitung)	Erkenntnisse auf Grund der beschriebenen "Erfahrungen". (Lz 3, 8)	Gruppengespräch (Arbeitsauftrag): Aus den "Erfahrungen" der Kaninchen lassen sich wichtige Erkenntnisse ableiten. Versucht solche herauszufinden! Verarbeitungsgespräch: Auswertung der Arbeitsergebnisse.	– abstrahieren – nachlesen – besprechen – notieren – vorlesen – besprechen – fixieren	Ga Hb	Text; Arbeitsblatt ① ②; Notizblock; OHP-Projektor; OHP-Folie und Arbeitsblatt ③;
Sicherungsphase	6. Lehrschritt (Einordnung)	Vertiefung des Gattungsverständnisses. (Lz 4)	Erarbeitungsgespräch: Merkmale der Fabel - Tiere als Handlungsträger; Merkmale der Satire - Mittel der Übertreibung; Merkmale der Parabel - die Handlung ist in vielen Bereichen analog, nicht nur die "Lehre".	– überlegen – bestimmen – begründen – unterscheiden – abgrenzen – zuhören	Hb	
	7. Lehrschritt (Transfer)	Aktuelle und geschichtliche Bezüge (Lz 5)	Gruppengespräch (Arbeitsauftrag): Überlegt, auf welche aktuellen oder geschichtlichen Ereignisse sich die Erkenntnisse aus dem Text übertragen lassen! Verarbeitungsgespräch: Auswertung der Arbeitsergebnisse.	– nachdenken – besprechen – notieren – verbalisieren – erläutern	Ga Hb	Notizblock;
	8. Lehrschritt (Vergleich)	Text - Karikatur. (Lz 5, 6)	Erarbeitungsgespräch: Hintergrundinformation; Intentionen; Ausdrucks- und Gestaltungsmittel;	– betrachten – analysieren – vergleichen – verbalisieren	Hb	Karikatur auf OHP-Folie; OHP-Projektor;
	9. Lehrschritt (Wertung)	Realitätsbezug der "Moral"? (Lz 7)	Erarbeitungsgespräch: In der Regel läßt sich diese "Moral" nicht praktizieren.	– hinterfragen – erkennen	Hb	
	10. Lehrschritt (Ausklang)	Sinngestaltendes Lesen. (Lz 8)	Arbeitsauftrag: Lies den Text vor. Versuche dabei, das Sarkastische im Reden und Verhalten der Wölfe sowie die nur scheinbare Hilfsbereitschaft und Anteilnahme der anderen Tiere am Schicksal der Kaninchen hervorzuheben!	– vorlesen – zuhören	Aa Hb	Text;

Die Kaninchen, die an allem schuld waren

James Thurber

Es war einmal – selbst die jüngsten Kinder erinnern sich noch daran – eine Kaninchenfamilie, die unweit von einem Rudel Wölfe lebte. Die Wölfe erklärten immer wieder, daß ihnen die Lebensweise der Kaninchen ganz und gar nicht gefalle. (Von ihrer eigenen Lebensweise waren die Wölfe begeistert, denn das war die einzig richtige.) Eines Nachts fanden mehrere Wölfe bei einem Erdbeben den Tod, und die Schuld daran wurde den Kaninchen zugeschoben, die ja, wie jedermann weiß, mit ihren Hinterbeinen auf den Erdboden hämmern und dadurch Erdbeben verursachen. In einer anderen Nacht wurde einer der Wölfe vom Blitz erschlagen, und schuld daran waren wieder die Kaninchen, die ja, wie jedermann weiß, Salatfresser sind und dadurch Blitze verursachen. Die Wölfe drohten, die Kaninchen zu zivilisieren, wenn sie sich nicht besser benähmen, und die Kaninchen beschlossen, auf eine einsame Insel zu flüchten.

Die anderen Tiere aber, die weit entfernt wohnten, redeten den Kaninchen ins Gewissen. Sie sagten: „Ihr müßt eure Tapferkeit beweisen, indem ihr bleibt, wo ihr seid. Dies ist keine Welt für Ausreißer. Wenn die Wölfe euch angreifen, werden wir euch zu Hilfe eilen – höchstwahrscheinlich jedenfalls."

So lebten denn die Kaninchen weiterhin in der Nachbarschaft der Wölfe. Eines Tages kam eine schreckliche Überschwemmung, und viele Wölfe ertranken. Daran waren die Kaninchen schuld, die ja, wie jedermann weiß, Mohrrübenknabberer mit langen Ohren sind und dadurch Überschwemmungen verursachen. Die Wölfe fielen über die Kaninchen her – natürlich nur um ihnen zu helfen – und sperrten sie in eine finstere Höhle – natürlich um sie zu schützen. Wochenlang hörte man nichts von den Kaninchen, und schließlich fragten die anderen Tiere bei den Wölfen an, was mit ihren Nachbarn geschehen sei. Die Wölfe erwiderten, die Kaninchen seien gefressen worden, und da sie gefressen worden seien, handle es sich um eine rein innere Angelegenheit. Die anderen Tiere drohten jedoch, sich unter Umständen gegen die Wölfe zusammenzuschließen, wenn die Vernichtung der Kaninchen nicht irgendwie begründet würde. Also gaben die Wölfe einen Grund an.

„Sie versuchten auszureißen", sagten die Wölfe, „und wie ihr wißt, ist dies keine Welt für Ausreißer."

Moral: Laufe – nein, *galoppiere* schnurstracks zur nächsten einsamen Insel.

Hauptlernziel:	Unterrichtsthema:	Autor:
Die Schüler sollen die Aussagen einer Glosse filtrieren und diese zum Gegenstand ihres Berichtes machen.	Von der Glosse zum Bericht.	Bernd Meierhöfer
		Unterrichtszeit Empfehlung: 2 UZE

Der Mitläufer

"Daß ich besoffen war, Herr Oberrichter", räumte der Rudi nach längeren Erörterungen gnädig ein, "geb' ich zu. Aber alles andere was der Hirnheiner da erzählt hat, muß er aus'm Märchenbüchle haben. Anders kann ich mir das nicht erklären."

Bei dem "Hirnheiner" handelt es sich um einen staatlichen Grüngardisten der Führerschein-Zwick-Kompanie und bei seinen angeblichen Erzählungen aus Tausendundeiner Nacht um eine Mitternacht im Januar.

Der Rudi war wie der Don Promillo persönlich aus seiner kleinen Schluckauf-Bar gewackelt, hatte sich dreimal bekreuzigt und sich dann hinters Steuer seines Holzvergasers, Baujahr gleich nach der Währungsreform, geklemmt. "Weil", gab er zu Protokoll, "lauf'n hab' ich nimmer können."

Neben dem Randsteinschleifer wachte aber in der aktenkundigen Nacht das schläfrige Auge des Gesetzes, und wie der Rudi seinen Zündschlüssel herumdrehen hat wollen, ist auch noch der Arm des Gesetzes dazu gekommen. Der Herr Polizeimeister hat durchs Fenster gelangt, den Schlüssel wieder anders herumgedreht und dem Rudi den Start zur Alkoholiker-Rallye verboten. Vielmehr verbieten wollen.

Im Zeugenstand erklärte der Freund und Helfer, warum es zu der Amtshandlung nicht ganz gekommen ist. "Der hat", sagte er, "auf einmal sein Fenster wieder 'naufgedreht, den Motor angelassen und ist losgefahren."

Ungünstig wirkte sich dabei aus, daß der Arm des Gesetzes noch im Auto war und der Herr Wachtmeister gezwungenermaßen mitlaufen mußte. "Zuerst ist es ja noch gegangen", erinnerte er sich an die leichtathletische Nacht, "aber dann hat der in sei'm Suff auf einmal Gas gegeben und ich hab' rennen müssen, daß mir der Schweiß herunter gelaufen ist."

Mit zirka dreißig Sachen habe der Rudi erst eine Ehrenrunde um den Plärrer gedreht, sei dann in Richtung Südstadt abgebogen und erst am Kohlenhof habe der Mitläufer aufs Trittbrett springen können. "Da kann ich doch bloß lachen", verkündete der Rudi in seinem Plädoyer, "sowas gibt's doch überhaupt nicht. Vielleicht, daß der auf sei'm Streifengang eingeschlafen ist und daß er alles geträumt hat."

Weil aber Zeugen da waren, die die zwangsweise Marathon-Einlage des Herrn Wachtmeisters bei Gott dem Allmächtigen bestätigen konnten, wollte der Amtsgerichtsrat nicht so recht an einen Traum glauben. Zwei Jahre muß der Rudi jetzt seinen Führerschein im Schließfach hinterlegen, für die knapp drei Promille zwölfhundert Mark zahlen und wegen dem eingeklemmten Arm des Gesetzes schüttete das Gericht außerdem noch sechs Monate zur Bewährung aus.

"Schade dafür", sagte der wenig reuige Rudi nach dem gepflegten Urteil, "daß wir da die Zeit nicht mitgestoppt haben, die hätt' der Zadobek a für sein Sportabzeichen verwenden können."

nach Klaus Schamberger

Vorbemerkungen:

- Der "Bericht" wurde bereits in den vergangenen Jahrgangsstufen behandelt, weshalb seine Merkmale als bekannt vorauszusetzen sind.
- Durch die Verwendung der Glosse soll:
  - der Schüler zur erneuten Auseinandersetzung motiviert werden;
  - die gemeinsame sachliche Ausgangsposition geschaffen werden;
  - die individuelle Denkfähigkeit gefördert werden;
  - die Übernahme vorgegebener Sprachstrukturen verhindert werden.

Teillernziele:

Die Schüler sollen:
1. die Glosse lesen und ihre Kennzeichen erarbeiten;
2. die Übertreibungen der Glosse markieren;
3. die Glosse auf den Ereigniskern reduzieren;
4. den Ereigniskern zeitlich und sachlich vernünftig gliedern;
5. die Gliederung vervollständigen und sichern;
6. einen Zeugenbericht verfassen.

Medien:
Textblatt
Folie mit Verlaufsdiagramm
Block
Heft

Literatur:
Klaus Schamberger, Ich bitte um Milde II, Sigena-Verlag Wendelstein b. Nürnberg 1980
Schröer/Dauenhauer, Deutsch Teil 2 - Sprachgestaltung, Gehlen Verlag Bad Homburg 1976

Verlaufsdiagramm

I. Einleitung

In der Nacht vom ... verlor Rudi in ... nicht nur den Führerschein.

II. Hauptteil

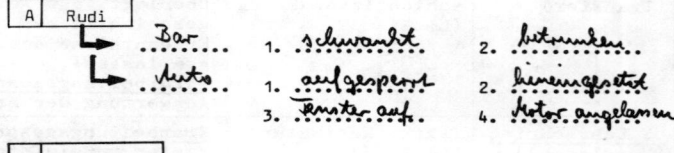

A | Rudi
→ Bar ... 1. schwankt 2. betrunken
→ Auto 1. aufgesperrt 2. hineingesetzt 3. Fenster auf 4. Motor angelassen

B | Polizist
→ beobachtet Rudi
→ Auto 1. langt durchs Fenster 2. stellt Motor ab 3. bittet Rudi "auszusteigen"

C | Rudi und der Polizist

- schließt Scheibe	1	- Arm eingeklemmt
- startet Motor	2	- will sich befreien
- rollt an	3	- läuft mit
- fährt schneller	4	- rennt mit, springt auf
- beschleunigt weiter	5	- befreit sich
- flüchtet und wird gestellt	6	- springt ab und zeigt an

III. Schluß

Für diese Straftaten erhielt Rudi zwei Jahre Führerscheinentzug, eine Geldstrafe von 1200,- DM und 6 Monate Gefängnis zur Bewährung.

Hausaufgabe:

Verfasse zu obigem Ereignis einen Zeugenbericht. Beachte dabei die 6 W-Fragen: wer? - wann? - wo? - was? - wie? - weshalb?

UG	Lehrschritte (Artikulationsdefinition)	Lehrinhalte und Lernziele (= Lz)	Lehrakte .... Lernakte		Sozial-formen	Lernhilfen
Eröffnung	1. Lehrschritt (Provokation)	Schaffung der Ausgangssituation. (Lz 1)	Arbeitsaufgabe: Lies das Textblatt leise.	– lesen – schmunzeln – erfassen	Aa	Textblatt
Erarbeitungsphase	2. Lehrschritt (erstes Teilergebnis – Analyse und Erarbeitung)	Kennzeichen der Glosse. (Lz 1, Lz 2)	Erarbeitungsgespräch nach Frage: Würdest du diesen Text von Klaus Schamberger als Bericht bezeichnen? Arbeitsauftrag: Markiere die Stellen, die nicht in einen Bericht gehören.	– verneinen – begründen – markieren – verbalisieren	Hb Aa	Textblatt
	3. Lehrschritt (zweites Teilergebnis – Erarbeitung)	Kern der Glosse. (Lz 3)	Erarbeitungsgespräch nach Auftrag: Stelle den wahren Sachverhalt in eigenen Worten dar. Gesprächsweise Erschließung des Kerns der Glosse. Der Unterschied der Glosse zum Bericht. Erkennen bzw. Identifizieren der Übertreibungen.	– überlesen – heraussuchen – nennen – bestätigen – resümieren	Hb/Aa	Textblatt
	4. Lehrschritt (drittes Teilergebnis – Vorbereitung)	Strukturierung des Kerns der Glosse. (Lz 4)	Feststellung: Einen Teil der Übertreibungen haben wir gestrichen. Aus dem Verbliebenen kannst du mit deinem Nachbarn eine Gliederung für einen Bericht erarbeiten. Einige Partnergruppen arbeiten auf Folie.	– zuhören – nachdenken – ordnen – besprechen – gliedern – notieren	Hb/Pa	Textblatt Block bzw. Leerfolie
	5. Lehrschritt (drittes Teilergebnis – Vorstellung der Erarbeitungsversuche)	Darstellung der erzielten Ergebnisse. (Lz 3, Lz 4)	Verarbeitungsgespräch: Vortrag der Arbeitsergebnisse der Partnergruppen; Vergleich und Wertung der verschiedenen Gliederungsversuche.	– darstellen – fragen – modifizieren – merken – werten	Hb/Pa	Schülerfolie
	6. Lehrschritt (drittes Teilergebnis – Darstellung)	Vorstellung eines Gliederungsrasters. (Lz 3, Lz 4)	Sachimpuls durch Projektion des Gliederungsrasters. Erarbeitungsgespräch mit dem Ziel der Übernahme des Rasters unter besonderer Beachtung der handelnden Personen.	– betrachten – überdenken – vorschlagen – widersprechen – zustimmen	Hb Hb	Folie mit Verlaufsdiagramm
	7. Lehrschritt (drittes Teilergebnis – Verifizierung)	Konkretisierung des Gliederungsrasters. (Lz 4, Lz 5)	Feststellung: Du bist mit dem Raster einverstanden, bearbeite deshalb seine Leerstellen mit deinem Nachbarn; zum Teil auf Folie.	– überlegen – beraten – festlegen – notieren	Hb/Pa	Folie mit Verlaufsdiagramm Leerfolien zur Überlagerung
Sicherungsphase	8. Lehrschritt (Ergebnisbesprechung)	Darstellung der erzielten Ergebnisse. (Lz 3, Lz 4, Lz 5)	Sachimpuls durch die Projektion von Schülerergebnissen. Verarbeitungsgespräch mit dem Ziel der Kontrolle, Korrektur und gemeinsamer Ergebnisformulierung.	– betrachten – überlegen – argumentieren – festhalten	Hb/Pa Hb	Folie mit vervollständigtem bzw. konkretisiertem Verlaufsdiagramm
	9. Lehrschritt (Ergebnisfixierung und Hausaufgabenstellung)	Hefteintrag (Lz 5)	Arbeitsanweisung: Übertrage das Verlaufsdiagramm in dein Heft. Gehe dabei sorgfältig vor; denn nach dem Hefteintrag sollst du zuhause einen Bericht verfassen.	– einteilen – übertragen – rückfragen	Aa	Folie mit Verlaufsdiagramm Heft

Hauptlernziel:	Unterrichtsthema:	Autor: Bernd Meierhöfer
Aus einer gegebenen Stoffsammlung sollen 2 Gliederungen für eine darstellende Erörterung erarbeitet werden.	Ein Aufsatzthema - zwei Gliederungen.	Unterrichtszeit Empfehlung: 2 UE = 90 Min

Vorbemerkungen:
Wird davon ausgegangen, daß Erörterungen in sechs Arbeitsschritten erstellt werden: Themenvergleich/-wahl, Stoffsammlung, Ordnen des Stoffes, Ausfertigung der Gliederung, Ausarbeitung und Überprüfung, befaßt sich folgender Unterricht mit dem vierten Schritt, der Erarbeitung der Gliederung. Dazu wird eine Stoffsammlung vorgegeben und unter verschiedenen Fragestellungen systematisiert.

Teillernziele:
Die Schüler sollen:
1. sich zum Thema "Freizeit" individuell und allgemein vor der Klasse äußern;
2. sich anhand einer vorgefertigten Stoffsammlung über verschiedene Freizeitmöglichkeiten orientieren;
3. die Stoffsammlung unter dem Aspekt verschiedener Schlüsselfragen gliedern;
4. beide Gliederungen als taugliche Möglichkeiten werten;
5. nach einer der beiden Gliederungen eine darstellende Erörterung zuhause verfassen;

Literatur:
- Brendel/Bruckmoser, Prüfungsfach: Deutscher Aufsatz, Manz Verlag München 1982
- Rump Adele, Einführung in die Erörterung, Manz Verlag München 1981
- Schröer/Dauenhauer, Deutsch Teil 2 - Sprachgestaltung, Gehlen Verlag Bad Homburg 1976

Medien:
Arbeitsblatt mit Stoffsammlung; inhaltsgleiche Folie Leerfolien mit Stiften bzw. Block; Aufsatzheft

Arbeitsblatt:
Welche Möglichkeiten sinnvoller Freizeitgestaltung sind dir bekannt?

Stoffsammlung
1. draußen im Freien
2. ausruhen, entspannen
3. nachmittags/abends
4. Gartenarbeit
5. Hobbies
6. künstlerisches Tun
7. Parties
8. herumhängen
9. Hausaufgaben machen
10. zuhause
11. Ferienarbeit
12. fit und gesund halten
13. Wochenende
14. Wartung/Pflege
15. Leistungssport
16. musizieren
17. Veranstaltungen besuchen
18. Erwachsene ärgern
19. Hausarbeiten erledigen
20. Disco, Kino
21. viele weite Reisen
22. menschl. Kontakte pflegen
23. Ferien
24. bei Arbeiten helfen
25. Breitensport
26. Handarbeiten
27. TV, Video
28. Kaufhäuser heimsuchen
29. tägliche Einkäufe
30. Spiele, Sportspiele
31. Münzen sammeln
32. Fort-/Weiterbildung

Arbeitsaufträge:

Abteilung A:
Erstelle eine Gliederung des Hauptteils indem du vier Fragen stellst: A. wann? (Zeit) - B. wo? (Ort) - C. was? (Art) - D. warum? (Ziel)
Verwende nur Punkte aus der Stoffsammlung; einige Punkte sind überflüssig.

Abteilung B:
Erstelle eine Gliederung des Hauptteils indem du nach diesen Gesichtspunkten ordnest: A. Sport - B. Handwerk - C. Vergnügen - D. Hobby.
Verwende nur Punkte aus der Stoffsammlung; einige Punkte sind überflüssig.

Hausaufgabe:
Verfasse zu deiner im Unterricht überarbeiteten Gliederung zuhause eine darstellende Erörterung.

Abteilung A: (Muster der Schülerfolie 1)
A. Zeit der Freizeitgestaltung — eigene Beispiele
  1. nachmittags/abends
  2. Wochenende
  3. Ferien
B. Ort der Freizeitgestaltung
  1. draußen im Freien
  2. zuhause
  3. Disco, Kino
C. Art der Freizeitgestaltung
  1. Hobbies
  2. Breiten- od. Leistungssport
  3. Spiele, Sportspiele
D. Ziel der Freizeitgestaltung
  1. ausruhen, entspannen
  2. fit und gesund halten
  3. menschl. Kontakte pflegen
  4. Fort-, Weiterbildung
E. Meine Meinung

Abteilung B: (Muster der Schülerfolie 2)
A. Sport als Freizeitgestaltung
  1. Leistungssport
  2. Breitensport
  3. Spiele, Sportspiele
B. Handwerk als Freizeitgestaltung
  1. Gartenarbeit
  2. Wartung/Pflege
  3. bei Arbeiten helfen
C. Vergnügen als Freizeitgestaltung
  1. Parties
  2. Veranstaltungen besuchen
  3. TV, Video
D. Hobbies als Freizeitgestaltung
  1. künstlerisches Tun
  2. musizieren
  3. Handarbeiten
  4. Fort-, Weiterbildung
E. Meine Meinung

UG	Lehrschritte (Artikulationsdefinition)	Lehrinhalte und Lernziele (= Lz)	Lehrakte .... Lernakte		Sozial-formen	Lernhilfen
Eröffnungsphase	1. Lehrschritt (inhaltliche Problemabgrenzung)	Begriffsdefinition "Freizeit". (Lz 1)	Sachimpuls durch die Tafelanschrift "Freizeit?" Rundgespräch nach Frage: Was bedeutet der Begriff Freizeit?	- lesen - nachdenken - abgrenzen - definieren	Hb Hb/ Aa	Tafel
Erarbeitungsphase	2. Lehrschritt (erstes Teilergebnis - Erarbeitung)	Freizeitverhalten (Lz 1)	Erarbeitungsgespräch nach Frage: Was machst du alles in deiner Freizeit?	- überlegen - aufzählen - werten	Hb	
	3. Lehrschritt (erstes Teilergebnis - Darstellung)	Freizeitverhalten (Lz 2)	Arbeitsauftrag: Lies die Stoffsammlung durch und markiere die Punkte, die nicht zum Thema gehören.	- lesen - überlegen - entscheiden - markieren	Aa	Arbeitsblatt: Stoffsammlung
	4. Lehrschritt (erstes Teilergebnis - Wertung und Projektion)	Sinnvolle Freizeitgestaltung. (Lz 1, Lz 2)	Feststellung: Nun hast du eine Reihe von Punkten markiert. Verarbeitungsgespräch mit dem Ziel der Streichung bestimmter Punkte.	- nennen - begründen - modifizieren - zustimmen	Hb Hb	Arbeitsblatt: Stoffsammlung
	5. Lehrschritt (zweites Teilergebnis - Vorbereitung)	Gliederungsvorschläge. (Lz 3)	Arbeitsauftrag: Versuche auf deinem Block ein Gliederungsschema zu entwerfen.	- lesen - ordnen - werten - notieren	Aa	Arbeitsblatt Block
	6. Lehrschritt (zweites Teilergebnis - Wertung der Erarbeitungsversuche)		Verarbeitungsgespräch: Vortrag und Wertung der Gliederungsvorschläge;	- vorlesen - zuhören - werten	Hb/ Aa	Block
	7. Lehrschritt (drittes Teilergebnis - differenzierte Erarbeitung)	Gliederung nach Schlüsselfragen. (Lz 3)	Arbeitsauftrag nach der Differenzierung der Klasse in zwei Abteilungen gemäß Arbeitsblatt "Stoffsammlung". Arbeite mit deinem Nachbarn zusammen.	- lesen - gliedern - zuordnen - werten - umstellen - beraten - notieren	Pa	Arbeitsblatt: Arbeitsaufträge Block/ Leerfolien
	8. Lehrschritt (drittes Teilergebnis - Gewinnung)		Verarbeitungsgespräch: Vortrag bzw. Projektion der verschiedenen Gliederungsmöglichkeiten auf der Grundlage von zwei unterschiedlichen Betrachtungsgesichtspunkten; Vergleich und Wertung.	- lesen - überdenken - modifizieren - streichen - aufnehmen - werten	Hb	Schülerfolien
Sicherungsphase	9. Lehrschritt (Ergebnisfixierung mit Personalisierung)	Konkretisierung (Lze 1 mit 4)	Arbeitsauftrag: Übertrage beide Gliederungen in dein Heft und ergänze das allgemeine Modell durch eigene Beispiele.	- übertragen - ergänzen	Aa	Schülerfolien Heft
	10. Lehrschritt (Hausaufgabe)	(Lz 5)	Arbeitsauftrag gemäß Arbeitsblatt.	- bearbeiten	Aa	Hausaufgabenheft

Hauptlernziel: Fähigkeit, sich mit einem Problem mündlich und schriftlich auseinanderzusetzen.	Unterrichtsthema: Welche Gefahren birgt der Urlaubsverkehr? (Erörterung)	Autor: Gerd Jocher
		Unterrichtszeit Empfehlung: 45 Min.

Vorbemerkungen:
- Die vorliegende Unterrichtseinheit ist nur dann realisierbar, wenn die Schüler bereits mit den Kriterien der Erörterung vertraut sind. Diese sollten in einer vorausgehenden Stunde anhand eines überschaubaren und klar gegliederten Textbeispiels erarbeitet werden.
- Da das Thema die erste selbständige Textproduktion der neuen Aufsatzgattung ist, wurde eine Problemfrage gewählt, deren Beantwortung sich in einer einfachen, gegliederten Aufzählung erschöpft.
- Es ist denkbar, dieser Unterrichtseinheit eine Stunde vorangehen zu lassen, in der verschiedene Möglichkeiten, Begriffe und Sachverhalte zu gliedern bzw. strukturiert zu fixieren, behandelt werden. Als Strukturierungshilfen bieten sich an: Tabelle, Alphabet, numerische Gliederung.
- Die nachfolgende Unterrichtseinheit dient der Ausarbeitung der erstellten Gliederung.

Lernziele:
Die Schüler sollen:
1. zu verschiedenen sachlichen Gesichtspunkten Oberbegriffe finden können;
2. ungeordnete Aussagen als mögliche Einleitungs- und Schlußgedanken kategorisieren können;
3. das Problem und den Schwerpunkt der Themenstellung erkennen und das Thema selbständig formulieren können;
4. eine der Beantwortung der gestellten Sachfrage dienende Stichwortsammlung anfertigen können.

Tafelbild

Welche Gefahren birgt der Urlaubsverkehr?

A) Der Straßenverkehr birgt immer Gefahren
B) Die Gefahren des Urlaubsverkehrs
   1. Gefahren durch Übermüdung
   1.1. Ungewohnte Hitze
   1.2. Sofortige Abreise nach Arbeitsschluß
   1.3. Tablettenkonsum
   1.4. Fahren ohne zu rasten
   1.5. Fahrt nach reichlichem Essen
   2. Gefahren durch Ablenkung
   2.1. Essen und Trinken während der Fahrt
   2.2. Rauchen während der Fahrt
   2.3. Unruhige Kinder im Auto
   2.4. Großartige Landschaft und Sehenswürdigkeiten
   3. Gefahren durch ungewohnte Situationen
   3.1. Zu sehr beladener Wagen
   3.2. Wechselnde Fahrbahnbeschaffenheit
   3.3. Kolonnenfahren
   3.4. Plötzlich entstehende Staus
   3.5. Mangelnde Ortskenntnis
C) Vergleich mit Feiertags- und Wochenendverkehr

Medien:
- Wandtafel
- Zeitungsbild, evtl. Dia
- Folie 1 und 2
- Overheadprojektor
- Arbeitsblatt

Arbeitsblatt

Ordne die folgenden Stichpunkte in Einleitungs- und Schlußgedanken!
Einige Stichpunkte kannst du gar nicht gebrauchen!

Vergleich mit Feiertags- und Wochenendverkehr
Morgen beginnt die Ralley Monte Carlo
Abschließende Ratschläge für Urlauber
Autowerkstätten freuen sich auf den Beginn der Urlaubszeit
Der Straßenverkehr birgt immer Gefahren
In Afrika ist Muttertag
Hinweis: Massenkarambolage auf der Autobahn
Hinweis: Ansteigen der Unfälle in der Urlaubszeit

▶ **Folie 2** (mit Deckfolie, die die aufgeführten Unterstreichungen enthält)

<u>ungewohnte Hitze</u> – Essen und <u>Trinken während der Fahrt</u> – <u>sofortige Abreise nach Arbeitsschluß</u> – <u>Tablettenkonsum</u> – zu sehr beladener Wagen – wechselnde Fahrbahnbeschaffenheit – <u>Rauchen während der Fahrt</u> – <u>Fahren ohne zu rasten</u> – <u>unruhige Kinder im Auto</u> – Kolonnenfahren – plötzlich entstehende Staus – großartige Landschaft, Sehenswürdigkeiten – mangelnde Ortskenntnis – <u>Fahrt nach reichlichem Essen</u>

▶ **Folie 1**
Übersicht über die Verkehrsunfälle im letzten Jahr

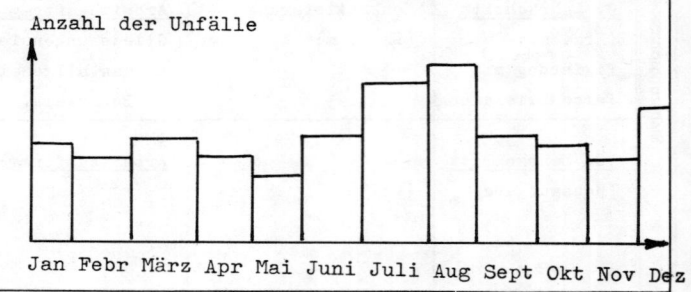

Anzahl der Unfälle

Jan Febr März Apr Mai Juni Juli Aug Sept Okt Nov Dez

UG	Lehrschritte (Artikulationsdefinition)	Lehrinhalte und Lernziele (= Lz)	Lehrakte .... Lernakte		Sozialformen	Lernhilfen
Eröffnungsphase	1. Lehrschritt (Eingrenzung d. Denkbereichs)	Bild eines Verkehrsunfalls	Sachimpuls: Beliebiges Zeitungsbild von einem Verkehrsunfall. Zielführende Aussprache.	– betrachten – verbalisieren	Hb	Zeitungsbild evtl. Dia
	2. Lehrschritt (Problemorientierung und Zielangabe)	Übersicht über Verkehrsunfälle	Sachimpuls: Folie mit Säulendiagramm bezüglich der Verteilung der Verkehrsunfälle in einem Jahr. Erarbeitungsgespräch: Die Schüler formulieren nach einem impulsgesteuerten Gespräch die Problemfrage 'Welche Gefahren birgt der Urlaubsverkehr?' Klären der Aufsatzgattung.	– betrachten – sich äußern – erkennen – schließen – formulieren – fixieren	Hb Hb	Folie 1 OHP Heft Tafelbild: Überschrift
Erarbeitungsphase	3. Lehrschritt (Teilergebniserarbeitung)	Sammeln von Stichpunkten: Gefahren im Urlaubsverkehr	Arbeitsauftrag: Bestimmt kennst du einige Gefahren, die in der Urlaubszeit oft zu schweren Unfällen führen. Besprich pe und schreibe sie auf.	– nachdenken – besprechen – notieren	Ga	Notizblock
	4. Lehrschritt (Teilergebniskontrolle und -ergänzung)	Evtl. Ergänzen der Stichpunkte	Verarbeitungsgespräch: Vortragen und Besprechen der Stichpunkte; Ergänzen des sprachlichen Materials durch Auffinden noch ungenannter Aspekte auf dargebotener Folie.	– vorlesen – beurteilen – durchlesen – erkennen – nennen	Hb	Folie 2 (ohne Deckfolie)
	5. Lehrschritt (Teilergebnisgewinnung)	Hauptgliederungspunkte	Impuls: So ungeordnet können wir unsere Stichpunkte nicht gebrauchen. Wir können sie in Gruppen zusammenfassen. Arbeitsauftrag: Das kannst du allein. Du mußt nur Überschriften finden für alle Punkte, die zusammenpassen (Deckfolie mit Unterstreichungen). Alle Punkte, die gleich unterstrichen sind, lassen sich unter einer Überschrift zusammenfassen.	– zuhören – nachdenken – verbalisieren – lesen – erkennen – formulieren – fixieren	Hb Aa	Deckfolie mit Unterstreichungen OHP Notizblock
	6. Lehrschritt (Teilergebnisfixierung)		Verarbeitungsgespräch: Die Schüler tragen ihre Ergebnisse vor, Fixierung der Hauptgliederungspunkte. Arbeitsauftrag: Entfernen der Deckfolie. Zuordnen der Stichpunkte zu den Hauptgliederungspunkten.	– vorlesen – überdenken – erinnern – zuordnen	Hb Hb	Tafelbild: B)1.-B)2.-B)3. Folie 2 (ohne Deckfolie)
	7. Lehrschritt (Teilergebnisergänzung)	Unterpunkte zu den Hauptgliederungsabschnitten	Erarbeitungsgespräch: In Klassenarbeit wird jetzt die Gliederung für den Hauptteil erstellt und an der Tafel und im Schülerheft fixiert.	– zuordnen – formulieren – fixieren	Hb	Tafelbild: Unterpunkte zu 1.-2.-3. Heft
	8. Lehrschritt (Teilergebniserarbeitung)	Anfangs- und Schlußgedanke	Arbeitsauftrag: Ordne die im Arbeitsblatt aufgeführten Aussagen (durch Einzeichnen von Pfeilen) in mögliche Einleitungs- und Schlußgedanken. Einige Aussagen kannst du nicht gebrauchen.	– lesen – erkennen – einteilen – einzeichnen	Aa	Arbeitsblatt
	9. Lehrschritt (Teilergebnisgewinnung)		Verarbeitungsgespräch: Die Schüler tragen ihre Ergebnisse vor und ergänzen die Gliederung durch je einen Einleitungs- und Schlußgedanken im Heft.	– vorlesen – aufschreiben	Hb	Tafelbild: A)-C) Heft

Hauptlernziel:	Unterrichtsthema:	Autor:
Eigenständiges, kreatives Gestalten eines humoristischen Sprechgedichts.	Wir gestalten mit Sprache: Ein humoristisches Sprechgedicht.	Anton Mangelkramer
		Unterrichtszeit Empfehlung: 2-3 UE

Vorbemerkungen:

Im Mittelpunkt dieser Deutscheinheit steht nicht die rezeptive und reflektierende Arbeit an nebenstehendem humoristischen Gedicht von Kurt Leonhard, sondern die sprachgestalterische Arbeit der Schüler im Sinne eines integrierenden Deutschunterrichts, in dem alle Tätigkeiten sprachlichen Verhaltens aufeinander bezogen und unterstützend eingesetzt werden. Der Schüler soll sich so handelnd in einem prozeßorientierten Deutschunterricht Qualifikationen zu sprachlichem Handeln erwerben.

Die Ausgangssituation im Unterricht entspricht der Ursprungssituation: Angeregt durch eine intensive Betrachtung des Gewölbeschlußsteines allein (Folie bzw. Kopien) werden die Schüler nach einer Klärung des Dargestellten aufgefordert, in der Kleingruppe möglichst treffend das Geschehen mit sprachlichen Mitteln in einigen Versen wiederzugeben.

Nach der sprachproduktiven Phase des "Gedichteschreibens" und der rezeptiven Phase des Anhörens der Schülerentwürfe erfolgt die rezeptiv-reflexive Phase des Kennenlernens des Gedichtes von Kurt Leonhard.

Versuche, einzelne Verse bzw. Strophen des Gedichts nachsprechen und auswendig sprechen zu lassen, machen dem Schüler die verwendeten sprachgestalterischen Mittel des Autors (Wechsel von Aktiv- und Passivkonstruktionen, Wiederholung) leichter einsichtig als die Methode des Erschließens durch Leitfragen oder die des formalen Zergliederns.

Teillernziele: Die Schüler sollen:

1. ein humorvolles Geschehen mit Wörtern und sprachlichen Mitteln in Versen/Sätzen ausdrücken können, d.h. sprachgestalterisch tätig sein;
2. Freude am Spielen mit Sprache entwickeln;
3. die Wirkung eigener Sprachproduktionen auf einen Zuhörerkreis erfahren;
4. erkennen, daß die bildnerische Gestaltung eine Entsprechung in der sprachlichen Gestaltung findet (dem Humor des Bildes entspricht der Humor des Gedichts);
5. sprachgestalterische Mittel eines Autors aufzeigen können. (spielerische Variation mit einem begrenzten Wortmaterial: Aktiv- und Passivpartizipialkonstruktionen, Wortwiederholung)
6. den Begriff "humoristisches Gedicht" kennen;
7. erkennen, daß der Text ein Sprechgedicht ist und Schnellsprechversen ähnelt;
8. mindestens drei Strophen (1-3) des Gedichts auswendig vortragen können.

Tafelbild

Ein humoristisches Sprechgedicht

Drei Läufer laufen im Kreis

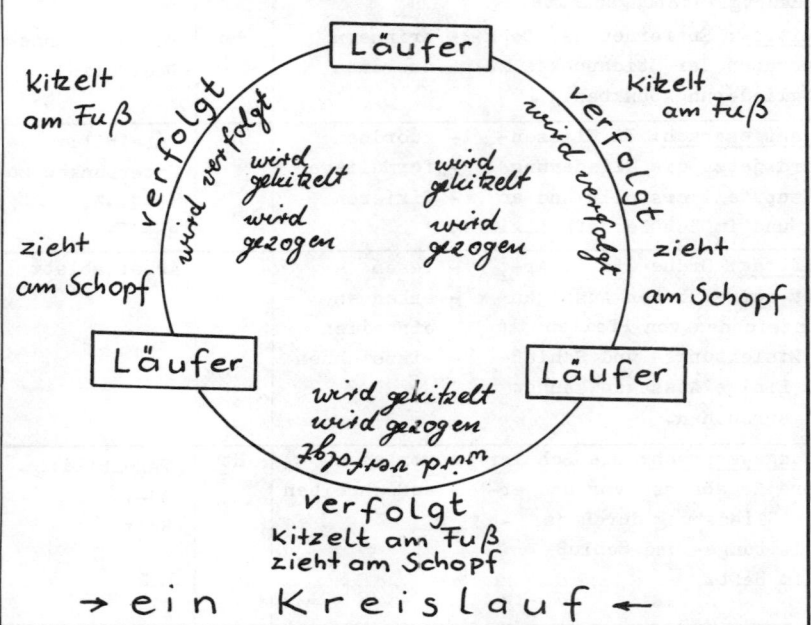

(Kreisdiagramm mit drei Läufern: kitzelt am Fuß / zieht am Schopf / verfolgt / wird verfolgt / wird gekitzelt / wird gezogen)

→ ein Kreislauf ←

Folie/Arbeitsblatt:

Ein fußgekitzelter am Schopf gezogener
fußkitzelnder schopfziehender
Läufer,

verfolgt von einem
am Schopf gezogenen am Fuß gekitzelten
schopfziehenden fußkitzelnden
Läufer,

verfolgt einen
am Fuß gekitzelten am Schopf gezogenen
fußkitzelnden schopfziehenden
Läufer.

Drei kitzelnd gekitzelte ziehend gezogene
gekitzelt ziehende gezogen kitzelnde
verfolgend verfolgte
Läufer.

ein Kreislauf   Kurt Leonhard

Gewölbeschlußstein der Marienkirche in Nagold

Medien - Literatur

- Lesebuch C 9 (9.Schuljahr), Klett-Verlag Stuttgart, 1973
- Lehrerbegleitheft zum Lesebuch C 9, Klett-Verlag Stuttgart, 1973

Textproduktionen von Schülergruppen einer 9.Kl.:

1. Der von einem am Schopf gezogenen gekitzelten Fußkitzler zieht den Schopfkitzler am Schopf, der wiederum den anderen am Schopf zieht.

2. Es lief ein Läufer zwei Läufern nach,
Der Läufer lief im Kreis den Lauf,
Er kitzelt den Vorderläufer unterm Lauf,
Und zog den Hinteren am Schopf o Graus,
Doch die, die er kitzelte und zog –
Die taten es auch
Und so wurde ein Dreiergespann daraus.
Und wir ziehen auch einen Schluß hieraus:
Ziehe nie einen Läufer unterm Lauf!

3. Der erste läuft im Kreis,
Der zweite hinterdrein
Und kitzelt den ersten am Bein.
Der erste greift zurück
Und zahlt es dem zweiten mit einem Schopfzug zurück.
Der dritte mischt sich ein,
Und sofort kitzelt der erste den dritten am Bein.
Der dritte zahlt es ihm mit einem Schopfzug heim.
Der dritte läßt es aber nicht sein
Und kitzelt den zweiten am Bein.
Dadurch zieht jetzt der zweite den dritten hinter sich drein.

UG	Lehrschritte (Artikulationsdefinition)	Lehrinhalte und Lernziele (= Lz)	Lehrakte .... Lernakte		Sozial- formen	Lernhilfen
Eröffnungsphase	1. Lehrschritt (Eingrenzung des sachlichen Hintergrundes)	Konfrontation durch Sachimpuls	Sachimpuls: Vereinsembleme von Hamburg und Bayern München auf Folie oder als Plakat. Die Schüler äußern sich über die erst kürzlich stattgefundene Begegnung.	- anschauen - sich äußern	Hb	Vereinsembleme OHP
	2. Lehrschritt (Problemorientierung)	Konfrontation mit dem Sprachganzen	Arbeitsauftrag: Die Meinung des Bayerntrainers zum Spiel erfährst du, wenn du den Text auf deinem Arbeitsblatt durchliest.	- lesen	Aa	Sprachganzes Arbeitsblatt 1
	3. Lehrschritt (Zielangabe)	Fremdwörter aus der Sportsprache	Impuls: Bei einigen Wörtern hast du beim Lesen Schwierigkeiten gehabt ... Die Schüler nennen einige Fremdwörter, erkennen das Problem und formulieren die Zielangabe.	- zuhören - reagieren - vorlesen - erkennen - formulieren - fixieren	Hb Hb	Sprachganzes Arbeitsblatt Arbeitsblatt 1; Überschrift Wandtafel
Erarbeitungsphase	4. Lehrschritt (Isolieren des Sprachmaterials)	Isolieren der Fremdwörter	Arbeitsauftrag: Unterstreiche die Fremdwörter im Text! Verarbeitungsgespräch: Die Schüler lesen ihre unterstrichenen Wörter vor und fixieren sie entsprechend auf dem Arbeitsblatt.	- auffinden - unterstreichen - vorlesen - fixieren	Aa Hb	Arbeitsblatt 1 Wandtafel Arbeitsblatt 1
	5. Lehrschritt (Sprachreflexion)	Klärung des Sinngehalts	Arbeitsaufträge: Erkläre die folgenden Wörter durch deutsche Begriffe. Bei den unterstrichenen Wörtern hilft dir der Schulwortschatz! Gruppe1: optimistisch, Akteur, Foul Hattrick, Finale Gruppe2: Cup, attackieren, Kombination, Funktionär, Doping Gruppe3: Favorit, Aktion, Chance, Paß, offensiv, Fairneß Gruppe4: offensiv, Funktionär, Favorit, Hattrick, Kombination Gruppe5: Fairneß, Doping, Akteur, attackieren, Aktion	- besprechen - erklären - nachschlagen - verstehen - fixieren	Ga	Block Folie, OHP
	6. Lehrschritt (Ergebnisgewinnung und -fixierung)		Verarbeitungsgespräch: Ergebnisvortrag und endgültige Klärung der Begriffe, Fixierung der deutschen Bedeutungen.	- vortragen - besprechen - aufschreiben	Hb	Wandtafel Arbeitsblatt 1
	7. Lehrschritt (Sprachreflexion)	Mehrdeutigkeit u. Ausweitung des Wortmaterials	Sachimpuls: Folie mit Zeitungsüberschriften. Erarbeitungsgespräch: Die Schüler erkennen die Mehrdeutigkeit und finden heraus, daß die jeweilige Bedeutung durch den Kontext deutlich wird.	- lesen - reagieren - sich äußern - erkennen	Hb Hb	Folie, OHP
	8. Lehrschritt (Sprachkundlicher Aspekt)	Herkunft der Fremdwörter	Impuls: Alle Fremdwörter, die mit Fußball zu tun haben, kommen aus dem selben Land - komisch?	- zuhören - überlegen - antworten	Hb	
	9. Lehrschritt (Ergebnissicherung)	Gitterrätsel, Lückentext, Schüttelwörter;	Arbeitsaufträge: Die Schüler bearbeiten schrittweise Arbeitsblatt 2. Ergebnisvergleich.	- lesen - ausfüllen - wissen	Aa/Hb	Arbeitsblatt 2

63

Hauptlernziel: Einsicht in die Eigenart von Texten der Massenmedien.	Unterrichtsthema: Die Sprache der Werbung.	Autor: Gerd Jocher
		Unterrichtszeit Empfehlung: 45 Min.

Vorbemerkungen:
- Die Unterrichtseinheit ist lediglich ein Teil einer Unterrichtssequenz, die sich mit der Eigenart von Texten aus dem Werbebereich beschäftigt. Sie erhebt keinen Anspruch auf Vollständigkeit.
- Die zu verwendenden Werbeanzeigen sollten bei der Realisierung der Unterrichtseinheit jeweils auf ihre Aktualität hin überprüft und gegebenenfalls erneuert oder ergänzt werden.
- Als Alternative zum ersten Lehrschritt bietet sich an das Sendezeichen des Werbefunks auf Recorder aufzunehmen und vorzuspielen.

Arbeitsblatt und Tafelbild

Die Sprache der Werbung

▶ Diese Anzeigen wollen wir untersuchen:

- Fa Deo-Spray: Voll wilder exotischer Frische. Für einen Tag die wilde frische von Limonen. Holen sie sich diese Frische!
- Schwere rustikale Stollenwand in echt Eiche, 375 cm breit, bei uns nur 1595 DM.
- Estivalia, die eigenwillige Frische eines jungen Duftes. Mit einem Hauch Romantik, der die Welt verzaubert.

▶ WIR ERKENNEN: *Werbung enthält neben sachlichen auch unsachliche Aussagen!*

▶ Worüber uns die Werbung informiert:

Das wollen wir wissen:	Das erfahren wir:
• Preis	• exotische Frische
• Duftnote	• junger Duft
• Wirkungsdauer	• wilde Frische
• Bestandteile	• Limonen
• Wirkungsweise	• Hauch Romantik
Wenig Wichtiges	*Viel Unwichtiges*

▶ Welche sprachlichen **Tricks** verwendet die Werbung?

WERBETEXT	SPRACHLICHE MITTEL
Nimm gutes Mehl, nimm bess'res Mehl, am besten nimm gleich Rosenmehl	Steigerung
Er rollt und rollt und rollt ...	Wiederholung
Ob zum Kochen, Backen, Braten, Resi Schmelz läßt's gut geraten	Reim
Mum ist kein Spray. Die sanfte Deo-Lotion reguliert Transpiration!	viele Fremdwörter
Du sollst keine fremden Biere neben mir haben	Teile von bekannten Sprichwörtern
Ich gehe lieber zu Eduscho ... denn da ist Kaffee immer rrröstfrisch	Vernachlässigung der Rechtschreibung

---

Lernziele:

Die Schüler sollen:
1. erkennen, welche speziellen sprachlichen Eigenheiten Werbetexte aufweisen;
2. wissen, daß Werbung sachliche und unsachliche Aussagen enthalten kann;
3. erkennen, daß Werbung viele für den Käufer unwesentliche Informationen enthalten kann;
4. einsehen, daß man sich dem Einfluß der Werbung durch das Wissen über Werbemittel und Werbemethoden teilweise entziehen kann.

Medien:
- Wandtafel
- Arbeitsblatt
- Radiorecorder
- Werbeanzeige

Beispiel einer Werbeanzeige (für LS 1)

Nimm die Kette mit Ring das Superding! PEWAG Ring Matik — Sie montiert sich fast von selbst! PENGG & WALENTA GmbH, D-8000 München 80, Lucile-Grahn-Straße 30

UG	Lehrschritte (Artikulationsdefinition)	Lehrinhalte und Lernziele (= Lz)	Lehrakte .... Lernakte		Sozial-formen	Lernhilfen
Eröffnungsphase	1. Lehrschritt (Eingrenzung d. Denkbereichs)	Werbeanzeige	Sachimpuls: Fragment einer Werbeanzeige aus einer beliebigen Zeitschrift. Zielführende Aussprache.	– betrachten – erkennen – sich äußern	Hb	Werbeanzeige
	2. Lehrschritt (Zielangabe)	Die Sprache der Werbung	Erarbeitungsgespräch: Die Schüler unterscheiden Werbebild und Werbetext. Sie werden zu der Frage nach der Wirksamkeit dieser Texte herangeführt. → Fixierung.	– unterscheiden – überlegen – formulieren	Hb	Tafelbild: Überschrift Arbeitsblatt
Erarbeitungsphase	3. Lehrschritt (Teilergebnis-erarbeitung)	Sachliche und unsachliche Aussagen der Werbung	Arbeitsauftrag: Lies die Werbetexte oben auf deinem Arbeitsblatt! Unterstreiche alle sachlichen Aussagen!	– lesen – erkennen – unterstreichen	Aa	Arbeitsblatt: Diese Anzeigen wollen ...
	4. Lehrschritt (Teilergebnis-gewinnung)		Verarbeitungsgespräch: Die Schüler tragen ihre Ergebnisse vor, sehen, daß die Werbung sowohl sachliche als auch unsachliche Aussagen enthält. → Fixierung.	– vorlesen – erkennen – verbalisieren – aufschreiben	Hb	Arbeitsblatt und Tafelbild: Wir erkennen ..
	5. Lehrschritt (Teilergebnis-erarbeitung)	Werbung enthält wenig überprüfbare Informationen	Erarbeitungsgespräch: Die Schüler nennen am Beispiel eines Deo-Sprays welche Informationen sie gerne von dem Produkt hätten: Preis, Duftnote, Wirkungsdauer, Wirkungsweise, Bestandteile. Diese Informationen werden auf dem Arbeitsblatt fixiert.	– fragen – nachdenken – aufschreiben – überprüfen	Hb/Aa	Arbeitsblatt und Tafelbild: Worüber uns die Werbung ... (linke Spalte)
			Arbeitsauftrag: Schreibe jetzt in die andere Spalte auf deinem Arbeitsblatt, was du aus den Anzeigen wirklich über die Produkte erfährst!	– nachlesen – vergleichen – zuordnen – aufschreiben	Aa	Arbeitsblatt
	6. Lehrschritt (Teilergebnis-gewinnung durch Vergleich)		Verarbeitungsgespräch: Durch Vergleich der beiden Spalten gelangen die Schüler zu der Erkenntnis, daß Werbung 'selten Wesentliches' aber 'oft Unwesentliches' enthält.	– vortragen – vergleichen – erkennen – verbalisieren – fixieren	Hb	Arbeitsblatt und Tafelbild: Worüber uns die Werbung ... (rechte Spalte) u.'wenig Wichtiges','viel Unwichtiges'
	7. Lehrschritt (Teilergebnis-erarbeitung)	Die sprachlichen Tricks der Werbung Hypothesenbildung	Impuls: Bestimmt kennst du einige Werbesprüche aus Radio und Fernsehen	– erinnern – nennen	Hb	
			Impuls: Es muß einen Grund geben, warum du dir diese Sprüche so gut gemerkt hast!	– vermuten	Hb	
	8. Lehrschritt (Teilergebnis-erarbeitung)		Arbeitsauftrag: Besprich mit deinem Nachbarn und notiere in der rechten Spalte deines Arbeitsblattes, welche Auffälligkeiten die Werbetexte in der linken Spalte aufweisen!	– lesen – besprechen – erkennen – aufschreiben	Pa	Arbeitsblatt: Welche sprachlichen Tricks..
	9. Lehrschritt (Teilergebnis-gewinnung)	Steigerung,Wiederholung,Reim,Fremdwörter, bekannte Sprichwörter, Rechtschreibung	Verarbeitungsgespräch: Sammeln, Berichtigen und Ergänzen der Ergebnisse.	– vorlesen – verbessern – fixieren	Hb	Arbeitsblatt und Tafelbild: Welche sprachlichen Tricks.. (rechte Spalte)
	10. Lehrschritt (Sicherung und Ausweitung)	Analyse anderer Werbetexte	Sachimpuls: Konfrontation und Analyse weiterer Werbetexte (Radiorecorder, Werbeanzeigen aus Zeitungen)	– zuhören – lesen – anwenden	Hb	Werbefunk Zeitungen

Hauptlernziel: Einblick in die Leistung des Konjunktivs I.	Unterrichtsthema: So berichtet die Tageszeitung.	Autor: Egbert Kuhlmay
		Unterrichtszeit Empfehlung: 1 UE

Vorbemerkung:
Man unterscheidet drei Formen verbaler Aussageweisen: Imperativ (Befehlsform), Indikativ (Wirklichkeitsform) und Konjunktiv (Möglichkeitsform). Innerhalb des Konjunktivs unterscheiden wir die Formen I und II. Im vorliegenden Beispiel geht es nur um die Leistung des Konjunktivs I, der vor allem zur Kennzeichnung der mittelbaren (indirekten) Rede verwendet wird, die ausdrücken soll, daß der Sprecher ein Geschehen neutral, objektiv, gelegentlich sogar mit Skepsis und ohne Gewähr für die Richtigkeit der Aussagen berichtet. Der Konjunktiv I wird bei indirekten Reden, etwa in Nachrichtensendungen, Veranstaltungsberichten, in Berichten von Reden und Diskussionen und bei der Wiedergabe ungesicherter Zeugenaussagen situationsgerecht verwendet.

Lernziele:
Die Schüler sollen:
1. den Konjunktiv I richtig bilden;
2. erkennen, daß der Konjunktiv I verwendet wird, wenn wir bei einer Aussage lediglich annehmen, daß sie richtig ist;
3. einsehen, daß eine indirekte (berichtete) Rede den Konjunktiv I erfordert;
4. eine direkte Rede in die indirekte Rede, also den Indikativ in den Konjunktiv I umformen können - und umgekehrt.

Medien:
Tonbandgespräch von einer Sportvereinsversammlung mit analogem Arbeitsblatt,
Tafelanschrift,
Arbeitsblatt zur Lernzielkontrolle.

Literatur:
Kuhlmay, E.: Der Konjunktiv, in: Ehrenwirth-Hauptschulmagazin, Heft 9/83.

Arbeitsblatt 1   JAHRESHAUPTVERSAMMLUNG DES SPORTVEREINS HOHENFURCH

Auf der Hauptversammlung sagten unter anderem ...	Der Schriftführer verfaßte einen Bericht für die Zeitung:
der Bürgermeister: "Ich freue mich sehr über den guten Besuch. Ein Verein ist nur leistungsfähig, wenn er viele aktive Mitglieder hat. Dies trifft hier zu."	Der Bürgermeister sagte, *er freue sich sehr über den guten Besuch. Ein Verein sei nur leistungsfähig, wenn er viele aktive Mitglieder habe. Dies treffe hier zu.*
der Schriftführer: "In der abgelaufenen Saison hat es 36 Veranstaltungen gegeben. Sie waren stets gut besucht. Ein Höhepunkt war der Sportlerball. Der SV Hohenfurch hat nunmehr 789 Mitglieder."	Der Schriftführer berichtete, *in der abgelaufenen Saison habe es 36 Veranstaltungen gegeben. Sie seien stets gut besucht gewesen. Ein Höhepunkt sei der Sportlerball gewesen. Der SV Hohenfurch habe nunmehr 789 Mitglieder.*
der Kassier: "Der Kassenstand ist gut. Der Verein hat ein Plus von 25800 DM. Wir können deshalb auf eine Beitragserhöhung verzichten."	Der Kassier hob hervor, *der Kassenstand sei gut. Der Verein habe ein Plus von 25800 DM. Man könne deshalb auf eine Beitragserhöhung verzichten.*
der Jugendleiter: "Ich freue mich über die aktiven Jugendlichen! Ich hoffe, daß das so bleibt."	Der Jugendleiter meinte, *er freue sich über die aktiven Jugendlichen. Er hoffe, daß das so bleibe.*

- Redeform: *Das Geschehen, der Zustand wird als wahr angegeben.*
- Schreibform: *direkte Rede*
- Aussageweise: *Indikativ (= Wirklichkeitsform)*

- Redeform: *Das Geschehen, der Zustand wird objektiv, ohne Gewähr auf die Wahrheit der Aussage berichtet.*
- Schreibform: *indirekte (berichtete) Rede.*
- Aussageweise: *Konjunktiv I (= Möglichkeitsform)*

Arbeitsblatt 2   FORME IN DEN INDIKATIV BZW. KONJUNKTIV UM – UND UMGEKEHRT!

So wird es gesagt (direkte Rede): INDIKATIV	So wird es berichtet (indirekte Rede): KONJUNKTIV I
Bundeskanzler Kohl: "Der Aufschwung ist in Sicht. Es gibt wieder mehr Arbeitsplätze."	Nach Ansicht von Bundeskanzler Kohl *sei der Aufschwung in Sicht. Es gebe wieder mehr Arbeitsplätze.*
Oppositionsführer Vogel: "Die Zahl der Arbeitslosen wird weiter steigen."	Oppositionsführer Vogel ist der Ansicht, *die Zahl der Arbeitslosen werde weiter steigen.*
Bundespräsident Carstens: "Der Mensch soll mehr auf seine Gesundheit achten. Ich empfehle zum Beispiel zu wandern. Das kann auch der ältere Bürger."	Bundespräsident Carstens betonte, *der Mensch solle mehr auf seine Gesundheit achten. Er empfehle zum Beispiel zu wandern. Das könne auch der ältere Bürger.*
Der Papst: *"Politik muß sich verstärkt mit Fragen der Abrüstung und Friedenssicherung befassen."*	Nach Ansicht des Papstes müsse sich Politik verstärkt mit Fragen der Abrüstung und Friedenssicherung befassen.
Paul Breitner: *"Die DFB-Elf kann ruhig auf Bernd Schuster verzichten. Der hört doch nur auf seine Frau."*	Ex-Nationalspieler Paul Breitner meinte, die DFB-Elf könne ruhig auf Bernd Schuster verzichten. Der höre nur auf seine Frau.
Franz Beckenbauer: *"Das ist mein letztes Spiel. Dann hänge ich die Fußballschuhe endgültig an den Nagel."*	Franz Beckenbauer versicherte, dies sei sein letztes Spiel. Dann hänge er die Fußballschuhe endgültig an den Nagel.

UG	Lehrschritte (Artikulationsdefinition)	Lehrinhalte und Lernziele (= Lz)	Lehrakte .... Lernakte	Sozialformen	Lernhilfen
Eröffnungsphase	1. Lehrschritt (Sprachbegegnung)	Motivation und Konfrontation mit der Sprachsituation;	Sachimpuls: Der Lehrer deckt das Emblem des örtlichen Sportvereins auf. — anschauen — benennen Darbietung: Ausschnitte aus einer Sportvereinsversammlung werden vorgespielt. — zuhören	Hb Hb	Tafelzeichnung Tondbandszene (Text: AB 1, linke Spalte)
	2. Lehrschritt (Zielangabe)	Erkennen des sprachlichen Problems;	Erarbeitungsgespräch: Der Redakteur der Lokalzeitung soll einen neutralen Bericht erstellen. Er gebraucht die indirekte Rede, da er keine Gewähr für die Richtigkeit der Aussagen übernimmt. — vorschlagen — begründen	Hb	
Erarbeitungsphase	3. Lehrschritt (Teilergebniserarbeitung)	Umformen direkter in indirekte Rede vom Indikativ zum Konjunktiv; (Lz 1-4)	Arbeitsauftrag: Schreibe die Aussagen der Vereinssprecher, wie es der Redakteur macht - in der indirekten Rede! — formulieren — notieren	Pa	AB 1, rechte Spalte
	4. Lehrschritt (Teilergebnisgewinnung und -fixierung)	Mitteilen und Vergleichen der Formulierungen; (Lz 1-4)	Verarbeitungsgespräch: Vortrag der von den Schülern formulierten Sätze; Vergleich, ggf. Korrektur; Notation der richtigen Formulierungen. — berichten — vergleichen — notieren — verbessern	Hb	AB 1, rechte Spalte Tafelanschrift (wie AB 1)
	5. Lehrschritt (Regelgewinnung: erster Teil)	Erkennen der Sprachfunktion des Konjunktivs I; (Lz 2)	Erarbeitungsgespräch: Nach dem Vorlesen der direkten Rede und der analogen Passage in der indirekten Rede (Konjunktiv I) gelangen die Schüler zu der Erkenntnis, daß der Redakteur die Aussagen ohne Gewähr auf deren Richtigkeit wiedergibt. Die Schüler tragen entsprechende Merksätze und Formulierungen ein. — vorlesen — vergleichen — erkennen — formulieren — fixieren	Hb	AB 1, linke und rechte Hälfte AB 1 (unten) und analoge Tafelanschrift
	6. Lehrschritt (Regelgewinnung: zweiter Teil)	Erkennen der grammatikalischen Form (Lz 3) und rechtschriftlichen Besonderheit; (Lz 4)	Erarbeitungsgespräch: Die Schüler werden aufgefordert, die Schreib- und Redeformen miteinander zu vergleichen. Der Begriff 'Konjunktiv' ist ihnen schon im Zusammenhang mit höflichen Bitten bekannt geworden. Erklärung: Anführungszeichen sind nur bei direkter Rede erforderlich. Der Konjunktiv erfordert das Komma! Farbige Hervorhebung! — vergleichen — formulieren — unterscheiden — markieren	Hb Hb	AB 1 AB 1
Sicherungsphase	7. Lehrschritt (Sprachanwendung)	Anwendung des Konjunktivs I in anderen Sprachsituationen; (Lz 1/4)	Erarbeitungsgespräch: Der Konjunktiv wird häufig verwendet! Bericht: Der Konjunktiv I wird bei allen direkten Reden, z.B. in Nachrichten, bei Berichten von Reden, Interviews, Diskussionen und Bundestagsdebatten verwendet. Arbeitsauftrag: Du kannst jetzt die direkte und indirekte Rede, den Indikativ und Konjunktiv I unterscheiden und bilden. Zeige dies an Ausschnitten aus den "Tagesschau"-Nachrichten! Verarbeitungsgespräch: Vortrag, Vergleich, ggf. Korrektur der Arbeitsergebnisse. — überlegen — berichten — überlegen — formulieren — ergänzen — berichten — vergleichen	Hb Hb Ga Hb	Arbeitsblatt 2 Arbeitsblatt 2

67

Mathematik

Hauptlernziel: Fertigkeit im Bestimmen von Zinstagen.	Unterrichtsthema: Zinsen - des einen Freud, des andern Leid!	Autor: Manfred Brunner
		Unterrichtszeit Empfehlung: 1 UE

Vorbemerkungen:

Dieser Einheit geht die Berechnung von Tageszinsen voraus, die in ähnlicher Weise wie die Berechnung der Monatszinsen geschehen kann (siehe hierzu 'Handbuch der Unterrichtsgestaltung' Band 8, S. 84). In dieser ersten Phase der Tageszinsberechnung werden die Zinstage noch vorgegeben. In vorliegendem Modell müssen diese Zinstage aus Kalenderdaten erst ermittelt werden. Dabei ist nun zu beachten, daß es hier keine einheitliche Regelung gibt: unterschiedliche Banken können durchaus auch unterschiedliche Regelungen treffen. Hierin liegen übrigens auch die voneinander abweichenden Berechnungsweisen in den vorliegenden Schülerbüchern begründet. Aus Vereinfachungsgründen und des Kontrastprinzips wegen wird ferner auf die tatsächliche banküblichen Zinsberechnung bei Sparkonten (progressive Postenmethode) verzichtet. Aus Verständnisgründen bleiben auch die banksprachlichen Formulierungen zu vorliegendem Problem unberücksichtigt ("Wertstellungen sind: bei Einzahlungen der Einzahlungstag, bei Abhebungen der Vortag der Abhebung"). Die handschriftlichen Eintragungen im Arbeitsblatt und auf dem Transparent geschehen im Verlauf der Einheit (siehe Spalte 'Lernhilfen').

Teillernziele:

Der Schüler soll:

1. sein Vorwissen zum Zinswesen wiederholen und festigen,
2. wissen, daß der Zinsmonat mit 30 Zinstagen und das Zinsjahr mit 360 Zinstagen berechnet wird,
3. wissen, daß die Zinstagbestimmung für Guthabenzins und Darlehenszins unterschiedlich gehandhabt wird,
4. die Auswirkung dieser unterschiedlichen Handhabung beurteilen können,
5. Zinstagbestimmungen bei Guthaben und Darlehen fehlerfrei durchführen können.

Medien:

1 Arbeitsblatt, 2 Transparente, Tonbandgerät mit nebenstehendem Informationstext als Dialog besprochen, Notizblock, Tageslichtprojektor.

Literatur:

Sattler /Hrsg), "Bausteine der Mathematik, 9.Jgst.", Oldenbourg Verlag, München 1980, S. 13

Lauter/Baireuther (Hrsg), "Zahl und Form 9.Jgst.", Verlag Ludwig Auer, Donauwörth 1980, S. 9

Geisreiter, u.a., "Westermann Mathematik 9 - Ausgabe für Bayern", Westermann Verlag, Braunschweig 1980, S. 8/9

Transparent 1:

(I) [Smiley-Gesichter: lachend und traurig]

(II) Zinsen steigen

(III) [Sprechblasen:]
- Jetzt möchte ich deinen Zinssatz haben!
- Und ich möchte deinen Zinssatz haben!
- Das wäre schlecht für uns von der Sparkasse

Zinssatz 3,25%   Zinssatz 7,25%

(IV) Sparguthaben: 8000.-   Darlehen: 8000.-
Laufzeit: 4.8. - 16.12.   Laufzeit: 4.8. - 16.12.
Zinssatz: 3,25%   Zinssatz: 7,25%

Tonbandtext:

Gerlinde: Entschuldigen Sie, wir haben in der Schule die Zinstage vom 4. August bis zum 16. Dezember ausrechnen sollen. Da hat es Streit gegeben. Sie können mir sicherlich die genaue Anzahl der Zinstage sagen.

Sparkassenangestellter: So einfach ist das nicht. Da müssen Sie mir schon etwas mehr sagen.

Gerlinde: Naja, vom 4. August bis zum 16. Dezember. Das ist alles!

Sparkassenangestellter: Ist diese Zeitangabe die Laufzeit für ein Darlehen oder für ein Sparguthaben?

Gerlinde: Wieso? Ist das nicht egal?

Sparkassenangestellter: Keineswegs! Handelt es sich nämlich um ein Sparguthaben, so gelten bei uns Einzahltag und Auszahltag nicht als Zinstage. Beim Darlehen dagegen zählen beide Tage mit als Zinstage.

Gerlinde: Da kommen ja bei der gleichen Laufzeit unterschiedliche Zinstage heraus!

Sparkassenangestellter: Richtig! Man muß aber auch noch wissen, daß jeder Monat grundsätzlich 30 Zinstage hat, das Jahr also insgesamt 360 Zinstage!

Gerlinde: Ja, da habe ich ja in der Schule ganz falsch gerechnet!

Arbeitsblatt 1 (= Transparent 2)

So ermitteln wir die Zinstage

bei Spareinlagen: | bei Darlehen:
Laufzeit: 4.8. - 16.12. | Laufzeit: 4.8. - 16.12.

Aus dem Interview wissen wir:

(I) Ein Zinsmonat hat **30** Zinstage
Ein Zinsjahr hat **360** Zinstage

aber: | aber:

(II) Erster Tag (Einzahltag) | Erster Tag (Auszahltag)
zählt nicht als Zinstag | _zählt als Zinstag_
Letzter Tag (Auszahltag) | Letzter Tag (Rückzahltag)
zählt nicht als Zinstag | _zählt auch als Zinstag_

(III) Aug: ~~1 2 3 4~~ 5 6 7 8 9 10 11 12 | Aug: ~~1 2 3~~ ④ 5 6 7 8 9 10 11 12
13 14 15 16 17 18 19 20 21 | 13 14 15 16 17 18 19 20 21
22 23 24 25 26 27 28 29 30 | 22 23 24 25 26 27 28 29 30
Dez: 1 2 3 4 5 6 7 8 9 10 11 12 | Dez: 1 2 3 4 5 6 7 8 9 10 11 12
13 14 15 ⑯ ~~17 18 19 20 21~~ | 13 14 15 ⑯ ~~17 18 19 20 21~~
~~22 23 24 25 26 27 28 29 30~~ | ~~22 23 24 25 26 27 28 29 30~~

Aug: 30 - 4 = 26 Tage | Aug: 30 - 3 = 27 Tage
Sep: 30 Tage | Sep: 30 Tage
Okt: 30 Tage | Okt: 30 Tage
Nov: 30 Tage | Nov: 30 Tage
Dez: ohne 16.12. = 15 Tage | Dez: mit 16.12. = 16 Tage
Zinstage: **131 Tage** | Zinstage: **133 Tage**

(IV) Berechne ebenfalls die Zinstage für

Spareinlagen: | Darlehen:
12. April bis 23. November **220 J** | 6. Februar bis 29. Juli **174 J**
28. Januar bis 7. Mai **98 J** | 25. Mai bis 25. Februar **271 J**
6. November bis 13. Juni **216 J** | 1. August bis 1. November **91 J**

Diese Zeilen helfen dir vielleicht:
Erster Monat: 1 2 3 4 5 6 7 8 9 10 11 12 13 14 15 16 17 18 19 20 21 22 23 24 25 26 27 28 29 30
Letzter Monat: 1 2 3 4 5 6 7 8 9 10 11 12 13 14 15 16 17 18 19 20 21 22 23 24 25 26 27 28 29 30

UG	Lehrschritte (Artikulationsdefinition)	Lehrinhalte und Lernziele (= Lz)	Lehrakte .... Lernakte	Sozialformen	Lernhilfen
Eröffnungsphase	1. Lehrschritt (Hinführung)	Beziehungsfeld 'Zinsen' (Spar- u. Darlehenszins; Zinsdifferenz als Einnahmen der Bank)	Lehrererzählung (Zwei Leute lesen am gleichen Tag die gleiche Zeitung, bei der gleichen Schlagzeile zeigen sie ganz unterschiedliche Reaktion). Einblenden Transparent 1 (I). Rundgespräch (Vermutungen zum Inhalt der Zeitungsnotiz). — zuhören — betrachten — vermuten — sich äußern	Hb Aa/Hb	Transparent 1 (I)
	2. Lehrschritt (Problemvorbereitung)		Impuls: "Diese Nachricht war es." Einblenden Transparent 1 (II). Erarbeitungsgespräch (Freude beim Sparer - hohe Guthabenzinsen; Ärger beim Darlehensnehmer - hohe Darlehenszinsen). — lesen — sich äußern	Hb Hb	Transparent 1 (II)
	3. Lehrschritt (Wiederholung)	(LZ 1)	Impuls: "Die beiden treffen sich in der Sparkasse." Einblenden Transparent 1 (III). Erarbeitungsgespräch (Zinsunterschied bei Guthaben und Darlehen als Geschäftsunkosten und Gewinn der Banken). — lesen — vermuten — wiederholen — begründen	Hb Hb	Transparent 1 (III)
Erarbeitungsphase	4. Lehrschritt (Problemstellung)	Zinstage als Zeitspanne zwischen vorgegebenen Kalendertagen.	Impuls: "Die beiden haben zwar unterschiedliche Zinssätze, sonst aber haben sie einiges gemeinsam. Schau her!" Erarbeitungsgespräch (Benennen der Gemeinsamkeiten und der Unterschiede; Zinstage sind nicht mehr direkt vorgegeben). — lesen — sich äußern — begründen	Hb Hb	Transparent 1 (IV)
	5. Lehrschritt (Lösungsversuch)	Auflösen solcher Zeitspannen in Zinstage.	Arbeitsauftrag: "Du hast die Zinstage sicherlich sehr schnell ermittelt. Arbeite mit deinem Banknachbarn!" — sich besprechen — berechnen — notieren	Pa	Notizblock
	6. Lehrschritt (Ergebisvergleich)	Ergebnisse und Rechenwege beim Auflösen.	Impuls: "Du hattest sicher keine Schwierigkeiten!" Verarbeitungsgespräch (Bericht über die Arbeitsergebnisse; Vorsicht bei 30- und bei 31-Monatstagen). Kein Lehrerkommentar auch bei unterschiedlichen Arbeitsergebnissen (!) — berichten — vergleichen — diskutieren	Hb Hb	
	7. Lehrschritt (Lösungsvorbereitung)	Vorgabe und Analyse banküblicher Usancen.	Impuls: "Gerlinde wollte für ihr Ergebnis die Bestätigung aus erster Hand und ging zur Sparkasse. Hör zu und notiere, wenn du etwas Besonderes hörst!" Vorspielen der Tonbandszene. — zuhören — notieren	Hb/Aa	
	8. Lehrschritt (Informationsanalyse)	(LZ 2/3)	Verarbeitungsgespräch nach Impuls: "Ich glaube, da gab es doch einige Besonderheiten." (Zinsmonat mit 30 Zinstagen; Zinsjahr mit 360 Zinstagen; Anrechnung bzw. Nichtanrechnung von Einzahl- und Auszahltag). — wiederholen — notieren	Hb	Arbeitsblatt Transparent 2 (handschrftl. Eintragungen bei I und II)
	9. Lehrschritt (Problemlösung)	Ermittlung der Zinstage bei Sparzins und bei Darlehenszins.	Arbeitsauftrag: "Mit Hilfe des Arbeitsblattes kannst du jetzt leicht die Zinstage sowohl für die Spareinlagen als auch für das Darlehen ermitteln!" — zuhören — berechnen — notieren	Aa	Arbeitsblatt
	10. Lehrschritt (Ergebnisvergleich)	(LZ 5)	Verarbeitungsgespräch nach Auftrag: "Zeig am Transparent, wie du gearbeitet hast!" (Darstellung des Lösungsweges). — berichten — notieren — vergleichen	Hb	Arbeitsblatt Transparent 2 (handschrftl. Eintragung III)
Sicherungsphase	11. Lehrschritt (Lösungsdiskussion)	Unterschiedliche Auswirkung der Usancen. (LZ 1/4)	Impuls: Dazu gibt es aus der Sicht des Sparers und des Darlehensnehmers einiges zu sagen." Erarbeitungsgespräch (30- bzw. 360-Tage-Regelung als Vorteil für den Darlehensnehmer, als Nachteil für den Sparer; die Wertstellung als Nachteil für beide). — vergleichen — urteilen	Hb Hb	Transparent 2
	12. Lehrschritt (Anwendung)	Ermittlung von Zinstagen. (LZ 5)	Arbeitsauftrag: "Bearbeite jetzt die Aufgaben auf dem Arbeitsblatt unten!" anschl. Vergleich und Kontrolle der Arbeitsergebnisse / Eintrag in das Transparent. — berechnen — berichten — vergleichen	Aa Hb	Arbeitsblatt Transparent 2 (handschrftl. Eintrag IV)

Hauptlernziel: Fertigkeit im Zinsrechnen durch Gleichungsumformung.	Unterrichtsthema: Zinsrechnen - leicht gemacht.	Autor: Manfred Brunner
		Unterrichtszeit Empfehlung: 2 UE

Vorbemerkungen:

In der 8. Jahrgangsstufe wurden die Grundregeln für die Äquivalenzumformung von Gleichungen erlernt, geübt und angewendet. Um dieses Gleichungsdenken beweglich zu erhalten, scheint es sinnvoll, anhand der Tageszinsformel zunächst alle Umformungsmöglichkeiten durchzuspielen (Lehrschritte 9/10/13). Dabei wird in diesem Unterrichtsmodell auf die operatornahe Gleichung $Z = K : 100 \cdot p : 360 \cdot t$ zurückgegriffen, weil sie dem schwächeren Schüler größere Erfolgschancen einräumt bei der Umformung, als die Formel in Bruchstrichschreibweise.

Im Lehrschritt 4 der Einheit sollen die Schüler das Ausgangsproblem in eigenen Lösungsversuchen angehen; die Ergebnisse dieser Versuche können sowohl auf dem Transparent 1 (Teil III: Lösungsversuch) als auch an der Wandtafel von den Schülern selbst aufgezeigt werden. Die handschriftlichen Eintragungen in den Transparenten und in den Arbeitsblättern erfolgen im Verlauf der Einheit (siehe Spalte 'Lernhilfen').

Teillernziele:

Der Schüler soll:

1. die grundlegenden Regeln für die äquivalente Umformung von Gleichungen nennen können,
2. diese Regeln richtig auf die Zinsformel $Z = K : 100 \cdot p : 360 \cdot t$ anwenden können,
3. gesuchte Größen in dieser Formel durch richtige Umformung berechnen können,
4. seine Fähigkeit steigern, Sachverhalte auf die zur Berechnung fehlenden Größen hin analysieren zu können.

Medien:

2 Arbeitsblätter, 2 Transparente, Tageslicht-Projektor, Taschenrechner

Literatur:

Sattler (Hrsg.), "Bausteine der Mathematik, 9. Jgst.", Oldenbourg Verlag, München 1980, S. 15

Geisreiter, u.a., "Westermann Mathematik 9 - Ausgabe für Bayern", Georg Westermann Verlag, Braunschweig 1980, S. 15 und 18 f.

Arbeitsblatt 1 (= Transparent 1)

Wie groß ist das Darlehen?

(I) **Aufgabe:** Für ein am 20. Januar gewährtes Darlehen werden am 16. Juni des gleichen Jahres bei einem Zinssatz von 7 % die Zinsen gefordert.

(II) Zinstage (t) __147__   Darlehen (K) _____
     Zinssatz (p) __7%__   Zinsen (Z) __343 DM__

(III) Lösungsversuch:

(IV) Lösung durch Gleichungsumformung:

$$Z = K : 100 \cdot p : 360 \cdot t$$
$$K : 100 \cdot p : 360 \cdot t = Z \quad | \cdot 100 \cdot 360$$
$$K \cdot p \cdot t = Z \cdot 100 \cdot 360 \quad | : p : t$$
$$K = Z \cdot 100 \cdot 360 : p : t$$
$$K = 343 \cdot 100 \cdot 360 : 7 : 147$$
$$K = 12000 \text{ DM}$$

(V) Kontrolle der Lösung:

$$Z = K : 100 \cdot p : 360 \cdot t$$
$$Z = 12000 : 100 \cdot 7 : 360 \cdot 147$$
$$Z = 343 \text{ DM}$$

Arbeitsblatt 2 (= Transparent 2)

ZINSRECHNEN - LEICHT GEMACHT

Wir wissen, wie man Zinsen berechnet:

(I) $$Z = K : 100 \cdot p : 360 \cdot t$$

Die Lösung einer Gleichung ändert sich nicht, wenn man

1. auf beiden Seiten die gleiche Zahl addiert
2. auf beiden Seiten die gleiche Zahl subtrahiert
3. auf beiden Seiten mit der gleichen Zahl multipliziert
4. auf beiden Seiten mit der gleichen Zahl dividiert
5. beide Seiten der Gleichung vertauscht

(II) Diese Umformungsgesetze wenden wir an, wenn wir

1. das Kapital suchen	2. den Zinssatz suchen	3. die Zinstage suchen
$Z = K \cdot 100 \cdot p : 360 \cdot t$	$Z = K : 100 \cdot p : 360 \cdot t$	$Z = K : 100 \cdot p : 360 \cdot t$
→ ⑤	→ ⑤	→ ⑤
$K : 100 \cdot p : 360 \cdot t = Z$	$K : 100 \cdot p : 360 \cdot t = Z$	$K : 100 \cdot p : 360 \cdot t = Z$
→ ③ $\cdot 100 \cdot 360$	→ ③ $\cdot 100 \cdot 360$	→ ③ $\cdot 100 \cdot 360$
$K \cdot p \cdot t = Z \cdot 100 \cdot 360$	$K \cdot p \cdot t = Z \cdot 100 \cdot 360$	$K \cdot p \cdot t = Z \cdot 100 \cdot 360$
→ ④ $: p : t$	→ ④ $: K : t$	→ ④ $: K : p$
$K = Z \cdot 100 \cdot 360 : p : t$	$p = Z \cdot 100 \cdot 360 : K : t$	$t = Z \cdot 100 \cdot 360 : K : p$

(III) Wir erkennen:

Wenn wir die Umformungsgesetze richtig anwenden, können wir aus der Zinsformel $Z = K : 100 \cdot p : 360 \cdot t$ alle Größen berechnen: __Zinsen, Kapital, Zinssatz, Zinstage.__

Von diesen 4 Größen müssen aber immer __3__ Größen gegeben sein!

UG	Lehrschritte (Artikulationsdefinition)	Lehrinhalte und Lernziele (= Lz)	Lehrakte .... Lernakte		Sozialformen	Lernhilfen
Eröffnungsphase	1. Lehrschritt (Wiederholung)	Anknüpfung an das Sachfeld 'Ermittlung von Zinstagen'.	Impuls: "Du kennst bereits solche Probleme." Einblenden Transparent 2 (I). Erarbeitungsgespräch (Zinstageermittlung bei Guthaben und bei Darlehen; Berechnung der Zinstage vom 20.Januar bis 16.Juni).	– lesen – sich äußern – berechnen	Hb Hb	Transparent 1 (Teil I)
	2. Lehrschritt (Problembegegnung)	Vorgabe und Analyse eines unvollständigen Sachverhalts. (LZ 4)	Provokation: "Berechne jetzt diese Aufgabe!" Erarbeitungsgespräch (Erkenntnis, daß zur Berechnung wichtige Fakten, bzw. Daten fehlen; Auflistung der bekannten und der fehlenden Größen: Laufzeit 147 Tage, Zinssatz 7%, Kapital, Zinsen).	– sich äußern – notieren	Hb Hb	Transparent 1 (Teil II) Laufzeit 147T Kapital Zinssatz 7% Zinsen
Erarbeitungsphase	3. Lehrschritt (Problemstellung)	Berechnung des Darlehens aus bekannten Größen (Zinsen, Zinssatz, Laufzeit)	Impuls: "Die Bank fordert Zinsen in Höhe von 343 DM." Erarbeitungsgespräch (Andersgeartete Aufgabenstellung, da bisher immer die Zinsen berechnet werden mußten; Darlehenshöhe ist zu berechnen).	– zuhören – sich äußern	Hb Hb	Transparent 1: Zinsen 343 DM Überschrift (handschrftl. Eintrag)
	4. Lehrschritt (Lösungsversuch)	Individuelle Lösungsversuche als Erprobung individueller Fähigkeit.	Arbeitsauftrag: "Übertrag dies auf dein Arbeitsblatt! Hier findest du auch Platz für einen Lösungsversuch. Versuche, mit deinem Partner die Aufgabe zu lösen!"	– notieren – sich besprechen – vermuten – rechnen	Pa	Transparent 1 mit handschriftlichen Einträgen I und II Arbeitsblatt 1
	5. Lehrschritt (Ergebnisdarstellung)		Verarbeitungsgespräch nach Frage: "Bist du zu einem Ergebnis gekommen?" (Darstellung der vermuteten Rechenwege und eventueller Ergebnisse).	– berichten – vergleichen – beurteilen	Hb	Transparent 1 oder an der Wandtafel
	6. Lehrschritt (Zielangabe)	Stundenthema	Erklärung: "Ihr habt euch jetzt ziemlich abgemüht. Wir wollen heute eine Möglichkeit erarbeiten, wie man solche Aufgaben ganz leicht berechnen kann."	– zuhören	Hb	
	7. Lehrschritt (Lösungsvorbereitung)	Regeln für die Äquivalenzumformung von Gleichungen.	Erarbeitungsgespräch (Steuerung durch Fragen der Art: "Du weißt, wie die Tageszinsen berechnet werden", "Du kannst dich sicher an die Umformungsgesetze erinnern").	– sich äußern – wiederholen	Hb	Transparent 2 (Teil I): handschrftl. Einträge
	8. Lehrschritt (Ergebnisfixierung)	(LZ 1)	Arbeitsauftrag: "Übertrage in dein Arbeitsblatt! Überlege, wie es wohl weitergeht!"	– notieren	Aa	Transparent 2 Arbeitsblatt 2
	9. Lehrschritt (Darstellung des Lösungsweges)	Anwendung der Umformungsgesetze auf die Formel $Z = K \cdot p \cdot t : 100 \cdot 360$ (Kapital gesucht).	Erarbeitungsgespräch nach Impuls: "Das Arbeitsblatt hat dir sicher schon einiges verraten." (Umformungen, dabei Begründungen der Art: Dividiert durch 100 und mal 100 heben sich gegenseitig auf).	– umformen – begründen – notieren	Hb	Transparent 2: (handschrftl. Eintragungen in Teil II, Spalte 1) Arbeitsblatt 2
	10. Lehrschritt (Problemlösung)	Berechnung des Darlehens durch Anwendung der Formelumformung.	Arbeitsauftrag: "Berechne jetzt mit Hilfe dieser Umformung die Aufgabe auf dem Arbeitsblatt 1. Beginne mit deiner Arbeit bei der Zinsformel!"	– umformen – berechnen	Aa	Arbeitsblatt 2 Arbeitsblatt 1
	11. Lehrschritt (Lösungsdarstellung)	(LZ 2/3)	Verarbeitungsgespräch nach Auftrag: "Zeige auf dem Transparent, wie du gearbeitet hast!" (Besprechung der Umformungs- und Rechenschritte).	– berichten – notieren – begründen – vergleichen	Hb	Transparent 1 (handschrftl. Einträge in Teil IV)
	12. Lehrschritt (Lösungskontrolle)	Rechenergebnis	Erarbeitungsgespräch nach Frage: "Bist du sicher, daß dieses Ergebnis richtig ist?" (Zinsrechnung als Kontrollrechnung).	– planen – berechnen	Hb	Transparent 1 (handschrftl. Einträge in Teil V)
Sicherungsphase	13. Lehrschritt (Anwendung)	Anwendung der Umformungsgesetze auf die Formel $Z = K \cdot p \cdot t : 100 \cdot 360$ (Zinssatz gesucht, Zinstage gesucht).	Arbeitsauftrag: "Versuche jetzt auch die Umformung für p und t auf dem Arbeitsblatt 2!" Verarbeitungsgespräch (Vergleich der Umformungen).	– umformen – notieren – berichten – begründen	Aa Hb	Arbeitsblatt 2 Transparent 2 (handscharftl. Einträge in Teil II Sp.2 u.3, dann in Teil III)
	14. Lehrschritt (Besinnung)	(LZ 2/3)	Frage: "Stimmt es: Zinsrechnen leicht gemacht?" Erarbeitungsgespräch (Beurteilung der Lösungsmöglichkeiten). Eintrag der Ergebnisse.	– begründen – verbalisieren – notieren	Hb Hb	

Hauptlernziel:	Unterrichtsthema:	Autor: Manfred Brunner
Fähigkeit, Überholaufgaben rechnerisch zu lösen.	Wo und wann holt Karl mit seinem Moped seinen Freund ein?	Unterrichtszeit Empfehlung: 2 UE

Vorbemerkungen:

Diese Einheit gleicht in ihrer Struktur dem Unterrichtsmodell "Wo und wann begegnen sich Linienflugzeug und Chartermaschine?" Hier wie dort steht die zeichnerische Lösung im Mittelpunkt der Betrachtung, um aus ihr die wesentlichen Erkenntnisse zur Berechnung abzuleiten. So kann auch im Anschluß an vorliegende Einheit der Vergleich beider zeichnerischer Lösungen zu einem vertieften Verständnis der verschiedenen Berechnungen führen. Auch in dieser Einheit wird aus Rücksicht auf den schwächeren Schüler im Lehrschritt 12 auf die Auflösung der Gleichung $v_1 \cdot x = v_2 \cdot (x - \text{zeitl.Vorsprung})$ nach x verzichtet. Wo der zeitliche Rahmen einer Doppelstunde nicht erreicht wird, können in einem anzufügenden Lehrschritt 15 Anwendungsaufgaben aus dem eingeführten Schülerbuch berechnet werden.

Teillernziele:

Der Schüler soll:

1. seine Fertigkeit in der Weg-Zeit-Berechnung steigern,
2. eine Überholaufgabe zeichnerisch lösen können,
3. mittels der zeichnerischen Lösung einer Überholaufgabe die Beziehungen
   a) zwischen den bis zum Überholpunkt zurückgelegten Strecken und
   b) zwischen den Bewegungszeiten vom jeweiligen Start bis zum Überholpunkt
   erkennen und verbalisieren können,
4. eine Überholaufgabe mit Hilfe dieser Beziehungen rechnerisch lösen können.

Literatur:

Sattler (Hrsg.), "Bausteine der Mathematik, 9.Jgst.", Oldenbourg Verlag, München 1980, S. 26 - 28

Lemnitzer, u.a., "Mathematik 9 für Hauptschulen - Neu", Ehrenwirth Verlag, München 1980, S. 130 - 136

Tafelbild zu Lehrschritt 1:

$$s = v \cdot t$$
↓

s (km)	0,1			380	46	40,30
v (km/h)	36	130	80		65	
t (h)		2,5	7,4	5,85		4,9

Medien:

Tafelbild, 2 Arbeitsblätter, 2 Transparente, Tageslichtprojektor, Notizblock, Taschenrechner, Schülerarbeitsbücher.

Arbeitsblatt 1 (= Transparent 1)

Erwischt Karl seinen Freund noch vor dem Ziel?

Aufgabe: *Die 'Clique' aus Konnersreuth zeltet seit Tagen am 42 km entfernten Rothenbürger See. Karl und sein Freund Klaus wollen nach der Arbeit die 'Clique' besuchen. "Du kannst mit deinem Mofa ruhig vorausfahren", sagt Karl zu Klaus, "ich hol dich mit meinem Moped sowieso noch ein."*

Klaus startet um 17 Uhr. Sein Mofa schafft 25 Kilometer in der Stunde.
Karl startet um 17.30 Uhr. Sein Moped ist 40 km/h schnell.

Wir rechnen:

Klaus:
$s(km) = v(km/h) \cdot t(h)$
$42 = 25 \cdot t$
$t = 42 : 25 = 1,68$
$1,68 h = 1h 40 min 48 sec$
Ankunft: ~ 18.41 Uhr

Karl:
$s(km) = v(km/h) \cdot t(h)$
$42 = 40 \cdot t$
$t = 42 : 40 = 1,05$
$1,05 h = 63 min = 1h 3 min$
Ankunft: 18.33 Uhr

Wir erkennen:

Wir zeichnen: (Rechtswert 1 km ≙ 2 mm; Hochwert 10 min ≙ 1 cm)

Wir lesen ab: Ankunft Klaus 18⁴¹; Ankunft Karl 18³³; Überholzeit: 18²⁰; Überholort: ~33 km von Konnersreuth entfernt;

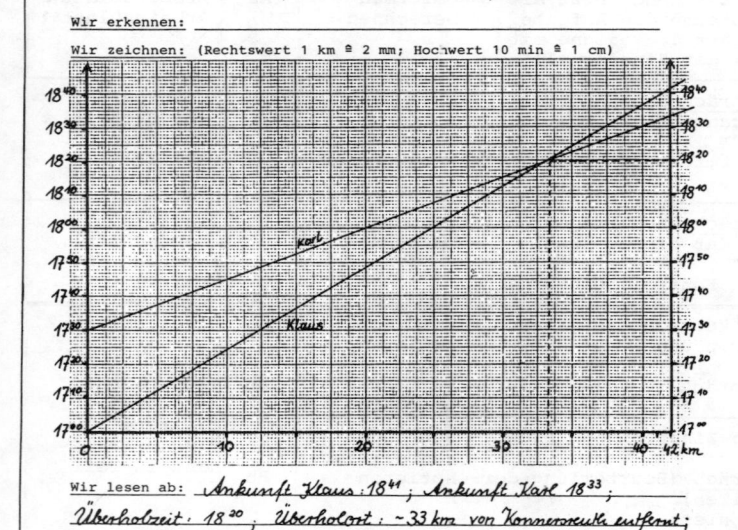

Arbeitsblatt 2 (= Transparent 2)

WO UND WANN HOLT KARL MIT SEINEM MOPED SEINEN FREUND EIN?

Die zeichnerische Lösung hilft beim Rechnen:

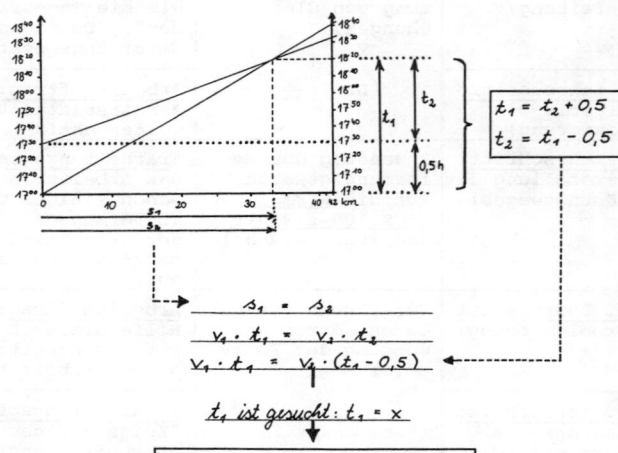

$t_1 = t_2 + 0,5$
$t_2 = t_1 - 0,5$

$s_1 = s_2$
$v_1 \cdot t_1 = v_2 \cdot t_2$
$v_1 \cdot t_1 = v_2 \cdot (t_1 - 0,5)$

t_1 ist gesucht: $t_1 = x$

$$v_1 \cdot x = v_2 \cdot (x - 0,5)$$

Wir setzen ein: $v_1 = 25$ (km/h) und $v_2 = 40$ (km/h)

$25 \cdot x = 40 \cdot (x - 0,5)$
$25x = 40x - 20 \quad /-40x$
$-15x = -20 \quad /\cdot -1$
$15x = 20$
$x = \frac{20}{15} = \frac{4}{3}$ (h)
$x = t_1 = 1h\ 20\ min$

Einholzeit: Start 17⁰⁰; $t_1 = 1h\ 20\ min$; Einholzeit: 18²⁰ Uhr;

Einholort:

$s_1(km) = v_1(km/h) \cdot t_1(h)$
$s_1 = 25 \cdot \frac{4}{3} = \frac{100}{3}$
$s_1 = 33,333\ km$

$s_2(km) = v_2(km/h) \cdot t_2(h)$
$s_2 = 40 \cdot (\frac{4}{3} - \frac{1}{2})$
$s_2 = 40 \cdot \frac{5}{6} = \frac{200}{6} = \frac{100}{3}$; $s_2 = 33,333\ km$

UG	Lehrschritte (Artikulationsdefinition)	Lehrinhalte und Lernziele (= Lz)	Lehrakte .... Lernakte		Sozial-formen	Lernhilfen
Eröffnungsphase	1. Lehrschritt (Wiederholung)	Berechnen fehlender Größen in der Gleichung s=v·t. (LZ 1)	Arbeitsauftrag: "Berechne die fehlenden Größen!" Anschl.: Vergleich/Kontrolle der Ergebnisse.	- berechnen - vergleichen	Aa Hb	Tafelbild Notizblock Taschenrechner
	2. Lehrschritt (Hinführung)	Sachgebiet 'Mofa, Moped'.	Impuls: "Es gibt manchmal Probleme, wenn bei zwei Freunden der eine ein Moped und der andere nur ein Mofa fährt." Rundgespräch (Unterschiedliche Zulassungsgeschwindigkeit und daraus erwachsende Probleme bei gemeinsamen Fahrten).	- berichten - tauschen Meinungen aus	Hb Aa/Hb	
Erarbeitungsphase	3. Lehrschritt (Problembegegnung)	Einholsituation bei Bewegungsaufgaben (wichtige Größen zur Berechnung des Problems fehlen).	Impuls: "Von einem dieser Probleme berichtet dieser Text." Einblenden des Textes.	- zuhören - lesen	Aa	Transparent 1 (Teil I)
	4. Lehrschritt (Problembetrachtung)		Erarbeitungsgespräch (Wiederholende Darstellung des Sachverhalts; Feststellung, daß die Aussage Karls von den jeweiligen Abfahrtszeiten und von der Geschwindigkeit der Fahrzeuge abhängt).	- wiederholen - analysieren - fragen	Hb	Transparent 1 (I)
	5. Lehrschritt (Problemgewinnung)	Nachschub der fehlenden Größen.	Arbeitsauftrag: "Du kannst vom Transparent noch folgende Angaben auf dein Arbeitsblatt übernehmen. Versuche dann mit deinem Nachbarn die Rechenfrage zu formulieren!"	- lesen - notieren - sich besprechen	Aa	Transparent 1 (I und II) Arbeitsblatt 1
	6. Lehrschritt (Problemdarstellung)	Mögliche Fragestellungen zum Sachverhalt.	Verarbeitungsgespräch (Mögliche Sachfragen; Notation der Problemfrage).	- berichten - fragen - notieren	Hb	Transparent 1 (Überschrift) Arbeitsblatt 1
	7. Lehrschritt (Lösungsplanung)	Rechnerische Teillösung (Ableitung auf Grund berechneter Ankunftszeiten) und zeichnerische Gesamtlösung.	Impuls: "Es gibt zwei Möglichkeiten, diese Frage zu beantworten." Erarbeitungsgespräch (Rechnerische Ermittlung der jeweiligen Ankunftszeiten; wenn der später gestartete eher ankommt, hat er überholt; die zeichnerische Lösung als weitere Lösungsmöglichkeit).	- planen - begründen - antizipieren	Hb Hb	Transparent 1 Arbeitsblatt 1
	8. Lehrschritt (Problemlösung)		Arbeitsauftrag: "Rechne zuerst, dann zeichne! Du kannst mit deinem Nachbarn arbeiten. N.N. (ein guter Schüler), du arbeitest auf dem Transparent!"	- sich besprechen - berechnen - zeichnen	Pa	Arbeitsblatt 1 Taschenrechner
	9. Lehrschritt (Ergebniskontrolle)	(LZ 1/2)	Verarbeitungsgespräch: (Auswertung der Rechenergebnisse und der Zeichnung: Karl überholt seinen Freund!)	- berichten - vergleichen	Hb	Transparent 1 Arbeitsblatt 1 (III und IV)
	10. Lehrschritt (Problemstellung)	Voraussetzungen der rechnerischen Gesamtlösung (Erkenntnisse: $s_1 = s_2$ und $t_1 = t_2$ minus zeitl. Vorsprung (LZ 3)	Impuls: "Bei Begegnungsaufgaben haben wir den Treffpunkt genau berechnen können." Rundgespräch über Rechenmöglichkeiten.	- vermuten	Hb Aa/Hb	Transparent 1
	11. Lehrschritt (Lösungsvorbereitung)		Impuls: "Auch hier kann uns die Zeichnung weiterhelfen." Erarbeitungsgespräch (Beide fahren bis zum Treffpunkt die gleiche Wegstrecke; Fahrzeiten sind unterschiedlich; Vergleich der Fahrzeiten in der Zeichnung; mathematische Darst.	- kennzeichnen - versprachlichen	Hb Hb	Transparent 2 $t_1 = t_2 + 0.5$ $t_2 = t_1 - 0.5$
	12. Lehrschritt (Problemlösung)	Gleichung $v_1 x = v_2(x-h)$ und ihre Lösung. (LZ 4)	Impuls: "Bringe beide Erkenntnisse unter einen Hut, und du hast die Lösung!" Erarbeitungsgespräch (Entwicklung der Gleichung; Einsetzen der gegebenen Größen; Berechnen der Gleichung; Berechnen der Einholzeit und des Einholortes).	- sich äußern - folgern - begründen - notieren - berechnen	Hb Hb	Transparent 2 (handschriftliche Eintragungen) $s_1 = s_2$ $v_1 \cdot t_1 = v_2 \cdot t_2$ $v_1 \cdot t_1 = v_2(t_1-0.5)$
Sicherungsphase	13. Lehrschritt (Ergebisfixierung)	Gesamter Lösungsweg.	Arbeitsauftrag: "Übertrage jetzt diese Berechnung auf dein Arbeitsblatt!"	- notieren	Aa	Transparent 2 Arbeitsblatt 2
	14. Lehrschritt (Arbeitsrückschau)	(LZ 3/4)	Frage: "Welche wichtigen Erkenntnisse halfen diesmal bei der Berechnung?" Verarbeitungsgespräch möglichst ohne Zuhilfenahme der Transparente oder der Arbeitsblätter.	- sich erinnern - wiederholen - begründen	Hb Hb	

| Hauptlernziel: Fähigkeit, Begegnungsaufgaben rechnerisch zu lösen. | Unterrichtsthema: Wo und wann begegnen sich Linienflugzeug und Chartermaschine? | Autor: Manfred Brunner — Unterrichtszeit Empfehlung: 2 UE |

Vorbemerkungen:

Diese Einheit integriert die zeichnerische Lösung, weil sie nicht nur Kontrollfunktion für das rechnerische Ergebnis besitzt, sondern darüber hinaus wesentlich zum Rechenverständnis beitragen kann (Lehrschritt 9). Natürlich gehört deshalb die zeichnerische Lösung zu den unabdingbaren Lernvoraussetzungen für die methodische Gestaltung dieser Einheit. In der 'Kopfrechenphase' zu Beginn der Einheit ist eine Übung angesetzt, die den Schülern erfahrungsgemäß immer Schwierigkeiten bereitet: die Umrechnung von Stunden und Minuten in die dezimale Stundenschreibweise und umgekehrt (Lehrschritt 1). Diese Umrechnung ist notwendiger Bestandteil der Einheit (Lehrschritte 7 und 10). Schließlich sei vermerkt, daß wegen der schwächeren Schüler die gegebenen Größen schon bei der Gleichung $s = v_1 \cdot x + v_2 \cdot x$ eingesetzt werden; die Auflösung dieser Gleichung nach x sollte den leistungsstärkeren Schülern vorbehalten bleiben. Zur Anwendung des Gelernten (Lehrschritt 13) bieten die eingeführten Schülerbücher genügend Aufgabenstellungen, so daß hier auf eine weitere Auflistung möglicher Aufgaben verzichtet wird. Die Einträge in die Transparente und Arbeitsblätter geschehen wie in der Spalte 'Lernhilfen' vermerkt.

Teillernziele:

Der Schüler soll:

1. sicherer werden in der Umrechnung von Zeitspannen von der dezimalen in die gemischte Schreibweise und umgekehrt,
2. seine Fertigkeit in der zeichnerischen Lösung von Begegnungsaufgaben steigern,
3. mittels der zeichnerischen Lösung einer Begegnungsaufgabe die Beziehungen
   a) zwischen der Gesamtstrecke und der bis zur Begegnung zurückgelegten Teilstrecken
   b) und zwischen den Bewegungszeiten bis zur Begegnung
   erkennen und verbalisieren können,
4. eine Begegnungsaufgabe mit Hilfe dieser Beziehungen rechnerisch lösen können.

Literatur:

Sattler (Hrsg.), "Bausteine der Mathematik, 9.Jgst.", Oldenbourg Verlag, München 1980, S. 26 - 28

Lemnitzer, u.a., "Mathematik 9 für Hauptschulen - Neu", Ehrenwirth Verlag, München 1980, S. 130-136

Medien:

2 Arbeitsblätter, 3 Transparente, Tageslichtprojektor, Notizblock, Taschenrechner, Mathematik-Schülerbuch, Mathematikheft

Transparent 3:

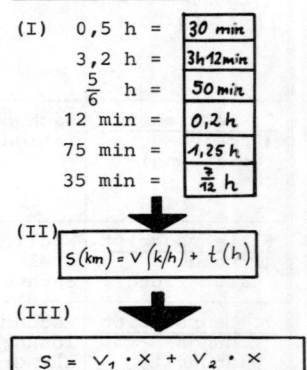

(I)
- 0,5 h = 30 min
- 3,2 h = 3h 12 min
- $\frac{5}{6}$ h = 50 min
- 12 min = 0,2 h
- 75 min = 1,25 h
- 35 min = $\frac{7}{12}$ h

(II) $s\,(km) = v\,(km/h) \cdot t\,(h)$

(III) $s = v_1 \cdot x + v_2 \cdot x$

Arbeitsblatt 1 (= Transparent 1)

WIR LÖSEN BEWEGUNGSAUFGABEN

Aufgabe: Um 10 Uhr startet in München ein Linienflugzeug nach Rom. Es fliegt mit einer durchschnittlichen Geschwindigkeit von 800 km/h. Zur gleichen Zeit startet in Rom eine kleine Chartermaschine in Richtung München mit einer mittleren Geschwindigkeit von 500 km/h. Die beiden Städte sind rund 700 km voneinander entfernt.

Wir fragen: Wann landet das Linienflugzeug in Rom?
Wann landet die Chartermaschine in München?
Wo begegnen sich beide Flugzeuge?
Wann begegnen sich beide Flugzeuge?

Wir zeichnen (Rechtsachse 2 cm ≙ 100 km, Hochachse 1 cm ≙ 10 min):

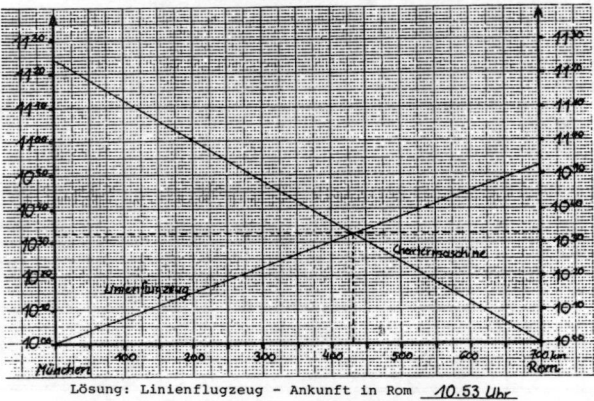

Lösung: Linienflugzeug - Ankunft in Rom 10.53 Uhr
Chartermaschine - Ankunft in München 11.24 Uhr
Begegnungszeit: 10.33 Uhr
Begegnungsort: 430 km von München entfernt
270 km von Rom entfernt

Wir berechnen die Ankunftszeiten:

Linienflugzeug:
$s\,(km) = v\,(km/h) \cdot t$
$700 = 800 \cdot t$
$t = 700 : 800 = 0,875$
$0,875\ h = 52\ min\ 30\ sec$
→ $10^h 52' 30''$

Chartermaschine:
$s\,(km) = v\,(km/h) \cdot t$
$700 = 500 \cdot t$
$t = 700 : 500 = 1,4$
$1,4\ h = 1\ h\ 24\ min$
→ $11^h 24'$

Arbeitsblatt 2 (= Transparent 2)

WO UND WANN BEGEGNEN SICH DAS LINIENFLUGZEUG UND DIE CHARTERMASCHINE?

Die zeichnerische Lösung hilft auch beim Rechnen:

Für den Treffpunkt gilt:

1. Gesamte Strecke = Teilstrecke 1 + Teilstrecke 2
   $s = s_1 + s_2$

2. Flugzeit ist für beide Flugzeuge gleich. Diese Flugzeit ist gesucht (x).
   $t_1 = t_2 = x$

$s = s_1 + s_2$
$s = v_1 \cdot t_1 + v_2 \cdot t_2$
$s = v_1 \cdot x + v_2 \cdot x$

Wir setzen ein:
$s = 700\ (km)$
$v_1 = 800\ (km/h)$
$v_2 = 500\ (km/h)$

Wir rechnen:
$700 = 800 \cdot x + 500 \cdot x$
$1300 x = 700$
$x = \frac{700}{1300} = \frac{7}{13} \approx 0,538$
$0,538\ h = 32,30\ min = 32\ min\ 18\ sec$

Lösung:
Begegnungszeit: $10^h + 32^{min} 18^{sec} = 10^h 32' 18''$

Begegnungsort:

Entfernung von München:
$s\,(km) = v\,(km/h) \cdot t\,(h)$
$s = 800 \cdot \frac{7}{13}$
$s = \frac{5600}{13} = 430,769$
430,769 km

Entfernung von Rom:
$s\,(km) = v\,(km/h) \cdot t\,(h)$
$s = 500 \cdot \frac{7}{13}$
$s = \frac{3500}{13} = 269,231$
269,231 km

UG	Lehrschritte (Artikulationsdefinition)	Lehrinhalte und Lernziele (= Lz)	Lehrakte .... Lernakte		Sozialformen	Lernhilfen
Eröffnungsphase	1. Lehrschritt (Wiederholung)	Aufgaben der Art: 0,5 h = min 12 min = h	Impuls: "Ein Flugzeug ist bei völliger Windstille bis zum Zielort 1 Std. und 24 Minuten unterwegs. Der Rückflug dagegen dauert 1,4 Stunden." Rundgespräch (Beide Zeitangaben sind gleich!) Arbeitsauftrag: "Bearbeite alleine diese Aufgaben!" Anschließend Kontrolle und Vergleich der Lösungen.	- zuhören - evtl. vermuten - begründen - berechnen - vergleichen	Hb Aa/Hb Aa Hb	Transparent 3 (Teil I) Notizblock Taschenrechner 30 min 0,2 h 3h 12min 1,25 h 50 min $\frac{7}{12}$ h
	2. Lehrschritt (Besinnung)	(LZ 1)	Impuls: "Du weißt, wozu man dieses Umrechnen benötigt." Erarbeitungsgespräch (Bei Zeitberechnungen, bei Berechnungen mit der Formel s = v·t).	- sich erinnern - sich äußern	Hb Hb	Transparent 3 (Teil II - Eintrag: $s = v \cdot t$
Erarbeitungsphase	3. Lehrschritt (Problemstellung)	Begegnungssituation bei Bewegungsaufgaben; Mögliche Fragestellungen zum Sachverhalt.	Impuls: "Ich hab hier eine Aufgabe, die du möglicherweise ohne rechnen zu müssen lösen kannst."	- lesen	Hb	Transparent 1 (Aufgabentext)
	4. Lehrschritt (Problemdurchdringung)		Erarbeitungsgespräch (Fragestellungen zum Problem; Möglichkeit zeichnerischer Lösung; Planung der zeichnerischen Lösung).	- analysieren - fragen - notieren - planen	Hb	Transparent 1: Eintrag der Fragen
	5. Lehrschritt (Zeichnerische Lösung)	Graph zur Begegnungssituation.	Arbeitsauftrag: "Übertrage zunächst alle Fragen auf dein Arbeitsblatt, dann zeichne! Die notwendigen Hinweise für die Zeichnung findest du auf dem Arbeitsblatt. Beantworte alle Fragen!"	- notieren - zeichnen - auswerten	Aa	Transparent 1 Arbeitsblatt 1
	6. Lehrschritt (Ergebnisvergleich)	(LZ 2)	Verarbeitungsgespräch nach Aufforderung: "Zeige uns allen deinen Lösungsweg und deine Lösungen am Transparent!" (Nachvollzug der zeichnerischen Lösung mit Begründungen, Feststellen der Ergebnisse, Notation der Ergebnisse).	- berichten - begründen - zeichnen - vergleichen - notieren	Hb	Transparent 1: Graph und Ergebnisse der zeichnerischen Lösung
	7. Lehrschritt (Lösungskontrolle)	Vergleich zwischen zeichnerischer Lösung und berechneten Ankunftszeiten	Impuls: "Zwei dieser Ergebnisse könnte man auch ganz leicht berechnen." Erarbeitungsgespräch (Ankunftszeiten können berechnet werden; Berechnung über die Formel s = v·t; gemeinsame Berechnung; Vergleich mit der zeichnerischen Lösung).	- benennen - berechnen - vergleichen	Hb Hb	Transparent 1 Arbeitsblatt 1 (rechnerische Lösung) Taschenrechner
	8. Lehrschritt (Problemstellung)	Flugdauer bis zur Begegnung als rechnerisches Problem.	Impuls: "Vielleicht könnte man auch noch die beiden restlichen Fragen rechnerisch lösen." Rundgespräch (Vermutungen).	- zuhören - vermuten	Hb Hb/Aa	Transparent 1
	9. Lehrschritt (Lösungsvorbereitung)	Beziehungen: $s = s_1 + s_2$ $t_1 = t_2$ (LZ 3)	Impuls: "Die Zeichnung hilft uns." Erarbeitungsgespräch (Vergleich der Gesamtstrecke mit den bis zum Treffpunkt zurückgelegten Teilstrecken; zeichnerischer Vergleich; Vergleich der Flugzeiten bis zum Treffpunkt).	- vermuten - begründen - zeichnen - versprachlichen	Hb Hb	Transparent 2: Eintrag: t_1 t_2(Text) s s_1 s_2
	10. Lehrschritt (Problemlösung)	Gleichung: $s = v_1 \cdot x + v_2 \cdot x$ und ihre Lösung nach dem Einsetzen der gegebenen Größen. (LZ 4)	Impuls: "Beide Erkenntnisse führen uns zum Ziel." Erarbeitungsgespräch (Entwicklung der Gleichung s=v₁·x+v₂·x; Wiederholung der bekannten Größen - Einsetzen in die Gleichung; Berechnung; Übernahme des Ergebnisses zur Berechnung von Begegnungszeit und -ort).	- sich äußern - folgern - begründen - notieren - berechnen	Hb Hb	Transparent 2: Eintrag aller handschriftl. Notationen
Sicherungsphase	11. Lehrschritt (Ergebnisfixierung)	Gesamter Lösungsweg.	Arbeitsauftrag: "Übertrage diesen Lösungsweg in dein Arbeitsblatt!"	- notieren	Aa	Transparent 2 Arbeitsblatt 2
	12. Lehrschritt (Arbeitsrückschau)	(LZ 3/4)	Frage: "Diese Gleichung hat uns die Berechnung ermöglicht. Wie kommt sie zustande?" Verarbeitungsgespräch (Wiederholung ohne Zuhilfenahme der Transparente oder Arbeitsblätter.	- wiederholen - begründen	Hb Hb	
	13. Lehrschritt (Anwendung)	Aufgabenstellungen ähnlicher Art. (LZ 4)	Arbeitsauftrag: "Berechne in gleicher Weise die Aufgaben im Mathematikbuch!" Anschl. Kontrolle/Vergleich.	- berechnen - vergleichen	Aa Hb	Mathematikbuch Mathematikheft Taschenrechner

Hauptlernziel:	Unterrichtsthema:	Autor: Manfred Brunner
Fähigkeit, irreführende grafische Darstellungen zu durchschauen.	Vorsicht, Zahldarstellungen können täuschen und irreführen!	Unterrichtszeit Empfehlung: 1 UE

Vorbemerkungen:
Diese Einheit führt in die Problematik der Manipulation durch grafische Darstellungen ein; in der weiterführenden Arbeit sollte dann die Lehrperson möglichst viele aktuelle Beispiele aus den Medien zur Analyse beschaffen. Auch eigene Manipulationsversuche können für den Schüler sehr lehrreich sein und die Fähigkeit zur kritischen Bewertung manipulierender Darstellungen verbessern. In dieser einführenden Einheit wird zunächst ein Beispiel gemeinsam analysiert (Lehrschritte 1-6, Arbeitsblatt 1). In der nachfolgenden Anwendung solcher Analyse wird die Klasse in mehrere arbeitsteilige Gruppen aufgeteilt - zur gegenseitigen Kontrollmöglichkeit bearbeiten jedoch jeweils zwei Gruppen die gleiche Aufgabe (Lehrschritt 8). Jede Gruppe erhält zur Ergebnisfindung Begleitmaterial (siehe unten). Alle handschriftlichen Eintragungen in den Arbeitsblättern (Transparenten) entstehen im Verlauf der Einheit.

Teillernziele:
Der Schüler soll:
1. erkennen, daß grafische Zahldarstellungen nicht immer objektiv richtig sein müssen,
2. erkennen, daß solche irreführende Zahldarstellungen auch bewußt eingesetzt werden, um den Betrachter zu täuschen,
3. in solchen irreführenden Darstellungen das tatsachenverzerrende Moment erkennen können.

Medien:
2 Arbeitsblätter, 2 Transparente, Tageslichtprojektor, je Arbeitsgruppe 1 Handzettel 'Begleitmaterial zu Beispiel x'.

Begleitmaterial für die Gruppenarbeit:

Begleitmaterial zu Beispiel 2:

Jan 32000 Stück	Jul 35000 Stück
Mar 33000 Stück	Sep 35000 Stück
Mai 33000 Stück	Okt 36000 Stück
Jun 34000 Stück	Nov 37000 Stück
	Dez 37000 Stück

→ Die Hochwertachse ist in beiden Darstellungen unterschiedlich beschriftet!

Begleitmaterial zu Beispiel 3:
Die Partei A erhielt 48 % der Stimmen
Die Partei B erhielt 42 % der Stimmen
→ Nur eine der beiden Darstellungen zeigt die Prozentsäulen in ihrer ganzen Größe!

Begleitmaterial zu Beispiel 4:

	vorher	nachher	Zuwachs(Zahl)	Zuwachs(%)
SV	200	300		
ASV	1000	1100		

➡ Rechne zuerst!

Die Hochwertachsen sind schon sehr verschieden!

Literatur:
Sattler (Hrsg.), "Bausteine der Mathematik, 9.Jgst.", Oldenbourg Verlag, München 1980, S. 90
Kriegelstein (Hrsg.), "Der Mathematikunterricht in der 7.-9.Jgst. der Hauptschule", Ehrenwirth Verlag, München 1978, S. 148

Arbeitsblatt 1 (= Transparent 1)

VORSICHT - ZAHLDARSTELLUNGEN KÖNNEN TÄUSCHEN UND IRREFÜHREN!

Beispiel 1: Zuschauerzahlen beim 1.FC Waldsassen

a) Der Schatzmeister klagt: Die Zuschauerzahlen sinken! (1976 - 1983)

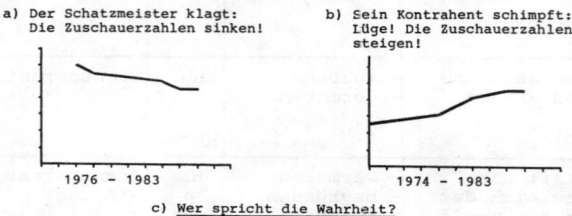

b) Sein Kontrahent schimpft: Lüge! Die Zuschauerzahlen steigen! (1974 - 1983)

Jahr	durchschnittl. Zuschauerzahl
1974	2500
1975	3400
1976	6000
1977	5500
1978	3000
1979	4000
1980	4000
1981	5000
1982	4500
1983	4500

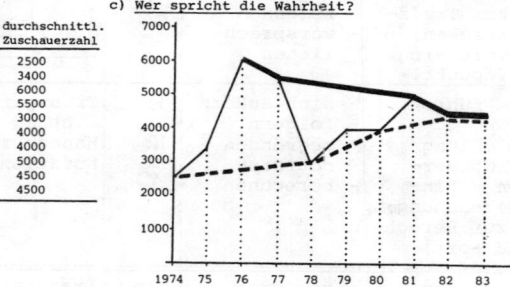

c) Wer spricht die Wahrheit?

d) Beide haben recht: *Sie haben echte Zuschauerzahlen verwendet (authentisches Zahlenmaterial)*

Beide haben nicht recht: *Sie haben nur solches Zahlenmaterial verwendet, das in ihr Konzept paßte!*

Beide hatten eine bestimmte Absicht: *Sie wollten durch einen Trick in der Darstellung Leute für sich gewinnen!*

Arbeitsblatt 2 (=Transparent 2)

VORSICHT - ZAHLDARSTELLUNGEN KÖNNEN TÄUSCHEN UND IRREFÜHREN!

Beispiel 2: Produktionszahlen in einem Betrieb

Der Chef klagt: Die Produktionszahlen ändern sich kaum. Keine Lohnerhöhung!

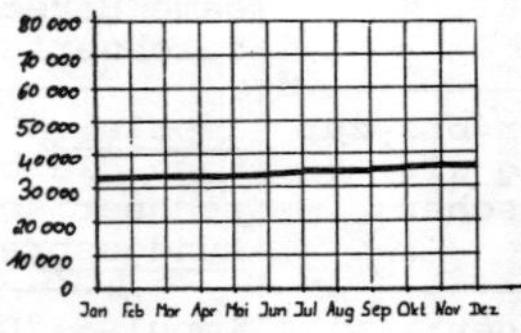

Der Betriebsrat jubelt: Ein steiler Aufstieg! Wir fordern Lohnerhöhung!

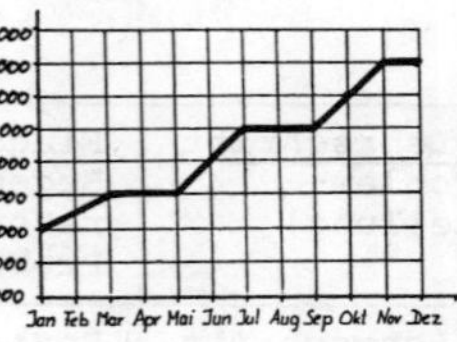

Der Trick: *Die Hochwertachse ist verschieden angelegt!*

Beispiel 3: Die Wahl ist vorbei. Die zwei großen Parteien tönen:

Wir haben die anderen deutlich distanziert!

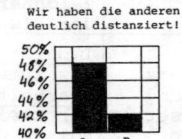

Wir haben jetzt fast gleichgezogen!

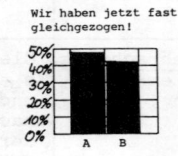

Der Trick: *Die ersten haben nur die Spitzen der Säulen gezeichnet!*

Beispiel 4: Zwei Vereine werben erfolgreich neue Mitglieder. Nach der Werbeaktion prahlen beide Vereine:

Wir vom SV - der Erfolg spricht für uns!

Der ASV - immer oben!

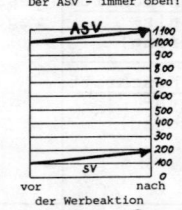

Der Trick: *Jeder hat 100 Mitglieder geworben. Durch Verwendung verschiedener Bezugssysteme erzielt man auch eine unterschiedliche Wirkung!*

UG	Lehrschritte (Artikulationsdefinition)	Lehrinhalte und Lernziele (= Lz)	Lehrakte .... Lernakte		Sozialformen	Lernhilfen
Eröffnungsphase	1. Lehrschritt (Hinführung)	Sachproblem 'Zuschauerzahlen bei Fußballvereinen'.	Erzählung: (Streit im Verein; finanzielle Misere; Schatzmeister klagt über sinkende Zuschauerzahlen und legt eine Statistik vor). Rundgespräch (Beurteilung der Grafik; Stellungnahme zum Sachproblem; Erfahrungsaustausch).	– zuhören – betrachten – sich äußern	Hb Aa/Hb	Transparent 1 (Beispiel 1, Darstellung a)
	2. Lehrschritt (Provokation)		Erzählung (Ein Gegner des Schatzmeisters tritt auf; Vorwurf der Mißwirtschaft; Behauptung: Zuschauerzahlen steigen; legt ebenfalls eine Grafik vor). Rundgespräch (Beurteilung dieser Grafik im Vergleich zur 1. Grafik; evtl. Betrugsverdächtigungen).	– zuhören – betrachten – vergleichen – diskutieren	Hb Aa/Hb	Transparent 1 (Beispiel 1, Darstellungen a und b)
Erarbeitungsphase	3. Lehrschritt (Problembegegnung)	Unterschiedliche Darstellung trotz gleicher Grundlagendaten. (LZ 1)	Impuls: "Beide Streithähne behaupten, die verwendeten Zuschauerzahlen der offiziellen Vereinsstatistik entnommen zu haben!" Erarbeitungsgespräch (Möglichkeiten einer Überprüfung; Durchsicht der Vereinsstatistik; Begriff: authentisches Zahlenmaterial).	– zuhören – vermuten – fragen	Hb Hb	Transparent 1 (Beispiel 1, Darstellungen a und b)
	4. Lehrschritt (Problemdurchdringung)	Grundlagendaten zu den o.a. Darstellungen.	Impuls: "Das ist das verwendete Zahlenmaterial." Erarbeitungsgespräch (Feststellung: Uneinheitliche Tendenz; Problem der 'guten' Jahre und der 'schlechten' Jahre; Feststellung: Keine der vorgelegten Grafiken zeigt die Wirklichkeit).	– lesen – auswerten – vermuten – urteilen	Hb Hb	Transparent 1 (Beispiel 1, Darstellung c, links, Zahlen)
	5. Lehrschritt (Lösungsvorbereitung)	Exakte, lückenlose grafische Darstellung. (LZ 3)	Arbeitsauftrag: "Zeichne auf dein Arbeitsblatt die richtige Grafik und überlege dann, was du zu den Aussagen auf dem Arbeitsblatt unter d) sagen kannst!"	– zeichnen – überlegen	Aa	Arbeitsblatt 1 (Grafik)
	6. Lehrschritt (Problemlösung)	Vergleich irreführender und exakter grafischer Darstellungen. (LZ 1/2/3)	Erarbeitungsgespräch: (Vergleich der drei Grafiken; Kennzeichen der vom Schatzmeister und der von seinem Gegner verwendeten Daten in der exakten Darstellung; Beurteilung dieser unterschiedlichen Zahlenhandhabung. Begleitende Arbeit auf dem Transparent: Entwicklung der Grafik und Notation der Aussagen zu Punkt d.	– berichten – vergleichen – zeichnen – beurteilen – verbalisieren – notieren	Hb	Arbeitsblatt 1 Transparent 1 (Beispiel 1, Darstellungen c und d)
Sicherungsphase	7. Lehrschritt (Problembegegnung)	Irreführende Zahldarstellungen bei – Punktzuordnung im Gitternetz – Prozentsäule – Prozentstrahl.	Erklärung: "Solche irreführende Zahldarstellungen begegnen uns tagtäglich; nur wer genau hinsieht, merkt, daß mit Tricks gearbeitet wird." Sachimpuls: Einblenden Transparent 2, (Gemeinsame Durchsicht).	– zuhören – betrachten – sich äußern	Hb Hb	Transparent 2 (ohne handschriftliche Eintragungen)
	8. Lehrschritt (Anwendung)	 (LZ 1/2/3)	Arbeitsauftrag: "Je zwei Gruppen bearbeiten das gleiche Beispiel. Damit ihr aber nachher euren Mitschülern den Darstellungstrick erklären könnt, erhaltet ihr noch einige Zusatzinformationen." Hilfestellung/Kontrolle/Überwachung.	– zuhören – lesen – sich besprechen – notieren	Ga	Arbeitsblatt 2 und Zusatzinformationen
	9. Lehrschritt (Ergebnisdarstellung)	Vergleich der unterschiedlichen Bezugssysteme in divergierenden Darstellungen. (LZ 1/2/3)	Verarbeitungsgespräch (Arbeitsgruppen tragen ihre Ergebnisse vor; beschriften dabei Transparent 2; versprachlichen den Darstellungstrick und die Wirkung auf den Betrachter).	– berichten – erklären – notieren – verbalisieren – urteilen	Hb	Arbeitsblatt 2 und Zusatzinformationen, Transparent 2
	10. Lehrschritt (Ergebnisfixierung)	Ergebnisse der Schüleranalysen.	Arbeitsauftrag: "Übertrage jetzt alle Eintragungen auf dem Transparent in dein Arbeitsblatt!" Überwachung/Kontrolle.	– notieren	Aa	Transparent 2 (mit handschriftlichen Einträgen) Arbeitsblatt 2
	11. Lehrschritt (Anwendung)	Darstellungen ähnlicher Art im Erlebnisraum der Schüler. (LZ 2/3)	Arbeitsauftrag: "Wenn du die Augen offen hältst, entdeckst du wirklich sehr oft solche Manipulationen. Erzähle uns dann darüber oder bring Unterlagen mit!"	– zuhören	Hb/Aa	

Hauptlernziel: Die Schüler sollen aus der Grafik: "Kaufkraft einer Lohnstunde" entsprechende Angaben entnehmen und diese mathematisieren.	Unterrichtsthema: Wird das Leben immer teurer?	Autor: Smola Josef
		Unterrichtszeit Empfehlung: 2 UE

Vorbemerkungen:
Durch die folgende Grafik soll ein Problem aufgegriffen und gelöst werden, das sehr häufig in allen Bevölkerungskreisen oft sehr emotional diskutiert wird. Denn immer wieder hört man Klagen, daß die Lebenshaltungskosten den Lohnkosten davonlaufen. Ob diese Aussage richtig ist, soll im Verlauf der Unterrichtseinheit anhand von entsprechendem Zahlenmaterial überprüft und gegebenenfalls revidiert werden.
Fachlich geht es zum einen darum, Sachverhalte aus dem Erfahrungsbereich der Schüler zu mathematisieren, zum anderen um eine Übung des Prozentrechnens, welche hier wegen der vielen notwendigen ähnlich verlaufenden Rechnungen erforderlich wird. Der Taschenrechner findet einen sinnvollen Einsatz, da hierdurch die Arbeit wesentlich erleichtert wird.

Teillernziele: Die Schüler sollen:
1. aus einem Tonbandgespräch die Stundenthematik finden und formulieren;
2. die vorgegebene Grafik mit eigenen Worten interpretieren;
3. im Rahmen des Kopfrechnens Arbeitszeitvergleiche durchführen;
4. zu der Grafik geeignete Rechenfragen formulieren;
5. die Rechenfragen mit Hilfe des Taschenrechners lösen;
6. eine Antwort auf die Ausgangsfrage nach dem Vergleich der Rechenergebnisse finden.

Tonbandaufnahme mit folgendem Streitgespräch:
A) "Hast du's gehört: Die Preise sind gegenüber dem Vorjahr schon wieder um 5% gestiegen! Alles wird wieder teurer!"
B) "Ja, die Preise laufen uns einfach davon! Was kriegt man heute noch für sein Geld?!"
C) "Na, aber es geht uns doch gar nicht so schlecht! Wir verdienen ja auch viel mehr als früher!"
A) "Die paar Prozent, die wir mehr verdienen, werden sofort wieder von den Preissteigerungen aufgefressen!"
C) "Also ich glaub das doch nicht ganz. Ehrlich gesagt: Mich würde da schon etwas interessieren!"

Folie bzw. Mathematikbuch (Wolf 9. Jgst. S. 33)
Im Jahre 1968 betrug der Stundenlohn eines Industriefacharbeiters nach Abzug der Steuern und der Sozialabgaben 4,24 DM netto, im Jahre 1978 betrug er 9,50 DM netto.

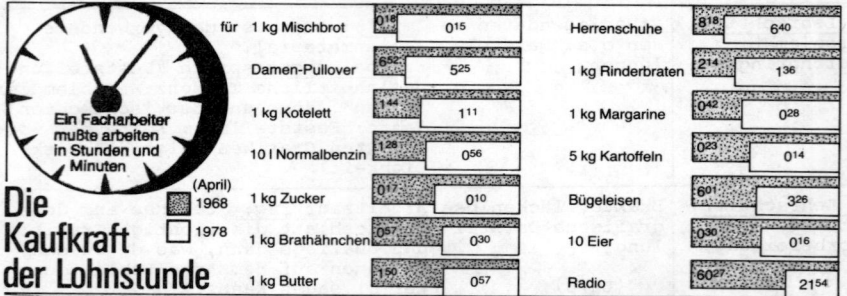

Die Kaufkraft der Lohnstunde — Ein Facharbeiter mußte arbeiten in Stunden und Minuten (April) 1968 / 1978

	1968	1978
1 kg Mischbrot	0:18	0:15
Damen-Pullover	6:52	5:25
1 kg Kotelett	1:44	1:11
10 l Normalbenzin	1:28	0:56
1 kg Zucker	0:17	0:10
1 kg Brathähnchen	0:57	0:30
1 kg Butter	1:50	0:57
Herrenschuhe	8:18	6:40
1 kg Rinderbraten	2:14	1:36
1 kg Margarine	0:42	0:28
5 kg Kartoffeln	0:23	0:14
Bügeleisen	6:01	3:26
10 Eier	0:30	0:16
Radio	60:27	21:54

Arbeitsblatt (identisch mit dem Tafelbild)

WIRD DAS LEBEN IMMER TEURER ?

1. Was können wir ausrechnen?
   a) Wieviel verdient ein Arbeiter pro Minute im Jahre 1968 und im Jahre 1978?
   b) Um wieviel stiegen in dem Zeitraum die Preise? (in DM und in Prozent)
   c) Um wieviel stiegen die Löhne? (in DM und in Prozent)
   d) Wurde das Leben immer teurer im Vergleich zum Verdienst?

2. Rechenwege:
   zu a: 4,24 DM : 60 = x ; 9,50 DM : 60 = y ;
   zu b: 1. Beispiel:
   2,37 DM - 1,28 DM = 1,09 DM
   1,09 DM = x% von 1,28 DM
   1,09 : 0,0128 = 1090 : 128 = 85,16%
   zu c: 9,50 DM - 4,24 DM = a
   a = x% von 4,24 DM
   zu d: Vergleich der Preisanstiege

3. Rechnungen:
   zu a) x = 0,071 DM   y = 0,158 DM

   zu b)

Gegenstand	Preise in DM im J. 1969	1978	Unterschiede in DM	Prozent
1 kg Mischbrot	1,28	2,37	+ 1,09	+ 85,16
Damenpullover	29,25	51,35	+ 22,10	+ 75,56
1 kg Kotelett	7,38	11,22	+ 3,84	+ 52,03
10 l Normalbenzin	6,25	8,85	+ 2,60	+ 41,60
1 kg Zucker	1,21	1,58	+ 0,37	+ 30,58
1 kg Butter	7,81	9,01	+ 1,20	+ 15,36
Herrenschuhe	35,36	63,20	+ 27,84	+ 78,73
1 kg Rinderbraten	9,51	15,17	+ 5,66	+ 59,52
1 kg Margarine	2,98	4,42	+ 1,44	+ 48,32
5 kg Kartoffeln	1,63	2,21	+ 0,58	+ 35,58
Bügeleisen	25,63	32,55	+ 6,92	+ 27,00
10 Eier	2,13	2,53	+ 0,39	+ 18,31
Radio	257,52	1172,66	- 84,86	- 32,95
1 kg Brathähnchen	4,05	4,74	+ 0,69	+ 17,04

zu c) Lohnanstieg: 5,26 DM bzw. 124%   124 %
Durchschnittlicher Preisanstieg: 39,42 %

zu d) Die Lohnkosten stiegen im Vergleich zu den Preisen um das Dreifache.

Das Leben ist also billiger geworden, weil die Arbeiter viel mehr verdienen als früher.

80

UG	Lehrschritte (Artikulationsdefinition)	Lehrinhalte und Lernziele (= Lz)	Lehrakte .... Lernakte		Sozialformen	Lernhilfen
Eröffnungsphase	1. Lehrschritt: (Problemstellung)	Streitgespräch über Problematik von Lohn- und Preisspirale. (Lz 1)	Sachimpuls: Der Lehrer läßt das Streitgespräch abspielen. Verarbeitungsgespräch: Diskussion der gehörten Meinungen; Einholen von Problemfragen; Fixierung der Hauptfrage an der Tafel. Rundgespräch nach Frage: Welche Meinung hast du zu dem Problem: "Wird das Leben immer teurer?"	- zuhören - diskutieren - vermuten	Hb Hb Aa/Hb	Tonbandaufnahme Tafelbild: Überschrift
	2. Lehrschritt: (Ausbreitung der Sachsituation)	Lesen und Interpretieren der Grafik: "Die Kaufkraft der Lohnstunde".	Sachimpuls: Projektion der Grafik: "Die Kaufkraft der Lohnstunde." Erarbeitungsgespräch: Die Schüler interpretieren die Grafik wie z.B.: Ein Arbeiter mußte im Jahre 1968 für 1 kg Mischbrot 18 Minuten lang arbeiten, im Jahre 1978 nur 15 Minuten usw.	- betrachten - durchdenken - erläutern	Hb Hb	Folie
	3. Lehrschritt: (Kopfrechnen)	Berechnen der Differenzen der Arbeitszeiten 1968 und 1978. (Lz 3)	Arbeitsauftrag: Rechne auf deinem Block die Differenzen bei den Arbeitszeiten zwischen 1968 und 1978 aus. Verarbeitungsgespräch: Schülerbericht über die Ergebnisse; Fixierung an der Seitentafel.	- rechnen - fixieren - berichten	Aa Hb	Folie Block Seitentafel
Erarbeitungsphase	4. Lehrschritt: (Lösungsplanung)	Ermitteln von Rechenfragen. (Lz 4)	Impuls: Um die Problemfrage lösen zu können, müssen wir vorher einige Fragen überlegen! Verarbeitungsgespräch nach Partnerarbeit: Auswertung der 4 Rechenfragen; Fixierung derselben.	- durchdenken - fixieren - berichten - schreiben	Pa Hb	Block Tafelbild bzw. Arbeitsblatt Punkt 1
	5. Lehrschritt: (Rechenschritte)	Lösungsschritte (Lz 5)	Arbeitsauftrag: Überlegt nun in arbeitsteiliger Gruppenarbeit die Lösungsschritte zu den 4 Rechenfragen. Erarbeitungsgespräch: Jeweils eine Gruppe berichtet über die Lösungsschritte zu jeweils einer Rechenfrage; gemeinsame Lösung eines Beispiels bei Frage b; Fixierung an der Tafel.	- durchdenken - fixieren - berichten - schreiben	Ga Hb	Block Tafelbild bzw. Arbeitsblatt Punkt 2
	6. Lehrschritt: (Lösungsvollzug)	Ausrechnen der Aufgaben. (Lz 5)	Arbeitsauftrag: Ermittle nun mit Hilfe des Taschenrechners die Ergebnisse. Teilt die Aufgaben bei Frage b) innerhalb der Gruppe auf! Verarbeitungsgespräch: Vortrag und Auswertung der Arbeitsergebnisse; Fixierung von Antworten.	- rechnen - schreiben - vortragen - vergleichen - schreiben	Ga Hb	Taschenrechner Arbeitsblatt Punkt 3 Tafelbild bzw. Arbeitsblatt Punkt 3
Wertungsphase	7. Lehrschritt: (Anwendung)	Beantwortung der Ausgangsfrage. (Lz 6)	Impuls: Du kannst nun unsere Ausgangsfrage beantworten! Erarbeitungsgespräch: Landläufige Meinung berichtigen: die Löhne sind im Vergleich zu den Preisen um das Dreifache gestiegen.	- überlegen - diskutieren	Hb Hb	Tafelbild bzw. Arbeitsblatt Punkt 3, letzter Satz
	8. Lehrschritt: (Transfer)	Übertragung auf analoge Situationen.	Impuls: Denke an unser Ausgangsgespräch. Es gibt ähnliche Situationen, in denen Menschen auch vorschnell urteilen! Erarbeitungsgespräch: Finden analoger Situationen; keine voreilige Urteilsbildung!	- überlegen - diskutieren	Hb Hb	

Hauptlernziel: Erkenntnis, daß man vor der Aufnahme von Hausfrauenkrediten verschiedene Angebote einholen und vergleichen soll.	Unterrichtsthema: Rentiert sich ein Hausfrauenkredit?	Autor: Smola Josef
		Unterrichtszeit Empfehlung: 1 UE

Vorbemerkungen: In vielen Zeitungen und Zeitschriften werden oft sogenannte Hausfrauenkredite angeboten, die im Vergleich zu Darlehen von öffentlichen Banken zumeist ziemlich teuer werden können. Die Schüler auf solche scheinbar günstige, einfach, schnell und diskret zu erhaltende Kredite aufmerksam zu machen, kann und soll auch im Rahmen des Mathematikunterrichts erfolgen, da erst durch vergleichendes Rechnen überzeugende Argumente gegen solche verlockende Angebote zu finden sind; dadurch wird der Rechenunterricht auch Hilfe für das spätere Leben und zur leichteren Bewältigung desselben.

Teillernziele: Die Schüler sollen:
1. die Kopfrechenaufgaben lösen können;
2. auf Grund der vorgegebenen Problematik das Stundenthema formulieren können;
3. weitere Rechenfragen und Lösungswege zu dem Zahlenmaterial finden können;
4. die Fragen unter Benutzung des Taschenrechners lösen können;
5. erkennen, daß bei verlockenden Angeboten entsprechende Vorsicht geboten ist.

Lernmaterialien:

a) Folienbild für Kopfrechnen:
Berechne die fehlenden Angaben!

Nummer	a	b	c	d	e
Kredit in DM	1200	2000		10000	100000
Zinssatz	10%		5%	10%	4%
Laufzeit	1 Jahr	1 Jahr	1/2 Jahr		2 Jahre
Zins		160 DM	100 DM	500 DM	

b) Ausgangstext (Folie)

Hausfrauenkredit:
einfach - schnell - diskret!
Haben Sie Geldwünsche?
Wir erfüllen sie einfach, schnell, ohne bürokratische Auflagen, und vor allem diskret - kein Mensch braucht davon zu erfahren!
Tausende von Hausfrauen konnten sich auf diese Weise bequem ihre Wünsche erfüllen.
Schreiben Sie an "Geldinstitut Hausfrauenkredit"
von Müller Str. 5
Postfach
8000 München 15

Arbeitsblatt:

Rentiert sich ein Hausfrauenkredit?

① Bedingungen des Hausfrauenkredits:

Darlehen: 2800 DM
Laufzeit: 18 Monate
monatlicher Zins: 37,33 DM
monatliche Tilgung: 155,56 DM

a) Rechenfragen:
1.) Wie hoch ist der Zinssatz?
2.) Wie hoch sind die gesamten Zinsen?

b) Rechenwege:
zu 1: 37,33 DM · 12 = a;
1% von 2800 DM = 28 DM
a : 28 = b
zu 2: 37,33 DM · 12 = c

c) Antwort:
Der Zinssatz beträgt 16%; insgesamt sind 671,94 DM zu bezahlen.

② Die Sparkasse verlangt bei gleichen Bedingungen einen Zinssatz von 8,5% und eine einmalige Bearbeitungsgebühr von 2,5%

a) Rechenfragen:
3.) Wie hoch ist der Jahreszins?
4.) Wie hoch sind die Bearbeitungsgebühren?
5.) Wie groß ist der Unterschied?

b) Rechenwege:
zu 3: 2800 · 0,085 = d
zu 4: 2800 · 0,025 = e
zu 5: Vergleich der Zinsen der Banken

c) Antwort:
Es fallen 238 DM Jahreszins und 70 DM Bearbeitungsgebühren an. Das gleiche Darlehen kommt bei der Bank um rund 245 DM billiger.

d) Folie (für Gleichungsansatz):

Zum Hausfrauenkredit:
1) (37,33 · 12) : (2800 : 100) = b
2) 37,33 · 18 = c

Zum Bankkredit:
3) 2800 · 0,085 = d
4) 2800 · 0,025 = e
5) d · 18 + e vergleichen mit c

Tafelbild

Rentiert sich ein Hausfrauenkredit?

Hausfrauenkredit:
a) Rechenfragen:
1. Wie hoch ist der Zinssatz?
2. Wie hoch sind die gesamten Zinsen?

b) Rechenwege:
zu 1: 37,33 DM · 12 = a
1% von 2800 DM = 28 DM
a : 28 = b
zu 2: 37,33 DM · 12 = c

c) Antwort:
Der Zinssatz beträgt 16%; insgesamt sind 671,94 DM zu bezahlen.

Bedingungen der Sparkasse:
a) Rechenfragen:
3. Wie hoch ist der Jahreszins?
4. Wie hoch sind die Bearbeitungsgebühren?
5. Wie groß ist der Unterschied zwischen den beiden Banken?

b) Rechenwege:
zu 3: 2 2800 · 0,085 = d
zu 4: 2800 · 0,025 = e
zu 5: Vergleich der Bankgebühren

c) Antwort:
Es fallen 238 DM Jahreszins und 70 DM Bearbeitungsgebühren an. Das gleiche Darlehen bekommt man bei der Bank um rund 245 DM billiger.

UG	Lehrschritte (Artikulationsdefinition)	Lehrinhalte und Lernziele (= Lz)	Lehrakte .... Lernakte		Sozialformen	Lernhilfen
Eröffnungsphase	1. Lehrschritt: (Kopfrechnen)	Halbschriftliches Rechnen. (Lz 1)	Sachimpuls: Projektion der Aufgabenstellung. Erarbeitungsgespräch: Aussprache über die geforderte Tätigkeit; gemeinsames Lösen des 1. Beispiels. Arbeitsauftrag: Die übrigen Aufgaben kannst du selbst lösen. Schreibe die Ergebnisse auf den Block! Verarbeitungsgespräch: Die Schüler berichten die Ergebnisse, die in die Leerstellen des Folienbildes eingetragen werden.	- betrachten - lesen - erklären - rechnen - berichten	Hb Hb Aa Hb	Folienbild a Rechenblock Folienbild a
	2. Lehrschritt: (Problemstellung)	Ausbreitung der Sachsituation: "Rentiert sich ein Hausfrauenkredit?" (Lz 2)	Feststellung: In einer Zeitschrift habe ich folgende Anzeige gefunden. Arbeitsauftrag: Lies die Anzeige durch und berichte, welche Fragen sich dabei ergeben! Verarbeitungsgespräch: Erläuterung des Begriffs "Hausfrauenkredit" und möglicher Gründe für ein solches Angebot. Erneuerung der Problemfrage und Fixierung an der Tafel.	- hören - lesen - erläutern - schreiben	Hb Aa Hb	Folie b Tafelbild Arbeitsblatt, je Überschrift
Erarbeitungsphase	3. Lehrschritt: (Finden der Rechenfragen)	Rechenfragen: 1. Wie hoch ist der Zinssatz? 2. Wie hoch sind die gesamten Zinsen? (Lz 3)	Sachimpuls: Präsentation der Bedingungen des Hausfrauenkredits; Suchen von Rechenfragen in Partnerarbeit. Verarbeitungsgespräch: Auswertung der Schülervorschläge; Fixierung der Hauptfragen an der Tafel und im Arbeitsblatt.	- lesen - besprechen - vortragen - fixieren	Pa Hb	Arbeitsblatt: 1a) Tafelbild: a)
	4. Lehrschritt: (Lösungsplanung)	Rechenschritte in Teilschritten. (Lz 3)	Arbeitsauftrag: Schreibe auf, wie du die beiden Rechenfragen lösen kannst. Verarbeitungsgespräch: Vortrag und Auswertung der Schülervorschläge; Fixierung an Tafel und im Arbeitsblatt.	- durchdenken - fixieren - berichten - schreiben	Aa Hb	Block Arbeitsblatt: 1b) Tafelbild: b)
	5. Lehrschritt: (Lösungsvollzug)	Lösung der Rechenfragen. (Lz 4)	Arbeitsauftrag: Rechne mit Hilfe des Taschenrechners und schreibe einen Antwortsatz! Verarbeitungsgespräch: Auswertung der Ergebnisse; Fixierung der Antworten.	- rechnen - fixieren - berichten - fixieren	Aa Hb	Block Arbeitsblatt: 1c) Tafelbild: c)
	6. Lehrschritt: (Rechenfragen zur 2. Aufgabe)	Rechenfragen: 3. Wie hoch ist der Jahreszins? 4. Wie hoch sind die Bearbeitungsgebühren? 5. Unterschied der Bedingungen? (Lz 3)	Arbeitsauftrag: Erst wenn du die Angaben der 2. Aufgabe liest, kannst du weitere Rechenfragen finden! Erarbeitungsgespräch: Einbringen von Schülervorschlägen; Fixierung der Rechenfragen.	- überlegen - diskutieren - fixieren	Aa/Hb Hb	Arbeitsblatt: 2a) Tafelbild: Bedingungen der Sparkasse a)
	7. Lehrschritt: (Problemlösung)	- Finden der Rechenschritte; - Lösung der Rechenfragen. (Lz 4)	Arbeitsauftrag: Bearbeite in der Gruppe die 2. Aufgabe nach den angegebenen Punkten auf dem Block. Verarbeitungsgespräch: Vortrag und Auswertung der Arbeitsergebnisse; Fixierung derselben auf dem Arbeitsblatt und an der Tafel.	- besprechen - durchdenken - rechnen - vortragen - fixieren	Ga Hb	Arbeitsblatt: 2b) Block Arbeitsblatt: 2b) Tafelbild: Bedingungen der Sparkasse b)
	8. Lehrschritt: (Beurteilung)	Vergleich der Bedingungen des Hausfrauenkredits und der Bank. (Lz 5)	Impuls: Du kannst nun selbst eine Antwort auf unsere Ausgangsfrage finden: "Rentiert sich ein Hausfrauenkredit?" Erarbeitungsgespräch: Feststellung der ungünstigen Bedingungen des Hausfrauenkredits; Gründe für Inanspruchnahme derartiger Angebote; Hinweis auf späteres Leben.	- begründen - erläutern	Hb Hb	 Arbeitsblatt: 2c) Tafelbild: Bedingungen der
Sicherungsphase	9. Lehrschritt: (Arbeitsrückschau)	Interpretation von vorgegebenen Gleichungsansätzen.	Impuls: Man kann die Aufgaben auch in Form von Gleichungen aufschreiben und lösen. Erarbeitungsgespräch nach Reflexion der Lösungswege.	- betrachten - durchdenken - erläutern	Hb Hb/Aa	Folie d) Seitentafel, Block

Hauptlernziel: Fähigkeit, Sachaufgaben aus dem Bereich des Prozentrechnens zu lösen.	Unterrichtsthema: In welchem Geschäft ist das Mofa am billigsten?	Autor: Josef Benker
		Unterrichtszeit Empfehlung: 1UE=45Min.

Vorbemerkungen:

- Zur Schulung der Rechenfertigkeit und Rechenfähigkeit eignen sich einige Kopfrechenübungen. Hier wurde im Sinne der Variation das "Dalli-Dalli"-Spiel gewählt. Nach dem Aufdecken einer Aufgabe nennen die Schüler das Ergebnis. Die Befürchtung, daß immer nur die besten Rechner "siegen", wird dadurch entkräftet, daß keine zu leichten Aufgaben gestellt werden.
- Vorliegende Unterrichtseinheit behandelt die Prozentrechnung nicht isoliert nach den drei Grundaufgaben, sondern versucht, durch die Gesamtbehandlung die Prozentrechnung in sich geschlossen darzustellen.

Teillernziele:

Die Schüler sollen:
1. Gruppe 1: den Lösungsvollzug selbständig durchführen können;
2. Gruppe 2: durch Arbeit am Text und durch szenisches Spiel die Sachsituation erschließen, die Rechenprobleme nennen und diese selbständig lösen können;
3. Gruppe 3: den Lösungsvollzug unter Mithilfe des Lehrers ausführen können;
4. das Lösungsergebnis konkretisieren können;
5. sensibilisiert werden für eine mathematische Erfassung ihrer Umwelt;
6. ähnliche Sachsituationen nennen können.

Folie 1:

Dalli - Dalli

$1/8 + 0,075 = ?$ 7% von 1 kg $= ?$
$0,2 + 3/5 = ?$ $7\% \; \widehat{=} \; 630$ m
$0,375 - 1/4 = ?$ 18 DM von 540 DM $=$
13% von 200 DM $= ?$ $= ?\%$
$9\% \; \widehat{=} \; 270$ l; $3\;1/2\%$ von 900 DM
$100\% \; \widehat{=} \; ?$ $= ?$
                           210 l von 105 l $=$
                           $= ?\;\%$

Folie 2:

| 15. Geburtstag |

Dein Wunschtraum wird wahr!

Arbeitsblatt - Rückseite:

Zusatzaufgabe: Überlege dir eine ähnliche "Rechengeschichte", bei der auch die drei Grundaufgaben vorkommen und notiere dir diese Geschichte.

Hausaufgabe: Mit 18 Jahren denkst du natürlich an den Kauf eines Autos. Händler A bietet dir beim Kauf des Wagens (13 500 DM) 3% Nachlaß und 2,5% Skonto. Händler B gewährt dir insgesamt einen Abschlag von 900 DM. Der Verkäufer bei Händler C will dir das Auto um 337,50 DM, er sagt um 2,5%, billiger geben und dir noch 2,5 % Skonto gewähren.

Medien:

Folie 1 für Kopfrechenphase;
Folie 2 für Tafelanschrift;
Mofaprospekte;
Arbeitsblatt mit Rückseite;

Literatur:

Maier, H.: Methodik des Mathematikunterrichts, Donauwörth 1976

Tafelbild (= Arbeitsblatt, ohne handschriftliche Eintragungen)

In welchem Geschäft ist das Mofa am billigsten?

Dein Wunschtraum wird wahr! Endlich hast du genügend Geld auf deinem Sparbuch, um dir das langersehnte Mofa kaufen zu können. Um günstig einzukaufen, erkundigst du dich.

	FRAGEN	RECHNUNGEN	ANTWORTEN
1. Im Geschäft A kostet das Mofa 1 680 DM. Der Verkäufer will dir 5 Prozent nachlassen.	Wie hoch ist der Preisnachlaß? ges.: Prozentwert Wie hoch ist der Endpreis?	Grundwert: 1680 DM → Prozentsatz: $\frac{5}{100}$ → Prozentwert: 84 DM $1680\,DM : 100 = 16,80\,DM$ $16,80\,DM \cdot 5 = 84\,DM$ $1680\,DM - 84\,DM = 1596\,DM$	Der Preisnachlaß beträgt 84 DM. Ich müßte 1596 DM bezahlen.
2. Im Geschäft B kostet das Mofa auch 1 680 DM. Der Verkäufer bietet dir 100,80 DM als Preisnachlaß.	Preisnachlaß in %? ges.: Prozentsatz Wie hoch ist der Endpreis?	Gw: 1680 DM → Ps: $\frac{6}{100}$ → Pw: 100,80 DM $100,80\,DM \cdot 100 = 10\,080\,DM$ $10\,080\,DM : 1680\,DM = 6$ $1680\,DM - 100,80\,DM = 1579,20\,DM$	Der Prozentsatz beträgt 6%. Ich müßte 1579,20 DM bezahlen.
3. Der Verkäufer im Geschäft C will dir das gleiche Mofa um 134.40 DM, er sagt um 8 Prozent, billiger geben.	Was steht auf dem Preisschild? ges.: Grundwert Wie hoch ist der Endpreis?	Gw: 16,80 DM → Ps: $\frac{8}{100}$ → Pw: 134,40 DM $134,40\,DM : 8 = 16,80\,DM$ $16,80\,DM \cdot 100 = 1680\,DM$ $1680\,DM - 134,40\,DM = 1545,60\,DM$	Der Grundwert beträgt 1680 DM. Ich müßte 1545,60 DM bezahlen.

UG	Lehrschritte (Artikulationsdefinition)	Lehrinhalte und Lernziele (= Lz)	Lehrakte .... Lernakte		Sozial-formen	Lernhilfen
Eröffnungsphase	1. Lehrschritt: (Einstimmung)	Kopfrechenaufgaben	Aufgabenstellung durch Sachimpuls: Rechenaufgaben für die Kopfrechen-übungen.	– lesen – rechnen – erklären der Ergebnisse	Hb/Aa	Folie 1 OHP
			Ergänzung: Wenn du das Ergebnis kennst, über-lege nochmals genau, du hast nur eine Antwort!		Hb	
	2. Lehrschritt: (Problement-wicklung)	Entwickeln und dar-stellen einer ma-thematischen Aus-gangssituation.	Rundgespräch nach Sachimpuls: – Vorgabe der Inhalte von Folie 2; – Vorgabe von Mofaprospekten.	– lesen – Stellung neh-men – begründen	Aa/Hb	Folie 2 Mofaprospekte
			Erarbeitungsgespräch nach Frage: Was ist für dich beim Kauf eines Mofas am wichtigsten?	– erklären – begründen – vergleichen	Hb	
	(Zielangabe)		Erarbeitungsgespräch nach Sachim-puls: Vorgabe der drei Kostenbeispiele; Entwickeln der Problemfrage und Fixierung.	– lesen – reflektieren – fragen	Hb	Tafelbild: drei Kosten-beispiele;Ta-felbild: Über-schrift
Erarbeitungsphase	3. Lehrschritt: (Problemlö-sungsversuche in leistungs-differenzieren-der Organisa-tionsweise)	Abkoppeln der Grup-pe eins. Selbstän-dige Lösungsver-suche. (Lz 1)	Arbeitsauftrag: Versucht die drei Aufgaben selb-ständig zu lösen. Für die schnel-len Rechner gibt es noch eine Zusatzaufgabe.	– lesen – rechnen – vergleichen	Ga (1)	Tafelbild: drei Kosten-beispiele und Zusatzaufgabe
		Aufschließung und Klärung des mathe-matischen Sachver-halts.	Arbeitsauftrag: Lest die Texte genau durch und unterstreicht die wichtigsten Wör-ter.	– lesen – unterstrei-chen	Hb/Aa	Tafelbild: drei Kosten-beispiele
			Verarbeitungsgespräch: Vortrag der Arbeitsergebnisse, evtl. besondere Hinweise bzw. Er-läuterungen der mathematischen Sachzusammenhänge.	– berichten – begründen	Hb	
			Rollenspiel: Szenische Interpretation des er-sten Kostenbeispiels (Verkäufer – Kunde); anschließend in der gleichen Form Beispiele zwei und drei.	– gestalten – zuhören	Pa/Hb	
			Erarbeitungsgespräch: Welche Fragen interessieren dich als Käufer; Formulierung und Fi-xierung.	– identifizie-ren – Fragen for-mulieren	Hb	Tafelbild: Fragen
		Abkoppeln der Grup-pe zwei. (Lz 2)	Arbeitsauftrag: Berechnet die gesuchten Begriffe und versucht, jeweils eine treffen-de Antwort zu formulieren.	– rechnen – beantworten	Ga (2)	Tafelbild: drei Kosten-beispiele (Rechnungen, Antworten)
		Lehrergesteuerte Lösungsermittlung mit Gruppe drei. (Lz 3)	Erarbeitungsgespräch: Entwickeln der notwendigen Re-chenoperationen und formulieren der erforderlichen Antworten.	– rechnen – begründen – vergleichen – formulieren	Hb/Aa	
	4. Lehrschritt: (Problemlösung)	Vergleich der Re-chenwege und der jeweils ermittelten Ergebnisse. (Lz 4)	Verarbeitungsgespräch: Rechenergebnisse der Gruppe eins und zwei werden vorgetragen, er-läutert, verglichen; insbesondere Darlegung der Rechenschritte; Fi-xierung von Rechnungen und Ant-worten.	– vortragen – erläutern – vergleichen – kontrollieren	Hb	Tafelbild: Gesamtdarstel-lung
	5. Lehrschritt: (Ergebnisfi-xierung)	Lösungsergebnisse	Arbeitsauftrag: Übertrage die Ergebnisse, die im Tafelbild fixiert sind, in dein Arbeitsblatt.	– übertragen – fixieren	Aa	Arbeitsblatt (= Tafelbild ohne hand-schriftliche Eintragungen)
Sicherungsphase	6. Lehrschritt: (Transfer)	Übertragung auf andere Kostenbei-spiele. (Lz 6)	Erarbeitungsgespräch nach Frage: Kann so etwas nur bei einem Mofa-kauf passieren? Analyse der ma-thematischen Elemente der Haus-aufgabe.	– überlegen – übertragen – vergleichen – folgern	Hb	Hausaufgabe (s. Arbeits-blatt - Rück-seite)
			Arbeitsauftrag: Bearbeite diese Aufgabe zuhause. Fertige dazu einen ähnlichen Be-arbeitungsraster an, wie du ihn für die Bewältigung der Mofabei-spiele zur Verfügung hattest.	– Raster er-stellen – Rechnungen ausführen – Antworten formulieren	Aa	Hausaufgaben-heft

Hauptlernziel:	Unterrichtsthema:	Autor: Bernd Meierhöfer
Grafische und rechnerische Durchdringung der Faktoren bei der Zinsberechnung nach der Tageszinsformel.	Fremdkapital kostet Geld.	Unterrichtszeit Empfehlung: 90 Min.

Vorbemerkungen:
Im Vorjahr wurde mit der Monatszinsformel gearbeitet, weshalb die grundlegenden Zusammenhänge den Schülern noch bekannt sein dürften. Hier geht es darum, die bekannten Inhalte zu reaktivieren und auf die Tageszinsformel zu transferieren. So gesehen folgt für die chronologische Lehrplanung, daß nachstehende Unterrichtseinheit ihren Ort am Anfang des "Lehrgangs" Zinsrechnung hat.

Teillernziele:
Die Schüler sollen:
1. Begriffe aus der Geldwirtschaft richtig zuordnen;
2. diese Begriffe inhaltlich verstehen/erklären;
3. die Zinsfaktoren kennen;
4. die Auswirkung der Zinsfaktoren grafisch darstellen und rechnerisch durchdringen;
5. Aufgaben mit der Tageszinsformel berechnen.

Medien:
Folie bzw. Tafelanschrift zur Einführung (1)
Folie zur Erarbeitung (2)
Aufgabenblatt

Literatur:
Bender/Hübner, Vorbereitungshilfen Qualifizierender Hauptschulabschluß, Ehrenwirth Verlag München 1982 c

Folie (1):
Geld kostet Geld

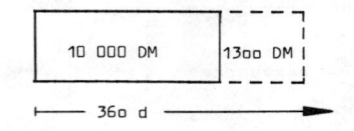

10 000 DM — 1300 DM
— 360 d —

Ordne zu:
Wertpapiere, Hypothek, Kredit, Sparguthaben, Darlehen, "Giroguthaben", kostet Geld, bringt Geld

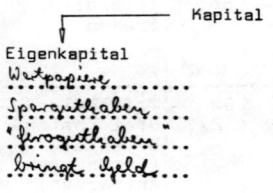

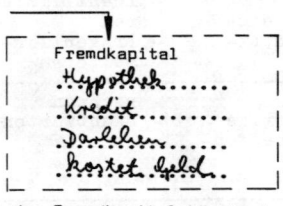

Kapital
- Eigenkapital: Wertpapiere, Sparguthaben, Giroguthaben, bringt Geld
- Fremdkapital: Hypothek, Kredit, Darlehen, kostet Geld

Der Preis (Schuldzins) für das Fremdkapital hängt ab von:
a.) Laufzeit in Tagen
b.) Zinssatz in %
c.) Kapitalhöhe in DM

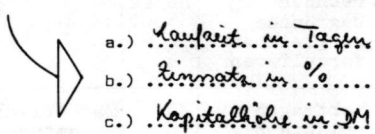

Aufgabenblatt:
1.) 6000,00 DM wurden zu 12 % geliehen für jeweils: 3 Monate, 60 Tage, $\frac{1}{3}$ Jahr, 90 Tage.
Berechne die Höhe des jeweiligen Schuldbetrages und die Summe aller Schuldbeträge.

2.) Für 270 Tage wurden 8000,00 DM geliehen zu jeweils: 12 %, 15 %, 18 %, 17,5 %.
Berechne die Höhe des jeweiligen Schuldbetrages und die Summe aller Schuldbeträge.

3.) Zu 12,5 % wurden für jeweils 300 Tage geliehen: 6000,00 DM, 4000,00 DM, 8000,00 DM, 7000,00 DM.
Berechne die Höhe des jeweiligen Schuldbetrages und die Summe aller Schuldbeträge.

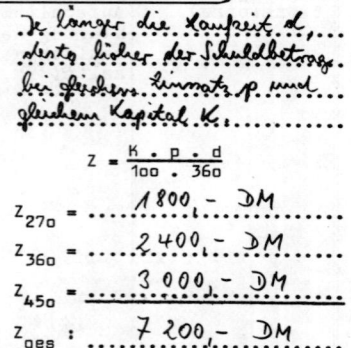

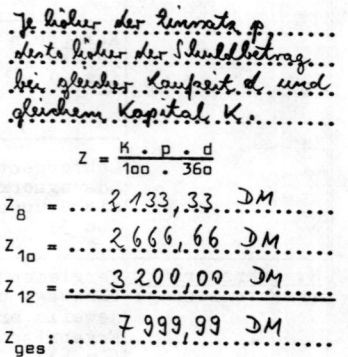

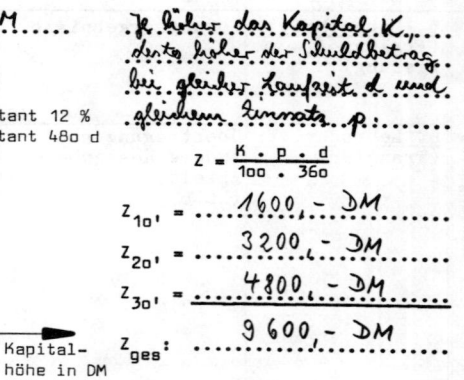

Folie (2):
Wie Geld Geld kostet

a) Laufzeit in Tagen
Schuldbetrag in DM, Zinssatz constant 12 %
(270, 360, 450 Laufzeit in Tagen)

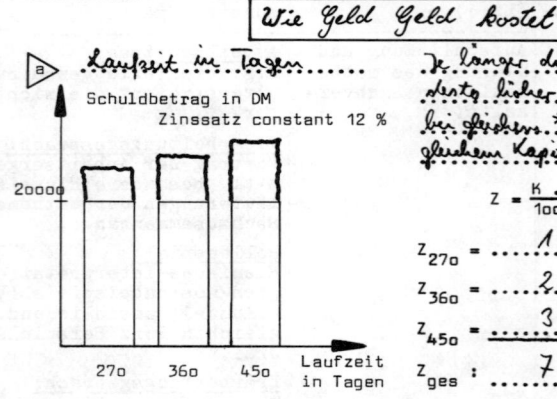

Je länger die Laufzeit d, desto höher der Schuldbetrag bei gleichem Zinssatz p und gleichem Kapital K.

$$z = \frac{K \cdot p \cdot d}{100 \cdot 360}$$

$z_{270} = 1800,- DM$
$z_{360} = 2400,- DM$
$z_{450} = 3000,- DM$
$z_{ges} = 7200,- DM$

b) Zinssatz in %
Schuldbetrag in DM, Laufzeit constant 480 d
(8, 10, 12 Zinssatz in %)

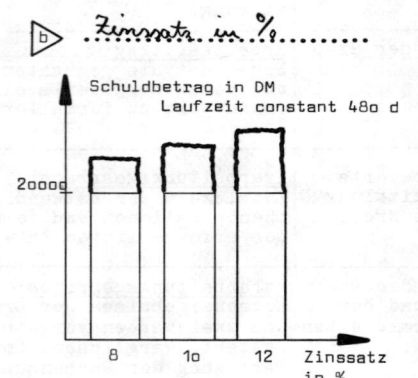

Je höher der Zinssatz p, desto höher der Schuldbetrag bei gleicher Laufzeit d und gleichem Kapital K.

$$z = \frac{K \cdot p \cdot d}{100 \cdot 360}$$

$z_{8} = 2.133,33 \ DM$
$z_{10} = 2.666,66 \ DM$
$z_{12} = 3200,00 \ DM$
$z_{ges} = 7999,99 \ DM$

c) Kapitalhöhe in DM
Schuldbetrag in DM, Zinssatz constant 12 %, Laufzeit constant 480 d
(10', 20', 30' Kapitalhöhe in DM)

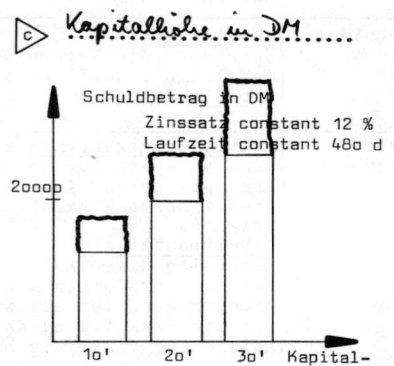

Je höher das Kapital K, desto höher der Schuldbetrag bei gleicher Laufzeit d und gleichem Zinssatz p.

$$z = \frac{K \cdot p \cdot d}{100 \cdot 360}$$

$z_{10'} = 1600,- DM$
$z_{20'} = 3200,- DM$
$z_{30'} = 4800,- DM$
$z_{ges} = 9600,- DM$

UG	Lehrschritte (Artikulationsdefinition)	Lehrinhalte und Lernziele (= Lz)	Lehrakte .... Lernakte		Sozialformen	Lernhilfen
Eröffnung	1. Lehrschritt (Problemstellung)	Darlegung der Ausgangsposition.	Sachimpuls durch Projektion der Folie. Rundgespräch nach Frage: Was sagt dir die Abbildung?	- betrachten - interpretieren - verbalisieren	Hb Hb/Aa	Folie 1 oben Thema und Grafik
	2. Lehrschritt (Problemanalyse)	Problemfrage (Lz 1, Lz 2)	Erarbeitungsgespräch: Entwicklung der Problemfrage: Welches Geld kostet Geld. Auftrag: Ordne verschiedene Kapitalarten richtig zu!	- zuhören - überdenken - zuordnen	Hb Hb/Aa	Folie 1 Ordne zu
	3. Lehrschritt (Lösungsvorbereitung)	Zinsfaktoren (Lz 3)	Feststellung durch Projektion der Folie 1: Der Preis (Schuldzins) für das Fremdkapital hängt von drei Faktoren ab.	- überlegen - verbalisieren - eintragen	Hb	Folie 1 Der Preis ... versch. Schüler
	4. Lehrschritt (erste Teilzusammenfassung)	Durchdringung der Sachsituation. (Lz 1, Lz 2, Lz 3)	Rundgespräch nach der Projektion der vollständigen Folie 1. Wiederholende Verbalisierung der Kapitalarten und der Zinsfaktoren.	- betrachten - erinnern - zusammenfassen	Hb/Aa	Folie 1
Erarbeitungsphase	5. Lehrschritt (erste Teilergebniserarbeitung und -gewinnung)	Zinsfaktor: Laufzeit in Tagen. (Lz 3, Lz 4)	Erarbeitungsgespräch nach der Projektion der Folie 2 mit dem Ziel der grafischen, verbalen und mathematischen Durchdringung gemäß Folie. Frage: Welche Auswirkung hat die Laufzeit für den Schuldbetrag ... ?	- betrachten - erklären - begründen - vervollständigen - verbalisieren - modifizieren - berechnen	Hb Hb	Folie 2a
	6. Lehrschritt (zweite Teilergebniserarbeitung und -gewinnung)	Zinsfaktor: Zinssatz in %. (Lz 3, Lz 4)	Erarbeitungsgespräch nach der Projektion der Folie 2 mit dem Ziel der grafischen, verbalen und mathematischen Durchdringung gemäß Folie. Auftrag: Beachte die Höhe des Zinssatzes und seine Auswirkung auf den Schuldbetrag ... !	- betrachten - erklären - begründen - vervollständigen - verbalisieren - modifizieren - berechnen - vergleichen	Hb Hb	Folie 2b
	7. Lehrschritt (dritte Teilergebniserarbeitung und -gewinnung)	Zinsfaktor: Kapitalhöhe in DM. (Lz 3, Lz 4)	Erarbeitungsgespräch nach der Projektion der Folie 2 mit dem Ziel der grafischen, verbalen und mathematischen Durchdringung gemäß Folie. Frage: Welche Bedeutung hat die Kapitalhöhe für den Schuldbetrag ... ?	- betrachten - erklären - begründen - vervollständigen - verbalisieren - modifizieren - berechnen - vergleichen	Hb Hb	Folie 2c
	8. Lehrschritt (zweite Teilzusammenfassung)	Durchdringung der Sachsituation. (Lz 3, Lz 4)	Verarbeitungsgespräch im Anschluß an die Folienüberschrift: Wie Geld Geld kostet. Verbalisierende Wiederholung der Auswirkungen der drei Zinsfaktoren.	- lesen - überlegen - fragen - zusammenfassen	Hb	Folienüberschrift
Sicherungsphase	9. Lehrschritt (Ergebnisfixierung)	Hefteintrag (Lz 3, Lz 4)	Arbeitsauftrag: Übertrage den Inhalt der Folie 2 in dein Heft.	- übertragen - fragen	Aa	Folie 2 Heft
	10. Lehrschritt (Anwendung)	Lösen von Aufgaben. (Lz 5)	Arbeitsauftrag nach Bildung von 4 Gruppen: Löse innerhalb deiner Gruppe von jeder der drei Aufgaben je ein Beispiel! Eventuell gegenseitige Hilfestellung.	- zuhören - kennzeichnen - lesen - überdenken - berechnen - vergleichen	Ga/Pa	Aufgabenblatt Nr. 1/2/3
	11. Lehrschritt (Hausaufgabenstellung)		Arbeitsauftrag: Bearbeite zuhause alle noch nicht von dir gelösten Aufgaben.	- zuhören - notieren - bearbeiten	Aa	Aufgabenblatt Nr. 1/2/3 restliche Beispiele
	12. Lehrschritt (Transfer)	Schaffung einer Realsituation.	Arbeitsanweisung: Versuche zu einer Aufgabe deiner Wahl einen Text mit konkretem Hintergrund zu verfassen. Arbeite mit deinem Nachbarn.	- zuhören - nachdenken - verbalisieren	Pa	Aufgabenblatt Arbeitsblock

Hauptlernziel: Bewältigen von Mischungsrechnungen mit Hilfe der x-Gleichung.	Unterrichtsthema: Wir lösen Mischungsaufgaben.	Autor: Anton Mangelkramer
		Unterrichtszeit Empfehlung: 1-2 UE

Vorbemerkungen:
Mischungsaufgaben erfreuen sich erfahrungsgemäß bei Schülern keiner allzu großen Beliebtheit. Vielen sind sie in ihrer Struktur nicht leicht einsehbar und erscheinen verwirrend aufgrund der stets wechselnden gegebenen bzw. gesuchten Größen.
In dieser Unterrichtseinheit wird deshalb das Gleichungsverfahren als Lösungshilfe eingesetzt: Dieses entspricht in seinem mathematischen Ansatz der Sachsituation, ist daher verständlicher und dient als sinnvolle Anwendung der x-Rechnung.
Der Schüler muß deshalb in der Lage sein, eine x-Gleichung formal zu lösen, und er sollte bereits Textaufgaben mit Hilfe einer Gleichung gelöst haben.
Wichtig erscheinen besonders die Lösungsschritte 1 und 2 (vgl. Arbeitsblatt): das Festlegen von x, das Ausdrücken anderer Größen in x, sowie die Notation der Wortgleichung in den ersten Stunden, da es sich bei Erstellung des formalen Ansatzes dann nur mehr um eine Übersetzungsarbeit in die mathematische Sprache handelt. Außerdem wird so auch der Lösungsgedanke automatisiert, was besonders schwächeren Schülern hilfreich ist.

In den nächsten Unterrichtsstunden sollten mehrere Mischungsaufgaben mit jeweils wechselnden gegebenen bzw. gesuchten Größen auf diese Art gerechnet werden.

Teillernziele:
Die Schüler sollen:

1. folgende Arbeitsschritte beim Lösen einer Textaufgabe mit Hilfe der x-Gleichung einüben:
   - Festlegen von "x" und Ausdrücken anderer Größen in "x"
   - Erstellen einer Wortgleichung
   - Übersetzen der Wortgleichung in die mathematische Gleichung
   - Lösen der formalen Gleichung
   - Beantworten der gestellten Fragen;
2. wissen, daß der Lösungsgedanke von Mischungsaufgaben auf der Erkenntnis beruht, daß der Wert der Ware vor der Mischung stets dem Wert der Ware nach der Mischung entspricht und daß der Menge 1 der Preis 1 usw. zugeordnet werden muß;
3. mit Hilfe der x-Rechnung Textaufgaben aus dem Bereich des Mischungsrechnens lösen können.

Medien/Literatur:
Schmitt/Wohlfarth, bsv mathematik buch 9 A/B, Bayerischer Schulbuch-Verlag, München 1980

Arbeitsblatt/Folie:

Wir lösen Mischungsaufgaben

Ein Apotheker mischt Gesundheitstee. Er verwendet dafür 12 kg einer ersten Teesorte, die er für 6,— DM je kg und eine zweite Sorte, die er für 9,— DM je kg eingekauft hat. 1 kg der Mischung soll ihm 7,20 DM kosten. Wie viele kg von der zweiten Sorte muß er verwenden?

Lösungsschritte:

① Wir legen x fest:
   x sei die Menge der 2. Sorte in kg
   → Gesamtmenge: (12+x)

② Wortgleichung

   | Wert der Ware vor der Mischung | = | Wert der Ware nach der Mischung |

   12 kg zu je 6 DM ⊕ x kg zu je 9 DM = (12+x) kg zu je 7,20 DM

③ mathematische Gleichung

   $12 \cdot 6 + x \cdot 9 = (12+x) \cdot 7{,}20$
   $72 + 9x = 86{,}4 + 7{,}2x \quad | -7{,}2x$
   $72 + 1{,}8x = 86{,}4 \quad | -72$
   $1{,}8x = 14{,}4 \quad | :1{,}8$
   $x = 8;$

④ **Antwort:** 8 kg der 2. Sorte werden benötigt.

In welchem Verhältnis muß eine Teesorte zum Preis von 28,80 DM je kg mit einer anderen Sorte zum Preis von 38,40 DM je kg gemischt werden, wenn man 24 kg einer Mischung zu 34,80 DM je kg erhalten will?

Lösungsschritte:

① Wir legen x fest:
   x sei die Menge der 1. Sorte
   → Menge der 2. Sorte: (24-x)

② Wortgleichung

   | Wert der Ware vor der Mischung | = | Wert der Ware nach der Mischung |

   x kg zu je 28,80 ⊕ (24-x) kg zu je 38,40 = 24 kg zu je 34,80

③ mathematische Gleichung

   $x \cdot 28{,}80 + (24-x) \cdot 38{,}40 = 24 \cdot 34{,}80$
   $28{,}80x + 921{,}60 - 38{,}40x = 835{,}20;$
   $921{,}60 - 9{,}60x = 835{,}20 \quad | -921{,}60$
   $-9{,}60x = -86{,}40;$
   $9{,}60x = 86{,}40 \quad | :9{,}60$
   $x = 9;$

④ **Antwort:** Es werden 9 kg der 1. Sorte benötigt.

Merke: Für Mischungsaufgaben gilt immer:

| Menge₁ · Preis₁ ⊕ Menge₂ · Preis₂ | = | Gesamtmenge · Preis der Mischung |

UG	Lehrschritte (Artikulationsdefinition)	Lehrinhalte und Lernziele (= Lz)	Lehrakte .... Lernakte		Sozialformen	Lernhilfen
Eröffnungsphase	1. Lehrschritt (Problemkonfrontation)	Begriff: Mischungsaufgaben.	Arbeitsaufgabe: Ein Apotheker mischt Gesundheitstee. Er verwendet dafür 12kg einer ersten Teesorte ...	- lesen - problemlösen - s. besprechen	Aa/Pa	Folie (links oben) Notizblock
			Erarbeitungsgespräch: Freie Aussprache über die Sachproblematik, Aufgabenart und über Lösungsansätze.	- sich äußern - problematisieren	Hb	
	2. Lehrschritt (Zielangabe)	Hauptlernziel	Feststellung: Wir lösen Mischungsaufgaben.	- aufnehmen	Hb	Folie (Überschrift)
			Fixierung: Folienüberschrift.	- eintragen	Aa	Arbeitsblatt
Erarbeitungsphase	3. Lehrschritt (Problemlösungsversuche)	Entwickeln von Lösungsstrategien.	Arbeitsaufgabe: Sucht in der Gruppe nach gegebenen und gesuchten Größen und überstreicht sie! Entwickelt einen geeigneten Lösungsweg!	- aufnehmen - lesen - markieren - problemlösen	Hb/Ga	Text links, Arbeitsblatt, Leuchtstift, Notizblock
			Verarbeitungsgespräch: Herausstellen der Schwierigkeiten, Besprechen und Überdenken von Lösungsansätzen.	- verbalisieren - argumentieren - vergleichen	Hb	
	4. Lehrschritt (Problemdarstellung)		Feststellung: Die Menge der 2.Sorte ist uns unbekannt. Wir könnten diese Aufgabe daher mit Hilfe einer x-Gleichung lösen.	- zuhören - mitdenken - Vorwissen aktivieren	Hb	
	5. Lehrschritt (Problemlösung)	Arbeitsschritte beim Lösen einer Textaufgabe mit Hilfe der x-Gleichung. (Lz 1)	Arbeitsaufgabe: Legt in eurer Gruppe "x" fest und versucht, einen mathematischen Lösungsweg in Stichworten und mittels Zeichen zu notieren!	- zuhören - lesen - übertragen - notieren	Hb/Ga	Text links, Arbeitsblatt, Notizblock
			Verarbeitungsgespräch: Besprechen der Lösungsschritte: - Festlegen von "x", - Ausdrücken anderer Größen in "x", - Erstellen einer Wortgleichung.	- problemlösen - verbalisieren - nachvollziehen	Hb	Folie (Lösungsschritte 1 und 2)
			Fixierung: Eintrag der Lösungsschritte 1 und 2.	- übertragen - mitdenken	Aa	Arbeitsblatt (Lösungsschritte 1 und 2)
	6. Lehrschritt (Ergebnisgewinnung)	(Lz 1)	Arbeitsaufgabe: Erstelle aus der Wortgleichung durch schrittweises "Übersetzen" einen Gleichungsansatz!	- mitdenken - aufnehmen - notieren	Hb/Ga	Notizblock
			Verarbeitungsgespräch: Kontrolle des Ansatzes, Begründung seiner Richtigkeit.	- vergleichen - argumentieren	Hb	Folie (Ansatz)
			Arbeitsaufgabe: Löse die Gleichung und notiere die Antwort auf unsere Frage!	- berechnen - notieren	Aa	Arbeitsblatt
			Kontrolle des Lösungswegs und des Ergebnisses.	- vergleichen	Aa	Folie (Gleichung)
	7. Lehrschritt (Problemdarstellung)	(Lz 1, 2 und 3)	Arbeitsaufgabe: Legt bei der 2.Aufgabe ebenfalls "x" fest und notiert eine Wortgleichung!	- zuhören - lesen - markieren - notieren	Hb/Ga	Arbeitsblatt (oben rechts)
			Verarbeitungsgespräch: Besprechung der Andersartigkeit der Aufgabenstellung. Vergleich der notierten Lösungsschritte 1 und 2 und Überprüfen auf deren Richtigkeit.	- verbalisieren - argumentieren - vergleichen - kontrollieren	Hb	Folie rechts (Lösungsschritte 1 und 2)
			Fixierung: Eintrag der Lösungsschritte 1 und 2.	- übertragen - mitdenken	Aa	Arbeitsblatt (Lösungsschritte 1 und 2)
	8. Lehrschritt (Ergebnisgewinnung)	(Lz 1 und 3)	Arbeitsaufgabe: Erstelle einen Ansatz, löse die Gleichung und beantworte die Frage!	- aufnehmen - notieren - berechnen	Hb/Aa	Notizblock
			Verarbeitungsgespräch: Kontrolle und Besprechung des Ansatzes, des Lösungsweges, des Ergebnisses.	- vergleichen - verbalisieren - begründen	Hb	Folie rechts
Sicherungsphase	9. Lehrschritt (Rekapitulation)	(Lz 1,2 und 3)	Feststellung: Wir haben ein einfaches Verfahren kennengelernt, Mischungsaufgaben zu lösen.	- aufnehmen - überdenken	Hb	
			Erarbeitungsgespräch: Rekapitulation des Lösungsverfahrens. Merksatz.	- rekapitulieren	Hb	Folie/A.blatt (Merke ...)
	10. Lehrschritt (Systematisierung)		Gruppengespräch (Gesprächsauftrag): Welche Größen kann x in Mischungsaufgaben einnehmen?	- aufnehmen - überdenken	Hb/Ga	Notizblock
			Verarbeitungsgespräch: Aufzeigen der verschiedenen Möglichkeiten, die "x" in Mischungsaufgaben als Platzhalter einnehmen kann.	- verbalisieren - argumentieren	Hb	

Hauptlernziel:	Unterrichtsthema:	Autor: Bernd Meierhöfer
Zahlengleichungen mit zwei Variablen nach dem Einsetzverfahren lösen können.	Einsetzverfahren	Unterrichtszeit Empfehlung: 90 Min.

Vorbemerkungen:

Vor der Behandlung dieses neuen Lerninhaltes muß das Lösen von Zahlengleichungen mit einer Variablen sicher beherrscht werden. Insbesondere gilt dies für: Umstellen von Gleichungen, Erweitern von Gleichungen, Kürzen von Gleichungen und Einsetzen errechneter Ergebnisse in die Ausgangsgleichung. Für den weiteren Verlauf der Sequenz, d.h. die Übungsphase ist es wichtig, die Entscheidungsbereitschaft zugunsten einer Variablen zu fördern und in Abhängigkeit davon den Lösungsweg hernach gezielt zu beschreiten.

Teillernziele:

Die Schüler sollen:
1. Erklärungsmodelle interpretieren und das Wesentliche auf Zahlen-/Buchstabengleichungen übertragen;
2. eine der beiden Gleichungen so umformen, daß sie in die andere Gleichung eingesetzt werden kann;
3. die so erhaltene Gleichung nach der einen enthaltenen Variablen auflösen;
4. den Variablenwert in die andere Gleichung einsetzen um die zweite Variable zu berechnen;
5. die Probe durchführen.

Medien:

Tafelanschriften oder Folien
Hefteintrag
Aufgaben

Literatur:

- Bender/Hübner, Vorbereitungshilfen Qualifizierender Hauptschulabschluß, Ehrenwirth Verlag München 1982 c
- B. Meierhöfer, Aufgabensammlung zur Mathematik in der Hauptschule, Baumann Verlag Kulmbach o.J.

Tafelbild (auf Folie) — Das Einsetzverfahren

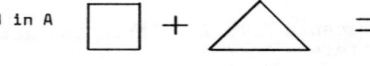

a) Das Einsetzen

A: □ + ▭ = ○
B: ▭ = △
B in A: □ + △ = ○

● In Worten:
Quadrat und Rechteck sind so groß wie der Kreis. Das Rechteck ist so groß wie das Dreieck. Also sind auch Quadrat und Dreieck so groß wie der Kreis.

● In Zahlen:
A 4 + (2 + 3) = 9
B   (2 + 3) = 5
B in A 4 + 5 = 9

● In Buchstaben:
A $x + y = z$
B $y = p$
B in A $x + p = z$

● In Zahlen und Buchstaben:
A $2x + y = 9$
B $y = x + 3$
B in A $2x + x + 3 = 9$

A $\boxed{7y-35} = \boxed{3x}$
B $\boxed{2y} + \boxed{3x} = \boxed{37}$
A in B $\boxed{2y} + \boxed{7y-35} = \boxed{37}$

○ : 3x
□ : 2y
▭ : 7y − 35
△ : 37

b) Das Auflösen

1. Beispiel
A $8x + 7y = 38$
B $9x - 13 = 7y$
B in A:
$8x + 9x - 13 = 38$
$17x - 13 = 38$
$17x = 38 + 13$
$17x = 51$
$x = 3$
$x = 3$ in A:
$8 \cdot 3 + 7y = 38$
$24 + 7y = 38$
$7y = 38 - 24$
$7y = 14$
$y = 2$
Probe:
$x = 3$ und $y = 2$ in A und B
A $8 \cdot 3 + 7 \cdot 2 = 38$
$24 + 14 = 38$
B $9 \cdot 3 - 13 = 7 \cdot 2$
$27 - 13 = 14$

2. Beispiel
A $7x + 26y = 92$ /.2
B $14x - 3y = 19$
A_1 $14x + 52y = 184$
A_2 $14x = 184 - 52y$
A_2 in B:
$184 - 52y - 3y = 19$
$184 - 55y = 19$
$184 = 19 + 55y$
$184 - 19 = 55y$
$165 = 55y$
$3 = y$
$y = 3$ in A:
$7x + 26 \cdot 3 = 92$
$7x + 78 = 92$
$7x = 92 - 78$
$7x = 14$
$x = 2$
Probe:
$y = 3$ und $x = 2$ in A und B
wie beim 1. Beispiel

c) Zusammenfassung

1. Forme eine Gleichung so um, daß sie in die andere paßt.
2. Setze die Gleichung ein und bestimme die 1. Unbekannte.
3. Setze die 1. Unbekannte ein und bestimme die 2. Unbekannte.
4. Setze zur Probe die beiden Unbekannten in jede Gleichung.

d) Aufgaben

1. A $3x = 21 - 2y$
   B $3x = 45 - 10y$ (5/3)
2. A $x - 2y = 36$
   B $30y - x = 20$ (40/2)
3. A $2x + 3y = 9$
   B $2x - 2y = 4$ (2/1)
4. A $4x + 6y = 64$
   B $8x + 12 = 2y$ (1/10)

UG	Lehrschritte (Artikulationsdefinition)	Lehrinhalte und Lernziele (= Lz)	Lehrakte .... Lernakte		Sozialformen	Lernhilfen
Eröffnungsphase	1. Lehrschritt (Problemstellung – grafisch)	Flächenmodell (Lz 1)	Sachimpuls: Projektion des Flächenmodells. Rundgespräch nach Frage: Was kannst du bei diesem Flächenmodell feststellen? Vergleich der Darstellungen A, B und B in A.	– betrachten – nachdenken – erklären – folgern – verbalisieren	Hb Hb/Aa	Tafel ▷a: A, B und B in A
	2. Lehrschritt (Problemlösung – sprachlich – numerisch)	Strukturierung des Lösungsweges. (Lz 1, Lz 2)	Erarbeitungsgespräch: Das Flächenmodell wird zunächst sprachlich beschrieben, anschließend mit Zahlen erfaßt. Fixierung.	– vorschlagen – modifizieren – eintragen	Hb	Tafel ▷a: In Worten In Zahlen versch. Schüler
	3. Lehrschritt (Problemlösung – algebraisch)	Festlegung des Lösungsweges. (Lz 1, Lz 2)	Erarbeitungsgespräch: Die drei Aussagen zum Flächenmodell werden nun in Buchstaben, sodann in Zahlen und Buchstaben ausgedrückt. Fixierung.	– lesen – überdenken – vorschlagen – einsetzen – eintragen	Hb	Tafel ▷a: In Buchstaben In Zahlen und Buchstaben versch. Schüler
	4. Lehrschritt (Teilzusammenfassung)	Darstellung des Lösungsweges. (Lz 1, Lz 2)	Rundgespräch nach dem Einsetzen von A $2x + y = 9$ und B $y = x + 3$ in das Flächenmodell. Fixierung.	– zuschauen – mitdenken – zustimmen – folgern – einsetzen	Hb/Aa	Tafel ▷a: A, B und B in A mit Eintrag wie links, die drei letzten Zeilen
Erarbeitungsphase	5. Lehrschritt (Aufgabenlösung durch Einsetzen ohne Umformung)	Erarbeitung einer Musterlösung. (Lz 1, Lz 3, Lz 4, Lz 5)	Erarbeitungsgespräch nach der Aufgabenstellung per Tafelanschrift. Lehrer schreibt nach Schülerdiktat an Tafel (Folie).	– betrachten – überlegen – vorschlagen – modifizieren – rechnen – diktieren – einsetzen – überprüfen	Hb	Tafel ▷b 1. Beispiel A $8x + 7y = 38$ B $9x - 13 = 7y$
	6. Lehrschritt (Aufgabenlösung durch Einsetzen mit Umformung)		Arbeitsauftrag zur selbständigen Erarbeitung mit dem Nachbarn nach der Aufgabenstellung; eine Partnergruppe arbeitet auf Folie. Löse nun die zweite Aufgabe durch Einsetzen mit Umformung!	– betrachten – überlegen – entscheiden – erweitern – umstellen – einsetzen – auflösen – überprüfen – nachrechnen	Pa	Tafel ▷b 2. Beispiel A $7x + 26y = 92$ B $14x - 3y = 19$ Leerfolie
	7. Lehrschritt (Ergebnisbesprechung)	Überprüfung der Musterlösung. (Lz 1, Lz 2, Lz 3, Lz 4, Lz 5)	Verarbeitungsgespräch anhand der Schülerfolie und der Partnerergebnisse mit nachlaufender Fixierung an der Tafel. Formulierung der Überschrift. Fixierung.	– betrachten – vergleichen – fragen – modifizieren – begründen – bestätigen – weiterführen	Hb	Schülerfolie Tafel ▷b 2. Beispiel u. Überschrift (Das Einsetzverfahren)
	8. Lehrschritt (Ergebnisfixierung)	Festhalten der Musterlösung. (Lze 1 mit 5)	Arbeitsauftrag: Übertrage die Tafelanschrift in dein Heft.	– übertragen	Aa	Tafel ▷a und ▷b Heft
Sicherungsphase	9. Lehrschritt (Verbalisierung des Gesamtergebnisses)	Zusammenfassung der Arbeitsschritte. (Lze 1 mit 5)	Rundgespräch nach Frage: In welchen Schritten gehst du beim Lösen einer Aufgabe mit dem Einsetzverfahren vor? Fixierung.	– zuhören – erinnern – formulieren	Hb/Aa	Tafel ▷c Zusammenfassung
	10. Lehrschritt (Ergebnisfixierung)	Festhalten der Arbeitsschritte. (Lze 1 mit 5)	Arbeitsauftrag: Vervollständige deinen Hefteintrag.	– übertragen	Aa	Tafel ▷c Heft
	11. Lehrschritt (Hausaufgabenstellung)	Berechnungen (Lze 1 mit 5)	Arbeitsauftrag: Löse die vier Aufgaben zuhause.	– zuhören – notieren – bearbeiten	Aa	Aufgabenblatt Hausaufgabenheft

Hauptlernziel: Zahlengleichungen mit zwei Variablen nach dem Gleichsetzverfahren lösen können.	Unterrichtsthema: Gleichsetzverfahren	Autor: Bernd Meierhöfer
		Unterrichtszeit Empfehlung: 90 Min.

Vorbemerkungen:

Vor der Behandlung dieses Rechenverfahrens muß das Lösen von Zahlengleichungen mit einer Variablen sicher beherrscht werden. Dies gilt besonders für: Umstellen von Gleichungen, Erweitern von Gleichungen, Kürzen von Gleichungen und Einsetzen errechneter Ergebnisse in die Ausgangsgleichung. Für den weiteren Sequenzverlauf, d.h. die sich anschließende Übungsphase ist es wichtig, die Entscheidungsbereitschaft zugunsten einer Variablen zu fördern und in Abhängigkeit davon den Lösungsweg hernach konsequent zu beschreiten. Wurden zuvor, was für diese Unterrichtseinheit nicht Voraussetzung ist, Zahlengleichungen mit zwei Variablen nach dem Einsetzverfahren gelöst, muß dem Schüler jetzt einsichtig gemacht werden, daß dies zweite Rechenverfahren in bestimmten Situationen, also bei bestimmten Aufgabenstellungen dem ersten überlegen sein kann.

Teillernziele:

Die Schüler sollen:
1. zwei Gleichungen gemäß einer Verbalforderung begründet miteinander verbinden;
2. aus der so erhaltenen Gleichung die erste Variable berechnen;
3. die zweite Variable durch Einsetzen der ersten Variablen in die Ausgangsgleichung bestimmen;
4. die Probe durchführen;
5. das Rechenverfahren durch Übung festigen.

Medien:

Tafelanschrift zur Einführung
Hefteintrag
Aufgabenblatt

Literatur:

- Bender/Hübner, Vorbereitungshilfen Qualifizierender Hauptschulabschluß, Ehrenwirth Verlag München 1982 c
- B. Meierhöfer, Aufgabensammlung zur Mathematik in der Hauptschule, Baumann Verlag Kulmbach o.J.

Tafelanschrift:

Aus zwei mach eins!
Das Gleichsetzverfahren

a) Die Forderung

$$A \quad 8 - 2x = 3y$$
$$B \quad 12x - 6 = 3y$$

GLEICHUNG A	=	GLEICHUNG B
$3y$	=	$3y$
$8 - 2x$	=	$12x - 6$

b) Die Lösung

$$8 - 2x = 12x - 6$$
$$8 + 6 - 2x = 12x$$
$$14 = 12x + 2x$$
$$14 = 14x$$
$$1 = x$$

$x = 1$ in A:
$$8 - 2 \cdot 1 = 3y$$
$$6 = 3y$$
$$2 = y$$

$x = 1$ und $y = 2$ in A und B:
$$A \quad 8 - 2 \cdot 1 = 3 \cdot 2$$
$$6 = 6$$
$$B \quad 12 \cdot 1 - 6 = 3 \cdot 2$$
$$6 = 6$$

c) Die Zusammenfassung

Gleichungen mit zwei Variablen werden mit dem Gleichsetzverfahren gelöst, indem die wertgleichen Gleichungen durch das Gleichheitszeichen gleichgesetzt werden.

Gleichung A = Gleichung B

Aufgabenblatt:

1. Sorge für Wertgleichheit und setze die beiden Gleichungen gleich.

   a.) A $\quad 53 - 7y = 8x$
       B $\quad 15y - 13 = 8x$
       $8x = 8x$
       $53 - 7y = 15y - 13$

   b.) A $\quad 4y = 48 - 10x$
       B $\quad 3x - 4 = 4y$
       $4y = 4y$
       $48 - 10x = 3x - 4$

   c.) A $\quad x + 4y = 24 \quad \rightarrow \quad 4y = 24 - x$
       B $\quad 6x + 4y = 84 \quad \rightarrow \quad 4y = 84 - 6x$
       $4y = 4y$
       $24 - x = 84 - 6x$

   d.) A $\quad 7y - 3x = 35 \quad \rightarrow \quad 7y - 35 = 3x$
       B $\quad 3x + 2y = 37 \quad \rightarrow \quad 3x = 37 - 2y$
       $3x = 3x$
       $7y - 35 = 37 - 2y$

   e.) A $\quad 8x - 3y = 30 \quad |\cdot 9$
       B $\quad 27y - 7x = 3$
       $A_1 \quad 72x - 27y = 270 \quad \rightarrow \quad 27y = 72x - 270$
       $B_1 \quad 27y - 7x = 3 \quad \rightarrow \quad 27y = 3 + 7x$
       $27y = 27y$
       $72x - 270 = 3 + 7x$

   f.) A $\quad 4x - 2y = 16 \quad |\cdot 2$
       B $\quad 3x + y = 17$
       $A_1 \quad 2x - y = 8 \quad \rightarrow \quad y = 2x - 8$
       $B_1 \quad 3x + y = 17 \quad \rightarrow \quad y = 17 - 3x$
       $y = y$
       $2x - 8 = 17 - 3x$

2. Berechne x und y bei obigen Beispielen a mit f.)

3. Löse mit dem Gleichsetzverfahren

   a.) A $\quad x + y = 8$ b.) A $\quad 2x + 3y = 9$ c.) A $\quad 4x + 6y = 64$
       B $\quad x - y = 2$ B $\quad 2x - 2y = 4$ B $\quad 8x + 12 = 2y$

   d.) A $\quad 3y - 4x = 19$ e.) A $\quad 15x + 2y = 126$ f.) A $\quad 20x - 4y = 7$
       B $\quad 48 = 8y - 12x$ B $\quad 3x - 4y = 12$ B $\quad 32y - 16x = 16$

4. Berechne x und y.
   A $\quad 8(3x - 2y) = 5(3x - y)$
   B $\quad x + y = 20$

5. Berechne x und y.
   A $\quad \dfrac{x + 6}{y + 5} = \dfrac{2}{1}$
   B $\quad \dfrac{x - 1}{y + 2} = \dfrac{3}{2}$

UG	Lehrschritte (Artikulationsdefinition)	Lehrinhalte und Lernziele (= Lz)	Lehrakte	Lernakte	Sozialformen	Lernhilfen
Eröffnungsphase	1. Lehrschritt (sachinhaltliche Problemdarstellung)	Aus zwei mach eins! Das Gleichsetzen (Lz 1)	Sachimpuls: Darstellung der Forderung des Gleichsetzverfahrens.	- betrachten - überlegen - gleichsetzen	Hb	Tafelanschrift: ▷ Die Forderung: ...
	2. Lehrschritt (Zielangabe)		Erarbeitungsgespräch: Analyse der auf der Tafel dargestellten Forderung; Herausarbeitung der Überschrift.	- erkennen der Aufgabenstellung	Hb	
	3. Lehrschritt (erstes Teilergebnis - Erarbeitung)	Erarbeitung der Lösungsschritte. (Lz 2/3/4)	Demonstration des Lösungsverfahrens unter gelegentlicher Mitwirkung der Schüler	- lesen - mitrechnen - vorschlagen - einsetzen	Hb	Tafelanschrift: ▷ Die Lösung: ...
	4. Lehrschritt (erstes Teilergebnis - Zusammenfassung)	Verbalisierung der Lösungsschritte	Rundgespräch nach Frage: Welche Schritte waren zur Lösung der gestellten Gleichung erforderlich?	- wiederholen - verbalisieren	Hb/Aa	
	5. Lehrschritt (erstes Teilergebnis - Fixierung)	Fixierung des Lösungsverfahrens	Erarbeitungsgespräch nach Auftrag: Versuche das aufgezeigte Lösungsverfahren mit einem Satz zu beschreiben! Fixierung	- formulieren - fixieren	Hb/Aa	Tafelanschrift: ▷ Die Zusammenfassung: ...
	6. Lehrschritt (erstes Teilergebnis - Wiederholung)		Arbeitsauftrag: Übertrage das auf der Tafel dargestellte Gleichsetzverfahren in dein Heft! Kontrolle durch Partner.	- abschreiben - mitdenken - vergleichen - kontrollieren	Aa/Pa	Heft
Erarbeitungsphase	7. Lehrschritt: (zweites Teilergebnis - Erarbeitung)	Direktes Gleichsetzen. (Lz 1/5)	Erarbeitungsgespräch nach Auftrag: Versuche an der Tafel die Aufgaben 1a und 1b zu lösen!	- vorrechnen - mitschreiben - Verbesserungsvorschläge erbringen	Aa/Hb	Aufgabenblatt Nr. 1a, 1b
	8. Lehrschritt (drittes Teilergebnis - Erarbeitung)	Indirektes Gleichsetzen; einstufig. (Lz 1/5)	Arbeitsauftrag: Löst die Aufgaben 1c und 1d in Gruppen- oder Partnerarbeit. Anschließend: gemeinsame Ergebniskontrolle.	- lesen - überlegen - eliminieren - gleichsetzen	Pa/Ga Hb	Aufgabenblatt Nr. 1c, 1d
	9. Lehrschritt (viertes Teilergebnis - Erarbeitung)	Indirektes Gleichsetzen; zweistufig durch Erweitern (Lz 1/5)	Erarbeitungsgespräch nach Frage: Wer versucht sich mit der Lösung der Aufgabe Nr. 1e an der Tafel? Schrittweises Ermitteln der Lösung;	- lesen - überlegen - erweitern - eliminieren - gleichsetzen	Aa/Hb	Aufgabenblatt Nr. 1e
	10. Lehrschritt (fünftes Teilergebnis - Erarbeitung)	Indirektes Gleichsetzen; zweistufig durch Kürzen. (Lz 1/5)	Arbeitsauftrag: Löst die Aufgabe 1f in Partner- oder Gruppenarbeit! Anschließend: gemeinsame Ergebniskontrolle.	- lesen - überlegen - kürzen - eliminieren - gleichsetzen	Pa/Ga Hb	Aufgabenblatt Nr. 1f
	11. Lehrschritt (Anwendung)	Festigen des Lösungsverfahrens. (Lz 2/3/4)	Arbeitsauftrag nach Bildung von drei Abteilungen (s. Aufgabe Nr.2): - Berechne x und y bei den Aufgaben Nr. 1a und 1f! - Berechne x und y bei den Aufgaben Nr. 1b und 1e! - Berechne x und y bei den Aufgaben Nr. 1c und 1d! Verarbeitungsgespräch: Vortrag, Kontrolle, Korrektur der Arbeitsergebnisse.	- lösen - einsetzen - vergleichen - korrigieren	Aa Hb/Aa	Aufgabenblatt Nr. 1a - 1f Heft Tafel
	12. Lehrschritt (sechstes Teilergebnis - Erarbeitung)	Wahlweises indirektes Gleichsetzen. (Lz 1/5)	Erarbeitungsgespräch nach Auftrag: Nenne je zwei Möglichkeiten des Gleichsetzens bei den Aufgaben Nr. 3a, 3c, 3e!	- vorschlagen - begründen - modifizieren - notieren	Hb/Aa	Aufgabenblatt Nr. 3a, 3c, 3e Tafel
	13. Lehrschritt (siebtes Teilergebnis - Erarbeitung)	Gesteuertes indirektes Gleichsetzen. (Lz 1/5)	Erarbeitungsgespräch nach Frage: Welchen Lösungsweg können wir bei den Aufgaben 3b und 3d beschreiben? Feststellung: Mal 8 und geteilt durch 8 führen zum Ziel.	- vorschlagen - vorrechnen - begründen	Hb/Aa	Aufgabenblatt Nr. 3b und 3d Tafel
	14. Lehrschritt (Anwendung)	Festigen des Lösungsverfahrens. (Lz 2/3/4)	Arbeitsauftrag: Löse jene Aufgaben von Nr. 1 und Nr. 3, die du noch nicht berechnet hast! Feststellung: In der nächsten Unterrichtsstunde beschäftigen wir uns mit den Aufgaben 4 und 5.	- bearbeiten	Aa Hb	Aufgabenblatt Nr. 1, Nr. 3 Hausaufgabenheft

Hauptlernziel: Der Satz des Pythagoras (Erarbeitung).	Unterrichtsthema: Der Satz des Pythagoras.	Autor: Egbert Kuhlmay
		Unterrichtszeit Empfehlung: 1 UE

Vorbemerkung:

Der Lehrsatz des Pythagoras gehört zu den bedeutendsten Flächensätzen der ebenen Geometrie. Er besagt: Im rechtwinkligen Dreieck ist das Quadrat über der Hypotenuse flächengleich der Summe der Quadrate über den Katheten. Kurz: $a^2 + b^2 = c^2$ (a und b sind die Katheten, c ist die Hypotenuse). Seine Bedeutung erlangt der Lehrsatz durch die Möglichkeit, mit seiner Hilfe Seiten am rechtwinkligen Dreieck, am Quadrat und Rechteck ermitteln zu können, aber auch Berechnungen am Kegel und an der Pyramide durchführen zu können. Als Lernvoraussetzungen müssen die Schüler das Quadrieren und Wurzelziehen als entgegengesetzte Rechenoperationen verstehen und anwenden können, sowie Bezeichnungen und Eigenschaften recht- und nichtrechtwinkliger Dreiecke kennen. Im vorliegenden Unterrichtsbeispiel geht es durch den Vergleich der Seitenquadrate eines spitz-, stumpf- und rechtwinkligen Dreiecks um die induktive Erarbeitung des Satzes von Pythagoras, dessen Gesetzmäßigkeit in einer weiteren Unterrichtseinheit durch zweimalige Scherung und Drehung der Kathetenquadrate eines beliebigen rechtwinkligen Dreiecks zu beweisen wäre (vgl. bsv Mathematik Buch 9, S. 71).

Lernziele:
Die Schüler sollen:
1. erkennen, daß im rechtwinkligen Dreieck gilt: Die Summe der Kathetenquadrate ist so groß wie das Hypotenusenquadrat, kurz: $a^2 + b^2 = c^2$;
2. den Satz des Pythagoras formelhaft ausdrücken und zur Berechnung von Seiten am rechtwinkligen Dreieck anwenden können.

Medien:
Folie mit verschiedenen Dreiecksarten, vorbereitete spitz-, stumpf- und rechtwinklige Papierdreiecke für die Schüler, Arbeitsblatt mit analoger Folie.

Literatur:
Kuhlmay, E.: Der Lehrsatz des Pythagoras, in: Ehrenwirth-Hauptschulmagazin, Heft 2/1982
bsv Mathematik Buch 9, Bayerischer Schulbuch-Verlag (Hrsg.: Wohlfarth/Schmitt u. a.).

Folie
Gib die Eigenschaften der Dreiecke an und bezeichne ihre Seiten!

a) rechtwinklig b) gleichschenklig c) gleichseitig d) stumpfwinklig e) spitzwinklig f) gleichschenklig-rechtwinklig

Arbeitsblatt

DER LEHRSATZ DES PYTHAGORAS

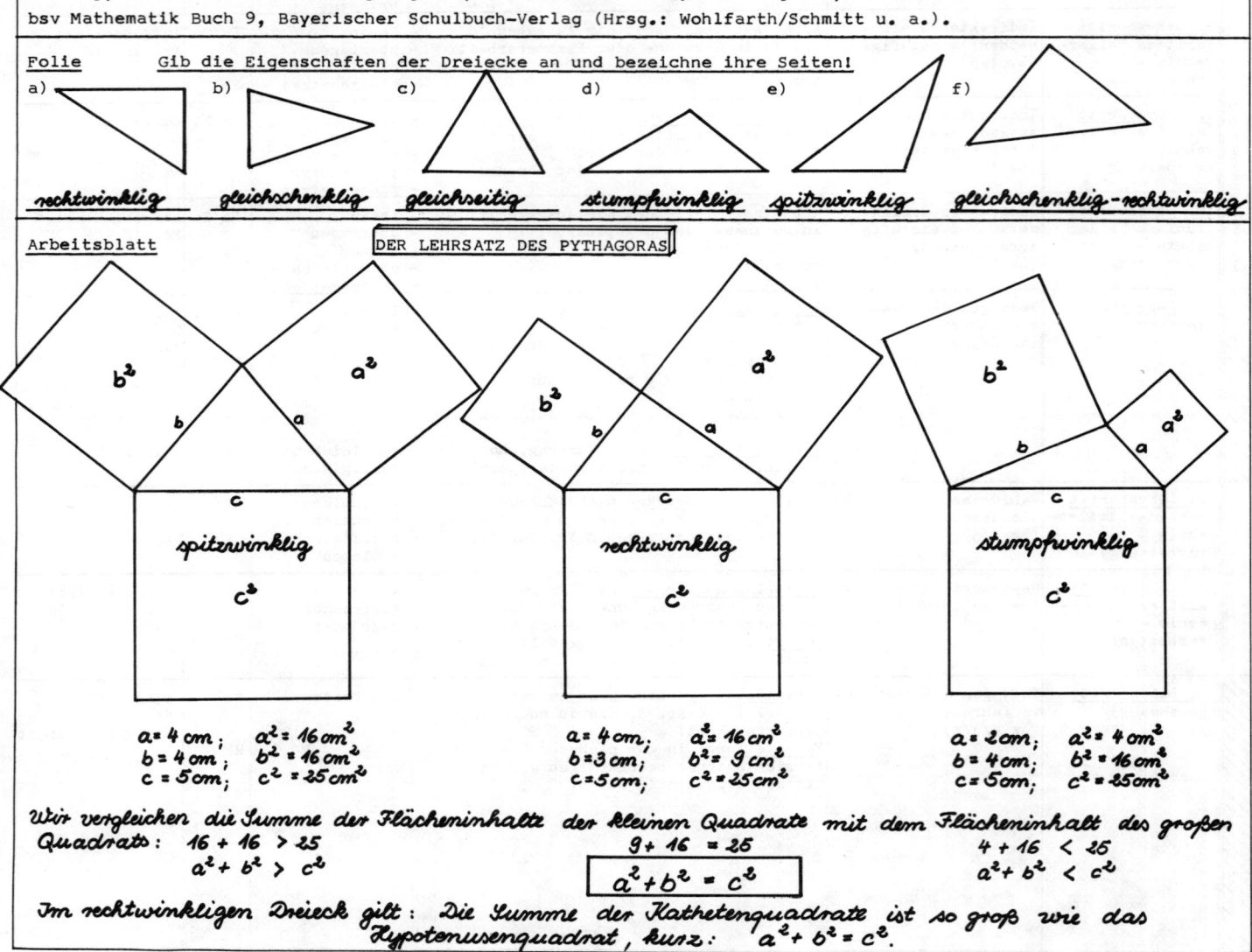

spitzwinklig | rechtwinklig | stumpfwinklig

$a = 4$ cm; $a^2 = 16$ cm²	$a = 4$ cm; $a^2 = 16$ cm²	$a = 2$ cm; $a^2 = 4$ cm²
$b = 4$ cm; $b^2 = 16$ cm²	$b = 3$ cm; $b^2 = 9$ cm²	$b = 4$ cm; $b^2 = 16$ cm²
$c = 5$ cm; $c^2 = 25$ cm²	$c = 5$ cm; $c^2 = 25$ cm²	$c = 5$ cm; $c^2 = 25$ cm²

Wir vergleichen die Summe der Flächeninhalte der kleinen Quadrate mit dem Flächeninhalt des großen Quadrats:

$16 + 16 > 25$ | $9 + 16 = 25$ | $4 + 16 < 25$
$a^2 + b^2 > c^2$ | $\boxed{a^2 + b^2 = c^2}$ | $a^2 + b^2 < c^2$

Im rechtwinkligen Dreieck gilt: Die Summe der Kathetenquadrate ist so groß wie das Hypotenusenquadrat, kurz: $a^2 + b^2 = c^2$.

UG	Lehrschritte (Artikulationsdefinition)	Lehrinhalte und Lernziele (= Lz)	Lehrakte .... Lernakte		Sozialformen	Lernhilfen
Eröffnungsphase	1. Lehrschritt (Wiederholung)	Aktivierung des Quadrierens und Wurzelziehens;	Rechenfertigkeitsübung: Die Schüler berechnen die Quadratzahlen zu 9, 12, 18, ... und schließlich die Wurzeln aus 625, 289, 144, ..., sowie Terme der Form $12^2+10^2=$, $5^2+8^2=$, $5^2-3^2=$.	− rechnen − mitteilen − rechnen − mitteilen	Aa/Hb	bei schwierigen Zahlen: Taschenrechner
	2. Lehrschritt (Problemvorbereitung)	Aktivieren geometrischen Grundwissens;	Klassifikation: Die Schüler geben Eigenschaften und Bezeichnungen verschiedener Dreiecksarten an.	− anschauen − benennen	Hb	Folie
Erarbeitungsphase	3. Lehrschritt (Problemstellung)	Vorbereiten des geometrischen Problems;	Sachimpuls: Die Schüler erhalten je ein spitz-, stumpf- und rechtwinkliges Papierdreieck (Maße siehe Arbeitsblatt), die beschriftet und auf das vorbereitete Arbeitsblatt geklebt werden. Arbeitsauftrag: Miß die Länge der Dreiecksseiten und zeichne über ihnen die Quadrate!	− klassifizieren − kleben − beschriften − messen − zeichnen	Hb Aa	Papierdreiecke Klebstoff Arbeitsblatt und Folie
	4. Lehrschritt (Problemlösung und Ergebnisfixierung)	Flächenvergleich (Lz 1)	Arbeitsauftrag: Berechne die Flächeninhalte der Quadrate über allen Dreiecksseiten! Notiere die Ergebnisse und vergleiche sie. Was stellst du fest? Verarbeitungsgespräch: Schüler berechnen (evtl. nach Hilfsimpuls) die Summe der beiden jeweils kleineren Quadrate und stellen durch Vergleich mit dem Hypotenusenquadrat fest, daß sie beim − spitzwinkligen Dreieck größer, beim − stumpfwinkligen Dreieck kleiner, beim − rechtwinkligen Dreieck aber genau so groß ist wie das Quadrat über der längsten Dreiecksseite ist. Fixierung: Beim rechtwinkligen Dreieck gilt: Die Summe der Kathetenquadrate ist so groß wie das Hypotenusenquadrat.	− berechnen − notieren − vergleichen − addieren − vergleichen − formulieren − notieren	Aa Aa/Hb Aa/Hb	Arbeitsblatt u. Folie Arbeitsblatt u. Folie
	5. Lehrschritt (Abstraktion)	Formelbildung der Erkenntnis; (Lz 2)	Erklärung: Formel $a^2 + b^2 = c^2$.	− formulieren − notieren	Hb	AB u. Folie
	6. Lehrschritt (Informationsdarbietung)	Historischer Rückblick;	Erzählung: Der Lehrer erzählt aus dem Leben von Pythagoras, der im 6. Jhdt. auf der griech. Insel Samos geboren wurde.	− erzählen	Hb	
	7. Lehrschritt (Verifikation)	Überprüfung der Gesetzmäßigkeit; (Lz 1 und 2)	Arbeitsauftrag: Zeichne ein Dreieck mit den Seiten 6, 8, 10cm, sowie die Quadrate über den Dreiecksseiten und berechne deren Flächeninhalte. a) Welche Dreiecksart liegt vor? b) Was fällt bei den Quadraten auf? Verarbeitungsgespräch: Das Dreieck ist rechtwinklig. Auch hier trifft der Lehrsatz des Pythagoras zu.	− zeichnen − berechnen − messen − addieren − formulieren	Aa Hb	Heft Geodreieck (Winkelmesser)
Sicherungsphase	8. Lehrschritt (Anwendung)	Formelanwendung (Lz 2)	Arbeitsauftrag: Berechne die Hypotenusen versch. rechtwinkl. Dreiecke! Berechne anschließend je eine Kathete! (Auswahl aus dem Mathematikbuch) Verarbeitungsgespräch: Vortrag, Vergleich, Korrektur der Rechenergebnisse.	− rechnen − vergleichen	Aa Hb	Mathematikbuch Heft

Hauptlernziel: Fähigkeit, einen Kegel darzustellen und zu berechnen.	Unterrichtsthema: Wie schaut das Netz eines Kegels aus?	Autor: Josef Benker
		Unterrichtszeit Empfehlung: 1UE=45Min.

Vorbemerkung:
Der Schwerpunkt der Unterrichtseinheit liegt auf der konkreten Arbeit der Schüler im Zusammenhang mit dem Bau eines kegelförmigen Körpers als Vollmodell und als Flächenmodell. Im Sinne eines operativ-konstruktiven Geometrieunterrichts wird der Kegel auf der konkreten Ebene behandelt. Somit steht diese Unterrichtseinheit am Beginn einer Lernsequenz, die mit folgenden Inhalten fortgesetzt werden müßte:
- Darstellung des Kegels durch Schrägbildskizze
- Erarbeiten und Anwenden von Formeln zur Berechnung von Oberfläche und Volumen
- Berechnen von Körperhöhe, Seitenhöhe und Grundfläche.

Teillernziele:
Die Schüler sollen:
1. mit Hilfe von Plastilin das Vollmodell eines Kegels bauen können;
2. den Kegel als Spitzkörper mit einem Kreis als Grundfläche beschreiben können;
3. durch Abrollen vorgegebener Kegel die Mantelfläche als Kreissektor beschreiben können;
4. entdecken, daß der Umfang der Grundfläche der Bogenlänge der Mantelfläche entspricht;
5. aufgrund der gewonnenen Einsichten ein Flächenmodell mit vorgegebenem Radius der Grundfläche selbständig bauen können.

Folie:

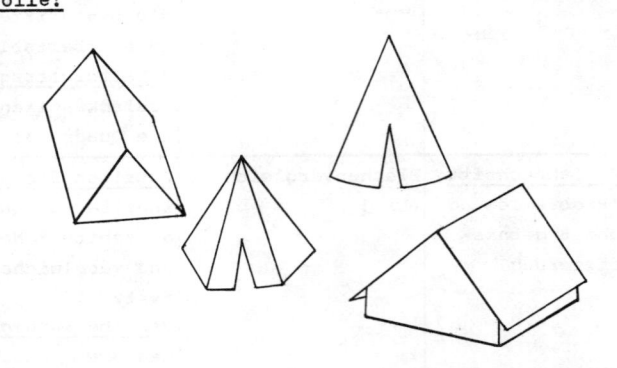

Medien:
Tafel
OHP, Folie
Plastilin (je Partnergruppe)
Demonstrationskörper (Kegel)
mehrere Stempelkissen
Grundfläche aus Plakatkarton;
verschiedene Kreissektoren aus Plakatkarton;
Kegel aus Holz (je Partnergruppe);
Grundflächen u. versch. Mantelflächen a. Plakatkarton je Partnergruppe.

Literatur:
Maier, H.: Methodik des Mathematikunterrichts 1-9, Donauwörth 1976
Barsig/Berkmüller/Sauter: Mathematik in der Hauptschule, Donauwörth 1978
Drescher/Hurych: Mathematik Bd. 3, Regensburg 1977

Tafelbild:

Wie schaut das Netz eines Kegels aus? (1)

Grundfläche (2)   ⊕   Mantelfläche (2) (3)

(2)   (3)

Kreis (2)   ≙   Kreissektor (3)
Umfang   Bogenlänge (4)

(Umfang und Bogenlänge farbig hervorheben) (4)

UG	Lehrschritte (Artikulationsdefinition)	Lehrinhalte und Lernziele (= Lz)	Lehrakte .... Lernakte		Sozialformen	Lernhilfen
Eröffnung	1. Lehrschritt: (Einstimmung)	Erkennen und Klassifizieren geometrischer Körper.	Rundgespräch nach Sachimpuls: Abbildungen verschiedener Zeltformen.	– betrachten – sich äußern – benennen	Aa/Hb	OHP Folie
Erarbeitungsphase	2. Lehrschritt: (Problementwicklung)	Erkennen des kegelförmigen Zeltes als noch unbekannten geometrischen Körper.	Impuls: Dieses Zelt gefällt mir besonders gut!	– betrachten – beschreiben	Hb	OHP Folie
		Entdecken von kegelförmigen Körpern in der Umwelt.	Erarbeitungsgespräch nach Impuls: Körper mit dieser Form findest du auch in deiner Umgebung!	– überlegen – benennen – zeigen	Hb	
		Handeln auf der konkreten Ebene.	Arbeitsauftrag: Baut aus Plastilin ähnliche Körper!	– sich beraten – formen – rollen – betrachten	Pa	Plastilin je Partnergruppe
		Bau eines Vollmodells. (Lz 1)				
		Versprachlichen der gewonnenen Erfahrungen. (Lz 2)	Verarbeitungsgespräch: Schüler berichten von ihren Erfahrungen und beschreiben die Körper.	– vorzeigen – berichten – benennen	Hb	
	3. Lehrschritt: (Problemstellung)	Erarbeiten und Fixieren der Problemfrage.	Erarbeitungsgespräch nach Impuls: Beim Bau eines solchen Körpers ist ein Teil besonders interessant.	– vermuten – vorschlagen	Hb	Demonstrationskörper (Kegel)
			Frage: Wie schaut das Netz eines Kegels aus?	– formulieren	Hb	Tafelbild (1)
	4. Lehrschritt: (Problemlösung)	Erkennen der geometrischen Besonderheiten am Kegel. (Lz 3)	Impuls: Vielleicht kann uns unser Modell weiterhelfen?	– vorschlagen – vermuten – verbalisieren	Hb	Tafelbild (2) vorbereiteter Kreis aus Plakatkarton; Stempelkissen; Kegel je Partnergruppe; Papier; Scheren
			Arbeitsauftrag nach Sachimpuls: Lehrer teilt entsprechende Materialien für die Partnerarbeit aus (s. Spalte Lernhilfen).	– überlegen – diskutieren – experimentieren	Pa	
			Verarbeitungsgespräch: Schüler berichten von ihren Erfahrungen.	– vorzeigen – verbalisieren	Hb	
		Zusammenhang zwischen Umfang der Grundfläche und der Bogenlänge des Kreissektors. (Lz 4)	Sachimpuls: Lehrer zeigt drei Kreissektoren mit verschiedenen Bogenlängen. Welcher Kreissektor gehört zu der Grundfläche?	– vermuten – vorschlagen – diskutieren	Hb	Tafelbild (3) Kreissektoren mit verschiedenen Bogenlängen aus Plakatkarton; vorbereitete Kreise und Kreissektoren für Pa; Schnurstücke;
			Arbeitsauftrag: Überlege dir das mit deinem Nachbarn und versucht eine Begründung!	– überlegen – diskutieren – ausprobieren	Pa	
			Verarbeitungsgespräch: Schüler berichten von ihren Erfahrungen.	– erklären – verbalisieren	Hb	
			Erläuterung: Es besteht ein Zusammenhang zwischen Umfang der Grundfläche und der Bogenlänge des Kreissektors (der Zusammenhang wird farbig gekennzeichnet).	– zeichnen	Hb	Tafelbild (4)
Sicherungsphase	5. Lehrschritt: (Arbeitsrückschau)	Verbalisieren der geometrischen Gegebenheiten des Kegels.	Rundgespräch nach Sachimpuls: Lehrer zeigt die Folie. Wenn du so ein Zelt bauen willst, worauf mußt du also achten?	– erklären – verbalisieren	Aa/Hb	Folie, OHP
	6. Lehrschritt: (Anwendung)	Bau eines Flächenmodells unter Berücksichtigung der gewonnenen Einsichten. (Lz 5)	Arbeitsauftrag: Baue zuhause einen Kegel aus Karton. Der Radius soll 6 cm betragen. Die Höhe des Körpers ist beliebig. Notiere dabei, wie du vorgegangen bist!	– notieren – rekapitulieren	Aa	Heft, Arbeitsmaterialien: Zeichenkarton etc.

Hauptlernziel: Berechnen der Mantelfläche eines geraden Kreiskegels.	Unterrichtsthema: Wie können wir die Mantelfläche A_M eines geraden Kreiskegels berechnen?	Autor: Anton Mangelkramer
		Unterrichtszeit Empfehlung: 1-2 UE

Vorbemerkungen:

Kreiskegelmäntel sind ihrer Form nach Kreisausschnitte. Ihre Flächeninhalte können die Schüler seit der 8. Klasse berechnen (vgl. Mangelkramer: Wie können wir die Bogenlänge und den Flächeninhalt von Kreisausschnitten bestimmen? in Wellenhofer, Handbuch der Unterrichtsgestaltung Bd. 8).
In dieser Stunde sollen die Schüler diese Berechnungsmöglichkeit (vgl. Arbeitsblatt, linkes Drittel) für den Fall, daß $\angle M$ und h_s gegeben sind, reorganisieren und wiederholend vertiefen. Diese Berechnungsart versagt jedoch, wenn der Radius des Kegelgrundkreises und h_s gegeben sind.
Häufig vermuten Schüler, die Fläche des Kegelmantels ließe sich einfach aus dem Produkt dieser beiden Größen ermitteln. Diese Behauptung kann leicht anschaulich widerlegt werden, da die "$u \cdot h_s$" eine Rechteckfläche darstellt, deren Inhalt der Schüler beim Auflegen eines ausgeschnittenen Kegelmantels auf die Rechteckfläche für etwa doppelt so groß hält (vgl. Arbeitsblatt, mittleres Drittel).
Die Vermutung, daß aufgrund der Ähnlichkeit eines Kegelmantels mit kleiner Bogenlänge mit einem Dreieck dessen Inhalt wie der Flächeninhalt von Dreiecken ermittelt werden könnte, wird anschaulich am Modell bewiesen: der Kreiskegelmantel wird hierzu in viele gleich große Mantelabschnitte mit möglichst kurzen Bogenlängen zerschnitten. Die halbe Anzahl dieser Abschnitte wird nun mit gelbem, die andere mit blauem Leucht- oder Farbstift markiert. Anschließend werden diese Teile abwechselnd von oben und unten zu einem flächengleichen Parallelogramm umgelegt (effektives Operieren, Transferieren), dessen Länge der Hälfte der Bogenlänge und dessen Höhe der Länge von h_s entspricht. Durch vorstellendes Operieren erkennen die Schüler, daß bei einer noch feineren Zerteilung die Höhe eines Mantelteildreiecks exakt h_s entspricht und die Länge des Parallelogramms die halbe Bogenlänge mißt. Je kleiner die Fläche eines Mantelteildreiecks ist, umso exakter wird die Fläche in der Parallelogrammform (Grenzwertermittlung mathematisch in der Hauptschule nicht möglich, nur gedanklich realisierbar).
Diese ist nun noch durch Schiebung (vgl. Mangelkramer "Wir verwandeln geometrische Figuren in flächeninhaltsgleiche Rechtecke" in Wellenhofer, Handbuch der Unterrichtsgestaltung Bd.7) in ein flächeninhaltsgleiches Rechteck zu verwandeln.

Teillernziele:

Die Schüler sollen:

1. erkennen, daß der Kegelmantel seiner Form nach einem Kreisausschnitt entspricht;
2. den Weg und die Formel zur Berechnung des Kegelmantels bei gegebenem Mittelpunktswinkel $\angle M$ und bekanntem h_s herleiten können;
3. die Schritte einer mathematischen Beweisführung erkennen und anwenden können;
4. erkennen, daß sich der Flächeninhalt eines Kegelmantels bei gegebenem Grundkreisradius und bekannter h_s als Dreiecksfläche bestimmen läßt;
5. diese Erkenntnis beweisen und die Formel zur Flächeninhaltsberechnung herleiten können.

Medien:

- Verpackungen von kegelförmigen Eistüten
- vergrößertes Kegelmantelmodell aus stabilem Papier
- gelber und blauer Markierungsstift
- Schere
- Arbeitsblatt mit entsprechender Folie

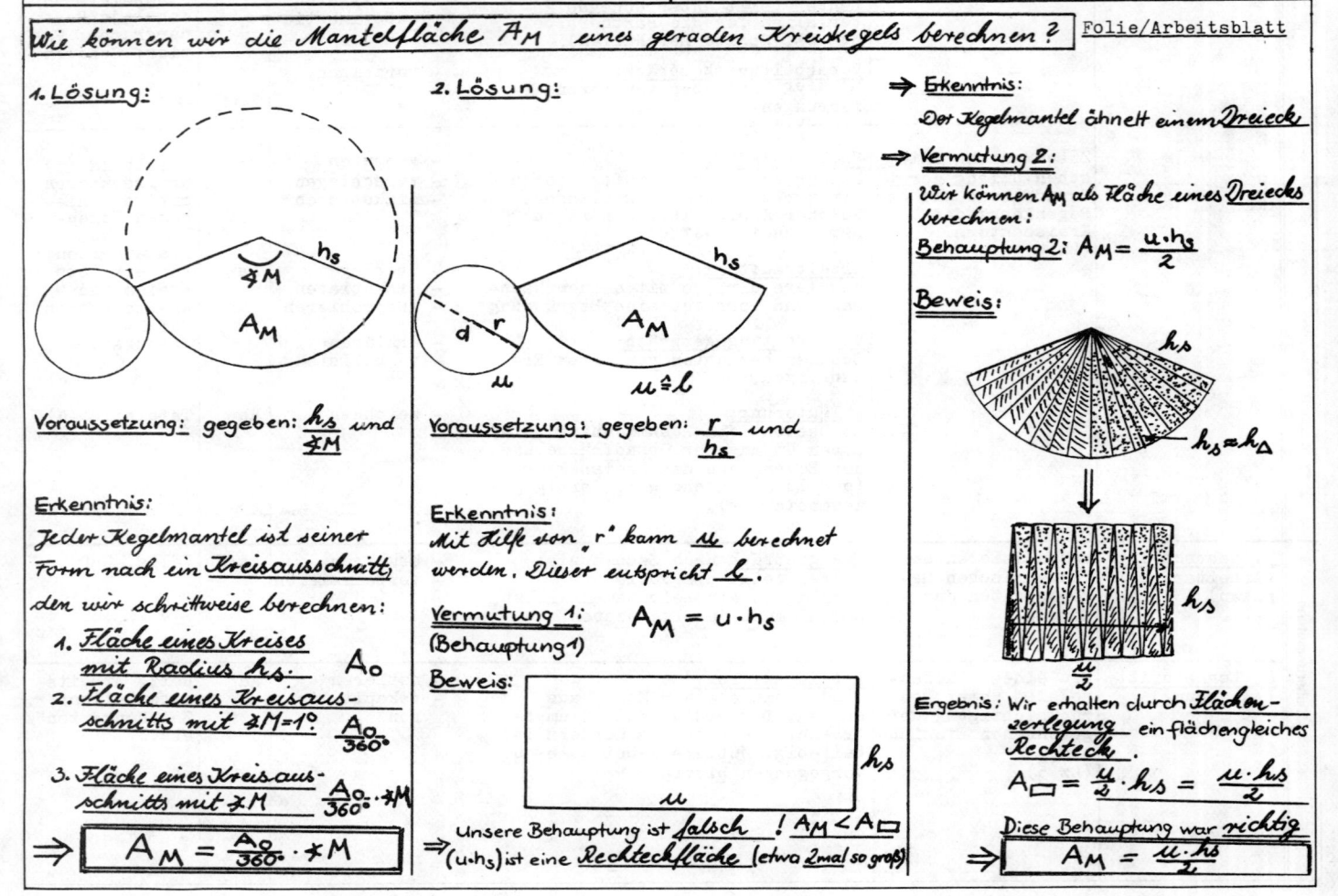

Wie können wir die Mantelfläche A_M eines geraden Kreiskegels berechnen? *Folie/Arbeitsblatt*

1. Lösung:

Voraussetzung: gegeben: h_s und $\angle M$

Erkenntnis:
Jeder Kegelmantel ist seiner Form nach ein *Kreisausschnitt*, den wir schrittweise berechnen:

1. Fläche eines Kreises mit Radius h_s . . . A_0
2. Fläche eines Kreisausschnitts mit $\angle M = 1°$ . . . $\dfrac{A_0}{360}$
3. Fläche eines Kreisausschnitts mit $\angle M$ . . . $\dfrac{A_0}{360} \cdot \angle M$

$\Rightarrow \boxed{A_M = \dfrac{A_0}{360} \cdot \angle M}$

2. Lösung:

Voraussetzung: gegeben: r und h_s

Erkenntnis:
Mit Hilfe von "r" kann u berechnet werden. Dieser entspricht b.

Vermutung 1: (Behauptung 1)
$A_M = u \cdot h_s$

Beweis:

$\Rightarrow$ Unsere Behauptung ist *falsch*! $A_M < A_\square$
($u \cdot h_s$) ist eine *Rechteckfläche* (etwa 2mal so groß)

$\Rightarrow$ Erkenntnis:
Der Kegelmantel ähnelt einem *Dreieck*

$\Rightarrow$ Vermutung 2:
Wir können A_M als Fläche eines *Dreiecks* berechnen:
Behauptung 2: $A_M = \dfrac{u \cdot h_s}{2}$

Beweis:

$h_s = h_\triangle$

Ergebnis: Wir erhalten durch *Flächenzerlegung* ein flächengleiches *Rechteck*.

$A_\square = \dfrac{u}{2} \cdot h_s = \dfrac{u \cdot h_s}{2}$

Diese Behauptung war *richtig*

$\Rightarrow \boxed{A_M = \dfrac{u \cdot h_s}{2}}$

UG	Lehrschritte (Artikulationsdefinition)	Lehrinhalte und Lernziele (= Lz)	Lehrakte .... Lernakte		Sozialformen	Lernhilfen
Eröffnungsphase	1. Lehrschritt (Problemstellung – verbal/ effektives Operieren)	Herstellen eines Kegelmantels.	Arbeitsaufgabe: Eine Eisfabrik möchte ihre neue Eissorte in kegelförmige Tüten abfüllen. Eine Tüte soll seitlich 20 cm lang sein und einen Durchmesser von 7 cm haben. Stellt in der Gruppe ein Exemplar einer Tüte her!	- zuhören - aufnehmen - mitdenken - messen - zeichnen - operieren - schneiden	Hb/ Ga	Papier, Lineal Schere
	2. Lehrschritt (Erste Teilerkenntnisgewinnung)	Form des Kegelmantels: ein Kreisausschnitt. (Lz 1)	Verarbeitungsgespräch: Berichte der einzelnen Gruppen über Schwierigkeiten und Vorstellen der Arbeitsergebnisse: Die Eistüte ist der Form nach ein Kegelmantel und kein Dreieck ...	- berichten - kommentieren - vergleichen - begründen	Hb	hergestellte Kegelmäntel Papierhülsen von Eistüten
	3. Lehrschritt (Zielangabe)	Hauptlernziel	Feststellung: Die Firma will den Papierverbrauch für eine Tüte berechnen.	- aufnehmen	Hb	
			Unterrichtsfrage: Wie können wir die Mantelfläche A_M eines geraden Kreiskegels ermitteln?	- formulieren	Hb	Folie (Überschrift)
Erarbeitungsphase	4. Lehrschritt (Zweite Teilerkenntnisgewinnung durch Vorkenntnisermittlung)	Herleiten der Formel für die Berechnung des Kegelmantels als Kreisausschnitt. (Lz 2)	Arbeitsaufgabe: Die Fläche eines Kreisausschnitts können wir seit letztem Jahr berechnen. Leitet den Berechnungsweg in Stichworten schrittweise nochmals her!	- Vorwissen aktivieren - herleiten - notieren	Hb/Ga	Notizblock
			Verarbeitungsgespräch: Vortragen der Lösungsstrategie: Gewinnung der Formel mit Hilfe des Dreisatzes.	- vortragen - schlußfolgern	Hb	Folie (linkes Drittel)
			Fixierung der Teilschritte und der Formel $A_M = \frac{A_B}{360} \cdot \sphericalangle M$	- nachvollziehen	Hb	
	5. Lehrschritt (Problemstellung – verbal)		Impuls: Mit dieser Formel kann die Eisfabrik den Papierverbrauch allerdings nicht ermitteln.	- formulieren - sich besinnen - vergleichen	Hb	
			Erarbeitungsgespräch: Wir kennen $\sphericalangle M$ nicht, nur die Seitenlänge h_s und den Durchmesser des Grundkreises. Mit seiner Hilfe läßt sich der Umfang u ermitteln, der der Bogenlänge l des Kreisausschnitts entspricht.	- formulieren - reorganisieren - schlußfolgern - verbalisieren	Hb	Folie (Mitte oben)
			Fixierung: der Größen und Zusammenhänge.	- nachvollziehen	Hb	Folie (Mitte oben)
	6. Lehrschritt (Problemlösungsversuche)	Schritte einer mathematischen Beweisführung. (Lz 3)	Arbeitsaufgabe: Versucht, die Mantelfläche des Kegels mittels des Umfangs und der Seitenlänge zu ermitteln!	- aufnehmen - problemlösen - skizzieren	Hb/Ga	Notizblock
			Verarbeitungsgespräch: Vortragen, kommentieren, überprüfen der Lösungsvorschläge, insbesondere der häufig geäußerten Behauptung: A_M sei $u \cdot h_s$. Widerlegen dieser Behauptung durch Darstellen dieses Produkts als Rechteckfläche.	- verbalisieren - überprüfen - beweisen - darstellen - überdenken	Hkf	Folie (Mitte unten)
	7. Lehrschritt (Problemstellung – verbal)	Hauptlernziel	Feststellung: Der Kegelmantel ähnelt seiner Form nach einem Dreieck, dessen Grundlinie ein Kreisbogen ist.	- betrachten - vergleichen	Hkf	Modell eines Kegelmantels
			Unterrichtsfrage: Können wir die Mantelfläche wie eine Dreiecksfläche berechnen?	- problematisieren	Hkf	
	8. Lehrschritt (Dritte Teilerkenntnisgewinnung)	Berechnen der Fläche des Kegelmantels als Dreiecksfläche. (Lz 4 und 5)	Arbeitsaufgabe: Versucht, einen Beweis für unsere Vermutung zu erbringen.	- problemlösen - schlußfolgern - notieren	Ga	Notizblock
			Verarbeitungsgespräch: Vortragen und Besprechen von Beweisstrategien.	- verbalisieren - schlußfolgern	Hkf	Modell eines Kegelmantels
			Demonstration: Zerschneiden des Kegelmantels in mehrere gleich große Mantelabschnitte. Markieren der halben Anzahl mit gelber bzw. blauer Farbe. Umlegen der Abschnitte zu einem flächengleichen Parallelogramm und Rechteck. Bestätigung der Richtigkeit der Vermutung.	- zusehen - verfolgen - geistig nachvollziehen - einsehen	Hkf	Schere Markierungsstifte
Sicherungsphase	9. Lehrschritt (Gesamtzusammenfassung)	(Lz 2-5)	Feststellung: Wir haben auf unsere Unterrichtsfrage eingangs zwei Antworten gefunden.	- zuhören - rekapitulieren	Hb	Folie (Überschrift)
			Verarbeitungsgespräch: Rekapitulieren der Erkenntnisse, der Beweisführung, der beiden Berechnungswege und Formeln.	- verbalisieren	Hb	Folie
			Fixierung: Ergänzen d. Arbeitsblattes.	- eintragen	Aa	Arbeitsblatt

Hauptlernziel:	Unterrichtsthema:	Autor: Halden/Kolbinger
Fähigkeit, Pyramiden und Kegel darzustellen und zu berechnen.	Volumen des Kegels.	Unterrichtszeit Empfehlung: 90 Min.

Vorbemerkung:
Das Volumen eines Kegels kann durch folgende Möglichkeiten hergeleitet werden:
- mit Hilfe einer Folge von einbeschriebenen bzw. umbeschriebenen geraden regelmäßigen Pyramiden,
- durch Annäherung von inneren und äußeren Treppenkörpern (Zylinderscheiben),
- durch Anwendung des Prinzips von Cavalieri.
Zu diesen Methoden bräuchte man Berechnungsmöglichkeiten, die dem Hauptschüler nicht zugänglich sind. In der Hauptschule greift man deshalb nach Möglichkeiten, die zwar einer exakten mathematischen Beweisführung nicht standhalten, die aber eine einsichtige Bestätigung der Volumenformel des Kegels bieten.

Teillernziele:
Der Schüler soll ...
1. ... eine Formel für das Volumen des Kegels herleiten können (kognitiv);
2. ... zu vorgegebenem Radius und vorgegebener Körperhöhe das Volumen berechnen können (kognitiv);
3. ... die Formel für die Berechnung des Volumens eines Kegels zur Lösung geeigneter Sachprobleme benutzen können (kognitiv);
4. ... die Formel für das Volumen des Kegels in die Volumensformeln der behandelten Körper eingliedern können (kognitiv);

Medien:
Folie und Kontrollfolie; Overheadprojektor; Tafel; Arbeitsblatt; Notizblock; Hausaufgabenheft; Waage mit Gewichtssatz; Überlaufgefäß mit Meßzylinder; Kegel und Zylinder mit deckungsgleicher Grundfläche und gleich langer Körperhöhe: jeweils einen Vollkörper aus gleichem Material (eventuell Holz bzw. Plastilin) und jeweils einen Hohlkörper;

Literatur:
Oehl-Palzkill, Die Welt der Zahl-Neu; Ausgabe Bayern, 9. Jahrgangsstufe, Oldenbourg-Schroedel Verlag, S. 98ff;
Sattler, Bausteine der Mathematik in der H.S. ,9. Jahrgangsstufe, Oldenbourg-Schroedel Verlag, S. 80 ff;
Neubert, Westermann Mathematik, Ausgabe Bayern, 9.Jahrgangsstufe, Westermann Verlag, S. 99 ff:

Tafelbild:

Volumen des Kegels

Ein Werkstück hat die Form eines Kegels. Sein Radius beträgt 6 cm, seine Körperhöhe 5 cm. Wie viele Stücke lassen sich aus einem Liter Aluminium gießen?

Volumen des Kegels:

$$V = \frac{6cm \cdot 6cm \cdot \pi \cdot 5cm}{3}$$

$$V = 188,4 \, cm^3$$

Anzahl der Kegel:

$$1000 \, cm^3 : 188,4 \, cm^3 = 5,31$$

5

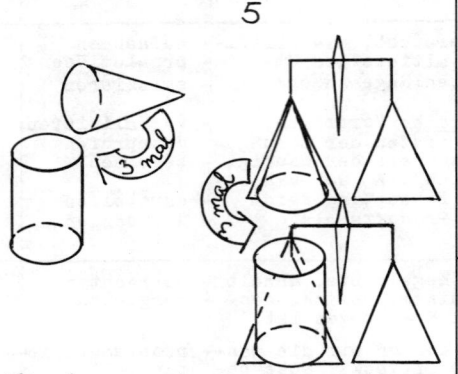

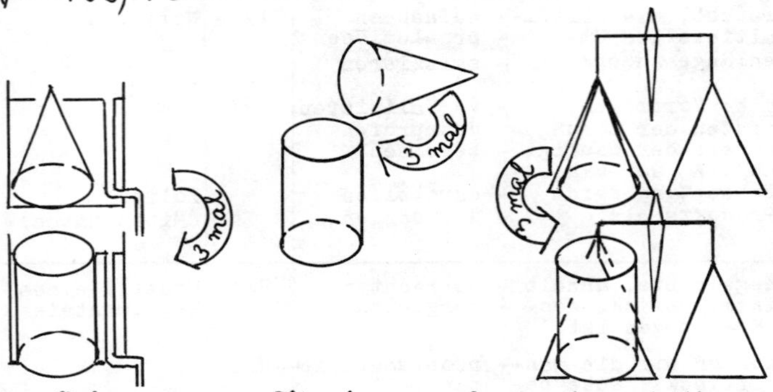

Das Volumen des Kegels ist gleich dem dritten Teil des Volumens eines Zylinders von gleicher Grundfläche und gleicher Körperhöhe.

$$V = \frac{A_G \cdot h_k}{3}$$

$$V = \frac{r^2 \cdot \pi \cdot h_k}{3}$$

Körper	Volumen
Säulen	$V = A_G \cdot h_k$
Zylinder	$V = r^2 \cdot \pi \cdot h_k$
Spitze Körper	$V = \frac{A_G \cdot h_k}{3}$
Kegel	$V = \frac{r^2 \cdot \pi \cdot h_k}{3}$

Folie:

Lieber Sportsfreund,
Die $V = a^3$ sind gefallen. Zum Abendempfang - so hat der Vorstand beschlossen - ist ein $V = r^2 \cdot \pi \cdot h_k$ zu tragen, auch wenn nur auf Kegel geschoben wird.
Mit Hilfe eines $V = A_G \cdot h$ (ohne $A = r^2 \cdot \pi$) kann der Spielverlauf aus versteckter Position $V = \frac{A = r^2 \cdot \pi}{2}$ auf und erhalten als Preis dann eine vergoldete $V = \frac{a^2 \cdot h_k}{3}$. Die Verlierer müssen leider in die $r_1^2 \cdot \pi \, h_k - r_2^2 \cdot \pi \, h_k$ schauen.

(Text: Halden, Claus)
Viel Spaß
Euer Norbert

Kontrollfolie:

Lieber Sportsfreund,
Die Würfel sind gefallen. Zum Abendempfang - so hat der Vorstand beschlossen - ist ein Zylinder zu tragen, auch wenn nur auf Kegel geschoben wird.
Mit Hilfe eines Fernglases (Prismas) kann der Spielverlauf aus versteckter Position beobachtet werden. Die Sieger stellen sich dann zur Siegerehrung im Halbkreis auf und erhalten als Preis dann eine vergoldete Pyramide. Die Verlierer müssen leider in die Röhre schauen.

Arbeitsblatt:

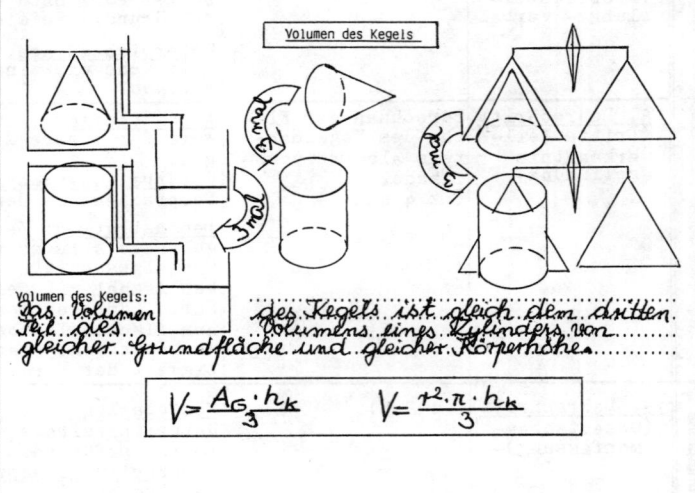

Volumen des Kegels:
Das Volumen des Kegels ist gleich dem dritten Teil des Volumens eines Zylinders von gleicher Grundfläche und gleicher Körperhöhe.

$$V = \frac{A_G \cdot h_k}{3} \qquad V = \frac{r^2 \cdot \pi \cdot h_k}{3}$$

UG	Lehrschritte (Artikulationsdefinition)	Lehrinhalte und Lernziele (= Lz)	Lehrakte .... Lernakte	Sozial-formen	Lernhilfen
Eröffnungsphase	1. Lehrschritt (Vorbereitung der Problemstellung)	Zuordnung: Formel zu geometrischen Körpern (Memorierfähigkeit der Berechnungsformeln);	Arbeitsauftrag: Ersetze im folgenden Text die Formeln durch Worte! — hinhören / hinsehen Verarbeitungsgespräch: Der Text wird gemeinsam durchgelesen. Die Kontrollfolie dient dem Vergleich der Ergebnisse. — ersetzen / sich äußern / vergleichen	Pa Hb	Folie Kontrollfolie
	2. Lehrschritt (Problemstellung und Zielangabe)	Textübergabe und kurze Textanalyse;	Frage nach Textübergabe: Können wir die Aufgabe sofort lösen? — überlegen Erarbeitungsgespräch: Schüler stellen fest, daß die Berechnungsformel für das Kegelvolumen noch nicht hergeleitet ist. — erkennen	Hb Hb	Tafelbild Tafelbild: Überschrift
Erarbeitungsphase	3. Lehrschritt (Lösungsvermutung)	Aufgreifen bekannter Überlegungen und Überprüfungsmöglichkeiten (Aufgreifen des Vorwissens);	Impuls: Dir drängt sich sicher eine Beziehung auf, die bei der Volumensberechnung der Pyramide verwendet wurde. — sich erinnern Erarbeitungsgespräch: Vermutlich steht der Kegel zum Zylinder mit deckungsgleicher Grundfläche und gleich langer Körperhöhe in derselben Beziehung wie die Pyramide zum Prisma mit deckungsgleicher Grundfläche und gleich langer Körperhöhe. Da das Volumen der Pyramide gleich dem dritten Teil des Volumens des Zylinders ist, ist vermutlich das Volumen des Kegels gleich dem dritten Teil des Volumens des Zylinders. Zum Nachprüfen eignen sich die gleichen Geräte wie beim Pyramidenvolumen: Überlaufgefäß, Umschütten, Waage. — sich äußern / vermuten	Hb Hb	Kegel und Zylinder mit deckungsgleicher Grundfläche und gleich langer Körperhöhe Tafelbild Überlaufgefäß mit Meßzylinder; Waage mit Gewichtssatz;
	4. Lehrschritt (Lösung durch tätige, bildliche und symbolisch-formale Repräsentation)	Überprüfungsmöglichkeiten des Volumens des Kegels: a) durch Vergleich der Wasserverdrängung des Kegels und des Zylinders mit gleicher Grundfläche und gleich langer Körperhöhe, b) durch Umschütten, c) durch Gewichtsbestimmung; (Lz 1)	Arbeitsauftrag: Auf deinem Arbeitsblatt sind die Anweisungen für die durchzuführenden Messungen aufgeführt. — hinhören Verarbeitungsgespräch: Wird der Zylinder in das Überlaufgefäß eingetaucht, so wird dreimal soviel Wasser verdrängt, wie beim Eintauchen des Kegels. Die Wasser- bzw. Sandmenge des Kegels paßt dreimal in das Zylindergefäß. Das Gewicht des Zylinders ist dreimal so groß wie das Gewicht des Zylinders aus demselben Material. — schütten / füllen / messen / wiegen Erkenntnis: Die vorherige Vermutung ist richtig. Für das Volumen des Kegels gilt: Das Volumen ist gleich dem dritten Teil des Volumens eines Zylinders von gleicher Grundfläche und Körperhöhe. $$V = \frac{A_G \cdot h_k}{3}$$ $$V = \frac{r^2 \cdot \pi \cdot h_k}{3}$$ — erkennen	Ga Hb	Arbeitsblatt Tafelbild Arbeitsblatt Tafelbild Arbeitsblatt Tafelbild Arbeitsblatt Tafelbild Arbeitsblatt
Sicherungsphase	5. Lehrschritt (erste Anwendung des Gelernten)	Rückgriff auf Sachaufgabe; (Lz 2/3)	Arbeitsauftrag: Jetzt kannst du die Sachaufgabe lösen. — hinhören Verarbeitungsgespräch: Das Ergebnis wird gemeinsam besprochen. Ein Schüler vollzieht die Lösung an der Tafel. — berechnen	Hb Hb/Aa	Tafelbild Tafelbild Notizblock
	6. Lehrschritt (Integration des Gelernten in Gesamtsystem)	Einteilung in Säulen, Zylinder und in spitze Körper; (Lz 4)	Impuls: Du kannst die Berechnungsformel in die Tabelle einordnen. — einordnen Verarbeitungsgespräch: Schüler stellen fest, daß für alle spitzen Körper die Volumensformel $V = \frac{A_G \cdot h_k}{3}$ für das Kegelvolumen durch die Grundfläche bedingt: $V = \frac{r^2 \cdot \pi \cdot h_k}{3}$ gilt. — vergleichen / erkennen	Hb Hb	Tafelbild
	7. Lehrschritt (weitere Anwendung)	(Lz 2/3/4)	Erteilung der Hausaufgabe: Geeignete Aufgaben befinden sich in den in der Literaturangabe aufgelisteten Büchern. — eintragen	Hb/Aa	Hausaufgabenheft

Hauptlernziel:	Unterrichtsthema:	Autor: Karl-Heinz Kolbinger
Pyramiden und Kegel darstellen und beschreiben.	Oberflächenberechnung der Pyramide.	Unterrichtszeit Empfehlung: 90 Min.

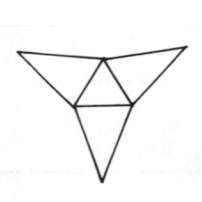

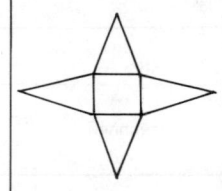

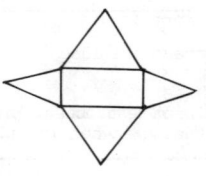

Vorbemerkungen:
Am Netz der Pyramide kann die Zusammensetzung der Oberfläche am besten erkannt werden. Die Oberfläche der Pyramide besteht aus der Grundfläche und dem aus Dreiecken zusammengesetzten Mantel. Bei der Behandlung der Pyramiden erfolgt in der Hauptschule eine Beschränkung auf gerade Pyramiden mit quadratischer, mit rechteckiger und mit gleichseitiger dreieckiger Grundfläche. Für weitere Konstruktionen von Netzbildern der geraden Pyramiden mit rechteckiger Grundfläche ist besonders die Erkenntnis wichtig, daß die Schenkel der gleichschenkligen Manteldreiecke gleich lang sind. Diese Erkenntnis ist sehr gut mit Hilfe von Kantenmodellen zu erreichen.

Teillernziele:
Der Schüler soll ...
1. ... eine Pyramide erkennen können (kognitiv),
2. ... entscheiden können, ob eine Pyramide gerade ist (kognitiv),
3. ... ein Netz einer Pyramide mit quadratischer, rechteckiger und dreieckiger Grundfläche zeichnen können (instrumental),
4. ... eine Formel für die Oberfläche einer Pyramide mit quadratischer, rechteckiger und dreieckiger Grundfläche herleiten können (kognitiv),
5. ... die Oberfläche einer Pyramide mit quadratischer, rechteckiger und dreieckiger Grundfläche berechnen können (kognitiv);

Medien:
Modelle aus Plastilin: Würfel, Quader, gerade Pyramide mit quadratischer Grundfläche, Dreieckssäule, Trapezsäule;
Sieben Kantenmodelle: Siehe Schrägbildzeichnungen auf der Folie. Die Kanten werden am besten aus Strohhalmen angefertigt. Die Ecken werden aus Plastilinkügelchen erstellt;
Drei aus Tonpapier vorgefertigte Netze von geraden Pyramiden mit quadratischer, rechteckiger und gleichseitig dreieckiger Grundfläche.
Tafelbild; Arbeitsblatt; Kontrollfolie

Folie mit sieben Schrägbildzeichnungen von sieben Pyramiden:

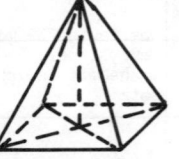

rechteckige Grundfläche	gleichseitiges Dreieck als Grundfläche	regelmäßiges Sechseck als Grundfläche	quadratische Grundfläche	unregelmäßiges Dreieck als Grundfläche	gleichseitiges Dreieck als Grundfläche	quadratische Grundfläche
Spitze senkrecht über dem Mittelpunkt	Spitze senkrecht über dem Mittelpunkt	Spitze senkrecht über dem Mittelpunkt	Spitze nicht senkrecht über dem Mittelpunkt	kein Mittelpunkt auffindbar	Spitze nicht über dem Mittelpunkt	Spitze senkrecht über dem Mittelpunkt
Körper a	Körper b	Körper c	Körper d	Körper e	Körper f	Körper g

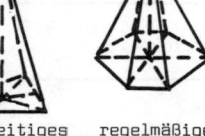

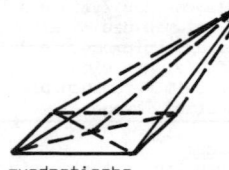

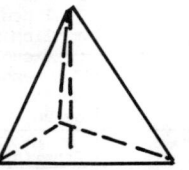

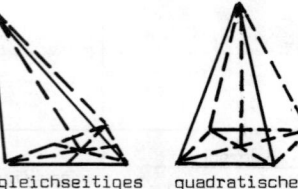

Modelle aus Plastilin:

Arbeitsblatt:
Oberflächenberechnung der Pyramide

Pyramide mit gleichseitiger dreieckiger Grundfläche:	Pyramide mit Quadrat als Grundfläche:	Pyramide mit rechteckiger Grundfläche:
Mantel: *drei deckungsgleiche Dreiecke*	Mantel: *vier deckungsgleiche Dreiecke*	Mantel: *je zwei gegenüberliegende Dreiecke sind deckungsgleich*
Grundfläche: *gleichseitiges Dreieck*	Grundfläche: *Quadrat*	Grundfläche: *Rechteck*

Oberfläche der Pyramide:
Sie besteht aus der Summe der Flächeninhalte ihrer Grundfläche und ihres Mantels.

Berechne die Oberflächen der Pyramiden!

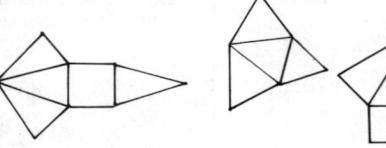

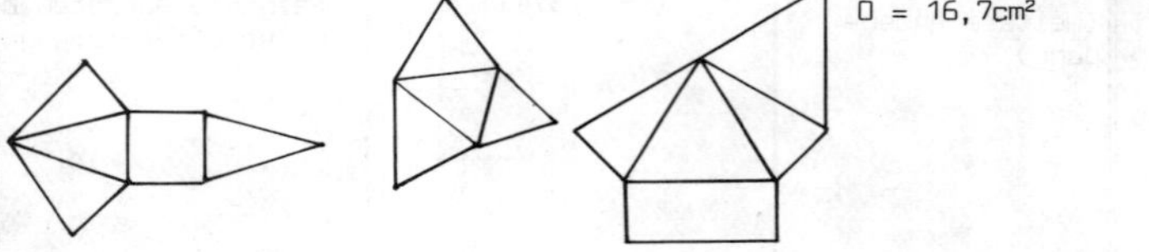

Kontrollfolie
O = 4 cm² + 12 cm²
O = 16 cm²
O = 1,7 cm² + 9 cm²
O = 10,7 cm²
O = 4,5 cm² + 7,8 cm² + 4,4 cm²
O = 16,7 cm²

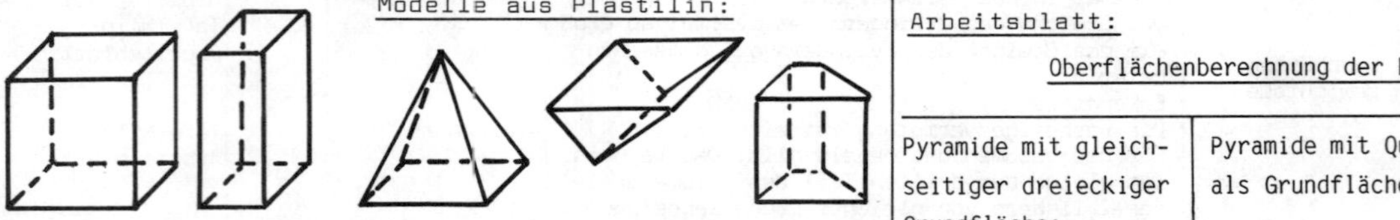

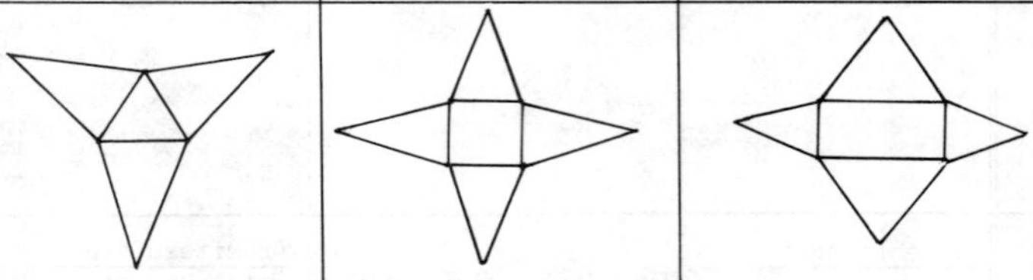

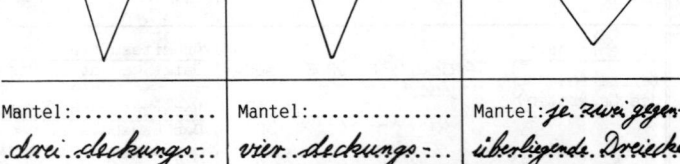

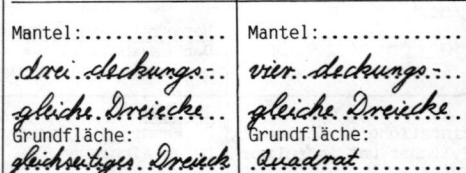

Tafelbild:

Oberflächenberechnung der Pyramide

Mantel: drei deckungsgleiche Dreiecke
Grundfläche: gleichseitiges Dreieck

Mantel: vier deckungsgleiche Dreiecke
Grundfläche: Quadrat

Mantel: je zwei gegenüberliegende Dreiecke sind deckungsgleich
Grundfläche: Rechteck

Oberfläche der Pyramide: Sie besteht aus der Summe der Flächeninhalte ihrer Grundfläche und ihres Mantels.

UG	Lehrschritte (Artikulationsdefinition)	Lehrinhalte und Lernziele (= Lz)	Lehrakte .... Lernakte		Sozial- formen	Lernhilfen
Eröffnungsphase	1. Lehrschritt (Vorbereitung der Problem- begegnung)	Einbringen von Vorwissen;	Verarbeitungsgespräch nach Sachimpuls: Bis auf einen Körper wurden alle be- reits im Unterricht behandelt. Be- schreibe sie und gib die Berech- nungsformeln für Oberfläche und Vo- lumen an.	- hinhören - überlegen - sich äußern	Hb	Modelle aus Plastilin: Wür- fel, Quader, Pyramide mit quadratischer Grundfläche, Dreieckssäule, Trapezsäule:
	2. Lehrschritt (Problem- begegnung durch Umweltbezug)	Herkunft des Wor- tes "Pyramide"; (Lz 1)	Bericht: Der Name des Körpers, der noch nicht behandelt worden ist, wurde von Grab- stätten altägyptischer Könige genom- men. Sie wurden vor fast 5 000 Jahren erbaut und galten im Altertum als eines der sieben Weltwunder.	- hinhören	Hb	
	3. Lehrschritt (Problem- begegnung in mathematischer Hinsicht)	Formenkundliche Betrachtung von geraden und unge- raden Pyramiden; Gerade und nicht gerade Pyramiden; (Lz 1) (Lz 2) (Lz 1/2)	Feststellung nach Sachimpuls: Alle diese Körper werden in der Mathematik als Pyramiden bezeichnet. Welche Gemeinsamkeiten erkennst du? Gerade Pyramiden besitzen eine Grund- fläche, auf der es möglich ist, einen Mittelpunkt festzustellen. Die Kör- perhöhe bei diesen geraden Pyramiden steht senkrecht auf dem Mittelpunkt der Grundfläche. Stelle fest, welche Pyramide gerade ist! Verarbeitungsgespräch: Gemeinsamkeiten: Die Pyramiden be- sitzen eine Spitze, eine Grundfläche und eine Mantelfläche, die aus Drei- ecken besteht. Gerade Pyramiden: Körper a,b,c und g;	- hinsehen - hinhören - Gemeinsam- keiten erkennen - sich äußern - unter- scheiden	Hb Hb	Sieben Kanten- modelle: a,b,c,d,e,f,g Folie mit Schrägbildern der sieben Kan- tenmodelle:: a,b,c,d,e,f,g
Erarbeitungsphase	4. Lehrschritt (Problem- präzisierung und erste tätige Problem- lösung)	Stoffeingrenzung auf gerade Pyrami- den mit gleichsei- tiger dreieckiger, mit quadratischer und rechteckiger Grundfläche; Einbringen von Vor- wissen: Netzzeich- nung im Dienst der Oberfläche; (Lz 3)	Feststellung: Bei der Berechnung der Oberfläche von Pyramiden beschränken wir uns auf ge- rade Pyramiden und auf Pyramiden mit gleichseitiger dreieckiger, recht- eckiger und quadratischer Grundfläche. Zum Aufstellen der Berechnungsformel für die Oberfläche hilft dir die gleiche Darstellung wie beim Zylinder und wie bei den Prismen. Arbeitsauftrag: Zeichnet die Netzdarstellung der drei Kantenmodelle: a, b und g! Seht euch die verschiedenen Flächen des Netzes genau an.	- hinhören - zeichnen	Hb Pa bzw. Ga	TA: Oberfläche der Pyramide (Überschrift) Arbeitsblatt Teil 1
	5. Lehrschritt (bildliche und formal symboli- sche Problem- lösung)	Geometrische Eigenschaften der einzelnen zum Netz gehörenden Flä- chen; (Lz 4) Die Oberfläche als Summe der zum Netz gehörenden Flächen (Lz 4)	Verarbeitungsgespräch: Die Netze bestehen aus: Pyramide mit gleichseitiger dreiecki- ger Grundfläche: drei deckungsgleiche Dreiecke (Mantel) und einem gleich- seitigen Dreieck (Grundfläche); Pyramide mit Quadrat als Grundfläche: vier deckungsgleiche gleichschenklige Dreiecke (Mantel) und einem Quadrat (Grundfläche) Pyramide mit rechteckiger Grundfläche: je zwei gegenüberliegende Dreiecke des Mantels sind deckungsgleich. Die Schenkel der vier gleichschenkligen Dreiecke des Mantels sind gleich lang. Oberfläche der Pyramide: Die Oberfläche der Pyramide besteht aus der Summe der Flächeninhalte ih- rer Grundfläche und ihres Mantels.	- Eigenschaf- ten er- kennen - sich äußern	Hb	Arbeitsblatt Teil 2 TA: aus Tonpa- pier angefer- tigte Netzdar- stellungen werden ange- klebt TA: Merksatz Arbeitsblatt: Oberfläche der Pyramide: ...
Sicherungsphase	6. Lehrschritt (erste Anwendung)	Erneute Netzdar- stellung: Flächen liegen anders als im Lehrschritt 4 und 5; (Lz 5)	Arbeitsauftrag: Berechne die Oberflächen der Pyrami- den auf deinem Arbeitsblatt! Die notwendigen Maße entnimm diesen Netzbildern. Verarbeitungsgespräch: Die Aufgaben werden gemeinsam be- sprochen.	- messen - berechnen - notieren - besprechen - begründen	Aa Aa	Arbeitsblatt Teil 4 Kontrollfolie
	7. Lehrschritt (weitere Anwendung)	(Lz 5)	Erteilung der Hausaufgabe: Geeignete Aufgaben befinden sich in: • Oehl-Palzkill, Die Welt der Zahl-Neu, Ausgabe Bayern, 9. Jahrgangsstufe, Oldenbourg-Schroedel Verlag, S. 67 • Sattler, Bausteine der Mathematik in der Haupt- schule, Band 9. Oldenbourg-Schroedel Verlag, S. 76 • Neubert, Westermann-Mathematik, Ausgabe für Bayern, 9. Jahrgangsstufe, Westermann Verlag, S. 93 ff		Hb/Aa	

Hauptlernziel: Fähigkeit, Pyramiden und Kegel darzustellen und zu berechnen.	Unterrichtsthema: Volumen der Pyramide.	Autor: Karl-Heinz Kolbinger
		Unterrichtszeit Empfehlung: 90 Min.

Vorbemerkungen:
Die Berechnung des Pyramidenvolumens kann mathematisch exakt nur mit Hilfe der Integralrechnung vollzogen werden (ähnlich wie die Herleitung der Flächeninhaltsformel des Kreises bzw. der Volumensformel des Zylinders in der 8. Jahrgangsstufe). Aus diesem Grund muß man in der Hauptschule auf Möglichkeiten ausweichen, die im mathematischen Sinne zwar keine Beweiskraft haben, die aber für den Hauptschüler hinreichend einsichtige Bestätigung für die zu entwickelnde Formel bieten. So wird in diesem Fall durch Füllversuche mit Sand bzw. Wasser von Hohlmodellen oder durch Gewichtsvergleiche bzw. Wasserverdrängungsvergleiche von Vollmodellen der Volumensunterschied zwischen einem Prisma und einer Pyramide mit deckungsgleicher Grundfläche und gleich langer Körperhöhe aufgezeigt.

Teillernziele:
Der Schüler soll ...
1. ... eine Formel für das Volumen einer Pyramide mit rechteckiger bzw. dreieckiger Grundfläche herleiten können (kognitiv);
2. ... zu vorgegebener Grundfläche und vorgegebener Körperhöhe einer Pyramide das Volumen berechnen können (kognitiv);
3. ... Formeln für die Berechnung des Volumens einer Pyramide zur Lösung geeigneter Sachprobleme benutzen können (kognitiv);
4. ... die Formel für die Berechnung des Volumens nach verschiedenen Variablen auflösen können (kognitiv);

Medien:
Für Gruppe 1: Pyramiden und Prismen mit rechteckiger Grundfläche und gleicher Körperhöhe (jeweils einen Vollkörper aus gleichem Material und jeweils einen Hohlkörper);
Für Gruppe 2: Pyramiden und Prismen mit quadratischer Grundfläche und gleicher Körperhöhe (jeweils einen Vollkörper aus gleichem Material und jeweils einen Hohlkörper);
Für Gruppe 3: Pyramiden und Prismen mit dreieckiger Grundfläche und gleicher Körperhöhe (jeweils einen Vollkörper aus gleichem Material und jeweils einen Hohlkörper);
Waage mit Gewichtssatz; Wasserverdrängungsgefäß; Folie und 2 Kontrollfolien; Overheadprojektor; Arbeitsblatt; Notizblock; Tafel; Hausaufgabenheft;

Literatur:
- Dehl-Palzkill, Die Welt der Zahl- Neu, Ausgabe Bayern, 9. Jahrgangsstufe, Oldenbourg-Schroedel Verlag, S.68ff
- Sattler, Bausteine der Mathematik, Oldenbourg-Schroedel Verlag, S. 80 ff
- Neubert, Westermann Mathematik, Ausgabe für Bayern, 9. Jahrgangsstufe, Westermann Verlag, S. 99 ff

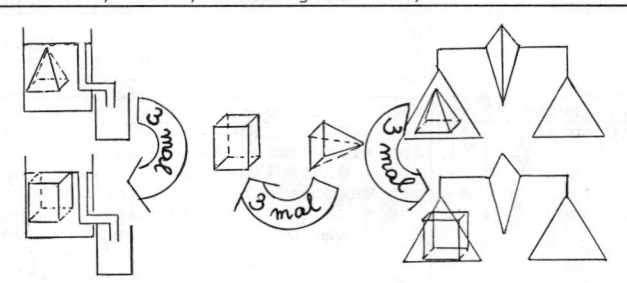

Folie

Form	Maße	Material	Volumen	Gewicht
Würfel	a= 6 cm	Messing (8,1)		
Quader	a= 8 cm, b= 6 cm, c= 12 cm	Aluminium (2,7)		
Dreiecksäule	g= 11 cm, h= 5 cm, h_k= 25 cm	Beton (2,4)		
Trapezsäule	a= 6 cm, c= 2 cm, h= 5 cm, h_k=10 cm	Eisen (7,8)		

▶ **Kontrollfolie 1:**
Würfel: Volumen: 216 cm³ Gewicht: 1 749,6 g
Quader: Volumen: 576 cm³ Gewicht: 1 555,2 g
Dreiecksäule: Volumen: 687,5 cm³ Gewicht: 1 650,0 g
Trapezsäule: Volumen: 200 cm³ Gewicht: 1 560,0 g

▶ **Kontrollfolie 2:**

Grundfläche	rechteckig a=45 cm b=20 cm	quadratisch a = 20 cm	dreieckig g = 15 cm h = 8 cm	rechteckig a = 12 cm b=30cm	quadratisch a = 45 cm	dreieckig g = 21 cm h = 7 cm
Körperhöhe	50 cm	30 cm	40cm	25 cm	12cm	22 cm
Volumen	15000cm³	4000cm³	800 cm³	3 000 cm³	8 100 cm³	539 cm³

Grundfläche	rechteckig a = 1,2 dm b = 15 cm	quadratisch a=0,33 m	dreieckig g = 2,7 cm h= 45cm	quadratisch a = 180 mm	rechteckig a = 2,5 cm b = 2,8 dm	dreieckig g = 0,48 m h = 240 mm
Körperhöhe	3,5 dm	15cm	0,22 m	32cm	21 cm	3,5 dm
Volumen	2100cm³	5,445 dm³	4455 cm³	3,456 dm³	4900 cm³	6720cm³

Tafelbild:

Volumen der Pyramide

(a) Eine 90 m hohe Pyramide aus Beton hat eine rechteckige Grundfläche (a=120m, b=90m). Wie schwer ist die Pyramide? (Dichte von Beton: 2,4)

(b)
$$V = \frac{120\,m \cdot 90\,m \cdot 90\,m}{3}$$
$$V = 324\,000\,m^3$$
$$m = 2,4 \cdot 324\,000$$
$$m = 777\,600\,t$$
Die Pyramide wiegt 777 600 t

Das Volumen der Pyramide ist gleich dem dritten Teil des Volumens eines Prismas von gleicher Grundfläche und Höhe.

$$V = \frac{A_G \cdot h_k}{3}$$

Ausgefülltes Arbeitsblatt:

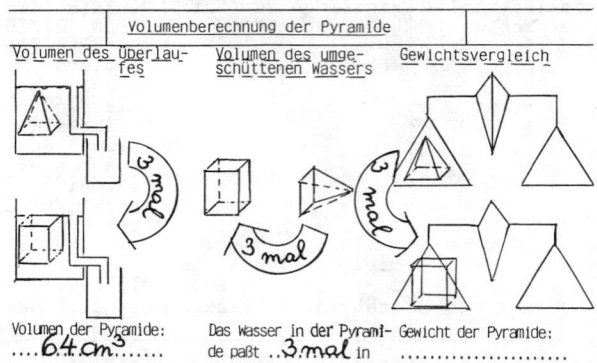

Volumenberechnung der Pyramide

Volumen des Überlaufes: 64 cm³
Volumen des umgeschütteten Wassers: 192 cm³

Das Wasser in der Pyramide paßt 3 mal in das Prisma.

Gewichtsvergleich
Gewicht der Pyramide:
Gewicht des Prismas:

Volumen der Pyramide: Das Volumen der Pyramide ist gleich dem dritten Teil des Volumens eines Prismas von gleicher Grundfläche und Höhe.

$$V = \frac{A_G \cdot h_k}{3}$$

Grundfläche	rechteckig a=45 cm b=20 cm	quadratisch a = 20 cm	dreieckig g = 15 cm h = 8 cm	rechteckig a = 12 cm b=30cm	quadratisch a = 45 cm	dreieckig g = 21 cm h = 7 cm
Körperhöhe	50 cm	30 cm	40cm	25 cm	12cm	22 cm
Volumen	15000cm³	4000cm³	800 cm³	3 000 cm³	8 100 cm³	539 cm³

Grundfläche	rechteckig a = 1,2 dm b = 15 cm	quadratisch a=0,33 m	dreieckig g = 2,7 cm h= 45cm	quadratisch a = 180 mm	rechteckig a = 2,5 cm b = 2,8 dm	dreieckig g = 0,48 m h = 240 mm
Körperhöhe	3,5 dm	15cm	0,22 m	32cm	21 cm	3,5 dm
Volumen	2100cm³	5,445 dm³	4455 cm³	3,456 dm³	4900 cm³	6720cm³

UG	Lehrschritte (Artikulationsdefinition)	Lehrinhalte und Lernziele (= Lz)	Lehrakte .... Lernakte	Sozial- formen	Lernhilfen
Eröffnungsphase	1. Lehrschritt (Vorbereitung der Problembegegnung)	Vorbereitende Übungen; Einbringen des Vorwissens: Volumen- und Gewichtsformel von Prismen;	Arbeitsauftrag: Berechnet das Gewicht der vier Körper. - hinhören - hinsehen Ergebniskontrolle durch Verarbeitungsgespräch: - berechnen Die Ergebnisse werden von den Schülern begründet. Die Kontrollfolie dient dem Aufsuchen von Fehlern. - begründen - sich äußern - vergleichen	Aa/Hb Hb	Folie Notizblock Kontrollfolie 1
	2. Lehrschritt (Problembegegnung und Zielangabe)	Textdarbietung Textanalyse	Impuls nach Textübergabe: Dir fällt nach dem Lesen des Textes etwas auf. - lesen - überlegen Verarbeitungsgespräch: Schüler stellen fest, daß die Berechnung des Pyramidenvolumens noch nicht erfolgt ist. Zum Berechnen des Gewichts muß das Volumen des Körpers bekannt sein. - feststellen - sich äußern	Hb Hb	TA: (a) TA: Überschrift
Erarbeitungsphase	3. Lehrschritt (Problemlösung durch tätige, bildliche und symbolisch-formale Repräsentation)	Bestimmung des Volumens des pyramidenförmigen und prismatischen Körpers mit gleicher Grundfläche und gleich langer Körperhöhe: a) durch Vergleich der Wasserverdrängung; b) durch Umschütten; c) durch Gewichtsbestimmung; (Lz 1) Zusammenhang des Volumens des Prismas und der zugehörigen Pyramide; (Lz 1)	Arbeitsanweisung: Da dir die Formel zur Berechnung des Volumens eines Prismas bekannt ist, untersuchen wir den Zusammenhang des Volumens zwischen einer Pyramide und einem Prisma mit gleicher Grundfläche und gleicher Körperhöhe. Auf deinem Arbeitsblatt erhältst du Anweisungen, welche Messungen du mit diesen Körpern ausführen sollst. Die drei Gruppen arbeiten mit verschiedenen Körpern. - hinhören - mitdenken - hinsehen Gruppe 1: Pyramide und Prisma mit rechteckiger Grundfläche und gleicher Körperhöhe; Gruppe 2: Pyramide und Prisma mit quadratischer Grundfläche und gleicher Körperhöhe; Gruppe 3: Pyramide und Prisma mit dreieckiger Grundfläche und gleicher Körperhöhe; - schütten - umfüllen - wiegen - eintragen Verarbeitungsgespräch nach ausgeführten Messungen: Wird in das Überlaufgefäß das Prisma eingetaucht, so wird dreimal soviel Wasser verdrängt wie beim Eintauchen der Pyramide. Die Wasser- bzw. Sandmenge der Pyramide paßt dreimal in das Prisma hinein. Das Gewicht des Prismas ist dreimal so groß wie das Gewicht der Pyramide aus demselben Material. - sich äußern Erkenntnis: Für das Volumen der Pyramide gilt: Das Volumen ist gleich dem dritten Teil des Volumens eines Prismas von gleicher Grundfläche und Körperhöhe. also: $V = \frac{A_G \cdot h_k}{3}$ - schließen	Hb Ga (atlg.) Hb	Vorstellen der Körper; Vorstellen der Balkenwaage, des Überlaufgefäßes, der Hohlkörper Tafelbild: (b) Arbeitsblatt
Sicherungsphase	4. Lehrschritt: (erste Anwendung des Gelernten)	Rückkehr zur Textaufgabe; (Lz 2/3)	Arbeitsauftrag: Jetzt kannst du die Textaufgabe lösen. - berechnen Verarbeitungsgespräch: Das Ergebnis wird gemeinsam besprochen. - sich äußern	Aa Hb	Notizblock Notizblock
	5. Lehrschritt: (weitere Anwendung)	operative Übung; (Lz 4)	Arbeitsauftrag: Löst jetzt die Aufgaben auf euerem Arbeitsblatt. - berechnen Ergebniskontrolle durch Verarbeitungsgespräch: Die Ergebnisse werden von den Schülern begründet. Die Kontrollfolie dient dem Aufsuchen von Fehlern. - begründen - sich äußern - vergleichen	Pa Hb	Arbeitsblatt Arbeitsblatt Kontrollfolie 2
	6. Lehrschritt: (weitere Anwendung)	(Lz 2/3/4)	Erteilung der Hausaufgabe: Geeignete Aufgaben dazu befinden sich in den in der Literaturangabe aufgelisteten Büchern. - hinhören - aufschreiben	Aa	Hausaufgabenheft

Physik/Chemie

Hauptlernziel: Überblick über Möglichkeiten, Spannung zu erzeugen.	Unterrichtsthema: Wie kann man elektrische Energie gewinnen?	Autor: Josef Benker Unterrichtszeit Empfehlung: 2UE=90Min.

Vorbemerkungen:
- Vor dieser Unterrichtseinheit sollten die Themen: "Bedeutung der Elektrizität in unserem Leben" und "Vorzüge der elektrischen Geräte" bereits behandelt worden sein.
- Der Ablauf innerhalb des Lehrschrittes 4 und die nötigen Impulse müssen je nach Vorwissen der Schüler variiert werden.
- Versuch 4 wird hier als Schülerversuch durchgeführt, da Schülerversuche stets Demonstrationsversuchen vorzuziehen sind und nicht sichergestellt ist, daß dieser Versuch allen Schülern bekannt ist.
- Im Sinne einer didaktischen Reduktion wird hier noch nicht auf die Induktion als Möglichkeit der Energieumwandlung eingegangen, sondern nur das Erscheinungsbild, nämlich die Bewegung, in den Vordergrund gestellt. In folgenden Unterrichtseinheiten wird die Thematik Induktion ausführlich behandelt.

Teillernziele:
Die Schüler sollen:
1. erkennen, daß beim Reiben eines Gegenstandes (Styroporplatte) elektrische Energie auftritt;
2. erkennen, daß sich elektrische Energie aus Bewegungsenergie in Verbindung eines Dynamos bzw. Generators umwandeln läßt;
3. erkennen, daß sich elektrische Energie aus Lichtenergie mit Hilfe einer Solarzelle gewinnen läßt;
4. Einblick erhalten in die Reversibilität physikalischer Erscheinungen;
5. erkennen, daß Wärmeenergie mittels eines Thermoelements in elektrische Energie umgewandelt werden kann;
6. erkennen, daß beim galvanischen Element chemische Energie in elektrische Energie umgewandelt wird;
7. Vor- und Nachteile der einzelnen Möglichkeiten unterscheiden und deren praktische Anwendungen einsehen.

Medien:
Tafelanschrift; Arbeitsblatt = Folie
- Versuch 0: Styroporplatte - Glimmlampe
- V1: Dynamo - Voltmeter - Verbindungsschnüre
- V2: Taschenlampe - Solarzelle - Voltmeter
- V3: Eisen- und Konstantandraht - Bunsenbrenner - Voltmeter
- V4: Becherglas - Salzlösung - Kohle- und Zinkstäbe - Voltmeter

Modell eines Fahrrads mit Solarantrieb.

Arbeitsblatt = Folie

Wie kann man elektrische Energie gewinnen?

① Bewegungsenergie + Dynamo → elektr. Energie

② Lichtenergie + Solarzelle → elektr. Energie

③ Wärmeenergie + Thermoelement → elektr. Energie

④ chemische Energie + Galvanisches Element → elektr. Energie

Zusammenfassung: Elektrische Energie ist _keine Primärenergie_, sondern kann nur mit Hilfe _technischer Mittler_ aus _anderen Energieformen umgewandelt werden_.

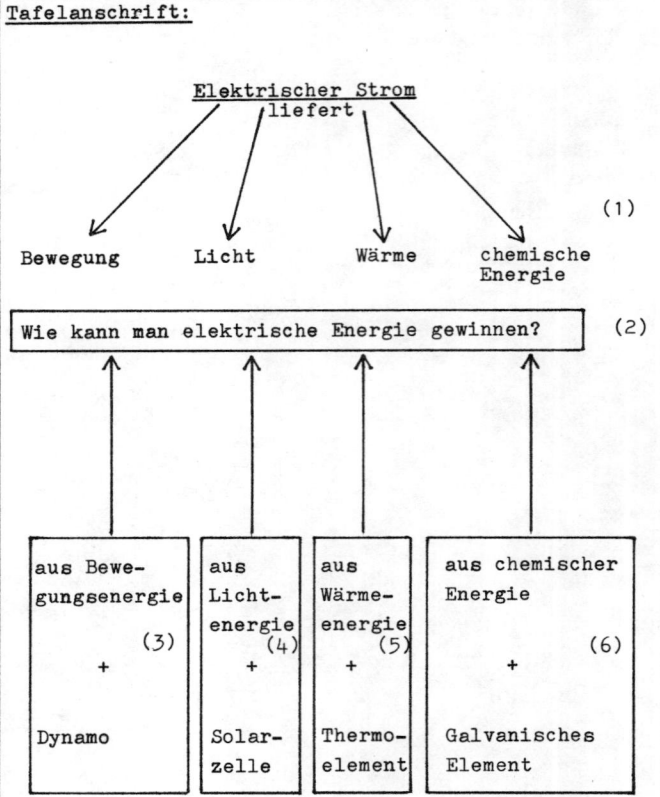

Tafelanschrift:

Elektrischer Strom liefert

→ Bewegung   Licht   Wärme   chemische Energie   (1)

Wie kann man elektrische Energie gewinnen? (2)

| aus Bewegungsenergie (3) + Dynamo | aus Lichtenergie (4) + Solarzelle | aus Wärmeenergie (5) + Thermoelement | aus chemischer Energie (6) + Galvanisches Element |

Literatur:
Lehrerband zu Wege in die Physik und Chemie 7-9
Ernst Klett Verlag, Stuttgart, 1982

Butschek, R. u. Hofmeister, P.E.: Physik/Chemie 9
Sellier Verlag, Freising, 1980

UG	Lehrschritte (Artikulationsdefinition)	Lehrinhalte und Lernziele (= Lz)	Lehrakte .... Lernakte		Sozialformen	Lernhilfen
Eröffnungsphase	1. Lehrschritt: (Wiederholung)	Reorganisation des Wissens.	Rundgespräch: Was wäre, wenn der Strom ausfiele?	– überlegen – sich äußern	Aa/Hb	
			Verarbeitungsgespräch nach Impuls: Der elektrische Strom zeigt vier Wirkungen!	– überlegen – verbalisieren	Hb	Tafelbild (1)
	2. Lehrschritt: (Problemfindung)	Hinführung zum Problem.	Erarbeitungsgespräch nach Impuls: Solange man den Strom benutzen kann, macht man sich keine Gedanken darüber. Aber ... (Fragezeichen an die Tafel schreiben). Entwicklung und Formulierung der Problemfrage: Wie kann man elektrische Energie gewinnen?	– überlegen – sich äußern – formulieren	Hb	Tafelbild (2)
Erarbeitungsphase	3. Lehrschritt: (Hypothesenbildung)	Sammeln des Vorwissens.	Auftrag: (Deuten auf die Problemfrage) Was meinst du dazu, wie man elektrische Energie gewinnen kann?	– überlegen – formulieren	Hb/Aa	Seitentafel
	4. Lehrschritt: (Problemlösung)	Phämomen der "Reibungselektrizität". (Lz 1, 7)	Sachimpuls: Damit kann ich auch elektrischen Strom erzeugen! (L. zeigt Styroporplatte)	– überlegen – sich äußern – vermuten	Hb	Material für V0
			Versuchsdurchführung: Reiben der Styroporplatte, Glimmlampe leuchtet auf.	– beobachten	Hb/Aa	
			Verarbeitungsgespräch: Erscheinungen und Bedeutung der Reibungselektrizität.	– verbalisieren – erklären	Hb	
		Elektrische Energie aus Bewegungsenergie. (Lz 2, 7)	Verarbeitungsgespräch nach Impuls: Beim Radfahren brauchst du auch elektrische Energie!	– überlegen – sich äußern	Hb	
			Versuchsdurchführung: Drehen des Dynamos.	– beobachten	Hb	Material für V1
			Verarbeitungsgespräch: Dynamo – Lichtmaschine – Generator.	– verbalisieren – erklären	Hb	Tafelbild (3)
		Elektrische Energie aus Lichtenergie. (Lz 3, 7)	Demonstration: Modell eines Fahrrades mit Solartechnik.	– beobachten – verbalisieren	Hb	Modell eines Solarantriebes
			Versuchsdurchführung: Beleuchten der Solarzelle.	– beobachten	Hb	Material für V2
			Verarbeitungsgespräch: Einsatzmöglichkeiten der Solartechnik.	– sich äußern – diskutieren	Hb	Tafelbild (4)
		Gedanke der Reversibilität. (Lz 4)	Erklärung nach Impuls: L. deutet auf Tafelbild (1), (3), (4). Aspekt der Reversibilität.	– kombinieren – vermuten	Hb	
		Elektrische Energie aus Wärmeenergie. (Lz 5, 7)	Versuchsdurchführung: Erhitzen eines Thermoelements.	– beobachten – formulieren	Hb	Material für V3
			Verarbeitungsgespräch: Erklärung des Aufbaus, Möglichkeiten des technischen Einsatzes.	– erklären – verbalisieren	Hb	Tafelbild (5)
		Galvanisches Element als Spannungsquelle. (Lz 6, 7)	Impuls: Denke an das Auto! Auch hier braucht man elektrische Energie.	– sich äußern	Hb	
			Frage: Was brauchen wir zum Bau einer Batterie?	– überlegen – vorschlagen	Hb	
			Auftrag: Führt nun den Versuch durch!	– beobachten – notieren	Ga	Material für V4
			Verarbeitungsgespräch: Erklärung der Wirkungsweise, Möglichkeiten des technischen Einsatzes; Trockenbatterie – Aufbau	– skizzieren – erklären – verbalisieren	Hb	Tafelbild (6)
		Gedanke der Reversibilität. (Lz 4)	Erklärung nach Impuls: L. deutet auf Tafelbild (3), (4), (5), (1). Aspekt der Reversibilität.	– verbalisieren	Hb	
Sicherungsphase	5. Lehrschritt: (Rückschau / Lernzielkontrolle)	Festigung und Fixierung der Erkenntnisse.	Auftrag: Übertrage die Ergebnisse des Tafelbildes in dein Arbeitsblatt. Kontrolle anhand Folie.	– überlegen – schreiben – kontrollieren	Aa	Arbeitsblatt Tafelbild
	6. Lehrschritt: (Ergebnisübertragung)	Übersicht über die technischen Einsatzmöglichkeiten. (Lz 7)	Auftrag: Überlege dir zuhause technische Einsatzmöglichkeiten der verschiedenen Spannungsquellen und stelle sie in einer Tabelle zusammen! Das Buch hilft dir dabei! (Eventuell vorgefertigte Tabelle auf der Rückseite des Arbeitsblattes).	– überlegen – lesen – notieren	Aa	Buch Notizblock

Hauptlernziel: Einsicht, daß Erdölprodukte aus den Elementen Kohlenstoff und Wasserstoff aufgebaut sind.	Unterrichtsthema: Was haben alle Erdölprodukte in ihrem Aufbau gemeinsam?	Autor: Josef Benker
		Unterrichtszeit Empfehlung: 1 UE

Vorbemerkungen:
- Wegen der Gefährlichkeit der Versuche sind diese als Lehrerdemonstrationsversuche durchzuführen.
- Lehrschritt 6 kann auch in Form einer Hausaufgabenstellung (mit Hilfe des Schulbuches) vollzogen werden.

Teillernziele:

Die Schüler sollen:
1. durch Versuche erkennen, daß Erdölprodukte das Element Kohlenstoff enthalten;
2. durch Versuche erkennen, daß Erdölprodukte das Element Wasserstoff enthalten;
3. wissen, daß man Erdölprodukte als Kohlenwasserstoffe bezeichnet;
4. Phänomene aus ihrer Umwelt mit Hilfe des Erarbeiteten erklären und verstehen.

Medien:
- Erlenmeyerkolben mit verschiedenen Erdölprodukten
- Erlenmeyerkolben mit Rohöl
- 2 Porzellanschalen
- 3 Glasplatten
- 1 Becherglas
- 1 Butangasbrenner
- Anzünder
- Benzin, Dieselöl
- Arbeitsblatt
- Folie
- Dia/Bild: Kondesstreifen eines Düsenflugzeugs
- Dia/Bild: Auto mit Dampfwolken aus dem Auspuff
- je eine neue und eine verrußte Zündkerze

Literatur:
- Wege in die Physik + Chemie 7 - 9 Lehrerband, Ernst Klett Verlag, Stuttgart, 1982
- Physik/Chemie für die Hauptschule Bd. 9, Sellier Verlag GmbH, Freising, 1980

Tafelbild:

Was haben alle Erdölprodukte in ihrem Aufbau gemeinsam?

(1) ● **wir experimentieren**

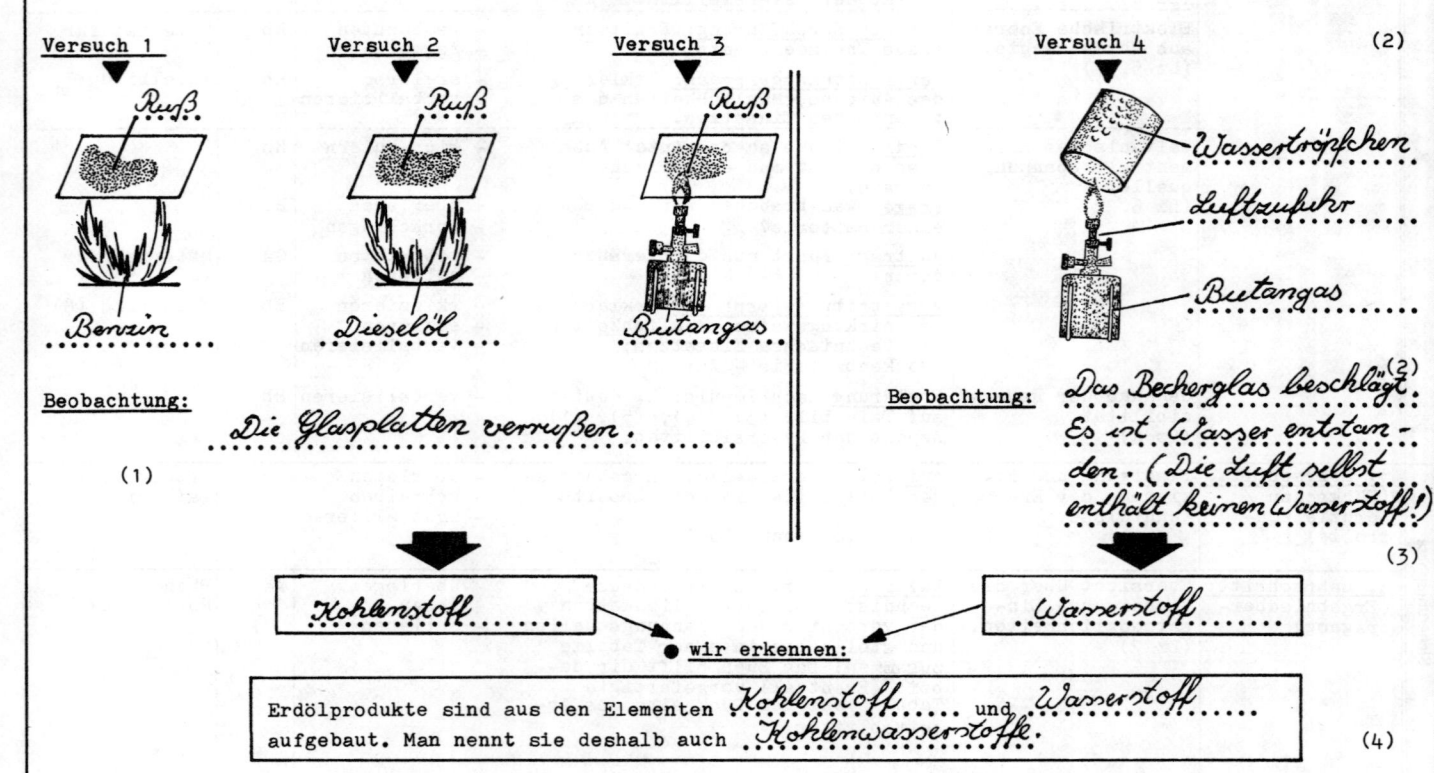

Versuch 1: Ruß / Benzin
Versuch 2: Ruß / Dieselöl
Versuch 3: Ruß / Butangas
Versuch 4: Wassertröpfchen / Luftzufuhr / Butangas (2)

Beobachtung: *Die Glasplatten verrußen.* (1)

Beobachtung: *Das Becherglas beschlägt. Es ist Wasser entstanden. (Die Luft selbst enthält keinen Wasserstoff!)* (3)

→ *Kohlenstoff* → *Wasserstoff*

● wir erkennen:

Erdölprodukte sind aus den Elementen *Kohlenstoff* und *Wasserstoff* aufgebaut. Man nennt sie deshalb auch *Kohlenwasserstoffe*. (4)

UG	Lehrschritte (Artikulationsdefinition)	Lehrinhalte und Lernziele (= Lz)	Lehrakte .... Lernakte		Sozial-formen	Lernhilfen
Eröffnungsphase	1. Lehrschritt: (Wiederholung)	Reorganisierung des Wissens.	Demonstration: Zeigen einiger Erdölprodukte.	– betrachten – überlegen – sich äußern	Hb Aa	Erlenmeyer-kolben mit verschiedenen Erdölprodukten
	2. Lehrschritt: (Problemfin-dung)	Aufbau einer pro-blemhaften Situa-tion.	Rundgespräch nach Impuls: Diese Erdölprodukte zeigen sehr verschiedene Eigenschaften, trotz-dem müssen sie etwas gemeinsam haben.	– zuhören – kombinieren – formulieren	Aa/Hb	Erlenmeyer-kolben mit Rohöl
	3. Lehrschritt: (Zielangabe)	Fixierung der Pro-blemfrage.	Erarbeitungsgespräch: Entwicklung der Problemfrage: Was haben alle Erdölprodukte in ihrem Aufbau gemeinsam?	– formulieren – fixieren	Hb	Tafelbild: Überschrift
Erarbeitungsphase	4. Lehrschritt: (Hypothesenbil-dung)	Freie Meinungs-äußerung.	Arbeitsauftrag: Welche gemeinsamen Elemente ver-mutest du?	– überlegen – ableiten – fixieren	Aa	Notizblock
	5. Lehrschritt: (Problemlösung)	Verbrennen ver-schiedener Erd-ölprodukte. Nachweis des Ele-ments Kohlenstoff. Begriff: Kohlen-stoff (Lz 1)	Demonstrationsversuch 1: Verbrennen von Benzin – kalte Glasplatte darüberhalten.	– beobachten – verbalisieren	Hb	Porzellanscha-le, Benzin, Glasplatte
			Demonstrationsversuch 2: Verbrennen von Dieselöl – kalte Glasplatte darüberhalten.	– beobachten – verbalisieren	Hb	Porzellanscha-le, Dieselöl, Glasplatte
			Demonstrationsversuch 3: Anzünden einer rauschenden Butan-gasflamme – kalte Glasplatte dar-überhalten.	– beobachten – verbalisieren	Hb	Butangasbren-ner, Glasplat-te
			Verarbeitungsgespräch: Zusammenfassung der Beobachtungs-ergebnisse; Erkenntnisformulierung und Fixierung.	– vergleichen – erkennen – formulieren	Hb	Tafelbild (1)
		Verbrennen von Butangas. Nachweis des Ele-ments Wasserstoff. Begriff: Wasser-stoff. (Lz 2)	Sachimpuls: Kohlenstoff alleine schaut so aus!	– betrachten – sich äußern	Hb	Steinkohle o.ä.
			Demonstrationsversuch 4: Entzünden einer rauschenden Bu-tangasflamme – kaltes Becherglas darüberhalten.	– beobachten – verbalisieren	Hb	Butangasbren-ner, Becher-glas
			Verarbeitungsgespräch: Sammeln der Beobachtungsergebnisse; Erkenntnisformulierung und Fixie-rung.	– beschreiben – erkennen – formulieren	Hb	Tafelbild (2)
			Impuls: Die Luft selbst enthält keinen Wasserstoff!	– folgern – schreiben	Hb	Tafelbild (3)
		"Familiencharakter" von Erdölprodukten. (Lz 3)	Erarbeitungsgespräch: Alle Erdölprodukte – obwohl wir nur drei verschiedene untersucht haben – sind aus Kohlenstoff und Wasserstoff aufgebaut. Man nennt sie deshalb auch Kohlenwasserstoffe.	– zuhören – vermuten – erklären – schreiben	Hb	Tafelbild (4) wir merken ...
Sicherungsphase	6. Lehrschritt: (Transfer)	Erklärung alltäg-licher Phänomene aus der Umwelt der Schüler. (Lz 4)	Verarbeitungsgespräch nach Sachim-puls: Zeigen eines Bildes/Dias (s. Spalte Lernhilfen).	– betrachten – erklären	Hb	Dia: Kondens-streifen eines Düsenflugzeugs
			Verarbeitungsgespräch nach Demon-stration eines originalen Gegen-standes: Vorzeigen einer neuen und einer verrußten Zündkerze.	– betrachten – erklären	Hb	Auto mit Dampf-wolken aus dem Auspuff; neue und verrußte Zündkerze

Hauptlernziel:	Unterrichtsthema:	Autor: Rudolf Wastl
Erkennen, daß an den Enden eines Leiters in einem sich verändernden Magnetfeld eine Spannung entsteht.	Der Fahrraddynamo (Elektromagnetische Induktion)	Unterrichtszeit Empfehlung: 1 UE

Vorbemerkungen:
Die vorliegende Unterrichtseinheit stellt die Einführung zum Thema "Induktion" dar. Dabei wird vom einfachen, überschaubaren technischen Gerät "Fahrraddynamo" ausgegangen. An diesem Gegenstand soll der Schüler nun versuchen, den Weg des Erfinders nachzuvollziehen, d. h. wie es M. Faraday gelang, den von H. Chr. Oersted entdeckten Zusammenhang zwischen Magnetismus und Elektrizität umzukehren. Dadurch wird im Physikunterricht ein Weg der Erarbeitung beschritten, der eng im Zusammenhang mit dem des Forschers/Erfinders steht.

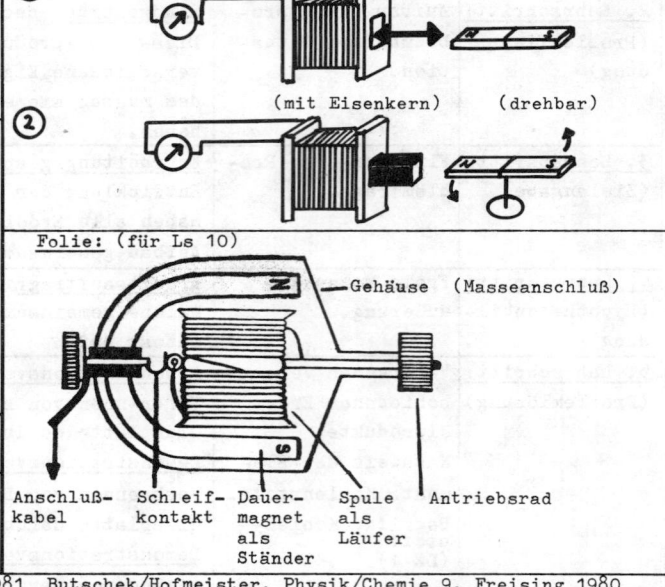

Teillernziele:
Die Schüler sollen:
1. den Begriff "Fahrraddynamo" und seine einzelnen Bestandteile kennen,
2. wissen, daß ein stromdurchflossener Leiter von einem Magnetfeld umgeben ist, (Oersted-Versuch)
3. Vermutungen darüber anstellen, ob man diese Erscheinung umkehren kann,
4. dazu Versuche entwerfen, aufbauen und durchführen können,
5. die Beobachtungen verbalisieren können und die physikalischen Vorgänge erkennen,
6. den Begriff der elektromagnetischen Induktion und seine Bedeutung kennen,
7. aufgrund des Erkannten/Beobachteten zu einer zweiten, technischen Lösung für den Fahrraddynamo kommen,
8. am Ende der Stunde das Arbeitsblatt bearbeiten können.

Medien:
Tafel, Flanelltafel, Folien, OHP, Haftelemente, Bilder, Episkop, Fahrraddynamos, Spulen, Eisenkerne, Strommeßgeräte, Kabel, Dauermagneten

Flanelltafel: (für Ls 5)
Meßinstrument — Spule — Dauermagnet
① (mit Eisenkern) (drehbar)
②

Folie: (für Ls 10)
Gehäuse (Masseanschluß)
Anschlußkabel — Schleifkontakt — Dauermagnet als Ständer — Spule als Läufer — Antriebsrad

Literatur:
Kotter/Czech, Physik/Chemie 9. Jgst., Donauwörth 1981
PHYWE-Versuchskartei, 7.-9. Jahrgangsstufe
Butschek/Hofmeister, Physik/Chemie 9, Freising 1980
Kolouch, Physik/Chemie 9. Jgst., Donauwörth 1974

Tafelbild (=Arbeitsblatt)

(a)

(b) Spulen, Rundmagnet

Wie funktioniert ein Fahrraddynamo?

Beim Zerlegen eines Fahrraddynamos finden wir _Spule_ und _Dauermagnet_.

(c) Wir wissen:

(d) Läßt sich diese Wirkung umkehren?

Versuch: (e)

Beobachtung: (f)

① Beim Einschieben des _Dauermagneten_ schlägt das Meßinstrument nach der _einen_ Seite aus, beim Herausziehen nach der _anderen_ Seite.

② Wenn der Dauermagnet fest ist und sich dafür die _Spule_ bewegt, ist die Wirkung _dieselbe_.

③ Liegt der Dauermagnet in der Spule und wird nicht bewegt, so zeigt das Meßinstrument _keinen Ausschlag_ an.

Ein in einer Spule bewegter _Dauermagnet_ erzeugt in ihr eine elektrische _Spannung_.

Wir erkennen: (g)

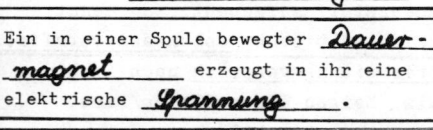

Michael Faraday entdeckte 1831, daß zwischen den Enden einer Spule eine _Spannung entsteht_, wenn sich in ihr ein _Magnetfeld ändert_. Da sie durch Einführen (lat. inducere) erzeugt wird, nennt man sie _Induktionsspannung_.

UG	Lehrschritte (Artikulationsdefinition)	Lehrinhalte und Lernziele (= Lz)	Lehrakte .... Lernakte		Sozial-formen	Lernhilfen
Eröffnungsphase	1. Lehrschritt: (Problembegegnung - bildhaft)	Begriff: Energieumwandler Fahrraddynamo (Lz 1)	Impuls: Fahrradbeleuchtung. Erarbeitungsgespräch: Elektrischer Strom durch Bewegung (Wie funktioniert das?).	– betrachten – überlegen – vermuten – verbalisieren	Hb	Bild/Episkop (Tafel a)
	2. Lehrschritt: (Aktivierung des Vorwissens)	Teile des Fahrraddynamos; (Lz 1)	Arbeitsauftrag: Untersucht Fahrraddynamos! Welche Teile enthalten sie? Erarbeitungsgespräch: Verbalisieren der entdeckten Teile, Zuordnung der Begriffe zu einer Skizze.	– untersuchen – zerlegen – betrachten – erkennen – verbalisieren – beschriften	Ga Hb	Je ein geöffneter alter Fahrraddynamo pro Gruppe Folie (Tafel b)
	3. Lehrschritt: (Problemfindung und Problemerkenntnis)	Wiederholung von Bekanntem und in Beziehung setzen zu Neuem: Gleiche Teile, umgekehrte Wirkung; Problemfrage: (Lz 2) Kann man den Oersted--Versuch umkehren?	Impuls: Dieser Versuch ist euch vom letzten Schuljahr her bekannt. Erarbeitungsgespräch: Ein stromdurchflossener Leiter lenkt eine Magnetnadel (Dauermagnet) ab.→ Bewegung durch Strom (Elektromotor). Arbeitsauftrag: Versucht, eine Verbindung zum Fahrraddynamo herzustellen!	– betrachten – erkennen – wiederholen – vergleichen – verbalisieren	Hb Hb Aa/Hb	Bild/Episkop (Tafel c) Tafel (d)
Erarbeitungsphase	4. Lehrschritt: (Vermutung)	Vermutungen zur Problemfrage; (Lz 3)	Unterrichtsfrage: Was vermutet ihr?	– vermuten – begründen	Hb	Nebentafel
	5. Lehrschritt: (Versuchsplanung und Versuchsaufbau)	Entwurf von Versuchsskizzen und Versuchsbeschreibungen; (Lz 4) Annäherung an Realität beim Dynamo; Differenziertere Vermutung;	Impuls: Deuten auf Wortkarte an der Flanelltafel. Erarbeitungsgespräch: Fixierung des benötigten Materials. Impuls: Deuten auf Wortkarte an der Flanelltafel. Erarbeitungsgespräch: Entwurf von Versuchsskizzen. Impuls: Beim Fahrraddynamo bewegt sich der Magnet nicht hin und her! Frage: Wann und wie wird das Meßgerät ausschlagen?	– betrachten – überlegen – folgern – benennen – anheften – überlegen – planen – verbalisieren – legen – überlegen – erkennen – übertragen – überlegen – vermuten – notieren	Hb Hb Hb Hb Hb/Aa Hb/Aa	Flanelltafel: Was brauchen wir? Haftelemente zur Versuchsskizze (ungeordnet) Was tun wir? Flanelltafel 1 Flanelltafel 2 Was erwarten wir? Nebentafel
	6. Lehrschritt: (Versuchsaufbau und - durchführung in arbeitsgleichen Kontrollgruppen)	Überprüfung der Vermutungen im Experiment; (Lz 4)	Arbeitsaufträge: Geht zunächst nach Skizze 1 vor! Beobachtet genau, wann immer und wie sich der Zeiger des Meßinstruments bewegt!	– experimentieren – beobachten – notieren	Ga	Versuchsmaterial nach Skizze Tafel (e) Arbeitsblock
	7. Lehrschritt: (Ergebnisfixierung)	Verbalisierung des Beobachteten; (Lz 5) Erklärung des Beobachteten;	Impuls: Ihr könnt die Problemfrage beantworten, indem ihr zu den einzelnen Versuchsskizzen sprecht. Erarbeitungsgespräch: Formulierung und Fixierung der Versuchsergebnisse und Erklärung der physikalischen Vorgänge.	– sich äußern – lesen – verbalisieren – formulieren – erklären – fixieren	Hb Hb	Tafel (f)
	8. Lehrschritt: (Erkenntnisgewinnung)	(Lz 6) Übertragung in Merkwissen; Hinweis auf Faraday; Begriff: Induktionsspannung;	Arbeitsauftrag: Überlegt nochmals, wann sich der Zeiger immer nur bewegt hat und formuliert einen Merksatz! Verarbeitungsgespräch: Formulierung und Notieren des Merkwissens. Begriffserklärung: Induktionsspannung.	– überlegen – formulieren – notieren – formulieren – fixieren	Hb/Aa Hb Hb	Arbeitsblock Tafel (g)
Sicherungsphase	9. Lehrschritt: (Vergleich mit Vermutungen)	Rückschau und Wertung eigener Vermutungen; (Lz 3)	Impuls: Deuten auf Wortkarte an der Flanelltafel.	– vergleichen – erkennen – werten	Hb/Aa	Flanelltafel Was erwarten wir? Nebentafel
	10. Lehrschritt: (Rückgriff) (Anwendung)	Rückschau auf das Ausgangsproblem; Transfer: Eine zweite technische Lösung; (Lz 7) Läufer als Spule;	Impuls: Zum Bild vom Anfang der Stunde könnt ihr jetzt mehr sagen. Unterrichtsfrage: Bei unseren Versuchen haben wir immer nur ein bestimmtes Teil bewegt. Könntet ihr euch eine zweite Möglichkeit vorstellen? Verarbeitungsgespräch: Es gibt Fahrraddynamos, in denen sich die Spule bewegt. Kontrollversuch: Überprüfung im Experiment mit dem noch bereitliegenden Versuchsmaterial (Dauermagnet fest - Bewegung der Spule).	– betrachten – wiederholen – überlegen – umkehren – verbalisieren – zuhören – erkennen – verbalisieren – fixieren – experimentieren	Hb Hb/Aa Hb Ga	Bild/Episkop Tafel (a) Folie/OHP Versuchsmaterial (siehe oben)
	11. Lehrschritt: (Erfolgskontrolle)	Bearbeitung des Arbeitsblatts; (Lz 8)	Arbeitsanweisung: Bearbeitet selbständig das Arbeitsblatt! Ergebniskontrolle.	– ergänzen – fixieren	Aa/Hb	Arbeitsblatt

Hauptlernziel: Kenntnis von Möglichkeiten, wie man die Induktionsspannung erhöhen kann.	Unterrichtsthema: Wovon hängt die Induktionsspannung ab?	Autor: Rudolf Wastl
		Unterrichtszeit Empfehlung: 1 UE

Vorbemerkung:
Diese Unterrichtseinheit ist die logische Fortführung des Themas "Wie funktioniert ein Fahrraddynamo?" Ausgehend vom Vergleich des Fahrraddynamos mit einem E-Werk-Generator erkennen die Schüler, daß die Entdeckung Faradays notwendigerweise weiterentwickelt werden mußte, sollte sie einen technischen Nutzen haben. Auch hier wird in ähnlicher Weise der Weg des Erfinders (der von W. v. Siemens) nachvollzogen. Dazu müssen die Schüler bekanntes Wissen (Induktion, Abhängigkeit der Stärke eines Elektromagneten) in neuem Zusammenhang anwenden.

Teillernziele:
Die Schüler sollen:
1. Bau und Funktionsweise des Dynamos kennen,
2. erkennen, daß dieser Stromerzeuger für viele Bedürfnisse nicht ausreicht und so zur Problemfrage gelangen,
3. Vermutungen anstellen und werten können,
4. erkennen, welche Variablen für die Größe der Induktionsspannung eine Rolle spielen könnten,
5. Versuche entwerfen, beschreiben und aufbauen können,
6. Versuche durchführen können,
7. Versuchsergebnisse formulieren und Meßfehler deuten können,
8. eine je-desto-Beziehung zwischen der Größe der Induktionsspannung und den beteiligten Variablen aufstellen können,
9. technische Lösungen kennen, die heute bei Generatoren Anwendung finden,
10. das Arbeitsblatt bearbeiten können.

Medien:
Folien, OHP, Flanelltafel, Haftelemente, Tafel, Nebentafel, Arbeitsblatt, Versuchsmaterial (siehe Arbeitsblatt)

Tafelbild: (für Ls 9)
Leistungsfähige Generatoren haben:
- mehrere Paare von Spulen,
- Spulen mit geblätterten Eisenkernen (zur Vermeidung von Wirbelströmen),
- einen schnellen Antrieb durch besonders geformte Wasser- oder Dampfturbinen,
- starke Magnetfelder, die durch Elektromagneten erzeugt werden.

Literatur:
Butschek/Hofmeister, Physik/Chemie 9, Freising 1980
Butschek/Hofmeister/Thiel, Wir erforschen die Naturgesetze, Band 5, Freising 1969
Kotter/Czech, Physik/Chemie 9, Donauwörth 1981
Bauer u. a., Physik und Chemie, München o. J.
Kolouch, Arbeitsblätter Physik/Chemie 9, Donauwörth 1974
Butschek/Hofmeister, Arbeitsheft Physik/Chemie 9, Freising 1979
Knoll, Didaktik des Physikunterrichts, München 1971

Folie: (für Ls 1/2)

Um eine Stadt mit elektrischer Energie versorgen zu können, muß viel Strom erzeugt werden.

Tafelbild (= Arbeitsblatt)

W o v o n   h ä n g t   d i e   I n d u k t i o n s s p a n n u n g   a b ?   (a)

Drei Dinge sind an der Erzeugung von Induktionsstrom beteiligt:

(b) Spule — Versuch 1 | Magnetfeld — Versuch 2 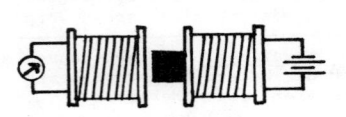 | Bewegung — Versuch 3

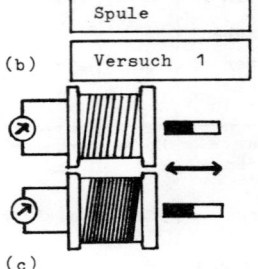

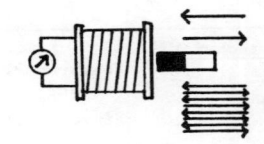

(c) Beobachtungen:

Windungszahl	Ausschlag des Meßinstruments
400	2
1600	8

Mehr Windungen verursachen eine _höhere_ Induktionsspannung.

Stärke des Magnetfeldes	Ausschlag des Meßinstruments
Dauermagnet	2
Elektromagnet	5

Stärkere Magnetfelder verursachen eine _höhere_ Induktionsspannung.
Bei Verwendung von Elektromagneten erreicht man ein sich änderndes Magnetfeld durch Ein- und Ausschalten.

Geschwindigkeit der Bewegung	Ausschlag des Meßinstruments
langsam	2
schnell	4

Raschere Magnetfeldänderungen verursachen eine _höhere_ Induktionsspannung.
Bei Elektromagneten wird die schnellere Feldänderung durch rascheres Ein- und Ausschalten erreicht.

(d) Wir erkennen: Die in der Induktionsspule entstehende Spannung ist umso höher, je _größer_ die Windungszahl der Spule ist, je _stärker_ das sich ändernde Magnetfeld ist und je _schneller_ diese Änderung geschieht.

UG	Lehrschritte (Artikulationsdefinition)	Lehrinhalte und Lernziele (= Lz)	Lehrakte .... Lernakte	Sozial-formen	Lernhilfen
Eröffnungsphase	1. Lehrschritt: (Einstimmung und Aktivierung des Vorwissens)	Fahrraddynamo (Wiederholung) (Lz 1)	Impuls: Dazu könnt ihr bereits einiges sagen. — betrachten — reaktualisieren — verbalisieren	Hb	Folie (linkes Bild)
	2. Lehrschritt: (Problemfindung und Problemerkenntnis)	Ausbreitung der Sachsituation; Begriff: Generator; (Lz 2)	Weiterführender Impuls: Für die Stromerzeugung am Fahrrad ist dieses Gerät wohl weniger geeignet. — betrachten — überlegen — erkennen	Hb	Folie (rechtes Bild)
			Feststellung: Um eine Stadt versorgen zu können, muß viel Strom erzeugt werden. Das geschieht durch Generatoren. — verbalisieren	Hb	Folie (Mitte)
		Problemfrage: Wie kann man die Induktionsspannung erhöhen?	Kurzbericht und Frage: Ausgehend von M. Faradays Entdeckung gelang es W. v. Siemens 1866, einen leistungsfähigen Stromerzeuger zu bauen. Welche Frage mußte er dabei beantworten? — zuhören — nachdenken — verbalisieren — fixieren	Hb	Tafel (a)
Erarbeitungsphase	3. Lehrschritt: (Vermutung)	Vorläufige Hypothesenbildung; (Lz 3)	Unterrichtsfrage: Was vermutet ihr? — vermuten — begründen — fixieren	Hb	Nebentafel
	4. Lehrschritt: (Versuchsplanung und Versuchsaufbau)	(Lz 4) Erarbeitung von Variablen und Entwurf von Versuchsskizzen; (Lz 5)	Impulse: Deuten auf Wortkarte an der Flanelltafel. Bedenkt, daß wir nur Dinge verändern können, die auch an der Induktion beteiligt sind. — betrachten — überlegen — verbalisieren	Hb	Flanelltafel Was brauchen wir?
		Hinweise zu den Variablen: - Starke Magnetfelder erzeugt man mit E-Magneten, geändert werden sie durch Ein- u. Ausschalten. Beim Fahrrad kann man sehr einfach durch Änderung nur einer Variable viel/wenig Strom erzeugen, durch schnelles bzw. langsames Fahren.	Erarbeitungsgespräch: Fixierung der drei Variablen und des benötigten Materials. — anheften	Hb	Haftelemente zur Versuchsskizze (ungeordnet) wie Skizzen auf dem Arbeitsblatt Tafel (b)
			Impuls: Deuten auf Wortkarte. — betrachten — überlegen	Hb	Was tun wir?
			Erarbeitungsgespräch: Entwurf von Versuchsskizzen. — planen — verbalisieren — legen	Hb	Flanelltafel (wie Tafel b)
	(Ergänzung zum 3. Lehrschritt)		Impuls: Wenn wir unsere Versuche mit den in der letzten Stunde erhaltenen Ergebnissen (Induktion) vergleichen, können wir genauer vermuten. — betrachten — überlegen — vergleichen	Hb	Flanelltafel Was erwarten wir?
		(Lz 3) Vermutung: Fixierung auf Folie.	— vermuten — verbalisieren — fixieren	Hb	Folie (wie Tabelle auf dem Arbeitsblatt/ Tafel (c))
	5. Lehrschritt: (Versuchsdurchführung in arbeitsteiligen Kontrollgruppen)	(Lz 6) Überprüfung der Vermutungen im Experiment;	Arbeitsanweisung: Je zwei Gruppen machen einen der drei Versuche. Die Ergebnisse werden auf dem Block notiert und anschließend den anderen Gruppen berichtet. — experimentieren — beobachten — notieren	Ga	Versuchsmaterial (siehe Skizze) Arbeitsblock
	6. Lehrschritt: (Ergebnisfixierung)	(Lz 7) Eintrag der Werte in die Tabelle an der Tafel und Hinweis auf mögliche Fehlerquellen: Verschiedene Stromstärken (Batterien), verschieden schnelle Bewegung der Magneten, Ablesefehler (Zeiger in Bewegung);	Verarbeitungsgespräch: Auswertung der Versuchsergebnisse und Begründung für eventuelle Meßunterschiede. — verbalisieren — notieren — werten	Ga/Hb	Tafel (c)
	7. Lehrschritt: (Erkenntnisformulierung/Zusammenfassung)	Abstraktion auf Merkwissen; (Lz 8)	Impuls: Ihr könnt unsere Ausgangsfrage jetzt durch einen Satz mit "je-desto" beantworten. — überlegen — erkennen — verbalisieren — fixieren	Hb	Tafel (d)
Sicherungsphase	8. Lehrschritt: (Überprüfung der Vermutungen)	Rückschau und Wertung eigener Vermutungen; (Lz 3)	Arbeitsauftrag: Vergleicht mit den von euch fixierten Vermutungen! — vergleichen — werten — verbalisieren	Hb/Aa	Tafel (c) Folie Nebentafel
	9. Lehrschritt: (Rückgriff auf das Ausgangsproblem und Ausweitung)	(Lz 9) Kriterien für leistungsfähige Generatoren;	Impuls: Jetzt wißt ihr, was Siemens beim Bau einer leistungsfähigen Dynamomaschine beachten mußte. — überlegen — wiederholen — verbalisieren	Hb	
			Verarbeitungsgespräch: Wie hohe Spannungen mit heutigen Generatoren erzeugt werden. — zuhören — erkennen — verbalisieren	Hb	Tafel
	10. Lehrschritt: (Erfolgskontrolle)	Bearbeitung des Arbeitsblatts; (Lz 10)	Arbeitsanweisung: Bearbeitet das Arbeitsblatt! — überlegen — fixieren	Aa	Arbeitsblatt

Hauptlernziel: Erkenntnis der drohenden Gefahr eines Erdschlusses durch den menschlichen Körper und der möglichen Folgen.	Unterrichtsthema: Der elektrische Strom – ein unsichtbarer Geist.	Autor: Klaus Bendel
		Unterrichtszeit Empfehlung: 1-2 UE

Vorbemerkungen:

Die Schüler sind im Laufe der Schuljahre schon mehrmals auf die Gefahren aufmerksam gemacht worden, die durch den elektrischen Strom drohen. Da die Häufigkeit tödlicher Unfälle bei Unfällen durch elektrische Spannung größer ist als bei Verkehrsunfällen, sollen die drohenden Gefahren und Schutzmaßnahmen vertiefend besprochen werden. Der Leichtfertige unterschätzt gerne die Gefahr und ist sich der möglichen Folgen nicht bewußt. Durch eine sachgemäße Besprechung sollen die Schüler mit der Sache vertraut gemacht werden, damit sie auch wieder nicht unnötig infolge unklarer Vorstellungen aus Angst die Gefahr überschätzen. Die meisten Unfälle durch den elektrischen Strom entstehen, weil der Körper in leitender Verbindung zwischen spannungsführendem Metall steht. Besonders auf feuchtem Boden ist deshalb beim Umgang mit elektrischen Geräten oder Leitungen große Sorgfalt geboten. So genügen bereits Berührungsspannungen von 24 Volt, um unter bestimmten Bedingungen einen lebensgefährlichen Strom durch den menschlichen Körper fließen zu lassen.

Der Einführungsversuch soll den Schülern eindringlich zeigen, wie gefährlich es sein kann, an der Steckdose ohne Sachkenntnisse herumzuexperimentieren. Während des Versuchsablaufes sollte sich im Umkreis von 1 m niemand aufhalten! In einem weiteren Versuch können die Schüler die Wirkungsweise und Bedeutung der Schutzleitung im Versuch erforschen. Anschließend wird die Trägheit der Sicherung aufgezeigt und die Wirkungsweise eines Fehlerstromschutzschalters (FI-Schalter) besprochen, der in Bruchteilen von Sekunden bereits bei einer Stromstärke von nur 0,03 A anspricht und den Stromkreis unterbricht. Es soll dabei aber hervorgehoben werden, daß der FI-Schalter die Sicherung nicht ersetzt, sondern nur sinnvoll ergänzt. Dem FI-Schalter ist die Höhe der Stromstärke gleichgültig. Er kontrolliert durch Vergleich des zu- und abfließenden Stromes, ob nirgends ein Fehlerstrom auftritt.

Teillernziele:

Die Schüler sollen:

1. erfahren, daß der elektrische Strom nur an seinen Wirkungen erkannt werden kann,
2. die Folgen der Einwirkungen kennen lernen,
3. erkennen, daß bei Berühren eines Außenleiters oder eines elektrischen Gerätes mit Isolierschaden Gefahr eines Erdschlusses durch den menschlichen Körper besteht,
4. erkennen, daß zwischen Außenleiter und Erde eine Spannung besteht,
5. die Wirkungsweise der Schutzkontaktvorrichtung erfahren und verstehen lernen,
6. die Aufgabe des Fehlerstromschutzschalters, einen eventuellen schon sehr geringen Fehlerstromfluß zu unterbrechen, verstehen lernen.

Literatur:

Butschek-Hofmeister, Physik-Chemie 9, Sellier Verlag, Freising, 1980;
Houben, Didaktik und Praxis der Schulphysik 2, Herder Verlag, Freiburg i.Br., 1972;
Kotter, Physik/Chemie 9. Auer Verlag, Donauwörth, 1981;

Medien:

Zwei Stielklemmen, 2-3 mm breiter und 15-20 cm langer Aluminiumstreifen, Sicherungsmodell, Tischsteckdose, Fehlerstromschutzschalter, Verbindungsschnüre, gewendelter Eisendraht (l = 60 cm, Ø 0,5 mm), Konservendosen, Einzelstecker, Lämpchen (3,5 V/ 0,2 A), Stromquelle, Krokodilklemmen, Lampengehäuse oder anderes elektrisches Gerät mit Isolationsschaden, eventuell Menschenmodell mit Strombahnen z.B. von der Firma Leybold, Diaserie z.B. 10 2354 Umgang mit elektrischen Haushaltsgeräten, Schulfernsehsendung: Elektrische Energie I - Verbraucher;

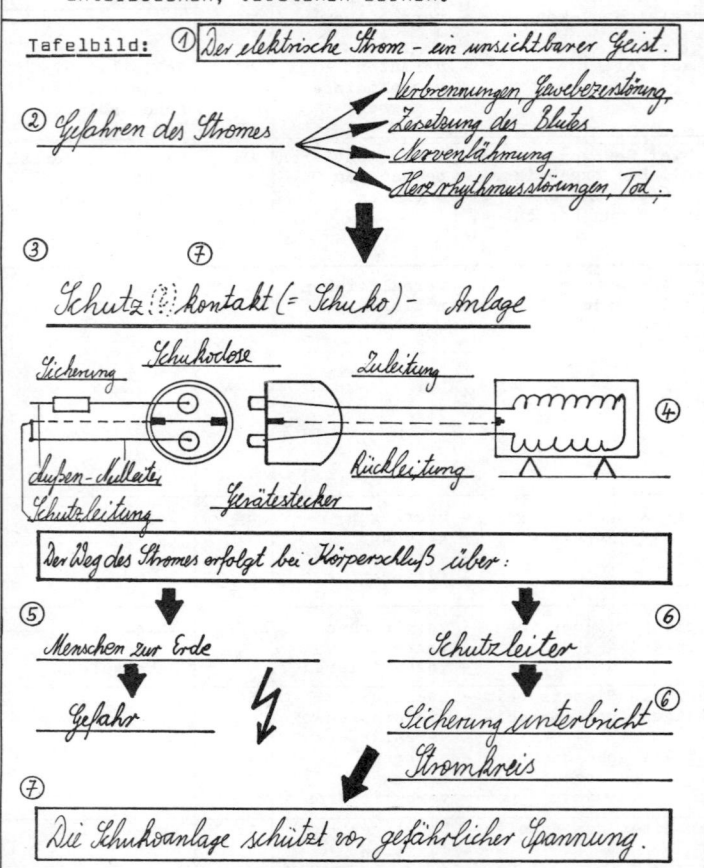

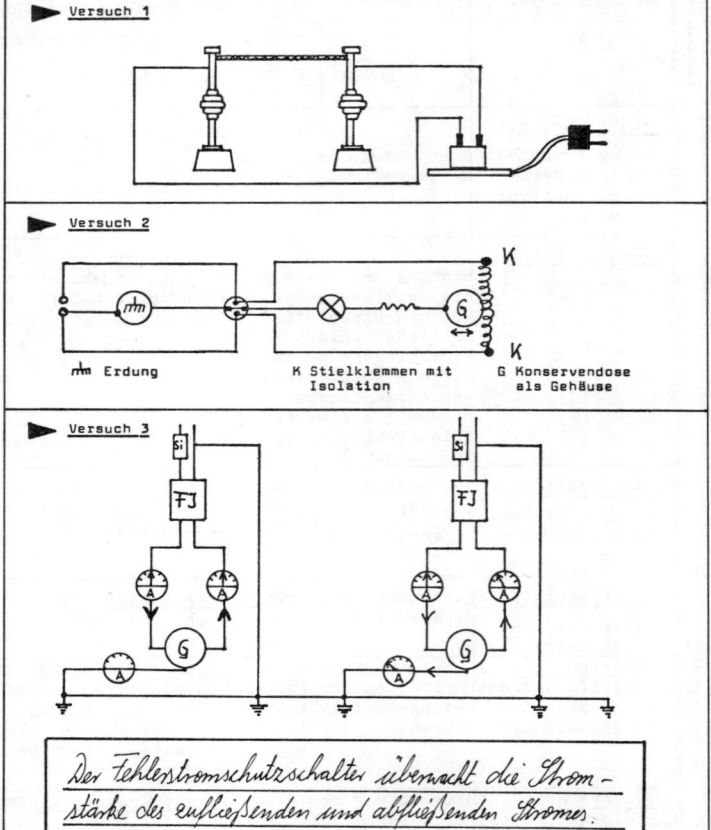

Tafelbild:

① Der elektrische Strom - ein unsichtbarer Geist.

② Gefahren des Stromes →
- Verbrennungen, Gewebezerstörung,
- Zersetzung des Blutes,
- Nervenlähmung,
- Herzrhythmusstörungen, Tod.

③ ⑦ Schutz①kontakt (= Schuko) - Anlage

Sicherung, Schukodose, Zuleitung, Außenleiter, Schutzleitung, Gerätestecker, Rückleitung

Der Weg des Stromes erfolgt bei Körperschluß über:

⑤ Menschen zur Erde → Gefahr

⑥ Schutzleiter → Sicherung unterbricht Stromkreis

⑦ Die Schukoanlage schützt vor gefährlicher Spannung.

Versuch 1

Versuch 2

Erdung — K Stielklemmen mit Isolation — G Konservendose als Gehäuse

Versuch 3

Der Fehlerstromschutzschalter überwacht die Stromstärke des zufließenden und abfließenden Stromes.

UG	Lehrschritte (Artikulationsdefinition)	Lehrinhalte und Lernziele (= Lz)	Lehrakte .... Lernakte		Sozial-formen	Lernhilfen
Eröffnungsphase	1. Lehrschritt (Problembegegnung)	Weckung der Lernbegierde. (Lz 1,2)	Sachimpuls: Lehrer spannt einen Aluminiumstreifen zwischen zwei Stielklemmen, die mit einer Tischsteckdose verbunden sind. Im Augenblick des Netzanschlusses brennt der Streifen explosionsartig mit Stichflamme durch. Eine flinke Sicherung spricht an. Der Umkreis von ca 1m sollte frei gehalten werden.	– wahrnehmen	Hb	Versuch (1) Tafelbild (1)
	2. Lehrschritt (Problemabgrenzung)	Erkenntnisgewinnung und Aktivierung des Vorwissens. (Lz 1,2)	Verarbeitungsgespräch: Durch den elektrischen Strom können große Kräfte auftreten. Der elektrische Strom ist nicht sichtbar. Folgen der Einwirkung: Verbrennungen, Gewebezerstörungen, Zersetzung des Blutes, Nervenlähmung, Herzrhythmusstörungen, Herzstillstand.	– wahrnehmen – verbalisieren	Hb	Versuch (1) Tafelbild (2)
	3. Lehrschritt (Zielangabe)	Formulierung der Problemfrage. (Lz 3-6)	Erarbeitungsgespräch: Wie können wir uns vor den Gefahren des elektrischen Stromes schützen?	– verbalisieren – fixieren	Hb	Tafelbild (3) (Schutz ?)
Erarbeitungsphase	4. Lehrschritt (Hypothesenbildung)	Aktivierung von Erfahrungswissen. (Lz 3,4)	Rundgespräch: Schüler verfolgen den Stromlauf an Hand der Skizze. Eventuell zeigt der Lehrer einen ähnlichen Versuch.	– verbalisieren – skizzieren	Hb	Tafelbild (4) (ohne Erdleiter)
	5. Lehrschritt (Versuchsplanung)	Suche nach einem experimentellen Nachweis. (Lz 3)	Arbeitsauftrag: Ein Teil des Heizdrahtes dehnt sich infolge von Erwärmung und berührt das Metallgehäuse. Überlege die Folgen und einen Versuch zur Überprüfung deiner Meinung. Zusammen mit Lehrer wird Versuch 2 erarbeitet.	– wahrnehmen – überlegen – verbalisieren	Hb	Versuch (2)
	6. Lehrschritt (Versuchsdurchführung)	Befragung durch das Experiment. (Lz 3)	Schülerversuch: Schüler wickeln eine Spirale aus dem Eisendraht, schließen den Stromkreis und bringen ihn mit der Konservendose als Gehäuse in Berührung. Zum Nachweis des Stomflusses dient ein Lämpchen.	– untersuchen	Ga	Versuch (2)
	7. Lehrschritt (Erkenntnisgewinnung)	Wiedergabe des Lernresultats. (Lz 3)	Verarbeitungsgespräch: Am Gerät liegt eine gefährliche Körperspannung. Der Strom fließt über den Menschen zur Erde.	– vortragen – erkennen – fixieren	Hb	Versuch (2) Tafelbild (5) Diaserie
	8. Lehrschritt (Teilzusammenfassung)	Zusammenstellung und Erweiterung der Erkenntnisse. (Lz 3,4)	Lehrerversuch: Mit dem Phasenprüfer sucht der Lehrer den Außenleiter und kennzeichnet ihn farblich. Mit Hilfe einer Glühlampe oder eines Meßinstrumentes zeigt er, daß bei gleichzeitiger Berührung des Außenleiters und des Nulleiters, der Wasserleitung, des Heizkörpers Strom fließt. Verarbeitungsgespräch: Zwischen dem Außenleiter und der Erde besteht immer eine Spannung. Vor dieser gefährlichen Spannung müssen wir uns schützen.	– wahrnehmen – erkennen – verbalisieren	Hb Hb	Steckdose Phasenprüfer Diaserie
	9. Lehrschritt (Teilergebnisverifizierung)	Erkenntnisgewinnung aus der Praxis. (Lz 5)	Demonstration: Lehrer öffnet Stecker und Gehäuse eines elektrischen Gerätes. Es führen drei Leitungen von der Steckdose zum Gerät. Die dritte Leitung (gelb/grün) ist direkt am Gehäuse befestigt.	– mitdenken – nachvollziehen – aufnehmen – eintragen	Hb	Elektrisches Gerät z.B. Heizöfchen Tafelbild (4) (Eintrag der Erdleitung)
	10.Lehrschritt (Rekapitulation)	Zusammenstellung der Erkenntnisse. (Lz 5)	Verarbeitungsgespräch: Liegt am Gerät eine defekte Isolation vor, so führt einen Fehlerstrom der Schutzleiter ab. Am Gehäuse liegt keine gefährliche Spannung mehr an, da die Sicherung den Stromkreis unterbricht.	– verbalisieren – fixieren	Hb	Tafelbild (6) Tafelbild (7) (ohne Fragezeichen von T(3))
Sicherungsphase	11.Lehrschritt (Transfer)	Anwendung der Erkenntnis. (Lz 3)	Lehrerversuch: Lehrer zeigt mit Meßgerät die gefährliche Spannung, die am Gehäuse anliegt. Bei Anschluß des Erdleiters erlischt die Birne. Die Gefahr ist gebannt mit Hilfe der Sicherung, die allerdings zeitlich verzögert anspracht!	– wahrnehmen – verbalisieren	Hb	Defektes Lampengehäuse mit Glühbirne Schulfernsehen: "Verbraucher"
	12.Lehrschritt (Ausweitung)	Verfeinerung in der Technik. (Lz 6)	Lehrerversuch: In der Badewanne kann der kurze Stromstoß bereits den Tod bedeuten. Hier gibt es eine Vorrichtung, die den zufließenden und zurückfließenden Strom ständig vergleicht und beim kleinsten Unterschied in Sekundenbruchteilen den Stromkreis unterbricht.	– wahrnehmen – aufnehmen – fixieren	Hb	Fehlerstromschutzschalter Versuch (3) Schulfernsehen: "Verbraucher"

Hauptlernziel: Einblick in die Notwendigkeit hoher Spannungen beim Energietransport.	Unterrichtsthema: Wie läßt sich Strom über weite Strecken ohne Verlust transportieren? (Die Stromversorgung)	Autor: Rudolf Wastl
		Unterrichtszeit Empfehlung: 1 UE

Vorbemerkungen:
Der zentrale Versuch ist nicht als Schülerversuch möglich. (Hochspannung!) Es ist besonders wichtig, das von den Schülern eingebrachte Vorwissen zu ordnen und den Schülern dessen Bedeutung bewußt zu machen. Physikalisch ergeben sich nämlich kaum neue Erkenntnisse. Vorwissen: Trafo und Energieerhaltungssatz.

Teillernziele:
Die Schüler sollen:
1. erkennen, daß Kraftwerke zur Energiequelle hingebaut werden,
2. die Problemfrage erkennen,
3. Vermutungen anstellen können,
4. erkennen, daß weiter Stromtransport ohne Trafos nicht geht,
5. sich der Gefahr von Hochspannung bewußt sein,
6. Spannung und Stromstärke beim Versuch 2 berechnen können,
7. erkennen, daß lange Leitungen einen hohen Widerstand haben u. daher bei hoher Stromstärke el. Leistung als Wärme verlorengeht
8. den Energieerhaltungssatz beim Trafo kennen u. anwenden,
9. unser Stromversorgungssystem kennen und erläutern können,
10. am Ende der Stunde das Arbeitsblatt bearbeiten können.

Folie: (für Ls 7)

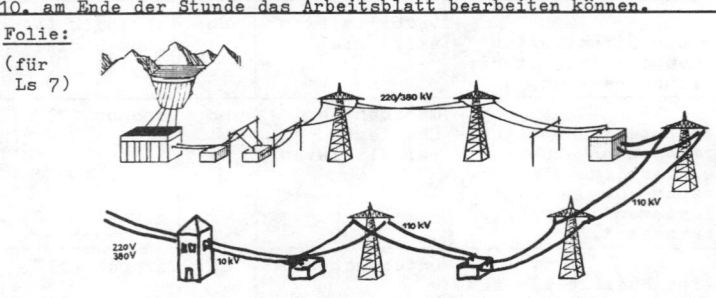

Vorwissen: (für Ls 5/6)
Das Verhältnis von Spannung und Stromstärke beim Trafo

Versuch:

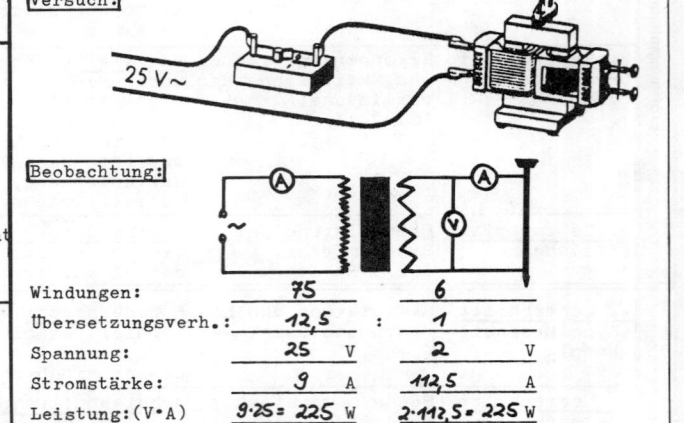

Beobachtung:

Windungen:	75	6
Übersetzungsverh.:	12,5	: 1
Spannung:	25 V	2 V
Stromstärke:	9 A	112,5 A
Leistung: (V·A)	9·25 = 225 W	2·112,5 = 225 W

Erkenntnis: Im gleichen Verhältnis wie die Spannungen _hinauf_ -transformiert werden, werden die Stromstärken _herunter_ -transformiert.

Merke: Eingangs_leistung_ = _Ausgangs_leistung.

Medien: Tafel, Bilder/Episkop, Nebentafel, Arbeitsblatt, Versuchsmaterial (siehe Skizzen a.d. Arbeitsbl.!)

Literatur:
Phywe-Versuchskartei, 7.-9. Jahrgangsstufe
Kotter/Czech, Physik/Chemie 9, Donauwörth 1981
Butschek/Hofmeister, Physik/Chemie 9, Freising 1980
Bauer u.a., Physik und Chemie, München o. J.

Tafelbild (= Arbeitsblatt)

(a)

STROM-ERZEUGER → TRANSFORMATOR → ÜBERLANDLEITUNG → HAUS

Warum stehen am Anfang und Ende von Überlandleitungen Transformatoren? (b)

Versuch 1 (c)
in Salzwasser getränkte Schnüre
3,5V — ⊗ −3,5V

Versuch 2 (e)
VORSICHT! HOCHSPANNUNG! LEBENSGEFAHR!
12000 Wdg.
3,5V — ⊗ −3,5V
300 Wdg.

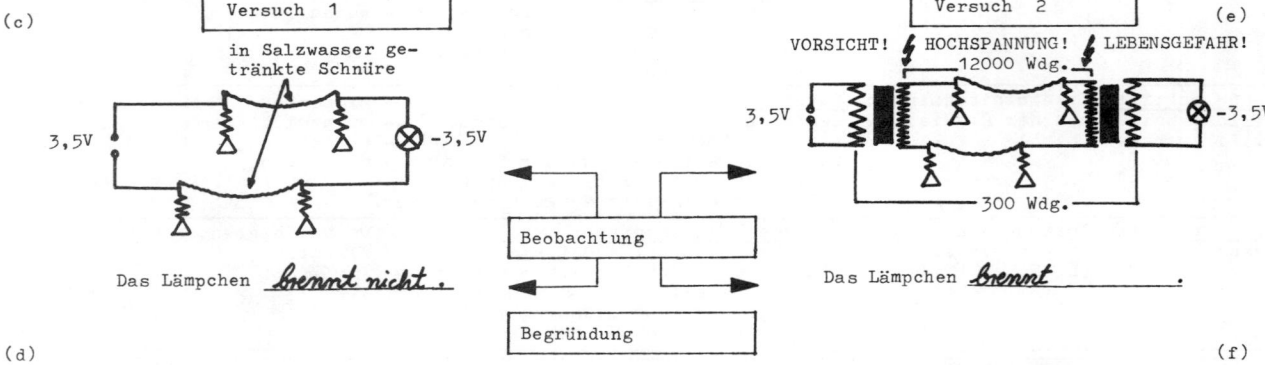

Beobachtung
Das Lämpchen _brennt nicht_.   Das Lämpchen _brennt_.

Begründung (d)
Lange Leitungen haben einen _hohen_ Widerstand. Bei sehr hoher _Stromstärke_ geht daher elektrische _Energie_ in Form von _Wärme_ verloren.

(f) Zur Verminderung der _Stromstärke_ muß die _Spannung_ beim Generator (= Stromquelle) _hinauf_ - und beim Verbraucher (= Lämpchen) wieder _herunter_-transformiert werden.

Unsere Stromversorgung (g)
Energieverluste durch Stromwärme werden vermieden, da bei _hoher_ Spannung und _geringer_ Stromstärke die gleiche Leistung erreicht wird.

- Generatoren liefern 5000 bis 10000 V (Mittelspannung) → Kraftwerkstransformatoren erzeugen 220 - 420 kV (Höchstsp.)
- → Hauptumspannwerke erniedrigen auf 110 - 60 kV (Hochsp.) → Gruppenumspannwerke erniedrigen bis zu 5 kV (Mittelsp.)
- → Ortstransformatoren liefern die Netzspannung von 220/380V (Niedrigspannung) → Gerätetransformatoren (Kleinspannung)

UG	Lehrschritte (Artikulationsdefinition)	Lehrinhalte und Lernziele (= Lz)	Lehrakte .... Lernakte		Sozialformen	Lernhilfen
Eröffnungsphase	1. Lehrschritt: (Problembegegnung)	Ausbreitung der Sachsituation: Notwendigkeit langer Leitungen wegen der Entfernungen der Kraftwerke; (Lz 1)	Impuls: Zu diesen Bildern fällt euch sicher einiges ein. Erarbeitungsgespräch: Verbalisierung des Problems	- betrachten - in Beziehung setzen - überlegen - verbalisieren	Hb Hb	Bilder/Tafel (a)
	2. Lehrschritt: (Problempräzisierung und -erkenntnis)	Warum stehen am Anfang und Ende von Überlandleitungen Transformatoren? (Lz 2)	Impuls: Dieses Bild zeigt den Sachverhalt noch etwas genauer. Erarbeitungsgespräch: Fixierung der Problemfrage	- betrachten - erkennen - verbalisieren - fixieren	Hb Hb	Bild/Tafel (a/ Mitte) Tafel (b)
	3. Lehrschritt: (Vermutung)	Wertung des Sachverhalts; (Lz 3)	Unterrichtsfrage: Welche Aufgabe haben die Transformatoren?	- überlegen - verbalisieren	Hb	Nebentafel
Erarbeitungsphase	4. Lehrschritt: (Teillösung)	Planung, Beschreibung und Durchführung von Versuch 1, die Überlandleitungen werden durch in Salzwasser getränkte Schnüre dargestellt. (Lz 4)	Demonstrationsversuch: 3,5 V Wechselstrom sollen über eine weite Strecke ein Taschenlampenbirnchen zum Leuchten bringen. Verarbeitungsgespräch: Formulierung des Versuchsergebnisses und dessen Begründung	- beobachten - überlegen - verbalisieren - erkennen - begründen - formulieren	Hb Hb	Versuchsmaterial (siehe Skizze!) Tafel (c) Tafel (d)
	5. Lehrschritt: (Problemlösung)	Planung, Beschreibung und Durchführung von Versuch 2; (Lz 4) ⚠ Hochspannung (Lz 5) Senkung der Reibungsverluste (Lz 7) durch Erniedrigen der Stromstärke; (Lz 6)	Demonstration von Material: Entsprechend dem Bild vom Anfang der Stunde (Ls 2) werden nun Trafos vor und hinter die getränkten Schnüre geschaltet. Verarbeitungsgespräch: Unter Einbringung von Vorwissen wird das Versuchsergebnis begründet. Eventuell können auch Spannung und Stromstärke in der Überlandleitung berechnet werden.	- betrachten - planen - beobachten - überlegen - verbalisieren - erkennen - begründen - formulieren - berechnen	Hb Hb	Tafel (e) Tafel (f)
Sicherungsphase	6. Lehrschritt: (Gesamtzusammenfassung)	Begründung des Hinauf- und Herabtransformierens vor und nach Überlandleitungen; (Lz 8)	Auftrag: Ihr könnt unsere Ausgangsfrage jetzt beantworten. Erarbeitungsgespräch: - Je heller ein Lämpchen brennt, umso mehr Leistung hat es. - Leistung setzt sich zusammen aus V·A. - Die Spannung für Haushaltsgeräte beträgt 220 V. - Je mehr Geräte in Betrieb sind, umso höher muß die Stromstärke sein. Dünne Leitungen werden warm. - Energieverluste durch Reibung entstehen. - Um den Energiebedarf einer Stadt zu decken (220 V/50000 A) wären Leitungen von 1 m Durchmesser nötig.	- nachdenken - wiederholen - verbalisieren - zuhören - erkennen	Hb Hb	Bilder/Tafel (a) Tafel (b)
	7. Lehrschritt: (Ausweitung)	Unser Stromversorgungssystem; (Lz 9)	Demonstration: Im Stromversorgungsnetz der OBAG wird die Hochspannung nicht auf einmal, sondern stufenweise wieder heruntertransformiert. Erarbeitungsgespräch: Fixierung des Informationstextes.	- betrachten - zuhören - erkennen - verbalisieren - fixieren	Hb/Aa Hb	Folie Tafel (g)
	8. Lehrschritt: (Erfolgskontrolle)	Bearbeitung des Arbeitsblatts bei geschlossener Tafel; (Lz 10)	Arbeitsaufgabe: Bearbeitet das Arbeitsblatt. Anschließend: Kontrolle der Arbeitsergebnisse.	- überlegen - ergänzen - vergleichen - korrigieren	Aa Hb	Arbeitsblatt

Hauptlernziel: Gewinnen eines Überblicks über das elektrische Leitungsnetz vom Kraftwerk zum Verbraucher.	Unterrichtsthema: Wir transportieren elektrische Energie. (Der Weg vom Kraftwerk zum Verbraucher)	Autor: Klaus Bendel
		Unterrichtszeit Empfehlung: 2 UE

Vorbemerkungen:

In der Regel haben die Schüler bei der Behandlung dieses Themas schon eine Menge Vorkenntnisse aus den früheren Schuljahren. Sicher konnten sie auf Ausflügen zu Kraftwerken und zu Hause genügend Betrachtungen anstellen, so daß der zusammenfassende Überblick nicht schwer fallen dürfte. Ebenso darf man das Wissen um die Leistungsformel der elektrischen Energie ($P = U \cdot I$) vorraussetzen, wie auch das Wissen über das Widerstandsverhalten des elektrischen Stromes nach dem Ohm'schen Gesetz.

Als Einstieg wäre ein Versuch geeignet, in dem die steigende Wärmeentwicklung mit dem Anwachsen des elektrischen Stromes aufgezeigt werden kann. Hierzu eignet sich das Verglühen eines Metalls (Nagel) mit dem Starkstromtransformator oder die Verwendung eines Heizspiralendrahtes. In dem Stromkreis sollte ein Amperemeter geschaltet sein.

Die Notwendigkeit der Hochspannung beim elektrischen Energietransport kann neben der rein rechnerischen Besprechung durch einen einfachen Versuch untermauert werden. Mit zwei Transformatoren (jeweils mit 600 und 12000 Windungen) läßt sich ganz leicht eine Fernleitung elektrischer Energie im Modell nachvollziehen. Zwischen den Spulen mit je 12 000 Windungen wird die Hochspannung erzeugt. Schaltet man in den Hochspannungskreis eine Glühbirne (60W/220V) und an der Verbraucherseite des 2. Transformators, so leuchtet wegen des zu geringen Stromflusses trotz der hohen Spannung die Glühbirne nicht.

Den dritten Abschnitt der Stunde kann man gut an Demonstrationsmodellen im Physiksaal und mit Hilfe von Dias und Film- bzw. Fernsehstreifen näher bringen.

Teillernziele:

Die Schüler sollen:

1. den Grund erkennen, warum die elektrische Energie mit Hilfe der Hochspannung weitergeleitet wird,
2. einen Überblick über das elektrische Leitungsnetz vom Kraftwerk zum Verbraucher gewinnen,
3. den Außenleiter, Mittelpunkts-, Null-, Erdleiter in ihrer Bedeutung und Farbe unterscheiden können.

Literatur:

Butschek-Hofmeister, Physik-Chemie 9, Sellier Verlag, Freising, 1980;
Houben, Didaktik und Praxis der Schulphysik 2, Herder Verlag, Freiburg i.Br., 1972;
Kotter, Physik/Chemie 9, Auer Verlag, Donauwörth, 1981;

Medien:

2 Spulen zu je 600 und 12 000 Windungen, 2 Eisen-U-Kerne mit Joch, Verbindungsschnüre, 2 Glühbirnen (60W/220V), 2 Fassungen, Spiralenglühwendel, Amperemeter, Generator, Installationsmaterial wie Steckdose, Stromzähler, Verteilerkasten, verschiedene Sicherungen, elektrische Leitungsbahnen ..., Diaserie: Stromleitungen FWU 10 2388, Schulfernsehsendung: Elektrische Energie II Verteilung, III. Kraftwerke, Film Strom im Verbund;

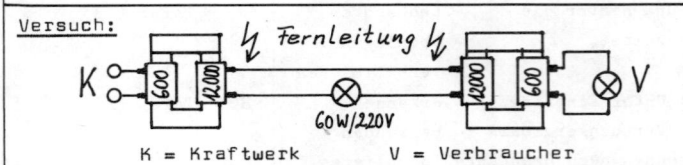

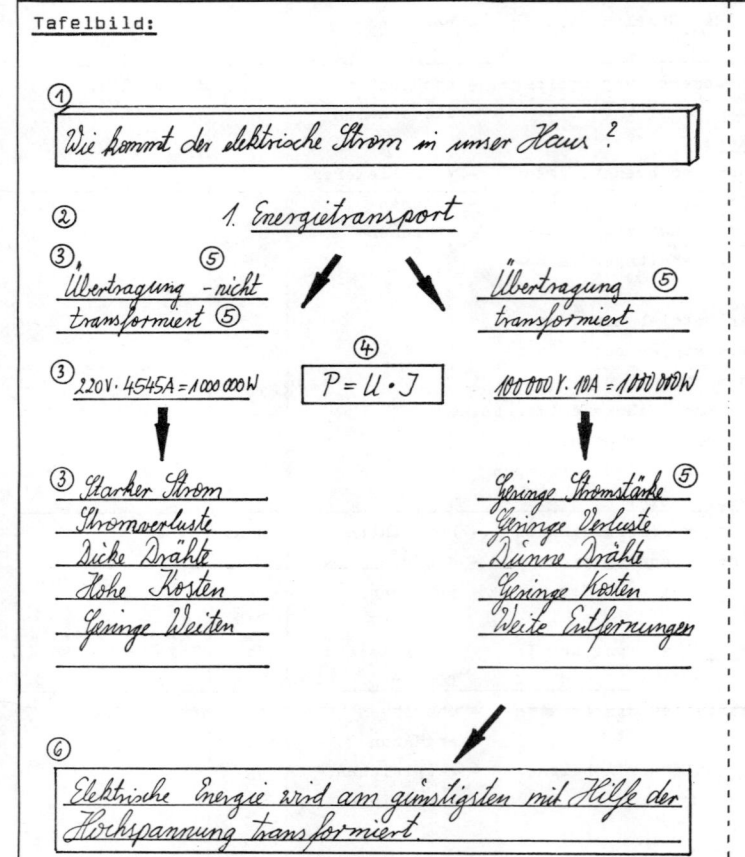

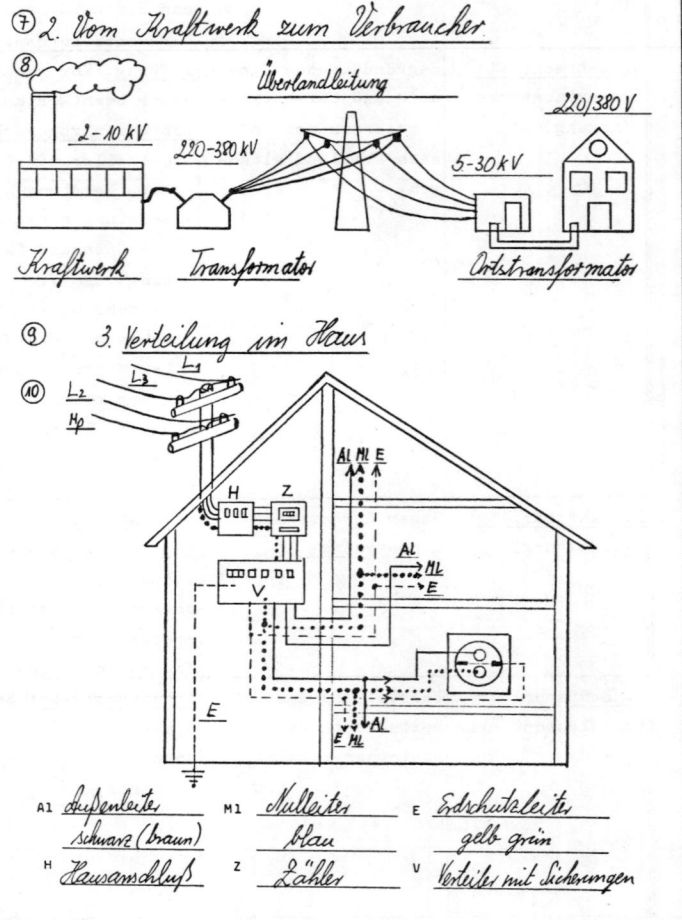

Versuch:

K = Kraftwerk   V = Verbraucher

Tafelbild:

① Wie kommt der elektrische Strom in unser Haus?

② 1. Energietransport

③ Übertragung – nicht transformiert ⑤   ④ $P = U \cdot J$ Übertragung transformiert ⑤

③ $220V \cdot 4545A = 1\,000\,000W$ $100\,000V \cdot 10A = 1\,000\,000W$

③ Starker Strom   Geringe Stromstärke ⑤
Stromverluste   Geringe Verluste
Dicke Drähte   Dünne Drähte
Hohe Kosten   Geringe Kosten
Geringe Weiten   Weite Entfernungen

⑥ Elektrische Energie wird am günstigsten mit Hilfe der Hochspannung transformiert.

⑦ 2. Vom Kraftwerk zum Verbraucher

⑧ Kraftwerk (2–10 kV) — Transformator (220–380 kV) — Überlandleitung — (5–30 kV) — Ortstransformator — 220/380 V

⑨ 3. Verteilung im Haus

⑩
Al Außenleiter schwarz (braun)   Ml Nulleiter blau   E Erdschutzleiter gelb-grün
H Hausanschluß   Z Zähler   V Verteiler mit Sicherungen

UG	Lehrschritte (Artikulationsdefinition)	Lehrinhalte und Lernziele (= Lz)	Lehrakte .... Lernakte		Sozialformen	Lernhilfen
Eröffnungsphase	1. Lehrschritt (Problembegegnung)	Aktivierung des Vorwissens. (Lz 1)	Sachimpuls: Lehrer führt einen Versuch vor, bei dem die Wärmeentwicklung infolge des fließenden Stromes sichtbar wird.	– wahrnehmen	Hb	Spiralwärmedraht, Amperemeter
	2. Lehrschritt (Problemabgrenzung)	Ausbreitung der Ausgangssituation. (Lz 1)	Erarbeitungsgespräch: Der elektrische Strom erwärmt die Leiter. Dadurch entsteht ein Wärmeverlust. Der Leiter setzt dem Strom einen Widerstand entgegen. Dadurch wird der Strom geschwächt.	– verbalisieren – betrachten	Hb	Dia-Kraftwerk Dia-Verbraucher (z.B. Nr.1,2,3)
	3. Lehrschritt (Zielangabe)	Formulierung der Problemfrage. (Lz 1,2)	Erarbeitungsgespräch: Wie kommt der elektrische Strom in unser Haus?	– formulieren – fixieren	Hb	Tafelbild (1)
	4. Lehrschritt (Hypothesenbildung)	Geistiges Durchdringen des Problems. (Lz 1,2)	Rundgespräch: Schüler berichten über Kraftwerke, Fernleitungen, Hausanschlüsse, die sie bereits kennen.	– verbalisieren – fixieren	Aa/Hb	Tafelbild (2)
	5. Lehrschritt (Rekapitulation)	Verarbeitung des Vorwissens. (Lz 1)	Sachimpuls: Mit Hilfe des Eingangsversuches und der Dias lenkt der Lehrer die Schüler auf die Probleme, die bei der Übertragung auftreten können.	– wahrnehmen – verbalisieren	Hb	Dia-Kraftwerk mit Leitungen (z.B.Nr.4,6) Tafelbild (3)
Erarbeitungsphase	6. Lehrschritt (Teilergebniserarbeitung)	Anwendung des Wissens. (Lz 1)	Erarbeitungsgespräch: Hohe Stromstärken bringen große Verluste. Nach dem Leistungsgesetz können wir mit Hilfe des Transformators den Strom veringern, wenn wir die Spannung erhöhen. Dann lösen sich viele Probleme von selbst.	– verbalisieren – fixieren	Hb	Tafelbild (4) Tafelbild (5)
	7. Lehrschritt (Teilergebnisverifizierung)	Bestätigung durch den Versuch. (Lz 1)	Lehrerversuch: Lehrer führt den Hochspannungsmodellversuch durch und bestätigt damit die erarbeiteten Punkte.	– beobachten – fixieren	Hb	Versuch Tafelbild (6) Dia-Umspannwerk
	8. Lehrschritt (Problemfindung)	Bisheriges Wissen wird in Zusammenhang gestellt. (Lz 2)	Sachimpuls: Lehrer zeigt ein Generatormodell. Erarbeitungsgespräch: Der Generator erzeugt je nach Größe eine Spannung bis zu 10 000 Volt. Diese wird bis zu 380 000 Volt hochtransformiert.	– wahrnehmen – verbalisieren – fixieren	Hb Hb	Generatormodell oder Dia Tafelbild (7)
	9. Lehrschritt (Problemlösung)	Wissen und Praxis aus dem Alltag werden in Zusammenhang gestellt. (Lz 2)	Erarbeitungsgespräch: Der Weg des Stromes vom Erzeuger läuft über Transformatoren. Hierbei wird die Spannung bis auf 380 kV transformiert, wobei der Strom entsprechend in seiner Stärke sinkt. Vor den Verbrauchern (Städte,Dörfer, Fabriken) erfolgt eine Senkung auf 110 kV Hochspannung bzw. 30-5 kV Mittelspannung. Im Ortstransformator erfolgt die Senkung auf 220/380 Volt.	– verbalisieren – fixieren	Hb	Tafelbild (8) Dia-Trafo (z.B.Nr.7,9,10 11)
	10.Lehrschritt (Problemfindung)	Bisheriges Wissen wird aktiviert. (Lz 3)	Sachimpuls: Lehrer zeigt Steckdosenmodell oder Dia eines Rohbaues. Erarbeitungsgespräch: Die Stromzufuhr erfolgt über das Dach oder im Erdkabel durch den Keller. Über verschiedene Leiterbahnen erfolgt die Verteilung im Haus.	– wahrnehmen – verbalisieren – fixieren	Hb Hb	Tafelbild (9) Steckdose, elektrische Leitungen, Zählermodell, Verteilerkasten Dia-Rohbau (z.B.Nr.12-18)
	11.Lehrschritt (Problemlösung)	Wissen und Erkenntnis aus dem Alltag werden in Zusammenhang gestellt. (Lz 3)	Erarbeitungsgespräch: Der Hausanschluß erfolgt am Hauptsicherungskasten mit den Panzersicherungen für die 3 Außenleiter. Weiter führt der Weg über den Zähler bis zum Verteiler mit den einzelnen Sicherungen. Um das Hausfundament liegt ein breites Metallband, an das der Erdschutzleiter angeschlossen wird.	– verbalisieren – fixieren	Hb	Tafelbild (10)
	12.Lehrschritt (Rekapitulation)	Zusammenfassung der gewonnenen Erkenntnisse. (Lz 1,2,3)	Rundgespräch: Schüler überdenken die gewonnenen Erkenntnisse und suchen Bestätigung in Ausschnitten der Fernsehsendung.	– verbalisieren – betrachten	Aa/Hb	Tafelbild (1-10) Fernsehsendung: Verteilung
Sicherungsphase	13.Lehrschritt (Anwendung in der Praxis)	Überprüfung der gewonnenen Erkenntnisse. (Lz 2)	Erarbeitungsgespräch: Schüler erkunden den Weg des Stromes in ihre Wohnung. Alle Kraftwerke sind in einem Verbund zusammengeschlossen. Klärung: Vollast-, Spitzenkraftwerk.	– wahrnehmen – verbalisieren	Hb	Dia-Stromverteilung (z.B.Nr.5) Fernsehsendung: Kraftwerke
	14.Lehrschritt (Ausweitung)	Filmbeispiele aus dem Alltag. (Lz 1,2,3)	Filmvorführung: Schüler betrachten den Film und besprechen das Gesehene.	– betrachten – verbalisieren	Hb	Film: Strom im Verbund

121

Hauptlernziel:	Unterrichtsthema:	Autor: Rudolf Wastl
Kenntnis von Aufbau und Arbeitsweise eines Transformators.	Wie kann man verschiedene Spannungen erzeugen? (Der Transformator)	Unterrichtszeit Empfehlung: 1 UE

Vorbemerkungen:
Ausgangspunkt für die vorliegende Einführungsstunde zum Transformator ist das fertige Gerät. Transformatoren sind den Schülern aus vielen Bereichen bekannt (Trafohäuschen, Spielzeugtrafos...). Auch das Innenleben kennen die Schüler bereits von der Induktion her. Neu ist lediglich das Vorhandensein verschiedener Windungszahlen (verschieden dicke Drähte!), was zur Problemfrage führt, deren Beantwortung nun nach dem den Schülern bekannten Weg der Erarbeitung im Physikunterricht erfolgen kann. Beim 10. Lehrschritt wird es sich empfehlen, vor allem wenn Verhältnisrechnungen noch wenig geübt sind, einige Aufgaben mit den Schülern gemeinsam zu rechnen, ehe zur Alleinarbeit übergegangen wird.

Teillernziele:
Die Schüler sollen:
1. erkennen, daß Elektrogeräte verschiedenen Strombedarf haben und daß der erforderliche Strom von Trafos geliefert wird,
2. den Aufbau eines Trafos kennen,
3. wissen, daß bei der Induktion mit Hilfe von Elektromagneten ein Wechselstrom entsteht, wenn am Primärkreis Wechselspannung anliegt,
4. die Problemfrage formulieren können,
5. Vermutungen anstellen, formulieren und werten können,
6. die Versuche entwerfen, beschreiben und aufbauen können,
7. die Versuche durchführen können,
8. die Versuchsergebnisse verbalisieren, fixieren und Unterschiede deuten können,
9. erkennen, daß die Spannungen im gleichen Verhältnis wie die Windungszahlen stehen,
10. erklären können, wie Trafos für bestimmte Aufgaben beschaffen sein müssen,
11. fehlende Spannungen, Windungszahlen und Verhältnisse in einer Tabelle ergänzen können,
12. das Arbeitsblatt am Ende der Stunde bearbeiten können.

Medien:
Bilder/Episkop, Folien/OHP, Haftelemente, Flanelltafel, Tafel, Arbeitsblatt, Nebentafel, Versuchsmaterial (siehe Versuchsskizze!) alte Gerätetransformatoren.

Literatur:
Kotter, Czech, Physik/Chemie 9, Donauwörth 1981
PHYWE- Versuchskartei, 7.-9. Jahrgangsstufe
Kolouch, Arbeitsblätter Physik/Chemie 9, Donauwörth 1974
Butschek/Hofmeister, Arbeitsheft Physik/Chemie 9, Freising 1979
Butschek/Hofmeister, Physik/Chemie 9, Freising 1980
Knoll, Didaktik des Physikunterrichts, München 1971
Butschek/Hofmeister/Thiel, Wir erforschen die Naturgesetze, Band 5, Freising 1969

Flanelltafel: (für Ls 4)

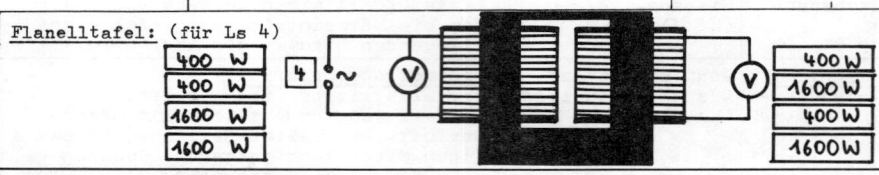

400 W	400 W
400 W	1600 W
1600 W	400 W
1600 W	1600 W

Tafelbild (= Arbeitsblatt)

(a) ● Elektrische Geräte haben verschiedenen Strombedarf:
(Aus Auer-Buch, S. 66)

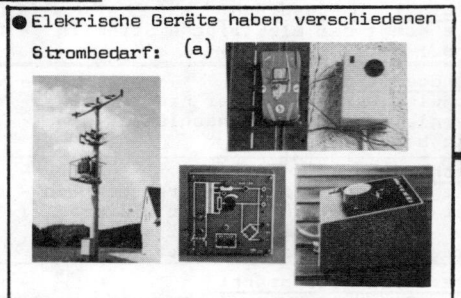

(b) Wir untersuchen einen Transformator: 220 V~, Primärspule, Sekundärspule, Schwachstrom (f. Klingel)

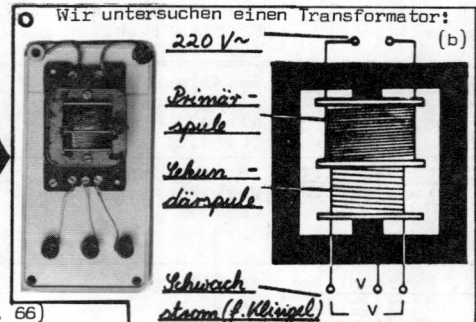

(c) ● Wir erinnern uns:

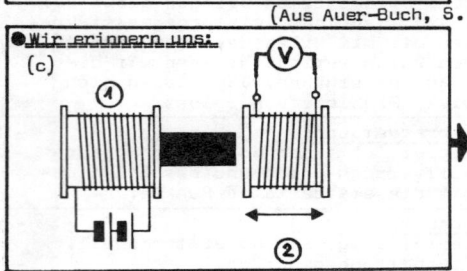

Schließt man an den Elektromagneten (1) _Wechsel_ - strom, so ändert sich das Magnetfeld _50_ mal in einer Sekunde. In der zweiten Spule entsteht dann _Induktions_ spannung, ohne daß diese noch _bewegt_ werden muß.

(d) **Wie hängt die Induktionsspannung von den Windungszahlen ab?**

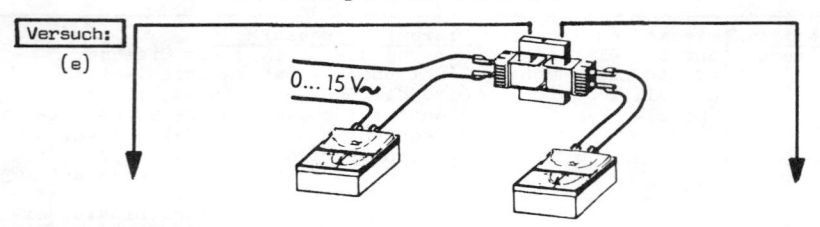

(e) Versuch: 0...15 V~

(f) Beobachtung:

Primärkreis		Übersetzungs- verhältnis	Sekundärkreis	
Spannung	Windungszahl		Spannung	Windungszahl
4 V	400	1 : 1	4 V	400
4 V	400	1 : 4	16 V	1600
4 V	1600	4 : 1	1 V	400
4 V	1600	1 : 1	4 V	1600
2 V	400	1 : 4	8 V	1600

(g) Wir erkennen: Beim Transformieren stehen die Spannungen im _gleichen_ Verhältnis zueinander wie die _Windungszahlen_ der Spulen.

Folie: (Übungsaufgaben für Ls 10)

Primärkreis		Übersetzungs- verhältnis	Sekundärkreis	
Spannung	Windungszahl		Spannung	Windungszahl
220 V	1200	10 : 1	22 V	120
220 V	400	20 : 1	11 V	20
220 V	660	11 : 1	20 V	60
50 V	40	1 : 4	200 V	160
12 V	100	1 : 20	240 V	2000

UG	Lehrschritte (Artikulationsdefinition)	Lehrinhalte und Lernziele (= Lz)	Lehrakte .... Lernakte		Sozial-formen	Lernhilfen
Eröffnungsphase	1. Lehrschritt: (Vorkenntnisermittlung)	Verschiedene Geräte haben verschiedenen Strombedarf. (Lz 1) Begriff "Transformator";	Impuls: Dazu könnt ihr einiges berichten. Verarbeitungsgespräch: Von Generatoren erzeugte Spannungen (ca. 5000 V) sind für viele Elektrogeräte (z.B. 9 V) viel zu hoch. Die Spannungsumwandlung erfolgt mit Transformatoren.	– betrachten – überlegen – erkennen – verbalisieren	Hb Hb	Bild/Episkop Tafel (a)
	2. Lehrschritt: (Problemfindung und Problemerkenntnis)	Aufbau eines Transformators; (Lz 2) Wiederholung: Erzeugen von Induktionsstrom mit E-Magneten bei Anschluß von Wechselstrom an den Primärstromkreis (≙ 50x Ein- und Ausschalten in 1 Sek.); (Lz 3) (Lz 4) Problemfrage: Wie hängt die Induktionsspannung von den Windungszahlen ab?	Arbeitsauftrag: Betrachtet zerlegte Transformatoren und benennt die Teile, aus denen ein Trafo besteht. Erarbeitungsgespräch: Benennung der Teile Eintrag in Skizze. Unterrichtsfrage: Wie kann zwischen zwei Spulen, zwischen denen keine leitende Verbindung besteht, Strom übertragen werden? Impuls: Denkt an folgenden euch bekannten Versuch! Weiterführender Impuls: Es besteht ein Unterschied zwischen diesem Versuchsaufbau und unseren Transformatoren. Verarbeitungsgespräch: Die Windungszahlen unterscheiden sich.	– betrachten – hantieren – untersuchen – erkennen – verbalisieren – fixieren – überlegen – wiedererkennen – betrachten – erkennen – verbalisieren – betrachten – erkennen – verbalisieren – fixieren	Ga Hb Hb Hb Hb/Ga Hb	zerlegte Gerätetransformatoren Folie Tafel (b) Folie Tafel (c) zerlegte Gerätetransformatoren Folie / Tafel(b) Tafel (d)
Erarbeitungsphase	3. Lehrschritt: (Vermutung)	Vorläufige Vermutungen; (Lz 5)	Unterrichtsfrage: Wie glaubt ihr, hängen Induktionsspannung und Windungszahlen zusammen?	– vermuten – fixieren	Hb	Nebentafel
	4. Lehrschritt: (Versuchsplanung und Versuchsaufbau)	Benennen des Versuchsmaterials und Entwurf einer Versuchsreihe mit Änderung der Variablen "Primärspannung" und "Windungszahlen"; (Lz 6)	Impulse: Wir haben Spulen mit 400 und 1600 Windungen zur Verfügung. Deuten auf Wortkarte an der Flanelltafel. Erarbeitungsgespräch: Fixierung des benötigten Materials. Impulse: Deuten auf Wortkarte Außer den Windungszahlen können wir noch etwas ändern. Erarbeitungsgespräch: Entwurf der Versuchsreihe.	– betrachten – zuhören – benennen – anheften – betrachten – überlegen – planen – entwerfen – legen – verbalisieren	Hb Hb Hb Hb	Flanelltafel: Was brauchen wir? Haftelemente zur Versuchsskizze (ungeordnet) Was tun wir? Ordnen der Haftelemente
	(Ergänzung zum 3. Lehrschritt)	(Lz 5)	Impuls: Jetzt können wir genauer vermuten. Vermutung: Fixierung in Tabelle.	– überlegen – folgern – verbalisieren	Hb Hb/Aa	Was erwarten wir? Folie, wie Tafel (f)
	5. Lehrschritt: (Versuchsdurchführung in arbeitsteiligen Kontrollgruppen)	Überprüfen der Vermutungen; (Lz 7)	Arbeitsanweisungen: Hinweise zum Versuchsaufbau, zu den U-Kernen und zur Handhabung der Voltmeter.	– experimentieren – beobachten – notieren	Ga	Versuchsmaterial (siehe Skizze) Tafel (e)
	6. Lehrschritt: (Ergebnisfixierung)	Eintrag der gemessenen Werte; (Lz 8) Mögliche Fehlerquellen: Spannungsverluste durch Reibung der Elektronen...;	Verarbeitungsgespräch: Auswertung der Versuchsergebnisse und Klärung von Fehlerquellen.	– verbalisieren – notieren – überlegen – folgern	Hb	Tafel (f)
	7. Lehrschritt: (Erkenntnisformulierung)	Übertragen der Ergebnisse in Merkwissen; (Lz 9)	Impuls: Jetzt könnt ihr die Ausgangsfrage beantworten.	– lesen – überlegen – verbalisieren – fixieren	Hb/Aa	Tafel (g)
Sicherungsphase	8. Lehrschritt: (Hypothesenüberprüfung)	Rückschau und Wertung eigener Vermutungen; (Lz 5)	Impuls: Auflegen der Folie.	– betrachten – vergleichen – feststellen – werten	Hb	Folie, wie Tafel (f)
	9. Lehrschritt: (Rückgriff auf Ausgangsproblem)	Wie in der Technik verschiedene Spannungen erzeugt werden; (Lz 10)	Impuls: Ihr wißt jetzt, wozu diese Geräte dienen und wie sie funktionieren.	– betrachten – wiederholen – verbalisieren	Hb	Bild/Episkop Tafel (a)
	10. Lehrschritt: (Anwendung)	Berechnung von Transformatoren; (Lz 11)	Arbeitsanweisung: Berechnet die Windungszahlen bzw. Spannungen folgender Transformatoren!	– lesen – überlegen – rechnen	Aa/Hb	Folie mit Aufgaben
	11. Lehrschritt: (Erfolgskontrolle)	Bearbeitung des Arbeitsblatts; (Lz 12)	Arbeitsanweisung: Bearbeitet nun das Arbeitsblatt!	– ergänzen – fixieren	Aa/Hb	Arbeitsblatt

Hauptlernziel: Einsicht in die Bedeutung elektrischer Arbeit gewinnen.	Unterrichtsthema: Elektrische Geräte haben viele Vorzüge.	Autor: Klaus Bendel
		Unterrichtszeit Empfehlung: 1 UE

Vorbemerkungen:

Die Schüler sollen bereits einen allgemeinen Einblick in den Mengencharakter der Energie gewonnen haben. Außerdem wird die Einsicht vorausgesetzt, daß beim Verrichten von Arbeit Energie übertragen wird.

Der Einstieg kann erfolgen durch ein Dia, das eine Stadt bei Nacht zeigt, während Millionen Lichter brennen. Es können Zeitungsabschnitte (eventuell Artikel aus dem Schülerbuch) oder eigene Erlebnisse vorgetragen werden über Stromausfälle und ihre Folgen. Interesse erweckend erscheint auch eine Gegenüberstellung alter mechanischer Maschinen, die früher benutzt wurden und Maschinen der heutigen modernen Zeit. Auch dürfte ein Ausflug in die Geschichte die Schüler neugierig machen, wo jahrtausendelang der Wind, das fließende Wasser und die Kräfte von Tieren die wenigen Energiequellen darstellten, die der Mensch neben seiner Muskelkraft für mechanische Arbeit nutzen konnte. Waren damals die Möglichkeiten stark beschränkt, so stehen heute Maschinen, Geräte, Instrumente in großer Vielfalt zur Verfügung. So bietet Mutters früherer Kohlenherd und ihr heutiger Elektroherd eine gute Vergleichsmöglichkeit zur Erarbeitung der vielen Vorzüge, die die elektrische Energie uns bietet. Hieraus läßt sich auch der ständig wachsende Bedarf elektrischer Energie erklären, was an zwei Graphiken verdeutlicht werden kann.

Lernziele:

Die Schüler sollen:

1. Einsicht in die Bedeutung elektrischer Arbeit erhalten,
2. Vorzüge elektrischer Geräte kennen lernen,
3. erfahren, daß es keine wirtschaftliche Speichermöglichkeit für die übertragene elektrische Energie gibt,
4. die unverhältnismäßige Steigerung des Bedarfs an elektrischer Arbeit im Vergleich zum Gesamtenergiebedarf ersehen.

Literatur:

Butschek-Hofmeister, Physik-Chemie 9, Sellier Verlag, Freising, 1980;
Houben, Didaktik und Praxis der Schulphysik 2, Herder Verlag, Freiburg i.Br., 1972;
Kotter, Physik/Chemie 9, Auer Verlag, Donauwörth, 1981

Medien:

Diaserie z.B. Stromleitungen FWU 10 2388 Nr. 1 mit einer Stadtnachtaufnahme, Zeitungsausschnitte über Stromausfälle (eventuell Physikbuch), verschiedene alte mechanische Geräte (Kaffeemaschine) im Bild oder Modell, neue elektrische Maschinen (elektrisches Mahlwerk), Tabellen aus Schulbüchern, Kochtopf, Elektroplatte;

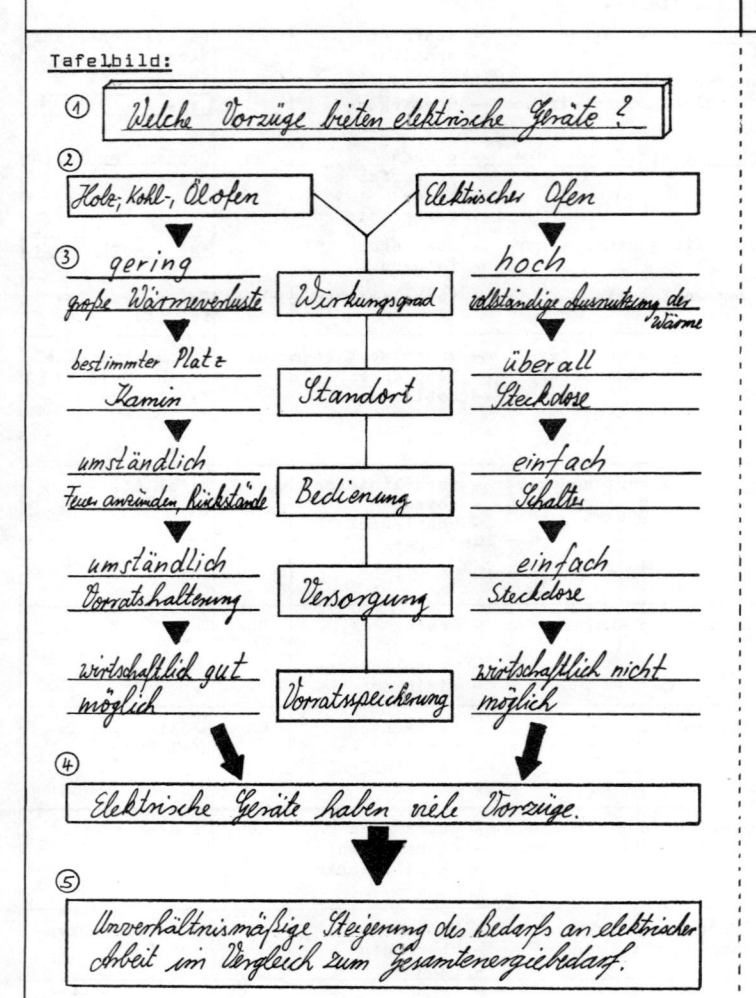

Tafelbild:

① **Welche Vorzüge bieten elektrische Geräte?**

② Holz-, Kohl-, Ölofen / Elektrischer Ofen

③
Holz-, Kohl-, Ölofen		Elektrischer Ofen
gering, große Wärmeverluste	Wirkungsgrad	hoch, vollständige Ausnutzung der Wärme
bestimmter Platz, Kamin	Standort	überall, Steckdose
umständlich, Feuer anzünden, Rückstände	Bedienung	einfach, Schalter
umständlich, Vorratshaltung	Versorgung	einfach, Steckdose
wirtschaftlich gut möglich	Vorratsspeicherung	wirtschaftlich nicht möglich

④ **Elektrische Geräte haben viele Vorzüge.**

⑤ **Unverhältnismäßige Steigerung des Bedarfs an elektrischer Arbeit im Vergleich zum Gesamtenergiebedarf.**

● Graphik 1 — Steigerung des elektrischen Energiebedarfs (Milliarden kWh): 1950: 23; 1960: 75; 1970: 174; 75: 274; 1980: 335

● Graphik 2 — Steigerung des gesamten Energiebedarfs (1950–1980)

● Tabelle 1 — Zunahme elektrischer Haushaltsgeräte

	1950	1960	1970
Elektroherd	1	4	6
Kühlschrank		4	9
Fernsehgerät		2	8
Waschmaschine		3	7
Gefriergerät			2

● Tabelle 2 — Primärenergie, aus der elektrischer Strom gewonnen wird.

	Bundesrepublik	Bayern
Braunkohle	30%	18%
Steinkohle	25%	16%
Erdöl	7%	17%
Erdgas	19%	17%
Wasser	6%	25%
Kernenergie	13%	7%

● Tabelle 3 — Durchschnittlicher Energieverbrauch im Haushalt in %

Heizung 89 %, Geräte 3 %, Warmwasser 7 %, Licht 1 %;

UG	Lehrschritte (Artikulationsdefinition)	Lehrinhalte und Lernziele (= Lz)	Lehrakte .... Lernakte		Sozialformen	Lernhilfen
Eröffnungsphase	1. Lehrschritt (Problembegegnung)	Weckung der Lernbegierde. (Lz 1)	Sachimpuls: Dia soll auf den gewaltigen Verbrauch elektrischer Energie hinweisen.	– wahrnehmen	Hb	Dia-Stadt bei Nacht
	2. Lehrschritt (Problemabgrenzung)	Ausbreitung der Ausgangssituation. (Lz 1)	Erarbeitungsgespräch: Die mechanisch angetriebenen Geräte verlieren immer mehr an Bedeutung und werden durch elektrische Geräte verdrängt.	– verbalisieren	Hb	Kaffeemühle, elektrisches Mahlwerk
	3. Lehrschritt (Zielangabe)	Formulierung der Problemfrage. (Lz 1,2)	Erarbeitungsgespräch: Welche Vorzüge bieten elektrische Geräte?	– verbalisieren – fixieren	Hb	Tafelbild (1)
Erarbeitungsphase	4. Lehrschritt (Hypothesenbildung)	Geistiges Durchdringen des Problems. (Lz 1,2)	Rundgespräch: Wenn der Strom ausfiele, dann ... (Fahrstühle, Heizung, Telefon, Rasierapparat, Arbeitsmaschinen ...)	– verbalisieren	Aa/Hb	
	5. Lehrschritt (Problemfindung)	Bisheriges Wissen in Zusammenhang bringen. (Lz 2)	Erarbeitungsgespräch: Wenn es so viele elektrische Geräte gibt, müssen sie auch viele Vorzüge aufweisen. Nehmen wir als Beispiel den Kohle- (Öl-, Holz-,) und Elektroofen.	– verbalisieren	Hb	Tafelbild (2)
	6. Lehrschritt (Problemfindung)	Aufgrund des Erfahrungswissens wird ein Vergleich erstellt. (Lz 2,3)	Erarbeitungsgespräch: Wirkungsgrad: Beim Kohleofen geht ein großer Teil der Wärme an die Umgebung verloren. Beim Elektroherd wird sie fast ganz ausgenützt. Standort: Der Kohleofen ist wegen des Kamins an einen festen Ort gebunden. Der Elektroofen kann überall, wo eine Steckdose vorhanden ist, aufgestellt werden. Bedienung: Beim Kohleofen muß das Feuer geschürt, die Rückstände entfernt und der Kamin gekehrt werden. Beim Elektroofen genügt die Bedienung eines Schalters und er hat keine Wartung nötig. Versorgung: Beim Kohleofen muß ständig für einen Brennstoffvorrat gesorgt werden. Beim Elektroherd erfolgt die Versorgung bequem durch die Steckdose. Vorratsspeicherung: Sie ist beim Kohleofen wirtschaftlich gut möglich. Beim Elektroherd dagegen ist eine wirtschaftliche Vorratshaltung nicht möglich.	– verbalisieren – fixieren	Hb	Tafelbild (3)
	7. Lehrschritt (Rekapitulation)	Überprüfung der gewonnen Erkenntnis. (Lz 2,3)	Schülerversuch: Schüler untersuchen Dynamo und Batterie auf Wartung, Handhabung, Verschleiß, Preis und beobachten beim Drehen des Dynamos (Fahrrad auf den Kopf gestellt) das Scheinwerferlicht. Generatoren sind ähnlich aufgebaut. Sie werden mit Wasser oder Dampf über Turbinen angetrieben. Trotz des Nachteils der fehlenden Energiespeicherung haben elektrische Geräte viele Vorteile.	– untersuchen – fixieren	Ga/ Hb	Dynamo, Batterie Tafelbild (4)
	8. Lehrschritt (Ausweitung)	Folgerung aus den Erkenntnissen. (Lz 4)	Erarbeitungsgespräch: Bei der großen Anzahl von elektrischen Geräten und den ständigen Neuentwicklungen muß der elektrische Energiebedarf stark steigen.	– verbalisieren – fixieren	Hb	Tafelbild (5) Graphik (1)
	9. Lehrschritt (Transfer)	Begründung des steigenden Energiebedarfs. (Lz 4)	Rundgespräch: Schüler besprechen eine Tabelle über die Zunahme elektrischer Haushaltsgeräte.	– verbalisieren – fixieren	Aa/Hb	Tabelle (1)
Sicherungsphase	10. Lehrschritt (Inhaltliche Ergänzung)	Klärung der Energieherkunft. (Lz 4)	Erarbeitungsgespräch: Die elektrische Energie wird nicht direkt von der Natur geliefert. Sie ist eine Sekundärenergie und wird aus verschiedenen Primärenergien gewonnen.	– verbalisieren – fixieren	Hb	Graphik (2) Tabelle (2)
	11. Lehrschritt (Anwendung)	Überdenken des Gebrauchs elektrischer Geräte. (Lz 4)	Sachimpuls: Lehrer stellt einen Kochtopf mit verbeultem Boden auf eine zu große Herdplatte ohne Deckel bis zum Rand mit Wasser gefüllt. Erarbeitungsgespräch: Energieverlust durch fehlenden Deckel, unplanen Boden, zu große Herdplatte und zu großer Wassermenge. Schüler überlegen, wie sie den überflüssigen Geräteeinsatz einschränken können.	– wahrnehmen – fixieren – verbalisieren	Hb Hb	Kochtopf, Herdplatte Tabelle (3)

Hauptlernziel: Erhalten eines Überblicks über Möglichkeiten Spannungen zu erzeugen.	Unterrichtsthema: Wie können wir die Energiequellen einteilen?	Autor: Klaus Bendel
		Unterrichtszeit Empfehlung: 1-2 UE

Vorbemerkungen:

Die Schüler müssen die Fähigkeit zum Gebrauch des Begriffs Spannung erworben haben, wenn von der Stärke einer Stromquelle gesprochen wird, und mit dem Voltmeter zweckentsprechend umgehen können. Die Möglichkeiten Spannung zu erzeugen, sind ihnen aus früheren Physikstunden bereits bekannt oder zumeist bei Alltagserlebnissen unbewußt in ihren Erfahrungsbereich eingedrungen. Darum soll hier nur eine Zusammenstellung erfolgen und die einzelnen Versuche sollen mehr zur Auffrischung des Wissens dienen. Dabei ist es gleichgültig, ob die Induktion bereits besprochen worden ist. Es reicht das Erfahrungswissen, daß der Dynamo bei Bewegung Spannung erzeugt. Wenn anstelle des Dynamos der Grundversuch (Spule und Magnet) der induktiven Spannungserzeugung aufgebaut werden soll, soll er hier nur eine Möglichkeit der Spannungserzeugung aufzeigen. Die intensive Behandlung mit Erklärung muß in einer gesonderten Stunde behandelt werden.

Bei dem Versuch zum Nachweis der Reibungselektrizität kann man eine Styroporplatte mit der Hand reiben oder einen Kunststoffstab mit einem Wollappen. Damit keine heimliche Entladung erfolgt, sollte man darauf achten, daß die Platte auf einem gut isolierten Gegenstand z.B. Holzbrett liegt. Der Ladungsnachweis erfolgt durch das Aufleuchten der Glimmlampe. Beim Bau des Thermoelements sind an der Drillstelle zwei Drähte verschiedenen Materials (20-30 cm) zu verwenden. Gute Erfolge kann man z.B. mit Eisen und Konstantan erzielen. Ist das Meßinstrument (Galvanometer) nicht empfindlich genug, reicht manchmal die Wärme der Kerzenflamme nicht aus. Bei kurzzeitiger Verwendung hilft die Bunsenbrennerflamme, den Erfolg zu verbessern. Zum Aufbau eines galvanischen Elements braucht man zwei Elektroden (Kohle, Zink) und eine Salzlösung oder eine Säure als Elektrolyt. Fehlt dieses, so mag es auch genügen, eine Batterie zerlegen zu lassen. Sehr anschaulich und motivierend wirkt immer das Kraftwerk: Apfel oder Zitrone. Dazu steckt man beide Elektroden in eine Zitrusfrucht. Nach dem Schließen des Stromkreises kann an dem Meßgerät eine Spannung abgelesen werden. Fehlt in der Laborsammlung ein Fotoelement oder eine Solarzelle, so kann man sicher einen Belichtungsmesser besorgen und mit dessen Hilfe die Umwandlung der einfallenden Lichtstrahlen in elektrische Spannung nachweisen. Beim Dynamo wäre es gut, wenn er zu öffnen wäre, damit man auf die inneren Teile hinweisen kann (Magnet, Spule).

Teillernziele:

Die Schüler sollen:

1. erkennen, daß die elektrische Energie nur durch Umwandlung einer anderen Energie gewonnen werden kann,
2. die Primärenergiequellen aufzählen können, aus denen durch Veredelung elektrische Energie gewonnen werden kann,
3. einen Überblick erhalten über Möglichkeiten, Spannungen zu erzeugen,
4. Anwendungsmöglichkeiten der Spannungserzeugung in der Technik nennen und ihre Bedeutung für die Zukunft nennen können.

Literatur:

Butschek-Hofmeister, Physik-Chemie 9, Sellier Verlag, Freising, 1980;
Houben, Didaktik und Praxis der Schulphysik 2, Herder Verlag, Freiburg i.Br., 1972;
Kotter, Physik/Chemie 9, Auer Verlag, Donauwörth, 1981;

Medien:

Dynamo, Spule, Magnetstab, Spannungsmeßgerät, verschiedene Drähte, Kerze, Batterie, Becherglas, Kohle-, Zinkelektrode, Säure, Zitrusfrucht, Fotoelement, Solarzelle, Schulfernsehstreifen: Elektrische Energie IV. Entwicklungen;

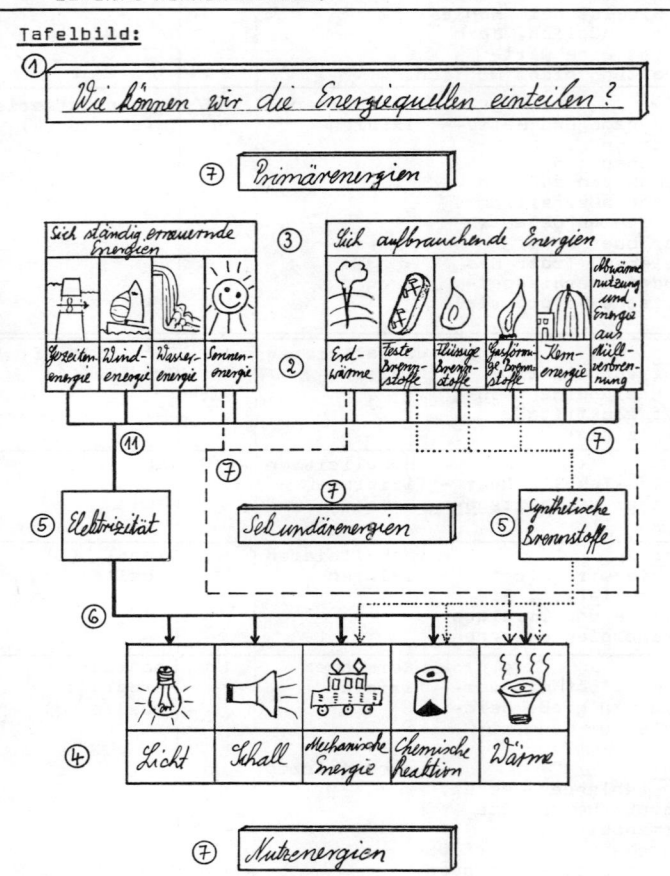

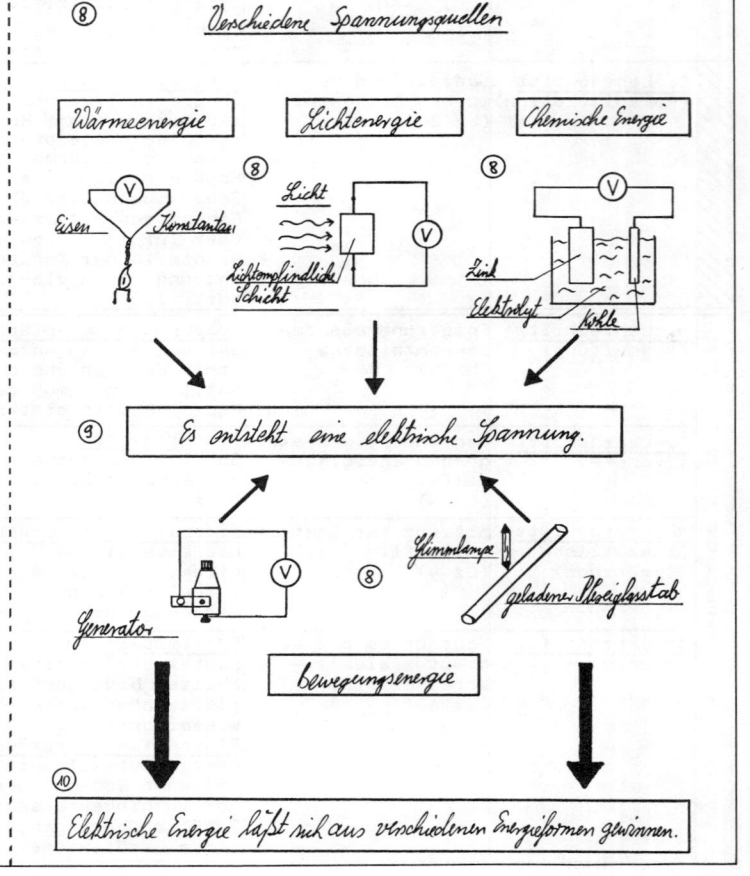

Tafelbild:

UG	Lehrschritte (Artikulationsdefinition)	Lehrinhalte und Lernziele (= Lz)	Lehrakte .... Lernakte		Sozial- formen	Lernhilfen
Eröffnungsphase	1. Lehrschritt (Problembegegnung)	Weckung der Lernbegierde. (Lz 1)	Sachimpuls: Lehrer (Schüler) ißt genüßlich einen schönen blank polierten roten Apfel. Rundgespräch: Der Apfel dient der Energiegewinnung für den menschlichen Körper.	– wahrnehmen – verbalisieren	Hb Aa/Hb	Apfel
	2. Lehrschritt (Problemabgrenzung)	Schaffung des Problembewußtseins. (Lz 1)	Sachimpuls: Lehrer steckt eine Kohle- und Zinkelektrode in den Apfel und verbindet die Elektroden mit einem Spannungsmeßgerät. Rundgespräch: Der Apfel ist eine elektrische Energiequelle. Energie erhalten wir durch Umwandlung anderer Energieformen.	– wahrnehmen – verbalisieren	Hb Aa/Hb	Apfel, Kohle-, Zinkelektrode, Voltmeter
	3. Lehrschritt (Zielangabe)	Formulierung der Problemfrage. (Lz 1,2)	Erarbeitungsgespräch: Wie können wir die Energiequellen einteilen?	– verbalisieren – fixieren	Hb	Tafelbild (1)
Erarbeitungsphase	4. Lehrschritt (Hypothesenbildung)	Aktivierung des Vorwissens. (Lz 1,2)	Rundgespräch: Schüler zählen Energiequellen auf, die sie bereits kennen oder an Hand der Bilder erkennen.	– verbalisieren – fixieren	Aa/Hb	Tafelbild (2)
	5. Lehrschritt (Problemfindung)	Bisher aufgezeigtes Wissen wird in Zusammenhang gestellt. (Lz 1,2)	Erarbeitungsgespräch: Schüler erkennen zwei Gruppen: Die sich ständig erneuernden Energien und die sich aufbrauchenden Energien. Wir aber können sie direkt nicht benützen.	– verbalisieren – fixieren	Hb	Tafelbild (3)
	6. Lehrschritt (Problemlösung)	Aktivierung des Vorwissens. (Lz 2)	Erarbeitungsgespräch: Die Energien, die wir nützen sind Licht, Wärme, Schall, mechanische und chemische Energie.	– verbalisieren – fixieren	Hb	Tafelbild (4)
	7. Lehrschritt (Problemfindung)	Aktivierung des Vorwissens. (Lz 2)	Erarbeitungsgespräch: Die am meisten im Alltag verwendeten Energieformen sind die Elektrizität und synthetischen Brennstoffe.	– verbalisieren – fixieren	Hb	Tafelbild (5)
	8. Lehrschritt (Problemlösung)	Erkenntnisse in Zusammenhang stellen. (Lz 2)	Erarbeitungsgespräch: Mit Hilfe der Elektrizität erhalten wir: Licht, Schall, Wärme, mechanische und chemische Energie. Mit Hilfe des synthetischen Brennstofes erhalten wir mechanische Energie, chemische Reaktionen und Wärme.	– verbalisieren – fixieren	Hb	Tafelbild (6)
	9. Lehrschritt (Rekapitulation)	Zusammenstellung der Erkenntnisse. (Lz 1,2)	Erarbeitungsgespräch: Die gefundenen Energieformen können wir in drei Gruppen einteilen: Primär-, Sekundär- und Nutzenergien.	– verbalisieren – fixieren	Hb	Tafelbild (7)
	10. Lehrschritt (Versuchsplanung)	Suchen nach einem experimentellen Nachweis. (Lz 3)	Arbeitsauftrag: Überlege dir Energieformen, mit deren Hilfe elektrische Spannung erzeugt werden kann. Gegebenenfalls erfolgt Unterstützung durch den Lehrer.	– verbalisieren – fixieren	Ga	Tafelbild (8)
	11. Lehrschritt (Versuchsdurchführung)	Befragung durch das Experiment. (Lz 3)	Experiment: Schüler erwärmen zwei verdrillte Drähte, lassen Licht auf ein Fotoelement fallen, stecken zwei verschiedene Elektroden in eine Säure, reiben einen Plastikstab, bewegen einen Dynamo und messen die Spannung mit dem Voltmeter bzw. weisen sie mit der Glimmlampe nach.	– beobachten	Ga	Voltmeter, Drähte, Fotoelement, Plastikstab, Kerze, Glimmlampe
	12. Lehrschritt (Erkenntnisgewinnung)	Wiedergabe des Lernresultats. (Lz 3)	Verarbeitungsgespräch: Elektrische Spannung läßt sich aus Wärme-, Licht-, chemischer und Bewegungsenergie gewinnen.	– verbalisieren – fixieren	Hb	Tafelbild (9)
	13. Lehrschritt (Rekapitulation)	Zusammenstellen des Lernresultats. (Lz 1,2,3)	Verarbeitungsgespräch: Elektrische Energie läßt sich aus vielen Energiefromen gewinnen.	– verbalisieren – fixieren	Hb	Tafelbild (10)
Sicherungsphase	14. Lehrschritt (Ausweitung)	Energiebeispiele aus dem Alltag. (Lz 1,2)	Erarbeitungsgespräch: An Hand von Tabellen bzw. Informationsmaterial der Stromlieferanten besprechen die Schüler z.B. den Primärenergieverbrauch nach Energieträgern.	– wahrnehmen – verbalisieren	Hb	Schülerbuch
	15. Lehrschritt (Anwendung in der Praxis)	Alltagsbeispiele und Neuentwicklungen (Lz 4)	Film mit Aussprache: Schüler betrachten Möglichkeiten der Gewinnung elektrischer Spannung in einem Fernsehstreifen und besprechen die Einsatzmöglichkeiten und Zukunftsaussichten der gesehenen Vorrichtungen.	– wahrnehmen – verbalisieren	Hb	Schulfernsehen: Elektrische Energien

Hauptlernziel: Einblick erhalten in die Funktion des Elektronikbauteils Transistor.	Unterrichtsthema: Transistor, ein Baustein der Elektronik (Wie funktioniert ein Transistor?)	Autor: Klaus Bendel
		Unterrichtszeit Empfehlung: 2 UE

Vorbemerkungen:

Transistoren sind Halbleiterbausteine mit drei Anschlüssen im Gegensatz zu den den Schülern bereits bekannten Dioden mit nur zwei Anschlüssen. Je nach Bauart sind auf dem Transistorkristall entweder zwei positiv leitende Zonen durch eine dünne negativ leitende Schicht getrennt (pnp-Transistor) oder umgekehrt (npn-Transistor). Auf jedem Transistor befinden sich also zwei pn Übergänge, die wir allerdings nicht getrennt betrachten dürfen, da zwischen ihnen ein Steuervorgang stattfindet. Zur vereinfachten Einführung kann man anfangs von zwei gegeneinander geschalteten Dioden sprechen. Ein Transistor kann aber nicht durch Zusammenschalten zweier Dioden aufgebaut werden, da im Zwei-Dioden-Modell die Steuerbarkeit nicht erreicht wird. Bei der ersten Überprüfung des Transistors werden die Schüler die beiden Diodenrichtungen leicht finden. Sie werden feststellen, daß diese entgegengesetzt gepolt sind. Bei der Überprüfung der Sperrwirkung der Kollektro-Basis-Diode in Abhängigkeit von einem Stromfluß durch die Emitter-Basis-Diode wird der Schüler den Transistor-Effekt die Steuerbarkeit entdecken und erkennen, daß der Transistor nicht einfach durch zwei Dioden zu ersetzen ist. Je nach zur Verfügung stehenden Zeit - am besten mehr als zwei Stunden - kann in einfachen Schaltbeispielen die Funktion des Transistors als Schalter und Verstärker aufgezeigt werden und in einfachen Beispielen wie Feueralarmanlage, Dämmerungsschalter, Blinkschaltung angewendet werden.

Teillernziele:

Die Schüler sollen:

1. im Transistor die beiden Diodenrichtungen erkennen,
2. das Phänomen des Transistors: die steuernde Wirkung des Basisstromes auf den Kollektorstrom erkennen,
3. das Transistorsymbol als Funktionsmodell erarbeiten,
4. den Transistor als Schalter anwenden können,
5. den Transistor in seiner Funktion als Verstärker erkennen,
6. die Funktionsweise des Transistors in einfachen Beispielen anwenden können.

Literatur:

Butschek-Hofmeister, Physik-Chemie 9, Sellier Verlag, Freising, 1980;
Houben, Didaktik und Praxis der Schulphysik 2, Herder Verlag, Freiburg i.Br., 1972;
Kotter, Physik/Chemie 9, Auer Verlag, Donauwörth, 1981;
Wolfram Ludwig, Elektronik in der Sekundarstufe 1, Herder Verlag, Freiburg i.Br., 1975;

Medien:

Elektronikbaukasten (z.B. CVK, HaDü, Kroenke, Leybold, Phywe), Transistoren, Spannungs-, Amperemeßgerät, Glühbirnchen (3,8V/0,07A), Spannungsquellen 1,5V/4,5V, (Dreh-) Widerstände, Rechenmaschine, Klemmstecker;

Tafelbild:

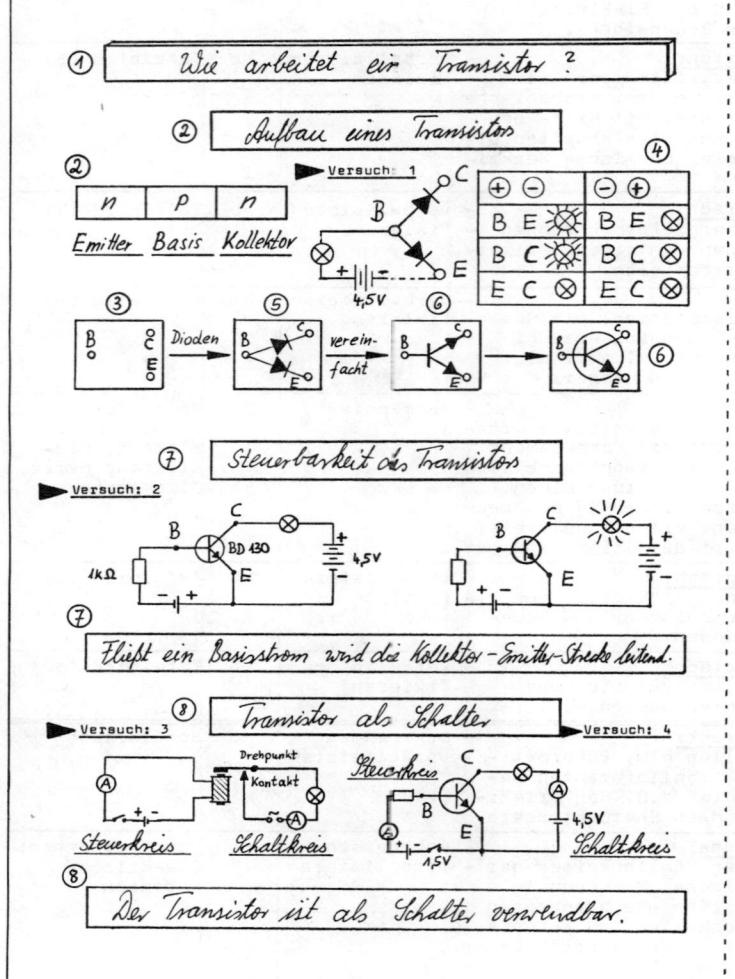

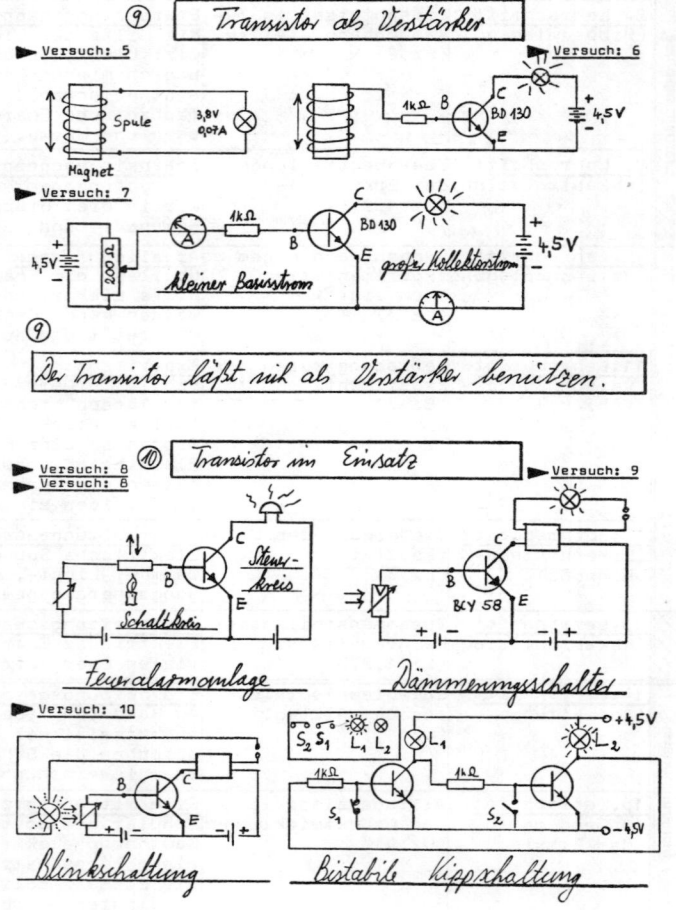

UG	Lehrschritte (Artikulationsdefinition)	Lehrinhalte und Lernziele (= Lz)	Lehrakte .... Lernakte		Sozial-formen	Lernhilfen
Eröffnungsphase	1. Lehrschritt (Problembegegnung)	Weckung der Lernbegierde. (Lz 1-6)	Sachimpuls: Lehrer zeigt z.B. eine alte mechanische Rechenmaschine und einen modernen Taschenrechner. Rundgespräch: Vorteile werden herausgestellt.	– wahrnehmen – betrachten – verbalisieren	Hb Aa/Hb	Halbleiterbauteile geöffneter Taschenrechner
	2. Lehrschritt (Problemabgrenzung)	Ausbreitung der Ausgangssituation. (Lz 1-5)	Erarbeitungsgespräch: Arbeitsweise der Diode wird wiederholt. Da keine mechanischen Schalter zu sehen sind, müssen Elektronikbauteile deren Funktion übernommen haben.	– verbalisieren	Hb	Halbleiterbauteile
	3. Lehrschritt (Zielangabe)	Formulierung der Problemfrage. (Lz 1-5)	Erarbeitungsgespräch: Wie arbeitet ein Transistor?	– verbalisieren – fixieren	Hb	Tafelbild (1)
Erarbeitungsphase	4. Lehrschritt (Hypothesenbildung)	Geistiges Durchdringen des Problems. (Lz 1)	Erarbeitungsgespräch: Im Vergleich zur Diode hat der Transistor wegen seiner drei Anschlüsse drei leitende Schichten. Begriffe: Basis, Emitter, Kollektor.	– verbalisieren – fixieren	Hb	Tafelbild (2) Transistoren
	5. Lehrschritt (Versuchsplanung)	Suchen nach einem experimentellen Nachweis. (Lz 1)	Arbeitsauftrag: Baut einen Durchgangsprüfer (Lämpchen, Batterie). Kennzeichnet genau die Stromrichtung und prüft den Stromdurchgang.	– verbalisieren – fixieren	Hb	Tafelbild (3)
	6. Lehrschritt (Versuchsdurchführung)	Befragung durch das Experiment. (Lz 1)	Experiment: Schüler kennzeichnen mit roten und blauen Steckern die Batteriepole und prüfen die Stromdurchlaßrichtung am Transistor.	– überprüfen	Ga	Versuch (1) Tafelbild (4)
	7. Lehrschritt (Erkenntnisgewinnung)	Wiedergabe des Lernresultats. (Lz 1)	Verarbeitungsgespräch: Der Transistor besteht aus zwei Dioden, die entgegengesetzt gepolt sind.	– verbalisieren – fixieren	Hb	Tafelbild (5)
	8. Lehrschritt (Versuchsdurchführung)	Befragung durch das Experiment. (Lz 2)	Experiment: Schüler legen den Transistor an zwei Stromkreise.	– beobachten – fixieren	Ga	Versuch (2)
	9. Lehrschritt (Erkenntnisgewinnung)	Wiedergabe des Lernresultats. (Lz 2)	Verarbeitungsgespräch: Die CB-Diode sperrt nicht immer. Dies hängt vom Stromfluß durch die Emitter-Basis-Diode ab.	– verbalisieren – fixieren	Hb	Versuch (2)
	10. Lehrschritt (Rekapitulation)	Zusammenstellung des bisherigen Wissens. (Lz 3)	Erarbeitungsgespräch: Schüler erkennen den Transistoreffekt: Die Steuerbarkeit. Folglich kann der Transistor nicht durch zwei Dioden ersetzt werden. Vereinfachung des Tafelbildes führt zum Transistorsymbol.	– verbalisieren – fixieren	Hb	Tafelbild (6) (7)
	11. Lehrschritt (Versuchsplanung)	Suchen nach einem experimentellen Nachweis. (Lz 4)	Arbeitsauftrag: Überlege, ob du mit einem Transistor ebenso arbeiten kannst wie mit einem Relais.		Ga	Versuch (3) (4)
	12. Lehrschritt (Versuchsdurchführung)	Befragung durch das Experiment. (Lz 4)	Experiment: Gruppe 1 baut eine Relaisschaltung. Gruppe 2 baut eine Transistorschaltung.	– durchführen	Ga	Versuch (3) (4)
	13. Lehrschritt (Erkenntnisgewinnung)	Wiedergabe des Lernresultats. (Lz 4)	Verarbeitungsgespräch: Schüler erkennen, daß der Transistor wie das Relais steuerbar ist. Vergleich!	– verbalisieren – fixieren	Hb	Tafelbild (8)
	14. Lehrschritt (Versuchsplanung)	Suchen nach einem experimentellen Nachweis. (Lz 5)	Arbeitsauftrag: Der Induktionsstrom in Versuch 5 reicht nicht aus, um das Birnchen zum Leuchten zu bringen. Überlege, ob der Transistor weiterhelfen kann.	– beobachten – überlegen – verbalisieren – fixieren	Ga	Versuch (5) (6)
	15. Lehrschritt (Versuchsdurchführung)	Befragung durch das Experiment. (Lz 5)	Experiment: Schüler nehmen den schwachen Induktionsstrom als Basisstrom.	– nachprüfen	Ga	Versuch (6)
	16. Lehrschritt (Erkenntnisgewinnung)	Wiedergabe des Lernresultats. (Lz 5)	Verarbeitungsgespräch: Das Birnchen leuchtet nun auf. Es muß eine Stromverstärkung erfolgt sein.	– verbalisieren – fixieren	Hb	Versuch (6)
	17. Lehrschritt (Rekapitulation)	Zusammenstellung der Erkenntnisse. (Lz 5)	Erarbeitungsgespräch: Wir machen den Basisstrom veränderbar und stellen fest, wie der Kollektorstrom verändert wird. Experiment: Im Versuch klären die Schüler, daß durch den Basisstrom der Kollektorstrom verstärkt wird.	– verbalisieren – beobachten	Hb Hb	Versuch (7) Tafelbild (9)
Sicherungsphase	18. Lehrschritt (Anwendung)	Funktionsbeispiele (Lz 6)	Experiment: Schüler besprechen einzelne Schaltbilder und bauen sie im Experiment nach. Dabei verwenden sie früher erworbene Kenntnisse über andere Halbleiterelemente. Anwendungsbeispiele: Erstellung einer Feueralarmanlage, eines Dämmerungsschalters, Blinkschalters.	– verbalisieren – durchführen	Ga	Versuch (8) (9) (10) Tafelbild (10)

Hauptlernziel: Die elektronischen Bausteine in Grundschaltungen in Zusammenhang stellen.	Unterrichtsthema: Wie funktioniert ein einfaches Rundfunkempfangsgerät?	Autor: Klaus Bendel
		Unterrichtszeit Empfehlung: 2 UE

Vorbemerkungen:

In dieser Stunde kann nicht das ganze Funktionsmodell einer Tonfunk-Übertragungsanlage besprochen werden. Die Funktion des Senders und die Entstehung der elektromagnetischen Wellen müssen als Voraussetzung gesehen werden. Schwerpunkt der Stunde soll der Aufbau eines einfachen Empfanggerätes (Dedektorempfänger) sein.

Die Schwingungen, die zur Tonerzeugung dienen (unter 20 000 Hz) bezeichnet man als Niederfrequenz. Die darüber liegenden Frequenzen bezeichnet man als hochfrequente Schwingungen. Bis auf die Transistorschaltungen, sind die Versuche zur Hochfrequenz wegen der hohen Spannungen alles Lehrerversuche. Zur Erzeugung hochfrequenter Schwingungen wählt man am besten den historischen Versuch, in dem die hochfrequenten Schwingungen mit einer Funkenstrecke erzeugt werden. Gleichzeitig läßt sich damit das Wort Rundfunk leicht erklären. Aus Versuchen früherer Stunden ist bekannt, daß hochfrequente Schwingungen mit nur kleinen Kapazitäten oder Spulen mit wenigen Windungen erreicht werden. Nachdem der Abstimmkreis verstanden ist, kann mit dem Bau eines Dedektorempfängers begonnen werden. Als Antenne kann ein mindestens 10 m langer frei gespannter, mindestens fünf Meter über dem Boden gespannter Draht sein. Das eine Ende ist isoliert aufgehängt, das andere Ende führt zum Schwingkreis. Die Verstärkung der Empfangssignale erreicht man durch einfache Transistorverstärkerschaltung.

Ist die Lehrmittelsammlung nicht vollständig, so kann man sich die Spulen leicht selber wickeln. Auf ein Papprohr (Ø 4,5cm) wickelt man 30-40 Windungen lackisolierten Kupferdraht (Ø 0,4mm). Ist der Sender nicht einwandfrei zu trennen, so wickelt man neben der ersten Spule noch eine zweite von ca 60 Windungen. Die Enden der kleineren Spule führen dann zur Antenne, die Enden der größeren Spule zum Kondensator. So erreicht man eine bessere Trennschärfe, die aber auf Kosten der Lautstärke geht. Der Drehkondensator sollte eine Kapazitätsveränderung von 50 bis 500 pF haben. Aus Gründen der Übersichtlichkeit empfiehlt es sich, alle Bausteine auf ein Brettchen zu montieren.

Teillernziele:

Die Schüler sollen:

1. hochfrequente Schwingungen erzeugen können und die Übertragung der Energie durch den freien Raum erkennen,
2. einen Schwingkreis abstimmen können,
3. hochfrequente Schwingungen gleichrichten können,
4. einen einfachen Rundfunkempfänger entwickeln und aufbauen können,
5. die schwachen Empfangssignale eines Dedektorempfängers durch eine Transistorenschaltung verstärken können.

Literatur:

Butschek-Hofmeister, Physik-Chemie 9, Sellier Verlag, Freising, 1980;
Houben, Didaktik und Praxis der Schulphysik 2, Herder Verlag, Freiburg i.Br., 1972;
Leybold-Heraeus, Zentralkartei Physik, Köln, 1976;
Wolfram Ludwig, Elektronik in der Sekundarstufe 1, Herder Verlag, Freiburg i.Br., 1975;

Medien:

Funkeninduktor, Spule 600 W, 6W, 2x(10 Ø cm) 10 W(2mmØ) Metallplatten (20x20cm), Isolationsfüße, Stielklemmen, Eisenstäbe (Hörner) für Funkenstrecke, Glühbirnchen (3,5V/0,2Au.0,05A,6V/0,05A), Drehkondensator 500pF, Universaldioden (AA132-134), Spule(4,5cmØ)30/60W 0,4 Ø mm), Transistor AC 128.

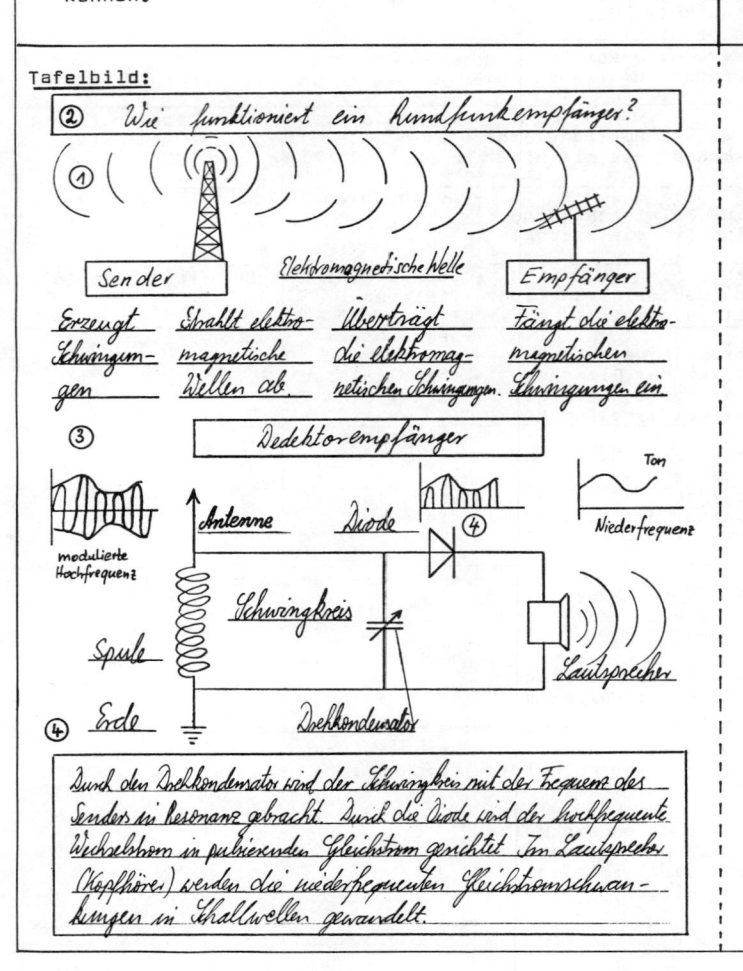

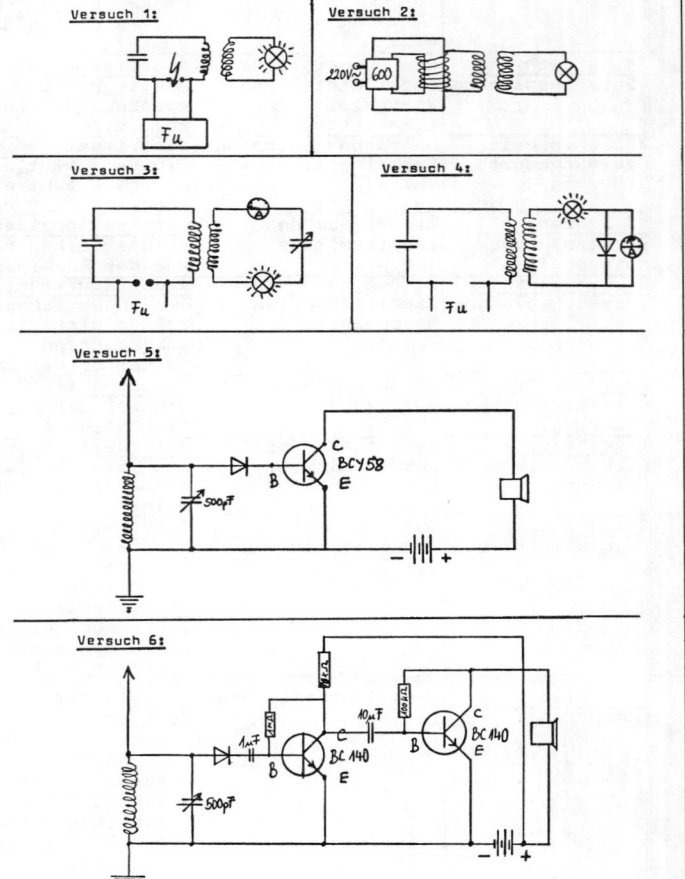

Tafelbild:

② Wie funktioniert ein Rundfunkempfänger?

① Sender — Elektromagnetische Welle — Empfänger

Erzeugt Schwingungen — Strahlt elektromagnetische Wellen ab. — Überträgt die elektromagnetischen Schwingungen. — Fängt die elektromagnetischen Schwingungen ein.

③ Dedektorempfänger

modulierte Hochfrequenz — Antenne — Diode — ④ — Ton Niederfrequenz — Spule — Schwingkreis — Lautsprecher — ④ Erde — Drehkondensator

Durch den Drehkondensator wird der Schwingkreis mit der Frequenz des Senders in Resonanz gebracht. Durch die Diode wird der hochfrequente Wechselstrom in pulsierenden Gleichstrom gerichtet. Im Lautsprecher (Kopfhörer) werden die niederfrequenten Gleichstromschwingungen in Schallwellen gewandelt.

Versuch 1, Versuch 2, Versuch 3, Versuch 4, Versuch 5, Versuch 6

UG	Lehrschritte (Artikulationsdefinition)	Lehrinhalte und Lernziele (= Lz)	Lehrakte .... Lernakte		Sozialformen	Lernhilfen
Eröffnungsphase	1. Lehrschritt (Problembegegnung)	Weckung der Lernbegierde. (Lz 1)	Sachimpuls: Stehen beide Spulen sehr nahe, leuchtet das Lämpchen sehr hell, das 6V-Lämpchen noch bei einer Entfernung von 10 cm.	– wahrnehmen	Hb	Versuch (1)
	2. Lehrschritt (Problemabgrenzung)	Aktivierung des Vorwissens. (Lz 1)	Rundgespräch: Das magnetische Wechselfeld der Schwingkreisspule verursacht in der 2. Spule (Prüfspule) einen Induktionsstrom (hochfrequenter Wechselstrom). Schwingkreisspule und Prüfspule wirken wie ein eisenloser Transformator. Elektrische Energie kann mit hochfrequenten Schwingungen durch den Raum übertragen werden. Bei einer Frequenz von nur 50 Hz (V2) erfolgt keine Energieübertragung.	– verbalisieren – fixieren	Aa/Hb	Versuch (1) (2) Tafelbild (1)
	3. Lehrschritt (Zielangabe)	Formulierung der Problemfrage. (Lz 2-5)	Erarbeitungsgespräch: Wie funktioniert ein Rundfunkempfangsgerät?	– verbalisieren – fixieren	Hb	Tafelbild (2)
Erarbeitungsphase	4. Lehrschritt (Hypothesenbildung)	Geistiges Durchdringen des Problems. (Lz 2)	Rundgespräch: Um einen Wellensalat der Sender zu vermeiden, muß jeder Sender auf einer bestimmten Frequenz senden. Schüler nennen Frequenzbeispiele ihnen bekannter Sender. Der Empfangsschwingkreis muß auf die Frequenz abstimmbar sein. Dabei müssen wir die Induktivität oder die Kapazität veränderbar machen.	– verbalisieren – fixieren	Aa/Hb	Tafelbild (1)
	5. Lehrschritt (Versuchsplanung)	Suchen nach einem experimentellen Nachweis. (Lz 2)	Auftrag: Baue in den Schwingkreis einen Drehkondensator.	– wahrnehmen – überlegen	Aa/Hb	Versuch (3)
	6. Lehrschritt (Versuchsdurchführung)	Befragung durch das Experiment. (Lz 2)	Experiment: Schüler beobachten Lämpchen und Amperemeter.	– aufbauen – beobachten	Aa/Hb	Versuch (3)
	7. Lehrschritt (Erkenntnisgewinnung)	Wiedergabe des Lernresultats. (Lz 2)	Verarbeitungsgespräch: Das Lämpchen leuchtet, das Amperemeter zeigt wegen der Zeigerträgheit keinen Strom an.	– verbalisieren – fixieren	Hb	Versuch (3)
	8. Lehrschritt (Rekapitulation)	Erkenntnis in Zusammenhang stellen. (Lz 2,3)	Verarbeitungsgespräch: In den Schwingkreis müssen wir eine Diode bauen. Nur wenn hochfrequente Schwingungen gleichgerichtet sind, können sie mechanische Arbeit verrichten.	– verbalisieren – fixieren	Hb	Versuch (4)
	9. Lehrschritt (Problemfindung)	Bisher gewonnene Erkenntnisse in Zusammenhang stellen. (Lz 4)	Erarbeitungsgespräch: Um die hochfrequenten Schwingungen des Senders auffangen zu können, brauchen wir einen Schwingkreis, dessen Frequenz durch einen Drehkondensator abgestimmt werden kann. Für die mechanische Schwingung (Schall) des Lautsprechers, muß diese in pulsierenden Gleichstrom verwandelt werden.	– verbalisieren – fixieren	Hb	Tafelbild (3)
	10. Lehrschritt (Problemlösung)	Anwendung der Erkenntnisse in der Praxis. (Lz 4)	Erarbeitungsgespräch: Für die Frequenzabstimmung verwenden die Schüler einen Drehkondensator und für die Gleichrichtung eine Diode. Die niederfrequenten Gleichstromschwankungen werden durch die Membran im Lautsprecher hörbar gemacht.	– verbalisieren – fixieren	Hb	Tafelbild (4)
	11. Lehrschritt (Rekapitulation)	Erprobung der Feststellung. (Lz 4)	Experiment: Schüler bauen die Schaltung des Dedektorempfängers auf und versuchen den Schwingkreis auf eine Senderfrequenz abzustimmen.	– aufbauen – erproben – verbalisieren	Ga	Tafelbild (4)
Sicherungsphase	12. Lehrschritt (Ausweitung)	Frühere Erkenntnisse in Zusammenhang stellen. (Lz 5)	Erarbeitungsgespräch: Schüler erarbeiten zur Verstärkung der Dedektorsignale eine Transistorenschaltung und vergleichen sie mit dem Vorschlag des Lehrers. Es sind mehrere Verstärkerstufen möglich.	– verbalisieren – fixieren	Hb	Versuch (5)
	13. Lehrschritt (Anwendung)	Aufbau einer Schaltung. (Lz 5)	Experiment: Je nach Wissensstand bauen die Schüler ein- bzw. mehrstufige Transistorverstärker für den Dedektorempfänger.	– aufbauen – erproben – verbalisieren	Ga	Versuch (5) (6)

Hauptlernziel: Die Funktionsweise eines elektrischen Schwingkreises kennen lernen.	Unterrichtsthema: Wie funktioniert ein elektrischer Schwingkreis?	Autor: Klaus Bendel
		Unterrichtszeit Empfehlung: 2 UE

Vorbemerkungen:

Ist es den Elektronen möglich zwischen einem Kondensator und einer Spule hin und her zu pendeln, so können wir von einem Schwingungskreis, dem elektrischen Schwingkreis sprechen. Dabei dienen der Kondensator als Spannungsquelle und die Spule als Stromquelle. Infolge des stets auftretenden ohmschen Widerstandes kommt es zu Stromverlusten, wodurch die Schwingungen gedämpft werden. Je nach Größe der Kapazität des Kondensators und der Induktion der Spule besitzt jeder Schwingkreis eine ihm eigene Frequenz. Je kleiner die Kapazität und je kleiner die Induktion ist, desto schneller schwingt der Stromkreis hin und her. Will man ein schwingendes Pendel erneut in Schwingungen versetzen, ohne seinen Rhythmus zu stören, so muß man beim richtigen Stoßrhythmus achten. Will man die Dämpfung beim elektrischen Schwingkreis verhindern, so muß man die Fremdfrequenz in der Größe wählen, die der Eigenfrequenz des Schwingkreises entspricht. Zur leichteren Abstimmung verwendet man hierzu Drehkondensatoren. Wird der Schwingkreis von außen aufrecht erhalten, so sprechen wir von einem ungedämpften Schwingkreis.

Damit wir Schwingungsvorgänge mit einer Frequenz unter 5 Hz beobachten können, sind verhältnismäßig hohe Induktivitäten und Kapazitäten notwendig. Experimentierspulen weisen wieder einen hohen ohmschen Widerstand auf, so daß eine starke Dämpfung die Folge ist. Aus diesem Grunde sind doch Experimentierspulen mit geringerer Windungszahl vorzuziehen. Wegen der Trägheit des Zeigermechanismuses verzichtet man besser auf ein Amperemeter und nimmt ein Glimmlämpchen (Neonröhrchen), das nur sehr wenig Strom benötigt und auch noch bei hohen Frequenzen deutlich sichtbar arbeitet. Durch das abwechselnde Aufleuchten beider Seiten des Neonröhrchens wird die Schwingfolge leicht erkennbar. Ist ein Oszilloskop vorhanden, so wird die Vorführung noch mehr vereinfacht.

Teillernziele:

Die Schüler sollen:

1. sich an Hand eines physikalischen Modells ein vereinfachtes Bild von physikalischen Vorgängen machen können,
2. die Entstehung elektrischer Schwingungen erklären können,
3. den Schwingungsvorgang erläutern können,
4. einen Schwingkreis abstimmen können,
5. die Rückkopplung elektrischer Schwingungen vornehmen können.

Literatur:

Butschek-Hofmeister, Physik-Chemie 9, Sellier Verlag, Freising, 1980;
Houben, Didaktik und Praxis der Schulphysik 2, Herder Verlag, Freiburg i.Br., 1972;
Leybold-Heraeus, Zentralkartei Physik, Köln, 1976;
Wolfram Ludwig, Elektronik in der Sekundarstufe 1, Herder Verlag, Freiburg i.Br., 1975;

Medien:

Spulen (2x 600, 2x 1200, 2x 12000 Windungen), Blockkondensatoren (2, 2x 4, 6, 8, 10 μF), Drehkondensator, Glimmlämpchen, Widerstand (300 Ω, 100 kΩ), Schiebewiderstand (300 Ω), 2 U-Kerne mit Joch, Feder- und Fadenpendel, Gleichspannungsquelle (250V, 5-25V), Wechselspannungsquelle 220V;

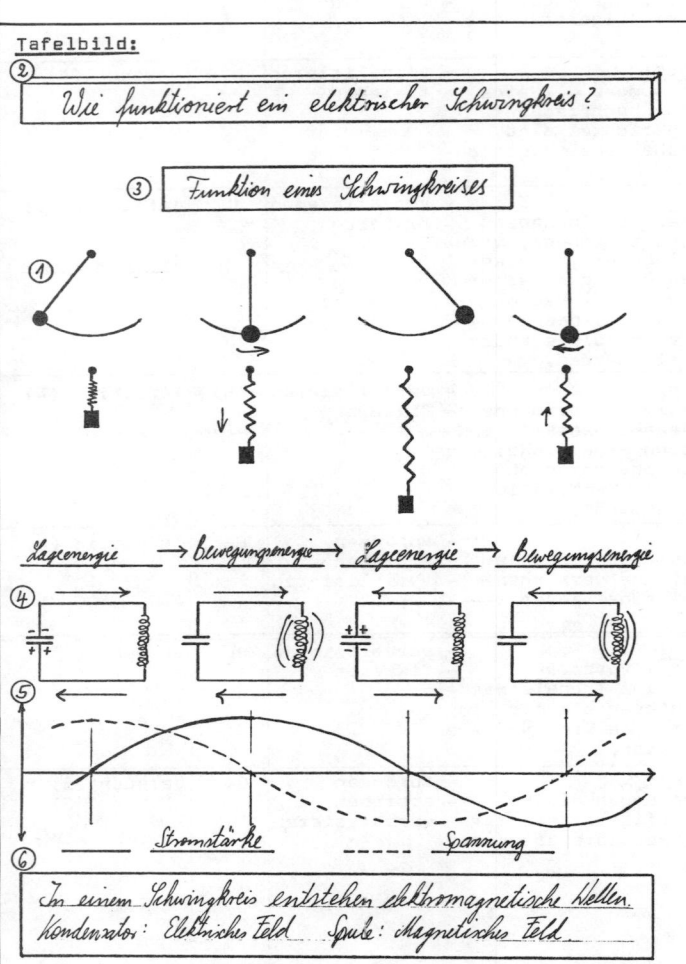

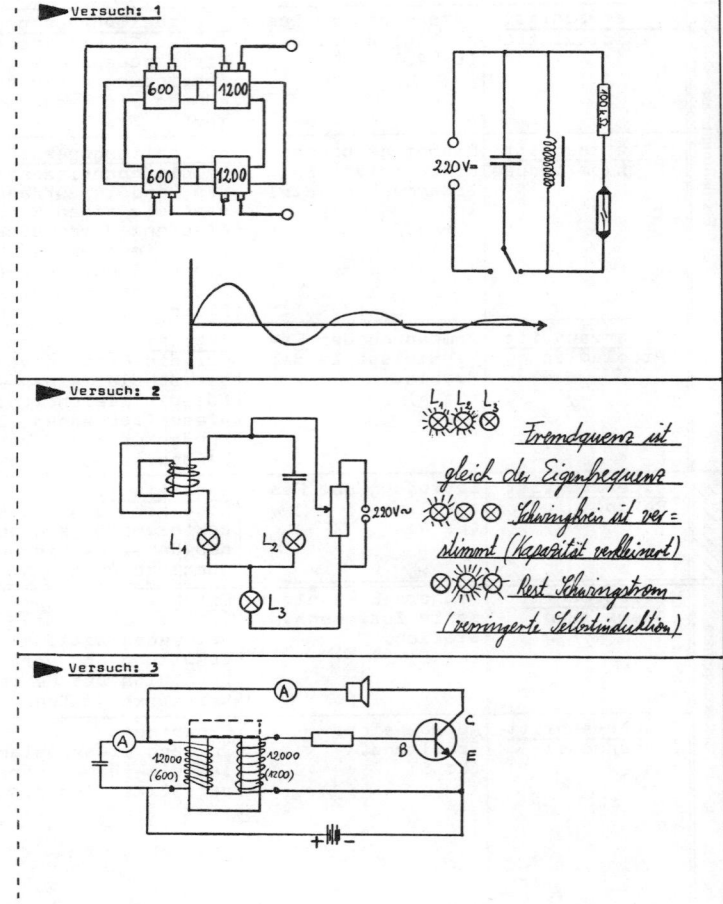

Tafelbild:

② Wie funktioniert ein elektrischer Schwingkreis?

③ Funktion eines Schwingkreises

① [Pendelmodell]

Lageenergie → Bewegungsenergie → Lageenergie → Bewegungsenergie

④ [Schwingkreis-Schaltbilder]

⑤ [Sinuskurven]

—— Stromstärke   - - - Spannung

⑥ In einem Schwingkreis entstehen elektromagnetische Wellen.
Kondensator: Elektrisches Feld   Spule: Magnetisches Feld

Versuch: 1

Versuch: 2

Fremdfrequenz ist gleich der Eigenfrequenz
Schwingkreis ist verstimmt (Kapazität verkleinert)
Rest Schwingstrom (verringerte Selbstinduktion)

Versuch: 3

UG	Lehrschritte (Artikulationsdefinition)	Lehrinhalte und Lernziele (= Lz)	Lehrakte .... Lernakte	Sozialformen	Lernhilfen
Eröffnungsphase	1. Lehrschritt (Problembegegnung)	Weckung der Lernbegierde. (Lz 1)	Sachimpuls: An einem Pendel demonstriert der Lehrer die sich ständig wiederholenden Hin- und Herbewegungen. — wahrnehmen	Hb	Faden-, Federpendel
	2. Lehrschritt (Problemabgrenzung)	Aktivierung des Vorwissens. (Lz 1)	Rundgespräch: Schüler erläutern Gründe der Schwingungsdämpfung und äußern sich über Vermeidung der Dämpfung. Es folgt Besprechung der Energieumformungen. — verbalisieren — fixieren	Aa/Hb	Pendel Tafelbild (1)
	3. Lehrschritt (Zielangabe)	Formulierung der Problemfrage. (Lz 1,2)	Erarbeitungsgespräch: Wie funktioniert ein elektrischer Schwingkreis? — verbalisieren — fixieren	Hb	Tafelbild (2)
Erarbeitungsphase	4. Lehrschritt (Hypothesenbildung)	Geistiges Durchdringen des Problems. (Lz 1,2)	Rundgespräch: Der einseitige Mangel bzw. Überschuß an Elektronen an den Kondensatorplatten macht diese geeignet, kurzzeitig Stromstöße abzugeben. In den Spulen wird dadurch eine Spannung induziert. Beide Bauteile können für die Entstehung einer Schwingung sorgen. (Anfänge von Tafelbild 4) — verbalisieren — fixieren	Aa/Hb	Tafelbild (3) (4)
	5. Lehrschritt (Versuchsplanung)	Suchen nach einem experimentellen Nachweis. (Lz 2,3)	Auftrag: Schüler bauen einen Demonstrationsversuch auf. Je ein Spulenpaar von 1200 und 600 Windungen wird auf eine U-Kern gesteckt, deren Stirnseiten aufeinander gesetzt werden. Die Kondensatoren (4,4,10 µF) werden parallel geschaltet. Feststellung durch Oszilloskop oder Glimmlämpchen mit 100 kΩ Widerstand. — wahrnehmen	Aa	Versuch (1)
	6. Lehrschritt (Versuchsdurchführung)	Befragung durch das Experiment. (Lz 2,3)	Experiment: Lehrer schließt den Versuch an eine 220V Gleichspannungsquelle an. — beobachten	Hb	Versuch (1)
	7. Lehrschritt (Erkenntnisgewinnung)	Wiedergabe des Lernresultats. (Lz 2,3)	Verarbeitungsgespräch: Das Neonröhrchen leuchtet abwechselnd an beiden Seiten 3-5 mal auf, wobei die Leuchtstärke abnimmt. Bei großer Kapazität (18 µF) ist das Wechseln deutlich getrennt. Verringerung der Kapazität oder auch der Induktion (Abnehmen des oberen U-Kerns, aber Jochüberbrückung des 2.U-Kerns) bringt ein verkürztes Aufleuchten. — verbalisieren	Hb	Versuch (1) Kondensatoren: 4,4,10 µF
	8. Lehrschritt (Rekapitulation)	Gewonnene Erkenntnis in Zusammenhang stellen. (Lz 3)	Verarbeitungsgespräch: Das abwechselnde Aufleuchten des Neonröhrchens zeigt das Hin- und Herpendeln des Stromes an. Dämpfung erfolgt durch die Stromwärme. Ursachen für die Hin- und Herbewegungen sind das elektrische Feld des Kondensators und das Magnetfeld der Spule. Das zerfallende elektrische Feld ruft in der Spule ein Magnetfeld hervor. Zerfällt dieses wieder - fehlender Strom - wird ein elektrisches Feld aufgebaut. Hier dient Kondensator als Spannungsquelle für den magnetischen Feldaufbau, die Spule als Stromquelle für den Aufbau des elektrischen Feldes. — verbalisieren — fixieren	Hb	Tafelbild (4) (5) (6)
Sicherungsphase	9. Lehrschritt (Anwendung)	Praktische Festigung. (Lz 4)	Experiment: Kondensatoren sind parallel geschaltet. Eigenfrequenz: 50 Hz. Spannung wird erhöht, bis Lämpchen im Schwingkreis leuchten. Kapazität wie Induktion werden abwechselnd verringert. Schüler diskutieren drei Fälle beim verschiedenen Aufleuchten der Lämpchen. — beobachten — überdenken — verbalisieren — fixieren	Hb	Versuch (2) Kondensatoren: 2,4,6 µF Lämpchen: 3,5V/0,02A Spule:600 Wdg. Widerstand:300Ω
	10.Lehrschritt (Transfer)	Übertragung des Wissens in die Technik. (Lz 5)	Erarbeitungsgespräch: Bei ungedämpfter Schwingung muß der Schwingkreis die Energiezuschüsse selbst steuern. Möglichkeit bietet ein schnell arbeitender elektronischer Schalter. Der Schwingungskreis steuert beim Transistor den Basiskreis, der dadurch den Kollektorkreis im selben Rhythmus verstärkt. Zur Tonerzeugung ersetzen wir die 12000 W-Spulen durch 600W-(Schwingkreis) und 1200W-(Basiskreis)Spulen. — verbalisieren — beobachten — fixieren	Hb	Versuch (3) Kondensatoren: 2,6,10 µF Spulen:600,1200, 2x12000 Wdgn. Transistor npn Amperemeter 0,2A Lautsprecher 5Ω

133

Hauptlernziel: Einblick erhalten in die Funktionsweise eines elektrischen Bauelements: Kondensator.	Unterrichtsthema: Wie funktioniert ein Kondensator?	Autor: Klaus Bendel
		Unterrichtszeit Empfehlung: 2 UE

Vorbemerkungen:

In elektronischen Schaltungen finden Kondensatoren meist als Speicherglieder Verwendung. Die Anwendung als frequenzabhängige Spannungsteiler oder als Phasenschieber ist für die Sekundarstufe 1 ohne Bedeutung. Auch gilt der Satz, daß der Kondensator für Gleichstrom eine Sperre darstelle, nur für den stationären Zustand. Ein Verständnis für Schwingschaltungen kann aber nur erzielt werden, wenn der Lade- und Entladevorgang genauer betrachtet wird. Dies kann an einem sehr einfachen Modellversuch dargestellt werden. Ist ein Kondensator an eine Spannungsquelle angeschlossen, fließen von einer Kondensatorplatte Elektronen zur anderen ab. Der während des Ladevorgangs (Entladevorgangs) fließende Strom wird um so kleiner, je größer die beim Laden entstehende Gegenspannung wird. Bei diesem Versuch soll nur von den elektrostatischen Grundeigenschaften der Ladungen Gebrauch gemacht und auf die Begriffe wie Influenz verzichtet werden. Gleichzeitig wird auch deutlich, daß ein Kondensator immer zweipolig angeschlossen werden muß.

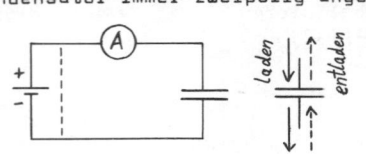

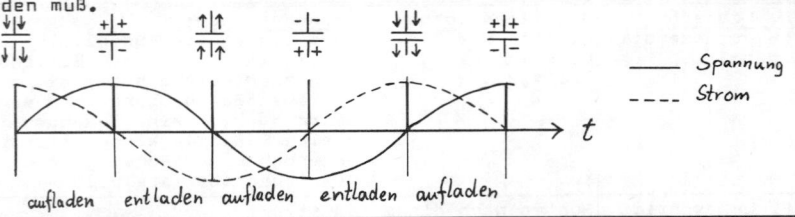

Teillernziele:

Die Schüler sollen:

1. die Wirkung des Kondensators im elektrischen Gleichstromkreis kennen lernen,
2. die Wirkung des Kondensators im elektrischen Wechselstromkreis kennen lernen,
3. die Wirkung des Kondensators im pulsierenden Gleichstrom kennen lernen,
4. die erworbenen Kenntnisse über den Kondensator schaltungstechnisch anwenden können.

Literatur:

Butschek-Hofmeister, Physik-Chemie 9, Sellier Verlag, Freising, 1980;
Houben, Didaktik und Praxis der Schulphysik 2, Herder Verlag, Freiburg i.Br., 1972;
Leybold-Heraeus, Zentralkartei Physik, Köln, 1976;
Wolfram Ludwig, Elektronik in der Sekundarstufe 1, Herder Verlag, Freiburg i.Br., 1975;

Medien:

Block-, Dreh-, Platten-, Elektrolytkondensatoren, Meßgeräte, Glühbirnchen (3,8V/0,07V), Spannungsquellen 4,5V, Oszilloskop, Lautsprecher, Becherglas;

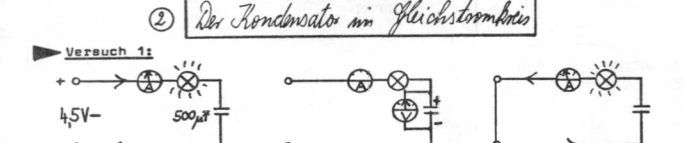

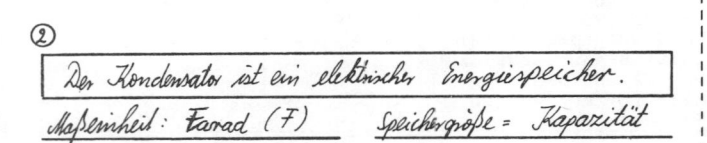

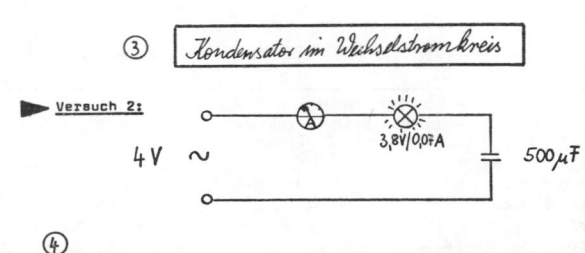

Tafelbild:

① **Wie funktioniert ein Kondensator?**

② **Der Kondensator im Gleichstromkreis**

▶ Versuch 1:

② *Der Kondensator ist ein elektrischer Energiespeicher.*
Maßeinheit: Farad (F)   Speichergröße = Kapazität

③ **Kondensator im Wechselstromkreis**

▶ Versuch 2:

④ Gleichstrom: *Der Kondensator unterbricht den Stromkreis.*
Wechselstrom: *Der Kondensator unterbricht den Stromkreis nicht.*

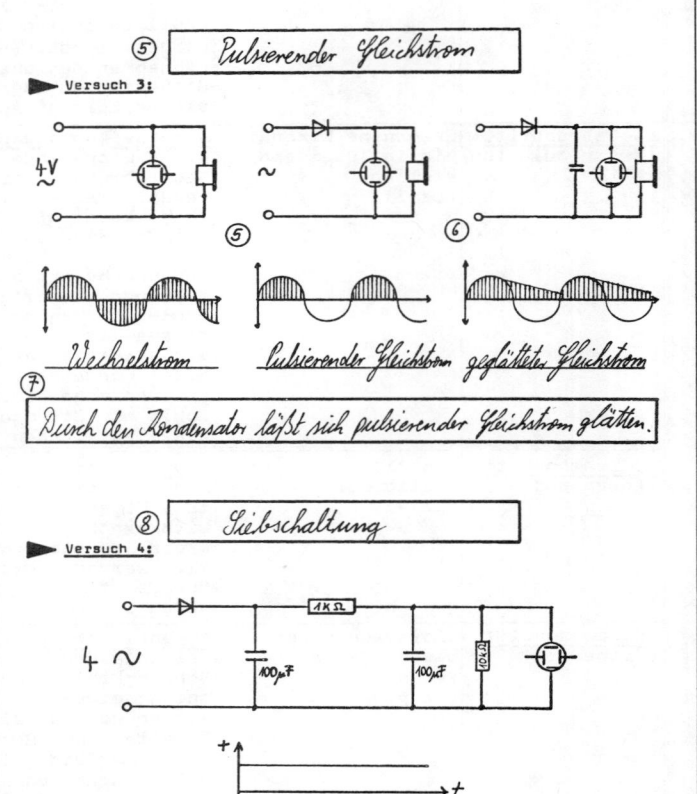

⑤ **Pulsierender Gleichstrom**

▶ Versuch 3:

⑤ Wechselstrom   Pulsierender Gleichstrom   geglätteter Gleichstrom

⑦ *Durch den Kondensator läßt sich pulsierender Gleichstrom glätten.*

⑧ **Siebschaltung**

▶ Versuch 4:

⑧ *Durch den 2. Kondensator wird eine völlige Glättung erreicht.*

UG	Lehrschritte (Artikulationsdefinition)	Lehrinhalte und Lernziele (= Lz)	Lehrakte .... Lernakte		Sozialformen	Lernhilfen
Eröffnungsphase	1. Lehrschritt (Problembegegnung)	Weckung der Lernbegierde. (Lz 1)	Sachimpuls: Lehrer zeigt ein präpariertes Becherglas, an dem die Luft kondensiert.	– wahrnehmen	Hb	Becherglas
	2. Lehrschritt (Problemabgrenzung)	Ausbreitung der Ausgangssituation. (Lz 1)	Rundgespräch: Aus der Wärmelehre ist der Begriff: kondensieren bekannt. Kondensierter Wasserdampf hat sich zu Wassertröpfchen verdichtet. Ein Kondensator ist ein Verdichter. In der Elektrik sollen Ladungsteilchen verdichtet werden.	– verbalisieren – fixieren	Aa/Hb	Nebentafel: kondensieren = verdichten Kondensator - Verdichter
	3. Lehrschritt (Zielangabe)	Formulierung der Problemfrage. (Lz 1)	Erarbeitungsgespräch: Wie funktioniert ein Kondensator?	– verbalisieren – fixieren	Hb	Tafelbild (1)
Erarbeitungsphase	4. Lehrschritt (Hypothesenbildung)	Geistiges Durchdringen des Problems. (Lz 1)	Rundgespräch: Schüler folgern aus Erfahrungsbereich. Wenn Kondensator als Ladungsträger arbeitet, muß auf einer Plattenseite ein großer Überschuß und auf der anderen Platte ein Mangel an Elektronen entstehen. Die Folge ist eine Spannung.	– verbalisieren	Aa/Hb	Platten-, Drehkondensator
	5. Lehrschritt (Versuchsplanung)	Suchen nach einem experimentellen Nachweis. (Lz 1)	Arbeitsauftrag: Stecke zwei Metallplatten auf je einen Isolator und stelle sie so gegenüber auf, daß sie nur durch eine dünne Luftschicht voneinander getrennt sind. Lege eine Spannungsquelle an.	– verbalisieren	Hb	Platten-, Drek-, Elektrolytkondensator
	6. Lehrschritt (Versuchsdurchführung)	Befragung durch das Experiment. (Lz 1)	Experiment: Schüler messen an verschiedenen Kondensatoren die Spannung. Es werden verschieden hohe Spannungsquellen verwendet. Spannungsquellen werden entfernt und die Spannung am Kondensator gemessen.	– durchführen	Ga	Versuch (1)
	7. Lehrschritt (Erkenntnisgewinnung)	Wiedergabe des Lernresultats. (Lz 1)	Verarbeitungsgespräch: Beim Anlegen der Spannung leuchtet das Lämpchen kurz auf. Amperemeter zeigt einen kurzen Ausschlag. Nach Wegnahme der Spannungsquelle liegt am Kondensator noch eine Spannung an. Das Amperemeter schlägt nicht aus. Bei Stromkreisschluß leuchtet das Birnchen wieder kurz auf.	– verbalisieren	Ga	Versuch (1)
	8. Lehrschritt (Rekapitulation)	Zusammenfassen der Erkenntnisse. (Lz 1)	Verarbeitungsgespräch: Beim Anlegen einer Gleichspannung wandern Elektronen von der einen Kondensatorplatte auf die andere. Aufgrund des Elektronenmangels bzw. Überflusses entsteht ein elektrisches Feld. Bei entfernter Spannungsquelle bleibt dies bestehen. Abhängigkeit der Größe: Größe der Platte und ihr Abstand. Begriffe: Kapazität, Farad, Symbol.	– verbalisieren – fixieren	Hb	Tafelbild (2)
	9. Lehrschritt (Versuchsplanung)	Erweiterung des Wissens. (Lz 2)	Erarbeitungsgespräch: Im Wechselstromkreis müßte infolge ständiger Ladung und Entladung ein Dauerstrom fließen.	– verbalisieren – fixieren	Hb	Tafelbild (3) Versuch (2)
	10. Lehrschritt (Versuchsdurchführung)	Überprüfung durch das Experiment. (Lz 2)	Experiment: Schüler schließen Kondensator an eine Wechselspannung an.	– überprüfen – fixieren	Ga	Versuch (2)
	11. Lehrschritt (Erkenntnisgewinnung)	Wiedergabe des Lernresultats. (Lz 2)	Verarbeitungsgespräch: Die Elektronen pendeln von einer Platte zur anderen hin und her.	– verbalisieren – fixieren	Hb	Tafelbild (4)
	12. Lehrschritt (Problemfindung)	Erkenntnisse in Zusammenhang stellen. (Lz 3)	Erarbeitungsgespräch: Schüler untersuchen den durch eine Diode pulsierenden Gleichstrom. Er kann durch Lautsprecher hörbar bzw. durch den Oszilloskopen sichtbar gemacht werden.	– verbalisieren – fixieren	Hb	Tafelbild (5) Versuch (3) Oszilloskop Lautsprecher
	13. Lehrschritt (Problemlösung)	Erkenntnis in Zusammenhang stellen. (Lz 3)	Verarbeitungsgespräch: Beim Einbau eines Kondensators verschwindet das Brummen. Auf dem Oszilloskopen ersieht man, daß der pulsierende Strom geglättet wird.	– verbalisieren – fixieren	Hb	Tafelbild (6) (7) Versuch (3)
Sicherungsphase	14. Lehrschritt (Anwendung)	Verwendung des Wissens in der Technik. (Lz 4)	Erarbeitungsgespräch: Schüler besprechen Einsatzmöglichkeiten von Kondensatoren und erproben dies im Versuch. Die Wirkung erfahren sie durch den Lautsprecher bzw. Oszilloskopen. Sie erkennen: Durch Verwendung mehrerer Kondensatoren erfolgt eine ständige Verbesserung der Glättung des elektrischen Stromes.	– verbalisieren – fixieren – durchführen	Hb	Tafelbild (8) Versuch (4)

Hauptlernziel: Einblick erhalten in die Funktion des Elektronikbauteils: Halbleiterdiode.	Unterrichtsthema: Halbleiterdiode – ein elektronischer Baustein. (Wie arbeitet eine Diode?)	Autor: Klaus Bendel
		Unterrichtszeit Empfehlung: 2 UE

Vorbemerkungen:

Dioden sind elektrisch gesehen Widerstände, deren Widerstandsgröße von der Stromrichtung abhängt. Ist die Widerstandsgröße klein, so ist die Diode in Durchlaßrichtung geschaltet. Ist die Widerstandsgröße groß, so liegt die Diode in Sperrichtung im Stromkreis. Die Steuerung der Diode kann man durch einfache Umkehrung der Polarität erreichen. Die Durchlaßrichtung der Diode wird im Schaltzeichen durch die Richtung des Pfeils angegeben (Stromrichtung + ⟶ -). Im Gehäuse der Diode stehen zwei Kristalle unterschiedlicher elektrischer Eigenschaften in Kontakt: Eine überschußleitende n-Schicht und eine fehlstellenleitende p-Schicht. An den Kontaktflächen bildet sich eine Sperrschicht. Die Breite der Sperrschicht hängt von der angelegten Spannung ab.

Die Schüler erhalten im ersten Versuch einige Kästchen (black-box) mit zwei Anschlüssen, die von außen unsichtbar eine Diode oder nur ein Stück Draht oder gar nichts enthalten. Experimentell werden die Schüler sehr schnell herausfinden, in welchen Kästchen die Dioden eingebaut sind. Der Widerspruch, daß einige Kästchen von Schülern als elektrisch leitend erkannt wurden, von anderen dagegen als nichtleitend, bietet gleichzeitig eine gute Anfangsmotivation.

Falls zur Strommessung kein empfindliches Meßinstrument zur Verfügung steht, empfielt es sich als Gleichrichter Selenzellen (z.B. PHY 06 825.00) zu verwenden. Besonders hilfreich ist bei den Versuchen der Einsatz eines Oszilloskopen, da hier die Stromkurven graphisch veranschaulicht werden können. Wenn die Kondensatoren bereits behandelt wurden, kann an einem Schaltungsbeispiel auch gezeigt werden, wie der durch die Gleichrichtung gewonnene pulsierende Gleichstrom geglättet werden kann. Ebenso kann man die Anwendung in der Technik durch einen weiteren Lehrschritt ergänzen durch die Besprechung einer speziellen Diode, der Zehnerdiode. Diese Diode läßt den Strom in der Durchlaßrichtung erst ab einer bestimmten Höhe fließen. Anwendung: Einbau in eine Elektrouhr würde den langsameren Lauf bei schwächer werdender Batterie verhindern.

Teillernziele:

Die Schüler sollen:

1. die Halbleiterdiode als elektrischen Widerstand erkennen,
2. die Durchlaßrichtung und Sperrichtung einer Diode erkennen,
3. die Steuerbarkeit der Diode erfahren,
4. Aufbau einer Diode im physikalischen Modell erkennen,
5. die Diode zur Gleichrichtung von Wechselströmen einsetzen können,
6. die erworbenen Kenntnisse über die Halbleiterdiode in der Technik einsetzen können.

Literatur:

Butschek-Hofmeister, Physik-Chemie 9, Sellier Verlag, Freising, 1980;
Houben, Didaktik und Praxis der Schulphysik 2, Herder Verlag, Freiburg i.Br., 1972;
Kotter, Physik/Chemie 9, Auer Verlag, Donauwörth, 1981;
Leybold-Heraeus, Zentralkartei Physik, Köln, 1976;
Wolfram Ludwig, Elektronik in der Sekundarstufe 1, Herder Verlag, Freiburg i.Br., 1975;

Medien:

Dioden, Elektrische Meßgeräte, Einzelstecker, Gleichspannungsquellen (4,5V), Glühbirnchen (3,8V/0,07A), Black-box-Kästchen zum Einbau der Dioden, Oszilloskop, Zehnerdiode;

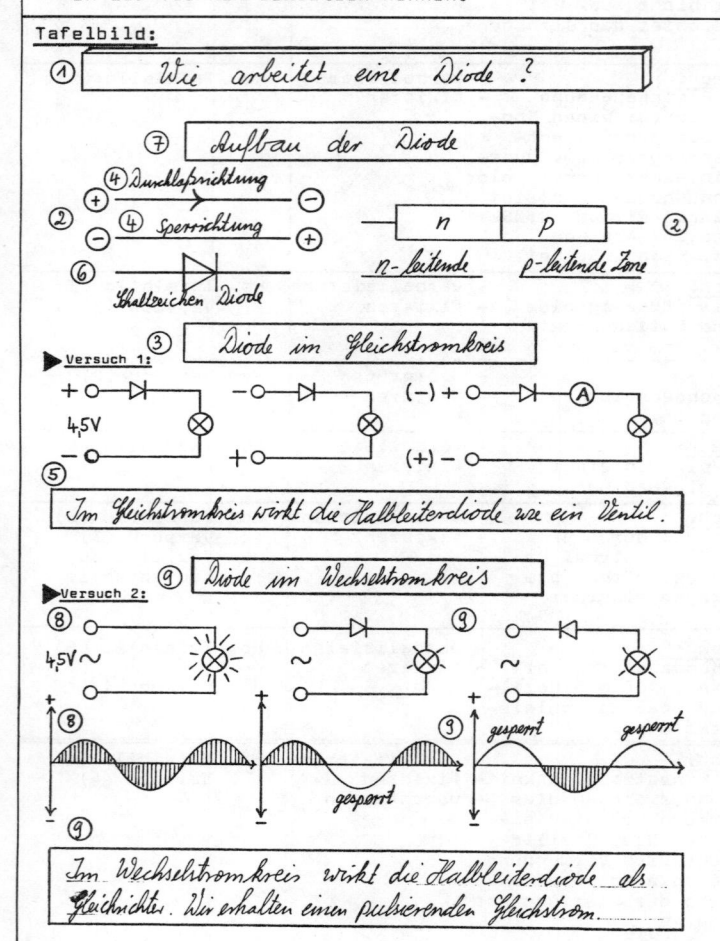

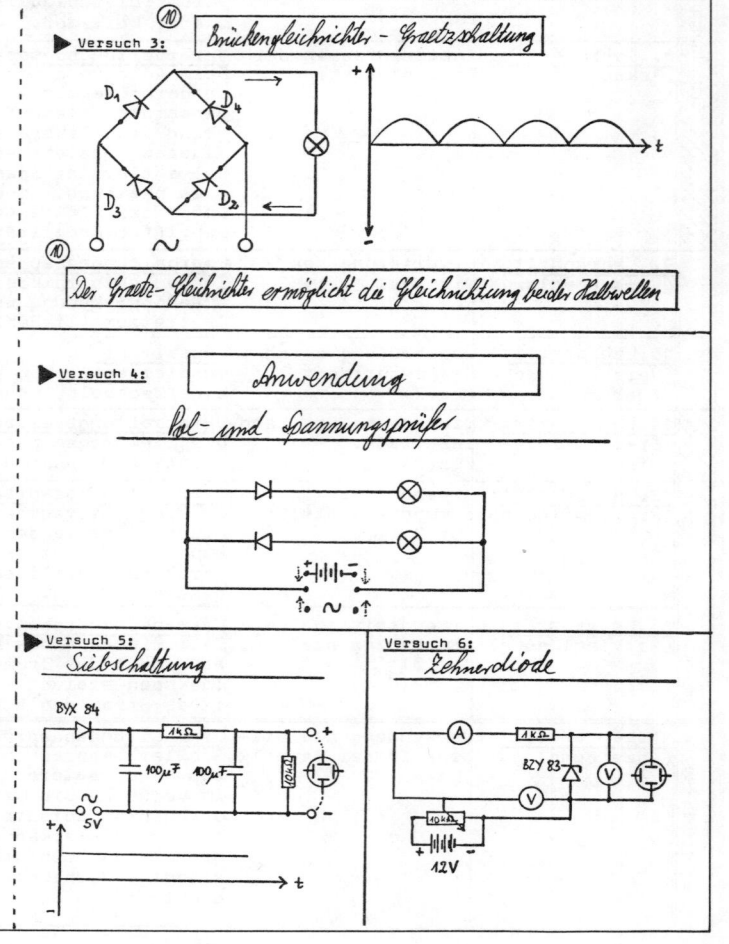

Tafelbild:

① Wie arbeitet eine Diode?

⑦ Aufbau der Diode

② ④ Durchlaßrichtung
④ Sperrichtung
⑥ Schaltzeichen Diode

n-leitende | p-leitende Zone

▶ Versuch 1: ③ Diode im Gleichstromkreis

4,5V

⑤ Im Gleichstromkreis wirkt die Halbleiterdiode wie ein Ventil.

▶ Versuch 2: ⑨ Diode im Wechselstromkreis

⑧ 4,5V~

⑧ ⑨ gesperrt gesperrt

⑨ Im Wechselstromkreis wirkt die Halbleiterdiode als Gleichrichter. Wir erhalten einen pulsierenden Gleichstrom.

▶ Versuch 3: Brückengleichrichter - Graetzschaltung

D₁ D₄
D₃ D₂

⑩ Der Graetz-Gleichrichter ermöglicht die Gleichrichtung beider Halbwellen.

▶ Versuch 4: Anwendung Pol- und Spannungsprüfer

▶ Versuch 5: Siebschaltung

BYX 84
1kΩ
100μF 100μF
5V

▶ Versuch 6: Zehnerdiode

1kΩ
BZY 83
10kΩ
12V

136

UG	Lehrschritte (Artikulationsdefinition)	Lehrinhalte und Lernziele (= Lz)	Lehrakte .... Lernakte	Sozial-formen	Lernhilfen
Eröffnungsphase	1. Lehrschritt (Problembegegnung)	Weckung der Lernbegierde. (Lz 1-3)	Sachimpuls: Lehrer verteilt "Zauberkästchen", die von Schülern mehrfach auf ihre Leitfähigkeit überprüft werden sollen. – wahrnehmen Versuch: Schüler überprüfen mit Hilfe eines Stromprüfers (Birnchen und Spannungsquelle) die elektrische Stromdurchlässigkeit der Kästchen. – überprüfen	Hb Aa	"black-box" (s. Vorbemerkungen, 2. Absatz) Stromprüfer
	2. Lehrschritt (Problemabgrenzung)	Ausbreitung der Ausgangssituation. (Lz 1-3)	Erarbeitungsgespräch: Einzelne black-box werden von verschiedenen Schülern als elektrisch leitend bzw. nicht leitend gefunden. Klärung: Eingebaute Diode. – verbalisieren	Hb	black-box
	3. Lehrschritt (Zielangabe)	Formulierung der Problemfrage. (Lz 1-3)	Erarbeitungsgespräch: Wie arbeitet eine Diode? – verbalisieren – fixieren	Hb	Tafelbild (1)
Erarbeitungsphase	4. Lehrschritt (Hypothesenbildung)	Geistiges Durchdringen des Problems. (Lz 1,2)	Rundgespräch: Erfahrung mit der black-box zeigt, daß die Diode den Strom nur in einer Richtung durchläßt. In der anderen Richtung stellt sie einen großen Widerstand dar. Darstellung möglicher Stromrichtungen. – verbalisieren – fixieren	Aa/Hb	Tafelbild (2)
	5. Lehrschritt (Versuchsplanung)	Suchen nach einem experimentellen Nachweis. (Lz 1,2,3)	Arbeitsauftrag: Überprüfe die Dioden auf ihre Stromdurchlässigkeit. Miß die Stromstärken in beiden Richtungen. – verbalisieren – fixieren – überprüfen	Ga	Versuch (1) Tafelbild (3)
	6. Lehrschritt (Versuchsdurchführung)	Befragung durch das Experiment. (Lz 1,2,3)	Experiment: Die Dioden werden in Durchlaß- und Sperrichtung geprüft. Durchlaß- und Sperrstrom werden gemessen. – durchführen	Ga	Versuch (1)
	7. Lehrschritt (Erkenntnisgewinnung)	Wiedergabe des Lernresultats. (Lz 1,2,3)	Verarbeitungsgespräch: Liegt Gleichstrom an, läßt die Diode den Strom nur in einer Richtung fließen. – verbalisieren	Hb	Tafelbild (4)
	8. Lehrschritt (Rekapitulation)	Gewonnene Erkenntnis in Zusammenhang stellen. (Lz 1-4)	Verarbeitungsgespräch: Wegen ihrer Durchlaß- und Sperrichtung wirkt die Diode wie ein Ventil. Daraus ist auch das Symbol des Schaltzeichens zu erklären. Die Diode besteht aus einem Halbleiterkristall mit zwei Zonen: p-leitende und n-leitende Zone. Durch eine Umpolung kann ich die Diode steuern. – verbalisieren – fixieren	Hb	Tafelbild (5) (6) (7)
	9. Lehrschritt (Problemfindung)	Erkenntnis zur Anwendung bringen. (Lz 5)	Erarbeitungsgespräch: Wird die Diode vom Wechselstrom durchflossen, dürfte sie den Strom immer nur in einer Richtung durchlassen. Die andere Richtung müßte gesperrt sein. – verbalisieren – fixieren	Hb	Tafelbild (8) Versuch (2)
	10. Lehrschritt (Problemlösung)	Erkenntnis zur Anwendung bringen. (Lz 5)	Erarbeitungsgespräch: Je nach Schaltung der Diode erhalten wir nur die "oberen" bzw. "unteren" Wellenberge. Wir erhalten einen immer in dieselbe Richtung pulsierenden Strom. – verbalisieren – fixieren	Hb	Tafelbild (9) Versuch (2)
	11. Lehrschritt (Rekapitulation)	Auswertung der Erkenntnisse. (Lz 5)	Erarbeitungsgespräch: Mit dem Einbau mehrerer Gleichrichter im Brückenbau (Graetzschaltung) können wir beide Halbwellen gleichrichten. Zunächst wird die gewünschte Stromrichtung am Ausgang gegeben. Es folgt Schaltung des Gleichrichterzweiges D1 D2. Der 2. Brückenzweig wird ergänzt D3 D4. Die Stromwege werden diskutiert. Es folgt: Vergleich der Lämpchen bei nur einem Gleichrichterzweig und bei Vollweggleichrichtung. Oszilloskop! – verbalisieren – untersuchen – fixieren	Hb	Versuch (3) Tafelbild (10)
Sicherungsphase	12. Lehrschritt (Anwendung)	Verwendung der Erkenntnisse in der Technik. (Lz 6)	Sachimpuls: Lehrer zeigt einen Spannungs- und Polarisationsprüfer. Schülerversuch: Schüler überlegen sich einen Schaltplan und erproben ihn. – wahrnehmen – verbalisieren – verbalisieren – durchführen – fixieren	Hb Ga	Versuch (4) Versuch (4)
	13. Lehrschritt (Ausweitung)	Aktivierung von Vorkenntnissen. (Lz 6)	Verarbeitungsgespräch: Mit Hilfe eines Ladekondensators kann der pulsierende Gleichstrom geglättet werden. – verbalisieren – fixieren – durchführen	Hb	Versuch (5)
	14. Lehrschritt (Inhaltliche Ergänzung)	Anwendung in der Technik. (Lz 6)	Erarbeitungsgespräch: Eine spezielle Diode: Zehnerdiode läßt den Strom erst in einer bestimmten Höhe in Durchlaßrichtung fließen. – verbalisieren – fixieren – durchführen	Hb	Versuch (6)

Hauptlernziel: Einblick in wichtige physikalische Grundlagen der Nachrichtenübermittlung durch Schwingungen.	Unterrichtsthema: Wie gelangt der Schall an unser Ohr?	Autor: Otto Hofmeier
		Unterrichtszeit Empfehlung: 1UE=45Min.

Vorbemerkung:
Bei der Versuchsdurchführung ist auf eine möglichst gute Schallisolierung der Lärmquelle gegenüber dem Pumpenteller sowie eine ausreichende Auspumpung zu achten, wenn ein befriedigendes Ergebnis erzielt werden soll.

Medien:
OHP-Projektor, OHP-Folie, Arbeitsblatt, Notizblock; Versuchsmaterial: Handluftpumpe oder Wasserstrahlpumpe, Luftpumpenteller, Gummischeibe, Luftpumpenglocke, Klingel, Batterie, Anschlußkabel, Schaumstoff zur Isolierung; Glasschale mit Wasser, Pipette; Bank.

Literatur:
- Physik-Chemie 9; Sellier Verlag GmbH, Freising 1980;
- Physik-Chemie, Arbeitsheft 9N; Sellier Verlag GmbH; Eching 1979;
- Physik/Chemie, 9. Jgst.; Verlag Ludwig Auer; Donauwörth 1981;
- Wege in die Physik + Chemie 9, Bayern; Ernst Klett Verlag; Stuttgart 1979;

Anmerkung:
Fundstelle der beiden Skizzen des Arbeitsblattes: Arbeitsheft bzw. Buch des Sellier Verlages, Freising.

Seitentafel:
- durch die Luft
- größere Entfernung: mehr Zeit, leiser

---

850 m — 5 s

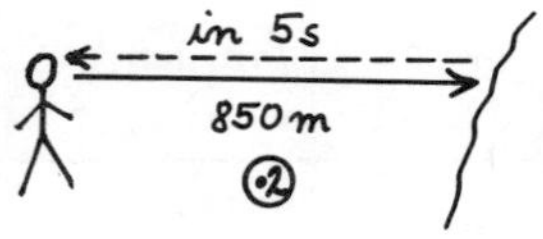

in 5s / 850m ②

$v = \dfrac{\Delta}{t} = \dfrac{850 \cdot 2}{5} = 340 \, [m/s]$

Lernziele: Die Schüler sollen:
1. sich der Tatsache bewußt werden, daß Schallausbreitung Zeit erfordert,
2. herausfinden, daß zur Schallausbreitung ein Schallträger (Luft, Wasser, Holz etc.) notwendig ist,
3. Möglichkeiten der experimentellen Überprüfung ihrer Hypothesen überlegen,
4. erfahren, daß sich der Schall kugelförmig um die Schallquelle ausbreitet und dabei Verdichtungen und Verdünnungen des Mediums entstehen,
5. einige Beispiele für Ausbreitungsgeschwindigkeiten des Schalls kennenlernen,
6. erkennen, daß Schallwellen durch Hindernisse reflektiert werden,
7. überlegen, welche Stoffe schalldämmende Eigenschaften besitzen.

OHP-Folie/Arbeitsblatt:

Wie gelangt der Schall an unser Ohr? ①

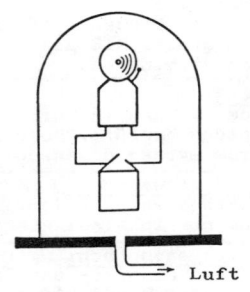

Je mehr Luft aus der Glasglocke gepumpt wird, *desto leiser ist der Schall zu hören. Im luftleeren Raum breitet sich Schall nicht aus.* ②

Schallwellen breiten sich kugelförmig nach allen Seiten aus. Dabei werden die Luftschichten rings um die Schallquelle verdichtet und verdünnt. ③

Geschwindigkeit des Schalls in Luft: ca. 340 m/s
Geschwindigkeit des Schalls in Wasser: ca. 1500 m/s
Geschwindigkeit des Schalls in Holz: ca. 3000 - 4000 m/s
Geschwindigkeit des Schalls in Eisen: ca. 5200 m/s ④

Schalldämmend wirken *„lockere" Stoffe wie z.B. Glaswolle, Styropor, Sägespäne, Teppiche, Vorhänge, Gebüsch, Schaumstoff* ⑤

Schall braucht zur Ausbreitung einen Schallträger. ④

UG	Lehrschritte (Artikulationsdefinition)	Lehrinhalte und Lernziele (= Lz)	Lehrakte .... Lernakte		Sozialformen	Lernhilfen
Eröffnungsphase	1. Lehrschritt (Problemstellung)	Realitätsbezogener Ausgangssachverhalt.	Impuls: Bei Sprinterwettkämpfen kann das Startsignal in zweifacher Form gegeben werden: a) Startschuß für den Läufer, b) Absenken der Fahne für die Zielkontrolleure.	– zuhören – überlegen – sich äußern	Hb	
	2. Lehrschritt (Problemanalyse)	Teilweise Erklärung des Sachverhalts – Provokation.	Erarbeitungsgespräch: Das Absenken der Fahne genügt nicht, weil es die Läufer nicht sehen können. Den Startschuß aber können Läufer und Zielrichter hören.	– überlegen – mitdenken – erkennen – verbalisieren	Hb	
	3. Lehrschritt (Problemfindung und -formulierung)	Herausarbeiten der Problemfrage.	Erarbeitungsgespräch: Daß der Schuß als Signal nicht genügt, muß damit zusammenhängen, wie der Schall an unser Ohr gelangt. Problemfrage: Wie gelangt der Schall an unser Ohr?	– mitdenken – schlußfolgern – verbalisieren	Hb	OHP-Projektor; OHP-Folie ①;
Erarbeitungsphase	4. Lehrschritt (Hypothesenbildung)	Vorläufige Meinungsbildung. (Lz 1, 2)	Gruppengespräch (Arbeitsauftrag): Besprecht eure Vermutungen! Verarbeitungsgespräch: Schall gelangt durch die Luft an unser Ohr; größere Entfernungen: mehr Zeit, abnehmende Lautstärke.	– überlegen – vermuten – besprechen – verbalisieren – begründen – fixieren	Ga Hb	Seitentafel;
	5. Lehrschritt (Versuchsplanung)	Möglichkeiten der experimentellen Überprüfung. (Lz 3)	Partnergespräch (Arbeitsauftrag): Überlegt, wie wir überprüfen können, ob tatsächlich Luft den Schall an unser Ohr trägt! Verarbeitungsgespräch: Schallquelle in lufterfülltem und luftleerem Raum zur Schallerzeugung verwenden. Nur im ersten Fall dürfte der Schall hörbar sein.	– überlegen – besprechen – verbalisieren – mitdenken – schlußfolgern	Pa Hb	
	6. Lehrschritt (Versuchsdurchführung)	Schall breitet sich in luftleerem Raum nicht aus. (Lz 2)	Demonstrationsversuch: Klingel unter Schallglocke setzen, gegenüber Boden isolieren, mit Vakuumpumpe Luft herauspumpen.	– zusehen – beobachten	Hb	Versuchsmaterial auf gegenüberliegender Seite unter Medien;
	7. Lehrschritt (Feststellen des Versuchsergebnisses – erste Teilzielgewinnung)	Schall breitet sich in luftleerem Raum nicht aus. (Lz 2)	Verarbeitungsgespräch: Je mehr Luft herausgepumpt wird, desto leiser wird das Läuten. Im luftleeren Raum breitet Schall sich nicht aus.	– verbalisieren – schlußfolgern – formulieren – fixieren	Hb	OHP-Projektor; OHP-Folie ②;
	8. Lehrschritt (zweite Teilzielerarbeitung und -gewinnung)	Kugelförmige Ausbreitung der Schallwellen – Verdichtungen und Verdünnungen des Mediums. (Lz 2, 4)	Gruppengespräch (Arbeitsauftrag): Eine genauere Vorstellung erhaltet ihr, wenn ihr die Schallausbreitung mit dem vergleicht, was geschieht, wenn ein Wassertropfen auf eine gespannte Wasseroberfläche fällt. Verarbeitungsgespräch: Wasser: wellenförmige Ausbreitung; Verdichtungen und Verdünnungen entstehen. Luft: kugelförmige Ausbreitung der Schallwellen; Verdichtungen und Verdünnungen entstehen – mit zunehmender Entfernung werden sie schwächer.	– zuhören – betrachten – beobachten – vergleichen – überlegen – vermuten – besprechen – erklären – deuten – erkennen – formulieren – fixieren	Ga Hb	Demonstration: Mit Pipette Wassertropfen in die Mitte einer Glasschale auf dem OHP-Projektor fallen lassen; OHP-Folie ③ – Skizze;
	9. Lehrschritt (dritte Teilzielerarbeitung und -gewinnung)	Schallausbreitung benötigt Zeit, Schallgeschwindigkeit in Luft, Reflexion von Schallwellen. (Lz 1, 5, 6)	Arbeitsauftrag: Jemand, der 850 m von einer Bergwand entfernt seinen Namen ruft, hört nach 5 s ein Echo. Überlegt und rechnet! Verarbeitungsgespräch: Reflexion von Schallwellen; Schallausbreitung benötigt Zeit; Geschwindigkeit des Schalls in Luft: v = s : t = 2×850:5 = 340 [m/s].	– zuhören – nachdenken – in Beziehung setzen – schlußfolgern – erkennen – rechnen – verbalisieren – erklären – vorrechnen	Pa Hb	Seitentafel; Notizblock; Seitentafel;
Sicherungsphase	10. Lehrschritt (Transfer)	Geschwindigkeit des Schalls in verschiedenen Medien. (Lz 1, 2, 5)	Erarbeitungsgespräch: In Wasser (Badewanne) und in festen Stoffen (Klopfzeichen auf die Bank) breitet sich Schall schneller aus als in Luft. Beschreibung: Ausbreitungsgeschwindigkeiten von Schallwellen in einigen Stoffen.	– mitdenken – überlegen – berichten – erklären – versuchen – formulieren – fixieren – lesen	Hb Hb	Klopfzeichen auf die Bank; OHP-Projektor; OHP-Folie ④;
	11. Lehrschritt (Anwendung)	Schallisolierung. (Lz 7)	Erarbeitungsgespräch/Arbeitsauftrag: Schalldämmende Wirkung. – Suche Beispiele! Ergänze das Arbeitsblatt!	– verbalisieren – sammeln – schreiben	Hb	OHP-Projektor; OHP-Folie ⑤; Arbeitsblatt;

Hauptlernziel: Ein Körper schwingt besonders gut mit, wenn er in seiner Eigenfrequenz erregt wird.	Unterrichtsthema: Wie lassen sich Töne verstärken? (Resonanz)	Autor: Rudolf Wastl
		Unterrichtszeit Empfehlung: 1 UE

Vorbemerkungen:

Der Bereich Akustik schafft das Vorwissen für die Themengruppe Nachrichtentechnik (Senden und Empfangen). Der Schüler muß hier akustische Erscheinungen (Schwingungen von Körpern) nur auf elektrische Schwingungen übertragen. Besondere Bedeutung kommt dem vorliegenden Thema im Hinblick auf die Funktechnik zu, da der Schwingkreis eines Empfängers jeweils mit Hilfe eines Drehkondensators auf die Frequenz der elektromagnetischen Schwingungen des Senders abgestimmt werden muß, d. h. mit ihm in "Resonanz" zu bringen ist.

Teillernziele:

Die Schüler sollen:
1. erkennen, daß hohle Körper Töne verstärken können,
2. den Begriff "Resonanz" kennen,
3. die Problemfrage formulieren können,
4. Hypothesen bilden können,
5. Versuche entwerfen, beschreiben und aufbauen können,
6. Versuche durchführen können,
7. die Versuchsergebnisse formulieren und fixieren können,
8. die Beobachtungen zu den Versuchen verallgemeinern können,
9. die gewonnenen Erkenntnisse auf andere Beispiele, bei denen ebenfalls Resonanzkörper mitschwingen, übertragen können,
10. am Ende der Stunde das Arbeitsblatt bearbeiten können.

Medien:

Tafel, Arbeitsblatt, Nebentafel, Flanelltafel, Wortstreifen, OHP, Applikationen, Bilder/Episkop oder besser entsprechende Musikinstrumente (Gitarre, Elektrogitarre, Geige), Versuchsmaterialien (Gummis, Joghurtbecher, Stimmgabeln, Pendel, Röhren/Holzkästchen als Resonanzkörper)

Bedeutung der Resonanz für das Thema "Senden und Empfangen":

(Vorschlag für ein entsprechendes Arbeitsblatt)

Die Musik wird nur hörbar, wenn die Ladekapazität des Drehkondensators so eingestellt ist, daß die Elektronen zwischen Spule und Kondensator in der Frequenz des Sendesignals hin- und herschwingen können: Sender und Empfänger müssen in Resonanz sein. Die Membrane im Hörer kann aufgrund ihrer Trägheit nur niederfrequent mitschwingen.

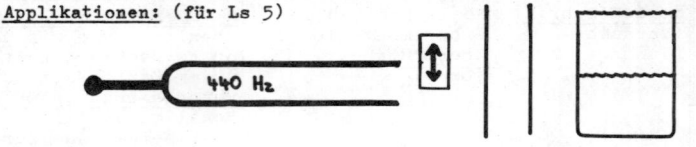

Applikationen: (für Ls 5)

Literatur:

Butschek/Hofmeister, Physik/Chemie 9, Freising 1980
Jahnel, Die Gitarre und ihr Bau, Frankfurt a. M. 1963
Pütz, HiFi, Ultraschall und Lärm, Köln 1973
Simbriger/Zehelein, Handbuch der musikal. Akustik, Regensb. 1951

Tafelbild (= Arbeitsblatt)

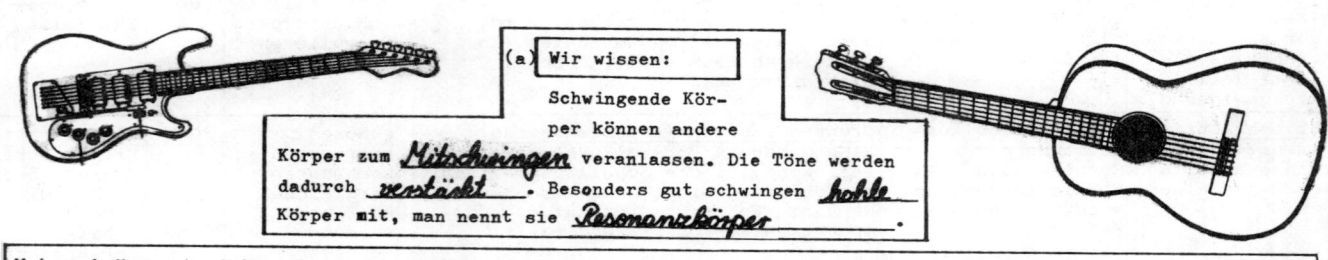

(a) Wir wissen: Schwingende Körper können andere Körper zum **Mitschwingen** veranlassen. Die Töne werden dadurch **verstärkt**. Besonders gut schwingen **hohle** Körper mit, man nennt sie **Resonanzkörper**.

Wie hängt die Lautstärke vom Volumen des Resonanzkörpers ab? (b)

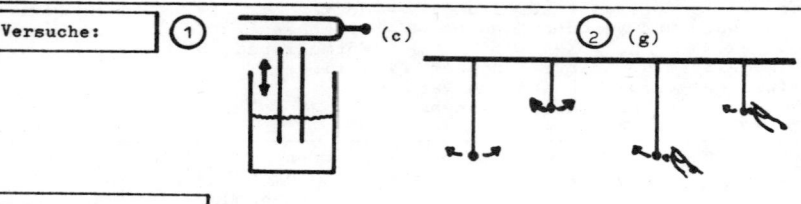

Versuche: ① (c) ② (g) ③ (e) Wir singen eine chromatische Tonleiter ins Schalloch einer Gitarre.

Beobachtungen: (e) Der Ton wird bei **z.B. 19 cm** Länge der Luftsäule besonders laut.

(g) Jeder Schallerzeuger schwingt in einer ihm eigentümlichen Frequenz. Man nennt diese Schwingungszahl **Eigen**frequenz. Will man seine Schwingung verstärken, so muß er im Rhythmus seiner **Eigenfrequenz** angestoßen werden.

(f) Bei einem bestimmten Ton (**z.B. gis**) schwingt die Gitarre besonders gut mit.

Wir erkennen: (h) Wird ein Körper in seiner **Eigenfrequenz** erregt, so schwingt er besonders **gut** mit. Diesen Vorgang nennt man **Resonanz**.

Aufgaben: Bei nahe an der Straße liegenden Häusern klirren oft die Fensterscheiben, wenn schwere Fahrzeuge vorbeifahren. Erkläre diesen Vorgang! *Wenn die Eigenfrequenz der Scheiben mit der Frequenz des Fahrzeugs übereinstimmt, entsteht Resonanz.*

Warum schwingt die Gitarre bei vielen Tönen recht gut mit? *Der Korpus hat mehrere Teilräume.*

UG	Lehrschritte (Artikulationsdefinition)	Lehrinhalte und Lernziele (= Lz)	Lehrakte .... Lernakte		Sozial-formen	Lernhilfen
Eröffnungsphase	1. Lehrschritt: (Einstimmung und Aktivieren des Vorwissens)	Ausbreitung der Sachsituation: Lauter und leiser Klang (Lz 1)	Demonstration: Schüler oder Lehrer spielen etwas auf der E-Gitarre (ohne Resonanzkörper und Verstärker) und Gitarre.	– zuhören – betrachten – erkennen	Hb	Elektrogitarre Gitarre (oder notfalls entsprechende Bilder)
	2. Lehrschritt: (Problemfindung)	Aktualisierung des Vorwissens Analogiebildung: Geige, Cello, Klavier...	Unterrichtsfrage: Welche weiteren Instrumente kennst du?	– überlegen – verbalisieren	Hb	zwischen den Fingern gespannter Gummi (≙ E-Gitarre)
			Schülerversuch: Darstellung von Gitarre und Elektrogitarre im Modell.	– überlegen – planen – verbalisieren – experimentieren	Ga	Gummi über Joghurtbecher (≙ Gitarre) Tafel (a)
		Begriff "Resonanzkörper"; (Lz 2)	Verarbeitungsgespräch: Auswertung und Verbalisierung der Versuchsergebnisse.	– überlegen – verbalisieren – fixieren	Hb	
	3. Lehrschritt: (Problemerkenntnis)	Problemfrage: (Lz 3) Wie hängt die Lautstärke vom Volumen des Resonanzkörpers ab?	Impuls: Die Gummis haben auf verschiedenen Bechern verschieden laut geklungen.	– überlegen – erkennen – verbalisieren – fixieren	Hb	Tafel (b)
Erarbeitungsphase	4. Lehrschritt: (Lösungsvermutung)	Vermutung an vorbereiteter Nebentafel (Lz 4)	Unterrichtsfrage: Wie, glaubt ihr, muß das Volumen sein?	– überlegen – vermuten – fixieren	Hb	Nebentafel: klein|fest-|groß ge-legt
	5. Lehrschritt: (Versuchsplanung)	Entwurf der Versuchsskizze; und Versuchsaufbau (Lz 5)	Impuls: Deuten auf Wortkarte an der Flanelltafel.	– lesen – überlegen – folgern	Hb	Flanelltafel: Was brauchen wir?
			Erarbeitungsgespräch: Fixierung benötigten Materials.	– benennen – auflegen	Hb	Applikationen
			Impuls: Deuten auf Wortkarte.	– planen	Hb	Was tun wir?
			Erarbeitungsgespräch: Entwurf einer Versuchsskizze.	– ordnen	Hb	OHP/Tafel (c)
	6. Lehrschritt: (Versuchsdurchführung in arbeitsgleichen Kontrollgruppen)	Überprüfen der Vermutungen im Experiment (Lz 6) Notieren der Ergebnisse; Ergänzungsversuch;	Unterrichtsfrage: Bei wieviel cm Luftsäule wird der Ton besonders laut?	– experimentieren – beobachten – hören – notieren	Ga	Versuchsmaterial (Siehe Applikationen) Arbeitsblock
			Demonstrationsversuch: Singen einer Tonleiter ins Schalloch einer Gitarre.	– beobachten – hören – notieren	Hb	Gitarre/Tafel(d) Arbeitsblock
	7. Lehrschritt: (Ergebnisgewinnung und -formulierung)	Formulierung der Versuchsergebnisse; (Lz 7) Demonstrationsmodellversuch zur eigentlichen Aussage;	Verarbeitungsgespräch: Auswertung der Versuchsergebnisse.	– verbalisieren – fixieren	Hb	Tafel (e/f)
			Demonstrationsversuch: Pendelversuche erklären das bisherige Ergebnis.	– beobachten – notieren – verbalisieren – fixieren	Hb	Pendel Tafel (g)
	8. Lehrschritt: (Erkenntnisabstraktion)	Merkwissen (Lz 8)	Impuls: Ihr könnt unsere Ausgangsfrage jetzt beantworten.	– überlegen – erkennen – formulieren – fixieren	Hb	Tafel (h)
Sicherungsphase	9. Lehrschritt: (Hypothesenüberprüfung)	Wertung eigener Vermutungen; (Lz 4)	Unterrichtsfrage: Was sagt ihr zu euren Vermutungen?	– vergleichen – verbalisieren – werten	Hb	Nebentafel
	10. Lehrschritt: (Rückschau auf Ausgangsproblem)	Funktion eines Resonanzkörpers; (Lz 1)	Impuls: Ihr wißt jetzt, warum eine E-Gitarre einen Verstärker braucht.	– berichten – erklären	Hb	Bilder (Arbeitsblatt oben) oder Instrumente
	11. Lehrschritt: (Anwendung/Transfer)	Beispiele für Resonanz (Lz 9)	Demonstration: Eine schwingende Stimmgabel bringt eine zweite gleicher Frequenz zum Mitschwingen.	– beobachten – erkennen – verbalisieren	Hb	Versuch:
		Z. B. Geige (Aus der besonderen Form des Resonanzkörpers ergeben sich verschiedene Teilräume, so daß das Instrument bei vielen Tönen gut mitschwingt)	Impuls: Auch bei anderen Musikinstrumenten gibt es Resonanzkörper.	– überlegen – erkennen – verbalisieren	Hb	eventuell Geige
	12. Lehrschritt: (Erfolgskontrolle)	Bearbeitung des Arbeitsblatts bei geschlossener Tafel; (Lz 10)	Arbeitsanweisung: Bearbeitet das Arbeitsblatt einschließlich der Aufgaben.	– überlegen – ergänzen – formulieren – fixieren	Aa/Hb	Arbeitsblatt

Hauptlernziel: Kenntnis von Eigenschaften der Kunststoffe.	Unterrichtsthema: Welche Eigenschaften haben Kunststoffe?	Autor: Otto Hofmeier
		Unterrichtszeit Empfehlung: 1 UE = 45 Min.

Vorbemerkungen:
- Eine zeitliche Abstimmung bei der Behandlung des Themas mit dem Werkunterricht ist zweckmäßig.
- Den Schülern sollte vor der Durchführung der Versuche schon klar sein, daß sie die bereitgestellten Kunststoffproben stellvertretend für alle anderen Kunststoffarten derselben Einteilungsgruppe untersuchen. Der umgekehrte, sachlich richtigere Weg der Einteilung in Gruppen auf Grund verschiedener Beispiele ist wegen der Vielzahl der anzustellenden Versuche kaum gangbar.

Medien:
OHP-Projektor; OHP-Folien A und B, Arbeitsblatt, Notizblock; Versuchsmaterial: Kunststoffvertreter aus den Gruppen der Duroplaste (Bruchstücke einer Steckdosenfassung), der Thermoplaste (Kabelisolierung, Plastikflasche) und der Elastomere (Spülschwamm); Metallnadel; Stromquelle; Glühbirnchen; Fassung; Kochgelegenheit; Gefäß mit Wasser; Bunsenbrenner; Halteklammern; Gläser mit Säure bzw. Lauge; Nicht-Kunststoffgegenstände (Holz, Metall).

Literatur:
- Blau; Kunststoffe im Alltag; AKI; Frankfurt/Main; 1973;
- Physik/Chemie, 9. Jgst.; Verlag Ludwig Auer; Donauwörth 1981;
- Physik – Chemie 9; Sellier Verlag GmbH; Freising 1980;
- Physik – Chemie 9; Arbeitsheft; Sellier Verlag GmbH; Eching 1979;
- Wege in die Physik + Chemie, 7. – 9. Schj.; Klett Verlag; Stuttgart 1976;
- Wege in die Physik + Chemie 9, Bayern; Ernst Klett Verlag; Stuttgart 1979;

Lernziele: Die Schüler sollen:
1. einen Eindruck bekommen von der Bedeutung der Kunststoffe;
2. sich über wichtige Eigenschaften der Kunststoffe Klarheit verschaffen;
3. Versuche selbständig planen;
4. Versuche selbständig durchführen;
5. die Unterscheidungsmerkmale der Kunststoffarten herausfinden und die Fachbezeichnungen "Duroplaste", "Thermoplaste" und "Elastomere" kennenlernen;
6. die Unterschiede im Aufbau von Duroplasten, Thermoplasten und Elastomeren erkennen und in Beziehung zu ihrem Verhalten setzen;
7. erkennen, daß Kunststoffe – obwohl in drei Gruppen einteilbar – eine Vielfalt plan- und veränderbarer Eigenschaften besitzen;
8. Gebrauchsgegenstände aus Kunststoffen nach Duroplasten, Thermoplasten und Elastomere einteilen lernen.

OHP-Folie A:
KUNSTSTOFFVERBRAUCH IN KG PRO EINWOHNER 1974

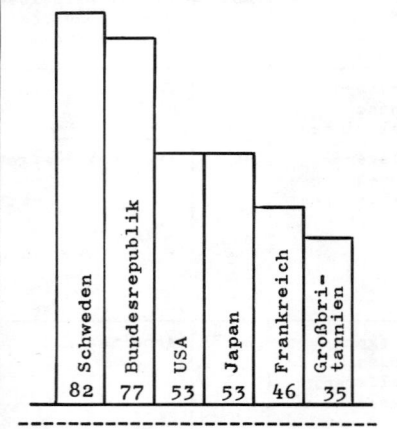

Schweden	Bundesrepublik	USA	Japan	Frankreich	Großbritannien
82	77	53	53	46	35

Tabelle aus "Wege in die Physik + Chemie, 7.-9. Schj.; Ernst Klett Verlag; Stuttgart 1976;

OHP-Folie B/Arbeitsblatt:

Welche Eigenschaften haben Kunststoffe?

	KUNSTSTOFFARTEN		
	Duroplaste	Thermoplaste	Elastomere
	spröde; bei bloßer Erwärmung (max 180°) keine Veränderung	durch Wärme verformbar	gummi-elastisch
Untersuchter Gegenstand	Bruchstücke einer Steckdosenfassung	Kabelisolierung	Spülschwamm
EIGENSCHAFTEN			
Mechanisches Verhalten	spröde, ritzbar	elastisch, leicht ritzbar	elastisch, ritzbar
Elektrische Leitfähigkeit	keine	keine	keine
Wärmeleitfähigkeit	gering	gering	gering
Hitzebeständigkeit	zersetzen sich	erweichen, verformen sich, schmelzen	zersetzen sich
Chemikalienbeständigkeit	weitgehend	weitgehend	weitgehend
Dichte	gering	gering	sehr gering
AUFBAU	stark vernetzte Riesenmoleküle	unvernetzte Riesenmoleküle	leicht vernetzte Riesenmoleküle
BEISPIELE	Phenolharze, Aminoplaste (Resopal)	Polyvinylchlorid (PVC), Plexiglas, Nylon, Perlon, Polystyrol	Polyurethan, Neopren, Synthesekautschuk
VERWENDUNG	Maschinenteile, künstliche Gelenke, Prothesen, Schalter, Möbelbeschichtung, Boote	Stoffe, Schuhe, Schüsseln, Eimer, Bälle, Boote, Flaschen, Folien, Bodenbeläge, Kunstlederartikel	Autoreifen, Verpackungen, Montageschaum, Schaumstoffmatratzen

UG	Lehrschritte (Artikulationsdefinition)	Lehrinhalte und Lernziele (= Lz)	Lehrakte .... Lernakte		Sozial-formen	Lernhilfen
Eröffnungsphase	1. Lehrschritt (Problemstellung)	Kunststoffverbrauch in Industrieländern. (Lz 1)	Sachimpuls: Kunststoffverbrauch einiger Industrieländer in kg pro Einwohner im Jahr.	– betrachten – überlegen – erkennen	Hb	OHP-Projektor OHP-Folie A;
	2. Lehrschritt (Problemanalyse)	Bedeutung der Kunststoffe als Werkstoff. (Lz 1)	Erarbeitungsgespräch: Kunststoffe müssen vielseitig verwendbare Werkstoffe sein.	– verbalisieren – schlußfolgern	Hb	OHP-Projektor OHP-Folie A;
	3. Lehrschritt (Problemerkenntnis und -formulierung)	Herausarbeiten und Fixieren der Problemfrage.	Erarbeitungsgespräch: Welche Eigenschaften haben Kunststoffe?	– erkennen – verbalisieren – formulieren	Hb	OHP-Projektor OHP-Folie B: Überschrift;
Erarbeitungsphase	4. Lehrschritt (Vorkenntnisermittlung, Hypothesenbildung)	Erfahrungswissen (Lz 1, 2)	Rundgespräch: Wärmeisolation (Topfgriffe), brechen leicht (Lineal), ...	– überlegen – nennen – erläutern	Aa/Hb	
	5. Lehrschritt (Versuchsplanung)	Verschiedene Möglichkeiten der experimentellen Überprüfung. (Lz 3)	Arbeitsauftrag: Erstellt eine Übersicht, aus der hervorgeht, auf welche Eigenschaften hin wir Kunststoffe untersuchen wollen, wie das geschehen kann und was wir dazu brauchen!	– zuhören – überlegen – auflisten	Pa	Notizblock
			Verarbeitungsgespräch: Kunststoffteile verschiedener Kunststoffarten sollen auf ihr mechanisches Verhalten (Biege- und Reißfestigkeit, Ritzbarkeit), auf ihre elektr. Leitfähigkeit (Kunststoffschlauch als Zuleitung), ihre Wärmeleitfähigkeit (Eintauchen in heißes Wasser, Vergleich mit Metall), Hitzebeständigkeit (in Flamme halten, kleine Probe!), Chemikalienbeständigkeit (in Säure und Lauge geben), Dichte (Vergleich mit anderen Materialien gleicher Größe) untersucht werden.	– vorlesen – besprechen – begründen – entscheiden – festlegen	Hb	OHP-Projektor OHP-Folie B/ Arbeitsblatt: Grundraster;
	6. Lehrschritt (Versuchsdurchführung)	Eigenschaften von Kunststoffen. (Lz 2, 4)	Arbeitsauftrag: Führt die besprochenen Versuche durch! Erhitzt zunächst das Wasser!	– experimentieren – überprüfen – beobachten	Ga	Versuchsmaterial: siehe gegenüberliegende Seite unter Medien;
	7. Lehrschritt (Fixieren der Versuchsergebnisse)	Eigenschaften von Kunststoffen (Lz 2)	Verarbeitungsgespräch: Berichte über Versuchsergebnisse, Vergleich mit den Hypothesen.	– verbalisieren – besprechen – aufschreiben	Hb	OHP-Projektor OHP-Folie B/ Arbeitsblatt: Eigenschaften handschriftliche Eintragungen;
	8. Lehrschritt (Erkenntnisbildung und -fixierung - Teilzielerarbeitung)	Einteilung in Duroplaste, Thermoplaste und Elastomere. (Lz 5)	Erarbeitungsgespräch: Herausstellen der grundsätzlichen Unterschiede der Vertreter der Kunststoffarten = Kennzeichnung der Hauptmerkmale. Definition: Begriffe: Duroplaste, Thermoplaste, Elastomere.	– unterscheiden – erkennen – benennen – fixieren – zuhören – fixieren	Hb Hb	OHP-Projektor OHP-Folie: B/ Arbeitsblatt: handschriftliche Eintragungen: Kunststoffarten;
	9. Lehrschritt (Erkenntnisbildung und -fixierung - Teilzielerarbeitung)	Unterschiede im Aufbau von Duroplasten, Thermoplasten und Elastomeren. (Lz 6)	Erarbeitungsgespräch: Unterschiede im Molekularaufbau von Duroplasten, Thermoplasten und Elastomeren herausstellen; evtl. Hinweis auf Fluozide.	– betrachten – unterscheiden – beschreiben – fixieren	Hb	OHP-Projektor OHP-Folie B/ Arbeitsblatt: Skizzen und handschriftliche Eintragungen: Aufbau;
Sicherungsphase	10. Lehrschritt (Besinnung)	Kunststoffe haben vielerlei planbare Eigenschaften. (Lz 1, 7)	Erarbeitungsgespräch: Einteilung in Duroplaste, Thermoplaste und Elastomere stellt nur eine grobe Übersicht dar. Kunststoffe lassen sich planen (Name), durch Zusätze immer wieder abwandeln, unübersehbare Vielfalt. Beschreibung: Beispiele für verschiedene Duroplaste, Thermoplaste, Elastomere.	– erkennen – mitdenken – verbalisieren – vorlesen – zuordnen	Hb Hb	 OHP-Projektor OHP-Folie B/ Arbeitsblatt: Beispiele;
	11. Lehrschritt (Anwendung)	Gebrauchsgegenstände aus duroplastischen, thermoplastischen und elastomeren Kunststoffen. (Lz 1, 5, 8)	Arbeitsauftrag: Überlegt, welche Gebrauchsgegenstände aus Kunststoffen hergestellt werden! Ordnet sie den Einteilungsgruppen zu! Kontrolle: OHP-Folie/mündlich.	– überlegen – zuordnen – aufschreiben – vergleichen	Pa Hb	Arbeitsblatt: Verwendung; OHP-Projektor OHP-Folie: Verwendung

143

Hauptlernziel: Die Makromoleküle der Kunststoffe entstehen durch Verknüpfen einfacher Moleküle.	Unterrichtsthema: Polymerisationskunststoffe am Beispiel des Polystyrols.	Autor: Britta Schneider
		Unterrichtszeit Empfehlung: 1UE=90Min.

Vorbemerkung:
Die Kunststoffe besitzen in unserer Umwelt eine sehr große Bedeutung. Viele Gegenstände, die früher aus Metall oder Werkstoffen der Natur angefertigt wurden, bestehen heute aus vollsynthetischem Material.
In dieser Unterrichtsstunde wird auf die Polymerisationskunststoffe eingegangen, da die Polymerisation die häufigst angewandte Verknüpfungsreaktion ist. Polystyrol eignet sich aufgrund seiner leichten Herstellung gut für den Unterricht. Die wichtigsten Monomeren für Polymerisationskunststoffe sind Abkömmlinge des Ethens. Im Unterricht wird kurz auf Polyvinylchlorid (PVC), das aus 1-Chlorethen (Vinylchlorid) und auf Polyäthylen, das aus Ethen (Äthylen) hergestellt wird, eingegangen.
Voraussetzungen: Bekannt sein muß das Modell des Ethenmoleküls, die Eigenschaften der Alkene, der Zusammenhang zwischen Molmasse und Schmelz- und Siedepunkt. Ebenso sollte der Schüler über die Wirkungsweise von Katalysatoren Bescheid wissen (wurde ev. beim Cracken behandelt).
Anmerkung: Gegenstände aus Polystyrol sind bei einschlägigen Firmen erhältlich.

Teillernziele:
Die Schüler sollen:
1. erkennen, daß Styrol flüssig, der Kunststoff Polystyrol fest ist;
2. beobachten, daß beim Erhitzen von Styrol unter Einwirkung eines Katalysators ein festes Produkt entsteht;
3. den Aufbau eines Styrolmoleküls darstellen können:
$$\begin{array}{c}H\\H\end{array}C = C\begin{array}{c}H\\R\end{array} \quad R = Benzolring$$
4. anhand des Modellmoleküls entdecken, daß die Doppelbindung instabil ist, deshalb leicht aufbricht und mit den anderen Molekülen zusammengeht;
5. die Reaktion als Gleichung formulieren;
6. den Begriff Polymerisation verwenden und wie folgt erklären können: Bei der Polymerisation vereinigen sich einfache Moleküle mit Doppelbindung zu Riesenmolekülen. Diese bezeichnet man als Makromoleküle.
7. weitere Polymerisationskunststoffe aufzählen können. (Polyvinylchlorid, Polyäthylen);
8. eine bekannte Verwendung von Polystyrol kennenlernen (Styropor);
9. selbst Styropor herstellen können;
10. Eigenschaften des Styropors erkennen und daraus die Verwendung des Materials ableiten können.

Medien:
Flasche mit Styrol, Gegenstände aus Polystyrol;
Materialien für den Demonstrationsversuch: Styrol, Eisen(III)-Chlorid, Reagenzglas, Blech, Brenner;
Molekülbaukästen für die Schüler, Gegenstände aus Polyvinylchlorid und Polyäthylen;
Materialien für den Schülerversuch: Polystyrol in Form von Styropor P, verschließbare Metallformen (Kugel), Topf mit kochendem Wasser;
Arbeitsblätter.

Literatur:
- Walter Jansen, Chemie in unserer Welt, Stuttgart 1982, Metzlersche Verlagsbuchhandlung
- Ernst Greb u.a., Umwelt: Chemie, Stuttgart 1980, Klett Verlag

---

Arbeitsblatt:

Wir stellen einen Kunststoff her

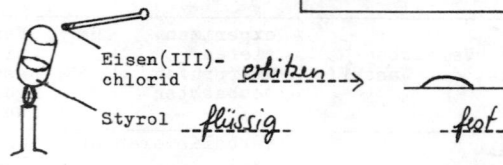

① Eisen(III)-chlorid, Styrol — erhitzen → flüssig ... fest

- **Beobachtung:** Aus dem flüssigen Styrol ist eine feste Masse geworden.
- **Erklärung:** Es muß eine chemische Reaktion zwischen den Styrolmolekülen stattgefunden haben, die vom Eisen(III)chlorid (Katalysator) beschleunigt wurde.

② Aufbau des Styrolmoleküls:
$$\begin{array}{c}H\\H\end{array}C = C\begin{array}{c}H\\R\end{array} \quad (R = Rest)$$
Beim Styrol ist ein Wasserstoffatom des Ethens durch ein anderes Teilchen ersetzt.

③ Reaktionsgleichung:
$$... + \begin{array}{c}H\\H\end{array}C=C\begin{array}{c}H\\R\end{array} + \begin{array}{c}H\\H\end{array}C=C\begin{array}{c}H\\R\end{array} + \begin{array}{c}H\\H\end{array}C=C\begin{array}{c}H\\R\end{array} + ... \rightarrow -\overset{H}{\underset{H}{C}}-\overset{H}{\underset{R}{C}}-\overset{H}{\underset{H}{C}}-\overset{H}{\underset{R}{C}}-\overset{H}{\underset{H}{C}}-\overset{H}{\underset{R}{C}}-$$

Es entsteht ein Riesenmolekül (Makromolekül) aus vielen Tausend Styrolmolekülen. Diese Verbindung nennt man Polystyrol.
Man spricht bei dieser chemischen Reaktion von einer Polymerisation.
Was geschieht bei einer Polymerisation?
Bei einer Polymerisation vereinigen sich einfache Moleküle mit Doppelbindung zu Makromolekülen.

④ weitere Polymerisationskunststoffe:
1-Chlorethen (Vinylchlorid) → Polyvinylchlorid (PVC)
Ethen (Äthylen) → Polyäthylen

⑤ Verwendung von Polystyrol:
- **Versuchsdurchführung:** Fülle die Metallform zu mit Polystyrol, schließe sie und lege sie 10 Minuten in kochendes Wasser.
- **Versuchsbeobachtung:** Die Metallform enthält eine Kugel aus Styropor.
- **Schlußfolgerung:** Aus Polystyrol wird Styropor gewonnen.
- **Erklärung:** Zu Polystyrol gibt man ein Treibmittel, das das Aufschäumen bei 100°C bewirkt. Styropor besteht zu 98% aus Luft.

⑥ Eigenschaften und Verwendung von Styropor:
Da Styropor zu 98% aus Luft besteht, besitzt es eine geringe Wärmeleitfähigkeit.
Verwendung: Isolierung im Hausbau

1 m³ Styropor wiegt	10 kg
1 m³ Polystyrol ungeschäumt wiegt	1050 kg
1 m³ Eisen wiegt	7800 kg

Da Styropor zu 98% aus Luft besteht, besitzt es eine geringe Dichte.
Verwendung: Verpackungsmaterial

UG	Lehrschritte (Artikulationsdefinition)	Lehrinhalte und Lernziele (= Lz)	Lehrakte .... Lernakte		Sozialformen	Lernhilfen
Eröffnungsphase	1. Lehrschritt: (Hinführung zur Problemstellung)	Vergleich des Monomeren mit dem Polymeren. (Lz 1)	Sachimpuls: Konfrontation mit Styrol und Polystyrol.	- beobachten - vergleichen - beschreiben	Hb	Flasche mit Styrol, Gegenstände aus Polystyrol.
	2. Lehrschritt: (Problemstellung)	Herstellung von Polystyrol. (Lz 1,2)	Demonstrationsversuch: Zu wenigen ml Styrol wird eine Spatelspitze Eisen(III)-Chlorid gegeben (Vorsicht!), kurz aufgekocht und das Reaktionsprodukt auf ein Blech gegossen.	- beobachten	Hb	Material für Demonstrationsversuch
			Erarbeitungsgespräch: Da eine feste Masse entstanden ist, muß eine chemische Reaktion zwischen den Styrolmolekülen stattgefunden haben, die vom Eisen(III)-Chlorid beschleunigt wurde.	- Versuchsergebnis beschreiben - vermuten - fixieren	Hb/Aa	Arbeitsblatt (1)
Erarbeitungsphase	3. Lehrschritt: (Problemlösung - erster Teil)	Erarbeitung des Styrolmoleküls. (Lz 3)	Feststellung: Styrolmolekül läßt sich leicht vom Ethen ableiten.	- hören	Hb	Tafel: $H_2C = CH_2$
			Arbeitsauftrag: Baut mit Hilfe der Molekülbaukästen ein Ethenmolekül zusammen.	- konstruieren	Ga	Molekülbaukästen
			Erklärung: Beim Styrol ist ein Wasserstoffteilchen durch ein anderes Teilchen ersetzt, das wir mit R bezeichnen (R=Rest).	- hören - formulieren	Hb	Tafel: $H_2C = CHR$
			Arbeitsauftrag: Ersetzt ein Wasserstoffteilchen durch ein anderes Teilchen (Schüler einigen sich auf irgendeine Farbe, am besten eine, die für sie noch keine Bedeutung hat).	- konstruieren - notieren	Ga	Arbeitsblatt (2)
	4. Lehrschritt: (Problemlösung - zweiter Teil)	Die Alkene reagieren unter Aufspaltung der Doppelbindung. (Lz 4,5)	Erarbeitungsgespräch: Styrol ist flüssig, Polystyrol fest, deshalb ist die Molmasse von Polystyrol viel höher als von Styrol, d.h. es müssen viele Styrolmoleküle miteinander reagiert haben. Die Doppelbindung ist instabil, deshalb Aufspaltung und Aneinanderlagerung.	- feststellen - schlußfolgern - entdecken	Hb	
			Arbeitsauftrag: Baut die Moleküle der einzelnen Gruppen zusammen. Formuliert auf dem Arbeitsblatt.	- konstruieren - formulieren - notieren	Ga	Modellmoleküle Arbeitsblatt (3) erster Teil
	5. Lehrschritt: (Ergebnisgewinnung und -fixierung)	Begriffsbildung: Polystyrol, Polymerisation. (Lz 6)	Verarbeitungsgespräch: Es ist ein Riesenmolekül aus vielen Tausend Styrolmolekülen entstanden. Polystyrol.	- überlegen - bezeichnen	Hb	
			Erklärung: Man bezeichnet diese chemische Reaktion als Polymerisation. Bei der Polymerisation vereinigen sich Moleküle mit Doppelbindung zu Makromolekülen.	- hören - merken	Hb	Arbeitsblatt (3) zweiter Teil
	6. Lehrschritt: (Weiterführung)	andere Polymerisationskunststoffe. (Lz 7)	Sachimpuls: Gegenstände aus anderen Polymerisationskunststoffen vorstellen.	- betrachten	Hb	Gegenstände aus Polyäthylen und PVC
			Erarbeitungsgespräch (mit Erklärungen): Monomer: 1-Chlorethen (Vinylchlorid) Polymer: Polyvinylchlorid (PVC) Monomer: Ethen (Äthylen) Polymer: Polyäthylen	- hören - schlußfolgern - notieren	Hb/Aa	Arbeitsblatt (4)
Sicherungsphase	7. Lehrschritt: (Anwendung)	Herstellung von Styropor aus Polystyrol; Verwendung von Styropor; (Lz 8,9,10)	Arbeitsauftrag: Führt den auf dem Arbeitsblatt beschriebenen Versuch durch.	- durchlesen - Versuch durchführen	Ga	Materialien für den Schülerversuch, Arbeitsblatt (5) Versuchsdurchführung, Versuchsbeobachtung
			Ergänzung: (nach dem Versuch): Zu Polystyrol hat man ein Triebmittel gegeben, das das Aufschäumen bei 100°C bewirkt.	- hören - notieren	Hb	
			Verarbeitungsgespräch: Es ist Styropor entstanden. Dieses besteht zu 98% aus Luft. Verwendung von Styropor: - Isolierung im Hausbau (da geringe Wärmeleitfähigkeit) - Verpackungsmaterial (da geringe Dichte) Vergleich: 1 m³ Styropor wiegt 10 kg 1 m³ Polystyrol ungeschäumt wiegt 1050 kg 1 m³ Eisen wiegt 7800 kg	- Ergebnisse vortragen - vergleichen - ableiten - zusammenfassen - fixieren	Hb/Aa	Arbeitsblatt (5): Schlußfolgerung Erklärung Arbeitsblatt (6)

Hauptlernziel: Waschwirkung der Seife.	Unterrichtsthema: Warum lassen sich Gegenstände mit Seife wesentlich besser säubern?	Autor: Britta Schneider
		Unterrichtszeit Empfehlung: 1UE=90 Min.

Vorbemerkung:
Die für den Waschvorgang als Netz- und Emulgiermittel benutzten Verbindungen bewirken eine Herabsetzung der Grenzflächenspannung und somit eine Benetzung. Neben der Seife spielen heute die synthetischen Waschmittel eine große Rolle. Die Wascheigenschaften, benetzend, dispergierend, emulgierend und absorbierend zu wirken, basieren auf dem Vorhandensein von zwei typischen Gruppen in der Verbindung. Die hydrophobe (wasserfeindliche) Gruppe, die meist aus dem aliphatischen Kohlenwasserstoffrest (10 bis 18 C) oder aus einem Alkylbenzolrest besteht, ist für die Grenzflächenaktivität verantwortlich.
Die hydrophile (wasserfreundliche) Gruppe: COO^- (Seifen), $-SO_3^-$ (Alkylsulfonate), $-OSO_3^-$ (Alkylsulfate) und Äthersauerstoffbrücken (nichtionogene Waschmittel) bedingt die Wasserlöslichkeit.

Voraussetzungen: Bekannt sein sollte dem Schüler der Aufbau der Seife: Salze von Alkansäuren und deren schematische Darstellung, die bei der Besprechung über die Seifenherstellung eingeführt wird.

[Schema: wasserfeindlich — wasserfreundlich]

Ferner wissen die Schüler über die Oberflächenspannung des Wassers Bescheid (einfache Vorstellung genügt).

Medien:
- Demonstrationsversuch: [Skizze: a) Wasser, b) Seifenlösung, mit Filterpapier, Ruß, Trichter, Becherglas]
- Schülerversuch 1: Becherglas mit Wasser, Rasierklinge, gutgedrehter Wollfaden, Pinzette, Seifenlösung;
- Schülerversuch 2: zwei rußgeschwärzte Teller, Wasser, Seifenlösung;
- Schülerversuch 3: gefärbtes Öl, Wasser, Seifenlösung zwei Reagenzgläser, Reagenzglasständer, Arbeitsblätter, Film FT 560 über die Waschwirkung der Seife (bei den Kreisbildstellen erhältlich).

Teillernziele: Die Schüler sollen:
1. erkennen, daß sich Gegenstände mit Seife wesentlich besser säubern lassen;
2. wiederholen, daß Wasser eine Oberflächenspannung besitzt;
3. wiederholen, daß die Seifenteilchen aus zwei Teilen bestehen, dem wasserabstoßenden und dem wasserfreundlichen Teil;
4. bei ihren Erklärungen folgendes Schema verwenden

[Schema: Kohlenwasserstoffgruppe — saure Gruppe]

5. folgenden Vorgang formulieren können: Die Säuregruppe wird in das Wasser hineingezogen, die Kohlenwasserstoffgruppe ragt heraus. Dabei wird die Oberflächenspannung des Wassers zerstört;
6. erkennen, daß sich der Schmutz mit dem wasserabstoßenden Teil der Seife zusammenschließt und mit ihm von der Wäsche (Gegenstand) abhebt;
7. anhand des Versuchs erkennen, daß die Schmutzteilchen im Wasser verteilt werden. Es entstehen aus einem großen Teilchen viele kleine;
8. den Waschvorgang zusammenfassend anhand von den drei Schritten erklären können;
 a) Benetzung der Wäsche b) Ablösung des Schmutzes
 c) Zerteilung der Schmutzteilchen.

Literatur:
- Ernst Greb u.a., Umwelt: Chemie, Stuttgart 1980, Klett Verlag
- Walter Jansen, Chemie in unserer Welt, Stuttgart 1982, Metzlersche Verlagsbuchhandlung

---

Arbeitsblatt — Warum lassen sich Gegenstände mit Seife wesentlich besser säubern?

① Versuch:
- **Material:** Becherglas mit Wasser, Rasierklinge, Wollfaden, Pinzette
- **Durchführung:** a) Lege mit der Pinzette die Rasierklinge und den Wollfaden vorsichtig auf die Wasseroberfläche.
- **Beobachtung:** *Die Gegenstände schwimmen.*
- **Erklärung:** *Die Wasserteilchen ziehen sich gegenseitig an und bilden eine Haut.*
  b) Gebe jetzt etwas Seifenlösung hinzu.
- **Beobachtung:** *Die Gegenstände sinken.*
- **Erklärung:** [Skizze]

- **Bedeutung des Versuchs für den Waschvorgang**
Wasserteilchen *ziehen* sich gegenseitig *an*. Dadurch können sie nicht so leicht in das Gewebe *eindringen*. Durch Zugabe von Seife wird die *Anziehungskraft* der Wasserteilchen vermindert, das Wasser wird leichter beweglich. Die schmutzige Wäsche wird leichter *benetzt*.

② Versuch:
- **Material:** zwei rußgeschwärzte Teller, Wasser, Seifenlösung
- **Durchführung:** Gieße auf einen Teller Wasser, auf den anderen Seifenlösung.
- **Beobachtung:** *mit Wasser: Der Ruß bleibt größtenteils am Boden. mit Seifenlösung: In der Seifenlösung schwimmt viel Ruß.*
- **Erklärung:** Die Seifenteilchen dringen mit ihrem *wasserabstoßenden* Teil in den Schmutz ein. Der wasserfreundliche Teil *bleibt im Wasser*. Dabei wird der Schmutz von dem Gegenstand *abgehoben*.

③ Versuch:
- **Material:** 1 Reagenzglas mit Wasser + gefärbtes Öl
  1 Reagenzglas mit Seifenlösung + gefärbtes Öl
- **Durchführung:** Schüttle beide Reagenzgläser kräftig um.
- **Beobachtung:** *Öl + Wasser: entmischen sich schnell. Öl + Seifenlösung: entmischen sich sehr langsam.*
- **Erklärung:** Die Seifenteilchen dringen mit ihrem *wasserabstoßenden* Teil in das Öl (*auch wasserabstoßend*) ein.

[Skizze]

Diese Teilchen *stoßen* sich nun untereinander *ab*. Dabei *verteilen* sie sich im Wasser und werden dann mit dem Wasser fortgeschwemmt.

④ Versuch:
- **Material:** *Becherglas, Trichter mit Filter, in dem sich Ruß befindet, Seifenlösung.*
- **Durchführung:** Zeichne den Eingangsversuch auf.
[Skizze: Wasser — Ruß, Seifenlösung — Ruß]
- **Beobachtung:** *Im Gegensatz zum Wasser, wird das mit Seifenlösung behandelte Filterpapier ziemlich sauber. Die Rußteilchen schwimmen im Wasser.*
- **Erklärung:** *Das Filterpapier wird gut benetzt, die Seifenteilchen dringen in den Ruß ein, heben ihn vom Filterpapier ab und verteilen ihn gleichmäßig im Wasser.*

UG	Lehrschritte (Artikulationsdefinition)	Lehrinhalte und Lernziele (= Lz)	Lehrakte .... Lernakte		Sozial- formen	Lernhilfen
Eröffnungsphase	1. Lehrschritt: (Problembegegnung - Zielangabe)	Motivation: Reinigen mit Wasser und mit Seifenlösung. (Lz 1)	Sachimpuls: Demonstrationsversuch (s. Abschnitt Medien, linke Seite) Rundgespräch: Darlegung der Beobachtungen, Entwicklung der Problemfrage: Warum ... ?	- beobachten - sich äußern - vermuten - schlußfolgern - hinterfragen	Hb Hb/Aa	Material für Demonstrationsversuch Arbeitsblatt: Überschrift
Erarbeitungsphase	2. Lehrschritt: (erste Teilergebnisgewinnung)	Oberflächenspannung des Wassers. (Lz 2)	Arbeitsauftrag: Führt den Versuch, der unter 1a aufgeführt ist, durch. Verarbeitungsgespräch: Vortrag der Versuchsergebnisse; erste Ergebnisformulierung (-Beobachtung, -Erklärung).	- lesen - umsetzen - Versuch durchführen - beobachten - schlußfolgern - notieren - erklären	Ga Hb/Aa	Material für Schülerversuch (1a) Arbeitsblatt (1a)
	3. Lehrschritt: (zweite Teilergebnisgewinnung)	Waschwirkung der Seife / Benetzung. (Lz 3,4,5)	Arbeitsauftrag: Führt den Versuch, der unter 1b aufgeführt ist, durch. Verarbeitungsgespräch: Vortrag und Reflexion der Beobachtungsergebnisse. Formulierung der Beobachtung. Erklärung: Das Seifenteilchen besteht aus zwei Teilen, dem wasserabstoßenden und dem wasserfreundlichen Teil. Die Säuregruppe wird in das Wasser hineingezogen, der Kohlenstoffrest ragt heraus.	- lesen - umsetzen - Versuch durchführen - beobachten - schlußfolgern - notieren - besprechen - erklären - zeichnen	Ga Hb Hb	Material für Schülerversuch (1b) Arbeitsblatt (1b) Tafel:
	4. Lehrschritt: (dritte Teilergebnisgewinnung)	Waschwirkung der Seife / Abheben von der Wäsche. (Lz 6)	Arbeitsauftrag: Führt den Schülerversuch 2 durch. Verarbeitungsgespräch: Vortrag und Reflexion der Beobachtungsergebnisse; Formulierung der Beobachtung und Fixierung. Erklärung: Die Seifenteilchen dringen mit ihrem wasserabstoßenden Teil in den Schmutz ein. Der wasserfreundliche Teil bleibt im Wasser. Dabei wird der Schmutz vom Gegenstand abgehoben.	- lesen - Versuch durchführen - beobachten - schlußfolgern - notieren - aufnehmen - nachvollziehen - erkennen	Ga Hb Hb	Material für Schülerversuch (2) Arbeitsblatt (2) - Beobachtung Arbeitsblatt (2) - Erklärung
	5. Lehrschritt: (vierte Teilergebnisgewinnung)	Waschwirkung der Seife / Emulgierung. (Lz 7)	Arbeitsauftrag: Führt den Versuch 3 durch. Verarbeitungsgespräch: Vortrag und Reflexion der Ergebnisse; Formulierung und Fixierung der Beobachtung. Erklärung: Die Seifenteilchen dringen mit ihrem wasserabstoßenden Teil in das Öl (auch wasserabstoßend) ein. Diese Teilchen stoßen sich nun untereinander ab. (bildliche Darstellung). Dabei verteilen sie sich im Wasser und werden mit diesem fortgeschwemmt.	- lesen - umsetzen - Versuch durchführen - beobachten - notieren - zuhören - ergänzen - zeichnen	Ga Hb Hb	Material für Schülerversuch (3) Arbeitsblatt (3) - Beobachtung Arbeitsblatt (3) - Erklärung (mit Zeichnung und Lückentext)
Sicherungsphase	6. Lehrschritt: (Gesamtergebnisgewinnung)	Der Waschvorgang erfolgt in mehreren Schritten. (Lz 8)	Demonstrationsversuch mit Rundgespräch: Wir betrachten jetzt nochmals den Eingangsversuch und überlegen uns, warum sich Gegenstände mit Seife besser säubern lassen.	- betrachten - überlegen - erklären - zusammenfassen - notieren - zeichnen	Hkf	Arbeitsblatt (4) - Material ... - Durchführung (Zeichnung)... - Beobachtung ... - Erklärung ...
	7. Lehrschritt: (Wiederholung - audiovisuelle Veranschaulichung)	Die Waschwirkung der Seife / Zusammenfassung. (Lz 8)	Projektion: Film über die Waschwirkung der Seife. Verarbeitungsgespräch: Erschließung der Filmaussagen unter Einbeziehung der im Unterricht erarbeiteten Ergebnisse.	- sehen - sich erinnern - zusammenfassen - festigen	Aa Hb	Film FT 560

Geschichte

Hauptlernziel: Widerstand gegen das nationalsozialistische Regime Hitlers in Deutschland.	Unterrichtsthema: Der deutsche Widerstand gegen Hitler.	Autor: Peter Allerberger
		Unterrichtszeit Empfehlung: 2 UE

Vorbemerkungen:
Empfehlenswerter Anschlußstoff bzw. unterrichtsbegleitende Lektüre (Deutsch) aus dem „rotfuchs-Programm" (Rowohlt Verlag): Warum warst du in der Hitlerjugend? (4 Fragen an meinen Großvater).
Die Einheit kann ebenso gut im Anschluß an die Wende des Krieges (Niederlage Stalingrad) vorgezogen werden. In einer folgenden Stunde bietet sich an, anhand dokumentarischer Tonaufnahmen den Verhandlungsablauf des Volksgerichtshofes (Richter Freisler) zu besprechen.

Teillernziele:
Die Schüler sollen:
1. am Beispiel des Attentats auf Hitler erkennen, daß das wesentliche Motiv der Widerstandsgruppen die Empörung über die Barbarei des Nazistaates und die Vernichtung der Juden war;
2. weitere Beweggründe der Widerstandskämpfer erfahren und benennen;
3. den 20.Juli 1944 als Zeichen des deutschen Widerstandes gegen Hitler erfahren und als Gedenktag für alle Opfer der NS-Zeit zukünftig würdigen;
4. die genannten Widerstandsgruppen stellvertretend für diejenigen sehen, die im Verborgenen wirkten und unbekannt blieben;
5. den Bevölkerungskreis der Widerstandskämpfer erfahren und auf eine breite Schichtenzugehörigkeit schließen.

Lernmaterialien:
a) Am 20.Juli 1944 fliegt Oberst Graf von Stauffenberg zu einer Besprechung ins Führerhauptquartier nach Ostpreußen. In seiner Aktentasche trägt er eine Zeitbombe. Ohne Kontrolle gelangt er durch die Sperren. Die Lagebesprechung findet in einer Baracke statt. Der Oberst löst in einem Nebenraum das Uhrwerk der Bombe aus. Dann betritt er den Beratungsraum. Hitler steht am Kartentisch und beugt sich über die Lagekarte. Vorsichtig schiebt Stauffenberg seine Tasche an Hitlers Stuhl heran. Er verläßt den Raum, indem er ein dringendes Telefongespräch vortäuscht. Als er das bereitstehende Auto besteigt, hört er einen ohrenbetäubenden Knall. Eine Stichflamme schießt aus der Baracke. Dem Oberst gelingt es mit Glück und Kaltblütigkeit, durch die dreifache Sperre zum Flugplatz zu kommen. In Berlin meldet er den Freunden: „Hitler ist tot. Ich habe gesehen, wie die Baracke in die Luft flog!"

b) Konservative und Sozialisten, Gutsbesitzer, Gewerkschafter, Protestanten und Katholiken, Männer aller Berufe und Schichten hatten sich im Kreisauer Kreis vereint. Eine neue rechtsstaatliche Ordnung war ihr Ziel.
Am 18.2.43 warfen die Studenten Hans und Sophie Scholl Flugblätter in den Lichthof der Münchner Universität. Auf dem Flugblatt stand: „Der Tag der Abrechnung ist gekommen, der Abrechnung der deutschen Jugend mit der verabscheuungswürdigsten Tyrannis, die unser Volk je erduldet hat. Im Namen der deutschen Jugend fordern wir vom Staat Adolf Hitlers die persönliche Freiheit, das kostbarste Gut des Deutschen zurück, um das er uns in der erbärmlichsten Weise betrogen hat."

Die Motive dieser und vieler anderer Deutscher, die sich zur Ablehnung des Nationalsozialismus und zur Auflehnung gegen Hitlers Herrschaft entschlossen, sind vielschichtig:
Befürwortung des demokratischen Rechtsstaates und des parlamentarischen Systems, Ablehnung des Führerstaates, religiöse Gründe, gegen Freiheitsbeschränkung bzw. der Menschenrechte...
Einig waren sich alle darin, daß das Gewaltregime gestürzt und der Krieg beendet werden mußte.

Medien: Folien, Diaserie: Widerstand gegen den NS; Tondokumente Volksgerichtshof, Lernmaterial, Buch
Literatur: Blick in die Vergangenheit 9, Oldenbourg München; Wir erleben die Geschichte 9, BSV München

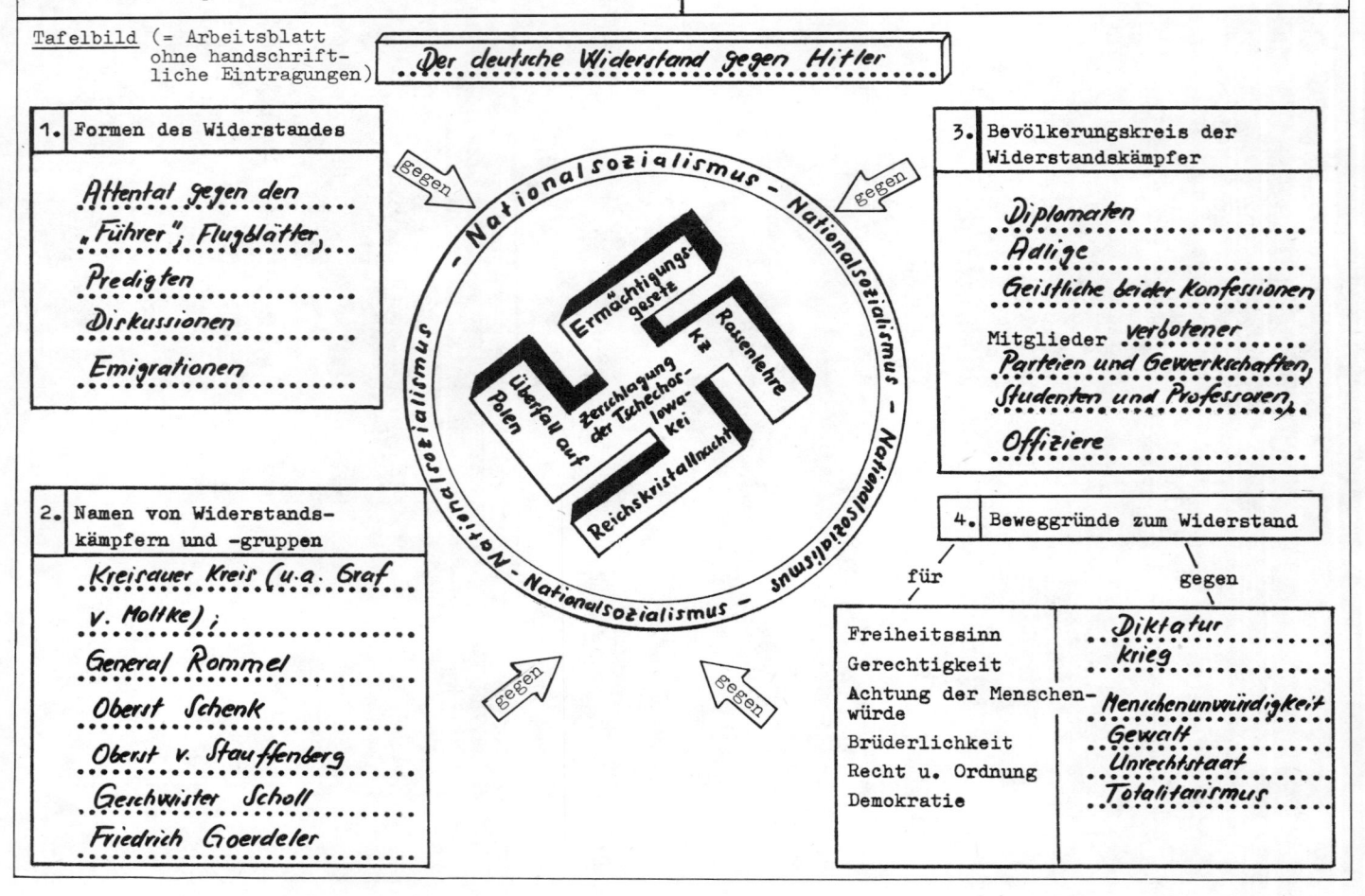

Tafelbild (= Arbeitsblatt ohne handschriftliche Eintragungen)

Der deutsche Widerstand gegen Hitler

1. Formen des Widerstandes
- Attentat gegen den „Führer"
- Flugblätter
- Predigten
- Diskussionen
- Emigrationen

2. Namen von Widerstandskämpfern und -gruppen
- Kreisauer Kreis (u.a. Graf v. Moltke)
- General Rommel
- Oberst Schenk
- Oberst v. Stauffenberg
- Geschwister Scholl
- Friedrich Goerdeler

3. Bevölkerungskreis der Widerstandskämpfer
- Diplomaten
- Adlige
- Geistliche beider Konfessionen
- Mitglieder verbotener Parteien und Gewerkschaften
- Studenten und Professoren
- Offiziere

4. Beweggründe zum Widerstand

für	gegen
Freiheitssinn	Diktatur
Gerechtigkeit	Krieg
Achtung der Menschenwürde	Menschenunwürdigkeit
Brüderlichkeit	Gewalt
Recht u. Ordnung	Unrechtstaat
Demokratie	Totalitarismus

(Zentrum: Hakenkreuz mit Stichworten: Ermächtigungsgesetz, Rassenlehre, KZ, Zerschlagung der Tschechoslowakei, Überfall auf Polen, Reichskristallnacht — umgeben von „gegen Nationalsozialismus")

UG	Lehrschritte (Artikulationsdefinition)	Lehrinhalte und Lernziele (= Lz)	Lehrakte .... Lernakte		Sozialformen	Lernhilfen
Eröffnungsphase	1. Lehrschritt (Vorkenntnisermittlung - Hinführung)	Ermächtigungsgesetz 1933; Reichskristallnacht 1938; Zerschlagung der Tschechoslowakei; Einmarsch in Polen 1939; (Lz 1)	Sachimpuls: Vorlegen von Jahreszahlen; mit Bildfolien bzw. Dias veranschaulichen: 1933-1938-1939 ... Erarbeitungsgespräch: Nimm Stellung zu den geschichtlichen Daten. Da darfst das Buch zu Hilfe nehmen. Die entsprechende Bildfolie hilft dir bei der Zuordnung.	- nachdenken - nachschlagen - zuordnen - verbalisieren	Hb Hb/Pa	Folie mit Daten; dazu entsprechende Bildfolien bzw. Dias; Schulbuch
	2. Lehrschritt (Zielangabe)	Der Widerstand gegen Hitler;	Bericht: Hitler mißachtete die Würde des Menschen. Verträge hielt er nicht ein, ließ KZ erbauen, verfolgte die Juden, löste alle Parteien auf ...	- zuhören - Wiedergabe von Vorwissen - formulieren	Hb	Arbeitsblatt: Überschrift
Erarbeitungsphase	3. Lehrschritt (Freilegung von Erfahrungswissen)	Gemeinsames Vorgehen der Opponenten schwierig;	Erarbeitungsgespräch: Warum ließ sich das deutsche Volk all das gefallen?	- Wesensmerkmale erfassen - Gründe nennen	Hb	
	4. Lehrschritt (Teilergebniserarbeitung)	Hitlers außenpolitische Erfolge; Reduzierung der Arbeitslosigkeit; (Lz 4)	Impuls: Ein Großteil der Deutschen ließ sich blenden. Erarbeitungsgespräch: Allen Gefahren zum Trotz gab es Deutsche, die nicht tatenlos zusahen, wie Freiheit und Recht mit Füßen getreten wurden.	- durchdenken - nachvollziehen - analysieren	Hb Hb	Evtl. auf Folie: Arbeitslosigkeit 1932 6 Millionen
	5. Lehrschritt (Teilergebnisgewinnung)	Geschwister Scholl, Goerdeler; 20. Juli 1944: Attentat auf Hitler; (Lz 2/4)	Sachimpuls: Zwei Vertreter von vielen, die "im Namen des deutschen Volkes" Widerstand leisteten. Arbeitsauftrag: Die hervorragendste Tat gegen Hitler war der Attentatsversuch. Lies den Text!	- betrachten - lesen - beurteilen	Hb Aa	Lernmaterial a; Dias (Scholl Goerdeler)
	6. Lehrschritt (Teilergebnisfixierung)	Zeichen des Widerstandes: Gedenktag; stiller Widerstand: Flugblätter, Auswanderung, Diskussion u.a. (Lz 3)	Erarbeitungsgespräch: Der 20. Juli 1944 ist ein herausragendes Datum in der deutschen Geschichte, ein Symbol. Aufgabe: Welcher Art war der Widerstand am 20. Juli? Kannst du dir andere Formen des "stillen Widerstands" vorstellen?	- erklären - interpretieren - fixieren	Hb Aa	Geschichtsbuch Arbeitsblatt, Nr. 1
	7. Lehrschritt (Teilzusammenfassung)	Polizei- und Spitzelsystem (SA - Gestapo) (Lz 3)	Rundgespräch nach Frage: Warum war ein Attentat auf Hitler so schwierig?	- rekapitulieren	Aa/Hb	
	8. Lehrschritt (Teilergebniserarbeitung)	Widerstandskämpfer im Verborgenen: Personen, die Juden verbargen und vor Deportation und Vernichtung retteten; (Lz 4)	Arbeitsauftrag nach Feststellung: Den Widerstand gab es an vielen anderen Tagen und an vielen Orten. Im Buch findest du weitere Namen, die für die vielen stehen, die im Verborgenen wirkten und unbekannt geblieben sind.	- aufnehmen - nachschlagen - Beispiele nennen - fixieren	Hb/Pa	Geschichtsbuch; Arbeitsblatt, Nr. 2
	9. Lehrschritt (Teilergebnisfixierung)	Alle Stände, Berufe des deutschen Volkes; (Lz 5)	Erarbeitungsgespräch nach Frage: Aus welchen Bevölkerungskreisen kam der Widerstand gegen Hitler?	- nachlesen - wiedergeben - fixieren	Hb/Aa	Lernmaterial b; Arbeitsblatt, Nr. 3
	10. Lehrschritt (Teilergebniserarbeitung und -fixierung)	Beweggründe der Widerstandskämpfer; (Lz 1/2)	Arbeitsauftrag nach Feststellung: Dokumente zeigen die Motive dieser mutigen Leute auf. Entnimm sie den Texten und suche nach weiteren Beweggründen. Verarbeitungsgespräch: Auswertung und Fixierung der Arbeitsergebnisse.	- Information entnehmen - ergänzen - vortragen - fixieren	Ga Hb	Dokumente in allen gängigen Schulbüchern; Arbeitsblatt, Nr. 4
Sicherungsphase	11. Lehrschritt (Lernzielkontrolle - Beurteilung)	Märtyrer, Verräter, Phantasten, Realisten? (Lz 1 - 5)	Rundgespräch: Geschwister Scholl, Pfarrer Bonhoeffer ... wurden als Landesverräter beschimpft, angeklagt und hingerichtet.	- diskutieren - beurteilen - werten	Kf	Tondokument: Volksgerichtshof (z.B. FT 2579)
	12. Lehrschritt (Aktualisierung)	Organisationen erfaßten alle Bürger; lückenlose Überwachung; Improvisation möglich, aber sehr riskant;	Erarbeitungsgespräch nach Frage: Welche Möglichkeiten hatten deiner Meinung nach junge Menschen im III. Reich, sich gegen die Staatsmacht aufzulehnen? Waren sie ganz und gar ohnmächtig? Denke an das Aufbegehren der heutigen jungen Generation.	- identifizieren - argumentieren - differenzieren	Hb	z.B. Folie Orion Verlag: Von der Wiege bis zur Bahre; Tb 2636 oppositionelle Haltung in der Jugend gegen den NS-Staat

Hauptlernziel: Kenntnis des Anlasses zum Zweiten Weltkrieg.	Unterrichtsthema: Hitlers Weg in den Zweiten Weltkrieg.	Autor: Peter Allerberger
		Unterrichtszeit Empfehlung: 2 UE

Vorbemerkungen:
„Die Motivation ist eines der dornigsten Probleme des Geschichtslehrers in der Sekundarstufe. Die Anziehungskraft der Geschichte ist für viele Jugendliche denkbar klein; sie sind in ihren natürlichen Interessen eher auf die Gegenwart und Zukunft als auf die Vergangenheit gerichtet..." (Joachim Rohlfes). Von dieser entwicklungspsychologischen Beobachtung ausgehend, versuche ich die folgenden Einheiten durch forschendes, entdeckendes Lernen für den Schüler zu erschließen (Quellenarbeit, Befragungen). Stoffliche Voraussetzungen: Anschluß Österreichs, Zerschlagung der Tschechoslowakei, Hitlers Friedensbeteuerungen nach außen, Nichtangriffspakt mit Polen.

Teillernziele:
Die Schüler sollen:
1. erkennen, daß Hitlers Politik irreführend und von Anfang an auf Täuschung angelegt war;
2. anhand authentischer Quellen den inszenierten Anlaß zum II. Weltkrieg erfahren und zu diesem Völkerrechtsbruch Stellung nehmen;
3. die vielfältigen Bündnissysteme vor Ausbruch des Krieges in ihrer Gesamtheit überschauen und deren Intentionen deuten;
4. den Inhalt des geheimen Zusatzabkommens in seinen Auswirkungen interpretieren bzw. anhand der Karte lokalisieren;
5. anhand der Expansionspolitik Hitlers dessen Ziel nach rücksichtsloser Ausweitung deutscher Macht erfassen;
6. erkennen, daß die Teilung Deutschlands (Ostgebiete) auf den deutsch-sowjetischen Nichtangriffspakt von 1939 zurückzuführen ist.

Medien:
FT 588: Hitlers Überfall auf Europa; Schallplatte: Ein Volk, ein Reich, ein Führer bzw. Tonband Jünger Verlag; Dias Jünger Verlag: Nr.1285 Atlas und Wandkarte (Deutschland, Europa).

Literatur: siehe Lernmaterialien.

Lernmaterialien:
a) „Denn in dieser Stunde erneuert die deutsche Regierung vor dem deutschen Volk und vor der ganzen Welt die Versicherung ihrer Entschlossenheit, über die Wahrung der deutschen Ehre und der Freiheit des Reiches nie hinauszugehen, und insbesondere in der deutschen Rüstung kein Instrument kriegerischen Angriffs, als vielmehr ausschließlich der Verteidigung und damit der Erhaltung des Friedens bilden zu wollen."
Hitler am 26.9.38.:
„..Ich habe Herrn Chamberlain versichert, daß das deutsche Volk nichts anderes will als Frieden."
„Nun ist Polen in der Lage, in der ich es haben wollte. Ich habe nur Angst, daß mir noch im letzten Moment irgendein Schweinehund einen Vermittlungsplan vorlegt."
„Polen hat nun heute nacht zum ersten Male auf unserem eigenen Territorium auch durch reguläre Soldaten geschossen. Seit 5.45 Uhr wird zurückgeschossen..."

b) Für den deutschen Rundfunkhörer, der nur die deutsche Propaganda hören konnte, mußte es so aussehen, als hätten die Polen angegriffen. In Wirklichkeit enthielten diese wenigen Sätze Hitlers bereits zwei Lügen: Die von ihm erwähnten „regulären polnischen Soldaten" waren SS-Leute und KZ-Häftlinge in polnischen Uniformen, die einen Überfall auf den deutschen Sender Gleiwitz vortäuschen mußten. (Damals und heute 5, Klett Stuttgart)
In den ersten Monaten des Jahres 1939 verlangte Hitler mehrmals von Polen die Eingliederung der unter Völkerbundsaufsicht gestellten deutschen Stadt Danzig ins Reich sowie eine deutsche Autostraße und Bahnlinie durch den Korridor, um eine Landverbindung mit Ostpreußen herzustellen.
aus: Blick in die Vergangenheit 9, Oldenbourg München

c) In drei Wochen überrannten die deutschen Armeen Polen. Konzentrierte Panzervorstöße und Kesselschlachten führten zu einem raschen Sieg...Am 17.September 39 rückten die Sowjets im Osten Polens ein. Deutschland gliederte sich Danzig und Oberschlesien ein.'Restpolen' wurde als Generalgouvernement deutsches Herrschaftsgebiet... aus: Blick in die Vergangenheit 9, Oldenbourg

Arbeitsblatt:

Hitlers Weg in den Zweiten Weltkrieg

1. Anlaß zum II. Weltkrieg

Polen
- Rückführung ins Reich: **Danzig** — freie Reichsstadt
- Vorgetäuschter Überfall auf: **Sender Gleiwitz** — Oberschlesien

Landverbindung zwischen dem Deutschen Reich und: **Ostpreußen** durch **Korridor**

2. Bündnispolitik vor Ausbruch des II. Weltkrieges

(England — Polen — Frankreich — Sowjetunion — Deutschland; Vertrag, Wirtschaftsabkommen, Nichtangriffspakt)

Geheimes Zusatzabkommen / Absichten:
- der Sowjetunion: **Gebietsgewinn in Ostpolen**
- des Deutschen Reiches: **Rückendeckung durch Stalin, Abstecken der Interessen**

3. Blitzkrieg gegen Polen

Für den **1.9.39** erteilt Hitler den Befehl zum Überfall auf **Polen**. Nach **3** Wochen war der „Blitzkrieg" beendet. **Sowjetische** Truppen marschierten von **Osten** her nach Polen ein. So wurde Polen zum **vierten** Mal geteilt, diesmal von **Deutschland** und **Rußland**. **Danzig** und **Oberschlesien** kamen zum Reich. Der Rest Polens wurde **Generalgouvernement** und von Deutschen verwaltet.

UG	Lehrschritte (Artikulationsdefinition)	Lehrinhalte und Lernziele (= Lz)	Lehrakte .... Lernakte		Sozial-formen	Lernhilfen
Eröffnungsphase	1. Lehrschritt (Problem-begegnung)	Zitate (Lz 1)	Sachimpuls: Anläßlich der Wiedereinführung der allgemeinen Wehrpflicht vom 16.3.35 meldete die Reichsregierung: "Denn in dieser Stunde ..." Hitler beteuerte 1938: "Ich habe Herrn Chamberlain ..."	– zuhören – betrachten – sich äußern – interpretieren	Hb	Lernmaterial a u.U. Schallplatte; Dias bzw. Folie: Wehrmacht
	2. Lehrschritt (Zielangabe)	Hitlers Weg in den Zweiten Weltkrieg;	Erarbeitungsgespräch: Die Schüler formulieren vom letzten Zitat ausgehend das Unterrichtsziel.	– aufnehmen – formulieren	Hb	Arbeitsblatt: Überschrift
Erarbeitungsphase	3. Lehrschritt (Teilergebniserarbeitung)	Hitler inszeniert äußeren Anlaß: fingierter Angriff auf Sender Gleiwitz;	Arbeitsauftrag: Am 1.9.39 begann Hitler seinen Blitzkrieg gegen Polen. Er mußte dazu einen Anlaß haben. Lies den Text. Höre Hitlers Erklärung dem Volk gegenüber. Wie sollte der Krieg in der Öffentlichkeit vorbereitet werden?	– lesen – zuhören – Informationen entnehmen	Ga	Lernmaterial b Zitat siehe Lernmatieral a (Schallplatte) Notizblock
	4. Lehrschritt (Teilergebnisgewinnung und -fixierung)	Völkerrechtsbruch; (Lz 2)	Verarbeitungsgespräch: Hitler und seine Generäle entfesselten also keinen Vergeltungskrieg.	– rekonstruieren – fixieren	Hb	Arbeitsblatt: Nr. 1
	5. Lehrschritt (Teilergebniserarbeitung und -fixierung)	England und Frankreich garantieren Polens Bestand; Bündnisfall gegeben: Kriegserklärung an Deutschland; (Lz 3)	Erarbeitungsgespräch: Die polnischen Staatsmänner ahnten 1938 Hitlers Absichten im Zusammenhang mit Danzig. Er erhoffte sich insgeheim Zurückhaltung der Westmächte.	– selbständig informieren – analysieren – fixieren	Hb	Schülerbuch: Bündnispolitik Polens gegen Hitler; Arbeitsblatt: Nr. 2: Kreisdarstellung
	6. Lehrschritt (Teilergebnisdarbietung)	1939 Vertrag Deutschlands mit Sowjetunion; Hitler – Stalin; (Lz 1/3)	Bericht: Vor Kriegsausbruch schloß Hitler mit der Sowjetunion einen Vertrag. Die beiden Todfeinde hatten sich geeinigt. Hitler erklärte bisher den Bolschewismus als Weltfeind Nr. 1.	– aufnehmen – werten – überdenken – vermuten	Hb	
	7. Lehrschritt (Teilergebnisgewinnung und -fixierung)	Polnische Teilung; Polen in der Zange totalitärer Mächte. Hitler erkaufte sich Neutralität der Sowjets bei Überfall auf Polen; Abgrenzung der Interessengebiete; (Lz 1/4/5)	Verarbeitungsgespräch: Die Welt war fassungslos. Neben einem Wirtschaftsabkommen und dem Nichtangriffspakt beinhaltete der Vertrag eine Geheimklausel über die Teilung Polens. Noch wußte die Welt nichts von den geheimen Abmachungen. Welcher Art waren diese? Nenne die Absichten beider Diktatoren!	– verifizieren – beurteilen – kennzeichnen – vermuten – überlegen – fixieren	Hb	Arbeitsblatt: Nr. 2: Vertrag – Wirtschaftsabkommen, Nichtangriffspakt, Geheimes Zusatzabkommen
	8. Lehrschritt (Teilzusammenfassung)	Kriegsanlaß; möglicher historischer Rückblick der vier polnischen Teilungen; (Lz 1 – 5)	Impuls: Goebbels gab in einer Pressekonferenz am 1.9.39 die Anweisung: "Keine Überschriften, in denen das Wort Krieg enthalten ist! Der Rede des Führers zufolge schlagen wir nur zurück ..."	– geschichtliche Fakten wiederholen – zusammenfassen	Hb	Kartenarbeit: Polnische Teilungen
	9. Lehrschritt (Teilergebnisgewinnung und -fixierung)	Kriegsverlauf; Blitzkrieg als neue Strategie; (Lz 2/5)	Arbeitsauftrag: Lies in deinem Geschichtsbuch über den Blitzkrieg gegen Polen nach und bearbeite anschließend Abschnitt 3 des Arbeitsblattes (evtl. Film als Informationsergänzung). Verarbeitungsgespräch: Vortrag, Kontrolle der Ergebnisse.	– lesen – vervollständigen – betrachten – fixieren	Pa Hb	FT 588: 1. Sequenz; Lernmaterial c Arbeitsblatt: Nr. 3
Sicherungsphase	10. Lehrschritt (Aktualisierung)	Curzon-Linie als Demarkationslinie zwischen Rußland und Polen; Grund für spätere Entschädigung Polens durch ostdeutsche Gebiete; (Lz 4/6) 23.8.1939 in Moskau unterzeichnet;	Rundgespräch: Rußland erhielt über ein Drittel Polens kampflos. Denke an die heutige Teilung Deutschlands. Feststellung: Rußland hat das polnische Territorium nach dem Krieg nicht mehr an Polen zurückgegeben. Frage: Verstehst du nun vielleicht, daß die Sowjetunion bis heute die Existenz des Geheimabkommens bestreitet?	– zuhören – rekapitulieren – im Atlas nachsehen – durchdenken – reflektieren – argumentieren	Aa/Hb Hb Hb	politische Karte Deutschlands

153

Hauptlernziel: Hitlers Expansionspolitik in den ersten Kriegsjahren bis zur Wende 1942.	Unterrichtsthema: Die ersten Kriegsjahre	Autor: Peter Allerberger
		Unterrichtszeit Empfehlung: 2 UE

Vorbemerkungen:
Im Geschichtsunterricht überwiegt die darbietende und unmittelbar-erarbeitende Unterrichtsform gegenüber der mittelbar-erarbeitenden, womit die selbständige Aneignung des Stoffes durch den Schüler gemeint ist. Es kann nicht angehen, daß der Schüler nur dem Vortrag des Lehrers lauscht, der ihm alle Gedanken vordenkt oder entwickelt. In der vorliegenden Einheit wird versucht, den Schülern durch eigenen Vortrag, Zusammenfassung der Ergebnisse aus dem Buch und vorgegebenen Lernmaterials, durch Selbständigkeit im Bereich der Kartenauswertung Fakten nahezubringen.

Teillernziele:
Die Schüler sollen:
1. anhand einer vorgegebenen Übersicht und des Schülerbuches die Expansion Hitlers in wesentlichen Etappen nachvollziehen, einschätzen, erläutern und beschreiben;
2. filmische Sequenzen als dokumentarische Ausschnitte, die in der Regel auf Propaganda und Beeinflussung abgestellt waren, objektiv bewerten und weniger einseitig betrachten;
3. Hitlers militärisches Vorgehen stets mit dem politischen Hintergrund verbinden, um über die unheilvolle Entwicklung der ersten Kriegsjahre Klarheit zu gewinnen;
4. einsehen, daß der Krieg nichts anderes als die Ausrottung bestimmter Völker zur Folge haben mußte;
5. aus vorgegebenen Quellen Gebiete auf der Karte lokalisieren.

Lernmaterial:
Deutschland und England planten beide, Norwegen zu besetzen. England wollte durch die Besetzung Skandinaviens die Blockade gegen Deutschland verschärfen. Hitler wollte dadurch die Erzzufuhr aus dem Norden sichern. Die deutschen Landetruppen kamen den englischen am 5.4.1940 um wenige Stunden zuvor; sie besetzten auch das neutrale Dänemark.
(aus: Geschichte für die Hauptschule 9, Auer Donauwörth)

Am 10.5.40 begann der Westfeldzug. Die deutschen Truppen stießen über die neutralen Länder Luxemburg, Belgien und die Niederlande zur Kanalküste vor. Holland und Belgien kapitulierten rasch. Bereits am 20.Mai erreichten deutsche Panzerverbände die Küste. Die englischen Truppen wurden in Dünkirchen eingeschlossen. Es gelang den Engländern, ihre 335 000 Mann auf die Insel zurückzubringen.
Schon am 14. Juni 1940 marschierten deutsche Truppen in Paris ein. Hitler verlangte von den Franzosen die Unterzeichnung des Waffenstillstands in demselben Salonwagen, im Wald von Compiegne, wo auch im Ersten Weltkrieg Deutschland den Waffenstillstand hatte unterzeichnen müssen.
Da es der deutschen Luftwaffe nicht gelang, die Luftherrschaft über England zu erringen, mußte der Plan einer Landung auf der britischen Insel aufgegeben werden.
(aus: Blick in die Vergangenheit 9, Oldenbourg München)

Medien: FT 588 Hitlers Überfall auf Europa;
Dias bzw. Epidiaskop: Niederreißen polnischer Grenzpfähle; Arbeitstext, Geschichtsbuch, Karte.

Literatur: Schülerbücher (siehe Lernmaterial), Metzger, Die Geschichtsstunde, Auer, Donauwörth

---

Arbeitsblatt:

Die ersten Kriegsjahre

1. Hitler verändert die Landkarte

[Karte Europas mit deutschen Angriffen]

Deutsche Angriffe
- am 1939
- am 1940
- am 1941/42
- ▨ Deutsches Reich
- ▦ mit Deutschland verbündet
- ☐ Alliierte (außer benannte Länder)

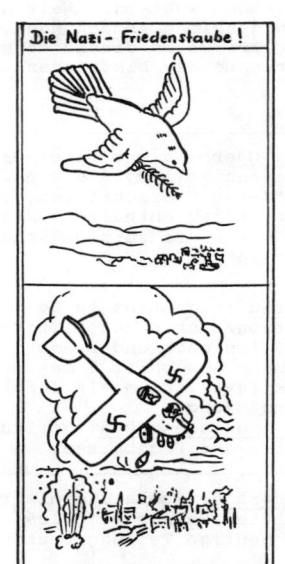

[Karikatur: Die Nazi-Friedenstaube!]

2. Hitlers Übergriffe bis 1941/42

a) Warum richtete sich der Hauptstoß der deutschen Angriffe nicht gegen die Maginotlinie?
ungeschützte französische Nordostgrenze

b) Warum mußten die Franzosen den Waffenstillstand im Salonwagen von Compiegne unterzeichnen?
Wiedergutmachung der Schmach von 1918

c) Wieso wollte England den Deutschen in Norwegen zuvorkommen?
Englischer Versuch, deutsche Rüstung zu treffen; schwedische Erzausfuhr über eisfreien norwegischen Hafen Narvik zu unterbinden

d) Warum standen deutsche Truppen auch in Nordafrika?
Eilten bedrängten Italienern in Libyen zu Hilfe (Rommelfeldzug)

e) Was bezweckte Hitler mit dem Angriff auf Rußland ohne formelle Kriegserklärung?
Weiteren Gebietsansprüchen der Sowjets entgegenzutreten; Lebensraumplan

f) Welches Risiko nahm Hitler dadurch auf sich?
Zweifrontenkrieg (ähnlich Schlieffenplan)

g) Warum mußten sich die deutschen Truppen zurückziehen?
Unzureichende Ausrüstung für Winterkrieg; lange Frontlinie – Nachschubprobleme

UG	Lehrschritte (Artikulationsdefinition)	Lehrinhalte und Lernziele (= Lz)	Lehrakte .... Lernakte		Sozialformen	Lernhilfen
Eröffnungsphase	1. Lehrschritt (Anknüpfung)	Erster Weltkrieg im Gedächtnis der Bevölkerung;	Sachimpuls: Der Einmarsch deutscher Truppen in Polen rief in Deutschland keineswegs Begeisterung hervor.	- betrachten - verbalisieren	Hb	Dias: deutsche Truppen reißen Grenzpfähle nieder
	2. Lehrschritt (Zielangabe)	Ausdehnungspolitik durch Annexionen; Die ersten Kriegsjahre;	Erarbeitungsgespräch: Hitlers Ausdehnungsdrang war damit noch keineswegs gestillt. Denke an die Kriegserklärungen an Deutschland. Vorgeben des Stundenthemas.	- ungeordnete Wiedergabe von Vorwissen - einsetzen	Hb	Arbeitsblatt: Überschrift
	3. Lehrschritt (Einstimmung verbal)	Möglicher Heroisierung der deutschen Blitzerfolge vorgreifen;	Feststellung: Ihr werdet in dieser Einheit eine gedrängte Übersicht über die ersten Kriegsjahre erhalten. Denkt daran, daß jedes einzelne Ereignis, jeder Tag, jede Minute dieses Ringens mit unsagbaren Opfern, Taten und Leiden von Millionen Menschen verbunden war.	- aufnehmen - würdigen - kommentieren - spontan äußern	Hb	
Erarbeitungsphase	4. Lehrschritt (Teilergebniserarbeitung und -fixierung)	Schülerzentrierte Auswertung; (Lz 1/2) Gesamtübersicht der militärischen Aktionen: Skandinavien - Frankreich - England; (Lz 5)	Auftrag: 1. Lies die Übersicht der ersten Kriegsjahre. 2. Erläutere danach die wesentlichen Ereignisse anhand des Arbeitsblattes. 3. Setze Daten und Ereignisse in die Karte ein. Verarbeitungsgespräch: Vortrag, Vergleich, Zusammenfassung, Fixierung der Arbeitsergebnisse.	- lesen - erläutern - eintragen - markieren - fixieren	Ga Hb	Lernmaterial Arbeitsblatt: Kartenskizze FT 588: 2./3. Sequenz Arbeitsblatt: Hitler verändert ...
	5. Lehrschritt (Teilzusammenfassung)	Krieg im Norden und Westen; (Lz 1/5)	Impuls: Im Blitzkrieg erobert Hitler einige Länder. Erkläre die deutschen Anfangserfolge zu Kriegsbeginn.	- zusammenfassen - deuten	Hb	Arbeitsblatt: Kartenskizze
	6. Lehrschritt (Teilergebniserarbeitung)	Wagnis des Zweifrontenkrieges; Parallele zum I. Weltkrieg (Schlieffenplan); Bündnisbruch; (Lz 3)	Erarbeitungsgespräch nach Feststellung: Hitler hatte England nicht besiegen können. Er nahm nun seinen "Lebensraumplan" wieder auf. Ohne Kriegserklärung wurde ein Nichtangriffspakt gebrochen.	- aufnehmen - sich erinnern - rekapitulieren	Hb	Schülerbuch
	7. Lehrschritt (Teilergebniserarbeitung)	Überfall auf die Sowjetunion (Fall Barbarossa); (Lz 5)	Arbeitsauftrag: Bearbeitet selbständig die Aufgaben des Arbeitsblattes. Vervollständigt die Kartenübersicht mit dem Überfall auf Rußland.	- Informationen entnehmen - vervollständigen	Pa	Schülerbuch Arbeitsblatt: Kartenskizze
	8. Lehrschritt (Teilergebnisgewinnung und -fixierung)	Angriff im Osten (Filmsequenz); (Lz 2)	Verarbeitungsgespräch: Vortrag, Vergleich, Zusammenfassung, Fixierung der Arbeitsergebnisse. Impuls: Hitlers Propaganda hatte auch für diesen Überfall eine Erklärung.	- verbalisieren - fixieren - begründen	Hb Hb	Arbeitsblatt: Kartenskizze evtl. auch FT 588: 4. Sequenz
	9. Lehrschritt (Teilergebnisdarstellung)	Hitlers Übergriffe bis 1941/42; (Lz 1/3)	Erzählung: Deutsche Angriffe gegen Frankreich; deutsche und englische Soldaten in Norwegen; ... in Nordafrika; Risiken für die deutsche Wehrmacht; Gründe für den Rückzug der deutschen Truppen.	- aufnehmen - nachempfinden - schließen - fixieren	Hb	Lernmaterialien Arbeitsblatt: Hitlers Übergriffe ...
Sicherungsphase	10. Lehrschritt (Gesamtzusammenfassung)	Riesige Ausdehnung des Kriegsschauplatzes; Dauer, Verluste; Ziel der totalen Vernichtung des Gegners u.a.; (Lz 4)	Erarbeitungsgespräch: Der Krieg ist noch nicht zu Ende. Was unterschiedet den II. Weltkrieg vom I. und allen bisherigen Auseinandersetzungen? Deute die Karikatur einer schweizerischen Zeitung von 1934 auf Hitlers Friedensbeteuerungen.	- differenzieren - deuten - verbalisieren	Hb	Arbeitsblatt: Karikatur;
	11. Lehrschritt (Ausblick)	Hinweis auf Kriegswende durch: Wirtschaftskraft, Widerstandsfähigkeit, längerer Atem der Verteidiger; (Lz 4)	Rundgespräch: So verlief dieser schreckliche Krieg in seiner ersten Hälfte. Die Anfangserfolge der Angreifer ließen sich auf Dauer nicht halten. Was machte die Verteidiger stark?	- diskutieren - schlußfolgern	Aa/Hb	

Hauptlernziel: Der totale Krieg führt nicht zur totalen Niederlage der Gegner, sondern Deutschlands.	Unterrichtsthema: Der totale Krieg – die totale Niederlage.	Autor: Peter Allerberger
		Unterrichtszeit Empfehlung: 2 UE

Vorbemerkungen:
Der vorliegenden Einheit geht als Anschlußstoff zu den ersten Kriegsjahren die durch Stalingrad eingeleitete Wende des Krieges voraus. Die Schüler haben sich zu Hause über die letzten Kriegsjahre in unserer Heimat mit Eltern, Großeltern und Bekannten auseinandergesetzt (auch aus Geschichtsquellen). Ihre Erfahrungen, teilweise niedergeschrieben, werden im Unterricht verwertet. Möglicher Anschlußstoff: Einzelfakten zur Invasion bzw. das Ende des Krieges durch die Atombombe. Als häusliche Nacharbeit bietet sich an, die Schüler nach den Verlusten der Heimatgemeinden (Schulsprengel), nach Opfern, Zerstörungen forschen zu lassen.

Teillernziele:
Die Schüler sollen:
1. in häuslicher Vorarbeit Fakten zum Thema zusammentragen bzw. betroffene Personen befragen und die Erkundungsergebnisse wiedergeben;
2. einen Einblick in die Schrecken des Krieges erhalten und die Sinnlosigkeit militärischer Auseinandersetzungen erfassen und begründen;
3. anhand dokumentarischen Materials die Wirkung von Propaganda bzw. Demagogie erkennen und beurteilen;
4. anhand von Zahlenmaterial die Bilanz aus deutscher Sicht interpretieren und mit den Erkundungsergebnissen aus ihrem eigenen Umfeld vergleichen.

Literatur:
Schwandner/Hutterer, Blick in die Vergangenheit 9, Oldenbourg München 1982
Hampel/Rieder, Wir erleben die Geschichte 9, BSV München 1974

Medien:
FT 589 Dem Ende entgegen; FT 564 Goebbels spricht; Folien, Lernmaterial, Arbeitsblatt.

Lernmaterial:
Teil 1: Alle Betriebe, die nicht kriegswichtig waren, wurden stillgelegt. Immer mehr Frauen arbeiteten in der Rüstungsindustrie. Die Arbeitszeiten wurden verlängert, Lebensmittelrationen eingeschränkt, Kinder aus gefährdeten Gebieten wurden verschickt, Jugendliche zum Dienst bei der Luftabwehr einberufen. 13 Millionen Wehrmachtsangehörige (gegenüber 1,4 Mill. 1939) wurden mobilisiert, 7,5 Millionen Zwangsarbeiter und Kriegsgefangene mußten die wehrpflichtigen Industriearbeiter ersetzen.
Im „Volkssturm" wurden Jugendliche und Greise zusammengefaßt und zur Verteidigung der Heimat notdürftig bewaffnet. Wunderwaffen wie „V 1" und „V 2" und erste Düsenjäger weckten unerfüllbare Hoffnungen.

Teil 2:
Der totale Krieg hat nicht nur die Soldaten an der Front getroffen. Er richtete sich ebensosehr gegen Industriewerke und Wirtschaftszentren des Gegners wie gegen die Zivilbevölkerung, um deren Widerstandskraft zu brechen. Nacht für Nacht und oft auch am hellen Tage heulten die Luftschutzsirenen: Die Angriffe der alliierten Bombergeschwader auf Deutschland nahmen zu und kosteten etwa 540 000 Menschen das Leben.
Der grausigste Angriff war der amerikanische Luftüberfall auf die mit Flüchtlingen überfüllte Stadt Dresden im Februar 1945; man sprach von über 200 000 Toten allein in dieser Stadt!
Unaufhaltsam rückte die Rote Armee von Osten vor, in Italien landeten alliierte Truppen.

Arbeitsblatt:

Der totale Krieg – die totale Niederlage

Totaler Krieg

Größere Anstrengungen der Deutschen:
totaler Einsatz aller Bürger;
nicht mehr: *Landgewinn*,
sondern: *Vernichtung der Feinde*

durch

Verlängerung *der Arbeitszeit*
Mitarbeit der *Frauen*
Einschränkung der *Lebensmittelrationen*
Verschicken der *Kinder*
Einberufung von *Jugendlichen*
Durchhalteparolen
Einsatz von *Wunderwaffen*
Heimatverteidigung durch *Volkssturm*
Anzahl der Soldaten 1945: *10 Millionen*
Stillegung der *nicht kriegswichtigen Betriebe*

Reichsfett-Karte
Speck, Talg, Butter | Schmalz, Käse/Quark, Gewürzschmalz, Margarine
Name: ___
Wohnort: ___
Straße: ___
Nicht übertragbar!

Endbilanz für Deutschland
Bomben: *2 Mill. t*
Gefallene: *4 Mill. Soldaten*
Verluste unter der Zivilbevölkerung: *2,6 Mill.*
Industrie: *zur Hälfte zerstört*
Obdachlose: *40 %*
Krüppel: *2 Mill. Soldaten*

Totale Niederlage

Luftoffensive der Amerikaner und Engländer:
totaler Einsatz der gegnerischen Luftflotten;
nicht mehr: *Passivität*,
sondern: *gemeinsames Vorgehen*

durch

Bombardierung der *Rüstungsindustrie*,
von *Verkehrsanlagen*,
von *Wohnvierteln*

Hoffnung der Alliierten auf: *Minderung der Widerstandskraft*

Zermürbungstaktik
Von Osten: *Vormarsch der Sowjets*
Im Süden: *Landung der Alliierten*

UG	Lehrschritte (Artikulationsdefinition)	Lehrinhalte und Lernziele (= Lz)	Lehrakte .... Lernakte		Sozial-formen	Lernhilfen
Eröffnungsphase	1. Lehrschritt (Anknüpfung)	Aussichtslosigkeit; Schlacht um Stalingrad; Vernichtung der Feinde als erstes Ziel; (Lz 2)	Sachimpuls: Immer mehr Deutsche ahnten, daß dieser Krieg nicht mehr zu gewinnen war. Hitler hatte die größte militärische Niederlage der deutschen Geschichte verursacht. Ihm ging es nicht mehr um Landgewinn.	- betrachten - wiederholen - verbalisieren	Hb	Dias/Folie: Stalingrad
	2. Lehrschritt (Zielangabe)	18.2.43: Propagandaminister Goebbels in Berlin; Ausruf des totalen Krieges: Der totale Krieg – die totale Niederlage; (Lz 3)	Erarbeitungsgespräch nach Feststellung: Wenige Tage danach wurde diese Niederlage für eine neue Propagandawelle benutzt. Hitler fordert die totale Niederlage für seine Feinde. Formulierung des Unterrichtsthemas.	- aufnehmen - Aussageschwerpunkte erkennen - eintragen	Hb	Arbeitsblatt: Überschrift
Erarbeitungsphase	3. Lehrschritt (Teilergebniserarbeitung und -gewinnung)	Befragung des Volkes über Bereitschaft zum totalen Krieg; (Lz 3)	Auftrag: Hört euch Goebbels berühmt-berüchtigte Rede im Berliner Sportpalast an. Lest die Informationen. Verarbeitungsgespräch: Vortrag und Aussprache über die erarbeiteten Fakten zum "totalen Krieg".	- betrachten - zuhören - lesen - verdichten	Aa Hb	Filmausschnitt: FT 589 bzw. FT 564 Lernmaterial: Teil 1
	4. Lehrschritt (Vergegenwärtigung)	Aktivierung von Schülerwissen nach häuslicher Vorarbeit; (Lz 1/2)	Erarbeitungsgespräch: Der totale Krieg machte auch die Heimat zum Kriegsgebiet. Ihr habt euch zu Hause mit dem Thema auseinandergesetzt.	- Wiedergabe von Erkundungen - vortragen	Hb	Schülernotizen
	5. Lehrschritt (Besinnung – kritische Aufarbeitung)	Demagogie, wohlüberlegte Massenbeeinflussung; Propagandasätze in 10 Fragen gefaßt; (Lz 3)	Diskussion nach Feststellung: Goebbels bewies im Sportpalast seine raffinierte Kunst der Volksverführung. Er erklärte die Großkundgebung für die Vertretung der Nation. Erinnert euch an Auszüge im Film. Was wollte Goebbels mit dieser Rede kurz nach Stalingrad erreichen?	- zuhören - diskutieren - argumentieren - reflektieren - durchdenken	Kf	Tondokument mit rhetorischer Frage Goebbels (FT 564)
	6. Lehrschritt (Teilzusammenfassung und -fixierung)	Situation im Lande u.a. Lebensmittelrationierung; (Lz 1/2)	Frage: Was bedeutete der totale Krieg? Betrachte die Skizze des Arbeitsblattes.	- zusammenfassen - betrachten - fixieren	Hb	Arbeitsblatt: Skizze und Teil 1: Totaler Krieg
	7. Lehrschritt (Teilergebniserarbeitung)	Gegenreaktion der Alliierten und Sowjets; (Lz 1/2)	Erarbeitungsgespräch nach Impuls: Die Verkündigung des totalen Krieges änderte nicht viel an der deutschen Situation. Im Gegenteil.	- kennzeichnen - verifizieren - beschreiben	Hb	Notizen der Schülerselbsterkundung;
	8. Lehrschritt (Teilergebnisgewinnung und -fixierung)	Je länger der Krieg dauerte, um so erbarmungsloser wurde er auf beiden Seiten geführt; u.a. neue Verzweiflungswaffen; (Lz 2)	Auftrag: Berichte von den Erfahrungen der Leute, die du zu Hause befragt hast. Wie wirkte sich der totale Krieg in Wirklichkeit aus? Lies die Angaben des Textes. Impuls: Die Schrecken des totalen Krieges vor allem für die Zivilbevölkerung waren unsagbar. Verarbeitungsgespräch: Zusammenfassung und Fixierung der erarbeiteten Ergebnisse.	- berichten - skizzieren - Information einordnen - lesen - fixieren	Hb Hb Hb	Lernmaterial: Teil 2; Arbeitsblatt: Teil 2
Sicherungsphase	9. Lehrschritt (inhaltliche Ergänzung)	Bombenkrieg; Fliegeralarm; heillose Situation; (Lz 2/3)	Erarbeitungsgespräch: Die Alliierten überschritten die deutschen Grenzen. Hitlers Befehl lautete: Alles vernichten, was dem Feind dienlich sein konnte.	- charakterisieren - beurteilen - ansehen	Hb/Aa	FT 589 Ende 2. Sequenz
	10. Lehrschritt (Beurteilung)	Anordnung der vollständigen Zerstörung deutscher Wirtschaft; (Lz 2/3)	Rundgespräch nach Feststellung: Auf die Frage, wie das deutsche Volk weiterleben könne, wenn seine Befehle ausgeführt würden, antwortete Hitler: Wenn wir nicht siegen, ist das deutsche Volk nicht wert weiterzuleben.	- sich äußern - resümieren - debattieren	Aa/Hb	
	11. Lehrschritt (Zusammenfassung)	Deutschlands totale Niederlage;	Verarbeitungsgespräch: Hitlers Vorstellung der totalen Niederlage seiner Gegner verkehrte sich in das genaue Gegenteil	- rekapitulieren - zusammenfassen	Hb	Arbeitsblatt: Überschrift; Arbeitsblatt: Totaler Krieg;
	12. Lehrschritt (Auswertung)	Bilanz des Krieges allein in Deutschland; Heimatlose, Deportierte, Vermißte u.a.; (Lz 1/2/4)	Erarbeitungsgespräch nach Sachimpuls: Betrachte die traurige Statistik: 2 Mill. t Bomben, 4 Mill. deutsche Soldaten gefallen, 40% der Bevölkerung in Notunterkünften, 50% der Industrieanlagen zerstört, 2 Mill. Soldaten verkrüppelt, 2,6 Mill. Tote unter der Zivilbevölkerung ...	- betrachten - interpretieren - schlußfolgern - vergleichen mit Eigenerkundungen	Hb	Folie; Bilder: Zerstörung Arbeitsblatt: Endbilanz für Deutschland

Hauptlernziel: Die Siegermächte entscheiden über die politische Zukunft Deutschlands.	Unterrichtsthema: Deutschland unter der Herrschaft der Sieger.	Autor: Peter Allerberger
		Unterrichtszeit Empfehlung: 2 UE

Vorbemerkungen:
Die Stunde schließt sich direkt der vorausgegangenen Einheit „totaler Krieg" an, wenn nicht näher auf die Situation im südostasiatischen Raum eingegangen wird. Als Anschlußstoff bietet sich die gewaltsame Vertreibung der Deutschen aus den Ostgebieten (als eine Übereinstimmung der Konferenzbeschlüsse) an.
Bewußt spreche ich im letzten Lernakt von „polemisieren", da die Problematik Deutschlands vielen Schülern (und nicht nur diesen) erfahrungsgemäß unklar, um nicht zu sagen unbekannt oder unbegreiflich erscheint (Situation Westberlins, Präambel des Grundgesetzes, Ostgebiete polnisches Staatsgebiet? u.a.).

Teillernziele:
Die Schüler sollen:
1. wissen, daß die Konferenzen von Jalta und Potsdam das Schicksal Deutschlands nach dem Krieg bestimmten.
2. erfahren, daß Rußland durch großen Gebietszuwachs seinen Machtbereich gewaltig erweiterte und durch die Besetzung Mitteldeutschlands seinen Einflußbereich weit nach Westen ausdehnte;
3. die Übereinkommen und unterschiedlichen politischen Ansichten der Siegermächte bezüglich der Teilung Deutschlands erläutern und bewerten können;
4. die Besatzungszonen Deutschlands nennen und erklären können, warum die deutschen Ostgebiete unter polnische Verwaltung gestellt wurden;
5. durchschauen, warum Stalins Tausch mit den Engländern und Amerikanern für Rußland vorteilhaft war.

Literatur: Hartwich: Politik im 20.Jahrhundert, Braunschweig 1974, Westermann
Medien: Bilder der Konferenzen; Arbeitsblatt; Karte.

Lernmaterial:
Teil 1: In der Konferenz von Jalta (Februar 1945) vereinbarten die Verbündeten, daß Deutschland in Besatzungszonen aufgeteilt werden sollte: Am 8.Mai richteten sich die vier Siegermächte in ihren Zonen ein. Deutschland sollte keine Möglichkeit mehr haben, eine Macht darzustellen, durch die sich die Nachbarn bedroht fühlen könnten. Gleichzeitig forderten sie die bedingungslose Kapitulation.
Teil 2: Im Juli/August 1945 fand die zweite Konferenz in Potsdam **statt**: Stalin überraschte die Konferenzpartner mit der Mitteilung, daß er die Gebiete jenseits der Oder - Neiße - Linie unter polnische Verwaltung gestellt habe. Stalin:„Auf dem Papier gehören diese Gebiete zwar zum deutschen Staat. In Wirklichkeit aber sind es polnische Gebiete, da es in ihnen keine deutsche Bevölkerung mehr gibt." Truman:„Neun Millionen Deutsche sind sehr viel!" Stalin:„Alle Deutschen sind geflohen!" Als Stalin dies sagte, lebten in diesen Ostgebieten noch 5 Millionen Deutsche. Das Schlußprotokoll der Konferenz lautete:„.... die endgültige Festlegung der Westgrenze Polens bis zum Friedensvertrag zurückgestellt..."
Übereinstimmung wurde darin erreicht, wie der deutsche Militarismus und Nationalsozialismus zerschlagen werden sollte: Durch völlige Abrüstung und Entmilitarisierung. Deutschland sollte niemals mehr eine Großmacht werden, Reparationen zahlen; Teile der Industrieanlagen sollten abgebaut (demontiert),die Nationalsozialisten bestraft werden. Nationalsozialistische Organisationen wurden verboten.
Uneinigkeit bestand darin, ob später wieder ein Deutsches Reich errichtet werden sollte. Vorerst vereinbarte man eine gemeinsame Verwaltung in einem Alliierten Kontrollrat in Berlin. Berlin teilten die Alliierten in 4 Sektoren, wovon jede Besatzungsmacht eine besetzte.

Arbeitsblatt:

Deutschland unter der Herrschaft der Sieger

1. Konferenzergebnisse von Jalta und Potsdam 1945

Sonderstatus von Berlin:
Alle Siegermächte besetzen Berlin (West - und Ost- Berlin)

Besatzungszonen der Siegermächte:
- Amerikaner in: *Süddeutschland (Bayern-Hessen-Baden)*
- Franzosen in: *Südwestdeutschland (Saarland,-Baden-Rheinl.-Pfalz)*
- Briten in: *Norddeutschland (Nordrhein-Westfalen, Niedersachsen)*
- Sowjets in: *Mittel- u. Ostdeutschland (SBZ-Ostpreußen)*

2. Stalins Tausch - Vorteil für Rußland

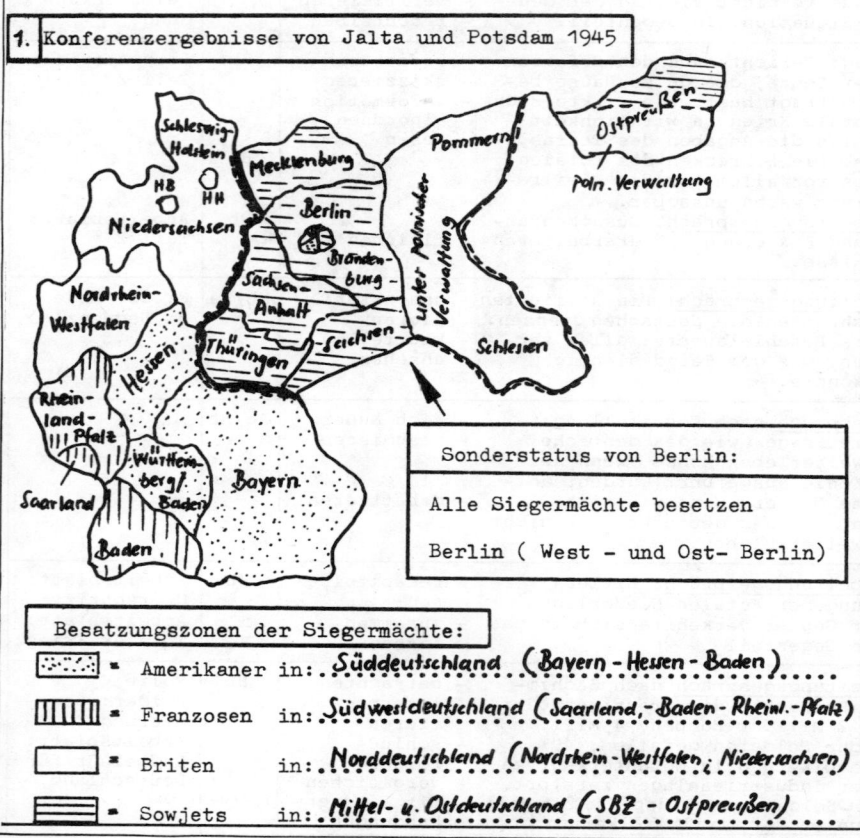

a) Industriegebiete: in *Mitteldeutschland (z.B. Sachsen-Anhalt)*

b) Sowjetische Besatzungszone (SBZ): nach Muster eines *kommunistischen Herrschaftssystems*

c) Lage Westberlins: inmitten des *sowjetischen Interessengebietes*

d) Zufahrtswege nach Westberlin: *Verlauf durch sowjetisches Machtgebiet*

3. Weitere Konferenzbeschlüsse:
Übereinstimmungen zwischen Ost-West:
Zerschlagung des deutschen Militarismus und Nationalsozialismus; Reparationszahlungen, Demontage, Verbot von NS-Organisationen

Gegensätzliches: *Staatsaufbau eines zukünftigen „Deutschlands"*

UG	Lehrschritte (Artikulationsdefinition)	Lehrinhalte und Lernziele (= Lz)	Lehrakte .... Lernakte		Sozialformen	Lernhilfen
Eröffnungsphase	1. Lehrschritt (Problematisierung)	Regierungsgewalt in Deutschland durch alliierte Oberbefehlshaber; Begriff: Siegermächte; (Lz 1)	Impuls: Mit der bedingungslosen Kapitulation unterwarf sich das deutsche Volk endgültig auf Gnade und Ungnade dem Willen der Siegermächte. Verarbeitungsgespräch: Spontane Stellungnahmen.	- betrachten - beschreiben - sich äußern	Hb Hb	Folie/Dias: Die drei Staatschefs Jalta bzw. Potsdam
	2. Lehrschritt (Zielangabe)	Deutschland unter der Herrschaft der Sieger;	Feststellung: Wir werden uns heute mit Deutschlands Situation nach dem Zusammenbruch befassen.	- zuhören - überlegen	Hb	Arbeitsblatt: Überschrift
	3. Lehrschritt (Teilergebnisvorbereitung)		Arbeitsauftrag: Welche Pläne dürften die Siegermächte wohl für das besiegte Deutschland gehabt haben?	- vermuten - konkretisieren	Pa	Notizblock
Erarbeitungsphase	4. Lehrschritt (Teilergebniserarbeitung)	Konferenz von Jalta: Zerstörung des deutschen Militarismus und Nationalsozialismus; Deutschland sollte nie wieder den Weltfrieden stören; (Lz 1/3)	Verarbeitungsgespräch: Die drei großen Verbündeten des II. Weltkrieges hatten sehr unterschiedliche politische Ansichten und verfolgten bereits entgegengesetzte Ziele. In einem Punkt waren sie sich jedoch einig. Lies den Arbeitstext.	- nachvollziehen - überdenken - verbalisieren - Problematik erkennen - lesen	Hb	Lernmaterial Teil 1
	5. Lehrschritt (Teilergebnisgewinnung und -fixierung)	Karte der Besatzungszonen; lokalisieren; (Lz 4)	Auftrag: Die einzelnen Besatzungszonen sind auf der Karte farbig markiert. Ordne sie den Siegermächten zu.	- zuordnen - verbalisieren - fixieren	Hb/Aa	Arbeitsblatt: Nr. 1, Karte und Besatzungszonen; analoge Folie;
	6. Lehrschritt (Teilergebniswertung)	Spätere Grenze zur SBZ bzw. DDR. Einräumung von Sektoren in Berlin; Gegenwart: Exklave Berlin; (Lz 2/5) Tauschhandel;	Erarbeitungsgespräch nach Impuls: Engländer und Amerikaner erklärten sich bereit, auf die Elbe-Werra-Linie zurückgehen. Stalin verteilte Versprechungen. Die beiden Westmächte hatten laut Präsident Truman "einen Garten für einen Apfel gegeben".	- zuhören - überdenken - nachschlagen - gegenüberstellen - fixieren	Hb	Karten; Geschichtsbuch; Arbeitsblatt, Punkt 2
	7. Lehrschritt (Teilzusammenfassung)	(Lz 2/5)	Impuls: Dies war für die Sowjets ein lohnenswertes Geschäft.	- zuhören - verbalisieren	Hb	
	8. Lehrschritt (Teilergebnisgewinnung und -fixierung)	Konferenz von Potsdam (17.7. - 2.8. 1945): Truman als Nachfolger Roosevelts; Attlee löst Churchill ab; Stalin lehnt Teilnahme Frankreichs ab; (Lz 1/3)	Erarbeitungsgespräch nach Impuls: Die Staatschefs der 3 Siegermächte trafen sich in Potsdam zur Fortsetzung der Beratungen über Deutschland. Trage das Ergebnis in in die Karte ein. Hebe die Übereinstimmungen, aber auch die Gegensätzlichkeiten hervor.	- aufnehmen - eintragen - markieren - hervorheben - fixieren	Hb/Aa	Lernmaterial Teil 2; Arbeitsblatt: Karte und Punkt 1/3
	9. Lehrschritt (Ergänzung)	Verstoß gegen Vereinbarung von Jalta; Stalins Politik der "vollendeten Tatsachen"; Bevölkerungsverschiebung; (Lz 2)	Impuls: Truman und Churchill widersprachen Stalin in seinem eigenmächtigen Vorgehen bezüglich Polen. Feststellung: Stalin war nicht bereit aus dem östlichen Drittel Polens herauszugehen.	- Bezüge herstellen - Problem konkretisieren	Hb Hb	Schülerbuch
	10. Lehrschritt (Teilzusammenfassung)	Gegebenenfalls Vergleich mit Zeit nach dem I. Weltkrieg; Entschädigung Polens; (Lz 4)	Frage: Mit welcher Begründung wurden die deutschen Ostgebiete nach der Potsdamer Konferenz von den 4 Besatzungszonen abgetrennt? Äußere dich zur Frage der Demontage und Reparationen im Nachkriegsdeutschland.	- zusammenfassen - schlußfolgern - nachschlagen - sich äußern	Hb	vorgegebene Quellen (I. Weltkrieg)
Sicherungsphase	11. Lehrschritt (Aktualisierung)	Anbahnung des "Kalten Krieges"; ideologische Gegensätze zwischen Ost und West; Dreiteilung (Lz 2/5)	Rundgespräch: Die deutschen Ostgebiete machten die unterschiedlichen Interessen der Siegermächte bereits offenkundig. Erkläre die aktuelle Situation der sogenannten Ostgebiete.	- rekapitulieren - Erfahrungswissen wiedergeben - polemisieren	Hb/Aa	Politische Karte Deutschlands

Hauptlernziel: Politische Säuberung Deutschlands von den Anhängern des Nationalsozialismus.	Unterrichtsthema: Entnazifizierung	Autor: Peter Allerberger
		Unterrichtszeit Empfehlung: 1 UE

Vorbemerkungen:
Die vorliegende Stunde folgt unmittelbar auf die Einheit: Deutschland unter der Herrschaft der Sieger. Der Begriff Entnazifizierung beinhaltet dabei alle Maßnahmen der alliierten Siegermächte zur möglichst raschen Zerstörung aller nationalsozialistischen Organisationen und zur Ausschaltung von Nationalsozialisten aus Schlüsselstellungen; somit kann der Begriff weitgefaßt auch die Prozesse gegen die Kriegsverbrecher implizieren, wenn er auch in mancher Literatur beides trennt.

Teillernziele:
Die Schüler sollen:
1. zu einer eigenen Stellungnahme aufgefordert werden und anhand des Vorwissens die politische Säuberung Deutschlands beurteilen;
2. Begriffe wie Entnazifizierung, Internierung und Verjährung definieren können;
3. erkennen, daß die Entnazifizierung nur ein äußeres Ende der politischen Säuberung Deutschlands darstellte;
4. das Für und Wider der Verfahren zur Sühnung der Kriegsverbrechen abhandeln.

Literatur: siehe Angaben bei Lernmaterialien;
Medien: Folien z.B. Foliensatz "Das Dritte Reich", Jünger Verlag; Arbeitsblatt; Buch; Bilder (Hiroshima); Tondokument und Folie des Volksgerichtshofes (z.B. Folie MK Verlag Nr. 5, "Die Zeit von 1945 bis zur Gegenwart");

Lernmaterialien:

a) Politiker, Offiziere und hohe Nazis wurden in den „Nürnberger Prozessen" (1945 - 1949) vor Gericht gestellt und verurteilt.
Im Verfahren gegen die „Hauptkriegsverbrecher" ergingen 12 Todesurteile durch Hängen; sieben erhielten Freiheitsstrafen. Hitler selbst, der Reichsmarschall Göring, Propagandaminister Goebbels, Reichsführer der SS Himmler u.a. hatten sich durch Selbstmord der Rechtssprechung entzogen. Andere, wie z.B. Eichmann, entkamen ins Ausland oder tauchten unter falschem Namen unter. Die NS-Organisationen SS und SD, Gestapo u.a. wurden zu „verbrecherischen Organisationen" erklärt. Ihre Mitglieder konnten demnach bestraft werden.

b) Die belasteten Deutschen wurden je nach Grad ihrer Zugehörigkeit zum Nationalsozialismus in fünf Gruppen eingeteilt: Hauptschuldige, Belastete, Minderbelastete, Mitläufer, Unbelastete. Viele wurden aus öffentlichen Ämtern entfernt, eingesperrt, deren Vermögen eingezogen, mit hohen Geldbußen belegt, aktives und passives Wahlrecht abgesprochen oder von bestimmten Berufen ausgeschlossen.
Überall wurden „Internierungslager" eingerichtet. Mehrere Millionen Fragebögen wurden verteilt, in denen Auskunft über die persönliche politische Vergangenheit gegeben werden mußte.
Das Verfahren der sogenannten „Spruchkammer" hatte schwere Mängel: Zuerst wurden die Mitläufer bestraft, da der Prozeß gegen die Hauptverantwortlichen lange Vorbereitungszeit in Anspruch nahm.
Die „großen Nazis" kamen bei der Strafzumessung zudem glimpflich davon, weil man später im Zuge des „Kalten Krieges" milder urteilte.

auszugsweise aus: Geschichte für die Hauptschule 9, Auer, Donauwörth und Damals und heute 5, Klett, Stuttgart.

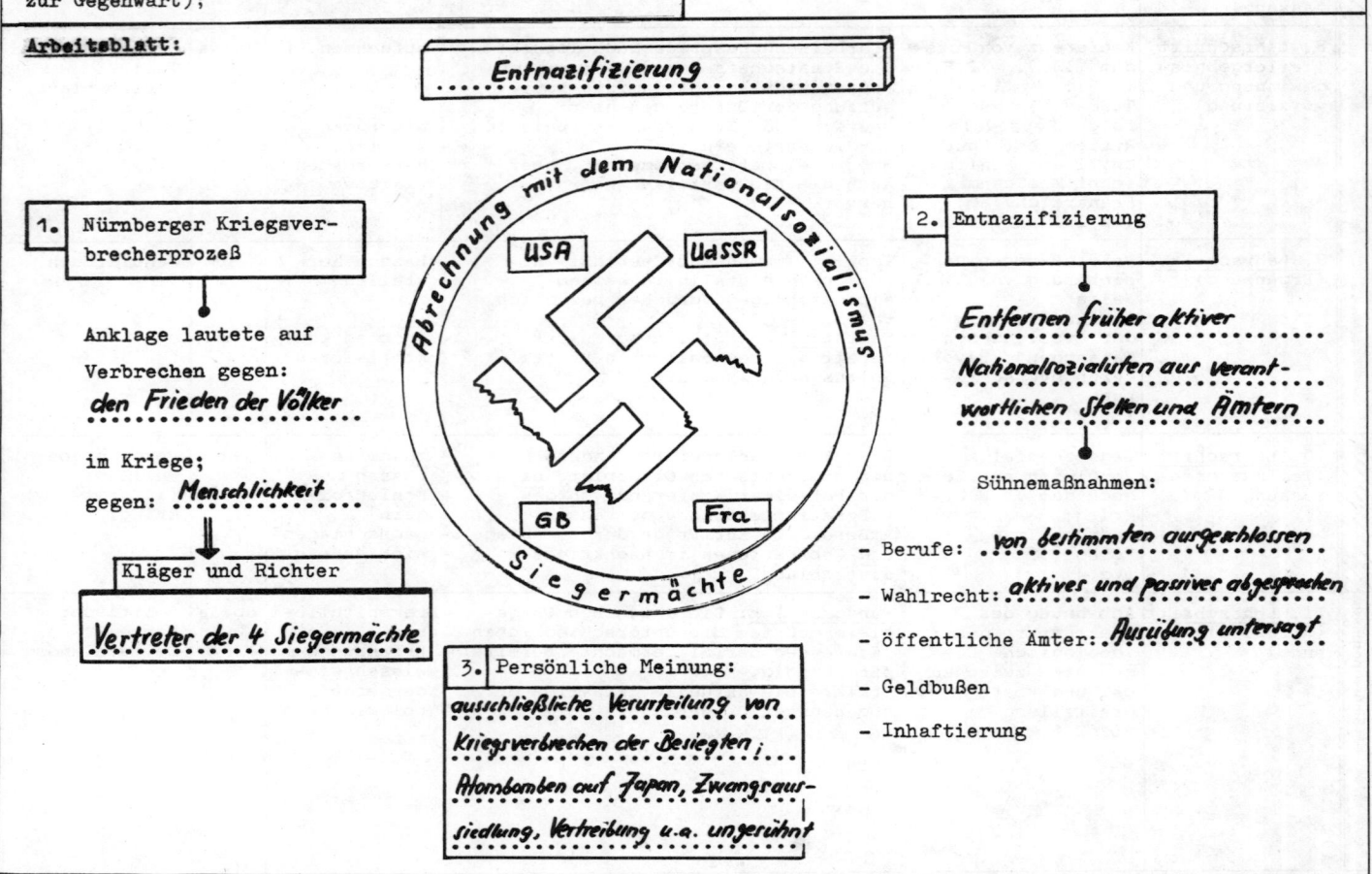

Arbeitsblatt:

Entnazifizierung

1. Nürnberger Kriegsverbrecherprozeß

Anklage lautete auf Verbrechen gegen: *den Frieden der Völker* im Kriege;
gegen: *Menschlichkeit*

Kläger und Richter: *Vertreter der 4 Siegermächte*

Abrechnung mit dem Nationalsozialismus – Siegermächte: USA, UdSSR, GB, Fra

2. Entnazifizierung

Entfernen früher aktiver Nationalsozialisten aus verantwortlichen Stellen und Ämtern

Sühnemaßnahmen:
- Berufe: *von bestimmten ausgeschlossen*
- Wahlrecht: *aktives und passives abgesprochen*
- öffentliche Ämter: *Ausübung untersagt*
- Geldbußen
- Inhaftierung

3. Persönliche Meinung:
ausschließliche Verurteilung von Kriegsverbrechen der Besiegten; Atombomben auf Japan, Zwangsaussiedlung, Vertreibung u.a. ungesühnt

UG	Lehrschritte (Artikulationsdefinition)	Lehrinhalte und Lernziele (= Lz)	Lehrakte .... Lernakte		Sozial-formen	Lernhilfen
Eröffnungsphase	1. Lehrschritt (Anknüpfung)	Beseitigung des "Nazismus";	Impuls: Erinnere dich: In Potsdam war es den Alliierten nicht gelungen, sich über einen Friedensplan zu einigen. Eine Übereinstimmung wurde allerdings erzielt.	- aufnehmen - rekapitulieren - konkretisieren	Hb	Evtl. Folie: Jalta bzw. Potsdam;
	2. Lehrschritt (Zielangabe)	Entnazifizierung	Feststellung: Die Alliierten waren entschlossen, mit dem Nationalsozialismus abzurechnen. Formulieren der Überschrift.	- ungeordnete Wiedergabe von Vorwissen	Hb	Arbeitsblatt: Überschrift
Erarbeitungsphase	3. Lehrschritt (Teilergebniserarbeitung)	Parteiführer, Politiker, hohe Offiziere, Wirtschaftsführer; Symbol der Abrechnung durch Sieger; (Lz 1)	Erarbeitungsgespräch: Die Hauptkriegsverbrecher sollten in Nürnberg vor das Internationale Militärgericht gestellt werden. Versuchen wir im Bild einige bekannte Männer zu identifizieren.	- betrachten - kommentieren - identifizieren	Hb	Folie: Militärgericht (mit Deckfolie zur Identifizierung) MK - Verlag Arbeitsblatt: zentrale Abb.
	4. Lehrschritt (Teilergebnisgewinnung und -fixierung)	Wegen Verbrechen gegen ... Frieden (Angriffskrieg); gegen Menschlichkeit ...; Reichparteitage; Recht auf ordentliches Gerichtsverfahren; Urteilsbegründung auf 223 Seiten; (Lz 1/4)	Arbeitsaufträge: 1. Wie lautete die Anklage? 2. Wer waren Kläger und Richter? 3. Nürnberg kennst du aus der Vergangenheit! 4. Roosevelt wünschte die Erschießung der Hauptverbrecher ohne Gerichtsverfahren. Wie denkst du darüber? Verarbeitungsgespräch: Vortrag, Vergleich, Zusammenfassung der Arbeitsergebnisse; Fixierung.	- lesen - vermuten - verifizieren - rekapitulieren - Problematik erkennen - vortragen - fixieren	Ga Hb	Lernmaterial a Geschichtsbuch Arbeitsblatt, Nr. 1
	5. Lehrschritt (Teilzusammenfassung)	Oft "kurzer Prozeß" trotz Freispruchs; Möglichkeit von: Verteidigern, Entlastungszeugen ...; (Lz 4)	Erarbeitungsgespräch nach Impuls: Während die NS-Führer milionenfache Morde auf sich geladen hatten, ihre Gegner ohne Prozeß ermordeten oder ins KZ brachten, hat das Militärgericht den Angeklagten die Möglichkeit gegeben, sich ausführlich zu rechtfertigen.	- zuhören - differenzieren - durchdenken - beurteilen - verbalisieren	Hb	Notizblock; Tondokument (Volksgerichtshof)
	6. Lehrschritt (Teilergebniserarbeitung und -fixierung)	Begriff Entnazifizierung; politische Säuberung; Begriff: Internierung: u.a. Berufsentzug, Inhaftierung ...; SA, SS, NSDAP-Mitglieder; (Lz 1/2)	Erarbeitungsgespräch nach Feststellung: Unter dem Begriff Entnazifizierung versteht man die politische Überprüfung aller Deutschen, die in Beziehung zum Nationalsozialismus gestanden hatten. Fragen: Welche Strafmaßnahmen entnimmst du dem Text? Wer wurde aus der Gruppe der Belasteten interniert? Zusammenfassung der wichtigsten Vorgänge.	- aufnehmen - nachschlagen - definieren - lesen - fixieren	Hb Hb	Lernmaterial b Nachschlagewerk Arbeitsblatt, Nr. 2
	7. Lehrschritt (Teilzusammenfassung)	Rechtzeitiges Untertauchen ins Ausland; Verführung zur Verlogenheit; eher verfehlte Art der Reinigung; (Lz 4)	Bericht: Die Entnazifizierung führte häufig zu neuem Unrecht. Nicht alle konnten zur Rechenschaft gezogen werden. Viel persönlicher Haß und Mißgunst entluden sich.	- durchdenken - identifizieren - resümieren	Hb	
Sicherungsphase	8. Lehrschritt (Wertung)	Innerer Wandel der Gesinnung und Haltung wichtiger; in der Mehrzahl Mitläufer; (Lz 3)	Verarbeitungsgespräch: Damit war äußerlich ein Ende gesetzt. Die Vergangenheitsbewältigung geht weiter.	- Beziehung herstellen - argumentieren	Hb	
	9. Lehrschritt (Aktualisierung)	Aktuelle Medienbeiträge; Verjährung; R. Heß, Stellvertreter Hitlers; (Lz 2)	Erarbeitungsgespräch nach Impuls: 1969 entschied der Bundestag, daß Völkermord nicht verjährt. Äußere dich nach der Begriffsbestimmung dazu. Zusatzimpuls: Rudolf Heß sitzt heute noch im Spandauer Gefängnis, und das fast 40 Jahre nach Kriegsende.	- interpretieren - kommentieren - werten	Hb Hb	Lexikon; u.U. Zeitung (Schlagzeilen)
	10. Lehrschritt (Ergänzung - Gesamtzusammenfassung)	Einwände gegen das Verfahren; ausschließliche Verurteilung der Kriegsverbrechen der Deutschen; Beispiel Hiroshima; (Lz 4)	Diskussion nach Feststellung: Im Nürnberger Prozeß wurden erstmals in der Weltgeschichte Kriegsverbrecher zur Rechenschaft gezogen. Über diesen Prozeß gehen die Meinungen auseinander. Was spricht dafür, was dagegen? Denke an ein schlimmes "Verbrechen gegen die Menschlichkeit".	- diskutieren - erläutern - beurteilen - betrachten - fixieren (Hausaufgabe)	Kf	Abb. (Foto, Folie etc.) von Hiroshima Arbeitsblatt, Nr. 3

Hauptlernziel: Ausdehnung des Einflußbereichs der Sowjetunion nach dem Kriege.	Unterrichtsthema: Die Sowjetunion dehnt ihren Einzugsbereich aus.	Autor: Peter Allerberger
		Unterrichtszeit Empfehlung: 2 UE

Vorbemerkungen:
Parallel zu vorliegender Geschichtseinheit bietet sich in der Sekundarstufe I der Vergleich beider Herrschaftssysteme (Ost - West: sozialistisches und demokratisches System) am Beispiel DDR - Bundesrepublik an; somit könnte im Lehrschritt 7 auf die Kenntnis wesentlicher Merkmale der sogenannten Volksdemokratien zurückgegriffen werden.

Teillernziele:
Die Schüler sollen:
1. erfahren, daß die Sowjetunion in Europa ihre politische Ordnung durchzusetzen versucht(e);
2. die von der Sowjetunion nach dem Krieg erworbenen Gebiete nennen, lokalisieren und die Art und Weise der Okkupation erläutern können;
3. wissen, wie die Sowjets in Osteuropa ihre Satellitenstaaten unter ihren Einflußbereich stellten;
4. anhand von Quellen die Umwandlung der osteuropäischen Staaten in Volksrepubliken kennzeichnen;
5. am Beispiel des Volksaufstandes in Ungarn die aggressive Politik Stalins und die Anfänge des „Kalten Krieges" beurteilen.

Medien: Folie: Dreiteilung Deutschlands; Bild des Aufstandes in Ungarn (Budapest) in allen gängigen Geschichtsbüchern; Arbeitsblatt;

Literatur: siehe Angaben bei Lernmaterialien

Lernmaterial:
a) Kurz vor Kriegsende hatte Stalin erklärt: „Dieser Krieg ist nicht wie in der Vergangenheit; wer immer ein Gebiet besetzt, er legt ihm auch sein eigenes gesellschaftliches System auf. Jeder führt sein eigenes System ein, so weit seine Armee vordringen kann."„Geschickt verstand er es, bei seinen westlichen Verbündeten die Überzeugung zu erwecken, als kämpfe er mit ihnen für die Befreiung der unterdrückten Völker. Präsident Roosevelt war sogar davon überzeugt, daß die Sowjetunion auf dem Wege sei, ein demokratisch regiertes Land zu werden.
aus: Geschichte Band 3, Beltz 1972, Weinheim

b) Gemäß der in Jalta gemachten Zusage tolerierte Stalin in den osteuropäischen Ländern zunächst demokratisch gesinnte Persönlichkeiten in den Regierungen und erlaubte die Durchführung freier Wahlen. Jedoch zeigte sich bald, daß hinter der kommunistischen Bewegung nicht die Mehrheit der Völker stand. So griffen die kommunistischen Parteien mit sowjetischer Unterstützung zu diktatorischen Maßnahmen, um ihr neues Gesellschafts- und Wirtschaftssystem zu verwirklichen. Der erste Schritt dazu war der Zusammenschluß aller politischen Parteien in der „Nationalen Front". Diese bildete dann die jeweilige Regierung. An die Spitze der Ministerien für Polizei, Justiz, Information und Bildung wurden Vertreter der kommunistischen Parteien gesetzt.
aus: Wir erleben die Geschichte 9, BSV 1974, München

Zusammen mit den nach dem Kriege in Besitz genommenen Gebieten **im Baltikum**, in Ostpreußen und Ostpolen hatte Rußland den größten Landgewinn der Siegermächte zu verzeichnen. Die Länder Polen, CSSR, Ungarn, Bulgarien, Rumänien wurden zu Volksdemokratien nach sowjetischem Muster. Auch die SBZ erhielt bald eine Einheitspartei.
aus: Geschichte für die Hauptschule 9, Auer, Donauwörth

Arbeitsblatt:

Die Sowjetunion dehnt ihren Einzugsbereich aus

1. Sowjetische Gebietsausweitung:

Baltikum (Estland, Litauen, Lettland), Ostpreußen,
Ostpolen, Karelien;
Volksrepubliken: Polen, DDR,
Tschechoslowakei, Rumänien,
Ungarn, Bulgarien, Albanien;

2. Umgestaltung europäischer Länder nach sowjetischem Vorbild:
- Kollektivierung
- Verstaatlichung
- Planwirtschaft
- kommunistische Erziehung

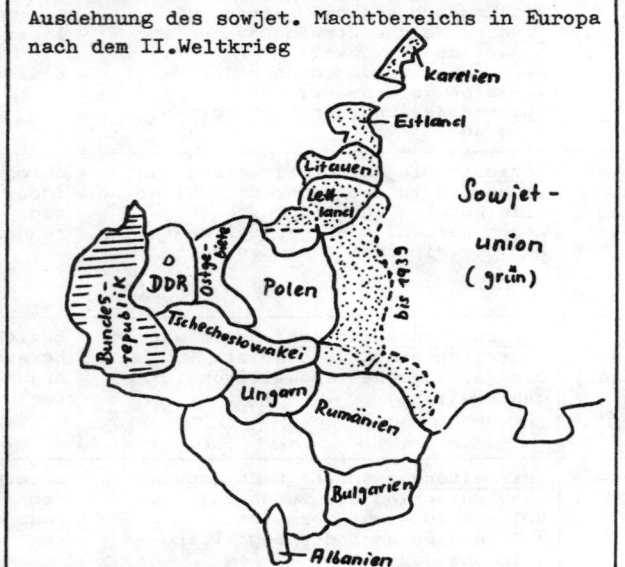

Ausdehnung des sowjet. Machtbereichs in Europa nach dem II. Weltkrieg

grün	= Sowjetunion bis 1939
▨	= 1939/40 von Sowjetunion besetzt
☐	= Staaten im Einflußbereich der Sowjetunion nach 1945 (Länderbezeichnungen)

3. Auflehnung gegen die sowjetische Herrschaft:

Forderungen der Unterdrückten

nach Freiheit - Selbständigkeit

Reaktionen Rußlands:

Volkserhebungen werden
mit Waffengewalt niedergeschlagen (z.B. Ungarn)

⇩

Kalter Krieg: nichtkriegerische Konfrontation zweier Blöcke

4. Aktuelle Spannungsherde:

Afghanistan - Angola
- Abessinien - Kambodscha

UG	Lehrschritte (Artikulationsdefinition)	Lehrinhalte und Lernziele (= Lz)	Lehrakte .... Lernakte		Sozialformen	Lernhilfen
Eröffnungsphase	1. Lehrschritt (Anknüpfung)	Entgegengesetzte politische Systeme in Ost und West; u.a. Sachsen-Thüringen im Tausch; Oder-Neiße; (Lz 1)	Rundgespräch nach Sachimpuls: Die Westmächte wurden immer mißtrauischer gegenüber der sowjetischen Politik. Denke an die Unstimmigkeiten während der großen Konferenzen.	- zuhören - betrachten - nachdenken - verbalisieren	Aa/Hb	Arbeitsblatt: Dreiteilung Deutschlands (Kartenskizze)
	2. Lehrschritt (Zielangabe)	Die Sowjetunion dehnt ihren Einzugsbereich aus;	Verarbeitungsgespräch: Niemals hatte Stalin das Ziel aufgegeben, den Kommunismus jenseits seines Landes auszubreiten.	- definieren - formulieren	Hb	Arbeitsblatt: Überschrift
	3. Lehrschritt (Vergegenwärtigung)	Imperialistisches Streben der Sowjetunion; (Lz 1/2)	Erarbeitungsgespräch: Der Krieg gegen Deutschland bot Stalin eine günstige Gelegenheit, seinen Einzugsbereich auszudehnen.	- aufnehmen - lesen - sich äußern	Hb	Lernmaterial a
	4. Lehrschritt (Teilergebniserarbeitung und -fixierung)	Abhängigkeit von der Sowjetunion; Parteifunktionäre in allen wichtigen Stellungen; (Lz 2/3)	Erarbeitungsgespräch nach Impuls: Da sich die Staaten Osteuropas nur mit Hilfe der Sowjetunion von der Besetzung Hitlers befreien konnten, gerieten sie in sowjetische Abhängigkeit. Lies den Text und äußere dich. Frage: Wieso wurden Kommunisten an die Spitze bestimmter Ministerien gesetzt?	- Informationen entnehmen - markieren - lesen - reflektieren	Hb Hb	Lernmaterial b Arbeitsblatt: Karte und Nr. 1
Erarbeitungsphase	5. Lehrschritt (Teilzusammenfassung)	Kommunistischer Weltanspruch; "Ostblock" außer Jugoslawien (Lz 1 - 3)	Partnergespräch nach Gesprächsauftrag: Welche Ziele strebte die Sowjetunion nach dem II. Weltkrieg an? Wie ging sie dabei vor? Verarbeitungsgespräch: Vortrag und Zusammenfassung der Gesprächsergebnisse.	- wiederholen - beurteilen - vergleichen - zusammenfassen	Pa Hb	Unterlagen
	6. Lehrschritt (Teilergebniserarbeitung)	Vergleich Wahlen im Nationalsozialismus; Einheitsparteien, "Nationale Front"; (Lz 4)	Impuls: Der Kommunismus wurde den Volksdemokratien aufgezwungen. 1947 errang die kommunistische Partei in Polen 90% der Stimmen. Die heutigen Wahlen in der DDR ergeben ähnliche Resultate.	- vergleichen - Beziehungen herstellen - Problematik erkennen	Hb	Geschichtsbuch (Wahlergebnisse in NS - Zeit)
	7. Lehrschritt (Teilergebnisgewinnung und -fixierung)	Verstaatlichung der Industrie, Enteignung der Großgrundbesitzer, Kollektivierung, Planwirtschaft, Zensur ...; (Lz 4)	Arbeitsauftrag nach Feststellung: Regierung, Verwaltung und Wirtschaft der Volksdemokratien wurden nach sowjetischem Vorbild umgestaltet. Was weißt du bereits über diese Herrschaftsform. Informiere dich im Buch. Verarbeitungsgespräch: Vortrag, Vergleich, Zusammenfassung, Fixierung der Arbeitsergebnisse.	- Wiedergabe von Vorwissen - nachschlagen - fixieren - vergleichen - zusammenfassen	Ga Hb	Schülerbuch (Sozialkunde, Geschichte) Arbeitsblatt, Nr. 2
Sicherungsphase	8. Lehrschritt (Teilzusammenfassung - Lernzielkontrolle)	Rußland gebärdet sich als einziger Sieger des Krieges; Hitler - Stalin - Pakt 1939; Baltikum, Ostpolen; (Lz 1/2/3)	Impuls: Die Welt war erstaunt, mit welcher Selbstverständlichkeit die Sowjets die Vormachtstellung beanspruchten. Begonnen hatte die Ausdehnung des sowjetischen Herrschaftsbereiches bereits 1939.	- belegen - kennzeichnen - rekapitulieren	Hb	
	9. Lehrschritt (Wertung)	Unruhen in Ost-Berlin, Polen, Ungarn, Budapest; Forderung nach Freiheit, Selbstständigkeit; (Lz 5)	Erarbeitungsgespräch nach Fragen: Vergeblich versuchten die Länder im Ostblock die sowjetische Herrschaft abzuschütteln. Lies darüber im Buch nach. • Was forderten die Menschen? • Wie reagierte die Sowjetunion?	- betrachten - kommentieren - nachlesen - nachvollziehen - fixieren	Hb	Bild: Aufstand Budapest 1956; Buch; Arbeitsblatt, Nr. 3
	10. Lehrschritt (Rekapitulation - Aktualisierung)	Kalter Krieg: Gegensätze USA - Sowjetunion 1947; Afghanistan 1980; Entspannungspolitik; (Lz 5) Ausblick auf folgende Stunde: 17. Juni 1953	Diskussion nach Feststellung: In Europa bahnte sich ein "Kalter Krieg" an. Hitler hat Deutschland in eine beispiellose Katastrophe hineingeführt. Beurteile die augenblicklichen Spannungen in der Welt. Kann heute noch von einem "Kalten Krieg" die Rede sein? Nicht nur in Ungarn und Polen wurden Volkserhebungen durch Panzer niedergeschlagen.	- definieren - diskutieren - Beispiele nennen - abwägen - übertragen	Kf	Lexikon bzw. Arbeitsblatt Nr. 3 (Definition Kalter Krieg) und Nr. 4

Hauptlernziel: Der Parlamentarische Rat schafft die Grundlage für die Neubildung eines demokratischen Staates.	Unterrichtsthema: Entstehung der Bundesrepublik Deutschland.	Autor: Peter Allerberger
		Unterrichtszeit Empfehlung: 2 UE

Vorbemerkungen:
Die Darstellung des kalten Krieges durch die Blockade West-Berlins und die Teilung Koreas (Koreakrieg) geht dieser Einheit voraus.
Auf Bayerns Verweigerung der Zustimmung des Grundgesetzes kann bei der Erarbeitung des föderalistischen Prinzips (Bundesstaatlichkeit im Vergleich mit Zentralismus sozialistischer Staaten bzw. Frankreichs im Fach Sozialkunde) näher eingegangen werden; soviel an dieser Stelle: föderalistische Mindestforderungen Bayerns wurden nicht durchgesetzt, z.B. ein dem Bundestag gleichberechtigtes Gesetzgebungsorgan nach bayerischer Auffassung.
Möglicher Anschlußstoff: Das Grundgesetz will die Fehler der Weimarer Verfassung vermeiden (Vergleich in Art synoptischer Gegenüberstellung).

Teillernziele:
Die Schüler sollen:
1. die Entstehungs- und Entwicklungsgeschichte der Bundesrepublik kennenlernen;
2. die Zusammen- und Zielsetzung des Parlamentarischen Rates wissen
3. anhand von Unterlagen und des Vorwissens wesentliche Unterschiede des demokratischen mit dem nationalsozialistischen System verdeutlichen
4. anhand der Präambel und des Schlußartikels den Unterschied zwischen Verfassung und Grundgesetz erklären können.

Medien:
Bild: Zerstörung nach totalem Krieg (z.B. MK-Verlag 5135 Selfkant, als Foliensatz: von 1945 bis Gegenwart) Arbeitsblatt; Nachschlagewerk; FT 520 Deutschland 1947 - 1949; Grundgesetz

Lernmaterial:
a) Am 1. September 1948 tritt in Bonn der Parlamentarische Rat unter Vorsitz von Dr. Konrad Adenauer zusammen. Er setzte sich aus Mitgliedern der westdeutschen Landtage zusammen. Aufgabe dieser Institution sollte es sein, die Grundsätze in Gesetzesform zu bringen, nach denen der neue Staat zu bilden und zu regieren sei.
Am 8. Mai 1949 verabschiedet der „Rat" die von ihm beratene Verfassung. Am 23. Mai 1949 wird das „Grundgesetz der Bundesrepublik Deutschland", nachdem 10 von 11 Länderparlamenten (Ausnahme Bayern) dem GG zugestimmt haben, feierlich verkündet. Der „Rat" diskutierte und beschloß das Bonner „Grundgesetz" sehr stark im Hinblick auf die Erfahrung im Dritten Reich bzw. in der Weimarer Republik. Mit Energie und Sachverstand hatten seine 65 Mitglieder in der knappen Spanne eines Dreivierteljahres eine Verfassung beraten und formuliert, die bis heute in ihren wesentlichen Inhalten unverändert blieb. Theodor Heuss wurde erster Bundespräsident, Konrad Adenauer Bundeskanzler Nach der Verabschiedung des Grundgesetzes folgte die Gründung der Bundesrepublik Deutschland; Bonn wurde zum vorläufigen Sitz der Bundesregierung gewählt.

b) Die meisten Völker nennen ihre staatliche Grundordnung „Verfassung". Eine Verfassung ist die Entscheidung eines Volkes über seine staatliche Lebensform; sie wird vom ganzen Volk beschlossen und gilt auch für ein ganzes Volk. Deutschland ist geteilt. Bei der Verfassungsgebung 1949 wirkte nicht das gesamte deutsche Volk mit: Die Deutschen in den Ostgebieten, in der damaligen SBZ und im Saargebiet waren ausgeschlossen.
Die Bundesrepublik ist ein Teil Deutschlands; deshalb nennen wir unsere staatliche Grundordnung nicht Verfassung. Erst dann, wenn Deutschland wiedervereinigt ist, kann das deutsche Volk eine Verfassung beschließen.

Tafelbild (= Arbeitsblatt ohne handschriftliche Eintragungen)

Die Entstehung der Bundesrepublik Deutschland

1. Der Parlamentarische Rat

Zusammensetzung
65 Mitglieder der Landtage;

Aufgabe
Erarbeitung von Grundsätzen zur Staatsbildung; staatliche Grundordnung schaffen;

Ziel
Gründung eines demokratischen Staates; Verfassung;

Auf daß sie gedeihe
Suche eine kurze Überschrift zu dieser Karikatur!

2. Unterschiede gegenüber der Weimarer Republik

- freie Wahlen
- Parlamentarische Demokratie
- Herrschaft des Volkes
- Bundespräsident wird von Bundesversammlung gewählt

3. Unsere Verfassung - das Grundgesetz

Verfassung: gesamtes Volk entscheidet über seine Grundordnung
Gültigkeit: für gesamtes Volk
wann? im Falle der Wiedervereinigung

Grundgesetz: vorläufige (provisorische Verfassung)
Gültigkeit: für die Bundesrepublik, einem Teil Deutschlands

UG	Lehrschritte (Artikulationsdefinition)	Lehrinhalte und Lernziele (= Lz)	Lehrakte .... Lernakte		Sozialformen	Lernhilfen
Eröffnungsphase	1. Lehrschritt (Problemstellung)	Not der Nachkriegszeit: Zerstörungen; Londoner Beschluß im "Kalten Krieg"; (Lz 1)	Sachimpuls: Dem Willen zum Überleben folgt der Wille zum Wiederaufbau. Feststellung: 1948 erfolgte der Londoner Beschluß: unverzügliche Gründung eines westdeutschen Staates.	- aufnehmen - betrachten - vergleichen - verbalisieren	Hb/Aa Hb	Folie: zerstörte Stadt - modernes Stadtbild
	2. Lehrschritt (Zielangabe)	Politischer Wiederaufbau; Mehrparteiensystem; Entstehung der Bundesrepublik D;	Erarbeitungsgespräch: Nachdem die Wiederbegründung und Neugründung politischer Parteien vollzogen war, wurde die staatliche Entwicklung in Deutschland weiter vorangetrieben. Betrachte die Karikatur im Arbeitsblatt.	- rekapitulieren - ungeordnete Wiedergabe von Vorwissen - deuten	Hb/Aa	Arbeitsblatt: Überschrift, Karikatur
Erarbeitungsphase	3. Lehrschritt (Vergegenwärtigung)	Auf dem Weg zur Bundesrepublik Deutschland; Begriff Verfassung; (Lz 4)	Impuls: Am 1. Juli 1948 empfehlen die Westmächte der Bevölkerung Westdeutschlands und der Länderregierungen, sich eine Verfassung zu geben. Definition: Verfassung.	- zuhören - durchdenken - definieren	Hb Ga	Notizblock, Lexikon
	4. Lehrschritt (Teilergebnisgewinnung und -fixierung)	Parlamentarischer Rat: Mitglieder der Landtage; verfassungsgebende Versammlung; (Lz 2)	Aufgaben: Lies den Text. Stelle fest, wie sich der Parlamentarische Rat zusammensetzte. Nenne seine Zielsetzung. Ist die Bezeichnung dieses Rates willkürlich?	- lesen - kennzeichnen - nennen - vermuten	Ga	Lernmaterial a; Arbeitsblatt: Nr. 1
	5. Lehrschritt (Teilergebnisgewinnung und -fixierung)	Freiheitliche parlamentarische Demokratie; Volkssouveränität, Mehrparteiensystem, freie Wahlen; (Lz 3)	Impuls: Nach dem Scheitern der Weimarer Republik war nun der Weg frei zur Begründung eines erneuten politischen Systems. Nenne Unterschiede gegenüber dem totalitären System des Nationalsozialismus.	- kennzeichnen - nachschlagen - konkretisieren - zuordnen - fixieren	Hb/Pa	Schülerbuch; Notizblock; Arbeitsblatt: Nr. 2
	6. Lehrschritt (Teilzusammenfassung)	Parlamentarischer Rat; Alliierte Siegermächte; (Lz 1 - 3)	Arbeitsauftrag: Nenne das Gremium, das unsere vorläufige Verfassung schuf. Wovon wurde dieses Gremium bei seinen Beratungen und Beschlüssen maßgeblich beeinflußt?	- ansehen - zuhören - würdigen	Hb/Aa	FT 520: Ausschnitt bzw. Tondokument der konstituierenden Sitzung
	7. Lehrschritt (Teilergebnisdarstellung)	402 Mitglieder des Ersten Deutschen Bundestages; historische Stunde; nicht alle Tage beginnt man eine Demokratie; (Lz 4)	Erarbeitungsgespräch: Am 14. August 1949 wird mit der Wahl zum Ersten Deutschen Bundestag die Probe aufs Exempel gemacht. Impuls: Alles sah etwas angestrengt und hölzern aus, als am 7. September 1949 erstmals der Bundestag zusammentrat; kein Wunder.	- beurteilen - charakterisieren - nachvollziehen - ergänzen	Hb Hb	Filmausschnitt unterbrechen
	8. Lehrschritt (Teilergebnisgewinnung und -fixierung)	Präambel des Grundgesetzes; neue Ordnung für Übergangszeit (Provisorium); Art. 146: echte Verfassung vom gesamten deutschen Volk beschlossen; (Lz 4)	Frage: Warum wählte der Parlamentarische Rat anstelle "Verfassung" den Begriff "Grundgesetz"? Lies die Vorworte zum GG, dazu Artikel 146. Erklärung: Grundgesetz bedeutet soviel wie grundlegende Vorschrift, auf der sich alle anderen Bestimmungen über das Zusammenleben in unserem Staat aufbauen.	- vermuten - Vorwissen wiedergeben - lesen - aufnehmen - fixieren	Hb Hb	Grundgesetz: Präambel und Art. 146; Lernmaterial b; Arbeitsblatt, Nr. 3
Sicherungsphase	9. Lehrschritt (Wertung)	Gelungener Versuch eines neuen parlamentarischen Regierungssystems nach Weimar; (Lz 1/3/4)	Verarbeitungsgespräch: Die Bundesrepublik und ihr zentrales Parlament, der Deutsche Bundestag, sind nunmehr älter an Jahren als die Weimarer Republik und die nationalsozialistische Diktatur zusammen.	- werten - begründen - belegen - kommentieren	Hb	
	10. Lehrschritt (Aktualisierung)	Seit Bestehen wurde das Grundgesetz 35 mal durch Gesetze geändert und ergänzt; Unvereinbarkeit der unterschiedlichen Systeme; (Lz 1/4)	Erarbeitungsgespräch nach Frage: Die Übergangszeit für die das Provisorium Grundgesetz geschaffen wurde, währt nun schon über 30 Jahre. Wessen Schuld ist es, daß die Teilung Deutschlands nun schon drei Jahrzehnte besteht, ohne daß bis heute ein Ende abzusehen ist?	- dokumentieren - Vorstellungen darlegen - verifizieren	Hb	

Hauptlernziel: Volksaufstand in der DDR: Zeugnis des Freiheitswillens der Deutschen.	Unterrichtsthema: Der 17. Juni 1953	Autor: Peter Allerberger
		Unterrichtszeit Empfehlung: 2 UE

Vorbemerkungen:
Die gängigen Stoffpläne in der Sekundarstufe 1 erlauben es, die vorliegende Einheit unmittelbar vor dem „Tag der deutschen Einheit" in den Jahresplan einzufügen; hierbei sollte unter Zuhilfenahme aktueller Presseberichte und Dokumentationen anderer Medien größere Effektivität bzw. ein unmittelbarer Bezug der Schüler zur Wiederkehr des 17. Juni 1953 erzielt werden.

Teillernziele:
Die Schüler sollen:
1. erfahren, daß sich die Verzweiflung der Menschen über die politischen und wirtschaftlichen Verhältnisse in einen Aufstand Luft machte, der die gesamte DDR ergriff;
2. erfahren, daß die Möglichkeiten einer Veränderung der politischen und wirtschaftlichen Verhältnisse in der DDR kaum gegeben sind bzw. unterdrückt werden;
3. begründen, daß die Unfreiheit in der DDR bereits mit Hitlers Machtergreifung begann;
4. anhand der östlichen Propaganda durchschauen, auf welche Weise die DDR die Schlappe zu vertuschen versuchte.

Medien:
Dias R 906 Nr.10/11/12 Volksaufstand O-Berlin; Arbeitsblatt, Lexikon, Tafelbild

Literatur: siehe Angaben bei Lernmaterialien

Lernmaterial:

a) Nach dem Tod Stalins 1953 zeigten sich im Ostblock freiheitliche Bestrebungen. In der DDR jedoch nahm man diesen Wandel nicht zur Kenntnis. Die SED-Führung ließ rücksichtslos die „freiwilligen" Arbeitsnormen weiter erhöhen, ohne daß die Arbeiter mehr Lohn bekamen. Unwille, Unmut und Kritik wuchsen in der Bevölkerung, zumal auch die Lebensmittelversorgung zu dieser Zeit besonders schlecht war. Der Protest der Arbeiter gegen die geforderte Erhöhung weitete sich zu einem allgemeinen Protest gegen das ganze Regime aus; es kam in der gesamten DDR zu spontanen Demonstrationen und Streiks. Die erbitterte Menge verbrannte Fahnen und Symbole der SED und des Ulbricht-Staates und forderte freie Wahlen. Der Ausnahmezustand wurde verhängt und sowjetische Truppen zu Hilfe gerufen. Gegen die russischen Panzer waren die Demonstranten machtlos. Der Aufstand brach zusammen. Über 100 Menschen wurden erschossen oder hingerichtet und mehr als 1000 in Zuchthäuser gesteckt.

b) „Die vorgekommenen Unruhen sind das Werk von Provokateuren und faschistischen Agenten ausländischer Mächte und ihrer Helfershelfer aus den deutschen kapitalistischen Monopolen. Diese Kräfte sind mit den demokratischen Behörden der DDR, die eine Verbesserung der Lebensbedingungen der Bevölkerung durchführen, nicht zufrieden."
Blick in die Vergangenheit 9, Oldenbourg München

c) "Nee, Christihimmelfahrt war doch im Mai! Am 17. Juni – war da nicht dieses Dingsbums mit Hitler und den Generälen – Staufenberg oder so ähnlich ...?"

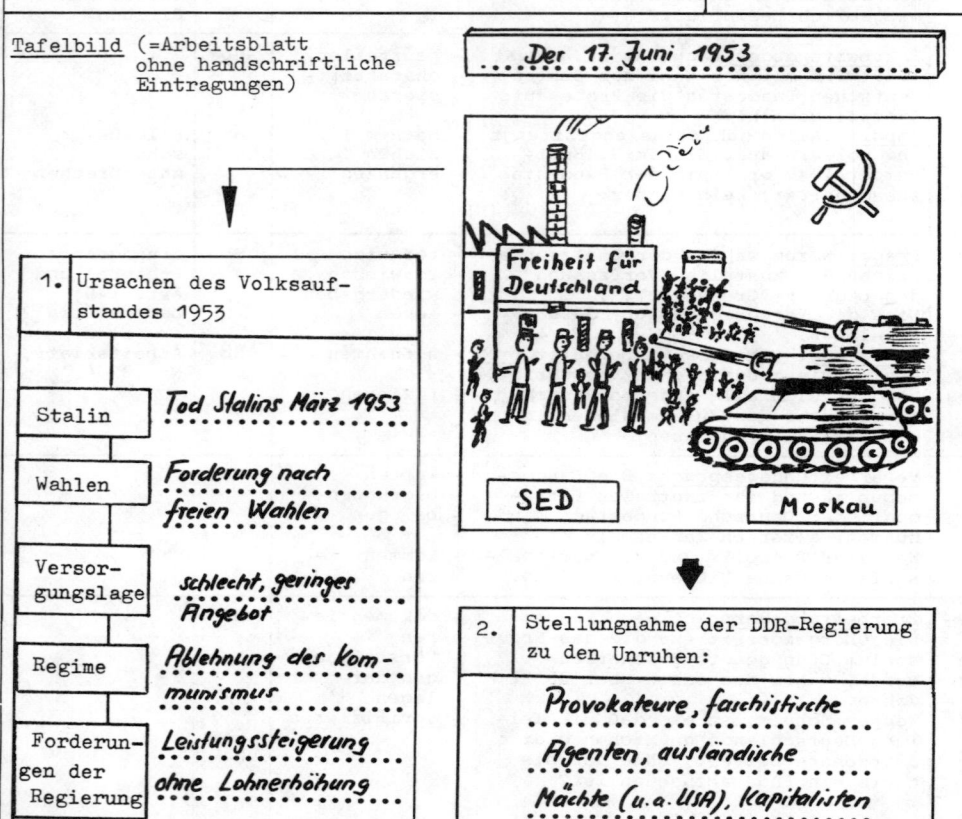

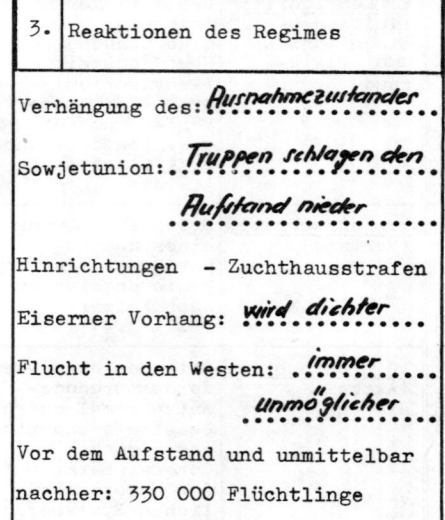

Tafelbild (=Arbeitsblatt ohne handschriftliche Eintragungen)

Der 17. Juni 1953

1. **Ursachen des Volksaufstandes 1953**
   - Stalin: Tod Stalins März 1953
   - Wahlen: Forderung nach freien Wahlen
   - Versorgungslage: schlecht, geringes Angebot
   - Regime: Ablehnung des Kommunismus
   - Forderungen der Regierung: Leistungssteigerung ohne Lohnerhöhung

   SED — Moskau

2. **Stellungnahme der DDR-Regierung zu den Unruhen:**
   Provokateure, faschistische Agenten, ausländische Mächte (u.a. USA), Kapitalisten

3. **Reaktionen des Regimes**
   - Verhängung des: Ausnahmezustandes
   - Sowjetunion: Truppen schlagen den Aufstand nieder
   - Hinrichtungen – Zuchthausstrafen
   - Eiserner Vorhang: wird dichter
   - Flucht in den Westen: immer unmöglicher
   - Vor dem Aufstand und unmittelbar nachher: 330 000 Flüchtlinge
   - Ein trauriger Rekord!

UG	Lehrschritte (Artikulationsdefinition)	Lehrinhalte und Lernziele (= Lz)	Lehrakte .... Lernakte		Sozial-formen	Lernhilfen
Eröffnungsphase	1. Lehrschritt (Problem-begegnung)	Umfrage in der Klasse; der 17. Juni ist nicht "Christi Himmelfahrt"; (Lz 1)	Frage: Was sagt dir der 17. Juni? Impuls: Bei einer Umfrage unter jungen Leuten bekannte ein Mädchen: Hauptsache, man hat frei! Betrachte die Karikatur.	- Erfahrungs-wissen wieder-geben - beurteilen - ansehen	Hb Hb	Karikatur; anonyme Be-fragung
	2. Lehrschritt (Zielangabe)	Tag der deutschen Einheit; 17. Juni 1953 "begehen" anstatt "feiern";	Impuls: Jedes Jahr "feiern" wir den "Tag der deutschen Einheit": Aber die gibt es nicht, die wird es in absehbarer Zeit nicht geben. Es gibt da eigentlich nichts zu feiern.	- Problematik erkennen - Beziehungen herstellen	Hb	Arbeitsblatt: Überschrift
Erarbeitungsphase	3. Lehrschritt (Vergegen-wärtigung)	Anlaß zum Volks-aufstand 1953; (Lz 1)	Impuls: Wer denkt noch an den Anlaß, wenn er bei schönem Wetter ins Grü-ne fährt! Arbeitsauftrag: Lies den Text und betrachte das Bild vom Potsdamer Platz!	- aufnehmen - Zusammenhänge erkennen - lesen - kennzeichnen - reflektieren	Hb Hb	Lernmaterial a Dias bzw. Folie
	4. Lehrschritt (Teilergebnis-erarbeitung)	Verhältnis zum Kommunismus; gegen totalitäres Regi-me; Forderung nach freien Wahlen u.a. (Lz 1)	Erarbeitungsgespräch: Was beweisen die Ereignisse des 17. Juni 1953? Ging es nur gegen die Erhöhung der Normen? Mehrere Ursachen führten zu die-sem Anlaß.	- reflektieren - abstrahieren - verbalisieren	Hb	Lernmaterial a
	5. Lehrschritt (Teilergebnis-darstellung und -fixierung)	Anlaß und Ablauf: Begriffe "Ausnah-mezustand", "Regime", "SED"; (Lz 1/2)	Impuls: Der Freiheitswille der Men-schen hat nicht gesiegt. Mit Panzern wurde er gewaltsam unterdrückt. Arbeitsauftrag: Schildere Ursachen und Reaktionen des Volksaufstandes vom 17. Juni 1953.	- nachvollzie-hen - verifizieren - fixieren	Hb Aa	Lexikon; Arbeitsblatt: 1. Ursachen...
	6. Lehrschritt (Teilergebnis-erarbeitung)	DDR Propaganda: Provokationen von Kriegshetzern und Agenten; politische Schlag-worte in Ost-terminologie; (Lz 4)	Erarbeitungsgespräch: Am 17. Juni veröffentlichte die DDR-Regierung folgende Erklärung. Nimm Stellung! Arbeitsauftrag: Versuche den öst-lichen Schlagwort-Jargon zu erklä-ren.	- lesen - kommentie-ren - definieren	Hb Pa	Lernmaterial b Lexikon; Notizblock
	7. Lehrschritt (Teilergebnis-darstellung und -fixie-rung)	Zynische Sprach-regelung der DDR sollte moralische Schlappe vertu-schen; (Lz 4)	Frage: Wem gab die Ostberliner Re-gierung die Schuld am Volksauf-stand? Feststellung: Der Westen hatte sich vielmehr jeder Unterstützung ent-halten. Es wurde im Gegenteil bei uns zur Besonnenheit gemahnt.	- konkretisie-ren - aufnehmen - fixieren	Hb Hb	Arbeitsblatt: 2. Stellung-nahme
	8. Lehrschritt (Teilzusammen-fassung)	Hauptanlaß: Erhöhung der Ar-beitsnormen; (Lz 1/2)	Frage: Wogegen protestierten die Arbeiter am 17. Juni? Arbeitsauftrag: Beschreibe das Bild vom Alexanderplatz in Ostberlin.	- zusammen-fassen - betrachten - beschreiben	Hb Aa	Arbeitsblatt: sowjetische Panzer am Alexanderplatz
Sicherungsphase	9. Lehrschritt (Teilergebnis-darstellung und -fixie-rung)	Reaktion des Re-gimes gegenüber Volksaufstand; (Lz 1/2)	Schilderung: Verlängerung des Aus-nahmezustandes, Eingreifen der SU, Strafen, Fluchtmöglichkeit etc. Erklärung: Ausnahmezustand, Eiser-ner Vorhang. Fixierung.	- zuhören - nachempfin-den - erkennen - fixieren	Hb Aa	Arbeitsblatt: 3. Reaktio-nen ...
	10. Lehrschritt (Wertung)	Tag des Gedenkens und der Besinnung;	Erarbeitungsgespräch: Hoffen wir auf einen neuen Volksaufstand in der DDR, indem wir jedes Jahr den Gedenktag begehen? Wollen wir dadurch unsere Lands-leute ermuntern, erneut solch einen Aufstand zu wagen?	- diskutieren - analysieren - vortragen	Hb	
	11. Lehrschritt (Besinnung)	Ist die DDR ein demokratischer Staat? (siehe Sozialkunde; sozialistische Herrschaft)	Verarbeitungsgespräch nach Auftrag: Ein Staat muß noch lange nicht de-mokratisch sein, wenn er das Wort "Demokratie" im Staatsnamen führt. Gehe vom Kürzel DDR aus. Denke an die Wirklichkeit.	- definieren - nachschla-gen - schlußfolgern - vergleichen	Hb/Pa	Nachschlage-werk
	12. Lehrschritt (Zeitgeschicht-liche Inte-gration)	Unfreiheit begann nicht 1949 oder 1953; Folgen von 1933: Hitlers Machter-greifung; (Lz 3)	Erarbeitungsgespräch: Ein Mensch, der 1933 in Leipzig geboren wurde, und dort bis heute lebt, hat noch keinen Tag der Freiheit gesehen - und heute ist er 50 Jahre alt!	- zuhören - verifizieren - formulieren - beurteilen	Hb	

167

Hauptlernziel: Die Gründung der Vereinten Nationen nach dem Zweiten Weltkrieg als zweiter Versuch zur institutionalisierten Friedenssicherung.	Unterrichtsthema: Gründung der Vereinten Nationen.	Autor: Peter Allerberger
		Unterrichtszeit Empfehlung: 2 UE

Vorbemerkungen:
Bei diesem Thema ergeben sich Querverbindungen zu anderen Fächern: In Sozialkunde kann die Möglichkeit der Friedenssicherung, der Entwicklungspolitik im Zusammenhang mit dem Nord-Süd-Gefälle behandelt werden. Vor allem sollten dabei Bedeutung, Ziele, Möglichkeiten und Grenzen der institutionalisierten Friedenssicherung durch die UNO aufgezeigt werden. Die vorliegende Geschichtseinheit befaßt sich demnach überwiegend mit den Entspannungs- und Friedensbemühungen in der Nachkriegszeit. Als Anschlußstoff: Allgemeine Erklärung der Menschenrechte (10.12.48) durch UNO.

Medien: Folie MK Verlag, Heinsberg: Das UNO-Gebäude, Arbeitsblatt, Nachschlagewerk, Geschichtsbuch
Literatur: siehe Hinweise bei Lernmaterialien

Teillernziele:
Die Schüler sollen:
1. einsehen, daß die Zusammenarbeit der Völker nach dem schrecklichen Krieg notwendig war;
2. die Hauptaufgaben und Ziele der Vereinten Nationen nennen und konkretisieren;
3. die Begriffe: UNO, Völkerbund, Vetorecht erklären und anwenden können;
4. wissen, daß durch die Gründung der Vereinten Nationen eine Institution geschaffen wurde, die dem Frieden und der Zusammenarbeit aller Völker dienen soll.

Lernmaterial:
a) Folie bzw. Kollage:

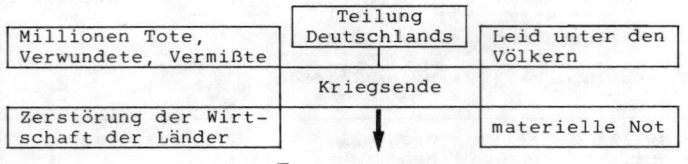

Millionen Tote, Verwundete, Vermißte	Teilung Deutschlands	Leid unter den Völkern
Zerstörung der Wirtschaft der Länder	Kriegsende	materielle Not

→ Friedenssehnsucht

Zitat Truman: "Wenn wir nicht miteinander im Kriege sterben wollen, dann müssen wir lernen, miteinander in Frieden zu leben."

b) Grundsätze der Atlantikcharta:
Wir, die Völker der Vereinten Nationen, sind entschlossen, kommende Generationen vor der Geißel des Krieges, der in unserer Generation zweimal unsagbares Leid über die Menschheit gebracht hat, zu bewahren, den Glauben an die Grundrechte der Menschen zu kräftigen, den sozialen Fortschritt und einen höheren Lebensstandard in größerer Freiheit zu fördern.

c) Die UNO hat zur Erfüllung ihrer Aufgaben verschiedene Organe geschaffen. Von besonderer Bedeutung ist der Sicherheitsrat; er besteht aus 5 ständigen Mitgliedern: USA, UdSSR, Volksrepublik China, Großbritannien, Frankreich. Dazu kommen 6 wechselnde Mitglieder. Jedes ständige Mitglied kann aber mit seinem Veto die Durchführung eines gefaßten Beschlusses verhindern. Der Sicherheitsrat hat die Aufgabe, Krisensituationen, die den Weltfrieden und die internationale Sicherheit bedrohen, zu überwinden.
Erfolgreiche Arbeit hat bisher auch das Sekretariat der UNO geleistet (Verwaltungsorgan der UNO). Ihm unterstehen die UNESCO, die UNICEF, die WHO ...
Zu den Organen der UNO gehört auch der Internationale Gerichtshof in Den Haag; seine 15 Richter sollen Rechtsstreitigkeiten zwischen den Mitgliedstaaten schlichten.
Die Vollversammlung kontrolliert die verschiedenen Organe der UNO und wählt deren Mitglieder. Sie faßt mit Zweidrittelmehrheit Beschlüsse; für Empfehlungen genügt die relative Mehrheit. Jeder Staat hat eine Stimme in der Vollversammlung (die Sowjetunion 3!). Der von der Vollversammlung ernannte Generalsekretär führt die Aufträge der UNO durch und kann auch selbst Initiativen zur Bewahrung und Wiederherstellung des Friedens ergreifen.
(auszugsweise aus: Geschichte Band 3, Beltz, Weinheim und Wir erleben die Geschichte, BSV, München)

Arbeitsblatt:

Gründung der Vereinten Nationen

1. Ziele der Vereinten Nationen

- Verhinderung von: **Kriegen**
- Beeinflussung von **Streitigkeiten unter den Völkern**
- Achtung der **Menschenrechte**
- Verwirklichung gemeinsamer **Ziele** 
- Wahrung des **Weltfriedens, der internationalen Sicherheit**
- Entwicklung **freundschaftlicher Beziehungen zwischen den Völkern**
- Internationale **Zusammenarbeit**

2. Die wichtigsten Organe der Vereinten Nationen (UN – United Nations)

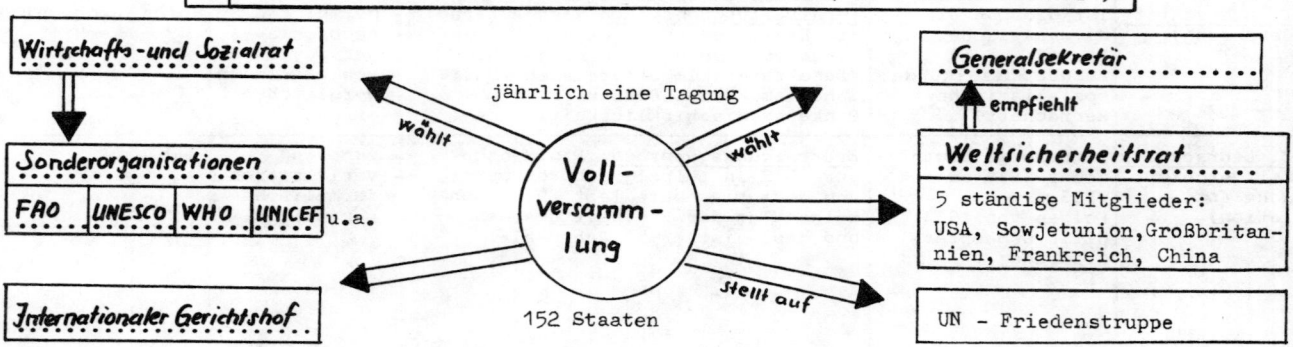

- Wirtschafts- und Sozialrat
- Sonderorganisationen: FAO, UNESCO, WHO, UNICEF u.a.
- Internationaler Gerichtshof
- Vollversammlung (152 Staaten) – jährlich eine Tagung – wählt / stellt auf
- Generalsekretär (empfiehlt)
- Weltsicherheitsrat: 5 ständige Mitglieder: USA, Sowjetunion, Großbritannien, Frankreich, China
- UN - Friedenstruppe

UG	Lehrschritte (Artikulationsdefinition)	Lehrinhalte und Lernziele (= Lz)	Lehrakte / Lernakte		Sozialformen	Lernhilfen
Eröffnungsphase	1. Lehrschritt (Problemstellung)	Friedenssehnsucht unter den Völkern; (Lz 1)	Sachimpuls: Beurteile die Situation der Nachkriegszeit. Vervollständige die Kollage. Feststellung: Verlangen nach internationalen Friedensmaßnahmen als zwingende Notwendigkeit.	– beurteilen – betrachten – vervollständigen – verbalisieren	Hb/Aa	Lernmaterial a Bildkollage
	2. Lehrschritt (Vergegenwärtigung bzw. Rückschau)	Versagen des Völkerbundes (ohne USA);	Erarbeitungsgespräch: Mit der Gründung des Völkerbundes 1919 kam es zum ersten Versuch, Streitfälle zwischen den Staaten friedlich zu lösen, zu allgemeiner Abrüstung zu gelangen. Der Versuch mißglückte.	– rekapitulieren – Beziehung herstellen – feststellen	Hb	Geschichtsbuch
	3. Lehrschritt (Zielangabe)	Gründung der UNO (United Nations Organization) Truman eröffnet UN-Gründungsversammlung in San Francisco; (Lz 1/3)	Frage nach Feststellung: Mit Beginn des Zweiten Weltkrieges bestand der Völkerbund nur noch dem Namen nach. Lies das Zitat von Präsident Truman. Was wollte der amerikanische Präsident damit vor der UN Gründungsversammlung ausdrücken?	– aufnehmen – betrachten – lesen – interpretieren – einsetzen	Hb	UN-Symbol: Arbeitsblatt; Lernmaterial a Zitat Truman; Arbeitsblatt: Überschrift
Erarbeitungsphase	4. Lehrschritt (Teilergebniserarbeitung und -fixierung)	24. 10. 45 (= Tag der Vereinten Nationen); Begriff UNO; Artikel 1 der UN-Satzung; (Lz 2/3)	Arbeitsauftrag: 51 Staaten unterzeichneten die Satzung der UNO. Lies die Ziele der Weltorganisation. Nenne danach die Hauptaufgaben der UNO. Verarbeitungsgespräch: Vortrag, Vergleich, Zusammenfassung, Fixierung der Arbeitsergebnisse.	– zuhören – lesen – Information entnehmen – vortragen – vergleichen – fixieren	Aa Hb	Lernmaterial b Arbeitsblatt: Ziele ...
	5. Lehrschritt (Rekapitulation und Vergleich)	Motive zur Gründung des Völkerbundes und der Vereinten Nationen; 1980: 152 Staaten; (Lz 1/2/4)	Rundgespräch: Die Gründung der Vereinten Nationen nach dem Zweiten Weltkrieg war ein Experiment. Nenne die Motive. Vergleiche die Beweggründe zur Gründung des Völkerbundes nach dem Ersten Weltkrieg.	– zusammenfassen – vergleichen – nennen – begründen – aufzählen	Aa/Hb	Unterlagen; Schülerbuch
	6. Lehrschritt (Teilergebniserarbeitung und -fixierung)	Sitz in New York; Abhängigkeit von Zustimmung der 5 Großmächte; Aufbau und Sonderorganisationen (UNESCO, WHO ...); (Lz 2)	Erarbeitungsgespräch: Die UNO leistet der Menschheit große Dienste. Aber in ihrer Hauptarbeit sind ihr Schranken gesetzt. Arbeitsauftrag: Lies den Text. Informiere dich über die Organe der UNO. Verarbeitungsgespräch: Vortrag, Vergleich, Zusammenfassung, Fixierung der Arbeitsergebnisse.	– verifizieren – Wesensmerkmale erfassen – lesen – fixieren – vortragen – vergleichen – fixieren	Hb Ga Hb	Folie: UNO-Gebäude; Lernmaterial c; Arbeitsblatt; Lexikon Arbeitsblatt: Die wichtigsten Organe ...
	7. Lehrschritt (Teilergebnisgewinnung)	Begriff Veto; Großmächte können von UNO nicht gezwungen werden, gegen Eigeninteressen zu handeln; (Lz 3)	Erarbeitungsgespräch nach Frage: Vielleicht hast du schon mal vom Vetorecht gehört. Informiere dich nach dem Sinn dieses Rechts. Was hältst du davon? Inwiefern ist das Vetorecht der USA ein Instrument zur Erhaltung des Weltfriedens?	– aufnehmen – nachschlagen – formulieren – argumentieren – begründen – notieren	Hb	Geschichtsbuch; Lexikon
	8. Lehrschritt (Ausweitung)	Interessengegensätze zwischen freier Welt und Ostblock;	Erarbeitungsgespräch: Entnimm dem Buch Informationen über die bisherige Bilanz der Tätigkeit der UNO. Diente das Veto der Sowjets immer dem Frieden?	– nachschlagen – exzerpieren – verbalisieren	Hb/Pa	Geschichtsbuch
Sicherungsphase	9. Lehrschritt (Aktualisierung)	Satzungsauszug: Weltfrieden und internationale Sicherheit aufrechterhalten, Toleranz üben, wirtschaftlichen Fortschritt aller fördern; (Lz 4)	Diskussion: Als die UNO gegründet wurde, sahen viele in ihr eine Vorstufe zu einem Weltparlament, das die ganze Menschheit repräsentiert. Manche Vorsätze hatten von vornherein keine Aussicht auf Verwirklichung.	– diskutieren – interpretieren – nachvollziehen – nachschlagen – analysieren	Kf	Schülerbuch; Quelle mit Satzungsauszug
	10. Lehrschritt (Wertung)	Friedenssicherung als Hauptaufgabe nach zwei Weltkriegen; 1948 Erklärung der Menschenrechte; (Lz 4)	Erarbeitungsgespräch nach Frage: Der Völkerbund hatte 59 Mitglieder, der UNO gehören mehr als doppelt so viele Mitglieder an. Worauf ist das zurückzuführen?	– differenzieren – schlußfolgern – gruppieren	Hb	

Hauptlernziel: Überblick über Bereiche und Maßnahmen der Gleichschaltung sowie Einsicht in deren Zweck.	Unterrichtsthema: Wie wurde Deutschland zur Zeit des Nationalsozialismus gleichgeschaltet?	Autor: Günter Drachsler
		Unterrichtszeit Empfehlung: 2 UE

Vorbemerkungen:

Die vorliegende Unterrichtseinheit ist ebenso wie die Einheit "Wie sah die Erziehung zur Zeit des Nationalsozialismus aus?" Bestandteil der umfassenden Sequenz "Deutschland unter der nationalsozialistischen Diktatur". Folgende Themenbereiche sollten vorausgegangen sein, da sie eine unverzichtbare Verständnisgrundlage für "Gleichschaltung und Erziehung" im Nationalsozialismus darstellen: "Ende der Weimarer Republik", "Ausschaltung der Gegner Hitlers", "Aufstieg Hitlers zum Diktator".

In Folgestunden wären "Rassenlehre des Nationalsozialismus", "Judenverfolgung", "Widerstand gegen Hitler", "Kunst im Dritten Reich" einzuplanen.

Teillernziele: Die Schüler sollen:

1. die Entwicklung Deutschlands zum Zentralstaat durch Auflösung der Länderparlamente beschreiben;
2. mit Hilfe von Sach- bzw. Quellentexten Zusammensetzung des Reichstages und Besetzung von Ministerämtern durch Mitglieder der NSDAP, Verbot von Gewerkschaften und Beherrschung von Presse und Rundfunk als Bereiche und Maßnahmen der Gleichschaltung erkennen;
3. anhand von Kurzreferaten durch Mitschüler erfahren, daß Bücherverbrennungen, Beseitigung von Kunstwerken, Rechtsprechung und Gründung der Geheimen Staatspolizei im Dienste der Gleichschaltung standen;
4. durch Betrachtung von Bildmaterial und Auswertung eines Quellentextes die Art der nationalsozialistischen Propaganda sowie Zweck und Wirksamkeit erläutern;
5. Gefahren einer Diktatur durch eine Person oder eine Partei für Recht und Freiheit eines Volkes nennen bzw. Vorteile der Gewaltenteilung in einer Demokratie aufzählen.

Medien:

Abbildungen; Sach- bzw. Quellentexte auf Arbeitsblatt oder im Schülerbuch; Arbeitsblatt; Tafelbild;

Literatur:

- Beilner, Helmut u.a., Geschichte für die Hauptschule 9, Donauwörth 1982;
- Ebeling, Hans / Birkenfeld, Wolfgang, Die Reise in die Vergangenheit, Band 3, Braunschweig 1976;
- Fest, Joachim C., Hitler, Frankfurt, Berlin, Wien 1973;
- Schwandner, Josef u.a., Blick in die Vergangenheit 9, München 1982;

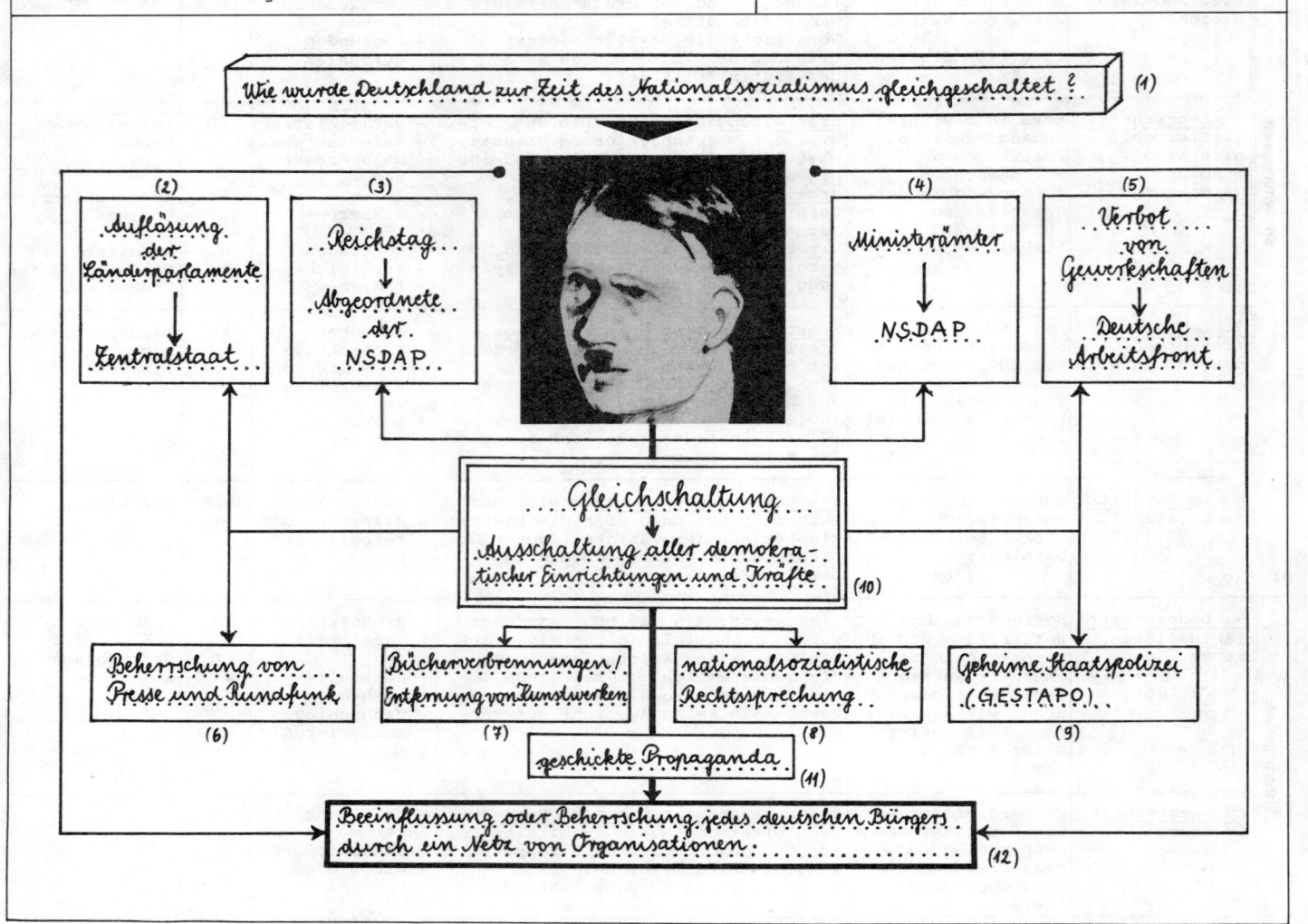

Tafelbild:

(1) Wie wurde Deutschland zur Zeit des Nationalsozialismus gleichgeschaltet?

(2) Auflösung der Länderparlamente → Zentralstaat
(3) Reichstag → Abgeordnete der NSDAP
(4) Ministerämter → NSDAP
(5) Verbot von Gewerkschaften → Deutsche Arbeitsfront

(10) Gleichschaltung → Ausschaltung aller demokratischer Einrichtungen und Kräfte

(6) Beherrschung von Presse und Rundfunk
(7) Bücherverbrennungen / Entfernung von Kunstwerken
(8) nationalsozialistische Rechtsprechung
(9) Geheime Staatspolizei (GESTAPO)

(11) geschickte Propaganda

(12) Beeinflussung oder Beherrschung jedes deutschen Bürgers durch ein Netz von Organisationen

UG	Lehrschritte (Artikulationsdefinition)	Lehrinhalte und Lernziele (= Lz)	Lehrakte .... Lernakte		Sozialformen	Lernhilfen
Eröffnungsphase	1. Lehrschritt (Anknüpfung)	Wiederholung wichtiger Lernresultate der vorausgehenden Stunde.	Verarbeitungsgespräch nach Sachimpuls: Bild des "Führers" Adolf Hitler; ➤ Wissen über Hitler; Inhalt und Bedeutung des Ermächtigungsgesetzes.	– betrachten – nachdenken – sich äußern	Hb	Abbildung (Buch, Dia, Arbeitsblatt ...)
	2. Lehrschritt (Problemgewinnung und -fixierung)	Stundenthema: Wie wurde Deutschland zur Zeit des NS gleichgeschaltet?	Erarbeitungsgespräch nach Impuls: Hitler wurde durch dieses Gesetz immer mächtiger. Sein Ziel war es, Deutschland in allen Bereichen "gleichzuschalten" ... Formulierung und Fixierung der Problemfrage.	– zuhören – reflektieren – formulieren	Hb	Tafelbild (1)
	3. Lehrschritt (Hypothesenbildung)	Vermutungen zur Problemfrage.	Partnergespräch nach Gesprächsauftrag: Überlege und besprich mit deinem Partner, wie man einen Staat "gleichschalten" könnte!	– überlegen – besprechen – sich äußern	Pa	
Erarbeitungsphase	4. Lehrschritt (erste Teilergebnisgewinnung)	Entwicklung zum Zentralstaat durch Auflösung der Länderparlamente. (Lz 1)	Erzählung: ➤ Auflösung der Länderparlamente im Januar 1934; Reichsstatthalter an der Spitze der Länder; ehemalige Länder nur Verwaltungsbezirke des Reiches; Organisation der Partei (Gau, Kreis, Ortsgruppe, Zelle, Block). Zusammenfassung und Fixierung.	– aufnehmen – mitdenken – zusammenfassen	Hb	Tafelbild (2)
	5. Lehrschritt (zweite Teilergebnisgewinnung)	Zusammensetzung des Reichstages, Besetzung der Ministerämter, Verbot von Gewerkschaften, Beherrschung von Presse und Rundfunk. (Lz 2)	Verarbeitungsgespräch nach Arbeitsauftrag: Lies den jeweiligen Text für deine Gruppe aufmerksam durch! Finde den "Bereich" der Gleichschaltung heraus und unterstreiche die entsprechenden Maßnahmen! Einholen der Arbeitsergebnisse und komprimierte Fixierung.	– zuhören – lesen – denken – unterstreichen – berichten	Ga (arbeitsteilig)	Arbeitsblatt (Sachtext bzw. Quellentexte) Tafelbild (3, 4, 5, 6)
	6. Lehrschritt (dritte Teilergebnisgewinnung)	Bücherverbrennungen und Entfernung von Kunstwerken, Rechtsprechung, Staatspolizei im Dienste der Gleichschaltung. (Lz 3)	Verarbeitungsgespräch nach drei Kurzreferaten durch Schüler: Würdigung, Schwerpunktsetzung und Fixierung entscheidender Gesichtspunkte. Konkretisierung und Klärung des Begriffes "Gleichschaltung".	– mitverfolgen – durchdenken – beurteilen – verdichten	Aa bzw. Hb	Anschauungsmaterial der Referenten Tafelbild (7, 8, 9) Tafelbild (10)
	7. Lehrschritt (vierte Teilergebnisgewinnung)	Erfolg durch geschickte Propaganda. (Lz 4)	Erarbeitungsgespräch nach Impuls: Eigentlich verwunderlich, daß sich niemand gegen diese Gleichschaltung gewehrt hat ... ➤ Unterdrückung des Widerstandes mit Gewalt ... Überrumpelung bzw. Täuschung durch geschickte Propaganda usw. Illustration durch Bildmaterial und Quellentext. ➤ Schauveranstaltungen; Demonstration der Rechte des Staates; religiös-kulthafter Charakter; überschwengliche Begeisterung; Verlust an persönlicher Freiheit ...; Ergebnisfixierung.	– zuhören – reflektieren – sich äußern – betrachten – beschreiben – vorlesen – erläutern – Stellung nehmen	Hb Aa bzw. Hb	Arbeitsblatt (Abbildungen, s. auch z.B. Schülerbuch, Dias, Film) Arbeitsblatt (Quellentext) Tafelbild (11)
Sicherungsphase	8. Lehrschritt (Gesamtzusammenfassung)	Bereiche, Maßnahmen, Ziele bzw. Ergebnisse der "Gleichschaltung".	Verarbeitungsgespräch: Verbalisierung des Tafelbildes und Gesamtergebnisformulierung.	– überdenken – verbalisieren – generalisieren – formulieren	Hb	Tafelbild als Gesamtdarstellung Tafelbild (12)
	9. Lehrschritt (Besinnung und Ausweitung)	Gefahren der Diktatur einer Person oder einer Partei; Vorteile der Gewaltenteilung. (Lz 5)	Erarbeitungsgespräch nach provokativem Impuls: An solch einer großartigen Massenveranstaltung teilzunehmen, muß doch etwas Schönes sein ...	– kritisch reflektieren – sich äußern	Hb	
	10. Lehrschritt (Transfer)	Gleichschaltung bzw. Diktatur heutzutage (Gegenwartsbezug).	Fortführung des Erarbeitungsgespräches: Nur gut, daß es eine derartige Machtfülle, daß es Propaganda und Diktatur heutzutage nicht mehr gibt ...!? ➤ totalitäres Regime in Ostblockstaaten, Südamerika etc. ...	– nachdenken – widersprechen – Stellung nehmen	Hb	
	11. Lehrschritt (Lernzielkontrolle - schriftlich)	Rekapitulation der Lernresultate.	Arbeitsauftrag: Bearbeite als Hausaufgabe das Arbeitsblatt!	– rekapitulieren – vervollständigen	Aa	Arbeitsblatt (analog Tafelbild)

171

Hauptlernziel: Einblick in die Organisation der Erziehung in der Zeit des Nationalsozialismus.	Unterrichtsthema: Wie sah die nationalsozialistische Erziehung aus?	Autor: Günter Drachsler
		Unterrichtszeit Empfehlung: 1-2 UE

Vorbemerkungen:

Bei beiden bearbeiteten Unterrichtseinheiten wird besonderer Wert gelegt auf relativ selbständige, der Altersstufe der Schüler angemessene Informationsgewinnung mit Hilfe von ausgewählten Quellen- und Sachtexten.
Auf einzelne Schlagwörter der nationalsozialistischen Propaganda wird in Lehrschritt 2 ganz bewußt eingegangen, weil diese zum einen die damalige Ideologie anschaulich verdichten und zum anderen eine Verständnisgrundlage für die Bereitschaft der Jugendlichen im 3. Reich darstellen, sich einer derartigen "Erziehung" mehr oder minder begeistert "auszusetzen".
Der unterrichtlichen Optimierung sowohl zur Erarbeitung als auch zur Illustration von Lernresultaten dienen die zahlreichen, leicht zu beschaffenden Filme zum Zeitabschnitt des Nationalsozialismus.
Vorbereitung, Aufbau und Durchführung von Kurzreferaten der Schüler (vgl. Lehrschritt 6) sollten im Deutschunterricht vorher behandelt bzw. geübt werden (Materialbeschaffung: Bücher, Fotos, Gegenstände; Folienskizze bzw. Tafelanschrift als Merkhilfe; Vortragsweise usw.).

Teillernziele: Die Schüler sollen:

1. Schlagworte der nationalsozialistischen Erziehung und Propaganda mit Hilfe von Texten ergänzen und deren tiefere Bedeutung verstehen;
2. aus einem Quellentext Hitlers Erziehungsgrundsätze und Vorstellungen über Erziehung der Jugend zum "neuen Menschen" erarbeiten;
3. anhand einer Graphik die lebenslange Erfassung und Gleichschaltung der weiblichen und männlichen Jugend durch die verschiedensten Parteiorganisationen erläutern;
4. die unterschwellige Absicht Hitlers am Ende des gleichgeschalteten Erziehungsprozesses erkennen;
5. Erziehungsziele des Nationalsozialismus mit heutigen Erziehungszielen vergleichen und eine wertende Stellungnahme abgeben.

Folie 1 für Ls 5:

Macht, neuen, Ganzes, Wille, verantwortlich, gehorchen, befehlen, mitbestimmen, Besten, Kampfgemeinschaft, unterordnen, recht, Vorsehung;

Folie 2 für Ls 8:

Jugend nach Hitlers Wunsch:
"...zäh wie Leder, hart wie Kruppstahl und flink wie Windhunde".

Medien:

Abbildungen; Sach- bzw. Quellentexte auf Arbeitsblatt oder im Schülerbuch; Lückentext auf Arbeitsblatt; Folien; Graphik auf Arbeitsblatt, Folie oder im Schülerbuch; Verfassung des Freistaates Bayern; Tafelbild;

Literatur: s. Unterrichtsthema "Wie wurde Deutschland zur Zeit des Nationalsozialismus gleichgeschaltet?

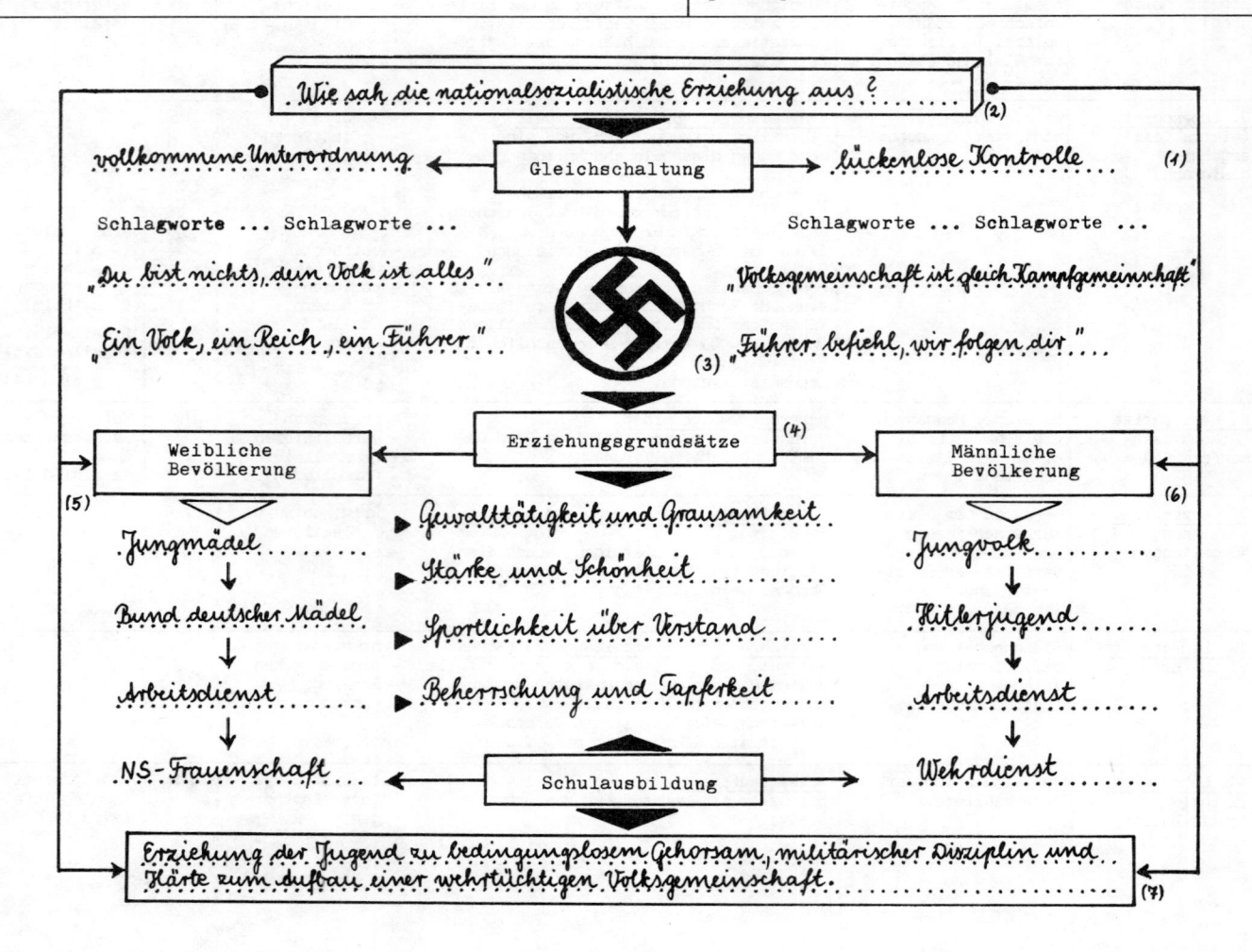

Wie sah die nationalsozialistische Erziehung aus? (2)

Gleichschaltung
- vollkommene Unterordnung ← → lückenlose Kontrolle ... (1)
- Schlagworte ... Schlagworte ... Schlagworte ... Schlagworte ...
- „Du bist nichts, dein Volk ist alles" „Volksgemeinschaft ist gleich Kampfgemeinschaft"
- „Ein Volk, ein Reich, ein Führer" (3) „Führer befiehl, wir folgen dir"

Erziehungsgrundsätze (4)

Weibliche Bevölkerung (5)		Männliche Bevölkerung (6)
Jungmädel	Gewalttätigkeit und Grausamkeit	Jungvolk
↓	Stärke und Schönheit	↓
Bund deutscher Mädel	Sportlichkeit über Verstand	Hitlerjugend
↓	Beherrschung und Tapferkeit	↓
Arbeitsdienst		Arbeitsdienst
↓		↓
NS-Frauenschaft	← Schulausbildung →	Wehrdienst

Erziehung der Jugend zu bedingungslosem Gehorsam, militärischer Disziplin und Härte zum Aufbau einer wehrtüchtigen Volksgemeinschaft. (7)

UG	Lehrschritte (Artikulationsdefinition)	Lehrinhalte und Lernziele (= Lz)	Lehrakte .... Lernakte		Sozialformen	Lernhilfen
Eröffnungsphase	1. Lehrschritt (Problemstellung - bildlich)	Abbildung: Hitlerjugend in Nürnberg.	Erarbeitungsgespräch nach Sachimpuls: ➔ Jugendliche in Uniform ..., aufgestellt in Reih und Glied ..., Gleichschaltung ...	– betrachten – nachdenken – sich äußern	Hb	Abbildung (Buch, Dia ...)
	2. Lehrschritt (Anknüpfung)	Aktualisierung und Vertiefung von Lernresultaten der letzten Stunde.	Rundgespräch nach Frage: Was wurde mit der Gleichschaltung bewirkt (vollkommene Unterordnung, lückenlose Kontrolle)? Ergebnisfixierung.	– überlegen – verknüpfen – schlußfolgern	Aa/Hb	Tafelbild (1)
	3. Lehrschritt (Problemgewinnung und -fixierung)	Stundenthema: Wie sah die nationalsozialistische Erziehung aus?	Erarbeitungsgespräch nach Impuls: Gut erzogen war die Jugend damals ...; Formulierung und Fixierung der Problemfrage.	– zuhören – reflektieren – formulieren	Hb	Tafelbild (2)
	4. Lehrschritt (erste Teilzielerarbeitung)	Schlagworte der nationalsozialistischen Erziehung und Propaganda. (Lz 1)	Verarbeitungsgespräch nach Arbeitsaufträgen: Lies den entsprechenden Text für deine Gruppe durch und unterstreiche Schlüsselstellen! Versuche dann die Überschriften (Schlagworte) zu ergänzen. Analyse der Arbeitsergebnisse und Fixierung.	– zuhören – lesen – reflektieren – unterstreichen – ergänzen – sich äußern	Ga (arbeitsteilig) Hb	Arbeitsblatt (Sachtexte) Tafelbild (3)
	5. Lehrschritt (Teilzielkontrolle - schriftlich)	Einsetzen zentraler Begriffe in einen Lückentext.	Arbeitsauftrag: Vervollständige den Lückentext! Partnerkontrolle (Lösungswörter auf Folie).	– zuhören – nachdenken – vervollständigen – kontrollieren	Aa Pa	Arbeitsblatt (Lückentext) Folie 1
Erarbeitungsphase	6. Lehrschritt (zweite Teilzielerarbeitung)	Hitlers Erziehungsgrundsätze und Vorstellungen über Erziehung der Jugend zum "neuen Menschen". (Lz 2)	Verarbeitungsgespräch nach Arbeitsauftrag: Unterstreiche im Quellentext, welche Vorstellungen Hitler von Erziehung hatte und notiere wesentliche Informationen! Sichtung der Beiträge und verdichtete Fixierung.	– lesen – reflektieren – unterstreichen – notieren	Aa Hb	Arbeitsblatt (Quellentext) Tafelbild (4)
	7. Lehrschritt (dritte Teilzielerarbeitung)	"Erziehung" der weiblichen und männlichen Jugend im Sinne des Nationalsozialismus. (Lz 3)	Verarbeitungsgespräch nach Arbeitsauftrag: Betrachte die Graphik und erläutere, wie die Jugend von der Partei ein Leben lang erfaßt und gleichgeschaltet wird! (Weibliche Bevölkerung ➔ Mädchen, Männliche Bevölkerung ➔ Knaben) Fixierung geeigneter Schülerbeiträge.	– betrachten – erläutern – zusammenfassen	Pa/Hb	Arbeitsblatt, Buch oder Folie (Graphik) Tafelbild (5,6)
	8. Lehrschritt (vierte Teilzielerarbeitung)	Unterschwellige Absicht Hitlers am Ende des Erziehungsprozesses. (Lz 4)	Erarbeitungsgespräch nach Impuls: Diese lückenlose und allumfassende Organisation der Erziehung war bestimmt nicht rein zufällig ...; Hilfsimpuls: Herrische Jugend "zäh wie Leder, hart wie Kruppstahl und flink wie Windhunde"; Diskussion der Beiträge und Fixierung.	– reflektieren – sich äußern	Hb	Folie 2 Tafelbild (7)
Sicherungsphase	9. Lehrschritt (Besinnung)	Ursachen für die Begeisterung der Jugend.	Erarbeitungsgespräch nach Impuls: Verwunderlich, daß alle so "mitgezogen" haben ...; ➔ Wirtschaftliche Not, Angst, Propaganda, Wir-Gefühl, Feierlichkeiten, Musik, Gesang ...; Arbeitsaufträge nach Feststellung: Das folgende Beispiel, ein Lied der Hitlerjugend, verdeutlicht die Stimmung der Jugend und den Zeitgeist. Unterstreiche auffällige und häufig vorkommende Wörter! Untersuche ihre Bedeutung und Aufgabe!	– nachdenken – sich äußern – aufnehmen – lesen – überlegen – unterstreichen – untersuchen	Hb Aa	Arbeitsblatt (Liedtext)
	10. Lehrschritt (Transfer und Ausweitung)	Vergleich mit gegenwärtigen Erziehungszielen. (Lz 5)	Erarbeitungsgespräch nach Impuls: Heutzutage gibt es eine Vielzahl ganz anderer Erziehungsziele ...; Einbringen von Wissen aus Erziehungskunde; Arbeit mit Verfassung des Freistaates Bayern bzw. Grundgesetz.	– reflektieren – nachlesen – vorlesen – vergleichen – werten	Aa/Hb	Verfassung des Freistaates Bayern (z.B. Art. 131) bzw. Grundgesetz (z.B. Art. 1-7)
	11. Lehrschritt (Lernzielkontrolle - schriftlich)	Rekapitulation der Lernresultate.	Arbeitsauftrag: Bearbeite als Hausaufgabe das Arbeitsblatt!	– rekapitulieren – vervollständigen	Aa	Arbeitsblatt (analog Tafelbild)

Lernmaterialien zum Thema: Wie wurde Deutschland zur Zeit des Nationalsozialismus gleichgeschaltet?	Autor: Günter Drachsler

Arbeitstexte für Ls 5:

Gruppe 1:
Die Nationalsozialisten waren entschlossen, sich mit allen Mitteln in allen Bereichen von Staat und Gesellschaft durchzusetzen. Vom Jahre 1933 an sollte Deutschland in allen Bereichen "gleichgeschaltet" werden. Im Reichstag saßen nur noch die Abgeordneten einer Partei, der NSDAP. Debatten fanden nicht mehr statt. Die Abgeordneten nahmen die Reden Hitlers entgen. Da am Schluß der Sitzungen jeweils die Nationalhymne gesungen wurde, sprachen Spötter vom "teuersten Gesangverein der Welt".
Ab 1934 wurden alle Ministerialämter nur noch mit Pateigenossen besetzt. Sie hatten die Verordnungen und Weisungen Hitlers auszuführen.
"Abgestimmt wird nicht mehr, der Führer entscheidet", so lautete eine Tagebucheintragung des Reichspropagandaministers Dr. Joseph Goebbels vom 3. April 1933. Am 4. Februar 1938 traten die Minister des Reiches zum letzten Mal zusammen. Immer mehr schoben sich die sogenannten "Reichsleiter" in den Vordergrund. Doch auch von ihnen übten nur ganz wenige einen wirklichen Einfluß auf Adolf Hitler aus.
aus: Blick in die Vergangenheit 9, Oldenbourg, München, S. 17;

Gruppe 2:
Am 23. Juni 1933 ordnete Hitler an:
"Die Sozialdemokratische Partei Deutschlands ist als staatsfeindliche Organisation anzusehen.
Ich ordne daher an:
Sämtliche Mitglieder der Sozialdemokratischen Partei Deutschlands, die heute noch den Volksvertretungen und Gemeindevertretungen angehören, sind sofort von der weiteren Ausübung ihrer Mandate auszuschließen, Arbeitnehmer, die der SPD angehören, sind als staatsfeindlich anzusehen ...
Versammlungen der SPD und ihrer Hilfs- und Ersatzorganisationen sind zu verbieten ...
Die sozialdemokratischen periodischen Druckschriften sind bis auf weiteres zu verbieten, Vermögensgegenstände der Sozialdemokratischen Partei sind polizeilich zu beschlagnahmen."

Gruppe 3:
Gesetz über die Neugründung vom 14. Juli 1933:
"Die Reichsregierung hat das folgende Gesetz beschlossen, das hiermit verkündet wird:
§ 1 In Deutschland besteht als einzige Partei die Nationalsozialistische Deutsche Arbeiterpartei.
§ 2 Wer es unternimmt, den organisatorischen Zusammenhalt einer anderen politischen Partei aufrechtzuerhalten oder eine neue politische Partei zu bilden, wird mit Zuchthaus bis zu drei Jahren oder mit Gefängnis von sechs Monaten bis zu drei Jahren bestraft."

Gruppe 4:
Am 17. April 1933 notiert Goebbels in sein Tagebuch:
"Hier oben (auf dem Obersalzberg/Berchtesgaden) habe ich mit dem Führer die schwebenden Fragen eingehend durchgesprochen. Den 1. Mai werden wir zu einer grandiosen Demonstration deutschen Volkswillens gestalten. Am 2. Mai werden dann die Gewerkschaftshäuser besetzt. Gleichschaltung auch auf diesem Gebiet. Es wird vielleicht ein paar Tage Krach geben, aber dann gehören sie uns. Man darf hier keine Rücksicht mehr kennen. Sind die Gewerkschaften in unserer Hand, dann werden sich auch die anderen Parteien und Organisationen nicht mehr lange halten können. Ein Zurück gibt es nicht mehr. In einem Jahr wird ganz Deutschland in unserer Hand sein."

Gruppe 5:
Arbeitnehmer- und Arbeitgeberverbände werden am 10. Mai 1933 in der "Deutschen Arbeitsfront" zwangsvereinigt.
"§ 2 Das Ziel der Deutschen Arbeitsfront ist die Bildung einer wirklichen Volks- und Leistungsgemeinschaft aller Deutschen. Sie hat dafür zu sorgen, daß jeder einzelne seinen Platz im wirtschaftlichen Leben der Nation in der geistigen und körperlichen Verfassung einnehmen kann, die ihn zur höchsten Leistung befähigt und damit den größten Nutzen für die Volksgemeinschaft gewährleistet.
§ 3 Die Führung der Deutschen Arbeitsfront hat die NSDAP. Zu den Führern der Deutschen Arbeitsfront sollen in erster Linie Mitglieder der NSDAP und des weiteren Angehörige der SA und SS ernannt werden ... "

Gruppe 6:
Hitler spricht über die Aufgaben der Presse:
"In den liberalen Ländern wird die Aufgabe der Presse so aufgefaßt, daß es heißt: Presse und Volk gegen Führung. Und bei uns muß es heißen: Führung und Propaganda und Presse usw. vor dem Volk. Das alles ist Führung des Volkes. Was da vielleicht auch untereinander besprochen wird, vor dem Volk ist diese Führung ein einziger Block. Untereinander können Meinungen ausgetauscht werden, vor dem Volk gibt es überhaupt nur eine Meinung."
aus: Geschichte für die Hauptschule 9, Auer, Donauwörth, S. 20;

Quellentext für Ls 7:
So sah ein Augenzeuge als Diplomat die Großveranstaltung in Nürnberg:
"Es war wie ein Massentaumel, der Tausende und Abertausende den ganzen langen Weg über beim Hinblick Hitlers erfaßte. Wie im Delirium (Rausche) streckten die Menschen ihm ihre Arme entgegen und begrüßten ihn mit lauten Schreien und Heilrufen. - Irgendwie wurde auch die geistige Widerstandskraft gelähmt. Man hatte fast das Gefühl, als müßte man sich an sich halten, um nicht auch mit in den Jubel einzustimmen."
aus: Geschichte für die Hauptschule 9, Auer, Donauwörth, 1982, S. 24;

Bildmaterial für Ls 7:

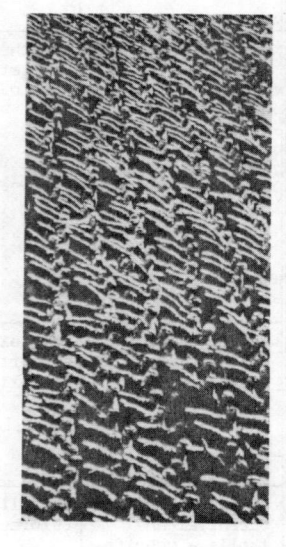

aus: Geschichte entdecken 9, Buchner, Bamberg 1983, S. 17

Lernmaterialien zum Thema: Wie sah die nationalsozialistische Erziehung aus?   Autor: Günter Drachsler

Texte für Ls 4:
Gruppe 1:
"Ein *Volk*, ein Reich, ein Führer"
Schon am Tag vor dem absehbaren Tod des Reichspräsidenten Hindenburg vereinigte Hitler verfassungsrechtlich alle Macht in seiner Hand. Durch ein Gesetz vom 1. August 1934 bestimmte er, daß die bisherigen Befugnisse des Reichspräsidenten auf den "Führer und Reichskanzler" übergingen. Unmittelbar danach wurde die Armee auf Hitler vereidigt und ihm zu unbedingtem Gehorsam verpflichtet. Hitlers Diktatur war nun vollkommen.

Gruppe 2:
"Du bist *nichts*, dein Volk ist *alles*."
Unter diesem Leitspruch wollte Hitler einen "neuen Menschen" heranzüchten. Vom Kindergarten an sollten die Menschen in den Willen Hitlers hineinwachsen. Von Kindesbeinen an lernten Jungen und Mädchen, daß der Wille des Führers für das ganze deutsche Volk ein verbindlicher Befehl war.
Hitler setzte geschickt viele Mittel ein, um dieses Ziel zu erreichen. Zeltlager, Heimabende, Reitlager, Aufmärsche und Wettkämpfe begeisterten die meisten Jugendlichen. Uniformen, Fahnen und Lieder waren jugendgemäße Möglichkeiten, eine eingeschworene Gemeinschaft zu formen. Mit all dem verfolgte er nur ein Ziel: eine bedingungslos gehorchende und körperlich gesunde Jugend heranzuziehen, die in jeder Hinsicht "wehrtüchtig" war.

Gruppe 3:
"*Führer* befiehl, wir *folgen* dir"
In diesem Kampfruf der Partei zeigte sich zugleich ihr Aufbau. Hitler nannte sich "Führer". Er setzte seine Genossen ein, die ihm verantwortlich waren. "Immer wird der Führer von oben eingesetzt und mit unbeschränkter Vollmacht und Autorität bekleidet. Der Führer ist niemals - wie in einer Demokratie - von den Entschlüssen seines Ausschusses abhängig." (Hitler)
Das Prinzip des Führerstaates hieß also, auf eine Formel gebracht: nach oben gehorchen, nach unten befehlen.

Gruppe 4:
"Volksgemeinschaft" ist gleich *Kampfgemeinschaft*
Hitler meinte, daß der "Kampf um die Zukunft des deutschen Volkes" nicht gewonnen werden könne, wenn alle mitbestimmen könnten. Seiner Meinung nach dürften in einer "Volksgemeinschaft" nur die "blutmäßig Besten" führen, die das "deutsche Rassegefühl" am besten verkörperten. Dafür hielten sich vor allem die hohen Parteimitglieder. Das ganze Volk sollte zu einer "verschworenen Kampfgemeinschaft" zusammengeschweißt werden, in der es dann keine gesellschaftlichen Unterschiede und Gegensätze mehr geben würde. Alle "Volksgenossen" mußten sich, ohne zu fragen, den Befehlen Hitlers und der Führer der Partei unterordnen. Eigene Meinungen waren ebensowenig gewünscht, wie bei Befehlen eine Begründung gegeben wurde. Denn "der Führer hat immer recht"! Er verstand sich als ein "Werkzeug der Vorsehung".
vgl. Geschichte für die Hauptschule 9, Auer, Donauwörth, 1982, S. 22 ff;

Lückentext für Ls 5:
Setze folgende Begriffe richtig ein!

unterordnen, Wille, recht, verantwortlich, Macht, Besten, befehlen, Vorsehung, Ganzes, Kampfgemeinschaft, neuen, mitbestimmen, gehorchen;

Hitler vereinigte verfassungsrechtlich alle *Macht* in seiner Hand. Er wollte einen *neuen* Menschen heranzüchten, der wissen sollte, daß nur das Volk als *Ganzes* zähle. Der *Wille* des Führers war für das ganze deutsche Volk ein verbindlicher Befehl. Hitler setzte Genossen ein, die ihm *verantwortlich* waren. Das Prinzip des Führerstaates hieß: nach oben *gehorchen*, nach unten *befehlen*!
Hitler meinte, daß der Kampf um die Zukunft nicht gewonnen werden könne, wenn alle *mitbestimmen*. In einer Volksgemeinschaft dürften nur die "blutmäßig *Besten*" führen. Das ganze Volk sollte zu einer "verschworenen *Kampfgemeinschaft*" zusammengeschweißt werden. Alle "Volksgenossen" mußten sich den Befehlen Hitlers bedingungslos *unterordnen*. Denn der Führer, der immer *recht* hatte, verstand sich als Werkzeug der *Vorsehung*.

Text für Ls 6:
In Gesprächen mit dem Danziger Senatspräsidenten Rauschnig sagte Hitler, wie er sich die Erziehung der Jugend zum "neuen Menschen" dachte: "Meine Pädagogik (Erziehung) ist hart. Das Schwache muß weggehämmert werden. In meinen Ordensburgen wird eine Jugend heranwachsen, vor der sich die Welt erschrecken wird. Eine gewalttätige, herrische, unerschrockene, grausame Jugend will ich. Schmerzen muß sie ertragen. Es darf nichts Schwaches und Zärtliches an ihr sein. Das freie herrliche Raubtier muß erst wieder aus ihren Augen blitzen. Stark und schön will ich meine Jugend. Ich werde sie in allen Leibesübungen ausbilden lassen. Ich will eine athletische Jugend. Das ist das Erste und Wichtigste. Ich will keine intellektuelle (verstandesmäßige, geistige) Erziehung. Beherrschung müssen sie lernen. Sie sollen mit den schwierigsten Proben die Todesfurcht besiegen lernen. Das ist die Stufe der heroischen Jugend. Aus ihr wächst die Stufe des Freien, des Menschen, der Maß und Mitte der Welt ist, des schaffenden Menschen, des Gottmenschen ..."
vgl. Geschichte für die Hauptschule 9, Auer, Donauwörth 1982, S. 22;

Analog (ähnlich) der Erziehung des Knaben kann der völkische Staat auch die Erziehung des Mädchens von den gleichen Gesichtspunkten aus leiten. Das Ziel der weiblichen Erziehung hat unverrückbar die kommende Mutter zu sein.
vgl. Blick in die Vergangenheit 9, Oldenbourg, München 1982, S. 21;

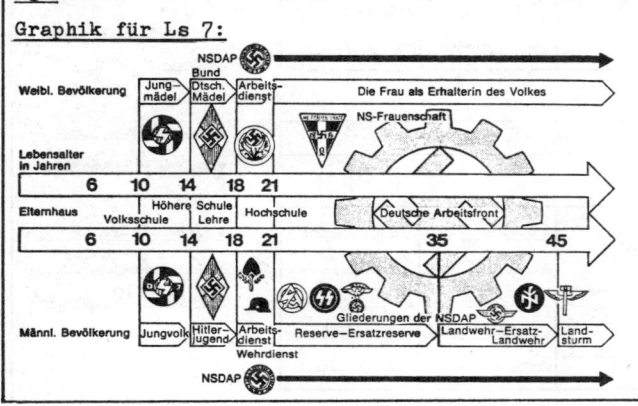

Graphik für Ls 7:

Text für Ls 9:
Ein Lied der Hitlerjugend:
"Vorwärts, vorwärts, schmettern die hellen Fanfaren,
vorwärts, vorwärts, Jugend kennt keine Gefahren.
Deutschland, du wirst leuchtend stehn,
mögen wir auch untergehn.
Unsre Fahne flattert uns voran,
in die Zukunft ziehn wir Mann für Mann.
Wir marschieren für Hitler durch Nacht und durch Tod
mit der Fahne der Jugend für Freiheit und Brot.
Unsere Fahne flattert uns voran.
Unsere Fahne ist die neue Zeit.
Und die Fahne führt uns in die Ewigkeit.
Ja, die Fahne ist mehr als der Tod.

vgl. Geschichte für die Hauptschule 9,
Auer, Donauwörth 1982, S. 22 ff.

Hauptlernziel: Überblick über die wirtschaftliche Lage Deutschlands nach der Kapitulation.	Unterrichtsthema: Wie überstand der Bäckerbetrieb Deisel die Zeit nach 1945?	Autor: Josef Benker
		Unterrichtszeit Empfehlung: 2UE=90Min.

Vorbemerkungen:
- Die vorliegende Unterrichtseinheit kann nicht ohne Vorarbeit übernommen werden. Sie soll eine Möglichkeit aufzeigen, wie man "oral history" betreiben und damit den Unterricht schülerorientierter und lebendiger gestalten kann.
- Das Einbeziehen eines Zeitzeugen in den Unterricht kann geschehen:
  - Anwesenheit des Zeitzeugen im Klassenzimmer
  - Interview durch Schüler mit dem Zeitzeugen.
  In jedem Falle sollten die Aussagen des Zeitzeugen auf Tonband festgehalten werden.
- Als Zeitzeugen eignen sich die verschiedensten Personen. Der Inhalt des Interviews sollte jedoch vorher mit ihm in groben Zügen abgesprochen werden.
- Im Zusammenhang mit der hier dargestellten Unterrichtseinheit wäre es günstig, wenn eine Schülergruppe als Zeitzeugen einen Bäckermeister befragen könnte (Cassettenrecorder); ansonsten könnte man die damalige Situation für einen Handwerksbetrieb auch durch ein fiktives Interview charakterisieren lassen.

Teillernziele:
Die Schüler sollen:
1. am Beispiel eines Bäckerbetriebes durch mündliches Zeugnis des Bäckermeisters erfahren, wie sich die Situation nach der Kapitulation darstellte;
2. anhand von Quellen und Lehrererzählungen einige wichtige Ursachen für die Notlage erkennen und wissen;
3. durch mündliches Zeugnis erfahren, wie eine einzelne Person den wirtschaftlichen Wiederaufbau in ihrem Lebensbereich meisterte;
4. die Leistungen der Bevölkerung in bezug auf den wirtschaftlichen Wiederaufbau würdigen können.

Medien:
- Tafelanschrift = Arbeitsblatt (ohne handschriftliche Eintragungen)
- Tonbandprotokoll
- Statistik
- Faksimile
- Kartenskizze
- Diagramm

Literatur:
Abelshauser, W.: Wirtschaft in Westdeutschland 1945-1948. Stuttgart 1975
Weber, J.: Auf dem Weg zur Republik 1945-1947. München 1981 (Zu beziehen bei der Landeszentrale für pol. Bildungsarbeit, München)

Lernmaterialien:

• Statistik für Lehrschritt 6:

Auf den europäischen Kriegsschauplatz abgeworfene Bombenlast (Jan. 44 - April 45)

Städte: 379 254 t

Transportsystem: 457 284 t

Treibstoffproduktion: 194 682 t

• Kartenskizze für Lehrschritt 6: Bodengüte — ausgezeichneter A. / sehr guter A. / guter Ackerboden

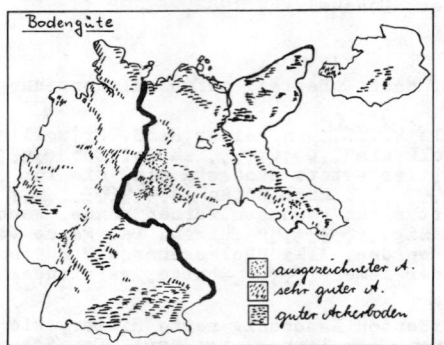

• Diagramm für Lehrschritt 4: Steinkohlenförderung im britisch-amerikanischen Besatzungsgebiet (Monatsdurchschnitt) — 1936, 1945 (von Januar bis Juni keine Förderung von Steinkohle), 1946, 1947

• Faksimile für Lehrschritt 3: Lebensmittelkarte U.S. Besatzungszone Bayern für 7 Tage

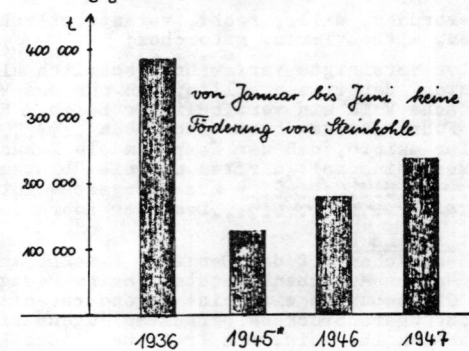

• Tafelbild (= Arbeitsblatt ohne handschriftliche Eintragungen):

	Arbeitsbedingungen	Ausstattung mit Maschinen	Energieversorgung	Versorgung mit Rohstoffen	Ursachen
Situation 1946	wenig Arbeitskräfte, Arbeitszeit täglich 15-18 Stunden	veraltet, reparaturbedürftig	wenig Kohle, Wurzelholz, Kohlenstaub, Stromsperren	Markensystem, Kartoffeln u. Maismehl, wenig Mehl	• 7 Mill. Tote • geringe Produktion der Industrie • geringe Kohlenförderung • zerstörte Transportwege • Ostgebiete fehlen als Anbaufläche • fehlende Düngemittel
Wiederaufbau	überwiegend Handarbeit, große körperliche Anstrengung	Verwendung alter/teilw. illegaler Energieträger, Schwerstarbeit, Arbeitszeit, wenn Strom vorhanden		teilw. illegales Verhalten, um helfen zu können, Improvisation	

Wie überstand der Bäckereibetrieb die Zeit nach 1945?

176

UG	Lehrschritte (Artikulationsdefinition)	Lehrinhalte und Lernziele (= Lz)	Lehrakte .... Lernakte		Sozialformen	Lernhilfen
Eröffnungsphase	1. Lehrschritt: (Vorkenntnisermittlung)	Lebenssituation unmittelbar nach der Kapitulation.	Frage nach Feststellung: Wir wollen uns mit der Zeitsituation unmittelbar nach der Kapitulation beschäftigen. Wer kann darüber evtl. durch Erzählungen seiner Eltern, Großeltern etwas berichten? Definition: Kapitulation.	– in Erinnerung rufen – berichten – Zusammenhänge aufzeigen	Hb/Aa Hb	
	2. Lehrschritt: (originale Problembegegnung) (Zielangabe)	Ein Zeitzeuge berichtet; Problembereiche: – Arbeitsbedingungen – Ausstattung mit Maschinen – Energieversorgung – Rohstoffversorgung (Lz 1/3)	Darbietung: Ein Bäckermeister (oder anderer Handwerksmeister) erzählt, wie er mit seinem Betrieb diese Zeit überstand. Verarbeitungsgespräch: Inhaltsanalyse des Interviews; Herausarbeitung der Darstellungsschwerpunkte, Entwicklung der Problemfrage. Fixierung.	– aufnehmen – reflektieren – staunen – selektieren – werten – ableiten – formulieren	Hb Hb	Interview auf Cassette Tafelbild: Überschrift;
Erarbeitungsphase	3. Lehrschritt: (erstes Teilergebnis: Erarbeitung und Gewinnung)	Versorgung mit Rohstoffen. (Lz 2)	Arbeitsauftrag: Nimm Stellung zu der Faksimile-Kopie. Verarbeitungsgespräch: Vortrag, Sichtung, Zusammenfassung, Fixierung der Erkenntnisse. Hauptaspekt: Rohstoff – Handwerksbetrieb.	– betrachten – folgern – vortragen – erkennen – übertragen – werten	Pa Hb	Faksimile-Kopie einer Lebensmittelkarte; Tafelbild: Versorgung mit Rohstoffen ...
	4. Lehrschritt: (zweites Teilergebnis: Erarbeitung und Gewinnung)	Versorgung mit Energie; Problem Kohle, Problem Strom. (Lz 2)	Feststellung: Der wichtigste Energie-Rohstoff damals war die heimische Steinkohle. Sachimpuls: Projektion – Steinkohlenförderung. Erarbeitungsgespräch: Erhebliche Probleme bei der Energieversorgung; Ersatzlösungen; Hauptaspekt: Energieversorgung – Handwerksbetrieb. Fixierung der Erkenntnisse.	– betrachten – schließen – werten – zusammenfassen	Hb Hb Hb	Lernmaterial: Diagramm Tafelbild: Energieversorgung ...
	5. Lehrschritt: (drittes Teilergebnis: Darstellung)	Ausstattung mit Maschinen; allgemeine Arbeitsbedingungen. (Lz 2)	Erzählung: Kein Geld für neue Maschinen und Geräte, kein Angebot an neuen Maschinen, keine Ersatzteile; Mangel an Fachkräften (viele im Krieg gefallen, in Gefangenschaft geraten), überwiegend Handarbeit; lange tägliche Arbeitszeiten. Fixierung der Ergebnisse.	– zuhören – nachvollziehen – Zusammenhänge erkennen – Folgerungen ziehen	Hb	Tafelbild: Ausstattung mit Maschinen ... und Arbeitsbedingungen ...
	6. Lehrschritt: (viertes Teilergebnis: Erarbeitung und Gewinnung)	Ursachenerhellung bzw. Situationsanalyse. (Lz 2)	Arbeitsauftrag nach Sachimpuls: Versuche zwei Ursachen, die ganz wesentlich die Situation für den Handwerksbetrieb beeinflußten, zu ermitteln. Verarbeitungsgespräch: Vortrag der Arbeitsergebnisse (Zerstörung der Transportwege, fehlende Ostgebiete als Anbaufläche). Bericht: weitere Ursachen: geringe Produktion der Industrie, defekte Maschinen, fehlende Düngemittel, über 7 Millionen Tote. Verdichtung der Erkenntnisse und Fixierung.	– betrachten – Aussageschwerpunkte erkennen – vortragen – vergleichen – verdichten – erkennen – integrieren – werten	Ga Hb Hb	Lernmaterial: Statistik und Kartenskizze Notizblock Tafelbild: Ursachen ...
Sicherungsphase	7. Lehrschritt: (Ergebnisübertragung)		Auftrag: Übertrage die im Tafelbild fixierten Ergebnisse in dein Arbeitsblatt. Anschließend: Partnerkontrolle.	– rekapitulieren – fixieren	Aa/Pa	Tafelbild als Gesamtdarstellung, Arbeitsblatt
	8. Lehrschritt: (kommunikative Wiederholung) (Wertung und Zusammenfassung)	(Lz 4)	Gruppengespräch nach Fragen: – Welche Bedeutung hatten die Rohstoffe Kohle und Strom für den Handwerksbetrieb? – Warum gab es mit der Mehlversorgung Schwierigkeiten? – Wäre es zur Arbeitserleichterung nicht angebracht gewesen, die alten Geräte und Maschinen durch neue zu ersetzen? Verarbeitungsgespräch: Vortrag der ermittelten Antworten; Zusammenfassende Charakterisierung der Zeitsituation, insbesondere unter dem Aspekt: Konsequenzen für einen Handwerksbetrieb.	– rekapitulieren – beantworten – vortragen – vergleichen – zusammenfassen – werten – charakterisieren – werten	Ga Hb	

Biologie

Hauptlernziel:	Unterrichtsthema:	Autor:
Wissen um die Entstehung des Lebens auf der Erde.	Wie ist das Leben auf der Erde entstanden?	Anton Mangelkramer
		Unterrichtszeit Empfehlung: 1-2 UE

Vorbemerkungen:
Der Unterrichtsstunde sollte ein Kurzabriß der "Urknalltheorie" vorausgegangen sein, oder es müßte auf das Wissen der Schüler aus früheren Jahrgängen in Biologie bzw. Geschichte diesbezüglich zurückgegriffen werden können. Aussagen der Bibel zur Entstehung der Erde und Entwicklung des Lebens bieten bei einem Vergleich gute Möglichkeiten für einen fächerübergreifenden Unterricht.

Teillernziele:
Die Schüler sollen:
1. die Frage nach dem Ursprung des Lebens problematisieren und Antworten früherer Generationen auf diese Frage nennen bzw. kennenlernen;
2. einem populärwissenschaftlichen Text Informationen zur Klärung der Unterrichtsfrage entnehmen können;
3. die Bedingungen für die Entwicklung des Lebens nennen können;
4. den Verlauf der Entwicklung des Lebens in einem Flußdiagramm darstellen können;
5. wissen, daß der amerikan. Forscher Stanley Miller in einem Laborversuch die "Ursituation" nachvollziehen konnte und die Theorie von der Entwicklung des Lebens experimentell zu beweisen versuchte.

Medien: Folie 1 (Stich), Informationstext, Lexika zur Begriffsklärung, Arbeitsblatt mit Folie

Literatur:
- Scharf: Natur und Mensch, 9.Jahrg., Schroedel Verlag, München 1980
- Huxley: Geheimnis des Lebens, Verlag Buch und Welt, Klagenfurt 1971

Arbeitsblatt/Folie:

Wie ist das Leben auf der Erde entstanden?

▶ So könnte die ENTWICKLUNG DES LEBENS verlaufen sein:

Uratmosphäre bestand wahrscheinlich aus folgenden Gasen:

Methan (CH_4), _Ammoniak_ (NH_3), _Wasser_ (H_2O) und _Wasserstoff_ (H_2). Durch ständigen Einfluß von elektrischen Entladungen (= _Gewitter_), radioaktive Strahlung und _Wärme_ entwickelten sich _Urbausteine_ des Lebens (= _Amino_ säuren).

-- Aminosäuren ballten sich zu _Eiweiß_ stoffen zusammen.

-- _Viren_ und Einzeller (_Bakterien_, _Algen_) entstanden (vor _3,5 Mrd_ Jahren: durch Versteinerungen aus Südafrika bewiesen!).

-- Mehrzellige Lebewesen (_Pflanzen_ und _Tiere_) entwickelten sich.

Frühere als Chemielabor (Abb. 1)

▶ Dies konnte _1957_ von _Stanley Miller_ experimentell nachgewiesen werden:

In einem Glasgefäß wurde diese *Ur-Atmosphäre* aus den Gasen Methan (CH_4), Kohlendioxid (CO_2) und Ammoniak (NH_3) nachgebildet und der Einwirkung künstlicher Blitze ausgesetzt. Man erhielt auf diese Weise Aminosäuren. Etwa 20 der vielen Arten von Aminosäuren können sich im Wasser zu Eiweißstoffen zusammenfügen. Die Eiweißstoffe aber sind die Grundsubstanz aller Lebewesen. Mehr als hundert Aminosäuren müssen in ganz genauer Reihenfolge und in bestimmten Winkeln aneinandergekettet sein, damit ein bestimmtes Eiweißmolekül entsteht. Tausende dieser Moleküle in ganz bestimmter Anordnung ergeben erst, zusammen mit anderen Stoffen, eine einzige Zelle. Von den Aminosäuren bis zu den Zellen ist ein weiter Weg. Wir kennen diesen Weg nicht. Wir wissen nur, daß die Natur 2-3 Milliarden Jahre brauchte, um ihn zurückzulegen.

(beide Graphiken aus Scharf, Natur und Mensch)

▶ Leben entstand aus einfachen Bausteinen Vergleiche die Abb. 1 und 2! Ordne die einzelnen Versuchsbestandteile den wirklichen Gegebenheiten zu (z.B. Gewitterblitze ≙ elektrischer Entladung)!

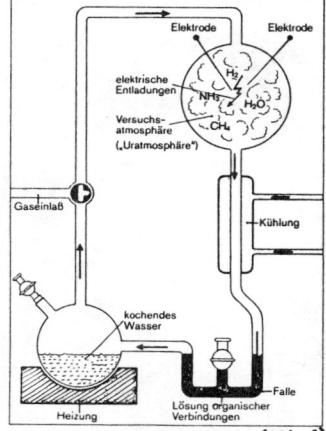

Versuch von Stanley MILLER (Abb. 2)

Folie: (aus Huxley)

Oben: Stich eines Gänsebaums aus dem 15. Jahrhundert. Viele Menschen glaubten, daß Gänse auf Bäumen wachsen. Auch gebildete Leute hatten solche Vorstellungen vom Ursprung des Lebens, da es bis zur Zeit der Renaissance keine wissenschaftliche Forschung durch Beobachtung gab.

Vor vier Milliarden Jahren war der junge Planet Erde von einer giftigen Atmosphäre aus Methangas, Ammoniak, Kohlendioxyd, Wasserstoff und Wasserdampf umgeben. Die leblosen Meere warfen ihre Brecher gegen nackten Fels. Es gab weder Pflanzen noch Erde; in der ammoniakhaltigen Luft flogen weder Vögel noch Insekten.

Die Atmosphäre enthielt die chemischen Elemente des Lebens, es gab jedoch keinen freien Sauerstoff. Sauerstoff hat neben der Unterstützung der Zellatmung eine zweite wichtige Funktion: er bietet Schutz vor der starken ultravioletten Strahlung der Sonne, die in großen Mengen tödlich ist. Vor vier Milliarden Jahren traf das ultraviolette Licht ungehindert auf die Erde. Ultraviolette Strahlung jedoch ist Energie. Die Theorie besagt, daß diese Energie und die Energie von Vulkanausbrüchen und Blitzen auf Kohlenstoff- und Stickstoffverbindungen einwirkten, so daß sich Aminosäuren und Zucker bildeten. Diese Verbindungen leben nicht selbst, sind jedoch wichtige Bausteine des Lebens. Sie regneten in die Ozeane und bildeten eine dünne, heiße Brühe, die Brutstätte des Lebens.

Im Laufe von Äonen verbanden sich die Aminosäuren zu Proteinen. Das Ergebnis dieser ungezielten chemischen Aktivität waren DNS-ähnliche Moleküle mit der chemischen Eigenschaft, sich zu verdoppeln.

In der nächsten Entwicklungsstufe haben sich solche Moleküle wahrscheinlich vereinigt und formlose Klumpen gebildet, die von einer Membran aus Wasser und Proteinen umgeben waren und Wasser und gelöste Aminosäuren absorbieren und speichern konnten. Möglicherweise ähnelten diese Klumpen den Amöben. Solche primitiven Zellen hatten anderen chemischen Stoffen gegenüber erhebliche Vorteile, da sie Nährstoffe speichern konnten.

An diesem Punkt wurde die Brühe allmählich dünner. Die Atmosphäre änderte sich ebenfalls. Ultraviolette Strahlen spalteten den Wasserdampf in Wasserstoff und Sauerstoff. Der Wasserstoff entwich in den Weltraum; freier Sauerstoff blieb zurück. Durch ähnliche Reaktionen wurden Ammoniak und Methan aufgespalten; weiterer Wasserstoff entwich, und Stickstoff sammelte sich in der Luft an. Der Sauerstoff begann die ultraviolette Strahlung zu dämpfen; aufgrund dieser Veränderungen gelangten allmählich immer weniger Aminosäuren und Zucker in die Brühe. Die Zellen brauchten Nährstoffe, hatten jedoch keine Möglichkeit, die Reserven aufzufüllen.

Die Vermutungen gehen dahin, daß sich aus zahllosen Mutationen im Laufe von vielen Millionen Jahren Chlorophyll entwickelte. Nachdem das geschehen war, konnten Zellen, die Chlorophyll enthielten — die ersten Pflanzen —, Zucker und Proteine aus einfachen Substanzen der Umwelt bilden. Das Leben war nicht mehr länger von Nährstoffen abhängig, die mit Hilfe von ultravioletter Strahlung nur langsam entstanden. In diesem Stadium begann die Evolution der Lebewesen, die bis zum Menschen führte.

UG	Lehrschritte (Artikulationsdefinition)	Lehrinhalte und Lernziele (= Lz)	Lehrakte .... Lernakte		Sozial-formen	Lernhilfen
Eröffnungsphase	1. Lehrschritt (Einstimmung)		Sachimpuls: Konfrontation mit dem Stich eines Gänsebaumes aus dem 15. Jh.	– betrachten – schlußfolgern	Hb	Folie: Stich eines Gänsebaums
			Erarbeitungsgespräch: Spontanreaktionen, Beschreibung des Bildes, inhaltliche Klärungsversuche.	– berichten – interpretieren	Hb	
	2. Lehrschritt (Zielangabe)	Hauptlernziel	Erklärung: Viele Menschen glaubten, daß Gänse auf Bäumen wachsen. Auch gebildete Leute hatten solche Vorstellungen vom Ursprung des Lebens.	– zuhören – überdenken	Hb	
		(Lz 1)	Unterrichtsfrage: Wie ist das Leben auf der Erde entstanden?	– problematisieren	Hb	Folie (Überschrift)
	3. Lehrschritt (Vorkenntnisermittlung)	Frage nach dem Ursprung des Lebens. (Lz 1)	Feststellung: Ihr kennt sicher bereits Antworten auf diese Frage.	– zuhören – überlegen	Hb	
			Erarbeitungsgespräch: Schüler berichten über ihr Wissen zur Thematik, auch aus dem Religionsunterricht.	– Vorwissen aktivieren – berichten	Hb	
	4. Lehrschritt (Problemgewinnung)	(Lz 1)	Bericht: Auszugsweiser Vortrag aus dem Schöpfungsbericht des Alten Testaments (Gen. 1,2-2,4a; 2,4b-2,25).	– zuhören – überdenken	Hb	Schöpfungsbericht (vgl. Scharf, S. 19)
			Erarbeitungsgespräch: Einfache Vorstellungswelt und Erklärungsversuche früherer Generationen. Korrekturen am "Wie" der Entstehung des Lebens sind aufgrund wissenschaftlicher Erkenntnisse notwendig.	– vergleichen – werten – schlußfolgern	Hb	
Erarbeitungsphase	5. Lehrschritt (Erste Teilerkenntnisgewinnung)	Informationsentnahme aus einem Text: Kenntnis der Urknalltheorie; (Lz 2) Bedingungen für die Entwicklung des Lebens; (Lz 3) Verlauf der Entwicklung des Lebens. (Lz 4)	Arbeitsanweisung: 1. Informiere dich, wie sich die Wissenschaft die Entstehung des Lebens vorstellt! 2. Stelle stichwortartig in einem Pfeilschaubild die wichtigsten Stationen der Entwicklung des Lebens dar!	– lesen – sich informieren – exzerpieren – darstellen – notieren	Hb/Ga	Seitentafel Informationstext
			Verarbeitungsgespräch: Besprechung der Ergebnisse der Gruppenarbeit: Klären der Bedingungen für die Entwicklung des Lebens und deren Ablauf nach der "Urknalltheorie".	– vortragen – kommentieren – erklären	Hb	Notizen
	6. Lehrschritt (Teilzusammenfassung)	(Lz 1-4)	Auftrag: Eintrag der fehlenden Begriffe in den Lückentext. Ergänzen und Kommentieren des Schaubildes "Früherde als Chemielabor".	– rekapitulieren – eintragen	Hb/Aa	Folie und Arbeitsblatt (oben und Mitte)
	7. Lehrschritt (Problematisierung)		Feststellung: Diese Theorie ist eine Antwort der Wissenschaftler auf unsere Frage (allerdings die wahrscheinlichste).	– zuhören – mitdenken	Hb	
			Unterrichtsfrage: Worauf stützen die Wissenschaftler ihre Vermutung?	– problematisieren	Hb	
	8. Lehrschritt (Zweite Teilerkenntnisgewinnung)	Experimenteller Nachweis der "Urknalltheorie" durch Stanley Miller. (Lz 5)	Bericht: Stanley Miller, ein amerikanischer Wissenschaftler, konnte 1957 diese Theorie experimentell nachweisen.	– zuhören – mitdenken	Hb	Folie (1957 - Stanley Miller)
			Arbeitsaufgabe: Informiere dich im Text, wie dies Stanley Miller gelang.	– aufnehmen – lesen – vergleichen	Hb/Pa	Informationstext 2
			Verarbeitungsgespräch: Auswertung des Informationstextes, gedanklicher Nachvollzug des Versuchs mit Hilfe der Skizze.	– auswerten – nachvollziehen	Hb	Skizze: Versuch von Stanley Miller
Sicherungsphase	9. Lehrschritt (Gesamtzusammenfassung)	(Lz 3,4,5)	Arbeitsaufgabe: Vergleiche die Abb. 1 und 2! Ordne die einzelnen Versuchsbestandteile den wirklichen Gegebenheiten zu!	– aufnehmen – zuordnen – vergleichen	Hb/Pa	Abb. 1 und 2 Notizblock
			Verarbeitungsgespräch: Zusammenfassen der Erkenntnisse durch Auswertung der Lösungen der Arbeitsaufgabe.	– zusammenfassen – auswerten	Hb	
	10. Lehrschritt (Besinnung)	Schöpfungsglaube und naturwissenschaftliche Erkenntnis.	Unterrichtsfrage: Widersprechen sich die Aussage der Bibel und die naturwissenschaftliche Erkenntnis?	– problematisieren – untersuchen	Hb	
			Diskussion: der Problematik fächerübergreifend mit dem Religionslehrer: Aussage der Hl. Schrift und der Wissenschaft brauchen sich nicht zu widersprechen.	– diskutieren – beurteilen	Kf	

Hauptlernziel: Kennenlernen von Beweisen für die Richtigkeit der Abstammungslehre.	Unterrichtsthema: Woher wissen wir, wie sich die Lebewesen entwickelt haben?	Autor: Anton Mangelkramer
		Unterrichtszeit Empfehlung: 1-2 UE

Vorbemerkungen:
Die Abstammungslehre besagt, daß sich die heutigen Lebewesen unter langsamer Abwandlung aus anderen Lebewesen entwickelt haben. Beweise für die Richtigkeit dieser Theorie können durch Fossilienuntersuchungen, durch einen Vergleich von Bauplänen homologer Organe, durch einen Vergleich von Embryonen verschiedener Tiere in einzelnen Stadien und mittels rudimentärer Organe erbracht werden. Die Einsicht in die Art und Weise der wissenschaftlichen Beweisführung steht im Mittelpunkt des unterrichtlichen Bemühens.
Evtl. im Besitz der Schule oder im Privatbesitz von Lehrern oder Schülern befindliche originale Fossilien würden eine willkommene Arbeitshilfe darstellen, ansonsten müssen Reproduktionen bereitgestellt werden.

Teillernziele:
Die Schüler sollen:
1. die Kernaussage der Abstammungslehre kennen;
2. Beweise für eine Theorie der Höherentwicklung der Arten kennen;
3. die Bedeutung von Fossilien für die Erforschung der Stammesgeschichte der Tiere nennen können;
4. die Gleichheit in den Bauplänen homologer Organe beschreiben und sie als Beweis für die Richtigkeit der Abstammungslehre werten können;
5. durch den Vergleich von Embryonen in verschiedenen Stadien die Höherentwicklung erkennen können;
6. in rudimentären Organen Evolutionsreste ohne Funktion kennenlernen.

Medien:
- originale Fossilien bzw. Abbildungen (evtl. auf Folie)
- Arbeitsblatt mit Folie
- eigene Folie "homologe Organe", "Wirbeltierembryonen", "rudimentäre Organe"
- verschieden farbige Folienstifte
- Farb-/Filzstifte für Schüler

Literatur:
- Scharf, Dr.K.H., Hrsg.: Natur und Mensch 9.Jgst., Schroedel Verlag, Hannover 1980
- Hartl, Roland, Hrsg.: Unterrichtsmodelle zum Lehrplan Biologie, Schroedel Verlag, Hannover 1982
- Huxley, Geheimnis des Lebens, Verlag Buch und Welt, Klagenfurt 1971

Folie: rudimentäre Organe (beide Graphiken aus Huxley)

Steißbein oder Schwanzknochen eines Menschen. Natürlich haben wir keinen Schwanz, und diese Knochen sind nur Reste dessen, was einst bei unseren Vorfahren ein langer Schwanz war. Körperteile, die Evolutionsreste ohne Funktion sind, nennt man „rudimentäre Organe". Beim Menschen gibt es über hundert rudimentäre Organe.

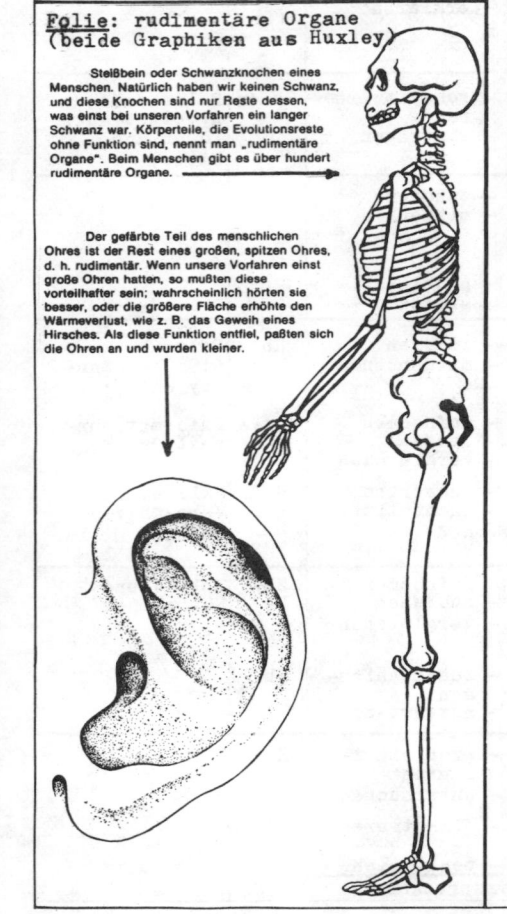

Der gefärbte Teil des menschlichen Ohres ist der Rest eines großen, spitzen Ohres, d. h. rudimentär. Wenn unsere Vorfahren einst große Ohren hatten, so mußten diese vorteilhafter sein; wahrscheinlich hörten sie besser, oder die größere Fläche erhöhte den Wärmeverlust, wie z. B. das Geweih eines Hirsches. Als diese Funktion entfiel, paßten sich die Ohren an und wurden kleiner.

Folie/Arbeitsblatt:

Woher wissen wir, wie sich die Lebewesen entwickelt haben?

Eine der wichtigsten biologischen Theorien, die *Abstammungslehre* behauptet:
Alle Pflanzen und Tiere haben sich im Laufe der Erdgeschichte unter langsamer Abwandlung ihrer Formen aus andersartigen Vorfahren *entwickelt*.
Diese Entwicklung nennen wir *Evolution*.

WOHER STAMMT UNSER WISSEN ÜBER DIE HÖHERENTWICKLUNG DER LEBEWESEN?

1. *von Versteinerungen (Fossilien) in verschiedenen Gesteinsschichten* 
Ihr Alter bestimmt man mit Hilfe des Zerfalls *radioaktiver Elemente*.

2. *durch Vergleich von Bauplänen gleicher Organe*

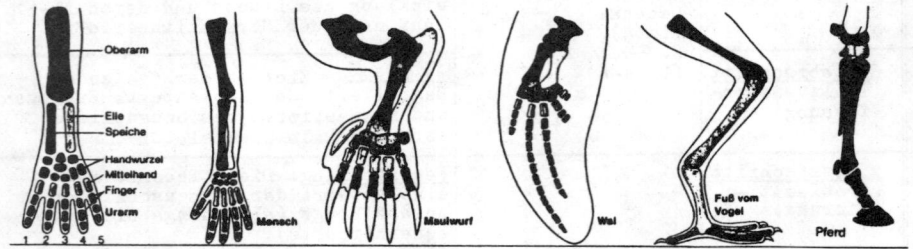

Wirbeltiergliedmaßen: Ableitung von der Urhand, einem „gedachten" Schema

Obwohl die Glieder auf Fliegen, Laufen, Graben oder Schwimmen spezialisiert sind und diese sich in Form und Größe erheblich voneinander unterscheiden, sind die Vordergliedmaßen der Wirbeltiere nach einem einheitlichen *Plan* gebaut.
Daraus kann man schließen, daß die Wirbeltiere eng *verwandt* sind.

3. *durch Vergleich von Embryonen*

Die Keimesentwicklung der Lebewesen beginnt mit der befruchteten *Eizelle*.
Oft werden im *Embryo* (=Keim) noch Organe angelegt, die das erwachsene Wesen gar nicht mehr besitzt, die aber bei den *Vorfahren* voll entwickelt waren (z.B. *Schwanz, Kiemen*)

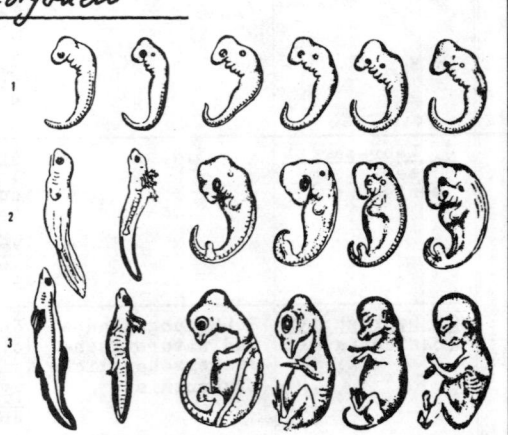

Wirbeltierembryonen: Entwicklung und Vergleich

Drei vergleichbare embryonale Stadien verschiedener Wirbeltiere. Im frühen Stadium (obere Reihe) sind alle Embryos einander sehr ähnlich; selbst der Mensch hat Kiemenschlitze. Wenn die Glieder zu wachsen beginnen (mittlere Reihe), werden Unterschiede deutlich. Kurz vor der Geburt (unten) hat jedes Tier sein bestimmtes Aussehen. Die Merkmale von Stamm und Klasse erscheinen oft zuerst, die der Art zuletzt.

Fisch Salamander Schildkröte Huhn Kuh Mensch

UG	Lehrschritte (Artikulationsdefinition)	Lehrinhalte und Lernziele (= Lz)	Lehrakte .... Lernakte		Sozialformen	Lernhilfen
Eröffnungsphase	1. Lehrschritt (Rekapitulation)	Theorie von der Entwicklung des Lebens auf der Erde.	Impuls: In der letzten Stunde hatten wir uns mit einer zentralen biologischen Frage auseinandergesetzt!	– aufnehmen – sich erinnern – rekapitulieren	Hb	s.Unterrichtsstunde "Wie ist das Leben auf der Erde entstanden?"
			Verarbeitungsgespräch: Rekapitulieren der Erkenntnisse der letzten UE.	– berichten	Hb	
	2. Lehrschritt (Zielangabe)	Hauptlernziel	Feststellung: Stanley Miller wies experimentell nach, daß sich einfaches Leben durch Zusammenwirken dieser Faktoren entwickeln kann.	– zuhören – überdenken	Hb	
			Unterrichtsfrage: Woher wissen wir, wie sich die heutigen Lebewesen entwickelt haben?	– problematisieren	Hb	Folie (Überschrift)
	3. Lehrschritt (Vorkenntnisermittlung)		Erarbeitungsgespräch: Spontanäußerungen, Schülervermutungen und -wissen.	– Vorwissen aktivieren – vermuten	Hb	
	4. Lehrschritt (Erkenntnisgewinnung)	Kernaussage der Abstammungslehre. (Lz 1) Begriff:"Abstammungslehre".	Erklärung: Antwort auf diese Frage gibt die "Abstammungslehre": Alle Pflanzen und Tiere haben sich unter langsamer Abwandlung ihrer Form aus andersartigen Vorfahren entwickelt.	– zuhören – überdenken	Hb	Folie: "Abstammungslehre", "entwickelt", "Evolution"
	5. Lehrschritt (Problemstellung)	(Lz 2)	Unterrichtsfrage: Hat die Wissenschaft für ihre Behauptung Beweise?	– formulieren	Hb	
Erarbeitungsphase	6. Lehrschritt (Erste Teilergebnisgewinnung)	Bedeutung der Fossilien. (Lz 3) Begriff: "Fossil" Entstehung von Fossilien.	Gegenstandsdemonstration: Fossilien.	– betrachten – untersuchen	Hb	originale Fossilien bzw. Reproduktionen
			Erarbeitungsgespräch: Begriffsklärung, Berichte über eigene Funde, Entstehung von Fossilien. Ähnlichkeiten der Fossilien mit heutigen Tierarten legen den Schluß nahe, daß die Tierarten vergangener Zeiten Vorfahren der heutigen Tierarten sind.	– berichten – verfolgen – schlußfolgern	Hb	
	7. Lehrschritt (Zweite Teilergebnisgewinnung)	Gleichheit in den Bauplänen homologer Organe. (Lz 4)	Feststellung: Dies ist nicht der einzige Beweis für die Richtigkeit der Abstammungslehre!	– zuhören – mitdenken	Hb	
			Arbeitsaufgabe: Vergleicht die Baupläne der Gliedmaßen dieser Wirbeltiere. Was stellt ihr fest?	– vergleichen – untersuchen – verbalisieren	Hb/Pa	Folie: Baupläne (Abdecktechnik)
			Verarbeitungsgespräch: Die Glieder unterscheiden sich in Form, Größe und in ihrer Funktion, sind aber nach einem einheitlichen Plan gebaut, was auf eine Verwandtschaft der Wirbeltiere schließen läßt.	– berichten – vergleichen – schlußfolgern – verbalisieren	Hb	
	8. Lehrschritt (Dritte Teilergebnisgewinnung)	Vergleich von Embryos in verschiedenen Stadien. (Lz 5)	Arbeitsaufgabe: Sucht aus dieser Reihe von Wirbeltierembryos den menschlichen Keimling heraus!	– zuhören – überdenken – raten	Hb/Aa	Folie: Wirbeltierembryonen (erste Reihe!)
			Verarbeitungsgespräch: Erkennen der Schwierigkeit, den menschlichen Embryo aufgrund der starken Ähnlichkeit mit den anderen im frühen Entwicklungsstadium herauszufinden.	– verbalisieren – argumentieren – sich wundern	Hb	
			Arbeitsaufgabe: Finde den menschlichen Embryo zuerst in einem zweiten, dann in einem dritten Stadium heraus!	– aufnehmen – suchen – vergleichen	Hb/Aa	Folie: Wirbeltierembryos (zweite, dann dritte Reihe!)
			Verarbeitungsgespräch: In frühen Stadien sind alle Embryos einander sehr ähnlich, erst später werden Unterschiede deutlich, kurz vor der Geburt hat jedes Tier sein bestimmtes Aussehen: Ein offensichtlicher Beweis!	– kommentieren – auswerten – vergleichen – zusammenfassen – schlußfolgern	Hb	
	9. Lehrschritt (Vierte Teilergebnisgewinnung)	rudimentäre Organe als Evolutionsreste ohne Funktion. (Lz 6)	Erklärung: Im Frühstadium sind beim Menschen Kiemen angelegt: Sie entwickeln sich als rudimentäre Organe zurück.	– zuhören – mitdenken – aufnehmen	Hb	
			Skizzenhafte Darstellung und Erklärung: zwei weitere rudimentäre Organe und deren Beweiskraft für die Richtigkeit der Abstammungslehre.	– betrachten – schlußfolgern	Hb	Folie: rudimentäre Organe
Sicherungsphase	10. Lehrschritt (Gesamtzusammenfassung)	(Lz 1-6)	Arbeitsaufgabe: Fülle die Lücken in deinem Arbeitsblatt aus!	– rekapitulieren – eintragen	Aa	Arbeitsblatt und Folie
			Fixierung: der Lückenwörter mit anschließender Kontrolle.	– überprüfen		

Hauptlernziel:	Unterrichtsthema:	Autor:
Kenntnis von der Entwicklung der Vögel aus den Kriechtieren.	Gesucht: Ein steinerner Beweis für die Abstammungslehre.	Anton Mangelkramer
		Unterrichtszeit Empfehlung: 2 UE

Vorbemerkungen:

Die vorliegende Unterrichtsstunde schließt unmittelbar an die vorhergehende Einheit "Woher wissen wir, wie sich die Lebewesen entwickelt haben?" an. Ging es in jener letzten Thematik um das Kennenlernen der Lehre von der Abstammung der Lebewesen und um mögliche Beweise für die Richtigkeit dieser Theorie, so soll der Schüler in dieser Unterrichtseinheit am Beispiel des Urvogels Archaeopteryx ein 'Brückentier' kennenlernen, das den Übergang der Entwicklung von den Kriechtieren zu den Vögeln, die Evolution von Land- zu Luftlebewesen aufzeigt und das somit als ein steinerner Beweis für die Gültigkeit der Abstammungslehre angesehen werden kann. Diese Kenntnis soll der Schüler in einem forschend-untersuchenden Biologieunterricht gewinnen (vgl. arbeitsteilig-arbeitsgleiche Gruppenarbeit bei LS 7). Wenn möglich sollte auch der heimatliche bzw. der geographische Bezug hergestellt werden (vgl. Karte). In Lehrschritt 13 werden die Schüler angeregt, nach möglichen weiteren Übergangsformen zu fragen bzw. zu forschen, sowie Vermutungen über deren eventuelles Aussehen zu äußern und diese später in einem Stammbaum der Lebewesen richtig begründend einzuordnen. Bedeutsam sind diese Erkenntnisse ebenfalls für die Beantwortung der Frage: "Stammt der Mensch vom Affen ab?" (vgl. nächste UE)

Teillernziele:

Die Schüler sollen:

1. Einblick in biologische und naturwissenschaftliche Verfahrens- und Denkweisen erhalten (heuristisches, hermeneutisches und hypothetisches Verfahren) und sich dieser zur Klärung biologischer Probleme bedienen;

2. Interesse an der Geschichte der näheren oder weiteren Heimat gewinnen;

3. ein Foto eines Abdrucks einer ausgestorbenen Tierart mit einfachen biologischen Fachbegriffen beschreiben und diese mit heute lebenden Tierklassen (-formen) vergleichen;

4. Kriechtier- und Vogelmerkmale des Urvogels benennen können;

5. aufgrund dieser gemeinsamen Merkmale auf die 'Brückentierfunktion' schließen können;

6. den Urvogel als ein Beispiel aus der Paläontologie als Beweis für die Abstammungslehre kennenlernen;

7. die Bedeutung dieses Fundes für die wissenschaftliche Forschung werten können;

Gesucht: Ein „steinerner Beweis" für die Abstammungslehre

Folie 1 (= Arbeitsblatt)

Der URVOGEL

KRIECHTIER-MERKMALE ← ein Bindeglied zwischen → **VOGEL-MERKMALE**

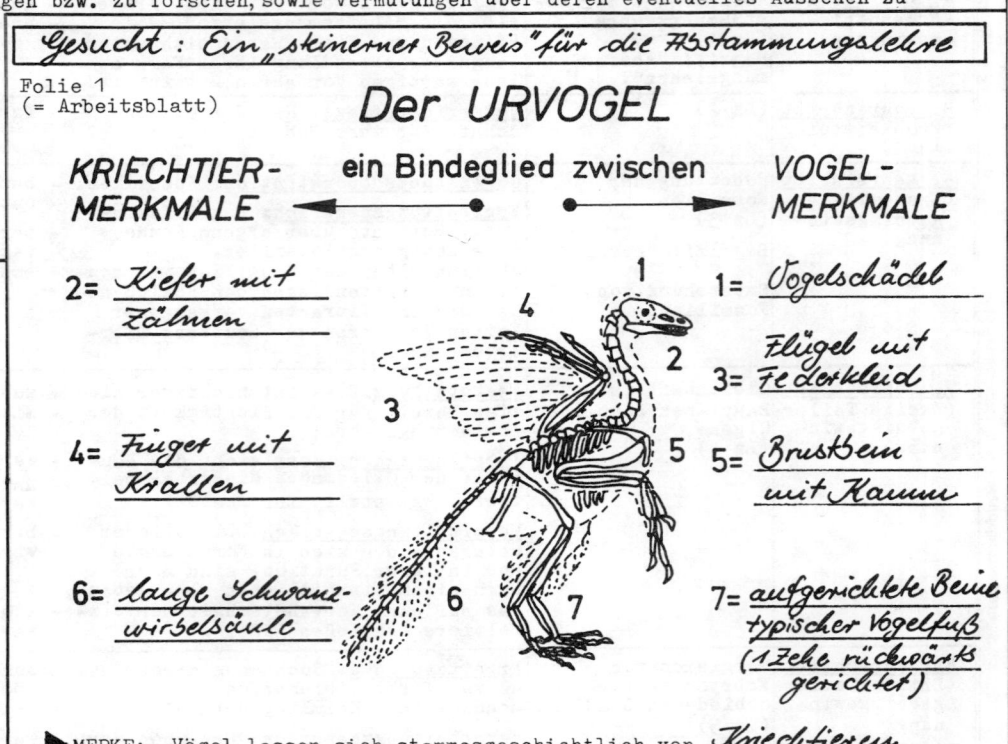

2 = Kiefer mit Zähnen

4 = Finger mit Krallen

6 = lange Schwanzwirbelsäule

1 = Vogelschädel

3 = Flügel mit Federkleid

5 = Brustbein mit Kamm

7 = aufgerichtete Beine typischer Vogelfuß (1 Zehe rückwärts gerichtet)

▶ MERKE: Vögel lassen sich stammesgeschichtlich von _Kriechtieren_ herleiten. Dies geht aus einem Abdruck vom längst ausgestorbenen _Urvogel_ hervor (Fundstelle: Solnhofen/Altmühltal!).
Er verbindet als „_Brückentier_" die Klasse der Kriechtiere mit der Klasse der Vögel und gilt damit als ein Beweis für die _Abstammungslehre_.
Er zeigt den möglichen Übergang vom _Land_ - zum _Luft_ leben.

▶ FÜR DENKER: Beweise durch Skelettvergleich, daß Quastenflosser und Ichthyostega
1. ein Brückentier zwischen Fisch und Lurch darstellen!
2. den möglichen Übergang vom Wasser- zum Landleben aufzeigen!

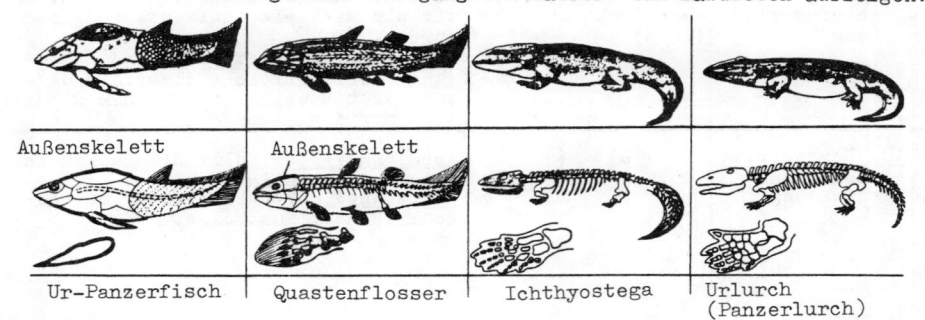

Ur-Panzerfisch	Quastenflosser	Ichthyostega	Urlurch (Panzerlurch)
Außenskelett	Außenskelett		

184

Hauptlernziel: Kenntnis von der Entwicklung der Vögel aus den Kriechtieren. (Fortsetzung)	Unterrichtsthema: Gesucht: Ein steinerner Beweis für die Abstammungslehre.	Autor: Anton Mangelkramer
		Unterrichtszeit Empfehlung: 2 UE

8. die Entwicklung der Vögel aus Kriechtiervorfahren einsehen;
9. Hypothesen bezügl. anderer Übergangsformen stellen und ihre Stellung in einem Stammbaum der Wirbeltiere kennen.

Medien:
Folie (Fossilienfund Urvogel), Folie Gebietskarte, Arbeitsanweisung je Gruppe, Arbeitsblatt mit Folie, Folie: Stammbaum der Vögel, Folie Stammbaum der Wirbeltiere;

Literatur:
- Scharf, Dr. K.H., Hrsg.: Natur und Mensch 9. Jgst. Schroedel Verlag, Hannover 1980
- Hartl, Roland, Hrsg.: Unterrichtsmodelle zum Lehrplan Biologie, Schroedel Verlag, Hannover 1982
- Garms, Harry: Lebendige Welt, Westermann Verlag, Braunschweig 1975
- Würmli, Schurius, Jauß: bsv biologie 5B, Bayerischer Schulbuch-Verlag, München 1981
- Grüninger, u.a.: Wege in die Biologie I, Klett Verlag, Stuttgart 1978
- Barsig, Berkmüller: Leben überall – neu, 9. Jgst., Verlag Auer Donauwörth, 1980

Lehrerschilderung:

Wir schreiben das Jahr 1877.
Schauplatz ist der Ort Solnhofen im Altmühltal, in der Nähe der Stadt Eichstätt.
Die Arbeiter in den Steinbrüchen brechen Schicht um Schicht der Plattenkalke. Vorsichtig heben sie jede Kalkplatte an und prüfen sie aufmerksam, bevor sie sie wegtragen. Denn in diesen Plattenkalken finden sie immer wieder Abdrücke von Tieren, die im feinen Kalkschlamm des Jurameeres im Laufe von Jahrmillionen zu Stein geworden sind.
17 Jahre zuvor, im Jahre 1860, hatte man den Abdruck einer versteinerten Feder gefunden. Dieser Fund hatte bei den Gelehrten auf der ganzen Welt Aufsehen erregt...
(Anm.: Hier Raum lassen für Vermutungen, Fragen, Hypothesenformulierungen, Argumentationsversuche!)

Die Arbeiter gehen mit großer Vorsicht zu Werk.
Eben heben sie wieder eine Platte – und tatsächlich ...
Aufgeregt versammeln sie sich um den neuen Fund. Der Steinbruchbesitzer wird benachrichtigt und der Kreisarzt, der sich auch in Versteinerungen auskennt.
Inzwischen sehen sich die Arbeiter den freigelegten Fund an ...

Arbeitsanweisung

ARBEITSANWEISUNG für die Gruppe:

1. Untersucht den Fund exakt!

2. Welche Merkmale eines Vogels zeigt der Fund?

→ Vergleiche den Fund dazu mit der nebenstehenden Skizze eines Vogelskeletts!

_____
_____
_____
_____

(Achte dabei besonders auf: Vordergliedmaßen, Beine, Brustbein, Schädel)

3. Der Fund zeigt in seinem Skelettbau aber auch Merkmale, die bei den heutigen Vögeln nicht zu finden sind:

Beachte: Kiefer → _____
Finger → _____
Schwanzwirbel → _____

→ Vergleiche diese bei 3. gefundenen Ergebnisse mit nebenstehender Skizze eines Kriechtierskeletts! Was stellst du fest?
_____
_____

4. Vergleiche deine Ergebnisse aus 3. und 4.:
→ Welche Bedeutung hat demnach der Fund?

185

Hauptlernziel: Kenntnis von der Entwicklung der Vögel aus den Kriechtieren. (Fortsetzung)	Unterrichtsthema: Gesucht: Ein steinerner Beweis für die Abstammungslehre	Autor: Anton Mangelkramer
		Unterrichtszeit Empfehlung: 2 UE

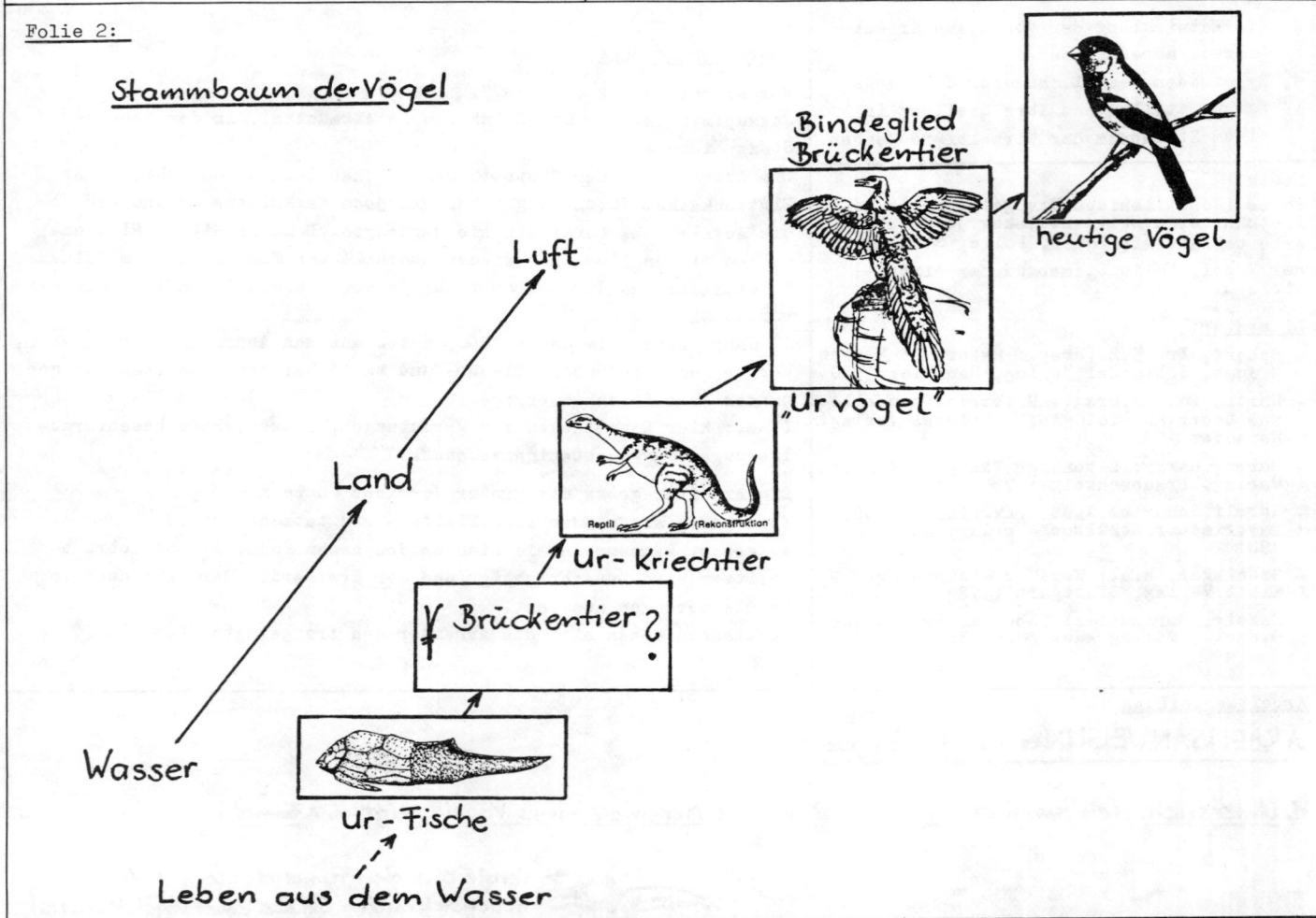

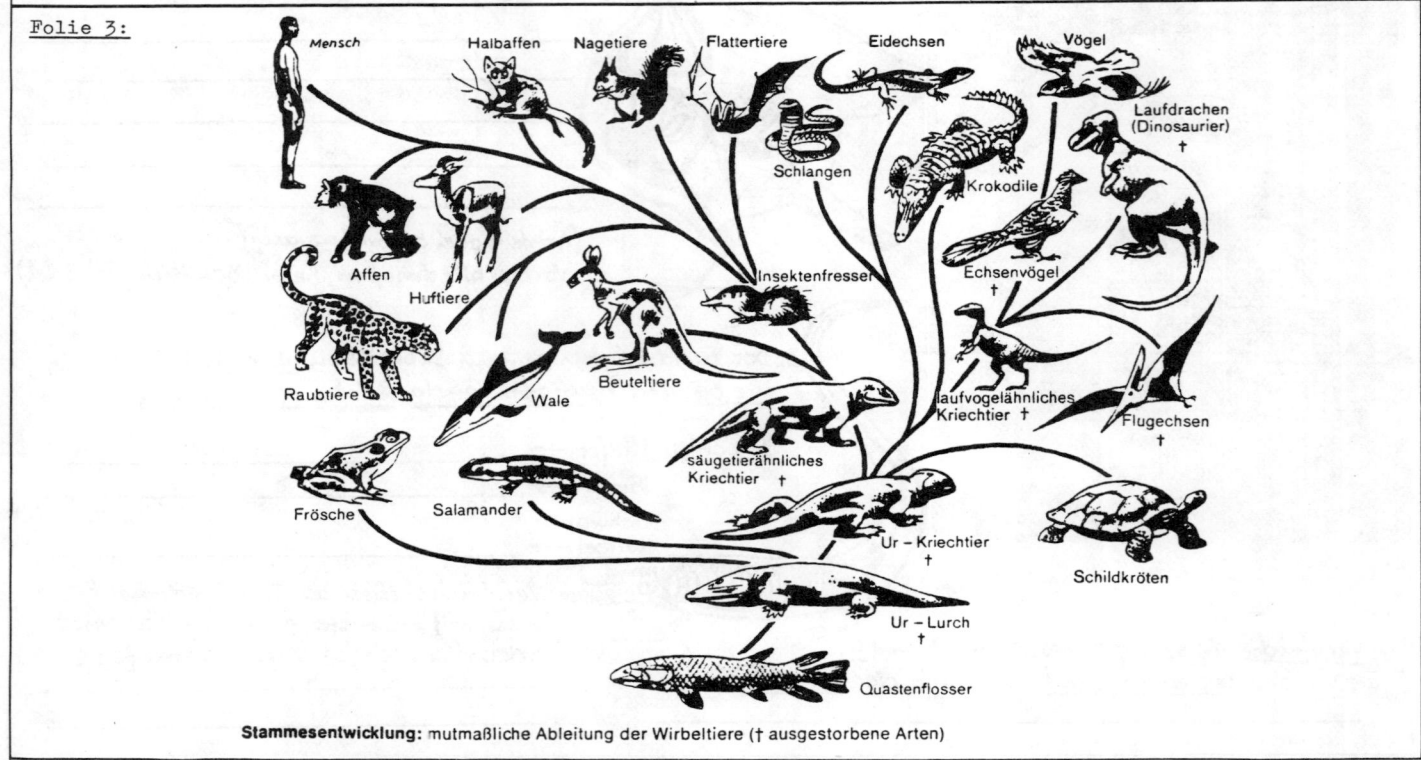

Folie 2:

Stammbaum der Vögel

- Wasser → Ur-Fische → Brückentier? → Ur-Kriechtier → "Urvogel" (Bindeglied Brückentier) → heutige Vögel
- Leben aus dem Wasser
- Land
- Luft

Folie 3:

Stammesentwicklung: mutmaßliche Ableitung der Wirbeltiere († ausgestorbene Arten)

Mensch, Halbaffen, Nagetiere, Flattertiere, Eidechsen, Vögel, Affen, Huftiere, Schlangen, Krokodile, Laufdrachen (Dinosaurier)†, Raubtiere, Wale, Beuteltiere, Insektenfresser, Echsenvögel†, laufvogelähnliches Kriechtier†, Flugechsen†, Frösche, Salamander, säugetierähnliches Kriechtier†, Ur-Kriechtier†, Schildkröten, Ur-Lurch†, Quastenflosser

UG	Lehrschritte (Artikulationsdefinition)	Lehrinhalte und Lernziele (= Lz)	Lehrakte	Lernakte	Sozialformen	Lernhilfen
Eröffnungsphase	1. Lehrschritt (kommunikative Wiederholung)	Entstehung der Vielfalt der Arten.	Feststellung: In der letzten Biologiestunde beschäftigten wir uns mit einer zentralen biologischen Frage...	– sich erinnern – Vorwissen aktivieren	Hb	
			Erarbeitungsgespräch: Woher wissen wir wie sich die Arten entwickelt haben?	– rekapitulieren – verbalisieren	Hb	
	2. Lehrschritt (Rekapitulation)	Abstammungslehre	evtl. Zusatzimpuls: Wir hatten auch eine wissenschaftliche Theorie als Antwort auf diese Frage kennengelernt...	– aufnehmen	Hb	
			Erarbeitungsgespräch: Kernaussage der Abstammungslehre.	– rekapitulieren	Hb	
	3. Lehrschritt (Arbeitsrückschau)	Beweisführung für die Richtigkeit der Abstammungslehre.	Feststellung: Wissenschaftliche Theorien bedürfen aber des Beweises!	– aufnehmen	Hb	
			Erarbeitungsgespräch: Nennen von 3 Methoden, Entwicklungsreihen zu begründen.	– rekapitulieren – argumentieren	Hb	evtl. Folien der vorhergehenden Stunde
	4. Lehrschritt (Zielangabe)	Hauptlernziel	Feststellung: Wissenschaftler des vorigen Jahrhunderts suchten nach einem "steinernen Beweis" für die Abstammungslehre.	– mitdenken – schlußfolgern – evtl. formulieren	Hb	Folie 1 (Überschrift)
Erarbeitungsphase	5. Lehrschritt (Problemabgrenzung/Hypothesenbildung)	Einblick in naturwissenschaftliche Denk- und Verfahrensweisen. (Lz 1)	Gruppengespräch (Gesprächsauftrag): Wie müßte ein Fund mit Beweiskraft daher beschaffen sein?	– aufnehmen – vermuten – argumentieren	Ga	
			Verarbeitungsgespräch: Äußern, Vergleichen, Diskutieren von Vermutungen.	– erfinden – begründen	Hb	
	6. Lehrschritt (Problemgewinnung)	Interesse an der Geschichte der näheren oder weiteren Heimat. (Lz 2)	Erzählung/Schilderung: 1877 – Fund im Steinbruch Solnhofen im Altmühltal.	– zuhören – lesen von Landkarten	Hb	Text (Lehrerschilderung) evtl. Gebietskarte auf Folie (o.Abb.)
			Sachimpuls: Konfrontation mit der Abbildung des versteinerten Urvogels.	– betrachten	Hb	Folie 1 (Bild: Urvogel)
			Erarbeitungsgespräch: Spontanreaktionen zu ersten Eindrücken der Abbildung.	– verbalisieren	Hb	
	7. Lehrschritt (Problemlösung)	Vergleichendes Beschreiben von Tierarten. (Lz 3)	Arbeitsanweisung: Untersucht die Abbildung des Fundes exakt entsprechend den Arbeitsaufgaben!	– lesen – untersuchen – vergleichen – notieren	Ga	Arbeitsanweisung für die Gruppe
	8. Lehrschritt (Erkenntnisgewinnung)	Kriechtier- und Vogelmerkmale des Urvogels. (Lz 4)	Verarbeitungsgespräch: Auswertung und Besprechung der Arbeitsergebnisse: Der Urvogel weist Merkmale von Vogel und Kriechtier auf.	– berichten – vorlesen – vergleichen – ergänzen	Hb	ausgefüllte Arbeitsberichte
	9. Lehrschritt (Ergebnisfixierung)	Urvogel als Brückentier. (Lz 5)	Fixierung: Arbeitsblatteintrag.	– verbalisieren – notieren	Hb/Aa	Folie 1 und Arbeitsblatt
Sicherungsphase	10. Lehrschritt (Beurteilung/Wertung)	Bedeutung für die wissenschaftliche Forschung. (Lz 6 und 7)	Bericht: Für diesen Fund wurden 20 000 Goldmark bezahlt!	– zuhören	Hb	
			Verarbeitungsgespräch: Bedeutung des Fundes für die Forschung: Beweis für die Richtigkeit der Abstammungslehre (vgl. LS 4 u. 5).	– beurteilen – werten	Hb	
	11. Lehrschritt (Gesamtzusammenfassung)	(Lz 4 – 7)	Fixierung: Ausfüllen des Lückentextes.	– eintragen	Hb/Aa	Folie 1 und Arbeitsblatt: Merke ...
	12. Lehrschritt (Besinnung)	Entwicklung der Vögel. (Lz 8)	Skizzenhafte Darstellung: Ausschnitt aus dem Stammbaum der Lebewesen:	– zusehen	Hb	Folie 2 (Bilder: Urvogel, Vogel) (rechts oben)
			Erarbeitungsgespräch: Übergang von Land- zu Luftlebewesen.	– schlußfolgern – verbalisieren	Hb	
	13. Lehrschritt (Ausweitung/Transfer)	(Lz 9)	Feststellung: Das Leben ist aus dem Wasser hervorgegangen!	– zuhören – rekapitulieren	Hb	Folie 2 (links)
			Unterrichtsfrage: Gibt es auch ein Bindeglied für den Übergang vom Wasser- zum Landleben?	– formulieren	Hb	Folie 2 (unten)
			Arbeitsaufgabe: "Für Denker" (evtl. als Hausaufgabe) zur Vorbereitung des nächsten Lehrschritts.	– studieren – bearbeiten – notieren	Aa	Arbeitsblatt (unten): Für Denker ...
	14. Lehrschritt (Integration/Systematisierung)	(Lz 1,3,5,7,8,9)	Verarbeitungsgespräch: Erklären des Stammbaumes der Wirbeltiere, Einordnen der Brückentiere, Problematisierung der Stellung des Menschen innerhalb dieses Stammbaums im Vorgriff auf die übernächste UE.	– verbalisieren – integrieren – problematisieren	Hb	Folie 3 (Stammbaum der Wirbeltiere)

Hauptlernziel: Ähnlichkeiten und Unterschiede von Mensch und Menschenaffen.	Unterrichtsthema: Sind Mensch und Menschenaffen miteinander verwandt? (Wir vergleichen: Mensch und Menschenaffe)	Autor: Anton Mangelkramer
		Unterrichtszeit Empfehlung: 1-2 UE

Vorbemerkungen:
Die Thematik dieser Stunde soll verhelfen, die Problematik der nächsten Einheit "Wie entwickelte sich der Mensch?" klären zu können, indem sie Merkmale der Verwandtschaft von Mensch und Affe aufzeigt, aus ihren Unterschieden aber Konsequenzen für die Sonderstellung des Menschen ableitet.

Teillernziele: Die Schüler sollen:
1. Ähnlichkeiten und Unterschiede im Skelettbau von Mensch und Menschenaffen und deren Auswirkungen auf die Haltung und Fortbewegungsart nennen können;
2. die unterschiedliche Konstruktion der Wirbelsäule bei Mensch und Affe und deren Konsequenzen kennen;
3. Ähnlichkeiten und Unterschiede im Bau des Schädels und deren Folgen aufzeigen können;
4. Konsequenzen aus den Unterschieden zwischen Mensch und Menschenaffen für die Sonderstellung des Menschen ziehen können.

Medien/Literatur:
- Scharf, Dr. K.-H., Hrsg.: Natur und Mensch 9.Jgst., Schroedel Verlag, Hannover 1980
- Hartl, Roland, Hrsg.: Unterrichtsmodelle zum Lehrplan Biologie, Schroedel Verlag, Hannover 1982
- Würmli, Schurius, Jauß: bsv biologie 5B, Bayerischer Schulbuchverlag, München 1981

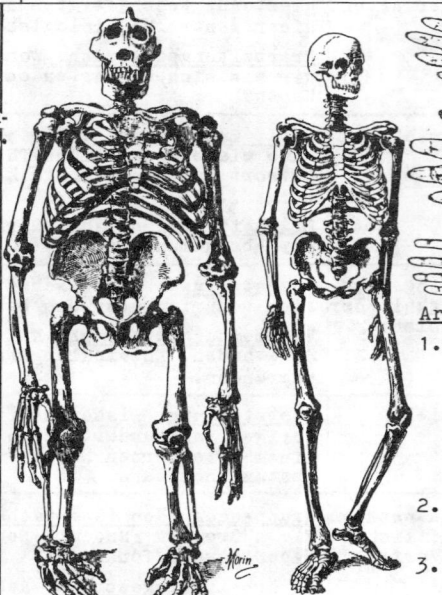

Graphik aus: bsv biologie 5B

Arbeitsaufgaben: (Gruppe 1)
1. Vergleiche das Skelett des Menschen mit dem des Menschenaffen! Beachte dabei besonders die Länge und Dikke der Knochen von Armen und Beinen! Welche Schlüsse lassen deine Erkenntnisse auf die Fortbewegungsart zu?
2. Vergleiche Größe und Form des Beckens! Welche Unterschiede erkennst du?
3. Worin unterscheiden sich Hände und Füße beim Menschen und Affen! Beachte besonders die Stellung der großen Zehe und des Daumens! Welche Fußform eignet sich für welche Fortbewegungsart besser? Welche Handform ist wofür geeigneter?

Arbeitsaufgaben: (Gruppe 2)
1. Vergleiche die Körperhaltung des Menschenaffen mit der des Menschen! Suche nach Ursachen für diesen Unterschied!
2. Vergleiche hierzu die Wirbelsäulenform des Menschenaffen mit der des Menschen! Fahre die Wirbelsäule von beiden mit einem Rotstift nach! Benenne die Form!
3. Achte bei beiden auf die Lage des Körperschwerpunkts! Notiere, welche Auswirkungen die Gewichtsverteilung auf die Fortbewegungsart hat!
4. Der rechten Grafik kannst du entnehmen, welche Auswirkung die Art der Wirbelsäulenkonstruktion auf den "Sehbereich" und auf die Vordergliedmaßen bei Mensch und Affe hat. Notiere exakt!

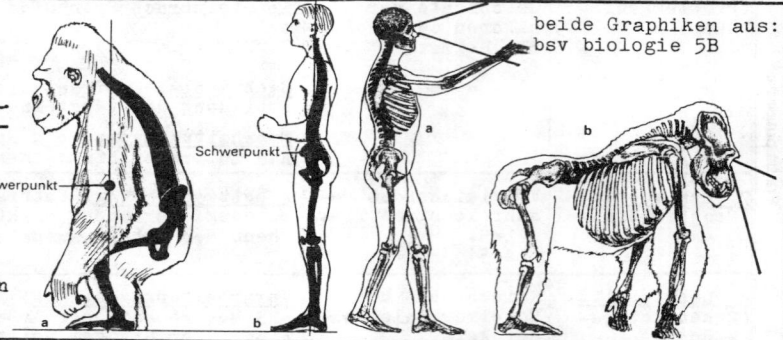

beide Graphiken aus: bsv biologie 5B

Arbeitsaufgaben: (Gruppe 3)
1. Vergleiche die beiden Schädelformen hinsichtlich der Größe des "Hirnschädels" und des "Gesichtsschädels"! Beachte besonders die Form des Kinns und der Stirn!
2. Welche Rückschlüsse kannst du aus der Lage der Ansatzstelle für die Wirbelsäule ziehen? Beachte dabei besonders die Gewichtsverteilung bei der Schädelform!
3. Vergleiche das Gehirnvolumen des Menschen mit dem des Menschenaffen! Ziehe Schlüsse!

Tafelbild — Wir vergleichen: Mensch und Menschenaffe

	Gemeinsamkeiten	Unterschiede Menschenaffe	Unterschiede Mensch	
Skelett	gleiche Zahl, Form und Anordnung der Knochen	gebogene Wirbelsäule	doppelt s-förmig gebogene Wirbelsäule	aufrechter Gang
		längliches Becken	schüsselförmiges Becken	
		Arme länger als Beine	Beine länger als Arme	
	Greifhand	kurzer Daumen	langer, gegenüberstellbarer Daumen	Präzisionsgriff (Arbeiten und Gestalten)
Schädel	Augen nach vorne gerichtet	kleiner Gehirnschädel	großer Gehirnschädel	Denken und Sprechen
		großer Gesichtsschädel	kleiner Gesichtsschädel	
Gebiß	gleiche Zahl und Anordnung der Zähne	starke Eckzähne, Zahnlücke	kleine Eckzähne, geschlossener Zahnbogen	
	"Herrentiere" (Primaten)	hochentwickeltes Instinktwesen	Intelligenzwesen	

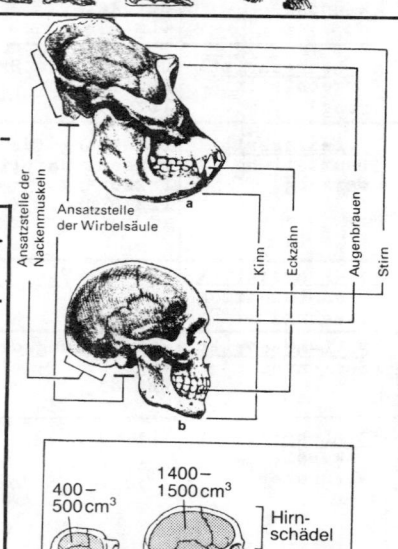

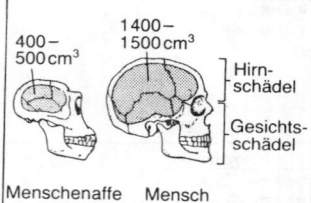

400–500 cm³ — 1400–1500 cm³ — Hirnschädel / Gesichtsschädel — Menschenaffe Mensch

Graphik oben: aus bsv biologie 5B
Graphik unten: aus Unterrichtsmodelle zum Lehrplan Biologie

UG	Lehrschritte (Artikulationsdefinition)	Lehrinhalte und Lernziele (= Lz)	Lehrakte .... Lernakte		Sozialformen	Lernhilfen
Eröffnungsphase	1. Lehrschritt (Einstimmung - Problemdarstellung)		Planspiel: Zwei Schüler unterhalten sich über ihr Vorhaben am Wochenende. Einer beabsichtigt einen Zoobesuch. Reaktion des anderen: " Du willst deinen Verwandten wohl wieder einmal 'Guten Tag' sagen?"	– spielhandeln – zuhören – mitdenken	Hb/Pa	
	2. Lehrschritt (Zielangabe)	Hauptlernziel	Unterrichtsfrage: Sind Mensch und Menschenaffen miteinander verwandt?	– problematisieren	Hb	
			Fixierung: der Unterrichtsfrage.	– aufnehmen	Hb	Tafelbild
Erarbeitungsphase	3. Lehrschritt (Vorkenntnisermittlung/ Meinungsbildung)	Hauptlernziel	Erarbeitungsgespräch: Äußern von Vermutungen und Überlegungen, was für und gegen eine Verwandtschaft spricht: Aussehen, Verhalten, ...	– vermuten – Vorwissen aktivieren – argumentieren	Hb	evtl. Stichwortnotizen an Seitentafel
	4. Lehrschritt (Problemlösung)	(LZ 1 – 4)	Arbeitsanweisung (arbeitsteilig-arbeitsgleich): Mit Hilfe von Bildmaterial, Skizzen und Arbeitsaufträgen sollt ihr versuchen, unsere Unterrichtsfrage zu beantworten.	– aufnehmen – zuhören – lesen – bearbeiten – vergleichen – schlußfolgern – notieren	Hb/Ga Ga 1-2-3	Arbeitsaufgaben für einzelne Gruppen
	5. Lehrschritt (Teilergebnisgewinnung eins)	Ähnlichkeiten und Unterschiede im Skelettbau und deren Auswirkungen auf Haltung und Fortbewegungsart. (Lz 1)	Verarbeitungsgespräch: Auswertung und Kommentierung der Ergebnisse der Gruppe 1: Gemeinsamkeiten und Unterschiede im Skelettbau, erste Schlußfolgerungen auf die Haltung und Fortbewegungsart.	– vortragen – argumentieren – schlußfolgern – mitdenken – nachvollziehen	Hb	Arbeitsergebnisse Gr. 1, Folie (Bildmaterial von Gruppe 1)
			Fixierung: der Teilergebnisse.	– abschreiben – eintragen	Aa	TA-bild (oben), Bio-Mappe
	6. Lehrschritt (Teilergebnisgewinnung zwei)	Unterschiede in der Konstruktion der Wirbelsäule und deren Konsequenzen. (Lz 2)	Verarbeitungsgespräch: Auswertung und Kommentierung der Ergebnisse der Gruppe 2: Unterschiede in der Konstruktion der Wirbelsäule und deren Auswirkungen.	– vortragen – argumentieren – schlußfolgern – mitdenken – nachvollziehen	Hb	Arbeitsergebnisse Gr. 2, Folie (Bildmaterial von Gruppe 2)
			Fixierung: der Teilergebnisse.	– abschreiben – eintragen	Aa	TA-Bild (oben), Bio-Mappe
	7. Lehrschritt (Teilergebnisgewinnung drei)	Ähnlichkeiten und Unterschiede im Bau des Schädels und deren Folgen. (Lz 3)	Verarbeitungsgespräch: Auswertung und Kommentierung der Ergebnisse der Gruppe 3: Ähnlichkeiten und Unterschiede im Bau des Schädels und erste Schlußfolgerungen.	– vortragen – argumentieren – schlußfolgern – mitdenken – nachvollziehen	Hb	Arbeitsergebnisse Gr. 3, Folie (Bildmaterial von Gruppe 3)
			Fixierung: der Teilergebnisse.	– abschreiben – eintragen	Aa	TA-Bild(Mitte,) Bio-Mappe
Sicherungsphase	8. Lehrschritt (Beurteilung/ Wertung)	(Lz 1-4)	Feststellung: Jetzt können wir die Ausgangsfrage unseres Unterrichts beantworten.	– zuhören – reflektieren	Hb	TA-Bild
			Verarbeitungsgespräch: Gemeinsamkeiten zwischen Mensch und Affen lassen auf eine Verwandtschaft schließen, beide unterscheiden sich aber in vielen wesentlichen Dingen ...	– vergleichen – argumentieren – darstellen – werten – nennen	Hb	
		Begriff: "Primaten"	Bezeichnung: Beide sind Primaten, Herrentiere.	– aufnehmen	Hb	TA-Bild (unten)
			Erarbeitungsgespräch: Der Affe ist ein hochentwickeltes Instinktwesen, der Mensch zeichnet sich durch Intelligenz aus: Denken und Sprache.	– argumentieren – vergleichen – werten	Hb	TA-Bild (unten)
			Fixierung: Herrentiere - Instinktwesen - Intelligenzwesen / Denken und Sprache.	– eintragen	Aa	TA-Bild (unten und rechts)
	9. Lehrschritt (Transfer)		Unterrichtsfrage: Kann man aus den Gemeinsamkeiten zwischen Mensch und Affen schließen, daß die Affen die Vorfahren der heutigen Menschen waren?	– zuhören – durchdenken – problematisieren	Hb	
			Erarbeitungsgespräch: Spontanäußerungen, begründete Vermutungen.	– argumentieren – vermuten	Hb	
	10. Lehrschritt (Systematisierung)		Feststellung: (Hinweis auf folgende Unterrichtsstunde: Wie entwickelte sich der Mensch? sowie Rückgriff auf den Stammbaum der Wirbeltiere).	– aufnehmen – mitdenken – einordnen	Hb	

Hauptlernziel: Überblick über gesundheitliche Gefahren für das ungeborene Leben und Kenntnis von vorbeugenden Schutzmaßnahmen.	Unterrichtsthema: Was kann ein Paar tun, um möglichst ein gesundes Kind zu bekommen?	Autor: Otto Hofmeier
		Unterrichtszeit Empfehlung: 1 - 2 UE = 45-90 Min.

Vorbemerkungen:
- Vorausgesetzt werden auf Seiten der Schüler grundlegende Kenntnisse über die Vererbung (siehe diesbezügliche Unterrichtseinheit desselben Autors!).
- Soweit verfügbar (Schülerbuch), sollte die Beschreibung einzelner Erbkrankheiten unter Verwendung von zusätzlichem Bildmaterial erfolgen.
- Wenn nicht an anderer Stelle (UE über Blutgruppen) geschehen, sollte die Gefahr der Rhesusfaktor - Unverträglichkeit mitbehandelt werden.

Lernziele: Die Schüler sollen:
1. erkennen, daß die Bereitschaft, für das Leben und die Gesundheit eines Kindes Verantwortung zu übernehmen, bereits vor seiner Zeugung vorhanden sein sollte;
2. befähigt und in der Bereitschaft gefördert werden, später als Eltern vorgeburtlichen Erkrankungen ihrer Kinder vorzubeugen;
3. erkennen, daß spätere Mißbildungen von Kindern durch Erbkrankheiten, durch äußere Einflüsse und durch andere Faktoren (Alter der Mutter bei der Geburt, evtl. Rhesusfaktorunverträglichkeit) ausgelöst werden können;
4. einen Einblick in Ursachen und Erscheinungsformen von Erbkrankheiten erhalten;
5. sich bewußt werden, daß Erbkrankheiten auch bei gesunden Partnern latent vorhanden sein und vererbt werden können;
6. überlegen und herausfinden, welche äußeren Einflüsse die vorgeburtliche Entwicklung eines Kindes nachteilig beeinflussen können;
7. einen Einblick in das Krankheitsbild des Mongolismus erhalten und herausfinden, in welchem Zusammenhang das Krankheitsrisiko zum Lebensalter der Mutter bei der Geburt steht;
8. den Sinn und die Bedeutung von Vorsorgeuntersuchungen erkennen und einsehen.

Literatur:
- Barsig u. a.; Leben überall - neu, 9. Jgst.; Verlag Ludwig Auer; Donauwörth 1980;
- Joachim Knoll (Hrsg.); Grundfragen der Biologie 9; Oldenbourg Verlag, München 1982;
- Karl-Heinz Scharf (Hrsg.); Natur und Mensch, 9. Jgst.; Hermann Schroedel Verlag, Hannover 1980;

Medien:
OHP-Projektor; OHP-Folie; Arbeitsblatt; Notizblock; evtl. zusätzliches Bildmaterial.

<u>Anmerkung:</u> Das Bildmaterial auf Folie bzw. Arbeitsblatt stammt aus: "Grundfragen der Biologie", "Leben überall - neu", "Natur und Mensch" (von links nach rechts).

OHP-Folie/Arbeitsblatt:

Was kann ein Paar tun, um möglichst ein gesundes Kind zu bekommen? ①

② Gefahr von Erbkrankheiten prüfen

Hasenscharte

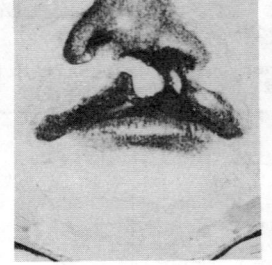

Hüftschaden - Bluterkrankheit - Fünffingrigkeit - Zusammengewachsene Zehen - Albinose - Hammerzehen - Kurzfingrigkeit - Klumpfuß - Rotgrünblindheit

- Hat das Paar bereits ein erbgeschädigtes Kind (1 von 200 Lebendgeb.)?
- Traten bei Blutsverwandten des Paares Erbkrankheiten auf?

Nur durch eine Chromosomenuntersuchung in einer genetischen Beratungsstelle lassen sich <u>Erbkrankheiten</u> weitgehend ausschließen!

③ Schädigende Einflüsse vermeiden

Contergan-geschädigtes Kind (zwischen 1959 und 1962: ca. 5000 mißgebildete Kinder, ca. 3000 überlebten - ohne Arme, ohne Beine,...)

- Vorsicht bei der Einnahme von Medikamenten
- Alkohol: größter Risikofaktor! Kind trinkt mit! - 1 von 300 Geburten weist schwerste Schädigungen auf (Gehirn, Gesicht,...)
- Rauchen → Fehl- u. Frühgeburten, Untergewicht
- Röteln: zweitgrößter Risikofaktor! 300-500 schwere Fälle/Jahr (Gehirn, Augen, Ohren, Herz) ← Schutzimpfung
- Krankheiten am Beginn der Schwangerschaft ← Vorbeugung durch Lebensweise
- Röntgenstrahlen ← Keimdrüsen abdecken!
- Radioaktive Strahlen
- Umweltgifte → Wirkungen langfristig

④ Mongolismus - 1 Chromosom mehr

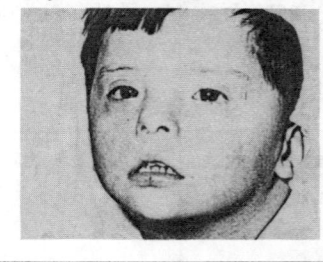

Alter der Mutter	Durchschnittliche Zahl der Fälle bei 1000 Neugeborenen
unter 20	0,4
20 - 24	0,6
25 - 29	0,8
30 - 34	1,1
35 - 39	3,5
40 - 44	9,9
über 45	22,0

Mit zunehmendem Alter der Mutter wächst die Gefahr!

⑤ Vorsorgemöglichkeiten nutzen!

UG	Lehrschritte (Artikulationsdefinition)	Lehrinhalte und Lernziele (= Lz)	Lehrakte .... Lernakte		Sozial-formen	Lernhilfen
Eröffnungsphase	1. Lehrschritt (Problem-begegnung)	Schaffen einer situativen Betroffenheit. (Lz 1, 2)	Sachimpuls: Fotos mißgebildeter Kinder. Liste häufiger Erbkrankheiten. Kurzbericht über Conterganschäden.	– betrachten – lesen – verbalisieren	Hb	OHP-Projektor OHP-Folie: Bildmaterial, Liste von Erbkrankheiten, Bericht über Conterganschäden;
	2. Lehrschritt (Problem-findung)	Herausarbeiten und Formulieren der Problemfrage. (Lz 1, 2)	Impuls: Davor haben viele Paare Angst, die sich ein Kind wünschen! Erarbeitungsgespräch: Was kann ein Paar tun, um möglichst ein gesundes Kind zu bekommen?	– zuhören – überlegen – erkennen – verbalisieren – formulieren	Hb Hb	wie oben; OHP-Projektor OHP-Folie ①;
	3. Lehrschritt (Meinungs-bildung)	Klären des Vorwissens. (Lz 1, 2)	Rundgespräch: Beschreibung möglicher Schädigungen und Vorbeugemaßnahmen.	– verbalisieren – erklären – zuhören	Aa/Hb	
Erarbeitungsphase	4. Lehrschritt (Problemanalyse, Gliederung des Erkenntnisprozesses)	Schäden durch Erbkrankheiten, durch äußere Einflüsse auf das Erbgut, durch Mongolismus. (Lz 1, 2, 3)	Erarbeitungsgespräch: Wir unterscheiden Schäden durch Erbkrankheiten, durch äußere Einflüsse und Mongolismusschäden.	– verbalisieren – unterscheiden – erkennen	Hb	
	5. Lehrschritt (Teilzielerarbeitung und -fixierung)	Gefahr von Erbkrankheiten prüfen. (Lz 1, 2, 4, 5)	Erarbeitungsgespräch: Unter Erbkrankheiten versteht man Schädigungen im Gen- oder Chromosomenbereich, die weitervererbt werden und zu Anomalien führen. Erläuterung: Beschreiben häufiger Erbkrankheiten. Arbeitsauftrag: Überlegt, wie eine mögliche Gefährdung eines Kindes durch Erbkrankheiten vor der Zeugung erkannt werden kann! Verarbeitungsgespräch: Auswertung der Arbeitsergebnisse – siehe OHP-Folie!	– verbalisieren – mitdenken – erkennen – zuhören – beschreiben – erklären – überlegen – besprechen – erkennen – auswerten – besprechen	Hb Hb Pa Hb	eventuell zusätzliches Bildmaterial; OHP-Projektor OHP-Folie ②;
	6. Lehrschritt (Teilzielerarbeitung und -fixierung)	Schädigende äußere Einflüsse vermeiden. (Lz 1, 2, 6)	Arbeitsauftrag: Überlegt, durch welche Umwelteinflüsse ein ungeborenes Kind geschädigt werden kann! Wie kann man nach eurer Meinung vorbeugen? Verarbeitungsgespräch: Aufzählen schädigender äußerer Einflüsse, Beschreibung möglicher Auswirkungen und Vorstellen geeigneter Maßnahmen zur Vorbeugung.	– überlegen – besprechen – notieren – vorlesen – erläutern – nachfragen – beschreiben – erkennen	Ga Hb	Notizblock; OHP-Projektor OHP-Folie ③;
	7. Lehrschritt (Teilzielerarbeitung und -fixierung)	Mongolismus. (Lz 1, 2, 7)	Erarbeitungsgespräch: Beschreibung des Krankheitsbildes. Erläuterung: Mongolismus entsteht, wenn eine Eizelle befruchtet wird, in der ein Chromosom (meist Nummer 21) durch einen Teilungsfehler bereits doppelt vorhanden ist. Arbeitsauftrag: Aus einer Tabelle, in der das Alter von Müttern bei der Geburt mongoloider Kinder dargestellt ist, könnt ihr eine wichtige Erkenntnis gewinnen über das Risiko, ein mongoloides Kind zu bekommen! Verarbeitungsgespräch: Mit zunehmendem Alter der Mutter wächst die Gefahr!	– berichten – beschreiben – zuhören – mitdenken – lesen – in Beziehung setzen – schlußfolgern – erkennen – besprechen – verbalisieren – besprechen	Hb Hb Pa Hb	OHP-Projektor OHP-Folie ④;
Sicherungsphase	8. Lehrschritt (Anwendung)	Bedeutung von Vorsorgeuntersuchungen während der Schwangerschaft. (Lz 1, 2, 8)	Erarbeitungsgespräch: Durch Vorsorgeuntersuchungen können Gefahren erkannt und oft abgeholfen werden.	– überlegen – erkennen – einsehen – verbalisieren	Hb	OHP-Projektor OHP-Folie ⑤;
	9. Lehrschritt (inhaltliche Ergänzung)	Latent vorhandene Erbkrankheiten. (Lz 1, 2, 5)	Auftrag: Versucht zu erklären, warum völlig gesunde Partner ein erbgeschädigtes Kind bekommen können! Verarbeitungsgespräch: Verdeckt vorhandene Erbanlagen sind bei beiden Partnern möglich.	– überlegen – schlußfolgern – erkennen – besprechen – verbalisieren – nachfragen	Ga Hb	
	10. Lehrschritt (Zusammenfassung)	(Lz 1-8)	Arbeitsaufgabe: Ergänze das Arbeitsblatt!	– bearbeiten	Aa	Arbeitsblatt OHP-Folie (1-5)

Hauptlernziel: Einblick in einige Forschungsergebnisse der Vererbungslehre.	Unterrichtsthema: Wie werden die Erbanlagen eines Kindes festgelegt?	Autor: Otto Hofmeier
		Unterrichtszeit Empfehlung: 1UE=45Min.

Vorbemerkungen:
- Die teilweise sehr komplizierten Sachverhalte sind stellenweise bewußt vereinfacht und auf das Wesentliche beschränkt.
- Vorausgehend sollte die Entwicklung des Menschen von der Zeugung bis zur Geburt behandelt worden sein.

Lernziele: Die Schüler sollen:
1. erfahren, daß sich in jeder Körperzelle 23 Chromosomenpaare befinden, die die Erbanlagen enthalten,
2. herausfinden, daß Ei- und Samenzelle nur den halben Chromosomensatz enthalten,
3. erkennen, daß bei einer Befruchtung der Eizelle durch eine Samenzelle unter paarweiser Anordnung der Chromosomen ein vollständiger Chromosomensatz entsteht,
4. erkennen, daß bei der Teilung der befruchteten Eizelle und bei weiteren Zellteilungen der Chromosomensatz jeweils kopiert wird, so daß jede gewöhnliche Körperzelle dieselben Erbinformationen trägt,
5. erkennen, daß trotz der Parität der von Vater und Mutter ererbten Chromosomen Kinder einem Elternteil stärker ähneln können, weil die Erbanlagen unterschiedlich stark sein können und verschieden kombinierbar sind,
6. erfahren, wie das Geschlecht eines Kindes bei der Befruchtung festgelegt wird,
7. erkennen, warum Zwillinge sich gleichsehen können, in anderen Fällen aber nur die Ähnlichkeit von Geschwistern besitzen.

Literatur:
- Grundfragen der Biologie 9; Oldenbourg Verlag; München 1982;
- Leben überall - neu, 9. Jgst.; Auer Verlag; Donauwörth 1980;
- Leben überall, 8. Schj.; Auer Verlag; Donauwörth 1970;
- Natur und Mensch 9; Schroedel Verlag; Hannover 1980;

Medien:
OHP-Projektor; OHP-Folie; Arbeitsblatt; Text auf Kassette; Kassettenrekorder; Fotos ein- und zweieiiger Zwillinge; skizzenhafte Darstellung (Folie);

Gespräch auf Kassette:
Junge Mutter: So! Gleich dürft ihr eueren Enkel zum ersten Mal sehen!
1. Großmutter: Nett ist er. Und ganz der Vater!
2. Großmutter: Nein! Die Augen hat er von der Mutter! Seht doch! Und die Nase! Eindeutig! Von der Mutter!
Junge Mutter: Nun streitet nicht! Hauptsache er ist gesund. Außerdem hat er von uns beiden etwas, von Bernd und mir.

OHP-Folie/Arbeitsblatt:

WIE WERDEN DIE ERBANLAGEN EINES KINDES FESTGELEGT?

▶ Eizelle mit _23 einzelnen Chromosomen_ ①   Samenzelle mit _23 einzelnen Chromosomen_ ①

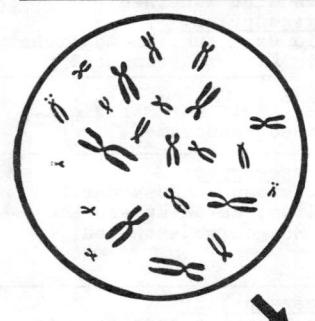

▶ Jede Körperzelle eines Menschen enthält 46 Chromosomen = 23 Chromosomenpaare

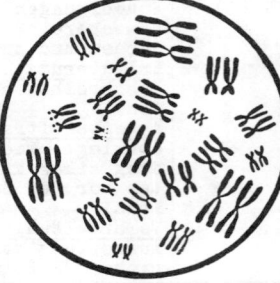

≙ befruchteter Eizelle: ①
½ Chromosomensatz des Vaters - ½ Chromosomensatz der Mutter

▶ Die Chromosomen (= Kernschleifen) enthalten Zehntausende verschiedener Gene (= Erbträger).

▶ Bei den Teilungen der befruchteten Eizelle und bei den weiteren Zellteilungen wird _der Chromosomensatz „kopiert". → Jede Körperzelle enthält dieselben Erbinformationen._ ②

▶ Die Erbanlagen der beiden Elternteile _können verschieden kombiniert werden und verschieden stark sein → Geschwister unterscheiden sich; Kinder können einem Elternteil stärker ähneln._ ③

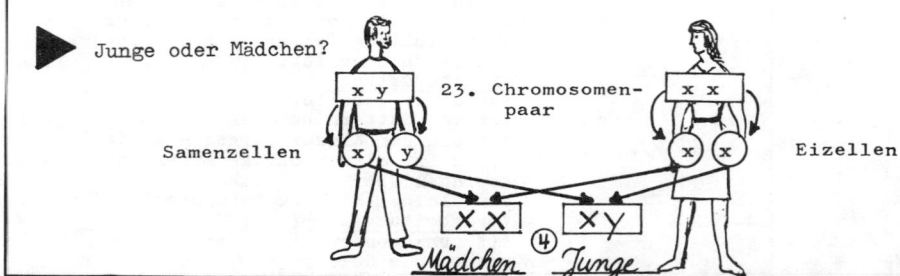

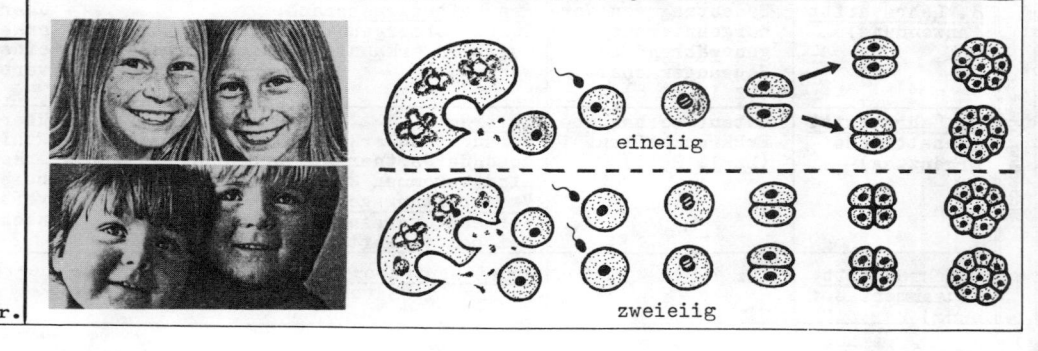

▶ Junge oder Mädchen?
Samenzellen — 23. Chromosomenpaar — Eizellen
x y / x x
XX _Mädchen_   XY _Junge_ ④

eineiig

zweieiig

192

UG	Lehrschritte (Artikulationsdefinition)	Lehrinhalte und Lernziele (= Lz)	Lehrakte .... Lernakte		Sozialformen	Lernhilfen
Eröffnungsphase	1. Lehrschritt (Problembegegnung)	Wirklichkeitsnahe Situationskonfrontation.	Sachimpuls: Begutachtung des Neugeborenen durch die Großeltern: Ganz der Vater - ganz die Mutter?	- zuhören - überlegen	Hb	Text auf Kassette; Kassettenrekorder;
	2. Lehrschritt (Problemanalyse)	Klären des Sachverhalts.	Erarbeitungsgespräch: Ähnlichkeit ist ererbt - Erbanlagen von Mutter und Vater sind vorhanden.	- verbalisieren - erkennen	Hb	
	3. Lehrschritt (Problemfindung)	Erkennen und Formulieren der Problemfrage.	Erarbeitungsgespräch: Wie werden die Erbanlagen eines Kindes festgelegt?	- erkennen - verbalisieren - formulieren	Hb	OHP-Projektor; OHP-Folie: Überschrift;
Erarbeitungsphase	4. Lehrschritt (Basisinformation)	Chromosomenzahl der gewöhnlichen Körperzelle. (Lz 1)	Sachimpuls: Chromosomensatz einer gewöhnlichen Körperzelle. Erläuterung: Jede Körperzelle des Menschen enthält 46 Chromosomen (=Kernschleifen). Sie sind paarweise angeordnet. In ihnen befinden sich Gene. Diese tragen Zehntausende verschiedener Erbinformationen.	- betrachten - zuhören - mitdenken - in Beziehung setzen	Hb Hb	OHP-Projektor; OHP-Folie: Abbildung des Chromosomensatzes einer Körperzelle - Text: Jede Körperzelle..;
	5. Lehrschritt (Teilzielerarbeitung und -fixierung)	Vergleich der Chromosomenzahl einer Ei- bzw. Samenzelle mit einer gewöhnlichen Körperzelle. (Lz 2, 3)	Arbeitsauftrag: Vergleicht die Chromosomenzahl einer Ei- bzw. Samenzelle mit der gewöhnlicher Körperzellen! Versucht, eine Erklärung zu finden! Verarbeitungsgespräch: Bei der Befruchtung ordnen sich die Chromosomen von Ei- und Samenzelle paarweise. Die befruchtete Eizelle enthält im gleichen Umfang Erbinformationen beider Elternteile.	- betrachten - abzählen - vergleichen - besprechen - erkennen - verbalisieren - mitdenken - schlußfolgern - erkennen	Ga Hb	OHP-Projektor; OHP-Folie: Abbildung der Chromosomen von Ei-, Samen-, und gewöhnlicher Zelle; handschriftliche Eintragungen ①; Bezugspfeile;
	6. Lehrschritt (Teilzielerarbeitung und -fixierung)	Gleiche Erbinformationen in jeder Körperzelle. (Lz 4)	Partnergespräch (Impuls): Aus den vorausgegangenen Informationen könnt ihr selbst darauf schließen, was bei der Teilung der befruchteten Eizelle mit den Chromosomen geschieht! Verarbeitungsgespräch: Der Chromosomensatz wird "kopiert". Jede Körperzelle enthält dieselben Erbinformationen.	- nachdenken - schlußfolgern - besprechen - verbalisieren	Pa Hb	OHP-Projektor; OHP-Folie: handschriftliche Eintragungen ②;
	7. Lehrschritt (Teilzielerarbeitung und -fixierung)	Erbanlagen sind unterschiedlich kombinierbar und können verschieden stark sein. (Lz 5)	Gruppengespräch (Arbeitsauftrag): Tatsächlich sehen Kinder oft einem Elternteil stärker ähnlich, Geschwister unterscheiden sich oft beträchtlich. Versucht, das zu erklären! Verarbeitungsgespräch: Die Erbanlagen der beiden Elternteile können unterschiedlich "stark" sein und verschieden kombiniert werden.	- überlegen - schlußfolgern - besprechen - erkennen - verbalisieren - besprechen - mitdenken - ergänzen - erkennen	Ga Hb	OHP-Projektor; OHP-Folie: handschriftliche Eintragungen ③;
Sicherungsphase	8. Lehrschritt (Konkretisierung)	Junge oder Mädchen? (Lz 6)	Partnergespräch (Arbeitsauftrag): Bei der Befruchtung der Eizelle entscheidet sich auch das Geschlecht des Kindes. Findet eine Erklärung! Verarbeitungsgespräch: Das 23. Chromosomenpaar von Mann (x/y) und Frau (x/x) unterscheidet sich. Eizellen enthalten stets das Chromosom x, Samenzellen das Chromosom x oder y. Bei der Befruchtung entsteht entweder die Kombination x/x (=Mädchen) oder x/y (= Junge).	- betrachten - überlegen - besprechen - erkennen - verbalisieren - erkennen - verstehen	Pa Hb	OHP-Projektor; OHP-Folie: Junge oder Mädchen? handschriftliche Eintragungen ④; Bezugspfeile;
	9. Lehrschritt (inhaltliche Ergänzung)	Eineiige und zweieiige Zwillinge. (Lz 7)	Beschreibung: Manche Zwillinge gleichen sich völlig, andere sehen sich nicht ähnlicher als Geschwister sonst auch. Eineiige Zwillinge entstehen nach der völligen Teilung einer befruchteten Eizelle: gleiche Erbanlagen. Zweieiige Zwillinge entstehen aus verschiedenen Ei- und Samenzellen: verschiedene Erbanlagen.	- zuhören - mitdenken - schlußfolgern - verbalisieren - besprechen - erkennen	Hb	Fotos ein- u. zweieiiger Zwillinge; Skizzenhafte Darstellung des Entstehungsprozesses
	10. Lehrschritt (Zusammenfassung)	Lernziele 1 - 6.	Arbeitsauftrag: Ergänze das Arbeitsblatt!	- abschreiben	Aa	Arbeitsblatt; OHP-Projektor; OHP-Folie;

Hauptlernziel: Kenntnis der mit dem Genuß alkoholischer Getränke verbundenen Gefahren.	Unterrichtsthema: Übermäßiger Alkoholgenuß – ein großes Problem!	Autor: Alfred Ilsanker
		Unterrichtszeit Empfehlung: 2 UE = 90 Min.

Vorbemerkungen:
Alkohol ist nicht nur ein Genuß-, sondern auch ein gefährliches Rauschmittel, wie es die Statistiken über die steigende Zahl Alkoholabhängiger belegen. Wie können nun Jugendliche für einen vernünftigen, kontrollierten Umgang mit Alkohol sensibilisiert werden? Ein schokkierendes Betonen von Gefahren mag Abwehr bei den Schülern hervorrufen, der Einsatz entsprechender Medien (z.B. Zeitungsartikel: "Schnapsleichen im Unterricht") kann möglicherweise Neugierde oder Bewunderung wecken. Die Thematik sollte nicht belehrend-moralisierend, aber von der Lehrerseite her auch nicht wertneutral behandelt werden. Wichtig scheint die individuell unterschiedliche Wirkung von Alkohol zu sein. Sie hängt u. a. auch vom Körpergewicht ab. So kann man Schülern transparent machen, daß für sie übermäßiger Alkoholgenuß noch schädlicher ist als für Erwachsene. Sammeln und Auswerten von Zeitungsberichten sollte sehr behutsam erfolgen, weil Alkoholexzesse prominenter Personen oft sehr breit dargestellt werden. In vorbereitender Hausarbeit sollen die Schüler Alkoholmengen in Getränken notieren.

Teillernziele:
Die Schüler sollen:
1. Gründe für übermäßigen Alkoholkonsum nennen können,
2. körperliche und geistig-seelische Schäden von Alkoholmißbrauch aufzeigen können,
3. begründen können, warum der jugendliche Organismus auf übermäßigen Alkoholgenuß sehr empfindlich reagiert,
4. soziale Folgen für Alkoholgefährdete erörtern können,
5. Hilfsmöglichkeiten diskutieren können.

Literatur:
1. Leben überall - neu, 9.Jahrgangsstufe, Auer, Donauwörth
2. Natur und Mensch, 9. Schuljahr, Schroedel, Hannover
3. Biologie in der Hauptschule, 7.-9. Jahrgangsstufe, Akademiebericht Nr. 44, Dillingen

Folie (1)

Folie (2)

Text (1) aus Lit. (1): Warum trinken sie?
Karl ist immer ängstlich, wenn er vor einer Arbeit oder einem Problem steht. Er traut sich auch nicht, ein Mädchen anzusprechen oder es zum Tanz aufzufordern. So hat er nun begonnen, sich vorher ein wenig Mut anzutrinken; manchmal wird es aber auch zu viel.
Thomas macht sich nichts aus Alkohol; er trinkt lieber Limonade. Weil alle seine Freunde aber mit Alkohol prahlen, will er nicht auffallen. Er trinkt dann eben auch Bier oder härtere Sachen, um nicht als "Feigling" zu gelten.
Fritz hat früher nur ab und zu getrunken, meist um anzugeben oder wenn er Ärger hatte. Nun sagen seine Freunde, daß er säuft. Auf Parties, in der Diskothek oder auch während des Fußballspiels. Er trinkt aber auch, wenn er allein ist. Schon vor dem Frühstück am Morgen greift er zur Flasche.

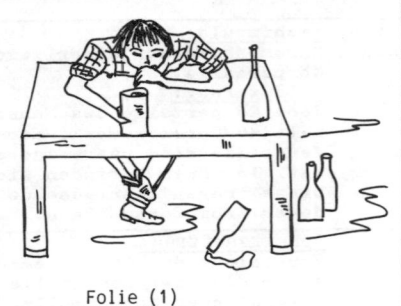

Folie (3): Flucht in den Alkohol / Bayern: Immer mehr Alkoholiker / Nicht nur die Arbeit leidet darunter. Auch viele Ehen zerbrechen / Mehr Alkohol am Steuer / Alkohol! Star-Autor verurteilt / Alkohol wird in den Betrieben zu einem immer größeren Problem / Immer mehr »Alkohol-Babys« / Kampf dem Alkohol / Alkohol: Fußballstar fuhr gegen einen Telefonmast / Schlimmer Schnaps / Schon jeder dritte Patient mit Alkohol-Sorgen eine Frau

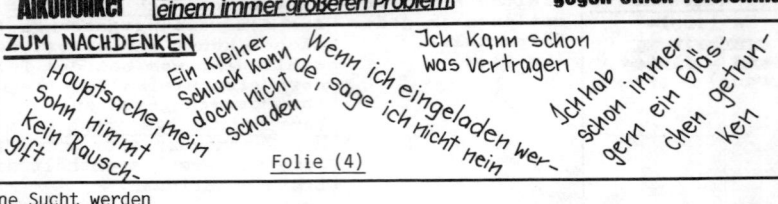

ZUM NACHDENKEN – Hauptsache, mein Sohn nimmt kein Rauschgift / Ein kleiner Schluck kann doch nicht schaden / Wenn ich eingeladen werde, sage ich nicht nein / Ich kann schon was vertragen / Ich hab schon immer gern ein Gläschen getrunken
Folie (4)

Text (2) aus Lit. (1): Aus gelegentlichem Trinken kann eine Sucht werden
Jeder Alkoholiker hat einmal "klein" angefangen; erst ab und zu und dann regelmäßig. Dadurch hat sich der Körper an Alkohol gewöhnt und dies führte bei Fritz dazu, daß er immer größere Mengen trinken mußte, um die gewünschte Wirkung zu erzielen. Schließlich brauchte er Alkohol so, wie man Nahrung benötigt. Er ist abhängig oder süchtig geworden. Man spricht hier vom Alkoholiker. Er ist körperlich und seelisch vom Alkohol abhängig geworden und nicht mehr fähig, mäßig zu trinken. Er hat die Kontrolle über sich selbst längst verloren...

Text (4) aus Lit. (3): Alkohol und Fahrtüchtigkeit
Bereits bei 0.2 Promille Blutalkohol können bei Nacht Entfernungen schlechter geschätzt werden. Mit 0.3 Promille sinkt selbst am Tage die Fähigkeit unter das Normalmaß, Entfernungen sicher zu schätzen. Mit zunehmender Alkoholisierung werden die Reaktionen langsamer, die Konzentration nimmt ab; das Zusammenspiel von Nerven und Muskeln wird beeinträchtigt. Die sichere Teilnahme am Straßenverkehr ist dann ausgeschlossen.

Tafelbild = Arbeitsblatt (ohne handschriftliche Eintragungen)

Übermäßiger Alkoholgenuß – ein Problem!

1. Warum trinken manche Menschen übermäßig viel Alkohol?
- Angst
- Angabe
- man will kein Feigling sein
- Sorgen / Kummer
- Ärger

2. Welche Störungen werden dadurch verursacht?
- körperliche: Gehirn, Nervensystem, Verdauungsorgane, Herz und Kreislauf, Leber
- seelische: Wesensänderung (Merkfähigkeit, Konzentration, Aufmerksamkeit nehmen ab, Gereiztheit), Säuferwahn

ALKOHOL – ABHÄNGIGKEIT – ALKOHOLIKER
So schließt sich der Kreis!

3. Welche Folgen kann Alkoholmißbrauch haben?
- Arbeitsunfälle
- sinkende Arbeitsleistung, oft krank, Kündigung
- kriminelle Taten, z.B. Fahrerflucht
- Trennung von der Familie, Verwahrlosung

4. Wie kann Alkoholikern geholfen werden?
- !Entziehungskuren! – problematisch, Anschluß an „Anonyme Alkoholiker"; allein kommt ein Alkoholiker von seiner Sucht nicht los!

UG	Lehrschritte (Artikulationsdefinition)	Lehrinhalte und Lernziele (= Lz)	Lehrakte	Lernakte	Sozialformen	Lernhilfen
Eröffnungsphase	1. Lehrschritt: (Problembegegnung, -findung und -fixierung)	Anbahnung einer subjektiven Betroffenheit; Problemfrage (1)	Sachimpuls: Projektion eines Bildes. Verarbeitungsgespräch: Der Mann hat zu viel getrunken - er ist nicht mehr ansprechbar - er hat die Kontrolle über sich verloren. Erarbeitungsgespräch nach Impuls: Du kannst zu diesem betroffen machenden Bild sicher eine Frage formulieren!	- betrachten - beschreiben - begründen - werten - erkennen - Problem finden u. formulieren	Hb Hb Hb	Folie (1) Tafel: Problemfrage (1)
	2. Lehrschritt: (Hypothesenbildung)	Wir vermuten... Wir meinen...	Gruppengespräch nach Gesprächsauftrag: Überlege mögliche Gründe! - Schüler artikulieren Vermutungen. Verarbeitungsgespräch: Auswertung der Schülerergebnisse.	- vermuten - notieren - berichten - begründen	Ga Hb	Notizblock Seitentafel
	3. Lehrschritt: (erste Teilergebnisgewinnung und -fixierung)	Gründe für übermäßiges Trinken von Alkohol; (Lz 1)	Arbeitsauftrag: Lies den folgenden Text. Unterstreiche wichtige Aussagen! Verarbeitungsgespräch: Warum Menschen übermäßig viel Alkohol konsumieren.	- lesen - unterstreichen - auswerten - begründen	Aa Hb	Text (1) Tafel: Text zu (1)
	4. Lehrschritt: (erste Problempräzisierung)	Problemfrage (2)	Erarbeitungsgespräch nach Impuls: Du hast auf dem vorher gezeigten Bild bereits eine Auswirkung übermäßigen Alkoholgenusses gesehen. Versuche eine zweite Frage zu stellen.	- erkennen - formulieren	Hb	Tafel: Problemfrage (2)
Erarbeitungsphase	5. Lehrschritt: (zweite Teilergebnisgewinnung und -fixierung)	Organische und geistig-seelische Schäden; (Lz 2)	Arbeitsauftrag: Lies folgenden Text. Unterstreiche wieder wichtige Aussagen! Verarbeitungsgespräch: Körperliche und geistig-seelische Schäden - Gefahr der Abhängigkeit.	- lesen - unterstreichen - begründen - werten	atlge Aa Hb	Texte (2/3/4) Tafel: Text und Bild zu (2)
	6. Lehrschritt: (dritte Teilergebnisgewinnung)	Warum der jugendliche Organismus auf Alkohol besonders empfindlich reagiert. Alkoholmenge im Blut Alkoholmenge = Körpergewicht abzüglich 30% (Mann) bzw. 40% (Frau) (Lz 3)	Sachimpuls: Projektion eines Bildes. Verarbeitungsgespräch: Der Erwachsene kann Alkohol leichter vertragen - er ist schwerer. Erklärung: Der Alkoholgehalt im Blut ist tatsächlich auch vom Körpergewicht abhängig. Man kann den Alkoholgehalt im Blut berechnen. Aufforderung: Du hast zuhause den Alkoholgehalt einiger Getränke notiert. Berechne deinen eigenen Blutalkoholgehalt, wenn du einen Liter Bier getrunken hättest. Verarbeitungsgespräch: Erklären der unterschiedlichen Ergebnisse.	- betrachten - vermuten - zuhören - verstehen - berechnen - berichten - begründen	Hb Hb Hb Aa Hb	Folie (2) Tafel: Formel mit Beispiel Notizblock
	7. Lehrschritt: (Teilergebniszusammenfassung)	Mündliche Lernzielkontrolle;	Rundgespräch: Erkläre noch einmal Gründe für und Schäden von übermäßigem Alkoholgenuß!	- nennen - begründen	Aa/Hb	Tafel:geschlossen
	8. Lehrschritt: (zweite Problempräzisierung)	Problemfrage (3)	Sachimpuls: Projektion einer Zeitungsnotiz. Erarbeitungsgespräch: Schwierigkeiten am Arbeitsplatz - allgemeine Formulierung dieser Erkenntnis.	- lesen - werten - formulieren	Hb Hb	Folie (3)-Betrieb Tafel: Problemfrage (3)
	9. Lehrschritt: (vierte Teilergebnisgewinnung und -fixierung)	Soziale Folgen; (Lz 4)	Gruppengespräch nach Gesprächsauftrag: Alkoholgenuß läßt sich nicht lange verheimlichen. Welche Folgen können eintreten? Überlege! Erarbeitungsgespräch: Folgen am Arbeitsplatz - in der Familie - kriminelle Delikte.	- erkennen - notieren - berichten - werten	Ga Hb	Notizblock Tafel: Text zu (3);So schließt..
	10. Lehrschritt: (dritte Problempräzisierung)	Problemfrage (4)	Erarbeitungsgespräch nach Impuls: Alkoholkranke kosten die Wirtschaft und die Krankenkassen jährlich viele Milliarden DM. Woran werden diese Einrichtungen wohl interessiert sein?	- erkennen - formulieren	Hb	Tafel: Problemfrage (4)
	11. Lehrschritt: (fünfte Teilergebnisgewinnung und -fixierung)	Hilfsmöglichkeiten für Alkoholgefährdete; (Lz 5)	Partnergespräch nach Gesprächsauftrag: Du hast vorhin Karl, Thomas und Fritz kennengelernt. Gib ihnen einen Rat und versuche, situationsgerechtes Handeln von Thomas spielerisch darzustellen. Verarbeitungsgespräch: Auswertung der Schülerergebnisse. Rollenspiel: Wie Thomas Alkohol ablehnt. Erläuterung: Möglichkeit von Entziehungskuren - Gefahr des Rückfalls - Anschluß an Anonyme Alkoholiker - allein schafft es der Alkoholiker nicht.	- begründen - notieren - begründen - werten - spielen - zuschauen - werten - zuhören - Probleme verstehen	Pa Hb Pa/Hb Hb	Notizblock Tafel: Text zu (4)
Sicherungsphase	12. Lehrschritt: (Gesamtzusammenfassung)	Schriftliche Lernzielkontrolle;	Arbeitsauftrag: Ergänze dein Arbeitsblatt und kontrolliere dann anhand der Tafel!	- schreiben - vergleichen	Aa	Arbeitsblatt, Tafel:geschlossen und geöffnet
	13. Lehrschritt: (Beurteilung)	Meinungen zum Umgang mit Alkohol;	Sachimpuls: Projektion von Aussagen. Erarbeitungsgespräch: Eigene Stellungnahme.	- lesen - begründen - werten	Hb Hb	Folie (4)
	14. Lehrschritt: (Wertung)	Alkoholismus - ein großes Problem;	Sachimpuls: Darstellung des Problems in den Medien. Erarbeitungsgespräch: Viele Menschen sind betroffen.	- lesen - erkennen - werten - formulieren	Hb Hb	Folie (3) Tafel:Überschrift

Text (3) aus Lit. (2): Körperliche Schäden
Bei ständigem Alkoholmißbrauch stellen sich bald unausweichlich organische Schäden ein. Besonders gefährdet sind Herz und Kreislauf, das Gehirn und das Nervensystem, die Verdauungsdrüsen sowie die Nieren. Hauptangriffspunkt des Alkohols ist jedoch die Leber. Bei ständigem Alkoholkonsum von 60 bis 80 Gramm täglich (das sind 2 Liter Bier oder 1 Liter Weißwein) werden die Leberzellen geschädigt. Sie können den Alkohol nicht mehr abbauen. Es kommt zur Leberentzündung, Fettleber oder zur tödlich endenden Leberschrumpfung (Leberzirrhose). Besonders gefährlich ist Alkohol in der Schwangerschaft. Bei Schwangeren "trinkt" auch das Kind im Mutterleib mit. Alkoholikerinnen haben häufig Fehlgeburten. Die Kinder werden durch den Alkohol oft körperlich und geistig geschädigt.

Text (3) aus Lit. (3): Geistig-seelische Schäden
Langjähriger Alkoholmißbrauch kann beim Alkoholkranken zu einer alkoholbedingten Wesensänderung führen, die sich in Störungen der Merkfähigkeit, der Konzentration, der Aufmerksamkeit, einer gewissen Gereiztheit sowie in Stimmungsschwankungen bemerkbar macht. Ein Zeichen fortgeschrittener Alkoholkrankheit ist der Säuferwahn, der sich in Verkennungen von Zeit und Ort sowie Sinnestäuschungen äußert.

Hauptlernziel: Kenntnis der Gefahren des blauen Dunstes.	Unterrichtsthema: Blauer Dunst - muß das sein?	Autor: Peter Allerberger
		Unterrichtszeit Empfehlung: 2 UE

Vorbemerkungen:
Die Schüler sollten bereits den Weg der Atemluft durch die Nase und den Mund bis zu den Lungenbläschen kennen (Bedeutung von Zäpfchen, Kehlkopfdeckel beim Atmen oder Schlucken u.a.). Eine selbstgestellte Grundfolie veranschaulicht diesen Vorgang des Atmens; eine Deckfolie, die auf die Basisfolie aufgelegt wird, läßt in der vorliegenden Stunde im Mund der dargestellten Person eine brennende Zigarette erkennen. In den Atemwegen kann gleichzeitig durch Schattierung Rauch angedeutet werden. Die Schüler bringen leere Zigarettenschachteln in den Unterricht mit (Bestimmung des Rauchkondensats K und des Nikotingehalts N aufgrund der Angaben auf der Banderole).

Teillernziele: Die Schüler sollen:

1. die drei wichtigsten Schadstoffe des Tabakrauchs nennen können;
2. die Schädigung durch die Schadstoffe erklären können;
3. in einem abschließenden Gespräch physische und psychische Abhängigkeit süchtiger Menschen unterscheiden können.

Medien:
Foliensatz Verlag Neodidact, Bochum, Drogen - wie gefährlich leben wir?
Folien Verlag Hagemann: Gefahren des Rauchens; Arbeitsblatt.

Literatur:
Barsig/Berkmüller, Leben überall 9, Donauwörth, Auer

Lernmaterial a: Zur Fernsehsendung "Bürger fragen - Politiker antworten":
Ein Mensch, der Zigaretten raucht, den Rauch in Kameras dann haucht, millionenfach in deutschen Stuben, zu Eltern, Alten, Mädchen, Buben, Verantwortung im Leben predigt, der ist als Vorbild bald erledigt. Wo andre um Gesundheit kämpfen, soll der im Fernsehen nicht mehr "dämpfen".
(aus Foliensatz Neodidact - Titel: Das Vorbild)

Lernmaterial b: Im Tabakrauch haben Wissenschaftler mehr als 1000 verschiedene chemische Stoffe ausgemacht, davon sind etwa 40-50 krebserregende Bestandteile. Nikotin und Teerstoffe sind dabei Hauptbestandteile des Tabakrauches. Nikotin ist ein sehr starkes Nervengift, das betäubend und krampfauslösend wirkt. Bei einer Überdosis wird das Atemzentrum im Gehirn gelähmt. 50 Milligramm verursachen den Tod. Nikotin führt zu einer Verengung der Blutgefäße, wodurch vor allem Zehen und Finger schwächer durchblutet werden und schließlich absterben können.
Eine Zigarette enthält etwa 20 mg Nikotin. Davon entweicht der größte Teil in den Raum und beeinträchtigt anwesende Nichtraucher. Der Tabakteer dringt in die Rauchstraße des Körpers ein. Bei einem starken Raucher können sich im Laufe des Lebens bis zu 5 kg Teer ablagern. Dieser überdeckt mit der Zeit die Oberfläche von Luftröhre, Bronchien und Lungenbläschen. Eine Folge kann sein, daß der Körper sich durch Husten selbst reinigen will; es entsteht der Raucherhusten. Dadurch wird zwar ein Teil der Teerstoffe wieder entfernt, aber als weitere Folge werden Teile der Lunge so belastet, daß sie funktionsuntüchtig werden. Dies aber bedingt eine verminderte Sauerstoffversorgung des Blutes, wodurch die notwendige Versorgung des Körpers mit dem für den Stoffwechsel wichtigen Sauerstoff unterbleibt.
Tabakrauch enthält 3-4% des hochgiftigen Kohlenmonoxid; dieses hat die Eigenschaft, sich 300mal stärker als der Sauerstoff an die roten Blutkörperchen zu binden.
(aus Leben überall 9, Auer, Donauwörth)

Arbeitsblatt:

...Blauer Dunst - muß das sein?...

Da steckt noch mehr drin!

Nikotin...	Kohlenmonoxid	Teer...
Nervengift; wirkt betäubend. Überdosis bewirkt Lähmung des Atemzentrums. Verengung der Blutgefäße	bindet sich an rote Blutkörperchen im Blut → Herabsetzung der Sauerstoffversorgung des Körpers	überdeckt Oberfläche der Luftröhre der Bronchien, Lungenbläschen, Raucherhusten, Lungenfunktion herabgesetzt
körperliche Abhängigkeit	Herzinfarkt	Krebs
Verkalkung Bluthochdruck		Raucherbein

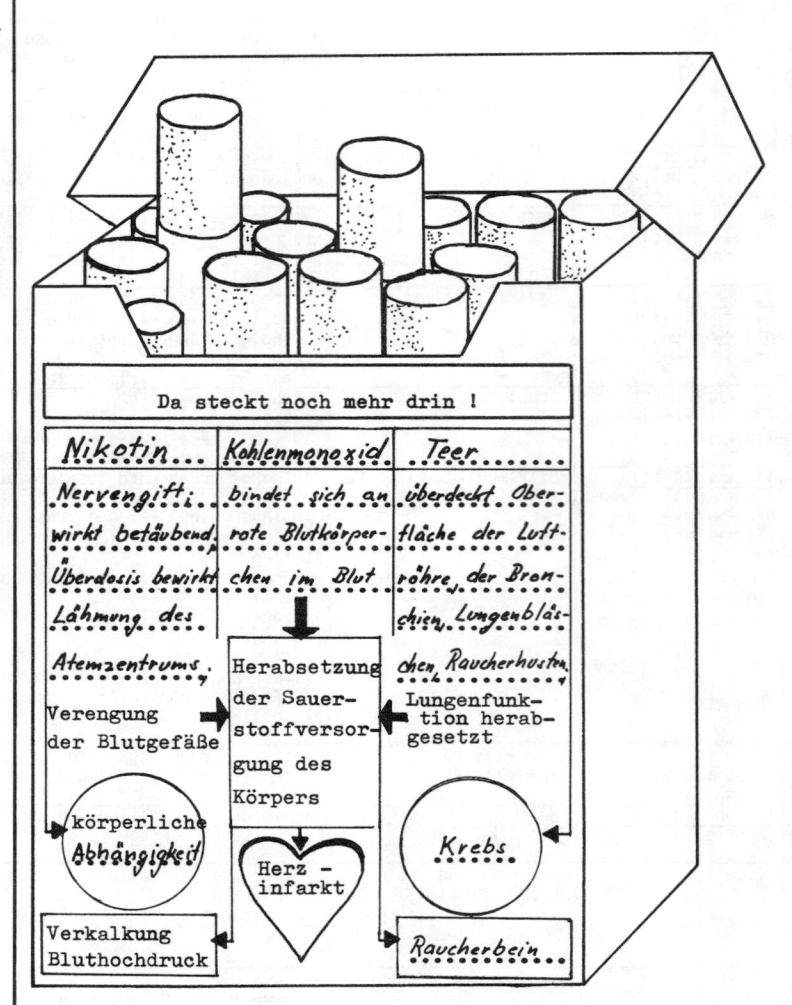

Psychische Abhängigkeit durch regelmäßigen Zigarettengenuß:
Raucher glaubt, bestimmte Situationen des Lebens ohne Zigarette nicht meistern oder ohne Rauchen nicht leben zu können.
Bei freiwilligem oder zwangsweisen Verzicht treten keine ernsthaften Entzugserscheinungen wie bei Alkoholikern auf.

UG	Lehrschritte (Artikulationsdefinition)	Lehrinhalte und Lernziele (= Lz)	Lehrakte .... Lernakte		Sozial-formen	Lernhilfen
Eröffnungsphase	1. Lehrschritt: (Situations-konfrontation)	"Vorbild" für Kinder und Jugendliche Parallele zur Schule zu Behörden, Betrieben;	Sachimpuls: Was hat das für eine Wirkung, wenn Politiker über ihre Verantwortung gegenüber der Jugend reden und dabei eine Zigarette nach der anderen rauchen?	- betrachten - lesen - interpretieren - kommentieren	Hb	Lernmaterial a Folie mit rauchendem Politiker im Fernsehen (Zeichng.)
	2. Lehrschritt: (Problem-findung)	Rauchen als Gewohnheit; psychische Abhängigkeit; (Lz 3)	Erarbeitungsgespräch: Schickt nicht oft genug so mancher Vater sein Kind zum nächsten Zigarettenautomaten? Wird nicht bei vielen "geselligen" Anlässen – natürlich aus Höflichkeit – eine Zigarette angeboten? Hinweis: Psychische Abhängigkeit ist auf eurem Arbeitsblatt erklärt.	- Problematik erkennen - konkretisieren - nachlesen - vervollständigen	Hb Hb	Arbeitsblatt: Erläuterung (unten)
	3. Lehrschritt: (Zielangabe)	Gefahren des Rauchens; Atemwege; (Lz 1) Blauer Dunst-...;	Impuls: Erkennen der brennenden Zigarette im Mund der Person; Rauch in den Atemwegen; Glimmzone mit den Wörtern Nikotin, Kohlenmonoxid, Teer.	- ansehen - ungeordnete Wiedergabe von Vorwissen	Aa/Hb	evtl. als Grund- und Deckfolie; Arbeitsblatt: Überschrift
Erarbeitungsphase	4. Lehrschritt: (Provokation)	"Verdunstung" von 17 Milliarden DM 160 Mill. kg Tabak (Lz 1/2)	Erarbeitungsgespräch nach Impuls: 1979 wurde in der Bundesrepublik mehr als 160 Millionen kg Tabak geraucht, also in blauen Dunst verwandelt! Das war immerhin eine Ausgabe von etwa 17 Mrd. DM. Frage: Wie viele Raucher mußten um diesen Preis auch noch sterben?	- aufnehmen - beurteilen - belegen - verbalisieren - abstrahieren	Hb Hb	Zahlen an Seitentafel
	5. Lehrschritt: (Teilergebnis-erarbeitung)	Angaben auf Zigarettenschachteln; Banderole mit Rauchkondensat- u. Nikotinangabe; Gegenüberstellen von Zigarettensorten nach Angabe der Schadstoffe; kleine Tabelle mit Platzwertung; (Lz 1)	Arbeitsauftrag: Welche Mengen an Schadstoffen nimmt der Raucher in seinem Körper auf? An den Schachteln, die ihr mitgebracht habt, ist an den Steuerbanderolen einiges abzulesen. Verarbeitungsgespräch: Wir wollen nun die wichtigsten Schadstoffe und deren Wirkung auf den menschlichen Körper kennenlernen. Anhand unserer Tabelle erkennt ihr geringfügige Unterschiede bezüglich Schadstoffgehalt.	- zuhören - vermuten - ablesen - notieren - vergleichen - bewerten	Ga Hb	Leere Zigarettenschachteln mit ablesbaren Banderolen; Notizblock; Seitentafel
	6. Lehrschritt: (Teilergebnis-gewinnung und -fixierung)	Gefahr der Lungenzüge anhand Deckfolie augenscheinlich machen; Wirkung des Nikotins: Verengung der Blutgefäße, körperliche Abhängigkeit...; (Lz 2)	Erarbeitungsgespräch nach Impuls: Je tiefer der Rauch in das Innere eindringt umso größer ist der angerichtete Schaden. Arbeitsauftrag: Beschreibe die Wirkung des Nikotins im Körper. Lies dazu den Arbeitstext. Verarbeitungsgespräch: Verkalkung und Bluthochdruck sind nicht die einzigen Wirkungen des Nikotins.	- betrachten - belegen - beschreiben - lesen - aufzählen - fixieren	Hb Aa Hb	Deckfolie; Lernmaterial b; Arbeitsblatt: Nikotin...
	7. Lehrschritt: (Teilergebnis-gewinnung und -fixierung)	Rauchkondensat (Teer) und Nikotin als nicht gasförmige Hauptbestandteile im Rauch; statistische Zahlen (Lz 2)	Erarbeitungsgespräch nach Impuls: Auch durch Filter werden Nikotin und Teer nicht aufgefangen. Teerablagerungen können zu schwerwiegenden Erkrankungen führen. Hinweis: Die Statistik nennt jährlich etwa 25 000 Lungenkrebstote in unserem Land; darunter sind rund 90% Raucher gewesen.	- Beziehungen herstellen - verifizieren - aufnehmen - kommentieren - nachlesen - fixieren	Hb Hb	Notizblock; Lernmaterial b; Arbeitsblatt: Teer...
	8. Lehrschritt: (Teilergebnis-gewinnung und -fixierung)	40 000 Tote jährlich an Herz- und Kreislauferkrankungen durch Rauchen verschuldet. (Lz 2)	Erarbeitungsgespräch nach Impuls: hochgiftiges Kohlenmonoxid kennst du von Autoabgasen. Dieses Gift ist etwa mit 6% im Rauch enthalten. Die Wirkungen sind nicht minder schwerwiegend.	- aufnehmen - Informationen entnehmen - fixieren	Hb	Lernmaterial b; Arbeitsblatt: Kohlenmonoxid..
Sicherungsphase	9. Lehrschritt: (Wertung - Beurteilung)	Rauchen ist "in", "männlich", "entspannt", "schmeckt" ausprobieren...; BRD: jährlich sterben 140 000 an Folgen des Rauchens; (Lz 3)	Rundgespräch: Weißt du, warum trotz all dieser Gefahren viele rauchen? Verarbeitungsgespräch: Wenn ein Erwachsener täglich ca. 4 DM für Tabakerzeugnisse ausgibt, verqualmt er im Jahr mehr als 1400 DM, in 10 Jahren... Zehnmal mehr Menschen sterben bei uns jährlich an den Folgen des Rauchens als im Straßenverkehr!	- diskutieren - vermuten - verbalisieren - abwägen - berechnen - schlußfolgern	Aa/Hb Hb	

Hauptlernziel: Überblick über Gefährdungen für den Fortbestand der Menschheit und deren Ursachen.	Unterrichtsthema: Wodurch ist die Zukunft der Menschheit bedroht?	Autor: Otto Hofmeier
		Unterrichtszeit Empfehlung: 1 - 2 UE 45-90 Min.

Vorbemerkungen:
- Die Unterrichtseinheit eignet sich als Einführung oder Abschluß (zusammen mit der UE "Wie kann die Zukunft der Menschheit gesichert werden?") einer Sequenz, in der einzelne Probleme der Zukunftssicherung der Menschheit herausgegriffen und exemplarisch und in detaillierter Form zu behandeln sind (z. B. Hungerprobleme in der Dritten Welt, Gift in der Nahrung).
- Breiter Raum sollte der Darstellung und Beschreibung der vorhandenen Interdependenzen der Gefährdungen untereinander einerseits und der Ursachen dieser Gefährdungen anderseits gegeben werden.

Lernziele: Die Schüler sollen:
1. sich der existentiellen Bedrohungen für die Menschheit bewußt werden;
2. Zusammenhänge zwischen den existenzbedrohenden Faktoren erkennen;
3. Ursachen der existenzbedrohenden Faktoren herausfinden bzw. erfahren;
4. sich bewußt werden, daß das Leben der Menschen zu allen Zeiten Bedrohungen ausgesetzt war;
5. die heutigen Gefahren mit denen der geschichtlichen Erfahrung vergleichen;
6. erkennen, daß zum ersten Mal eine globale Bedrohung für den Fortbestand der Menschheit besteht.

aus: Grundfragen der Biologie 9, S. 53

Literatur:
1. Barsig u. a.: Leben überall - neu, 9. Jgst.; Verlag Ludwig Auer; Donauwörth 1980
2. Siegfried Heim; Schlechte Aussichten für das Jahr 2000; Augsburger Allgemeine vom 13./14.06.1981
3. Joachim Knoll (Hrsg.); Grundfragen der Biologie 9; Oldenbourg Verlag, München 1982
4. Karl-Heinz Scharf (Hrsg.); Natur und Mensch, 9. Jgst.; Schroedel Verlag, Hannover 1980

Medien: Bild: Erde als abbrennende Kerze; gekürzter Zeitungstext: Schlechte Aussichten für das Jahr 2000; Folie; Arbeitsblatt.

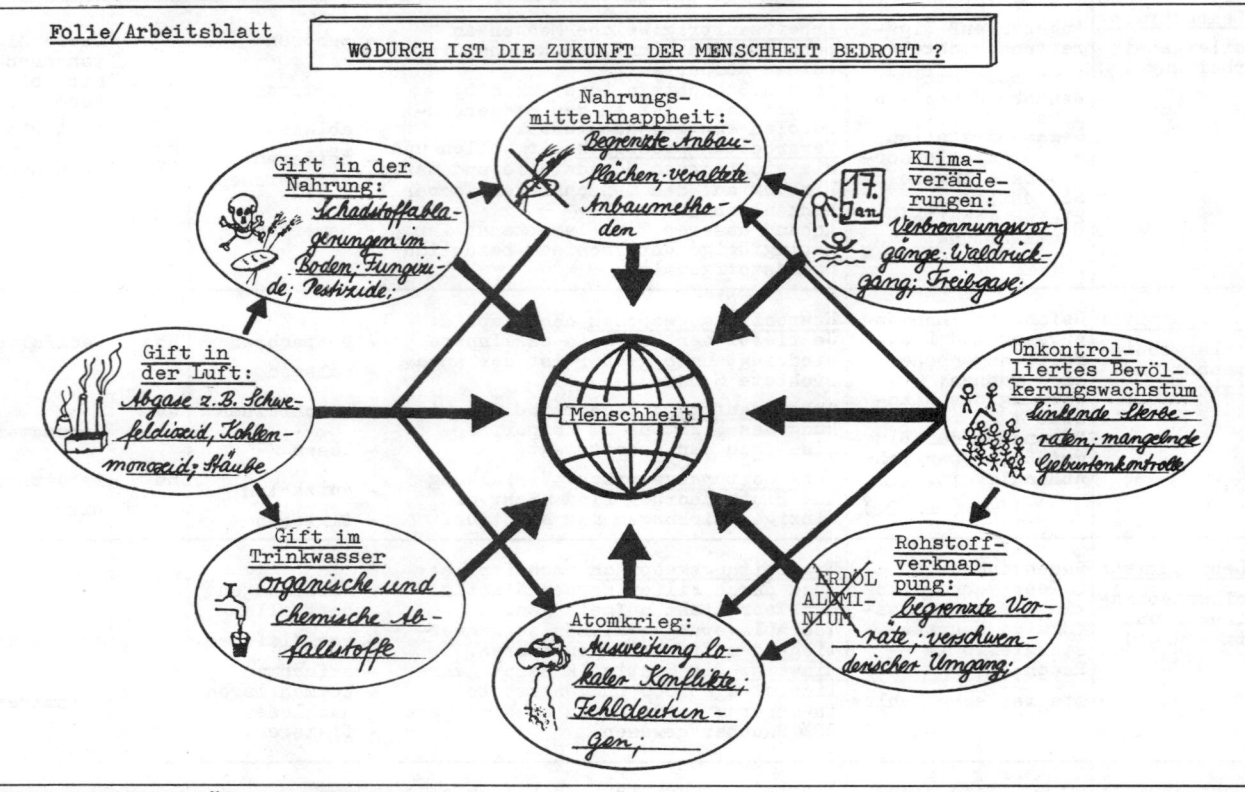

Folie/Arbeitsblatt

WODURCH IST DIE ZUKUNFT DER MENSCHHEIT BEDROHT ?

- **Nahrungsmittelknappheit:** Begrenzte Anbauflächen; veraltete Anbaumethoden
- **Gift in der Nahrung:** Schadstoffablagerungen im Boden; Fungizide; Pestizide;
- **Klimaveränderungen:** Verbrennungsvorgänge; Waldrückgang; Treibgase;
- **Gift in der Luft:** Abgase z.B. Schwefeldioxid, Kohlenmonoxid; Stäube
- **Menschheit**
- **Unkontrolliertes Bevölkerungswachstum:** sinkende Sterberaten; mangelnde Geburtenkontrolle
- **Gift im Trinkwasser:** organische und chemische Abfallstoffe
- **Atomkrieg:** Ausweitung lokaler Konflikte; Fehldeutungen;
- **Rohstoffverknappung:** ERDÖL, ALUMINIUM; begrenzte Vorräte; verschwenderischer Umgang;

SCHLECHTE AUSSICHTEN FÜR DAS JAHR 2000

"Wenn sich die gegenwärtigen Entwicklungstrends fortsetzen, wird die Welt im Jahre 2000 noch übervölkerter, verschmutzter, ökologisch noch weniger stabil und für Störungen anfälliger sein als die Welt, in der wir heute leben. Trotz eines größeren materiellen Outputs werden die Menschen auf der Welt in vieler Hinsicht ärmer sein, als sie es heute sind."
Mit diesen Worten leiten die Autoren von "Global 2000" die 80 Seiten starke Zusammenfassung der wichtigsten Erkenntnisse und Schlußfolgerungen ihrer Zweijahresstudie ein. Weiter heißt es:
"Für Millionen und aber Millionen der Allerärmsten wird sich die Aussicht auf Nahrungsmittel und andere Lebensnotwendigkeiten nicht verbessern. Für viele von ihnen wird sie sich verschlechtern.
Im einzelnen zeichnet die Studie für den Fall, daß die gegenwärtigen Trends der Wachstumsgesellschaft weitergehen, folgendes Bild: Im Jahr 2000 werden auf der Erde 6,35 Milliarden Menschen leben, 2,3 Milliarden mehr als heute. Allein die beiden volkreichsten Staaten der Erde, China und Indien, werden dann 1,3 und eine Milliarde Menschen ernähren, kleiden, ausbilden und mit Arbeit versorgen müssen. Dabei wird sich die Rate des Bevölkerungswachstums sogar von 1,8 auf 1,7 Prozent jährlich vermindern, weil viele Länder der Dritten Welt trotz moralischer und religiöser Bedenken eine strenge Geburtenkontrolle einführen werden. Dies wird aber nicht ausreichen, um die

UG	Lehrschritte (Artikulationsdefinition)	Lehrinhalte und Lernziele (= Lz)	Lehrakte .... Lernakte		Sozialformen	Lernhilfen
Eröffnungsphase	1. Lehrschritt (Problembegegnung)	Symbolhafte Darstellung des grundlegenden Problems. (Lz 1)	Sachimpuls: Erde als abbrennende Kerze. Rundgespräch: Interpretation des Bildinhalts.	– betrachten – überlegen – verbalisieren	Hb Aa/ Hb	Bild auf der gegenüberliegenden Seite
	2. Lehrschritt (Problemfindung und -formulierung)	Problemfrage. (Lz 1)	Erarbeitungsgespräch: Wodurch ist die Zukunft der Menschheit bedroht?	– verbalisieren – erkennen – formulieren	Hb	OHP-Folie: Überschrift
Erarbeitungsphase	3. Lehrschritt (Teilergebnisgewinnung und -darstellung)	Bedrohungen für die Weiterexistenz der Menschheit. (Lz 1)	Arbeitsauftrag: Überlegt, welche Gefahren heute den Fortbestand der Menschheit bedrohen! Verarbeitungsgespräch: Gift in Luft, Nahrung, Wasser; Nahrungsmittelknappheit; Klimaveränderungen; Bevölkerungswachstum; Rohstoffverknappung; Atomkrieg.	– nachdenken – besprechen – notieren – vorlesen – besprechen – einordnen – zuordnen – betrachten	Pa Hb	Notizblock OHP-Folie vorgegebene Eintragungen (ohne Bezugspfeile und handschriftliche Ergänzungen)
	4. Lehrschritt (Teilergebnisgewinnung und -darstellung)	Zusammenhänge. (Lz 1, 2)	Erarbeitungsgespräch: Zusammenhänge zwischen den einzelnen Bedrohungen aufdecken und durch Bezugspfeile verdeutlichen.	– erkennen – beschreiben – erläutern – einzeichnen	Hb	OHP-Folie: Bezugspfeile Arbeitsblatt
	5. Lehrschritt (Teilergebnisgewinnung und -fixierung)	Ursachen der Bedrohungen. (Lz 1, 2, 3)	Arbeitsauftrag: Stellt die Ursachen der genannten Bedrohungen zusammen! Eine Hilfe bietet der Arbeitstext. Verarbeitungsgespräch: Auswertung der Arbeitsergebnisse; Fundierung durch Erläutern von Prozessen und Wirkzusammenhängen.	– überlegen – lesen – besprechen – notieren – verbalisieren – besprechen – klären – erklären – aufschreiben	Ga Hb	Text: "Schlechte Aussichten für das Jahr 2000"; Arbeitsblatt; Notizblock OHP-Folie und Arbeitsblatt: handschriftliche Eintragungen
Sicherungsphase	6. Lehrschritt (Besinnung)	Existenzbedrohungen für Menschen in früherer Zeit. (Lz 4)	Arbeitsauftrag: Erinnert euch an die Gefahren, die in früheren Zeiten das Leben der Menschen bedrohten! Verarbeitungsgespräch: Feuersbrünste, Seuchen, Kriege, ...	– nachdenken – besprechen – notieren – nennen – beschreiben	Pa Hb	Notizblock
	7. Lehrschritt (Vergleich und Wertung)	Heute: erstmals globale Bedrohungen (Lz 1, 5, 6)	Erarbeitungsgespräch: Früher richtete sich die Existenzbedrohung immer gegen einzelne Menschen oder höchstens Teile der Erdbevölkerung. Heute ist der Fortbestand der gesamten Menschheit gefährdet.	– vergleichen – erkennen – bewerten	Hb	fixierte Arbeitsergebnisse
	8. Lehrschritt (Rekapitulation)	Arbeitsergebnisse. (Lz 1, 2, 3)	Rundgespräch: Existenzbedrohungen für die Menschheit nennen und Ursachen zuordnen.	– wiederholen – zuordnen	Aa/ Hb	verdeckte Arbeitsergebnisse

Hauptlast der Bevölkerungsexplosion von den unterentwickelten Ländern zu nehmen. In den Industrieländern wird die Bevölkerung nur geringfügig von einer Milliarde heute auf 1,3 Milliarden im Jahr 2000 zunehmen. Die bereits bestehende Kluft zwischen reichen und armen Ländern wird sich weiter vergrößern, obwohl das Bruttosozialprodukt der unterentwickelten Länder prozentual stärker steigen wird als das der westlichen Welt.
Die Nahrungsmittelproduktion wird sich gegenüber dem Jahr 1970 fast verdoppeln. Weil der größte Teil aber in Europa verbraucht wird, müssen die Länder Afrikas und Südasiens mit großen Hungersnöten rechnen. Die hohen Erträge in der Landwirtschaft erfordern eine weitere Steigerung des Verbrauchs an Dünge- und Pflanzenschutzmitteln sowie einen höheren Energieverbrauch. Dagegen werden sich die Anbauflächen nur um vier Prozent vergrößern lassen. In der Dritten Welt werden sogar infolge von Erosion, Versalzung und Alkalisierung des Grundwassers Felder verschwinden – die Wüsten werden sich schnell ausdehnen, wenn das Wasser für die Pflanzen fehlt und unnatürlich große Viehherden den Boden kahl fressen.
Dabei spielen auch Klimaveränderungen infolge der rapiden Waldabholzung, besonders in den tropischen Regenwäldern, eine Rolle. Derzeit werden jedes Jahr rund 20 Millionen Hektar Wald vernichtet. Bis zur Jahrtausendwende wird mehr als die Hälfte des heutigen Waldbestandes unwiederbringlich verschwunden sein.
Klimaveränderungen werden auch durch den Treibhauseffekt des Kohlendioxyds, das bei der Verbrennung von Kohle und Erdöl sich immer mehr in der Atmosphäre anreichert, verursacht werden. Die Durchschnittstemperaturen werden sich erhöhen, was zur Verschiebung der Klimazonen führen kann. Eine weitere Gefahr für die Luft geht von den Treibgasen der Spraydosen und den Abgasen hochfliegender Flugzeuge aus, die allmählich den Ozongürtel um die Erde zerstören, was zu einer erhöhten Strahlendosis auf der Erdoberfläche und damit zu einer größeren Zahl von Hautkrebskranken führen kann. Trinkwasser wird am Ende des Jahrtausends knapp und teuer sein – auch in Deutschland. Der Grund liegt in einer zunehmenden Verschmutzung der Flüsse, dem weiter stark zunehmenden Bedarf der Industrie und dem Anzapfen von Grundwasserströmen.
Die Ölproduktion wird bereits in den frühen 90er Jahren ihren Höhepunkt überschritten haben. Trotzdem wird es den Industrieländern gelingen, ihren Rohölbedarf zu decken, allerdings zu sehr hohen Preisen. Kohle Erdgas und Uran werden über die Jahrtausendwende hinaus reichen, wenn auch ein starker Unterschied zwischen den theoretisch verfügbaren und den wirtschaftlich förderbaren Mengen besteht. Die übrigen mineralischen Rohstoffe werden ebenfalls reichen, wenn auch die Erschließungskosten für neue Vorkommen steigen werden. Verbraucht werden die Rohstoffe v.a. in den Industrieländern, wo bereits heute ein Viertel der Menschheit drei Viertel der Rohstoffe konsumiert. Zusammenfassend stellen die Autoren von "Global 2000" fest, daß die US-Regierung bereits über recht gut entwickelte Instrumente zur Problemanalyse verfügt, daß aber die Rückkopplung und die Zusammenarbeit der Ministerien und Ämter noch verbessert werden muß.
Die Macht zur politischen Veränderung hin zu einer Gesellschaft, die sich nicht mehr ausschließlich an Wachstumsraten und Gewinnspannen orientiert, liegt jedoch einzig und allein bei den politisch Verantwortlichen dieser Welt.

Hauptlernziel: Einblick in Möglichkeiten zur Sicherung der Zukunft der Menschheit.	Unterrichtsthema: Wie kann die Zukunft der Menschheit gesichert werden?	Autor: Otto Hofmeier
		Unterrichtszeit Empfehlung: 1UE=45 Min.

Vorbemerkungen:
- Die Unterrichtseinheit baut auf der Unterrichtseinheit "Wodurch ist die Zukunft der Menschheit bedroht?" des gleichen Verfassers auf und bildet den Abschluß einer Sequenz, in der einzelne Probleme der Zukunftssicherung der Menschheit exemplarisch und detailliert zu behandeln sind.
- Vorausgesetzt werden auf Seiten der Schüler ein Einblick in die komplexen und komplizierten Lebenszusammenhänge innerhalb eines Ökosystems (z. B. Wald) und ein Verständnis folgender Begriffe: biologisches Gleichgewicht, Ökologie, Ökonomie.

Medien:
OHP-Projektor; OHP-Folie; Arbeitsblatt; Notizblock.

Lernziele: Die Schüler sollen:
1. erkennen, daß die Erde ein begrenzter Lebensraum ist, dessen biologisches Gleichgewicht erhalten werden muß, wenn der Fortbestand der Menschheit gesichert werden soll,
2. erkennen, daß unkontrolliertes Bevölkerungswachstum, ungezügeltes Industriewachstum zu Lasten der Ökologie sowie Wesensmerkmale des Menschen die zentralen Probleme der Zukunftssicherung sind,
3. herausfinden, daß die Lösung der Zukunftsprobleme der Menschheit in einem Stop des unkontrollierten Bevölkerungswachstums, einer Senkung der Umweltbelästigungen und in internationaler Zusammenarbeit liegt,
4. konkrete Maßnahmen herausfinden, mit denen die in 3 genannten Ziele zu erreichen sind,
5. auf Grund der erarbeiteten Erkenntnisse eine Einschätzung der Zukunftsaussichten der Menschheit vornehmen,
6. erkennen und einsehen, daß jeder zur Lösung der Zukunftsprobleme beitragen kann und soll,
7. konkrete Möglichkeiten eigener Beiträge zur Zukunftssicherung der Menschheit überlegen.

Literatur:
- Barsig/Berkmüller/Kavasch/Kreuz/Merkle u. a.; Leben überall - neu, 9. Jgst.; Verlag Ludwig Auer; Donauwörth 1980;
- Dr. Joachim Knoll (Hrsg.); Grundfragen der Biologie 9; R. Oldenbourg Verlag GmbH; München 1982;
- Dr. Karl-Heinz Scharf (Hrsg.); Natur und Mensch, 9. Jgst.; Hermann Schroedel Verlag KG; Hannover 1980;

OHP-Folie/Arbeitsblatt

Wie kann die Zukunft der Menschheit gesichert werden? ①

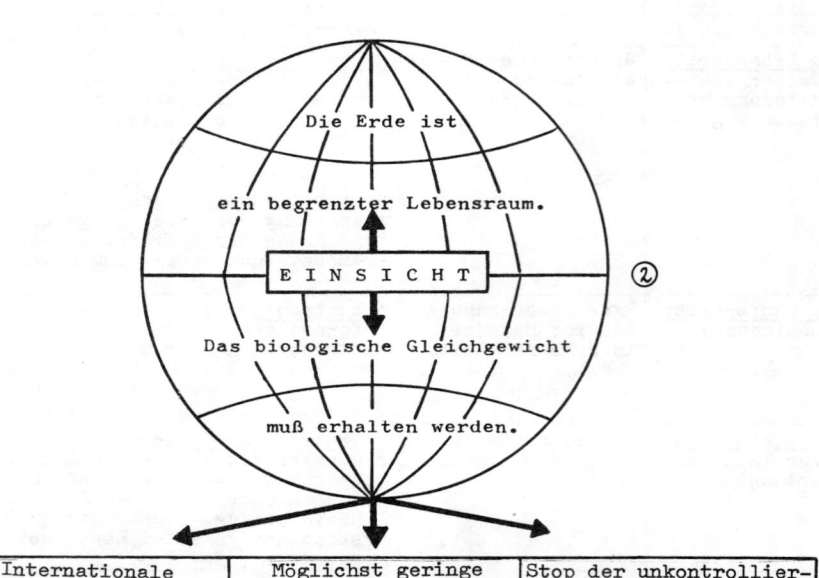

Die Erde ist ein begrenzter Lebensraum.

EINSICHT ②

Das biologische Gleichgewicht muß erhalten werden.

Internationale Zusammenarbeit	Möglichst geringe Umweltbelastungen	Stop der unkontrollierten Bevölkerungszunahme ③
- Erschließen neuer Rohstoffquellen.	- Vorrang für den Schutz der natürlichen Lebensbedingungen gegenüber ökonomischen Überlegungen.	- Verdeutlichen der Gefahren eines unkontrollierten Bevölkerungswachstums: Ernährungsproblem, Raumprobleme, ... ④
- Erschließen neuer Nahrungsquellen.	- Raubbau vermeiden.	
- Entwicklung umweltfreundlicher Produktionsmethoden.	- Wiederverwertung von Altmaterial (Glas, Metall, Papier, ...).	- Aufklärung über Möglichkeiten zur Empfängnisverhütung in den Ländern der "Dritten Welt".
- Höchstwerte für Schadstoffe festlegen und kontrollieren.	- Abbau von Überproduktionen.	
- Konfliktlösung mit politischen statt mit militärischen Mitteln.	- Verzicht auf umweltschädigende Substanzen.	
	- Ausfilterung von Schadstoffen statt großflächiger Verteilung und Verdünnung.	

UG	Lehrschritte (Artikulationsdefinition)	Lehrinhalte und Lernziele (= Lz)	Lehrakte .... Lernakte		Sozial-formen	Lernhilfen
Eröffnungsphase	1. Lehrschritt (Wiederholung, Anknüpfung)	Bedrohungen für die Zukunft der Menschheit.	Rundgespräch: Schüler nennen Zukunftsbedrohungen für die Menschheit und deren Ursachen.	– überlegen – wiederholen – verbalisieren	Aa/Hb	
	2. Lehrschritt (Problemstellung und -formulierung)	Herausfinden der Problemfrage.	Impuls: Eine scheinbar ausweglose Situation! Erarbeitungsgespräch: Wie kann die Zukunft der Menschheit gesichert werden?	– zuhören – überlegen – erkennen – verbalisieren – formulieren	Hb Hb	OHP-Projektor; OHP-Folie und Arbeitsblatt ①
Erarbeitungsphase	3. Lehrschritt (Problemlösung – Teilzielerarbeitung)	Die Erde ist ein begrenzter Lebensraum – das biologische Gleichgewicht muß erhalten werden. (Lz 1)	Erarbeitungsgespräch: Das Erkennen eines Problems ist der erste Schritt auf dem Weg zu seiner Lösung. Vergleich der Situation der Menschheit mit der einer Mannschaft in einem bedrohten Schiff oder Raumschiff.	– überlegen – erkennen – verbalisieren – zuhören – mitdenken	Hb	OHP-Projektor; OHP-Folie und Arbeitsblatt ②
	4. Lehrschritt (Problemlösung – Teilzielerarbeitung)	Erkennen der Hauptprobleme: Bevölkerungswachstum, Industriewachstum, Wesensmerkmale des Menschen. (Lz 2)	Arbeitsauftrag: Alle uns bedrohenden Probleme lassen sich im Grunde auf drei Hauptgefahren zurückführen. Versucht diese herauszufinden. Verarbeitungsgespräch: Ungezügeltes Bevölkerungswachstum (größerer Bedarf an Nahrung, Rohstoffen, größere Umweltbelastung, ...), Industriewachstum (Umweltprobleme, Rohstoffverknappung,...), Wesensmerkmale des Menschen (Aggressivität, Wohlstandsdenken, Konkurrenzdenken,...).	– zuhören – nachdenken – besprechen – erkennen – verbalisieren – erläutern – erkennen	Ga Hb	
	5. Lehrschritt (Problemlösung – Teilzielerarbeitung)	Forderung nach internationaler Zusammenarbeit, Senkung der Umweltbelastungen, Stoppen des unkontrollierten Bevölkerungswachstums. (Lz 2, 3)	Erarbeitungsgespräch: Aus den zentralen Problemen ergeben sich die zentralen Forderungen: Internationales Miteinander statt Gegeneinander; Ökonomie nicht zu Lasten der Ökologie; Stoppen des unkontrollierten Bevölkerungswachstums.	– überlegen – kontrastieren – schlußfolgern – erkennen – mitdenken – verbalisieren	Hb	OHP-Projektor; OHP-Folie und Arbeitsblatt ③
	6. Lehrschritt (Problemlösung – Teilzielerarbeitung)	Konkretisierung der Forderungen. (Lz 4)	Partnergespräch – arbeitsteilig (Gesprächsauftrag): Überlegt, durch welche Maßnahmen diese Forderungen erfüllt werden können! Verarbeitungsgespräch: Auswertung der Arbeitsergebnisse im Sinne der handschriftlichen Eintragungen auf dem Arbeitsblatt.	– überlegen – konkretisieren – besprechen – notieren – vorlesen – zuhören – mitdenken – besprechen – fixieren	Pa Hb	Notizblock OHP-Projektor; OHP-Folie und Arbeitsblatt ④
Sicherungsphase	7. Lehrschritt (Wertung)	Einschätzung der Zukunftsaussichten der Menschheit. (Lz 5)	Gruppengespräch (Gesprächsauftrag): Sprecht darüber, wie realistisch es ist, daran zu glauben, daß die Zukunft der Menschheit gesichert werden kann! Verarbeitungsgespräch: Je größer eine Gefahr ist, umso stärker wird sie bewußt. Die Einsicht in die globale Bedrohung kann die Menschheit vor der Selbstvernichtung bewahren, wenn die notwendigen Konsequenzen gezogen werden. – Eine Garantie gibt es nicht!	– diskutieren – argumentieren – abwägen – Meinungen wiedergeben – erläutern – begründen – mitdenken – erkennen	Ga Hb	
	8. Lehrschritt (Besinnung)	Zur Lösung der Zukunftsprobleme kann jeder beitragen. (Lz 6, 7)	Arbeitsauftrag: Jeder kann einen Beitrag zum besseren Zusammenleben der Menschen, zum Schutz der Umwelt leisten. Überlege, was du tun kannst! Verarbeitungsgespräch: Auswertung der Arbeitsergebnisse. Beispiele: Streitigkeiten friedlich beilegen, Verhältnis zu Ausländerkindern, ... verantwortungsbewußter Umgang mit Werkmaterialien, Beteiligung am Recycling,...	– einsehen – überlegen – erkennen – notieren – vorlesen – begründen – zuhören – besprechen	Aa Hb	Notizblock Notizen;
	9. Lehrschritt (Wiederholung)	Alle Lernziele. (Lz 1 – 7)	Impuls: Der Untergang der Menschheit ist kein unabwendbares Schicksal! Rundgespräch: Schüler berichten über Arbeitsergebnisse.	– zuhören – überlegen – wiederholen – berichten – erläutern	Hb Aa/Hb	verdeckte Arbeitsergebnisse;

Hauptlernziel:	Überblick über Gesichtspunkte zur Beurteilung einer Wohnung aus biologischer Sicht.	Unterrichtsthema: Familie Müller sucht eine passende Wohnunng.	Autor: Erich A. Wagner
			Unterrichtszeit Empfehlung: 1 UE = 45 Min

Vorbemerkungen:

Das letzte Kapitel der Reihe "Mensch und Gesundheit" betrifft die Bereiche Wohnen und Arbeiten, in denen sich das menschliche Leben vorwiegend abspielt. Der Überblick über Gesichtspunkte für die Beurteilung einer Wohnung eröffnet den Schülern eine wirkliche Hilfeleistung für die Auswahl einer passenden Wohnung. Das vorliegende Problem wird in manchen Familien auftauchen und in wenigen Jahren die Schüler selbst tangieren. Zur Thematik dürften deshalb viele Schüler ein umfangreiches Vorwissen einbringen können. Auch besteht die Möglichkeit, zahlreiche Querverbindungen zu den Fächern Arbeitslehre, Sozialkunde und Erdkunde anzustreben, da in dieser Unterrichtseinheit neben Beurteilungskriterien aus biologischer Sicht auch soziale und finanzielle Aspekte Berücksichtigung finden sollten.

Teillernziele:

Die Schüler sollen:
1. erkennen, daß jedes einzelne Familienmitglied andere Bedürfnisse hat und deshalb andere Wünsche an eine Wohnung stellt,
2. die Beurteilungsgesichtspunkte einer Wohnung artikulieren und bewerten und daraus resultierend sinnvolle Dominanzen setzen können,
3. im Rollenspiel ihre Meinung vortragen und über andere Vorschläge qualifiziert diskutieren können,
4. zu einer kritischen Verbraucherhaltung erzogen werden,
5. verschiedene Wohnungen nach den gewonnenen Erkenntnissen beurteilen und sich sinnvoll entscheiden können,
6. selbständig Informationen aus Cassettenaufnahmen und Arbeitstexten entnehmen und auswerten können.

Medien:
Tafel, Papierfiguren, Cassettenrecorder, Folien, Folienstifte, Farbkreide, Notizblock, Arbeitsblatt, Lineal, Schreibzeug

Literatur:
1. Biologie, 9. Schuljahr, Auer, Donauwörth
2. dazugehöriges Arbeitsheft, Auer, Donauwörth

Arbeitstext (1): (zur Cassettenaufnahme)

Vater: Unsere jetzige Wohnung ist viel zu weit von meinem Arbeitsplatz entfernt. Ich verbringe täglich eine Stunde in Bus und Bahn.

Mutter: Am Haus führt eine stark befahrene Durchgangsstraße vorbei. Der Lärm und die Autoabgase sind eine dauernde Belästigung für die ganze Familie.

Sohn: Ich möchte endlich ein genügend großes Zimmer für mich ganz allein haben. Außerdem stört mich meine Schwester immer beim Hausaufgaben machen.

Tochter: Ich möchte gern auf einem richtigen Kinderspielplatz spielen. Aber in unserer Nähe gibt es keinen. Dauernd im Hof spielen ist doof!

Arbeitstext (2): (dazu Dias bzw. Bilder)

Vorschlag 1:
Moderner Wohnblock mit in sich abgeschlossenen Wohneinheiten - 80 m² Wohnfläche - Lage am Rande der Stadt - Busanschluß - sehr guter Wohnkomfort - 700.-- DM Miete.

Vorschlag 2:
Einfamilienhaus am Dorfrand eines Vororts - 1974 gebaut - 6 Zimmer, Küche, Bad, Zentralheizung (120 m² Wohnfläche) - Garten, Mietpreis 800.-- DM.

Vorschlag 3:
Älteres Bürgerhaus im Stadtzentrum - jedoch ruhige Wohnlage - Eigentumswohnung mit 90 m² Wfl. 1965 grundlegend renoviert - Ölzentralheizung - Garage im Hof, monatliche Belastung: rund 900.-- DM.

Vorschlag 4:
Altes Bauernhaus in Dorfmitte eines Vororts - 1965 modernisiert - 180 m² Wohnfläche - Gemüsegarten - Warmluftheizung - 2 Bäder - Miete: 650.- DM.

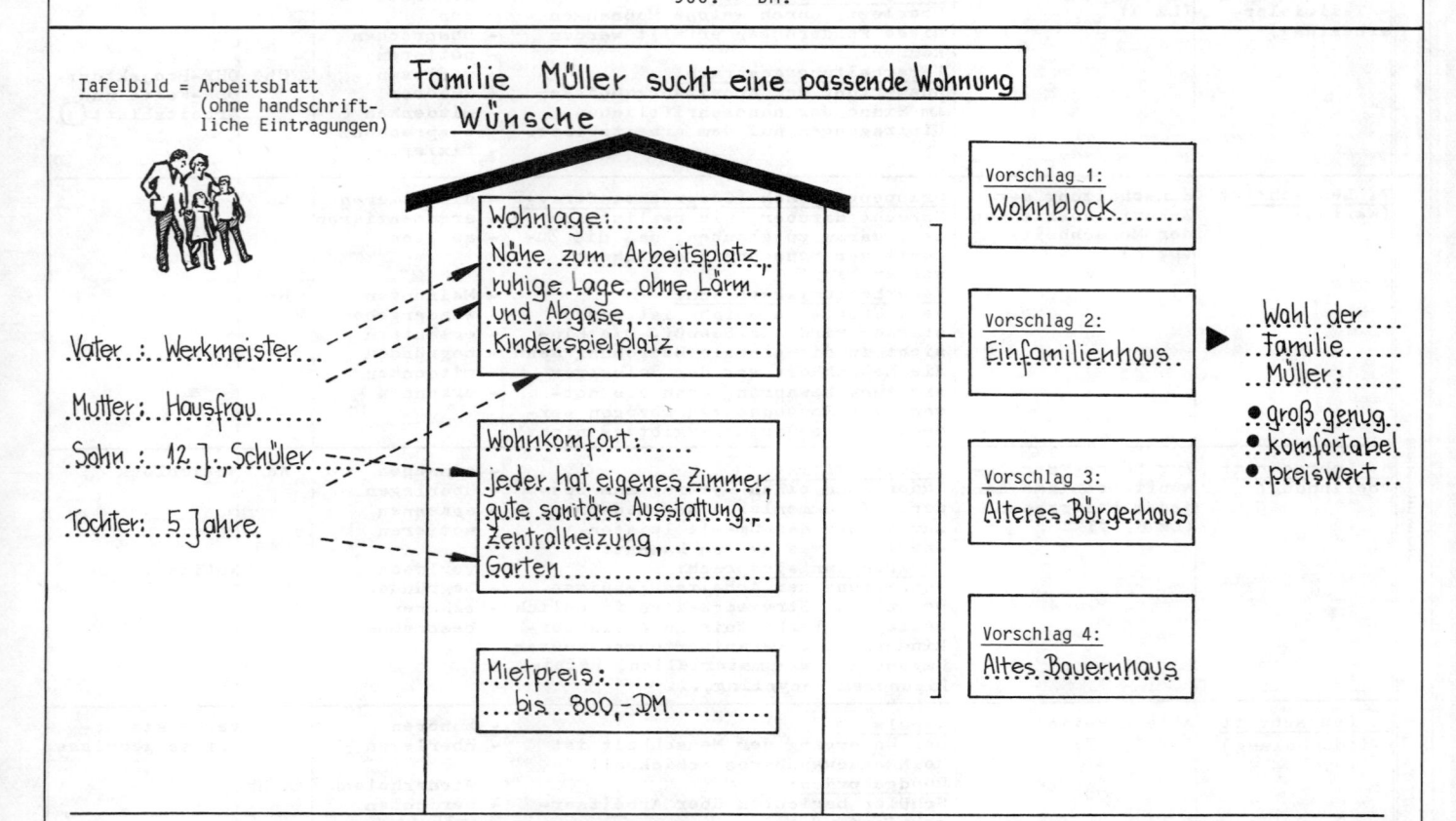

Tafelbild = Arbeitsblatt (ohne handschriftliche Eintragungen)

Familie Müller sucht eine passende Wohnung

Wünsche

Vater: Werkmeister
Mutter: Hausfrau
Sohn: 12 J., Schüler
Tochter: 5 Jahre

Wohnlage:
Nähe zum Arbeitsplatz,
ruhige Lage ohne Lärm und Abgase,
Kinderspielplatz

Wohnkomfort:
jeder hat eigenes Zimmer,
gute sanitäre Ausstattung,
Zentralheizung,
Garten

Mietpreis:
bis 800,- DM

Vorschlag 1: Wohnblock
Vorschlag 2: Einfamilienhaus
Vorschlag 3: Älteres Bürgerhaus
Vorschlag 4: Altes Bauernhaus

Wahl der Familie Müller:
- groß genug
- komfortabel
- preiswert

UG	Lehrschritte (Artikulationsdefinition)	Lehrinhalte und Lernziele (= Lz)	Lehrakte .... Lernakte		Sozial-formen	Lernhilfen
Eröffnungsphase	1. Lehrschritt: (Situationskonfrontation)	Vorstellen der handelnden Personen;	Beschreibung: Familie Müller besteht aus vier Personen: Vater Erich, 40 Jahre alt, Werkmeister; Mutter Johanna, 35 Jahre, Hausfrau; Daniel, Schüler, 12 Jahre; Barbara, Kindergartenkind, 5 Jahre; - Anheften der Figuren an die Tafel. Verarbeitungsgespräch: Durchschnittsfamilie, gesichertes Einkommen, gut situiert.	- zuhören - aufnehmen - bewerten - begründen	Hb Hb	Tafel: Papierfiguren und Text
	2. Lehrschritt: (Problemaufriß)	Unzufriedenheit mit den Wohnverhältnissen; (Lz 1/6)	Sachimpuls: Vorspielen einer Aufnahme; Gespräch in der Familie Müller, in der die Unzufriedenheit mit der derzeitigen Wohnung artikuliert wird - Zusammenfassung auf Folie. Verarbeitungsgespräch: Die Argumente der einzelnen Familienmitglieder sind gerechtfertigt. Sie brauchen eine bessere Wohnung.	- anhören - auswerten - diskutieren - begründen	Hb Hb	Cassettenrecorder - Arbeitstext (1) Folie
	3. Lehrschritt: (Problemfixierung)	Problemfrage: Anforderungen an eine passende Wohnung;	Erarbeitungsgespräch: Welche Wünsche stellen die einzelnen Familienmitglieder an die neue Wohnung? Welche Anforderungen muß die neue Wohnung erfüllen?	- Problem erkennen - formulieren	Hb	Tafel: Überschrift
Erarbeitungsphase	4. Lehrschritt: (erste Teilzielerarbeitung)	Wünsche der einzelnen Familienmitglieder an die neue Wohnung; (Lz 1/3)	Arbeitsauftrag: Jedes Familienmitglied hat andere Bedürfnisse. Suche jeweils wichtige Wünsche an die neue Wohnung. Notiere die drei wichtigsten auf Folie. Der Gruppensprecher trägt im Rollenspiel die Ergebnisse vor. Rollenspiel: Gruppensprecher stellen Personen dar und diskutieren die vorgebrachten Argumente.	- besprechen - Argumente suchen - zusammentragen - tragen vor - diskutieren - zuhören	Ga (atlg.) Ga Aa/Hb	Notizblock Folien
	5. Lehrschritt: (erste Teilzielfixierung)	Qualitätsmerkmale der gewünschten Wohnung; (Lz 2)	Verarbeitungsgespräch: Wie soll die Wohnung der Familie Müller aussehen? Einbeziehen der auf Folien geschriebenen drei wichtigsten Argumente. Zusammenfassung der Ergebnisse: Einfamilienhaus/Wohnung 100 m² Wfl./ Nähe zu Arbeitsplatz/Schule/Einkaufsmöglichkeiten/Kindergarten/moderne Beheizung/gute sanitäre Ausstattung - Wohnkomfort.	- schließen - vortragen - bewerten - auswählen - beschreiben	Hb	Folien Tafel: Wünsche und Text
	6. Lehrschritt: (Teilzielbewertung)	Probleme, die aus den Wunschvorstellungen resultieren; (Lz 4)	Erarbeitungsgespräch nach Frage: Welche Probleme ergeben sich nun für die Familie Müller? Eine Wohnung nach Wunsch wird kaum zu finden sein: Angebote aus der Zeitung - Nachfrage im Maklerbüro - hohe Mietkosten.	- zuhören - erkennen - diskutieren - Argumente suchen - benennen	Hb Hb	
	7. Lehrschritt: (zweite Teilzielerarbeitung)	Auswahl einer geeigneten Wohnung; (Lz 5/6)	Arbeitsauftrag: Die Familie hat durch die Zeitung und vom Makler vier auf den ersten Blick passende Wohnungen gefunden. Für welche Wohnung sollten sich die Müllers entscheiden?	- lesen - unterstreichen	Ga	Arbeitstext (2)
	8. Lehrschritt: (Teilzielbewertung)	Bewertung der Wohnung als Integration der Erkenntnisse; (Lz 5)	Verarbeitungsgespräch: Vortragen der negativen und positiven Aspekte zur jeweiligen Wohnung: Z.B. Preis, Nähe zum Arbeitsplatz, Wohnungsgröße usw. Entscheidung für eine Wohnung im Gespräch-gegebenenfalls Abstimmung.	- tragen vor - begründen - entscheiden - abstimmen	Hb	Tafel: Objekte, Wahl der Familie Müller
Sicherungsphase	9. Lehrschritt: (Ergebniskontrolle)	Zusammenfassung und Eintrag der Ergebnisse;	Arbeitsauftrag: Ergänze dein Arbeitsblatt und vergleiche anschließend mit dem Tafelbild.	- schreiben	Aa	Arbeitsblatt, geschlossene/ geöffnete Tafel
	10. Lehrschritt: (Anwendung)	Vergleich mit der eigenen Wohnung der Schüler; (Lz 5)	Rundgespräch nach Auftrag: Vergleiche deine eigene Wohnung mit den Anforderungen, die Familie Müller an eine komfortable Wohnung stellt!	- vergleichen - werten	Aa/Hb	
	11. Lehrschritt: (Ausblick)	Wohnung gewinnt durch sinnvolle Einrichtung.	Beschreibung: Eine Wohnung kann noch so preiswert und ideal erscheinen, zum schönen Wohnen gehört eine sinnvolle und praktische Einteilung der Räume und eine zweckmäßige Einrichtung.	- zuhören - erkennen	Hb	

Hauptlernziel: Einsicht in die Gefahren durch Schadstoffe in den Nahrungsmitteln.	Unterrichtsthema: Schadstoffe in den Nahrungsmitteln gefährden die Gesundheit der Menschen.	Autor: Ilsanker/Silvester
		Unterrichtszeit Empfehlung: 1 UE = 45 Min.

Vorbemerkungen:
Ausgehend von einem Überblick über die Gefährdungen der Lebensgrundlage des Menschen, der zu Beginn der Lernsequenz steht, wird in dieser Unterrichtseinheit das Lernziel "Einsicht in die Gefahren durch Schadstoffe in den Nahrungsmitteln" behandelt. Die besondere Schwierigkeit der Thematik besteht darin, daß die Schadstoffbelastung unserer Lebensmittel von vielen verschiedenen Einzelfaktoren abhängig ist. Wir haben es also mit einem multikausalen Problem zu tun, dessen Durchschaubarkeit auch für Ökologen immer schwieriger wird. Ziel dieser Stundenkonzeption ist vor allem das Aufzeigen von biologischen Kausalzusammenhängen (Erkennen der Giftkette durch die Schüler - Folgen für die menschliche Gesundheit). Dieses Beziehungsgeflecht zwischen den umweltbelastenden Aktivitäten des Menschen einerseits und den zwangsläufigen Rückwirkungen durch die Natur andererseits soll dem Schüler aufgezeigt und einsichtig gemacht werden. Daraus ergibt sich als zwingende Konsequenz die Notwendigkeit, diesen Teufelskreis von Ursache und Wirkung durch entsprechende Abhilfen zu unterbrechen.

Teillernziele:
Die Schüler sollen:
1. durch eine Karikatur und Pressemeldungen für das biologische Problem sensibilisiert werden,
2. Ursachen für die Schadstoffbelastung unserer Nahrungsmittel erarbeiten können,
3. den Kausalzusammenhang zwischen Umweltbelastung und Lebensmittelvergiftung nachvollziehen können,
4. Gefahren für die menschliche Gesundheit erkennen können,
5. tiefgreifende Folgen für die Zukunft der Menschheit erörtern und notwendige Abhilfemöglichkeiten aufzeigen können.

Literatur:
1. Leben überall - neu, 9. Schülerjahrgang, Auer, Donauwörth
2. Mensch und Natur, 9. Schülerjahrgang, Schroedel, Hannover
3. Nachrichtenmagazin "Der Spiegel", Hamburg
4. Biologie in der Hauptschule, 7.-9. Jahrgangsstufe, Akademiebericht Nr. 44, Dillingen

Folie (1) aus Lit. (3)

Folie (3) aus Lit. (1)

Folie (4) aus Lit. (1)

Folie (2) aus Lit. (1): Pressemeldungen

Giftiges Havel-Wasser: Zwei Pelikane starben

Rheinfische schmecken nach Mineralöl

Im Berliner Zoo starben jetzt zwei von 15 Pelikanen, weil sie regelmäßig mit Fischen aus der Havel gefüttert wurden.

Auch der Gehalt an Kadmium wächst ständig – Werte liegen über den Toleranzgrenzen der WHO

Die Nahrungsmittel „verbleien" immer mehr

Zahlreiche Fälle von Fischvergiftungen in Japan 46 Menschen gestorben

Alarm! Im Münchener Norden sind Gärten durch Cadmium, Blei und Zink vergiftet

Schadstoffe in der Muttermilch nachgewiesen Säuglinge nehmen chemische Rückstände auf

Vergiftetes Saatgut

Schwertfisch für die menschliche Ernährung in den USA verboten ...

Text (1)
Seit Jahrtausenden, solange der Mensch Ackerbau betreibt, kämpfte er gegen sogenannte "Schädlinge" und "Unkräuter", die manchmal die ganze Ernte vernichten konnten. Hungersnöte waren dann die Folge. Den Kampf gegen Schädlinge führte er ausschließlich mit mechanischen Mitteln, z. B. durch das Absammeln von Schadinsekten oder durch das Aufstellen von Fallen, um so Nagetiere zu fangen. In den letzten Jahrzehnten setzte der Mensch in Land- und Forstwirtschaft große Mengen von chemischen Schädlingsbekämpfungs- und Unkrautvertilgungsmitteln ein, mit denen er große Acker- und Waldflächen aber auch Obst- und Gemüsegärten sowie Weinberge besprühte. Die Industrie leitete ihre z. T. noch giftigen Abwässer in die Flüsse oder schädliche Abgase durch Kamine in die Luft. Eine fortschreitende Vergiftung der Umwelt war die Folge, wozu auch der Straßenverkehr durch giftige Autoabgase wesentlich beitrug.

Tafelbild = Arbeitsblatt (ohne handschriftliche Eintragungen)

! Schadstoffe in Nahrungsmitteln gefährden die Gesundheit der Menschen !

1. So gelangen Schadstoffe in Nahrungsmittel...

Gift in Industrieabwässern | Gift auf Äcker und Wiesen | Gift auf Weinberge | Gift auf Obstplantagen

2. DIE GIFTKETTE ERREICHT DEN MENSCHEN

3. Diese Gifte können...
- Pestizide • Quecksilber
- Blei • Antibiotika und Hormonpräparate

4. Abhilfemöglichkeiten
sorgfältiges Waschen und Schälen von Obst, Verzehr von Fischen einschränken
Verbot bzw. Einschränkung von Spritzgiften (Gesetz), verschärfte Kontrollen nach giftigen Rückständen

für den Menschen folgende Auswirkungen haben:
- Schädigung innerer Organe • Verkrüppelung der Gliedmaßen • Blut- und Nervengift
- Lähmungen • Resistenz gegen Antibiotika
- Hormonhaushalt gerät durcheinander

UG	Lehrschritte (Artikulationsdefinition)	Lehrinhalte und Lernziele (= Lz)	Lehrakte .... Lernakte		Sozialformen	Lernhilfen
Eröffnungsphase	1. Lehrschritt: (Problemkonfrontation)	Ausbreitung der Sachsituation; Begriffe: Ökonomie, Ökologie (Lz 1)	Sachimpuls: Projektion einer Karikatur. Erarbeitungsgespräch: Der Ökonome verteidigt die Gifteinleitung, der Ökologe klagt an: Erkennen der Überzeichnung.	- betrachten - reflektieren - begründen - werten	Hb Hb	Folie (1)
	2. Lehrschritt: (Problemfindung)	Schadstoffe in Nahrungsmitteln gefährden die Gesundheit der Menschen. (Lz 1)	Impuls: Die Karikatur übertreibt natürlich. Dennoch hat sie einen hohen Wahrheitsgehalt, wie dir diese Pressemeldungen zeigen. Erarbeitungsgespräch: Erkrankungen und Todesfälle nach Verzehr von Fischen, Schadstoffe sogar in der Muttermilch - allgemeine Formulierung der Erkenntnis.	- zuhören - lesen - erkennen - formulieren	Hb Hb	Folie (2) Tafel:Überschrift
	3. Lehrschritt: (Problemfixierung)	Problemfrage (1)	Erarbeitungsgespräch nach Impuls: Du kannst nun eine Frage formulieren!	- überlegen - formulieren	Hb	Tafel: Problemfrage (1)
Erarbeitungsphase	4. Lehrschritt: (Hypothesenbildung)	Wir vermuten... Wir meinen...	Gruppengespräch nach Gesprächsauftrag: Überlege mögliche Wege der Schadstoffe! Verarbeitungsgespräch: Auswertung der von den Schülern erarbeiteten Ergebnisse.	- vermuten - notieren - berichten - begründen	Ga Hb	Notizblock Seitentafel
	5. Lehrschritt: (erste Teilergebnisgewinnung und -fixierung)	Ursachen der Schadstoffanreicherung in Nahrungsmitteln; (Lz 2)	Arbeitsauftrag: Lies den folgenden Text. Unterstreiche die wichtigsten Aussagen. Verarbeitungsgespräch: Schädlingsbekämpfung früher und heute - wo Schadstoffe angewendet werden.	- lesen - unterstreichen - berichten - begründen	Aa Hb	Text (1) Tafel: Bilder und Texte zu (1)
	6. Lehrschritt: (zweite Teilergebnisgewinnung und -fixierung)	Aufzeigen von Kausalzusammenhängen: Erkennen der Giftkette; Begriff: ppm (Lz 3)	Gruppengespräch nach Gesprächsauftrag: Überlege, wie Schadstoffe in die Nahrung gelangen! Verarbeitungsgespräch: Schadstoffanreicherung z. B. in Fisch, Obst, Gemüse, Milch...	- erkennen - schließen - berichten - begründen	Ga (atlg.) Hb	Folien (3/4) Tafel: Text,Bild, Nahrungsmittelelemente zu (2)
	7. Lehrschritt: (Teilergebniszusammenfassung)		Rundgespräch: Nenne noch einmal Gründe für die Vergiftung der Umwelt und erkläre, wie Schadstoffe in die Nahrungsmittel gelangen!	- erklären - werten	Aa/Hb	ohne Tafel
	8. Lehrschritt: (dritte Teilergebnisgewinnung und -fixierung)	Arten von Schadstoffen und ihre möglichen Folgen für die menschliche Gesundheit; (Lz 4)	Arbeitsauftrag: Bisher war immer von Giften und Schadstoffen die Rede. Lies nach, welche Gifte auf den menschlichen Organismus einwirken und welche Folgen sie haben können! Verarbeitungsgespräch: Arten von Giften und Schadstoffen - verheerende Folgen für den menschlichen Organismus.	- zuhören - lesen - unterstreichen - berichten - erkennen - begründen	Aa Hb	Text (2) Tafel: Text zu (3)
	9. Lehrschritt: (Rückgriff auf die Problemfrage 1)	Verifizieren/Falsifizieren der Schülervermutungen;	Rundgespräch: Beantwortung der Problemfrage (1) - Vergleich und Wertung der Schülervermutungen.	- formulieren - vergleichen - werten	Aa/Hb	Seitentafel
Sicherungsphase	10. Lehrschritt: (Gesamtzusammenfassung)	Schriftliche Lernzielkontrolle;	Arbeitsauftrag: Ergänze dein Arbeitsblatt und kontrolliere dann anhand der Tafel!	- schreiben - vergleichen	Aa	Arbeitsblatt,Tafel geschlossen und geöffnet
	11. Lehrschritt: (Durchdringung des biologischen Problems)	Erkennen der tiefgreifenden Folgen der Schadstoffanreicherung in Nahrungsmitteln - Einsicht in die Notwendigkeit der Abhilfe; (Lz 5)	Erarbeitungsgespräch nach Impuls: Du kannst dir die Folgen leicht vor stellen, wenn nicht bald eine tiefgreifende Abhilfe geschieht. - Permanente und sich steigernde Vergiftung des menschlichen Organismus - steigende Zahl an Erkrankungen und Todesfällen. Partnergespräch nach Gesprächsauftrag: Überlege, was der einzelne bzw. der Staat tun können, um diesen Teufelskreis zu durchbrechen! Verarbeitungsgespräch: Möglichkeiten des einzelnen - gesetzliche Regelungen des Staates - Problem der Überwachung der Gesetze wegen oft unzureichender personeller Besetzung der entsprechenden Stellen.	- erkennen - schließen - überlegen - notieren - berichten - Zusammenhänge verstehen	Hb Pa Hb	Notizblock Tafel:Text zu (4)
	12. Lehrschritt: (Ausweitung)	Antibiotika und Hormone in Nahrungsmitteln; (Lz 4)	Erklärung: Gifte in der Nahrung stellen schon an sich ein ernstzunehmendes Problem für die menschliche Gesundheit dar. Manche Bauern haben in der Vergangenheit dem Futter z. B. für Rinder Antibiotika (z.B. Penicillin) beigemischt, um eine Ertragssteigerung zu erhalten. Geschlechtshormone verbessern die Fleischqualität und das Fleischwachstum. Erarbeitungsgespräch: Antibiotika gelangen auch in den menschlichen Körper - Gefahr der Resistenz - Hormonhaushalt kann in Unordnung geraten.	- zuhören - erkennen - reflektieren - begründen - werten	Hb Hb	Tafel:Ergänzung zu Text (3) und (4) - Eintrag in Arbeitsblatt als Hausaufgabe

Text (2) aus Literatur (2/4):

Je nach Schädlingsbefall unterscheidet man Gifte gegen Insekten, Milben, Fadenwürmer, Schnecken, Nagetiere oder Pilzbefall. Sie werden unter der Bezeichnung Pestizide zusammengefaßt. Es hat sich als notwendig erwiesen, die tierischen Schädlinge mehrere Male abwechselnd mit Atem-, Berührungs- und Fraßgiften zu bekämpfen. Besonders gefährlich ist die Langzeitwirkung von Pestiziden. Diese Erscheinung wurde am besten an dem Insektenvertilgungsmittel DDT erforscht. Seine Verwendung ist inzwischen in der Bundesrepublik Deutschland verboten. Es reichert sich im Fettgewebe der Tiere und Menschen an und kann nur sehr schwer wieder abgebaut werden. Die Auswirkungen der DDT-Anreicherung im menschlichen Körper sind noch umstritten, doch wahrscheinlich ist eine Schädigung von inneren Organen. Nicht umstritten ist die tödliche Dosis von 300 - 500 mg/Kg Körpergewicht. Als besonders gefährlich haben sich quecksilberhaltige Verbindungen erwiesen, die in den Abwässern der chemischen Industrie enthalten sind. So starben in Japan nach dem Genuß von quecksilberhaltigen Fischen viele Menschen eines qualvollen Todes oder wurden zeitlebens zu Krüppeln. In der Bundesrepublik gelangen mit den Abgasen der Autos jährlich 8000 Tonnen Blei in die Landschaft. Blei ist für Tier und Mensch ein schweres Gift, das Schäden am Nervensystem (bis zu Lähmungen) und Gehirn, aber auch Blut-, Herz- und Kreislauferkrankungen hervorrufen kann.

Hauptlernziel: Überblick über Faktoren, die die biologischen Grundlagen der Menschheit gefährden.	Unterrichtsthema: Tödliche Bedrohung aus der Luft!	Autor: Alfred Ilsanker
		Unterrichtszeit Empfehlung: 1 UE = 45 Min.

Vorbemerkungen:
Da das Prinzip der Aktualität bei dieser Thematik besonders gewahrt werden kann und gleichzeitig die Schüler (als spätere "Mitverursacher") besonders sensibilisiert werden sollen, erscheint eine gründlichere Behandlung gerechtfertigt. Am Beispiel der Luftverschmutzung lassen sich komplexe Zusammenhänge transparent darstellen: Luftverschmutzung, die sich auf den Menschen, aber auch auf Boden und Gewässer auswirkt. Das Waldsterben kann unmittelbar auf den Menschen zurückwirken. Eine Zusammenschau komplizierter Sachverhalte ist so möglich. Über die Ursachen des Waldsterbens ist sich die Wissenschaft noch nicht völlig einig. Schwefeldioxid ist aber mit Sicherheit ein Hauptverursacher. Insofern ist auch eine elementare Betrachtungsweise im Unterricht legitim.

Teillernziele:
Die Schüler sollen:
1. gefährliche Schadstoffe in der Luft nennen können,
2. schädliche Auswirkungen der Luftverschmutzung auf Mensch und Natur erkennen können,
3. begründen können, warum das Waldsterben auch auf den Menschen zurückwirkt,
4. Hilfsmöglichkeiten diskutieren können.

Literatur:
1. Natur und Mensch, 9. Jahrgangsstufe, Schroedel, Hannover
2. Biologie in der 7. bis 9. Jahrgangsstufe, Akademiebericht Nr. 44, Dillingen
3. Mücke, Burkhard: Damit der Wald nicht stirbt, Heyne, München
4. Frankfurter Allgemeine Zeitung
5. Landesdenkmalamt Westfalen-Lippe, Münster
6. Leben überall - neu, 9. Jahrgangsstufe, Auer, Donauwörth

Folie (1)

Text (1) aus Lit. (1)
In einer Industriestadt ist die Luftverschmutzung bei trübem Wetter und während des Spitzenverkehrs deutlich bemerkbar. Die Großstadtluft ist dann stickig und wirkt sich auf das Wohlbefinden vieler Menschen nachteilig aus; denn sie ist durch giftige Abgase, durch Staub und Rauch stark verschmutzt. An der Luftverschmutzung haben die Auspuffgase der Kraftfahrzeuge mit etwa 40 bis 50% den größten Anteil. Hinzu kommen noch die Industrieabgase und die Abgase aus den Heizungsanlagen der Gebäude. Besonders bedrohlich für die Gesundheit sind die in Atemhöhe der Fußgänger abgegebenen **Autoabgase** mit ihren giftigen Stoffen wie *Kohlenmonoxid, Schwefeldioxid und Blei.*

Text (3) aus Lit. (1)
Die Luftverschmutzung ist besonders gefährlich als *Rauchnebel* oder *Smog*. Er entsteht, wenn bei bestimmten Wetterlagen hohe Luftschichten stärker erwärmt sind als die bodennahen. Die bodennahe Luft kann nicht wie sonst aufsteigen, sondern wird mit den Schadstoffen zurückgehalten. Über den betroffenen Industriegebieten oder Großstädten bildet sich eine Gasglocke, deren Giftgehalt ständig zunimmt.

Folie (3) aus Lit. (5)

Text (2) aus Lit. (6)
Auswirkungen von Schadstoffen
Kohlenmonoxid: Ermüdung, Kopfschmerzen, Erbrechen, Tod (gefährdet: vor allem Kleinkinder, alte Menschen);
Schwefeldioxid: Reizung der Augen, der Schleimhäute, der Atemwege, Asthma, Herz- und Darmerkrankungen;
Blei: Kopfschmerzen, Übelkeit, Erbrechen, Erkrankungen der Lunge, der Verdauungsorgane, der Haut und des Gehirns;

Text (4) aus Lit. (1)
Der von **Industrieanlagen** erzeugte Staub und Ruß wirkt sich nachteilig auf Pflanzen aus. Staub- und Rußschichten verstopfen nicht nur die Spaltöffnungen der Blätter, sondern vermindern auch den Lichtzutritt zum Blattgrün. Dadurch wird die Photosynthese eingeschränkt. Unter den industriellen Abgasen und den Abgasen der Heizungsanlagen ist das *Schwefeldioxid* besonders schädlich. Es entsteht bei vielen Verbrennungsvorgängen und wandelt sich mit der Luftfeuchtigkeit zu *schwefliger Säure* um. Dieser Schadstoff führt beim Menschen zu Reizungen und Entzündungen der Atemwege. Besonders empfindlich reagieren Pflanzen auf Schwefeldioxid. Es dringt durch die Spaltöffnungen in das Blattinnere ein, führt zu Störungen des Stoffwechsels und zerstört das Zellgewebe. Entsprechend geschädigte Bäume werfen ihre Blätter vorzeitig ab und zeigen nur einen kümmerlichen Wuchs.

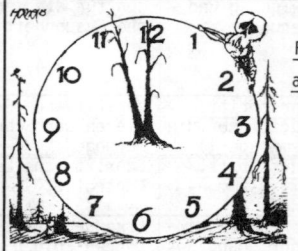

Folie (2) aus Quelle (4)

Tafelbild=Arbeitsblatt (ohne handschriftliche Eintragungen)

TÖDLICHE BEDROHUNG AUS DER LUFT

1. Ursachen der Luftverschmutzung

AUSSTOSS VON
- Rauch, Staub, Blei
- Kohlenmonoxid
- Schwefeldioxid

2a. Mögliche Auswirkungen auf den Menschen...
- Erkrankungen der Atemwege
- Kopfschmerzen, Übelkeit
- Kreislaufstörungen

2b. ...und auf die Natur!

• fehlender Staubfilter und Sauerstoffspender

und Feuchtigkeit = schweflige Säure = saurer Regen

Rückwirkung auf den Menschen?

Übersäuerung von Gewässern: Fischsterben bei bestimmten Arten

direkte Schädigung der Blattorgane
Schäden im Feinwurzelbereich

! BEDROHTES ÖKOSYSTEM WALD !

3. Was man dagegen tun kann...

Der einzelne Bürger	Der Staat	Die Staaten
auf Auto gelegentlich verzichten, Motor genau einstellen, Motor abschalten, wenn möglich, Heizungsanlage genau einstellen	weitere Verschärfung der Abgasvorschriften, (Problem: hohe Kosten für Industrie und private Verbraucher)	internationale Zusammenarbeit und Verträge über Schadstoffbegrenzung

206

UG	Lehrschritte (Artikulationsdefinition)	Lehrinhalte und Lernziele (= Lz)	Lehrakte .... Lernakte		Sozialformen	Lernhilfen
Eröffnungsphase	1. Lehrschritt: (Einstimmung)	Anbahnung einer subjektiven Betroffenheit; Problemfrage (1)	Sachimpuls: Präsentation der Überschrift. Erarbeitungsgespräch: Die Menschheit ist bedroht durch Luftverschmutzung. Erarbeitungsgespräch nach Impuls: Du kannst sicher einige Verursacher dieser Verschmutzung nennen.	- lesen - erkennen - begründen - artikulieren	Hb Hb Hb	Tafel:Tödliche Bedrohung aus der Luft! Tafel:Überschrift und Bilder zu (1)
	2. Lehrschritt: (Problembegegnung)	Schadstoffe in der Luft; (Lz 1)	Arbeitsauftrag: Arbeite aus dem folgenden Text gefährliche Schadstoffe heraus! Verarbeitungsgespräch: Rauch, Staub, Kohlenmonoxid, Schwefeldioxid und Blei.	- lesen - unterstreichen - verbalisieren	Aa Hb	Text (1) Tafel: Ausstoß von...
	3. Lehrschritt: (Problemfindung und -fixierung)	Problemfrage (2 a)	Erarbeitungsgespräch nach Impuls: Menschen gehen spazieren - Kinder spielen - Polizisten stehen auf der Kreuzung.	- Problem finden und formulieren	Hb	Tafel: Überschrift und Bild zu (2 a)
	4. Lehrschritt: (Hypothesenbildung)	Wir vermuten... Wir meinen...	Gruppengespräch nach Gesprächsauftrag: Überlege mögliche Auswirkungen! - Schüler artikulieren Vermutungen. Verarbeitungsgespräch: Auswertung der Schülerergebnisse.	- vermuten - notieren - berichten	Ga Hb	Notizblock Seitentafel:Stichpunkte
Erarbeitungsphase	5. Lehrschritt: (erste Teilergebnisgewinnung und -fixierung)	Schädliche Auswirkungen der Luftverschmutzung auf den Menschen; (Lz 2)	Arbeitsauftrag: Unterstreiche im folgenden Text gefährliche Auswirkungen auf den Menschen! Verarbeitungsgespräch: Organische Schäden - Gefährdung alter und kranker Menschen durch Smog.	- unterstreichen - berichten - begründen - werten	atlg. Aa Hb	Text (2) und (3) Tafel:Text zu (2 a)
	6. Lehrschritt: (erste Problempräzisierung)	Problemfrage (2 b)	Sachimpuls: Präsentation eines Bildes. Erarbeitungsgespräch: Bäume ohne Blätter - sind abgestorben - allgemeine Formulierung dieser Erkenntnis.	- betrachten - berichten - formulieren	Hb Hb	Tafel: Baumbild Tafel: Überschrift zu (2 b)
	7. Lehrschritt: (zweite Teilergebnisgewinnung und -fixierung)	Schädliche Auswirkungen der Luftverschmutzung auf die Natur; (Lz 2) Begriff: Öko-System	Arbeitsauftrag: Lies nun selber über die Zusammenhänge von Luftverschmutzung und Waldsterben nach! Verarbeitungsgespräch: Wie saurer Regen entsteht - wie Bäume bereits äußerlich geschädigt werden können. Erläuterung: Saurer Regen wirkt nicht nur äußerlich, sondern auch an den Wurzeln. So wird etwa die Wasser- und Nährstoffaufnahme gestört, weil der Boden versauert. Es dauert lange, bis sich der Wald wieder erholt - bis die Tierarten sich wieder angesiedelt haben - bis der Boden wieder so ist wie früher. Gruppengespräch nach Frage: Wie wird sich wohl der saure Regen auf Gewässer auswirken? Erarbeitungsgespräch: Übersäuerung von Gewässern - nicht alle Fischarten ertragen das - Fischsterben oder verkümmerte Brut.	- lesen - unterstreichen - berichten - begründen - werten - zuhören - verstehen - vermuten - notieren - berichten - begründen - verstehen	Aa Hb Hb Ga Hb	Text (4) Tafel:Entstehung sauren Regens und direkte Schädigung Tafel: Schäden im Feinwurzelwerk; bedrohtes Öko-System Wald Notizblock Tafel:Übersäuerung von Gewässern...
	8. Lehrschritt: (dritte Teilergebnisgewinnung und -fixierung)	Wie das Waldsterben auf den Menschen zurückwirken kann; (Lz 3)	Erarbeitungsgespräch nach Impuls: Vielleicht ist die Diskussion um das Waldsterben übertrieben? Der Mensch ist davon doch nicht betroffen. - Wald als Staubfilter und als Sauerstoffproduzent.	- erkennen - begründen - werten	Hb	Tafel: Rückwirkung auf den Menschen..
	9. Lehrschritt (Teilzusammenfassung)	(Lz 1/2/3)	Rundgespräch: Nenne noch einmal Verursacher der Luftverschmutzung, Schadstoffe in der Luft und ihre Auswirkungen auf Mensch und Natur.	- nennen - begründen	Aa/Hb	Tafel:geschlossen
	10.Lehrschritt: (zweite Problempräzisierung)	Problemfrage (3)	Sachimpuls: Projektion von Zeitungsüberschriften. Erarbeitungsgespräch nach Frage: Woran werden wohl die Menschen interessiert sein?	- lesen - erkennen - formulieren	Hb Hb	Folie (1) Tafel:Überschrift zu (3)
	11.Lehrschritt: (vierte Teilergebnisgewinnung und -fixierung)	Hilfsmöglichkeiten (Lz 4)	Gruppengespräch nach Gesprächsauftrag: Überlege mögliche Hilfsmaßnahmen. Denke dabei vor allem an die Verursacher! Erarbeitungsgespräch: Möglichkeiten des einzelnen - des Staates - Bedeutung internationaler Zusammenarbeit: Lösung des Problems nur durch Zusammenarbeit der Staaten in Ost und West.	- diskutieren - berichten - begründen - erkennen - werten	Ga Hb	Notizblock Tafel: Text zu (3)
	12.Lehrschritt: (Rückgriff auf Problemfragen)	Beantwortung der Problemfragen;	Verarbeitungsgespräch nach Impuls: Beantwortung der Problemfragen - Vergleich und Wertung der Vermutungen.	- formulieren - werten	Hb	Tafel/Seitentafel
Sicherungsphase	13.Lehrschritt: (Gesamtzusammenfassung)	Schriftliche Ergebnissicherung;	Arbeitsauftrag: Ergänze dein Arbeitsblatt und kontrolliere anhand der Tafel.	- schreiben - überprüfen	Aa	Tafel:geschlossen; geöffnet, Arbeitsblatt
	14.Lehrschritt: (Beurteilung)	Dramatische Gefahr;	Erarbeitungsgespräch nach Impuls: Vielleicht ist dir die Tafelüberschrift am Anfang übertrieben vorgekommen. Vergleiche mit der Karikatur!	- betrachten - werten - formulieren	Hb	Folie (2) - Karikatur
	15.Lehrschritt: (Transfer)		Sachimpuls: Projektion einer Folie. Verarbeitungsgespräch: Schadstoffe in der Luft greifen auch Stein an.	- betrachten - erkennen - werten	Hb Hb	Folie (3)

207

Erdkunde

Hauptlernziel: Die Schüler sollen die Bedeutung von Industrien für die Schaffung von Arbeitsplätzen erkennen und begründen können.	**Unterrichtsthema:** Welche Vorteile bringt eine Industrieansiedlung auf dem Lande?	**Autor:** Max Haidacher **Unterrichtszeit Empfehlung** 1-2 UE

Vorbemerkungen:
Das Thema "Arbeitsplätze durch Industrieansiedlungen" wird hier exemplarisch am Beispiel BMW in Dingolfing aufgezeigt. Es sollen jedoch, falls möglich, räumlich naheliegende Industrieansiedlungen zum Vergleich mit herangezogen werden.

Teillernziele:
Die Schüler sollen:
1. Die Stadt Dingolfing lokalisieren können;
2. am Beispiel von BMW in Dingolfing belegen können, daß die Errichtung eines Industriebetriebs Arbeitsplätze schafft;
3. die Gründe benennen können, die für die Planung von Industrieansiedlungen entscheidend sind;
4. die Auswirkungen der Errichtung des BMW-Werks auf Dingolfing und auf Niederbayern angeben können;
5. erkennen, daß die Errichtung eines Industriebetriebs abhängig ist von Absatzmärkten und Konkurrenzfähigkeit.

Medien - Literatur:
"Süddeutsche Zeitung", 11./12.6.83
"Die Herausforderung", in "SZ" vom 17.3.80
"Innovationen", in "SZ" vom 29.11.82
"Zehn Jahre BMW in Dingolfing", BMW-Werkredaktion, 1978
"Passauer Neue Presse", 4.11.1982

Tafelbild:

Welche Vorteile bringt eine Industrieansiedlung auf dem Lande?

Zentrum: **Industrie auf dem Land: BMW-Werk in Dingolfing**

Verbindungen zu:
- Schaffung von Arbeitsplätzen
- Steigende Einwohnerzahl
- Ausbildung zu Facharbeitern
- Schaffung von Freizeitangeboten
- Nutzung der Arbeitskräftereserven
- Verbesserung der Lebensbedingungen
- Räumliche Nähe zum Stammwerk München
- Höheres Gewerbesteueraufkommen
- Übernahme des Glas-Automobilwerks
- Verbesserung der Verkehrsverbindungen

Zeitungsbericht:

MILLIONSTER BMW LIEF IN DINGOLFING VOM BAND

BMW-Vorstandsmitglied Hans Koch erinnerte an die Anlaufphase des neuen Werkes Dingolfing. Innerhalb von drei Jahren für 450 Millionen DM und 8000 Arbeitsplätze gebaut, sollten in Dingolfing maximal 300 Wagen täglich produziert werden. Aber schon 1975 fertigte BMW 370 Einheiten pro Tag, und bereits im April 1977 hielt der 10000. Mitarbeiter Einzug. Heute finden im Dingolfinger BMW-Werk nahezu 14000 Menschen Beschäftigung, und die Zahl der täglich gefertigten Automobile liegt knapp unter der 1000er-Grenze.
Koch verwies auf die derzeitigen wirtschaftlichen Verhältnisse mit deprimierenden Arbeitslosenzahlen und tristen Konjunkturaussichten. Die Automobilindustrie habe darüber hinaus erneut gestiegene Betriebspreise zu verkraften und mit einem Rückgang im Inlandsgeschäft zu kämpfen. Was das Exportgeschäft betreffe, so zeichne sich hier ein Erreichen des Höhepunktes deutlich ab. An mehrstelligen Zuwachsraten dürfe man sich jedoch in kommenden Jahren nicht mehr orientieren.
Als eine "Perle der deutschen Automobilindustrie" beschrieb Regierungspräsident Dr. Gottfried Schmid das Dingolfinger BMW-Zweigwerk. Dieser Produktionsriese habe die wirtschaftliche Entwicklung Niederbayerns seit den 70er Jahren entscheidend mitgeprägt und sei zum "Motor des kleinen niederbayrischen Wirtschaftswunders" geworden. Wenn der Regierungsbezirk in der Entwicklung des Bruttosozialprodukts von 1970 bis 1978 mit 118 Prozent die höchste Wachstumsrate Bayerns erreichte, so habe BMW in Dingolfing ein gerüttelt Maß Anteil daran. BMW sei in Niederbayern nicht nur der größte Arbeitgeber, sondern auch einer der bedeutendsten Investoren und Auftraggeber. Eine Vielzahl von Betrieben der Industrie, des Handwerks, des Handels und Dienstleistungsgewerbes nutzten die Möglichkeiten zu einer für beide Seiten fruchtbaren Zusammenarbeit. In dieser Peripherie von Zulieferer- und Dienstleistungsbetrieben verdankten neben den 15000 Mitarbeitern in den Werken Dingolfing und Landshut nochmals einige tausend Beschäftigte ihren Arbeitsplatz den Bayrischen Motorenwerken.
Eine leistungsfähige Verkehrsanbindung des Dingolfinger BMW-Werkes steht bei Regierungspräsident Schmid ganz oben auf der Wunschliste. Er unterstrich die besondere Bedeutung der Autobahn A 296 (München-Deggendorf) für BMW wie auch für die weitere gesamtwirtschaftliche Entwicklung Niederbayerns. Hier übte auch Karl Dompert deutliche Kritik. Ganz zufrieden könne BMW so lange nicht sein, bis die beiden Produktionsstandorte München und Dingolfing durch eine Autobahn verbunden seien.

Arbeitstext 1:

Arbeitsplätze in Dingolfing

Das BMW-Werk Dingolfing beschäftigt 13400 Mitarbeiter. Davon sind 1800 Frauen. Die Lohn- und Gehaltssumme pro Jahr liegt bei rund einer halben Milliarde DM.
Von der gesamten Belegschaft wohnen heute etwa 17 Prozent im Stadtgebiet von Dingolfing. Die übrigen (etwa 11000) pendeln aus einem Bereich ein, der sich von Tittling über Deggendorf und Bogen bis Rottenburg erstreckt. Diese Region ist mit 72 Omnibuslinien für BMW erschlossen. 200 Busse legen täglich fast 40000 km zurück.

Arbeitstext 2:

Ausbildung bei BMW in Dingolfing

Die berufliche Ausbildung bei BMW ist fundiert. Einerseits werden hohe Ansprüche an Leistung und Engagement der Mitarbeiter gestellt, andererseits wird fachlich, organisatorisch und menschlich eine perfekte Ausbildung geboten. Gegenwärtig sind rund fünfhundert Nachwuchskräfte im Dingolfinger BMW-Werk in der Ausbildung. Darüber hinaus finden überbetriebliche Umschulungskurse in enger Zusammenarbeit mit den regionalen Arbeitsämtern, der Industrie- und Handelskammer sowie öffentlichen und privaten Schulen in den Nachbarstädten Landshut, Regensburg, Deggendorf, Passau, Landau und Straubing statt.

Kurzgeschichte:

1968: Übernahme des Glasautomobilwerks durch die BMW AG; 3000 Beschäftigte
1970: Beginn der Ausbauphase
1973: Beginn der PKW-Produktion mit der 5er-Reihe 4500 Beschäftigte
1984: Tägliche Produktion von 1000 Fahrzeugen; fast 14000 Beschäftigte

UG	Lehrschritte (Artikulationsdefinition)	Lehrinhalte und Lernziele (= Lz)	Lehrakte .... Lernakte		Sozialformen	Lernhilfen
Eröffnungsphase	1. Lehrschritt: (Problembegegnung)	Zeitungsausschnitt: "Millionster BMW lief in Dingolfing vom Band";	Arbeitsauftrag: Lies den Zeitungsausschnitt durch! Verarbeitungsgespräch: Spontanäußerungen der Schüler; Besprechung des Inhalts.	– lesen – Informationen entnehmen – sich äußern	Aa Hb	Zeitungsausschnitt
	2. Lehrschritt: (Vorkenntnisermittlung)		Rundgespräch nach Frage: Was weißt du zu BMW in Dingolfing?	– ungeordnete Wiedergabe von Vorwissen	Aa/Hb	
	3. Lehrschritt: (Problempräzisierung – Zielangabe)	Problemfrage	Erarbeitungsgespräch nach Feststellung: Industrieansiedlung im Bauernland. Erarbeitung der Problemfrage: Wie schafft eine Automobilfirma Arbeitsplätze auf dem Lande?	– Problem erkennen – verbalisieren	Hb	Tafelbild: Überschrift
Erarbeitungsphase	4. Lehrschritt: (erste Teilzielerarbeitung und -fixierung)	Lokalisierung von Dingolfing; (Lz 1)	Arbeitsauftrag: Suche Dingolfing in deinem Atlas! Mache Angaben zu Bodennutzung und Industrialisierung! Verarbeitungsgespräch: Vortrag und Auswertung der Arbeitsergebnisse. Fixierung als Tafelanschrift: Industrie auf dem Lande.	– lokalisieren – benennen – beschreiben – vortragen – vergleichen – zusammenfassen	Pa Hb	Atlas, Wandkarte, Lexikon, Notizblock Wandkarte, Atlas, Tafelbild: Industrie auf...
	5. Lehrschritt: (zweite Teilzielerarbeitung und -fixierung)	Schaffung von Arbeitsplätzen; (Lz 2)	Erarbeitungsgespräch nach Informationsentnahme aus Text 1 und 2. Auswertung der Angaben in den Texten und der Kartenskizze. Fixierung wesentlicher Erkenntnisse: Schaffung von Arbeitsplätzen, Ausbildung, Nutzung der Arbeitskräftereserven.	– betrachten – Informationen entnehmen – sich äußern – vergleichen – schlußfolgern	Aa/Hb	Text 1: Arbeitsplätze in ... Text 2: Ausbildung bei BMW ... Tafelbild: Arbeitsplätze, Ausbildung, Nutzung der Arbeitskräftereserven
	6. Lehrschritt: (dritte Teilzielerarbeitung und -fixierung)	Gründe für die Planung von Industrieansiedlungen; (Lz 3)	Frage: Welche Gründe waren für BMW entscheidend, in Dingolfing ein Automobilwerk zu errichten? Verarbeitungsgespräch: Verwertung und Zusammenfassung der Ergebnisse. Fixierung als Tafelanschrift: Räumliche Nähe, Übernahme des Glas-Automobilwerks.	– aufnehmen – vermuten – belegen – verwerten – zusammenfassen	Pa/Hb	Atlas (thematische Karten); Lehrerinformation zur geschichtlichen Entwicklung von BMW Tafelbild: Räumliche Nähe, Übernahme ...
	7. Lehrschritt: (vierte Teilzielerarbeitung und -fixierung)	Auswirkungen des Automobilwerks auf Dingolfing und Niederbayern;	Erarbeitungsgespräch nach Informationsentnahme aus Zeitungsausschnitt. Fixierung wichtiger Ergebnisse: Höheres Steueraufkommen, Verbesserung der Lebensbedingungen, Steigende Einwohnerzahl, Verkehrsverbindungen.	– Informationen entnehmen – sich äußern	Aa/Hb	Zeitungsausschnitt Tafelbild: Verkehrsverbindungen, Steuer, Lebensbedingungen, Freizeitangebot, Einwohnerzahl
Sicherungsphase	8. Lehrschritt: (Zusammenfassung)		Rundgespräch nach Frage: Welche Vorteile bringt eine Industrieansiedlung auf dem Lande?	– rekapitulieren – zusammenfassen	Aa/Hb	evtl. Tafelbild als Hilfe
	9. Lehrschritt: (Ausweitung)	Abhängigkeit von Absatz und Konkurrenzfähigkeit;	Erarbeitungsgespräch nach Lehrerinformation über Absatzmöglichkeiten von Autos und über die Konkurrenzfähigkeit deutscher Autos im allgemeinen und von BMW-Automobilen im speziellen.	– aufnehmen – vergleichen – begründen – ableiten	Hb	Aktuelle Zulassungskriterien für Automobile

Hauptlernziel: Die Schüler sollen erkennen, daß sich die Lebens- und Arbeitsbedingungen in der Landwirtschaft verbessert haben.	Unterrichtsthema: Warum haben sich die Lebensbedingungen der Landwirte verbessert?	Autor: Max Haidacher
		Unterrichtszeit Empfehlung: 1-2 UE

Vorbemerkungen:	Zeitungsausschnitt 2:
Die Schüler sollten sich während eines Unterrichtsganges auf einem Bauernhof über die Situation in der Landwirtschaft informieren.	**Die Zahl der Bauernhöfe schrumpft weiter**

Vorbemerkungen:
Die Schüler sollten sich während eines Unterrichtsganges auf einem Bauernhof über die Situation in der Landwirtschaft informieren.

Medien - Literatur:
1x1 der Landwirtschaft, IMA, Hannover 1982
"Die Zeit", 17.02.1983
"Süddeutsche Zeitung", 19.10.1982
"Süddeutsche Zeitung", 01.02.1984
Text

Teillernziele:
Die Schüler sollen:
1. erkennen, daß es Unterschiede in den Lebensbedingungen zwischen großen und kleinen Betrieben gibt;
2. begründen können, warum die Zahl der kleinen Betriebe zugunsten der großen Betriebe schrumpft;
3. die Unterschiede zwischen Voll-, Neben-, und Zuerwerbsbetrieb angeben können;
4. Maßnahmen benennen können, die zur Verbesserung der Lebensbedingungen beitragen (Spezialisierung, Urlaub auf dem Bauernhof, Anbaumethoden);
5. Fördermaßnahmen des Staates zur Unterstützung der Landwirtschaft unterscheiden können.

Zeitungsausschnitt 1:
Weniger Bauernhöfe in Bayern
Die bayerische Landwirtschaft hat einen Strukturwandel erlebt. Nach Aussage von Staatssekretär Simon Nüssel gab es 1950 in Bayern 440000 landwirtschaftliche Betriebe mit 1,4 Millionen Beschäftigten, jetzt sind es nur noch 180000 Betriebe mit 436000 Mitarbeitern. Dieser Strukturwandel habe die bäuerlichen Genossenschaften gezwungen, sich zu größeren und leistungsfähigeren Unternehmenseinheiten zusammenzuschließen.

Zeitungsausschnitt 2:
Die Zahl der Bauernhöfe schrumpft weiter
Die meisten Betriebe wurden nach Ansicht des Bundeslandwirtschaftsministeriums aus Altersgründen aufgegeben. Ein weiterer Beweggrund dürfte der schrittweise oder vollständige Übergang zu einer außerlandwirtschaftlichen Beschäftigung gewesen sein. Für die nächsten Jahre rechnet das Bonner Ministerium mit einer weiteren jährlichen Abnahme der Anzahl der Betriebe um etwa 2 bis 2,5%. Aufgegeben haben vor allem kleinere Höfe. Die Zahl der Betriebe mit weniger als 40 ha landwirtschaftlich genutzter Fläche sank um rund 22000 oder 3,2% auf 683100. Demgegenüber stieg die Zahl der Betriebe ab 40 ha um 1600 oder 2,7% auf 60600. Zwar nahm die Durchschnittsgröße der Betriebe im vergangenen Jahr auf 16,10 ha gegenüber 15,76 ha im Jahr zuvor zu, doch war noch immer rund die Hälfte aller Betriebe kleiner als 10 ha.
Im EG-Vergleich zeigt sich, daß die Bundesrepublik noch keineswegs eine günstige Agrarstruktur erreicht hat. Die Durchschnittsgröße der Agrarbetriebe in der EG lag z.B. 1981 bei 15,5 ha. Dabei reichte die Spanne von 65,5 ha in Großbritannien bis 4,3 ha in Griechenland. Besser dran als die BRD mit damals 14,4 ha waren Frankreich mit 25,5 ha, Luxemburg mit 25,4 ha, Dänemark mit 23,5 ha, Irland mit 22,5 ha, die Niederlande mit 15 ha und Belgien mit 14,5 ha. Geringer war die Durchschnittsgröße nur in Italien mit 7,4 ha. Von der Gesamtzahl der 1983 noch existierenden 743742 landwirtschaftlichen Betriebe in der BRD wurde mit 370679 nahezu die Hälfte (49,8%) im Vollerwerb bewirtschaftet. Vor zehn Jahren waren dies noch 415300 Betriebe, also 42,9%. Durch den Trend zu größeren Betrieben hat also die Quote der Vollerwerbsbetriebe zugenommen. Im Zuerwerb, in dem noch der überwiegende Teil des Gesamteinkommens aus der Landwirtschft stammt, wurden 74416 (1973:171500) oder 10,0 (17,7)% der Betriebe geführt. Auf den Nebenerwerb, bei dem das Haupteinkommen aus außerlandwirtschaftlicher Tätigkeit stammt, entfielen 298647 (1973:381000) Einheiten oder 40,2 (39,4)%

Betriebsgrößenstruktur in der Landwirtschaft (Zahl der Betriebe in 1000)

	1973	1983	Veränderungen 1983 im Durchschnitt pro Jahr zu 1973
1 bis unter 10 ha	539,5	369,0	- 3,7 %
10 bis unter 20 ha	231,0	167,0	- 3,2 %
20 bis unter 40 ha	153,3	147,1	- 0,5 %
40 bis unter 100 ha	40,4	55,8	+ 3,3 %
100 und mehr ha LF	3,6	4,8	+ 3,0 %
Betriebe zusammen	967,8	743,7	- 2,6 %

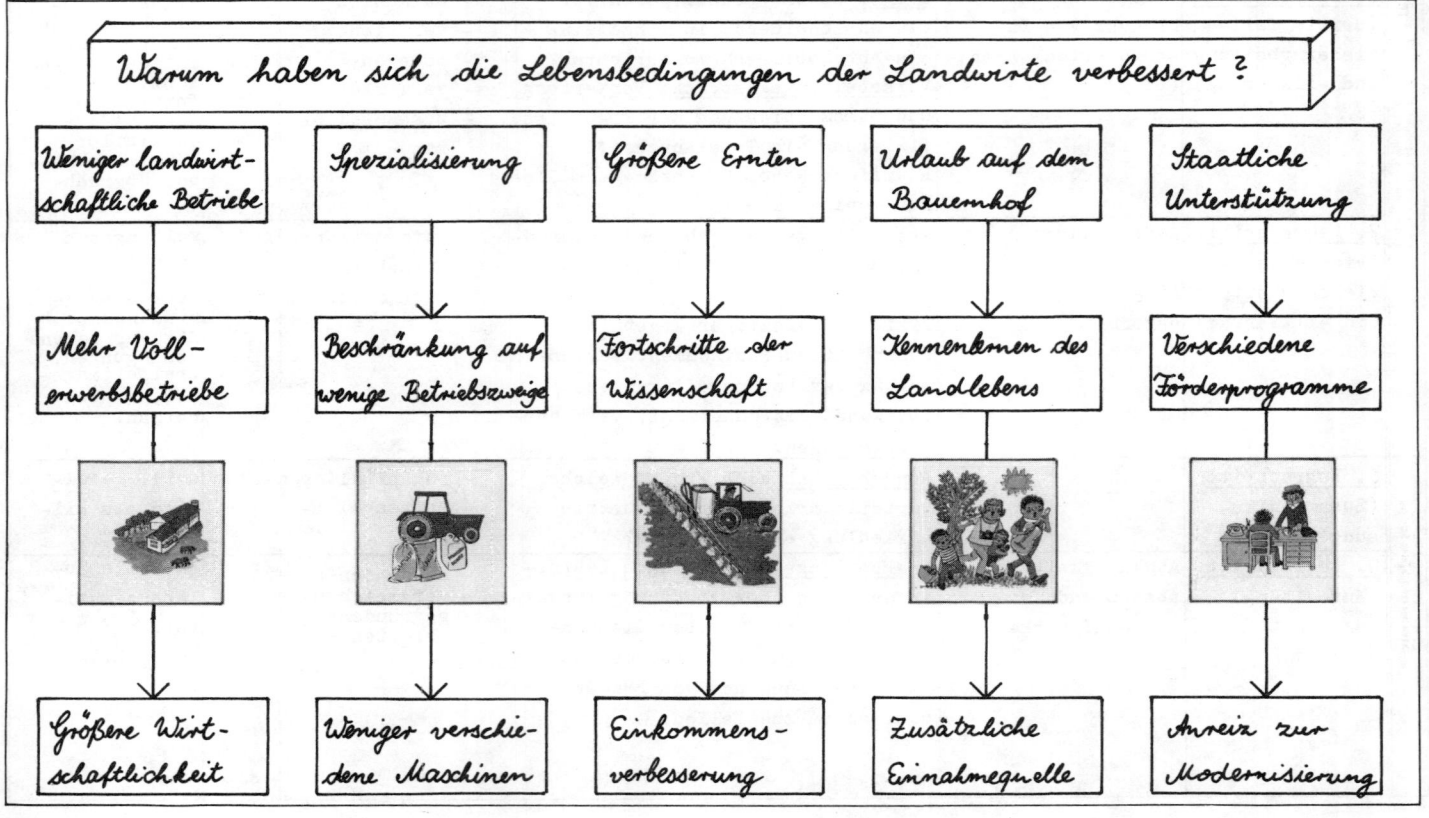

Warum haben sich die Lebensbedingungen der Landwirte verbessert?

Weniger landwirtschaftliche Betriebe	Spezialisierung	Größere Ernten	Urlaub auf dem Bauernhof	Staatliche Unterstützung
Mehr Vollerwerbsbetriebe	Beschränkung auf wenige Betriebszweige	Fortschritte der Wissenschaft	Kennenlernen des Landlebens	Verschiedene Förderprogramme
Größere Wirtschaftlichkeit	Weniger verschiedene Maschinen	Einkommensverbesserung	Zusätzliche Einnahmequelle	Anreiz zur Modernisierung

UG	Lehrschritte (Artikulationsdefinition)	Lehrinhalte und Lernziele (= Lz)	Lehrakte	Lernakte	Sozialformen	Lernhilfen
Eröffnungsphase	1. Lehrschritt: (Problembegegnung)	Weniger Bauernhöfe in Bayern (Konfrontation).	Sachimpuls: Schüler erhalten Zeitungsausschnitt 1: "Weniger Bauernhöfe in Bayern". Arbeitsaufgabe: Lies den Text und sprich mit deinem Partner darüber! Verarbeitungsgespräch: Aussprache über diese Entwicklung, Herausstellen von Vor- und Nachteilen dieser Entwicklung	- vermuten - sich äußern - erlesen - besprechen - diskutieren - Stellung nehmen	Hb Aa/Pa Hb	Zeitungsausschnitt 1
	2. Lehrschritt: (Zielangabe)	Problemfrage	Erarbeitungsgespräch nach Feststellung: Situation in der Landwirtschaft hat sich geändert und verbessert. Erarbeitung der Problemfrage: Warum haben sich die Lebensbedingungen der Landwirte verbessert? Fixierung.	- Problem erkennen - verbalisieren	Hb	Tafelbild: Überschrift
Erarbeitungsphase	3. Lehrschritt: (erste Teilzielerarbeitung und Fixierung)	Mehr Vollerwerbsbetriebe. (Lz 1, 2, 3)	Sachimpuls: Schüler erhalten Zeitungsausschnitt 2. "Die Zahl der Bauernhöfe schrumpft weiter." Arbeitsaufgabe: Lies den Text und sprich in der Gruppe darüber! Verarbeitungsgespräch: Aussprache über Lebensbedingungen in großen und kleinen Betrieben, Aufgabe kleiner Betriebe, Unterschiede zwischen Vollerwerbs-, Nebenerwerbs- und Zuerwerbsbetrieben. Fixierung der Ergebnisse im Tafelbild.	- sich äußern - erlesen - besprechen - sich äußern - vergleichen - Unterschiede herausstellen	Hb Aa/Ga Hb	Zeitungsausschnitt 2 Tafelbild: weniger landwirtschaftliche Betriebe.
	4. Lehrschritt: (zweite Teilzielerarbeitung und -fixierung)	Maßnahmen zur Verbesserung der Lebensbedingungen in der Landwirtschaft. (Lz 4)	Sachimpuls: Ergebnisse des Unterrichtsgangs der Grafik: "Ernten werden immer größer". Arbeitsaufgabe: Stelle die Ergebnisse des Unterrichtsganges und die Auswertung der Grafik unter dem Gesichtspunkt "verbesserte Lebensbedingungen" zusammen! Verarbeitungsgespräch: Zusammenfassung der Ergebnisse, Fixierung als Tafelanschrift.	- vergleichen - vermuten - Informationen entnehmen - zusammenstellen - notieren - diskutieren - fixieren	Hb Aa Hb	Lehrerinformation, Ergebnisse des Unterrichtsgangs, Grafik: "Ernten werden immer größer." Tafelbild: Spezialisierung..., Größere Ernten... Urlaub auf dem Bauernhof...
	5. Lehrschritt: (dritte Teilzielerarbeitung und -fixierung)	Staatliche Förderung. (Lz 5)	Sachimpuls: Schüler erhalten Text: "Wie unterstützt der Staat die Landwirtschaft?" Arbeitsaufgabe: Ermittle die angegebenen Fördermaßnahmen! Verarbeitungsgespräch: Aussprache über die Fördermaßnahmen, mit Beispielen belegen. Fixierung der Ergebnisse.	- erlesen - sich äußern - erläutern - diskutieren - auswerten - mit Beispielen belegen	Hb Pa Hb	Text: "Wie.." Notizblock Tafelbild: Staatliche Unterstützung...
Sicherungsphase	6. Lehrschritt: (Gesamtzusammenfassung)		Verarbeitungsgespräch nach Frage: Was trug alles zur Verbesserung der Lebensbedingungen in der Landwirtschaft bei?	- rekapitulieren - zusammenfassen	Hb	Tafelbild (als Hilfe)

Text:
Wie unterstützt der Staat die Landwirtschaft?
Von der Bundesregierung gibt es für folgende Maßnahmen Geld für die Landwirtschaft:
- Vollerwerbsbetriebe werden im einzelbetrieblichen Förderungsprogramm unterstützt, wenn sie nachweisen, daß das Einkommen nach Durchführung der Förderung höher ist (z.B. Kauf von Maschinen),
- Bergbauern mit mindestens drei Hektar Land erhalten Mittel aus dem Bergbauernförderprogramm,
- die Förderung der Nebenerwerbslandwirtschaft gibt Zuschüsse zur Betriebsvereinfachung, z.B. Umstellung von Milchviehhaltung auf Mastrindhaltung,
- staatliche Zuschüsse zum An-, Aus- und Umbau von Bauernhäusern (z.B. für Urlaub auf dem Bauernhof),
- Beiträge zur Alters- und Sozialversicherung der Landwirte.

Grafik:

Ernten werden immer größer
Getreideernten in der Bundesrepublik in 30 Jahren mehr als verdoppelt
in Mill. Tonnen

11,49 — 1952
15,23 — 1962
20,24 — 1972
24,47 — 1982

EINE REKORDERNTE AN GETREIDE mit rund 24,5 Mill. t haben die Bauern in der Bundesrepublik in diesem Jahr eingebracht. Dies ist vor allem einer außergewöhnlich guten Witterung zu verdanken. Aber die langfristige Entwicklung zeigt, daß dies mehr als ein Zufall ist. Denn dank der Fortschritte der Wissenschaft und der landwirtschaftlichen Praxis in der Saatgutzüchtung, bei der Düngung und der Feldbestellung sind die Erntemengen - bei witterungsbedingten Schwankungen - kontinuierlich gestiegen. Sie haben sich in den letzten dreißig Jahren mehr als verdoppelt.

Hauptlernziel: Verständnis für die Bedeutung des Umweltschutzes.	Unterrichtsthema: Warum wehrten sich Naturschützer gegen den Bau einer Autobahn?	Autor: Alfred Ilsanker
		Unterrichtszeit Empfehlung: 1 UE = 45 Min.

Vorbemerkungen:
Die Menschen unseres Landes sind in Fragen des Natur- und Umweltschutzes ohne Zweifel sensibler geworden. Viele sind nicht mehr bereit, planerische Maßnahmen oberer Baubehörden ohne Widerspruch hinzunehmen. Bei dem vorliegenden Thema handelt es sich um den Autobahnbau durch das untere Regental in der unmittelbaren Nähe von Regensburg. Der Bund Naturschutz und die Bürgerinitiative "Forum Regensburg" haben eine andere Trassenführung vorgeschlagen. Die Planfeststellung war bereits 1976 abgeschlossen. Der Bau verzögerte sich zunächst aber, weil die Naturschützer Rechtsmittel eingelegt hatten. Der Rechtsstreit ist bereits über drei Instanzen geführt worden. Nach einem Erfolg für die Straßenplaner vor dem Verwaltungsgericht Regensburg sowie für die Naturschützer vor dem Verwaltungsgerichtshof in München, hat das Bundesverwaltungsgericht in Berlin nur eine Teilentscheidung getroffen und die Streitsache zur erneuten Verhandlung an den Verwaltungsgerichtshof in München zurückverwiesen. Die Autobahn wurde zwar wegen des öffentlichen Interesses an einer schnellen Entlastung der unfallträchtigen Bundesstraße 15 zwischen Regensburg und Regenstauf weitergebaut – sie ist im Dezember 1982 ihrer Bestimmung übergeben worden –, ein endgültiges Urteil ist aber noch nicht gefällt (Stand: Januar 1984).

Teillernziele:
Die Schüler sollen:
1. begründen können, warum der Bund Naturschutz und die Bürgerinitiative "Forum Regensburg" die Streckenführung der Autobahn im Regental verhindern wollten,
2. die Möglichkeit von Einspruchsmaßnahmen diskutieren können,
3. begründen können, welche Bedeutung naturnahe Landschaften für den Menschen in seiner näheren Umgebung haben.

Literatur:
1. Erdkunde, 9. Schuljahr, Wolf Regensburg
2. Erdkunde, 9. Schuljahr, Schüler-Arbeitsblätter, Wolf Regensburg

Folie (1) aus Lit. (1)

Folie (3) aus Lit. (1)

VORGESCHLAGEN VOM BUND NATURSCHUTZ UND DEM FORUM REGENSBURG

Folie (2) aus Lit. (1)

Text (2) aus Lit. (1)
2. Verkehrsgutachten und städtebauliche Gegebenheiten
Nach einem Gutachten fließen 80 % des aus Richtung Regenstauf kommenden Autobahnverkehrs in die Arbeitsgebiete im Raum Regensburg. Der Hauptteil der Arbeitsplätze liegt östlich der Altstadt von Regensburg und im Hafenbereich. Im Gegensatz zum Westen befindet sich im Osten der Altstadt von Regensburg mehr als das 7fache an Gewerbefläche. Hier können also durch die Ansiedlung von Gewerbebetrieben auch weiterhin Arbeitsplätze geschaffen werden. Die Streckenführung der Autobahn nach dem Vorschlag der Naturschützer bedeutet also: Der Hauptteil des Schwerverkehrs (Lastkraft- und Tankfahrzeuge) und des Berufsverkehrs könnte direkt zu den Gewerbe- und Hafengebieten fahren. Nur 20 % des aus Richtung Regenstauf kommenden Verkehrs würden über die Bundesstraße 16 durch das Wassergewinnungsgebiet fließen.

Folie (4) aus Lit. (1)

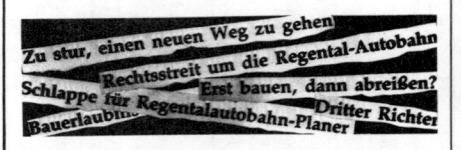

Zu stur, einen neuen Weg zu gehen
Rechtsstreit um die Regental-Autobahn
Schlappe für Regensburg
Erst bauen, dann abreißen?
Bauerlaubnis Regentalautobahn-Planer
Dritter Richter

Tafelbild=Arbeitsblatt (ohne handschriftliche Eintragungen)

Warum wehren sich Naturschützer gegen den Bau einer Autobahn?

AUTOBAHNBAU DURCH DAS REGENTAL

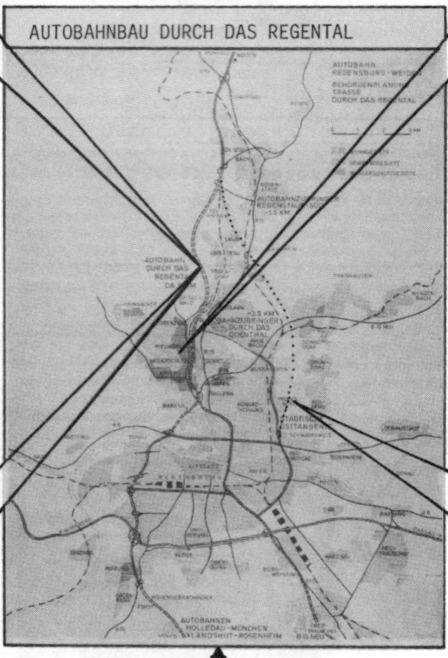

1. Zerschlagung einer naturnahen Landschaft
- Naherholungsgebiet für Regensburg 
- Verlust des Lebensraumes für 12 Brutvogelarten
- Störung einer Frischluftschneise

2. Lärm- und Abgasbelästigung für Anlieger 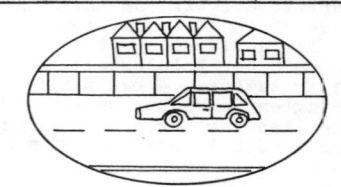
- unzureichende Verminderung durch Lärmschutzwälle

3. Gefährdung eines Wassergewinnungsgebietes 
- Karstboden läßt „Giftstoffe" leicht eindringen → Fließrichtung des Grundwassers zur Entnahmestelle → Gefährdung des Trinkwassers

4. Vorschlag der Naturschützer 
- 80% des Schwerverkehrs aus Richtung Regenstauf können gleich zu den Gewerbebetrieben fahren →
- keine Zerstörung wertvoller Landschaft

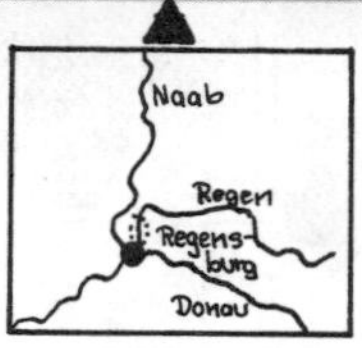

UG	Lehrschritte (Artikulationsdefinition)	Lehrinhalte und Lernziele (= Lz)	Lehrakte .... Lernakte		Sozial-formen	Lernhilfen
Eröffnungsphase	1. Lehrschritt: (geographische Raumabgrenzung)	Topographisches Grundwissen;	Sachimpuls: Projektion einer stummen Karte. Die Karte zeigt eine Großstadt und mehrere Flüsse in Süddeutschland. Nimm einen Atlas und bezeichne Flüsse und Stadt! Verarbeitungsgespräch: Es handelt sich um die Stadt Regensburg, sowie um die Flüsse Donau, Naab und Regen.	- betrachten - suchen - vergleichen - nennen	Aa/Hb Hb	Tafel: kleiner Kartenausschnitt ohne Namen Atlas, Wandkarte Tafel: Namen
	2. Lehrschritt: (Problembegegnung)	Notwendigkeit eines Autobahnbaues im Regental;	Erläuterung: Zwischen Regensburg und Regenstauf hat man nun eine Autobahn gebaut, die notwendig war. Aus wirtschaftlichen Gründen, weil ein schnellerer Verkehrsanschluß an wirtschaftlich schwach entwickelte Gebiete notwendig war - die Autobahn soll bis Hof weitergebaut werden - auch weil die Bundesstraße 15 sehr unfallgefährdet war. Durch die enge Ortsdurchfahrt von Regenstauf quälten sich jeden Tag Zehntausende von Fahrzeugen.	- zuhören - Zusammenhänge erkennen und verstehen	Hb	Tafel: großer Kartenausschnitt-Verlauf der Autobahn durch das Regental bis Regenstauf Wandkarte (Hof)
	3. Lehrschritt: (Problemfindung und -fixierung)	Problemfrage	Sachimpuls: Projektion eines Bildes und einer Aussage. Erarbeitungsgespräch: Über einen Fluß ist gestrichelt ein Straßenverlauf eingezeichnet. Naturschützer sind dagegen, daß hier eine Autobahn gebaut wird. Erarbeitungsgespräch nach Impuls: Einerseits ist die Autobahn notwendig - andererseits sind Naturschützer dagegen. Das ist doch ein Widerspruch!	- betrachten - beschreiben - erkennen - argumentieren - erkennen - Problem finden und formulieren	Hb Hb Hb	Folie (1) Tafel: Problemfrage
	4. Lehrschritt: (Hypothesenbildung)	Wir vermuten... Wir meinen...	Gruppengespräch nach Gesprächsauftrag: Überlege dir in der Gruppe mögliche Gründe! Schüler artikulieren Vermutungen. Verarbeitungsgespräch: Auswertung der Schülerergebnisse.	- vermuten - notieren - berichten	Ga Hb	Notizblock Tafel: Eintrag richtiger Aussagen bei (1)-(4)
Erarbeitungsphase	5. Lehrschritt: (erste Teilergebnisgewinnung und -fixierung)	Warum die Naturschützer gegen diese Trasse sind; (Lz 1)	Arbeitsauftrag: Lies nun den folgenden Text! Unterstreiche Wesentliches! Betrachte auch das zugehörige Bild! Verarbeitungsgespräch: Bedeutendes Naherholungsgebiet für Regensburg - Verlust des Lebensraumes für einige Vogelarten - Lärmbelästigung für Anwohner.	- lesen - unterstreichen - betrachten - auswerten - begründen	Aa Hb	Text (1) und Folie (2) Tafel: Bild und Text zu (1) und (2)
	6. Lehrschritt: (zweite Teilergebnisgewinnung und -fixierung)	Warum die Naturschützer gegen diese Trasse sind; (Lz 1)	Erarbeitungsgespräch nach Sachimpuls: Querschnitt durch das Regental in Höhe des Wasserwerks Sallern - Gefährdung des Grundwassers z. B. nach einem Unfall eines Tankfahrzeuges wegen des durchlässigen Kalkgesteins.	- betrachten - erkennen - begründen	Hb	Tafel: Bild zu (3), dann Text zu (3)
	7. Lehrschritt: (Teilergebniszusammenfassung)	(Lz 1)	Rundgespräch: Erkläre noch einmal kurz, warum die Naturschützer gegen den Autobahnbau sind.	- nennen - begründen	Aa/Hb	Tafel: geschlossen
	8. Lehrschritt: (dritte Teilergebnisgewinnung und -fixierung)	Warum die Naturschützer gegen diese Trasse sind; (Lz 1)	Arbeitsauftrag: Lies den folgenden Text und vergleiche mit der Strecke, die die Naturschützer vorgeschlagen haben! Verarbeitungsgespräch: Berufs- und Schwerverkehr könnten direkt zu den Gewerbe- und Hafengebieten gelangen - ohne durch das Wassergewinnungs- und Siedlungsgebiet zu fahren.	- lesen - betrachten - vergleichen - erkennen - begründen	Aa Hb	Text (2) und Folie (3) Tafel: Bild und Text zu (4), Alternativtrasse in großen Kartenausschnitt zeichnen
Sicherungsphase	9. Lehrschritt: (Gesamtzusammenfassung)	Schriftliche Ergebnissicherung;	Arbeitsauftrag: Ergänze nun dein Arbeitsblatt und kontrolliere dann anhand der Tafel!	- schreiben - vergleichen	Aa	Arbeitsblatt Tafel: geschloss. und geöffnet
	10. Lehrschritt: (Ausweitung)	Rechtliche Möglichkeiten, (Lz 2) Begriff: Rechtsmittel	Sachimpuls: Projektion von Zeitungsüberschriften. Verarbeitungsgespräch: Die Naturschützer haben Rechtsmittel eingelegt. Sie haben gegen den Bau der Autobahn geklagt. Feststellung: Die Autobahn ist inzwischen fertiggebaut, ein endgültiges Urteil des Verwaltungsgerichtshofes in München steht aber noch aus. Diskussion: Kann man eine Autobahn, die Millionen DM gekostet hat, einfach wieder abreißen?	- lesen - erkennen - begründen - werten - zuhören - argumentieren - werten	Hb Hb Hb Hkf	Folie (4)
	11. Lehrschritt: (Wertung)	Bedeutung naturnaher Landschaften; (Lz 3)	Erarbeitungsgespräch: Welche Bedeutung naturnahe Landschaften in Zukunft für den Menschen in seiner näheren Umgebung haben werden.	- erkennen - begründen - werten	Hb	

Text (1) aus Lit. (1)

1. Zerschlagung einer naturnahen Landschaft

Das untere Regental ist für die Regensburger ein beliebtes Naherholungsgebiet, weil es in unmittelbarer Stadtnähe liegt. Frei und natürlich pendelt der Fluß in herrlichen Schleifen durch das Tal, so wie er sich selbst sein Bett geschaffen hat. Er lädt im Sommer zum Baden, Sonnen und Spazierengehen, im Winter zum Schlittschuhlaufen und Eisstockschießen ein. Zudem mündet der Regen fast gegenüber der Altstadt in die Donau und bildet eine natürliche Grünzone bis mitten in die Stadt. Auch für die Tierwelt hat der Bau schwerwiegende Folgen. Für mindestens zwölf Brutvogelarten wird der Autobahnbau den Verlust ihres Lebensraumes bedeuten. Vier dieser Vogelarten sind in Bayern bereits vom Aussterben bedroht. Der Autobahn-Kreisel des Knotens Regensburg-Nord ist so angelegt, daß die Fortsetzung der Streckenführung das landschaftlich reizvolle Regental mit Beton zerschlagen wird. Der Fluß wird über eine längere Strecke begradigt, d. h. kanalisiert werden, um in dem engen Regental Platz zu schaffen für die Autobahn. Das Landschaftsbild wird dadurch eintöniger. Da ein Siedlungsgebiet unmittelbar berührt wird, haben die Bewohner mit unvermeidlichem Lärm zu rechnen. Diese Belästigung könnte auch durch Lärmschutzwände nur unzureichend gemindert werden. Ferner wird durch das Betonband eine Frischluftschneise gestört, die für die notwendige Belüftung der dichtbebauten Altstadt sorgt.

Hauptlernziel: Kenntnis eines Erholungsgebietes als Modell.	Unterrichtsthema: Warum ist der Chiemgau so ein beliebtes Fremdenverkehrsgebiet?	Autor: Alfred Ilsanker
		Unterrichtszeit Empfehlung: 1 UE = 45 Min.

Vorbemerkungen:
Am Beispiel des Chiemgaus werden die wesentlichen Kriterien eines Erholungsgebiets (abwechslungsreiche Naturausstattung als räumlich-geographische Vorgabe und die Einwirkung des Menschen auf diesen Raum) exemplarisch aufgezeigt. Die gewonnenen Erkenntnisse können auf jedes andere Urlaubs- und Erholungsgebiet - bei jeweils geänderter Akzentuierung - übertragen werden. Ebenso gehört zur Modellhaftigkeit aber auch, daß negative Auswirkungen (z. B. hohe Grundstückspreise und Lebenshaltungskosten) kritisch reflektiert werden. Um den modellhaften Charakter dieses Raumes für den Fremdenverkehr noch zu unterstreichen, wird von den Schülern in Hausarbeit ein Vergleich mit einem anderen Erholungsgebiet durchgeführt.

Teillernziele:
Die Schüler sollen:
1. Sport- und Erholungsmöglichkeiten nennen können, die für dieses Gebiet charakteristisch sind,
2. aufzeigen können, wie die Fremdenverkehrswirtschaft diesen Raum noch attraktiver zu machen versucht,
3. Probleme eines überwiegend auf Erholungssuchende ausgerichteten Raumes erörtern können.

Literatur:
1. Erdkunde, 9. Schuljahr, Wolf Regensburg
2. Erdkunde, 9. Schuljahr, Schüler-Arbeitsblätter, Wolf Regensburg
3. Erdkunde, 9. Schuljahr, Oldenbourg München

Folie (1) aus Lit. (1)

Gemeinde	Einw. am 31.12.74	Übernachtungen 1950	1965	1977
Bergen	3 139	31 022	149 876	173 599
Grassau	5 201	27 321	67 770	201 537
Inzell	3 348	54 970	348 662	789 991
Marquartstein	2 575	38 755	75 532	131 248
Reit im Winkl	2 624	153 329	400 113	678 618
Ruhpolding	6 486	358 121	807 165	920 495
Schleching	1 590	26 905	123 398	147 280
Siegsdorf	5 881	36 503	170 616	408 067
Traunstein	14 418	31 036	82 931	130 006
Unterwössen	2 618	54 829	157 544	233 504
Waging	4 723	3 181	157 066	181 761

Text (2) aus Lit. (1)
Landschaftliche Schönheiten, vielfältige Möglichkeiten zu sportlicher Betätigung und Erholung sind der Hauptgrund für die steigenden Übernachtungszahlen. Zusätzlich versucht die Fremdenverkehrswirtschaft, die Anziehungskraft ihrer Orte durch gesellige Heimatabende, Almtänze und Hüttenabende zu erhöhen. Bauerntheater- und Blasmusikveranstaltungen locken die Gäste ebenso an wie Show-Veranstaltungen in Kurhäusern. In Heimatmuseen können die Urlaubsgäste ihre Kenntnisse über ihr Urlaubsgebiet vertiefen.

Text (3a) aus Lit. (1)
Der Fremdenverkehr ist für viele Menschen in diesem Gebiet Existenzgrundlage. Ohne diese Einnahmequelle müßten manche Bauern ihre Wiesen verkaufen und ihre Höfe und Almen aufgeben. Urlauber könnten wegen verregneter Sommer aber auch ausbleiben. Was dann? Das Gegenteil davon — Massentourismus — wäre für die Landschaft sicher nicht vorteilhafter. Erste Folgeerscheinungen einer starken Tourismuszunahme zeigen sich bereits in einer immer stärker werdenden Bautätigkeit. Auch Wintersporteinrichtungen wie Seilbahnen, Schlepplifte und Skipisten werden ständig ausgeweitet. Manche Fremdenverkehrsorte im Chiemgau besitzen einen sehr hohen Entwicklungsstand bei den angebotenen Sport- und Erholungsmöglichkeiten sowie im Hotel- und Gaststättengewerbe. Ein weiterer Ausbau könnte das Kapital „Landschaft" gefährden.

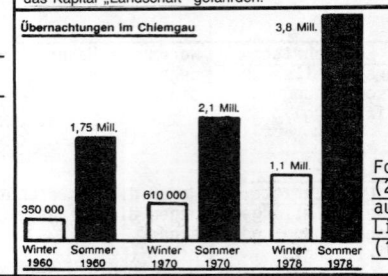

Folie (3) aus Lit. (1)

Ein Haus mit freundlicher und gepflegter Gastlichkeit, geschmackvoll eingerichteten Zimmern in schönster Lage. Freier Blick auf die ... behaglichst als ...

Herrlich und ruhig gelegen, behagliche und sonnige Aufenthaltsräume. Zimmer mit jeglichem Komfort. Hallenschwimmbad, Solarium und ...

Modernes, komfortables Haus in sehr ruhiger Lage. Bequeme Gästezimmer mit Balkon, Dusche ...wiese und ...

Ein gut geführtes Haus mit modernem Komfort, gemütlichen Speise- und Aufenthaltsräumen und anerkannt guter Küche.

Text (3b) aus Lit. (3)
...durch die Fremden und ihre Bedürfnisse sind in allen Fremdenverkehrsgebieten die Grundstückspreise geklettert, aber nicht nur diese, sondern auch die Lebenshaltungskosten selbst. Somit sind auch die Mietkosten, die bekanntlich zur Wohnqualität gehören, dort höher als in anderen Gebieten. In Naherholungsgebieten nimmt am Wochenende die Umweltbelastung sprunghaft zu: dann kommen die motorisierten Schlangen mit ihren Abgasen und dem Lärm der Motoren auf die Dörfer und Kleinstädte zu.

Folie (2) aus Lit. (1) — Übernachtungen im Chiemgau:
- Winter 1960: 350 000
- Sommer 1960: 1,75 Mill.
- Winter 1970: 610 000
- Sommer 1970: 2,1 Mill.
- Winter 1978: 1,1 Mill.
- Sommer 1978: 3,8 Mill.

Tafelbild = Arbeitsblatt (ohne handschriftliche Eintragungen)

Warum ist der Chiemgau so ein beliebtes Fremdenverkehrsgebiet?

① **NATURAUSSTATTUNG**
- Wälder, Berge, Seen
- günstiges Klima
- sauerstoffreiche, abgasfreie Luft

② **EINRICHTUNGEN**
- Wanderwege, Hallenbad
- Skipisten, Bergbahnen
- Hotels, Gaststätten
- Campingplätze

③ **VERANSTALTUNGEN / DIENSTLEISTUNGEN**
- Kutschenfahrten
- Bootsvermietung
- Heimatabende
- Bauerntheater

...weil natürliche (●) Ausstattung und geschaffene (■) Einrichtungen und Veranstaltungen diesen Raum attraktiv machen!

DIE KEHRSEITE
- steigende Grundstückspreise
- hohe Lebenshaltungskosten
- Umweltbelastung bei weiter steigendem Fremdenverkehr

(Chiemgau: Chiemsee, Reit im Winkl, Ruhpolding, Inzell)

UG	Lehrschritte (Artikulationsdefinition)	Lehrinhalte und Lernziele (= Lz)	Lehrakte .... Lernakte		Sozial-formen	Lernhilfen
Eröffnungsphase	1. Lehrschritt: (geographische Raumabgrenzung)	Topographisches Grundwissen;	Sachimpuls: Projektion einer stummen Karte. Sie zeigt einen See und mehrere Orte in Süddeutschland, in Bayern. Suche im Atlas und bezeichne den See und die Orte.	- betrachten - suchen - vergleichen	Hb	Tafel:Kartenausschnitt ohne Namen Atlas, Wandkarte
	2. Lehrschritt: (Problemfindung und -fixierung)	Begriff:Chiemgau Problemfrage	Verarbeitungsgespräch: Es handelt sich um den Chiemsee. Die Orte sind Ruhpolding, Inzell, Reit im Winkl. Sachimpuls: Es ist kein Zufall, daß ich diese Orte eingezeichnet habe. Schau dir die beiden Folien an! Verarbeitungsgespräch: Fremdenverkehrsorte mit der größten Übernachtungszahl - Problemfrage.	- nennen - zuhören - betrachten - erkennen - Problem finden und formulieren	Hb Hb Hb	Tafel:Namen Folie (1)und (2) Tafel: Problemfrage
Erarbeitungsphase	3. Lehrschritt: (Aktualisierung von Vorwissen)	Wir vermuten... Wir meinen...	Partnergespräch nach Gesprächsauftrag: Überlege dir mögliche Gründe! - Schüler artikulieren Vermutungen. Verarbeitungsgespräch: Auswertung der Schülerergebnisse.	- vermuten - notieren - berichten - begründen	Pa Hb	Notizblock Tafel: Eintrag richtiger Aussagen zu (1) - (3)
	4. Lehrschritt: (erste Teilergebnisgewinnung und -fixierung)	Landschaftsgebundene Sport- und Erholungseinrichtungen; (Lz 1)	Arbeitsauftrag: Wenn du den folgenden Text gelesen hast, kannst du weitere Gründe nennen. Verarbeitungsgespräch: Auswertung,Ergänzung und Fixierung der von den Schülern erarbeiteten Ergebnisse.	- lesen - unterstreichen - berichten - begründen	Aa Hb	Text (1) Tafel: Text zu (1) und (2)
	5. Lehrschritt: (zweite Teilergebnisgewinnung und -fixierung)	Weitere Veranstaltungen und Dienstleistungen; (Lz 2)	Impuls: Vielen Feriengästen reicht eine schöne Umgebung nicht aus. Sie sind anspruchsvoller geworden. Lies nun selber nach, worum sich Fremdenverkehrsorte bemühen. Verarbeitungsgespräch: Auswertung,Ergänzung und Fixierung der von den Schülern gefundenen Ergebnisse.	- lesen - unterstreichen - berichten - begründen	Aa Hb	Text (2) Tafel: Text zu (3)
	6. Lehrschritt: (dritte Teilergebnisgewinnung und -fixierung)	Unterschiedliches Niveau von Unterbringungsmöglichkeiten; (Lz 2)	Sachimpuls: Projektion von Aussagen aus Werbeprospekten. Erarbeitungsgespräch: Ein Urlaubsgebiet muß Unterkunftsmöglichkeiten für viele Menschen bereithalten.Manche haben mehr, manche weniger Geld, einer reist allein, andere haben Kinder dabei.	- betrachten - erkennen - begründen	Hb Hb	Folie (3) Tafel: Text zu (2)
	7. Lehrschritt: (Systematisierung)	(Lz 1/2)	Impuls: Du hast schon bemerkt, daß die erarbeiteten Ergebnisse drei verschiedenen Spalten zugeordnet wurden. Erarbeitungsgespräch: Naturausstattung - Einrichtungen - Veranstaltungen/Dienstleistungen.	- zuhören - erkennen - formulieren	Hb Hb	Tafel: Text zu (1) - (3) Tafel: Oberbegriffe und Bilder zu (1)-(3)
	8. Lehrschritt: (Rückgriff auf die Problemfrage)	Beantwortung der Problemfrage;	Rundgespräch nach Impuls: Du kannst jetzt unsere Ausgangsfrage beantworten.	- zuhören - erkennen - formulieren	Aa/Hb	Tafel: Antwortsatz
Sicherungsphase	9. Lehrschritt: (Gesamtzusammenfassung)	Schriftliche Ergebnissicherung;	Arbeitsauftrag: Ergänze nun dein Arbeitsblatt und kontrolliere dann anhand der Tafel.	- schreiben - vergleichen	Aa	Tafel: geschl. - geöffnet Arbeitsblatt
	10. Lehrschritt: (Beurteilung)	Nachteile eines Fremdenverkehrsgebiets; (Lz 3)	Arbeitsauftrag: arbeitsteilig Natürlich gibt es in einem Urlaubsgebiet auch weniger erfreuliche Erscheinungen und sicher auch Probleme. Lies selber nach! Verarbeitungsgespräch:Steigende Preise bei den Lebenshaltungs- und Grundstückskosten - Umweltbelastung durch starken Reiseverkehr - Verbauung der Landschaft gefährdet ein Fremdenverkehrsgebiet.	- zuhören - lesen - unterstreichen - begründen	Ga1/2 Hb	Text(3a/3b) Tafel:Bilder und Texte zu ...Kehrseite
	11.Lehrschritt: (Rekapitulation)	Andere Fremdenverkehrsgebiete in Bayern;	Arbeitsaufgabe: Welche anderen Fremdenverkehrsgebiete gibt es in Bayern und in der Bundesrepublik Deutschland noch? Verarbeitungsgespräch: Benennen weiterer Urlaubsgebiete.	- suchen - notieren - nennen - lokalisieren	Pa Aa/Hb	Atlas:(thematische Karte) Notizblock Wandkarte
	12.Lehrschritt: (Vergleich)	Ein anderes Urlaubsgebiet im Vergleich;	Arbeitsaufgabe: Vergleiche als Hausaufgabe ein dir bekanntes Urlaubsgebiet mit unserem.	- vergleichen	Aa	

Text (1) aus Lit. (1)
Sport- und Erholungsmöglichkeiten
Der Chiemgau wartet bei den landschaftsgebundenen Erholungsmöglichkeiten mit einem vielfältigen Angebot auf. Die landschaftlichen Schönheiten werden dem Urlauber durch ein dichtes Netz von Wanderwegen erschlossen. Abseits vom Lärm und der Unruhe der Großstadt finden die Gäste bei Wanderungen Entspannung vom Streß des Alltags. Kleinere Seen und Gebirgsbäche bieten Erfrischung, eine deftige Brotzeit auf einer Alm sorgt für Stärkung. Im Chiemsee suchen an heißen Tagen Zehntausende Abkühlung. Hallenbäder bieten bei schlechtem Wetter die Möglichkeit zu sportlicher Betätigung. Gerade im Voralpenbereich hat auch die winterliche Jahreszeit ihre besonderen Vorzüge. Langlaufstrecken und Skipisten sind in großer Auswahl vorhanden, ebenso Lifte. Kinder vergnügen sich gleichermaßen beim Schlittenfahren und Schlittschuhlaufen. Zur Abwechslung kann der Urlauber den Zauber der winterlichen Landschaft auch von einem Pferdeschlitten aus erleben.

Hauptlernziel: Die Schüler sollen raumprägende Grundgegebenheiten kennenlernen und ihre Bedeutung für den Nahraum erkennen und bewerten können.	Unterrichtsthema: Probleme des Kiesabbaus im Donauraum.	Autor: Erich A. Wagner
		Unterrichtszeit Empfehlung: 1 UE = 45 Min.

Vorbemerkungen:

In dieser Unterrichtseinheit sollen Bodenschätze und die durch den Abbau bedingten Auswirkungen auf Oberflächenform, Boden, Vegetation und Klima, aber auch die Auswirkungen auf das Leben der Menschen behandelt und bewertet werden. Am Beispiel "Kiesabbau" kann dies exemplarisch vorgenommen werden. Auszüge aus den Planungsbeiratssitzungen der Region 10 (Raum Ingolstadt) zeigen die gesellschaftspolitische Relevanz.

Teillernziele:
Die Schüler sollen:
1. die schädlichen Auswirkungen des Kiesabbaus auf die Umwelt erkennen und aufzeigen können,
2. die Notwendigkeit eines staatlichen Eingriffs durch ein Gesetz erfassen und begründen können,
3. Möglichkeiten einer adäquaten Rekultivierung aufzählen können,
4. Einsicht in die Notwendigkeit der Erhaltung einer intakten Landschaft gewinnen,
5. selbständig Informationen aus Arbeitstexten entnehmen und auswerten können.

Medien:
Cassettenrecorder, Folien, Tafel, Farbkreide, Notizblock, Seitentafel, Dias, Atlas, Projektor, Arbeitstexte, Arbeitsblatt

Literatur:
1. Erdkunde, 8. Schuljahr, Wolf, Regensburg
2. Erdkunde, Arbeitsheft 8, Wolf, Regensburg

Folie (1):
Tagesordnung für die Sitzung des Planungsbeirates der Region 10 am 1. Juli 1981:

4. Änderung des Kiesabbaurahmenplans
   - Antrag der Fa. Schimmer auf Erschließung einer Kiesgrube
   - Antrag des Bund Naturschutz: Kiesabbau soll gebremst werden - unnützer Verbrauch eines wertvollen Bodenschatzes...

Folie (2) aus Lit. (1):
Anlage zur Verordnung über das Landesentwicklungsprogramm Bayern vom 10. März 1976 (GVBl S. 123)

Bayerisches Staatsministerium für Landesentwicklung und Umweltfragen
Teil B
Fachliche Ziele I Landschaftsrahmenprogramm

1 Natürliche Lebensgrundlagen
1.1 Landschaftsfaktoren und Naturgüter
1.2 Vielfalt
1.3 Flächennutzung

➤➤ 2 Naturschutz und Landschaftspflege
2.1 Klima und Boden
2.2 Wasser
2.3 Tiere und Pflanzen
2.4 Wald
2.5 Wiesen und Felder

➤➤ 2.6 Abbaugebiete

Arbeitstext (1) aus Lit. (1):

„Der Kiesabbau steht in Deutschland sowohl vom Flächenbedarf her wie durch seine Eingriffe in die Landschaft mit an vorderster Stelle der Umweltbelastung" (H. Weinzierl). Dies gilt auch für Bayern. Oft werden Böden in einem Gebiet zerstört, das als Naherholungsraum für die Bevölkerung bedeutend ist. Die Kiesgewinnung findet hauptsächlich in den Bereichen der großen bayerischen Flüsse statt. Deshalb fallen ihr wertvolle Auwälder und Altwässer – Heimat für viele Tier- und Pflanzenarten – zum Opfer. Landschaftsprägende Oberflächenformen machen durch den Kiesabbau einem eintönigen Landschaftsbild Platz. Großflächige Grundwasserseen liegen öde in der Landschaft. Kleinere Baggerseen veranlassen zu wilden Müllaktionen. Die Auswirkungen der Kiesgewinnung auf das Landschaftsbild und Schäden im Naturhaushalt sind unübersehbar. Dieser Raubbau an naturnahen Landschaften gehört in **Bayern** nun der Vergangenheit an.

Arbeitstext (2) aus Lit. (1):

Abgebaute Flächen müssen rekultiviert werden. Das bedeutet eigentlich Rückführung in land- und forstwirtschaftliche Nutzung. Darüber hinaus versteht man unter Rekultivierung auch die Schaffung von Erholungsanlagen und Fischwassern. Für Kiesabbau und Rekultivierung gibt es in Bayern gesetzliche Vorschriften. Im Bayerischen Gesetz- und Verordnungsblatt vom 30. April 1976 heißt es unter anderem:

- „Der Abbau von **Lagerstätten** soll in Abstimmung mit den Belangen des Naturschutzes und der Landschaftspflege geordnet werden. Alle abbauwürdigen Flächen sind zu erfassen. Unter Beachtung des voraussichtlichen örtlichen und überörtlichen Bedarfs sind geeignete Abbaugebiete in den Regional- und Bauleitplänen auszuweisen.
- Alle Phasen des Abbaus und der Rekultivierung sind in verbindlichen Abbau- und Rekultivierungsplänen festzulegen. Abbaumaßnahmen dürfen nicht zu nachhaltigen Verunstaltungen des Landschaftsbildes führen oder den Naturhaushalt schädigen. Beeinträchtigungen der ober- und unterirdischen Gewässer sind zu vermeiden.
- In Naturschutzgebieten und Nationalparken sowie in Bereichen, die als solche schützenswert sind, soll der Abbau von **Lagerstätten** nicht zugelassen werden."

Tafelbild = Arbeitsblatt (ohne handschriftliche Eintragungen)

Probleme des Kiesabbaus im Donauraum

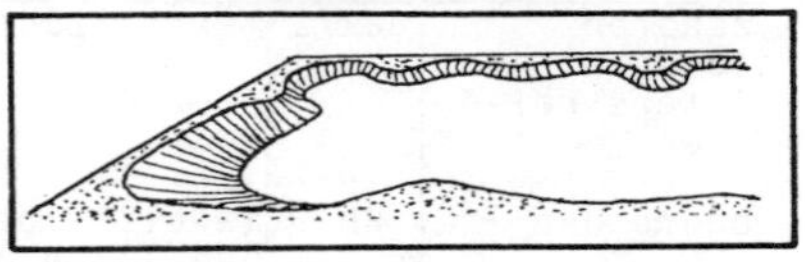

Schädigung der Umwelt
- Umweltbelastung
- Grundwasserabsenkung
- Zerstörung von Auwäldern
- Zerstörung von Biotopen
- Zerstörung einer typischen Landschaft

Schutz der Umwelt
- Kein Abbau im Naturschutzgebiet
- Keine Gewässerbeeinträchtigung
- REKULTIVIERUNG zum Erholungsgebiet

Gesetz ➤

Ziel ▼

ERHALTUNG einer gesunden HEIMAT

UG	Lehrschritte (Artikulationsdefinition)	Lehrinhalte und Lernziele (= Lz)	Lehrakte .... Lernakte		Sozialformen	Lernhilfen
Eröffnungsphase	1. Lehrschritt: (akustische Problembegegnung)	Wecken des Interesses; Begriff: Planungsbeirat;	Sachimpuls: Vorspielen einer kurzen Aufnahme: Landrat begrüßt Planungsbeirat und stellt Tagesordnung vor. Erarbeitungsgespräch: Aufgaben des Planungsbeirats. Information durch Lehrer: Gremium, das Entwicklung einer Region plant.	- zuhören - fragen - erkennen - erfassen	Hb Hb	Cassettenrecorder, Folie (1): Tagesordnung
	2. Lehrschritt: (Problempräzisierung)	Grundkenntnis wichtiger Aufgaben des Planungsbeirats; (Lz 5)	Erarbeitungsgespräch: Welche vordringlichen Aufgaben hat der Planungsbeirat in der Region 1o: Kiesgewinnung im Donauraum, etc.; konträre Stellungnahmen zu dem Problem.	- besprechen - vermuten - auswerten - begründen	Hb	Folie (1)
	3. Lehrschritt: (Problemfixierung)	Problemfrage: Welche Probleme bringt der Kiesabbau?	Erarbeitungsgespräch: Formulieren von adäquaten Fragen - Auswahl einer treffenden Fragestellung.	- Problem erkennen - formulieren	Hb	Tafel: Überschrift
Erarbeitungsphase	4. Lehrschritt: (Hypothesenbildung)	Wir vermuten ... Wir meinen ...	Gruppengespräch nach Gesprächsauftrag: Schüler notieren Vermutungen über die Probleme, die durch den Kiesabbau entstehen. Verarbeitungsgespräch: Vortrag und Fixierung der Ergebnisse.	- notieren - besprechen - vermuten - tragen vor	Ga Hb	Notizblock Seitentafel
	5. Lehrschritt: (erste Teilzielerarbeitung)	Lokalisierung der Abbaugebiete; Begriff: Bodenschatz des Donauraums; (Lz 1)	Arbeitsauftrag: Suche die wichtigsten Kiesabbaugebiete im Raume Ingolstadt. Verarbeitungsgespräch: Benennen der Abbaugebiete. Erkennen des Kieses als wichtigsten Bodenschatz des Donauraums. Nutzung bei der Betonherstellung, in der Bauwirtschaft.	- lokalisieren - benennen - benennen - beschreiben	Pa Hb	Thematische Karte; Tafel: Kartenskizze
	6. Lehrschritt: (zweite Teilzielerarbeitung)	Schädliche Auswirkungen des Kiesabbaus; (Lz 1) Begriff: Biotop;	Arbeitsauftrag nach Feststellung: Der Vorsitzende des Bund Naturschutz,Weinzierl, ist Mitglied des Planungsbeirates. Ermittle Folgen eines großflächigen Kiesabbaus! Verarbeitungsgespräch: Umweltbelastung-Bodenzerstörung - Grundwasserabsenkung - Zerstörung von Auwäldern und wichtigen Biotopen.	- zuhören - lesen - Informationen entnehmen - interpretieren - benennen - berichten	Ga Hb	Arbeitstext (1) Tafel: Bilder und Text zu Schädigung der Umwelt
	7. Lehrschritt: (Verarbeitung der bisherigen Arbeitsergebnisse)	Bewertung der Erkenntnisse; (Lz 2)	Schülerdiskussion der bisher erarbeiteten grundsätzlichen Positionen: a) Gewinn durch den Abbau des Bodenschatzes Kies; b) Zerstörung der ursprünglichen Landschaft. Ziel: Forderung nach staatlichem Eingriff: Gesetz.	- Argumente suchen - erkennen der Gegenposition - diskutieren	Hkf	Tafel: Gesetz
	8. Lehrschritt: (dritte Teilzielerarbeitung und -fixierung)	Staatliche Maßnahmen zum Umweltschutz; Begriff: Rekultivierung; (Lz 3/5)	Arbeitsauftrag: Lies den Gesetzestext und unterstreiche alle wichtigen Aussagen. Verarbeitungsgespräch: Ergebnisse: Kein Abbau im Naturschutzgebiet - keine Gewässerbeeinträchtigung - Rekultivierung.	- lesen - unterstreichen - berichten - begründen - bewerten	Aa Hb	Arbeitstext (2), Folie (2) Tafel: Schutz der Umwelt
	9. Lehrschritt: (vierte Teilzielerarbeitung)	Möglichkeiten sinnvoller Rekultivierung; (Lz 4)	Sachimpuls: Projektion von Dias/Folien. Erarbeitungsgespräch: Möglichkeiten: Uferbegrünung - Freizeitgelände - Naherholungswert für Stadtbewohner.	- betrachten - aufnehmen - erläutern - bewerten	Hb Hb	Projektor, Dias Folien Tafel: Bild und Text zu Rekultivierung zum..
Sicherungsphase	1o. Lehrschritt: (Gesamtzusammenfassung)		Arbeitsauftrag: Ergänze dein Arbeitsblatt und vergleiche anhand des Tafelbildes!	- ergänzen - vergleichen	Aa	Arbeitsblatt Tafel: geschlossen/geöffnet
	11. Lehrschritt: (Bewertung)	Gesamtbewertung der Probleme durch den Kiesabbau; (Lz 4)	Rundgespräch nach Sachimpuls: Gegensätzliche Dias/Folien: Kiesgrube - Erholungsgebiet. Versprachlichung der Ergebnisse der Unterrichtseinheit.	- betrachten - bewerten - wiederholen - nennen	Aa/Hb	Projektor, Dias Folien
	12. Lehrschritt: (Schaffen des Heimatbezuges)	Lokalisation in der näheren Heimat;	Arbeitsauftrag: Wo wird in unserer näheren Heimat Kies abgebaut, wie wird das Problem der Rekultivierung gelöst und warum muß es bewältigt werden?	- berichten - erzählen - begründen	Aa/Hb	Tafel: Ziel und Text

Hauptlernziel: Einsicht, daß das Leben der Menschen mit den Gegebenheiten des Raumes zusammenhängt.	Unterrichtsthema: Warum leben in der Altstadt von Ingolstadt so viele Gastarbeiter?	Autor: Wolfgang Silvester
		Unterrichtszeit Empfehlung: 1 UE = 45 Min.

Vorbemerkungen:
Das vorliegende Unterrichtsthema ist dem Richtziel "Raumprägende Gegebenheiten im Nahbereich und deren Bedeutung für den Menschen" zuzuordnen. Die Schüler sollen dabei erfahren, daß räumliche Entwicklungen Einfluß auf den Menschen nehmen und damit die Lebensqualität seines Wohnbereichs entscheidend mitbestimmen. Die Thematik vermag Kausalzusammenhänge (Beziehungsgefüge von Wohnqualität und schichtenspezifischer Bevölkerungsverschiebung) aufzuzeigen und den Schülern einsichtig zu machen. Die gewonnenen Erkenntnisse und Einsichten sind dabei nicht nur für Ingolstadt charakteristisch, sondern auf andere Städte transferierbar. Für die unterrichtliche Bewältigung ist ein Unterrichtsgang empfehlenswert.

Teillernziele:
Die Schüler sollen:
1. durch ein Säulendiagramm mit der Situation konfrontiert und damit zu einer Problemhaltung geführt werden,
2. mit Hilfe von Stadtplan und Luftbild die Grundgegebenheiten erkennen, die die Altstadt von Ingolstadt prägen,
3. aus einem Interview (Tonbandtext) Informationen entnehmen und diese zu einem kausalen Beziehungsgeflecht ausweiten können,
4. die Folgen dieser Altstadtentwicklung (z.B. Verfall des Stadtkerns) erkennen und Möglichkeiten für die Altstadtsanierung aufzeigen können.

Quellen/Literatur:
1. Geographie für Bayern, 9. Schuljahr, Klett Stuttgart
2. Stadt Ingolstadt: Statistische Unterlagen des Amtes für Städteentwicklung und Statistik
3. Bertram, Luftbildverlag München – Luftbild von Ingolstadt (Stadtkern) (freigegeben von Reg. v. Oberbayern Nr. G 4/30.910)
4. Erdkunde, 9. Schuljahr, Wolf Regensburg
5. Erdkunde, 9. Schuljahr, Schülerarbeitsblätter, Wolf Regensburg

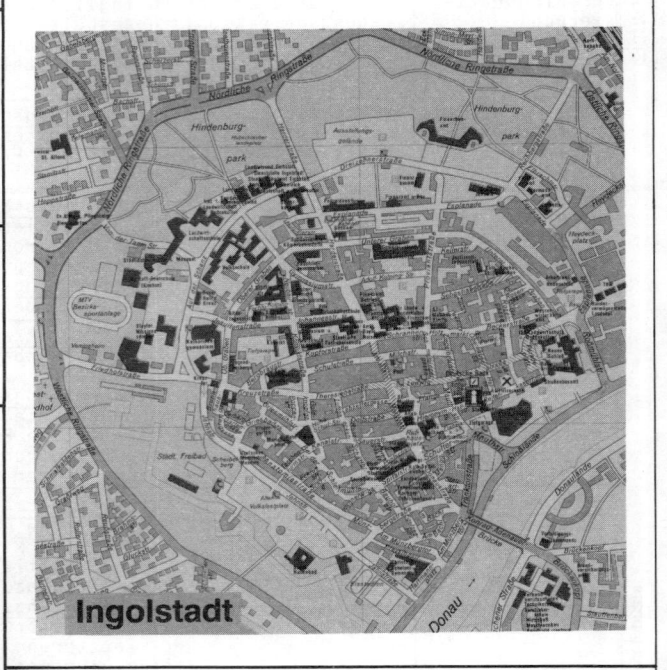

Quelle (3) – Stadtkern von Ingolstadt

Folie: Veränderung der Bevölkerungsstruktur in der Altstadt von Ingolstadt in den Jahren von 1970 – 1982

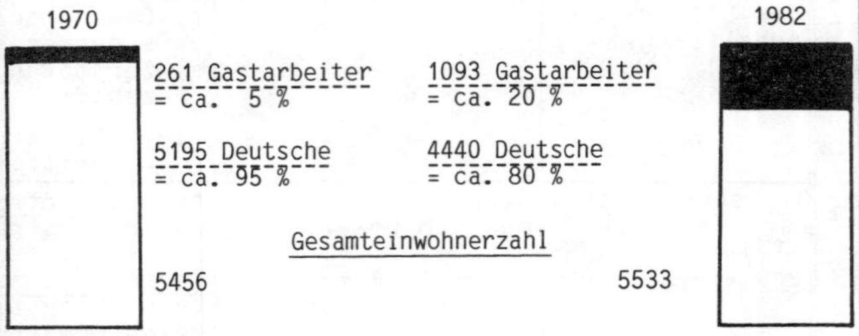

1970	1982
261 Gastarbeiter = ca. 5 %	1093 Gastarbeiter = ca. 20 %
5195 Deutsche = ca. 95 %	4440 Deutsche = ca. 80 %
Gesamteinwohnerzahl 5456	5533

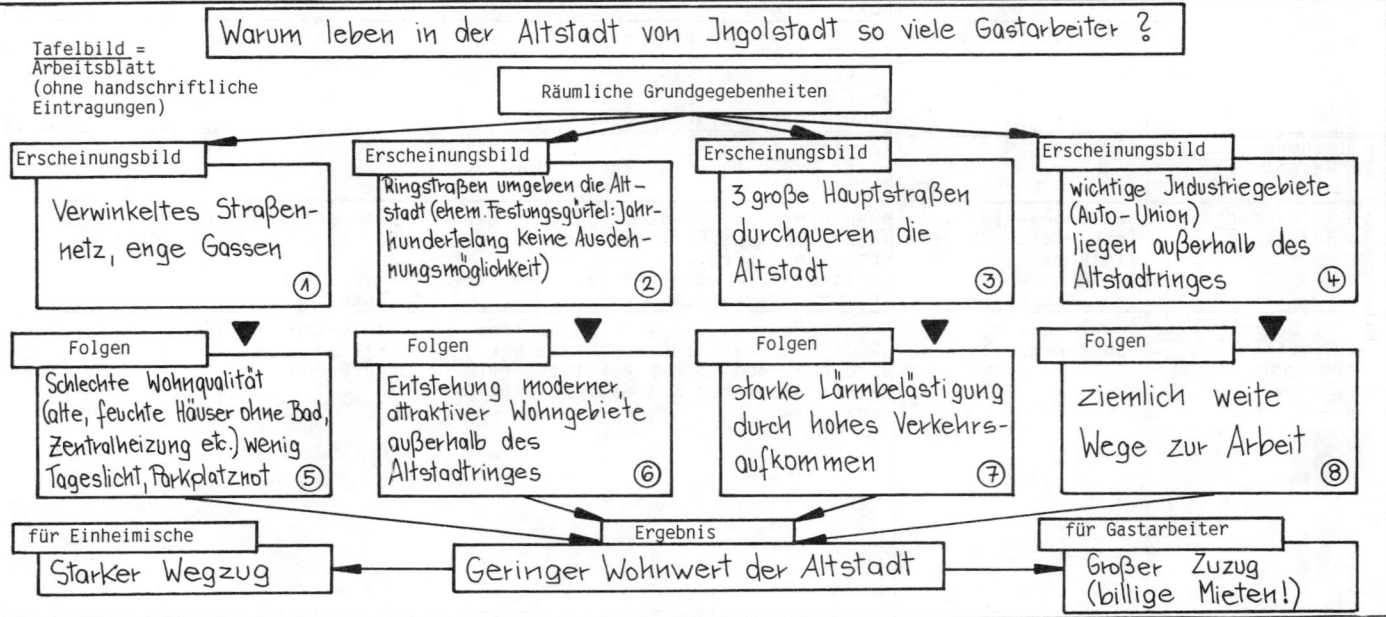

Tafelbild = Arbeitsblatt (ohne handschriftliche Eintragungen)

Warum leben in der Altstadt von Ingolstadt so viele Gastarbeiter?

Räumliche Grundgegebenheiten

Erscheinungsbild	Erscheinungsbild	Erscheinungsbild	Erscheinungsbild
Verwinkeltes Straßennetz, enge Gassen ①	Ringstraßen umgeben die Altstadt (ehem. Festungsgürtel: Jahrhundertelang keine Ausdehnungsmöglichkeit) ②	3 große Hauptstraßen durchqueren die Altstadt ③	wichtige Industriegebiete (Auto-Union) liegen außerhalb des Altstadtringes ④
Folgen	**Folgen**	**Folgen**	**Folgen**
Schlechte Wohnqualität (alte, feuchte Häuser ohne Bad, Zentralheizung etc.) wenig Tageslicht, Parkplatznot ⑤	Entstehung moderner, attraktiver Wohngebiete außerhalb des Altstadtringes ⑥	starke Lärmbelästigung durch hohes Verkehrsaufkommen ⑦	ziemlich weite Wege zur Arbeit ⑧

für Einheimische	Ergebnis	für Gastarbeiter
Starker Wegzug	Geringer Wohnwert der Altstadt	Großer Zuzug (billige Mieten!)

220

UG	Lehrschritte (Artikulationsdefinition)	Lehrinhalte und Lernziele (= Lz)	Lehrakte .... Lernakte		Sozial-formen	Lernhilfen
Eröffnungsphase	1. Lehrschritt: (Situationskonfrontation)	Veränderung der Bevölkerungsstruktur in der Altstadt von 1970 - 1982; (Lz 1)	Sachimpuls: Projektion einer Folie. Anzahl der Einheimischen und der Gastarbeiter in der Altstadt von Ingolstadt. Verarbeitungsgespräch: Starke Zunahme der Gastarbeiter - Zahl der Einheimischen ging zurück.	- betrachten - reflektieren - auswerten	Hb Hb	Folie
	2. Lehrschritt: (Problemfindung und -fixierung)	Problemfrage (Lz 1)	Erarbeitungsgespräch nach Impuls: Das starke Anwachsen der Gastarbeiter ist sicher kein Zufall!	- erkennen - formulieren	Hb	Tafel: Problemfrage
Erarbeitungsphase	3. Lehrschritt: (Hypothesenbildung)	Wir vermuten ... Wir meinen ...	Gruppengespräch nach Gesprächsauftrag: Überlege dir mögliche Gründe! - Schüler artikulieren Vermutungen. Verarbeitungsgespräch: Auswertung der Schülerergebnisse.	- vermuten - notieren - berichten - begründen	Ga Hb	Notizblock Seitentafel
	4. Lehrschritt: (erste Teilergebnisgewinnung und -fixierung)	Grundgegebenheiten für die Prägung der Altstadt; (Lz 2)	Arbeitsauftrag: Stelle mit Hilfe des Stadtplans und eines Luftbildes vom Altstadtkern Grundgegebenheiten der Altstadt heraus. Verarbeitungsgespräch: Auswertung, Ergänzung und Fixierung der Schülerergebnisse.	- bearbeiten - analysieren - interpretieren - vortragen - begründen	Pa Hb	Stadtplan Luftbild Notizblock Tafel: Text zu (1) - (4)
	5. Lehrschritt: (zweite Teilergebnisgewinnung und -fixierung)	Folgen für die Altstadtentwicklung aufgrund der räumlichen Grundgegebenheiten; (Lz 3)	Sachimpuls: Interview mit dem Stadtbaudirektor. Verarbeitungsgespräch: Schlechte Wohnqualität - attraktive Wohngebiete außerhalb des Altstadtringes - starke Lärmbelästigung durch hohes Verkehrsaufkommen - weite Wege zur Arbeit.	- zuhören - schlußfolgern	Hb Hb	Tonbandtext (1) Tafel: Text zu (5) - (8)
	6. Lehrschritt: (Teilergebniszusammenfassung)	(Lz 2/3)	Rundgespräch: Fasse noch einmal die bisherigen Ergebnisse kurz zusammen.	- rekapitulieren	Aa/Hb	Tafel: geschl.
	7. Lehrschritt: (Durchdringung des geographischen Problems)	Beziehungsgefüge von Wohnqualität und schichtenspezifischer Bevölkerungsverschiebung; (Lz 3)	Sachimpuls: Schluß des Interviews mit dem Stadtbaudirektor. Verarbeitungsgespräch: Besserverdienende verließen die Altstadt - billige Mieten lockten Gastarbeiter an. Die Altstadt hat nur noch geringen Wohnwert.	- zuhören - erkennen - begründen	Hb Hb	Tonbandtext (2) Tafel:Ergebnis für Einheimische, für Gastarbeiter
	8. Lehrschritt: (Überprüfung der Hypothesen)	Verifizierung bzw. Falsifizierung;	Verarbeitungsgespräch: Vergleich und Wertung der Vermutungen.	- überprüfen - vergleichen - verbalisieren	Hb	Seitentafel
Sicherungsphase	9. Lehrschritt: (Gesamtzusammenfassung)	Schriftliche Lernzielkontrolle; (Lz 2/3)	Arbeitsauftrag: Ergänze dein Arbeitsblatt und kontrolliere dann anhand der Tafel.	- schreiben - vergleichen	Aa	Arbeitsblatt Tafel: geschl. und geöffnet
	10.Lehrschritt: (Situationsbeurteilung)	Weitere Folgen dieser Entwicklung für die Altstadt; (Lz 4)	Impuls: Eigentlich ist diese starke Zunahme des Gastarbeiteranteils unproblematisch. Erarbeitungsgespräch: Gettobildung in der Altstadt - langsamer Verfall.	- zuhören - erkennen - beurteilen - werten	Hb Hb	
	11.Lehrschritt: (Ausweitung)	Altstadtsanierung	Vorbereitende Hausaufgabe: Arbeitsauftrag: Überlege dir für die nächste Stunde Möglichkeiten für die Lösung dieses Problems. Dein Erdkundebuch hilft dir dabei.	- nachschlagen - formulieren	Aa	Erdkundebuch

Tonbandtext (1): Interview mit dem Stadtbaudirektor zur Situation in der Altstadt von Ingolstadt

Ingolstadt war jahrhundertelang Festungsstadt. Das hat natürlich die städtebauliche Entwicklung stark beeinflußt. Der ehemalige Festungsgürtel - die heutigen Ringstraßen - verhinderte lange Zeit die Ausdehnung der Stadt. Deshalb haben wir in der Innenstadt sehr viele alte Häuser, die teilweise sogar schon 300 - 400 Jahre alt sind. Diese Häuser haben teilweise bereits eine sehr schlechte Bausubstanz und sie genügen natürlich den heutigen Wohnanforderungen nicht mehr. Viele Gebäude haben kein WC in der Wohnung, kein Bad, keine Zentralheizung. Die engen Gassen bieten wenig Tageslicht und kaum Parkraum. In jüngerer Zeit entstanden deshalb große, moderne und attraktive Wohngebiete außerhalb der Altstadt.

Tonbandtext (2): Schluß des Interviews mit dem Stadtbaudirektor...

Viele, vor allem besserverdienende Menschen, verließen deshalb die Altstadt. Gastarbeiter, angelockt durch die billigen Mieten, zogen nach. Aus diesem Grund stieg ihre Zahl in der Altstadt in den letzten Jahren so stark an.

Hauptlernziel: Die Schüler sollen den unterschiedlichen Wohnwert von Altstadt und Trabantenstadt erkennen.	Unterrichtsthema: Leben in der Altstadt oder in der Trabantenstadt?	Autor: Max Haidacher
		Unterrichtszeit Empfehlung: 1 UE

Vorbemerkungen:
Wegen der gestiegenen Ansprüche der Altstadtbewohner an die Qualität und Größe der Wohnungen setzte eine Bewegung in die Trabantenstädte und an den Stadtrand ein. Damit verliert die Altstadt an Leben, aber auch die Trabantenstadt kann (noch) nicht alle Aufgaben erfüllen, die die Bürger von ihr erwarten.

Teillernziele:
Die Schüler sollen:
1. erkennen, daß sich Städte in verschiedene Viertel gliedern (z.B. Altstadt und Trabantenstadt);
2. Die Begriffe "Altstadt" und "Trabantenstadt" erklären können;
3. Gründe für die Entvölkerung der Altstädte angeben können;
4. die Vor- und Nachteile beider Stadtformen gegenüberstellen und werten können;
5. erkennen, daß beide Stadtformen gegenwärtig nicht alle Aufgaben erfüllen können, die die Bürger von ihnen erwarten.

Medien - Literatur:
"Erdkunde 9", Wolf-Verlag
Albers, G.: "Was wird aus der Stadt? Aktuelle Fragen der Stadtplanung", München 1972

Grafik: Wanderungen vom Land in die Stadt
Bevölkerung in den Industriestaaten ("Die Zeit", 1976)

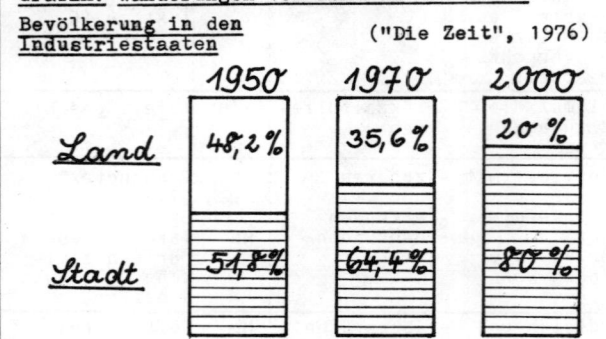

	1950	1970	2000
Land	48,2%	35,6%	20%
Stadt	51,8%	64,4%	80%

Text 1: Glanz und Elend der Stadt
"Die Stadt, jahrhundertelang als Höhepunkt menschlicher Kultur betrachtet und bewundert, ist ins Zwielicht geraten ...
Wird die Stadt den Ansprüchen unserer Gesellschaft nicht mehr gerecht?
Nicht nur ihre technische und finanzielle Leistungsfähigkeit wird kritisiert, auch an der Eignung als menschlicher Lebensraum wird gezweifelt.
Das Überhandnehmen des Konsumdenkens, der Verlust an städtischer Öffentlichkeit, das Schwinden bürgerschaftlichen Engagements - alles das wird häufig beklagt und manchmal in Verbindung gebracht mit jenen Vorwürfen, die sich auf das sichtbare Gefüge der Stadt beziehen: von Wohnungen entleerte Innenstädte mit wimmelnder Geschäftigkeit in den Flutstunden des Berufsverkehrs, aber ohne das erstrebte vielfältige städtische Leben (Altstadt); weite und eintönige Wohngebiete in den Außenbezirken der Städte ohne die als notwendig empfundenen Gemeinschaftseinrichtungen (Trabantenstadt), und noch weiter draußen das Revier der flächenfressenden Einfamilienhäuser."
(nach: G. Albers: Was wird aus der Stadt?)

Text 2: Sterben unsere Städte?
Unsere Städte sind krank. Das Krankheitsbild ist wahrnehmbar: Bodenspekulation, Mietwucher; Verkehrschaos und Finanzmisere; Müllawine; Vertreibung der Bevölkerung aus den Altstädten durch Sanierung; Gastarbeiterlager und Obdachlosenslums; Fluglärm und verpestete Luft; fataler Fehlbestand an Spielplätzen; sprunghaft gestiegene Kriminalität; Anonymität in den Trabantenstädten.
Die Kommunen werden ihrer Aufgaben nicht mehr Herr.
Nicht nur die Städte, auch deren Probleme wachsen ins Uferlose.

Tafelbild:

Leben in der Altstadt oder in der Trabantenstadt?

Umland — Städtische Randzone — Umland

Altstadt:
- Verkehrsprobleme
- Fehlen von Erholungsgebieten
- Verfall der Innenstädte
- Umweltgefahren
- Wohnungsnot

Trabantenstadt:
- Eintönige Wohntürme
- Knappes Geschäftsangebot
- Anonymität
- Schlafstadt

UG	Lehrschritte (Artikulationsdefinition)	Lehrinhalte und Lernziele (= Lz)	Lehrakte .... Lernakte		Sozial-formen	Lernhilfen
Eröffnungsphase	1. Lehrschritt: (Mobilisierung des themenbezogenen Vorwissens)	Leben in Altstadt oder Trabantenstadt. (Lz 1 / 2)	Sachimpuls: Anschrift der Fachbegriffe "Altstadt" und "Trabantenstadt" als Wörter der Überschrift.	– lesen – überdenken	Hb	Tafelbild: Überschrift: ...Altstadt... Trabantenstadt?
			Rundgespräch: Wiedergabe der Einzelheiten aus dem Vorwissen der Schüler.	– erinnern – stukturiert wiedergeben	Aa/Hb	
	2. Lehrschritt: (Problembegegnung und Zielangabe)	Entwicklung unserer Städte. (Lz 1 / 2)	Sachimpuls: Entnehme aus dem Text 1 Stichpunkte, die die Entwicklung unserer Städte verdeutlichen!	– lesen – Informationen entnehmen	Aa	Text 1: Glanz und Elend der Stadt
			Erarbeitungsgespräch: Erschließung der Begriffe Altstadt und Trabantenstadt und Formulierung der Zielfrage: Leben in der Altstadt oder in der Trabantenstadt?	– überdenken – verbalisieren – interpretieren	Hb	Tafelbild: Überschrift vervollständigen
	3. Lehrschritt: (erstes Teilergebnis: Erarbeitung und Gewinnung)	Krankheitsbild unserer Städte. (Lz 3)	Erarbeitungsgespräch nach Informationen zum Krankheitsbild unserer Städte (Text 2) und der Landflucht (Grafik).	– betrachten – Informationen entnehmen – sich äußern – diskutieren	Aa/Hb	Text 2: Sterben unsere Städte? Grafik: Wanderungen vom Land in die Stadt
	4. Lehrschritt: (Teilzusammenfassung)	Entwicklung und Krankheitsbild unserer Städte. (Lz 1 / 2 / 3)	Rundgespräch nach Frage: Welche Ursachen hat das Krankheitsbild unserer Städte?	– sich äußern – wiederholen – zusammenfassen	Hb	
Erarbeitungsphase	5. Lehrschritt: (zweites Teilergebnis: Erarbeitung und Gewinnung)	Gründe für das Verlassen der Altstädte. (Lz 3)	Auftrag: Notiere die Gründe, die die Bewohner der Altstädte veranlassen, an den Stadtrand oder in die Trabantenstadt zu ziehen!	– ableiten – erkennen – notieren	Ga	Notizblock
			Verarbeitungsgespräch: Vortrag, Vergleich, Zusammenfassung der Gruppenergebnisse; Fixierung als Tafelanschrift.	– vortragen – zusammenfassen	Hb	Tafelbild: Altstadt: Verkehrsprobleme ... usf.
	6. Lehrschritt: drittes Teilergebnis: Erarbeitung und Gewinnung)	Vergleich: Altstadt - Trabantenstadt. (Lz 4)	Auftrag: Stelle Vor- und Nachteile des Lebens in der Altstadt und in der Trabantenstadt gegenüber. Denke dabei an verschiedene Bevölkerungsgruppen, an Kinder und Jugendliche, Berufstätige und Rentner. Überlege, wie es mit den Möglichkeiten der Freizeitgestaltung und Erholung aussieht, wie sich die Menschen mit Gütern versorgen können.	– vergleichen – zusammenstellen – überlegen – notieren	Pa	evtl. Lehrerinformationen, Informationen oder Fotos aus Erdkundebüchern (z.B. Erdkunde 9, Wolf-Verlag)
			Verarbeitungsgespräch: Vortrag, Vergleich, Zusammenfassung der Ergebnisse. Fixierung als Tafelanschrift.	– vortragen – erläutern – zusammenfassen	Hb	Tafelbild: Trabantenstadt: Eintönige ..., usf.
Sicherungsphase	7. Lehrschritt: (Kritische Stellungnahme und Wertung, Ausblick in die Zukunft)	Zukünftige Entwicklung der Städte. (Lz 5)	Diskussion nach Frage: Sind unsere Städte noch zu retten? Lösungsvorschläge zur Rettung unserer Städte nach Altstadt und Trabantenstadt ordnen und in ein Gesamtkonzept einbetten (evtl. als Tafelanschrift fixieren).	– vermuten – ableiten – sich äußern – vorschlagen – ordnen – werten – kritisieren	Hkf	

Hauptlernziel: Die Schüler sollen erkennen, daß mit einer Ringkanalisation die weitere Verschmutzung der Seen gestoppt werden kann.	Unterrichtsthema: Warum braucht man am Chiemsee eine Ringkanalisation?	Autor: Max Haidacher
		Unterrichtszeit Empfehlung: 1-2 UE

Teillernziele:
Die Schüler sollen:
1. die Umweltgefahren und deren Ursachen für die Seen benennen können;
2. die Ringkanalisation in ihrer Funktion erläutern können;
3. erkennen, daß die Ringkanalisation die wirtschaftlichste Lösung des Abwasserproblems an Seen darstellt;
4. verschiedene Arten von Kläranlagen unterscheiden können.

Medien-Literatur:
"Geo", - April 1981: "Umwelt: Schwabenstreiche am Bodensee"
"Erdkunde 9", Wolf-Verlag
"Terra 9", Klett-Verlag
"Süddeutsche Zeitung" vom 6.7.1973

Grafik: Abnahme der Wasserqualität eines Sees:

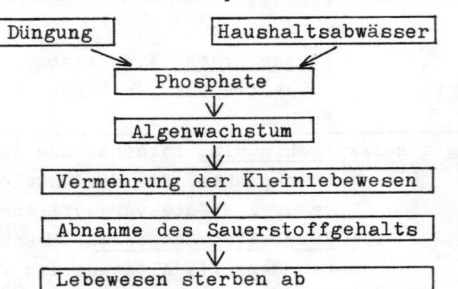

Düngung → Phosphate ← Haushaltsabwässer
Phosphate → Algenwachstum → Vermehrung der Kleinlebewesen → Abnahme des Sauerstoffgehalts → Lebewesen sterben ab

Tabelle: Entwicklung des Fremdenverkehrs am Chiemsee

Ort	Gästebetten 1961	Gästebetten 1979
Bernau	1600	1900
Prien	1700	2400
Rimsting	600	800
Seebruck	360	720
Chieming	1100	2000
Übersee	1200	1800

Text 1: Die Fischerei am Bodensee floriert

Nach jeder Fangfahrt werden die Netze getrocknet, auf Schäden untersucht und ausgebessert. Sie werden auch arg strapaziert. Denn die jahrelange Überdüngung des Sees mit Phosphaten hat zu Rekordfischernten geführt. Jährlich gehen den Fischern rund 1400 Tonnen Blaufelchen, Braxen und Weißfische in die Maschen - gegenüber höchstens 400 Tonnen in den dreißiger Jahren. Gleichzeitig aber klagen sie über eine Zunahme der Fischkrankheiten. In den letzten Jahren, seit Errichtung der Ringkanalisation am Bodensee, ist das Algenwachstum durch "Überernährung" - aus Phosphatstoffen, zu 60% aus Waschmitteln stammend - zum Stillstand gekommen. Der See scheint gerettet, denn über 80 Prozent der Zuflüsse sind nun gereinigt.
Aber man muß stets bemüht sein, das Erreichte noch zu verbessern. (aus: Geo, Nr. 4/April 1981)

Text 2: Ringkanalisation gegen Verschmutzung der Seen

Auch ohne menschliches Zutun sind die Seen in ihrer Existenz stark gefährdet. Im Laufe der Erdgeschichte entwickeln sie sich nämlich vom nährstoffarmen zum nährstoffreichen Gewässer und enden schließlich bei weiterer Verlandung als Moore. Dieser Prozeß dauert in der unberührten Natur Tausende von Jahren. Durch die Eingriffe des Menschen wird er aber bedrohlich beschleunigt. Vor allem die Pflanzennährstoffe Phosphor und Stickstoff, die mit Haus- und Industrieabwässern in die Seen gelangen und auch im Düngen von landwirtschaftlichen Nutzflächen angeschwemmt werden, tragen zur "Überdüngung" der Seen bei. Dazu kommen noch gesundheitsschädliche Keime aus dem häuslichen Abwasser.
Die Qualität des Wassers hatte sich in den Nachkriegsjahren, als die früher ländlichen See-Gemeinden extrem stark besiedelt wurden, immer mehr verschlechtert. Um die tödliche Gefahr für die Seen abzuwenden, entwickelte die bayerische Wasserwirtschaftsverwaltung das technische Konzept der Ringkanalisation, die am Tegernsee und am Schliersee Ende der fünfziger Jahre erstmals verwirklicht wurde. Bei diesem System sammeln um die Seen verlegte Kanäle das gesamte Abwasser entlang der Ufer und leiten es der Kläranlage am Seeabfluß zu.
(aus: "Süddeutsche Zeitung" vom 06.07.1973)

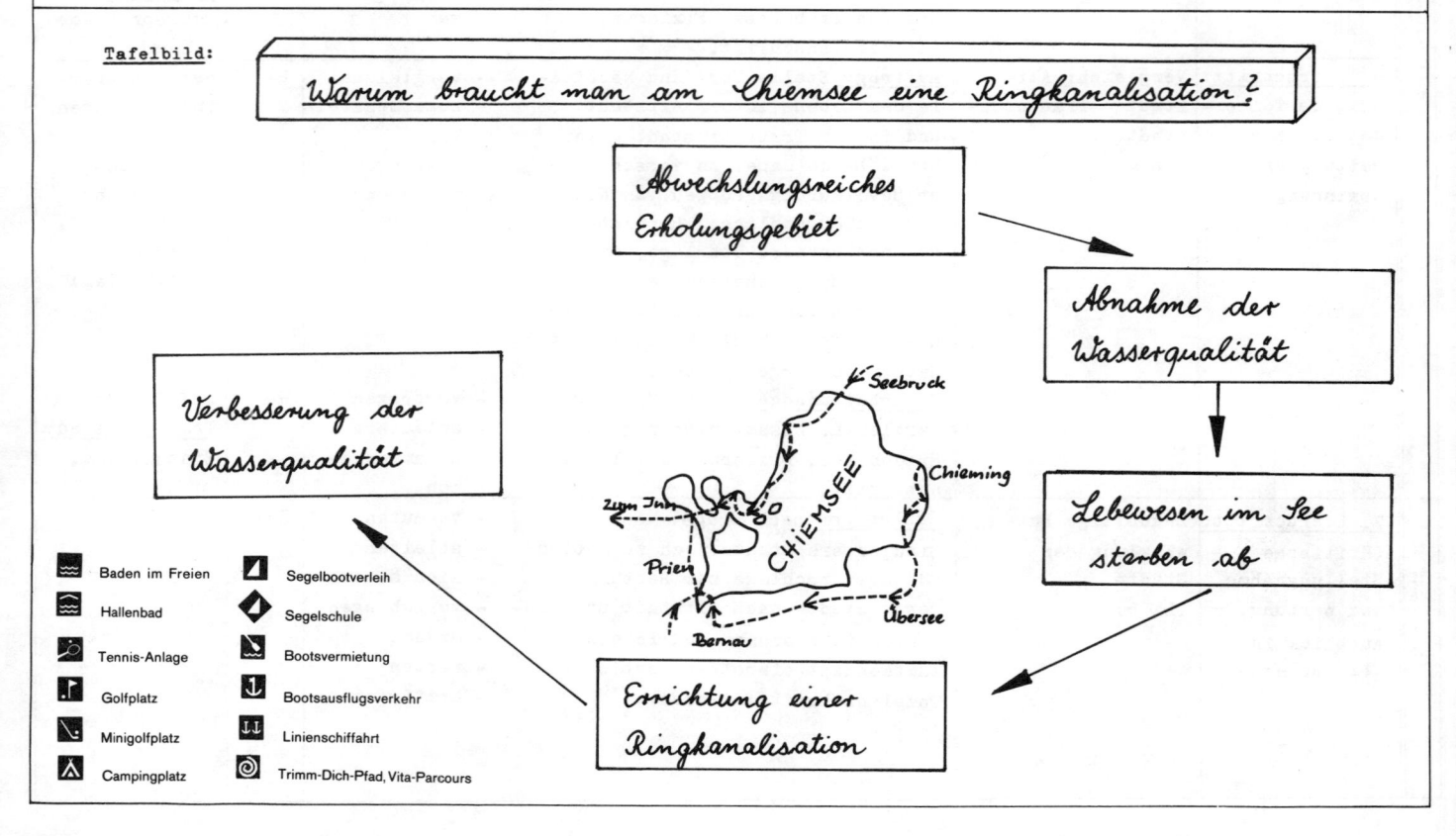

Tafelbild:

Warum braucht man am Chiemsee eine Ringkanalisation?

Abwechslungsreiches Erholungsgebiet → Abnahme der Wasserqualität → Lebewesen im See sterben ab → Errichtung einer Ringkanalisation → Verbesserung der Wasserqualität

Legende:
- Baden im Freien
- Hallenbad
- Tennis-Anlage
- Golfplatz
- Minigolfplatz
- Campingplatz
- Segelbootverleih
- Segelschule
- Bootsvermietung
- Bootsausflugsverkehr
- Linienschiffahrt
- Trimm-Dich-Pfad, Vita-Parcours

Karte: Chiemsee mit Seebruck, Chieming, Übersee, Bernau, Prien, zum Inn

UG	Lehrschritte (Artikulationsdefinition)	Lehrinhalte und Lernziele (= Lz)	Lehrakte .... Lernakte		Sozialformen	Lernhilfen
Eröffnungsphase	1. Lehrschritt: (verbale Problembegegnung)	Die Fischerei am Bodensee floriert (Konfrontation).	Sachimpuls: Schüler erhalten Text 1: "Die Fischerei am Bodensee floriert." Arbeitsaufgabe: Lies den Text und sprich mit deinem Partner darüber! Verarbeitungsgespräch: Aussprache über diese Erscheinung, Vergleich mit heimischen Gewässern.	- vermuten - sich äußern - erlesen - besprechen - diskutieren - vergleichen	Hb Aa/Pa Hb	Text 1
	2. Lehrschritt: (Zielangabe)	Problemfrage	Erarbeitungsgespräch nach Feststellung: Chiemseegemeinden laufen Gefahr, ihren Lebensraum zu schädigen, wenn keine Ringkanalisation gebaut wird! Erarbeitung der Problemfrage: Warum braucht man am Chiemsee eine Ringkanalisation? Fixierung.	- ableiten - Problem erkennen - verbalisieren	Hb	Tafelbild: Überschrift
Erarbeitungsphase	3. Lehrschritt: (erste Teilzielgewinnung und -fixierung)	Umweltgefahren für den Chiemsee. (Lz 1)	Arbeitsauftrag: Informiere dich mit Hilfe der Tabelle über den Fremdenverkehr und einer Freizeitkarte über die Möglichkeiten der Freizeitaktivitäten am Chiemsee! Verarbeitungsgespräch: Ergebnisse werden zusammengefaßt und als Tafelanschrift fixiert: Abwechslungsreiches Erholungsgebiet.	- lesen - herausschreiben - Informationen entnehmen - diskutieren - zusammenfassen	Pa Hb	Tabelle: Entwicklung des Fremdenverkehrs am Chiemsee Tafelbild: Abwechslungsreiches Erholungsgebiet
	4. Lehrschritt: (zweite Teilzielgewinnung und -fixierung)	Abnahme der Wasserqualität. (Lz 1)	Erarbeitungsgespräch nach Informationen zur Verschmutzung der Seen (1. Teil von Text 2: Ringkanalisation gegen Verschmutzung der Seen). Ergebnis (Tafelanschrift): Abnahme der Wasserqualität; Lebewesen im See sterben ab.	- lesen - Informationen entnehmen - sich äußern	Hb	Text 2 (1.Teil) Grafik: Abnahme der Wasserqualität eines Sees Tafelbild: Abnahme der Wasserqualität Lebewesen im See sterben ab
	5. Lehrschritt: (dritte Teilzielgewinnung und -fixierung)	Errichtung einer Ringkanalisation. (Lz 2, 3)	Erarbeitungsgespräch nach Informationsdarbietung: Funktion einer Ringkanalisation (2. Teil von Text 2). Fixierung des Ergebnisses: Errichtung einer Ringkanalisation.	- lesen - auswerten - sich äußern	Hb	Text 2 (2.Teil) Ringkanalisation gegen Verschmutzung der Seen Tafelbild: Errichtung einer Ringkanalisation
	6. Lehrschritt: (vierte Teilzielgewinnung und -fixierung)	Verbesserung der Wasserqualität durch Ringkanalisation.	Verarbeitungsgespräch nach Frage: Welche Vorteile bringt eine Ringkanalisation und welche Probleme gibt es beim Bau einer solchen Kanalanlage? Fixierung des Ergebnisses: Verbesserung der Wasserqualität.	- sich äußern - diskutieren - werten - abwägen	Hb	Tafelbild: Verbesserung der Wasserqualität
Sicherungsphase	7. Lehrschritt: (Zusammenfassung und Wiederholung)	Ringkanalisation an Seen.	Rundgespräch nach Frage: Warum ist die Ringkanalisation die wirtschaftlichste Art, unsere Seen sauber zu halten.	- wiederholen - rekapitulieren - zusammenfassen	Aa/Hb	Tafelbild: Gesamtdarstellung
	8. Lehrschritt: (Ausweitung)	Aufbau und Funktion einer Kläranlage. (Lz 4)	Arbeitsauftrag: Informiere dich über Aufbau und Funktion einer Kläranlage! Verarbeitungsgespräch: Herausstellen der drei Stufen einer Kläranlage: mechanisch, biologisch, chemisch.	- Informationen entnehmen - sich äußern - erläutern - werten	Aa/Pa Hb	Lexikon, Wandbild, Übersichtsplan einer Kläranlage, Unterrichtsgang

Sozialkunde

Hauptlernziel: Bewußtsein, daß der Sozialstaat subsidiär Hilfe leistet.	Unterrichtsthema: Der Staat hilft sozial schwachen Mitbürgern.	Autor: Ilsanker/Silvester
		Unterrichtszeit Empfehlung: 1 UE = 45 Min.

Vorbemerkungen:
Die vorliegende Unterrichtskonzeption gehört zum großen Komplex des Sozialkundestoffes "Fragen zur Sozialpolitik der Bundesrepublik Deutschland." Wesentlich für die Bewältigung der Thematik ist die Erkenntnis, daß unser Sozialstaat subsidiär Hilfe leistet, d. h. er darf nur dann tätig werden, wenn der einzelne Bürger nicht mehr in der Lage ist, die eigenen Belange wahrzunehmen. Die Mitverantwortung des Staates für sozial schwache Mitbürger gründet sich dabei auf die Würde des Menschen. Die Schüler müssen erkennen, daß unser Staat zwar einerseits kein Selbstbedienungsladen für Akrobaten im sozialen Netz ist, er andererseits aber jedem Mitbürger ein menschenwürdiges Dasein ermöglichen soll! Erst dann, auf dieser Grundlage aufbauend, können Formen der Hilfeleistung des Staates aufgezeigt werden, wobei in der Unterrichtseinheit die Sozialleistungen auf die "Sozialhilfe" und das "Wohngeld" beschränkt sind. Es bleibt einer folgenden Unterrichtseinheit vorbehalten, weitere subsidiäre Hilfeleistungen des Sozialstaates in konkreter Form aufzuzeigen.

Literatur:
1. Sozialkunde, 9. Jahrgangsstufe, Auer, Donauwörth
2. Die Gesellschaft, in der wir leben, 9. Jahrgangsstufe, Oldenbourg, München
3. Sozialkunde 9, Wolf, Regensburg

Text (2) aus Lit. (1):
Gründe für die Mitverantwortung des Staates
Die Würde des Menschen, Nächstenliebe und soziale Gerechtigkeit verpflichten unseren Sozialstaat, jedem Bürger ein menschenwürdiges Leben zu gewährleisten. Für sozial schwache Mitbürger, z. B. Kranke, Behinderte, Drogenabhängige, Alkoholiker, Waisen etc., die aus eigener Kraft für ihr Dasein nicht angemessen sorgen können, muß deshalb unsere Gesellschaft aus Gründen der Mitverantwortung und Solidarität Hilfe leisten.

Teillernziele:
Die Schüler sollen:
1. durch konkrete Fälle für das sozialkundliche Problem sensibilisiert werden,
2. die Mitverantwortung der Gesellschaft für sozial schwache Mitbürger begründen können,
3. das Subsidiaritätsprinzip als ein Fundament unserer Sozialpolitik kennenlernen,
4. Formen sozialer Hilfeleistungen an konkreten Beispielen erfahren,
5. die Grenzen unseres Sozialstaats erkennen und für ein entsprechendes soziales Verhalten motiviert werden.

Text (3) aus Lit. (2):
Sozialhilfe
Sie tritt ein, wenn jemand sich selbst nicht mehr helfen kann, wenn er nicht mehr arbeiten oder für seinen Lebensunterhalt sorgen kann, oder wenn die Rente zu niedrig ist. Jeder Hilfsbedürftige hat einen Rechtsanspruch auf Sozialhilfeleistungen, ohne Rücksicht darauf, ob seine Notlage verschuldet oder unverschuldet ist. Die Höhe der Sozialleistungen ist unterschiedlich, je nachdem wie groß die Bedürftigkeit des jeweiligen Einzelfalles angesehen wird. Die Sozialhilfe ist vielseitig. Sie besteht aus persönlicher Hilfe, aus Geldleistungen oder aus Sachleistungen, z. B. Übernahme von Beiträgen zur gesetzlichen Krankenversicherung, Bezahlung von Heimkosten, Erholungskuren für Kinder, Jugendliche und alte Menschen, Hilfe zur Pflege bei schweren Krankheiten oder Behinderungen, Übernahme von Telefonkosten.

Text (1): Auszug aus dem Bundessozialhilfegesetz § 1
.... die Sozialhilfe soll dem Hilfsbedürftigen die Führung eines Lebens ermöglichen, das der Würde des Menschen entspricht, unabhängig davon, ob dieser sich verschuldet oder unverschuldet in einer materiellen Notlage befindet.

Folie (1) | Folie (2)

Folie (3) aus Lit. (3)

Tafelbild = Arbeitsblatt   **Unser Staat hilft sozial schwachen Mitbürgern**   (ohne handschriftliche Eintragungen)

1. Warum hilft er?

Gründe für die Mitverantwortung des Staates
- Würde des Menschen
- Nächstenliebe
- soziale Gerechtigkeit
- Solidarität

aber →

Subsidiaritätsprinzip
Der Staat darf nur demjenigen helfen, der sich nicht selbst aus einer materiellen Not befreien kann!

2. Wie hilft er?

Soziale Hilfeleistung: Sozialhilfe
- AOK: Übernahme von Beiträgen zur gesetzlichen Krankenversicherung 
- KUR: Übernahme der Kosten bei Heimaufenthalt 
- Geldleistungen
- Übernahme von Telefonkosten

Soziale Hilfeleistung: Wohngeld
ist abhängig von:
- der Zahl der Familienmitglieder
- der Höhe des Familieneinkommens
- der Höhe der zuschußfähigen Miete

Grenzen des Sozialstaates
Es kann nur verteilt werden, was vorher erwirtschaftet wurde!

UG	Lehrschritte (Artikulationsdefinition)	Lehrinhalte und Lernziele (= Lz)	Lehrakte .... Lernakte		Sozial-formen	Lernhilfen
Eröffnungsphase	1. Lehrschritt: (Problembegegnung)	Anbahnung einer subjektiven Betroffenheit; (Lz 1)	Sachimpuls: Projektion eines Bildes. Verarbeitungsgespräch: Trubel einer Großstadt, etwas abseits sitzt ein Stadtstreicher. Schilderung: Hans G., Stadtstreicher - 46 Jahre alt - Alkoholiker - keine Angehörigen - lebt von Bettelei. Das war gestern. Heute befindet er sich im Krankenhaus, in das er in bewußtlosem Zustand eingeliefert wurde. Verarbeitungsgespräch: Hohe Kosten für Krankenhausaufenthalt und Entziehungskur. Sachimpuls: Projektion eines Bildes. Schilderung: Peter K., Arbeiter bei BMW in München - 28 Jahre alt - keine Angehörigen. Nach einem Streik bei Zuliefererbetrieben mußte auch in München die Arbeit eingestellt werden. Solange die Arbeit ruht, erhält er keinen Lohn, auch keine Unterstützung durch das Arbeitsamt. Seine Ersparnisse sind gering.	- betrachten - erkennen - zuhören - aufnehmen - erkennen - begründen - betrachten - zuhören - aufnehmen	Hb Hb Hb Hb Hb Hb	Folie (1) Folie (1) Folie (1) Folie (2)
	2. Lehrschritt: (Problemfindung und -fixierung)	Problemfragen (Lz 1)	Verarbeitungsgespräch: Im Gegensatz zum Stadtstreicher kam der Arbeiter unverschuldet in Not - beiden muß aber geholfen werden. Arbeitsauftrag: Lies nach, wer in beiden Fällen helfen muß! Verarbeitungsgespräch: Was die Würde des Menschen in beiden Fällen bedeutet. Formulierung von adäquaten Fragen - Auswahl einer treffenden Fragestellung.	- erkennen - folgern - lesen - reflektieren - berichten - begründen - formulieren	Hb Aa Hb	Text (1) Tafel: Überschrift und Problemfragen
	3. Lehrschritt: (Aktualisierung von Vorwissen)	Wir vermuten... Wir meinen...	Partnergespräch nach Gesprächsauftrag: Artikulation von Vermutungen zu den Problemfragen. Verarbeitungsgespräch: Auswertung der Ergebnisse.	- vermuten - notieren - berichten	Pa Hb	Notizblock Seitentafel
Erarbeitungsphase	4. Lehrschritt: (erste Teilergebnisgewinnung und -fixierung)	Gründe für die Mitverantwortung des Staates; (Lz 2) Eigenverantwortung des Bürgers; Subsidiarität als nachrangige Hilfe; (Lz 3)	Arbeitsauftrag: Erarbeite Gründe für die Hilfe des Staates! Verarbeitungsgespräch: Soziale Gerechtigkeit - Würde des Menschen - Solidarität. Impuls: Die Hilfe des Staates ist natürlich von bestimmten Voraussetzungen abhängig. Lies nach! Verarbeitungsgespräch: Eigenverantwortung des Bürgers - wann der Staat nur helfen darf!	- lesen - unterstreichen - erkennen - begründen - lesen - erkennen - begründen - werten	Aa Hb Aa Hb	Text (2) Tafel: Text zu (1) - Gründe... Text (3) bis:... angesehen wird. Tafel: Text zu (1) - Subsidiaritätsprinzip...
	5. Lehrschritt: (Teilergebnissicherung)	Schriftliche Lernzielkontrolle;	Arbeitsauftrag: Notiere, wann der Staat Hilfsbedürftige nur unterstützen darf und nenne Gründe für die Mitverantwortung des Staates!	- schreiben - vergleichen	Aa	Arbeitsblatt Tafel:geschlossen und geöffnet
	6. Lehrschritt: (zweite Teilergebnisgewinnung und -fixierung)	Sozialhilfe als Beispiel subsidiärer Hilfeleistung; (Lz 4)	Arbeitsauftrag: Lies nach, welche Hilfen der Stadtstreicher G. und der Arbeiter K. erwarten durften! Verarbeitungsgespräch: Sinnvolle Hilfen für die beiden Personen.	- lesen - begründen - werten	Aa Hb	Text (3) ab ... Die Sozialhilfe ist vielseitig... Tafel: Bilder und Text zu (2): Sozialhilfe...
	7. Lehrschritt: (dritte Teilergebnisgewinnung und -fixierung)	Wohngeld als Beispiel für subsidiäre Hilfeleistung; (Lz 4)	Impuls: Die Hilfeleistungen des Staates erstrecken sich aber keinesfalls nur auf die Sozialhilfe. Auf dem Bild siehst du eine weitere Hilfsmaßnahme. Verarbeitungsgespräch: Hohe Ausgaben für Wohngeld - Wohngeld als weitere Hilfe des Sozialstaats. Arbeitsauftrag: Lies nun ein Beispiel! Welche Voraussetzungen müssen erfüllt sein, damit jemand Wohngeld erhält? Verarbeitungsgespräch: Wohngeld richtet sich nach bestimmten Einkommensgrenzen und auch danach, wieviele Personen z. B. in einem Haushalt leben.	- betrachten - erkennen - folgern - werten - lesen - erkennen - berichten - begründen	Hb Hb Aa Hb	Folie (3) Tafel:zu (2) - Wohngeld, Bild Text (4) Tafel: Text zu (2) - Wohngeld
	8. Lehrschritt: (Rückgriff auf die Problemfragen)	Beantwortung der Problemfragen, Wertung der Vermutungen;	Rundgespräch: Beantwortung der Problemfragen, Vergleich und Wertung der Vermutungen.	- erklären	Aa/Hb	Seitentafel
Sicherungsphase	9. Lehrschritt: (Teilergebniskontrolle)		Arbeitsauftrag: Notiere zwei Maßnahmen des Staates, durch die Bedürftige unterstützt werden.	- schreiben - vergleichen	Aa	Arbeitsblatt Tafel:geschlossen und geöffnet
	10.Lehrschritt: (Durchdringung des sozialkundlichen Problems)	Grenzen des Sozialstaats - Gleichgewicht zwischen sozialer Leistung und sozialer Last; (Lz 5)	Sachimpuls: Anheften eines Bildes an der Tafel. Verarbeitungsgespräch: Viele Menschen werden vom Sozialstaat unterstützt. Es kann nur verteilt werden, was vorher dem Bürger in Form von Steuern abgenommen wurde - die Grenzen der Belastbarkeit sind für den Bürger erreicht.	- betrachten - erkennen - argumentieren	Hb Hb	Tafel:"Adlerbild" Tafel:Grenzen des Sozialstaats
	11.Lehrschritt: (Wertung)	Identifikation mit dem Problem; (Lz 5)	Erarbeitungsgespräch nach Impuls: Welche Folgerungen sich aus der Unterrichtsstunde für mich ergeben.	- einsehen - sich äußern	Hb	

Text (4): Auszug aus der Wohngeldfibel 1983 der Bundesregierung
Wohngeld können Mieter und Untermieter, Bewohner von Heimen, insbesondere Altenwohnheimen, Altenheimen und Wohnteilen eines Altenkrankenhauses oder Altenpflegeheimes, aber auch Eigentümer einer Eigentumswohnung oder eines Eigenheims beantragen. Voraussetzung für die Gewährung von Wohngeld ist, daß die Aufwendungen zuschußfähig und zuschußbedürftig sind. Zuschußfähig sind nur angemessene Aufwendungen. Die Zuschußbedürftigkeit ist von der Zahl der zum Haushalt gehörenden Personen, der Höhe des Familieneinkommens und der Höhe der zuschußfähigen Miete abhängig. So erhält ein Alleinstehender (Bruttoeinkommen höchstens DM 1450.--) Wohngeld zwischen DM 21.-- und 279.--, ein 4-Personen-Haushalt (Bruttoeinkommen höchsten 3370.-- DM) Wohngeld zwischen DM 29.-- und 540.-- monatlich.

Hauptlernziel: Kenntnis von Besonderheiten der demokratischen Gesetzgebung in Bayern: Das Volk als Gesetzgeber.	Unterrichtsthema: Wie kann das bayerische Volk an der Gesetzgebung mitwirken?	Autor: Max-J. Unterreiner
		Unterrichtszeit Empfehlung: 1 UE

Arbeitstext 1:

Art. 70 Zulassungsantrag

(1) Der Antrag auf Zulassung eines Volksbegehrens ist schriftlich an das Staatsministerium des Innern zu richten. Ihm muß der ausgearbeitete, mit Gründen versehene Gesetzentwurf, der den Gegenstand des Volksbegehrens bilden soll, beigegeben sein. Der Antrag bedarf der Unterschrift von 25 000 Stimmberechtigten. Das Stimmrecht der Unterzeichner des Antrags ist durch eine Bestätigung der zuständigen Gemeindebehörde nachzuweisen.

Art. 79 Feststellung des Ergebnisses des Volksbegehrens

(1) Der Landeswahlausschuß stellt das Ergebnis des Volksbegehrens fest. Er ist dabei an die Auffassung der Gemeinde über die Gültigkeit der Eintragungen nicht gebunden.

(2) Zur Rechtsgültigkeit des Volksbegehrens ist es erforderlich, daß das Verlangen nach Schaffung eines Gesetzes von mindestens einem Zehntel der Stimmberechtigten nach dem Stand der letzten Wahl oder Abstimmung gestellt worden ist.

(3) Der Landeswahlleiter gibt das vom Landeswahlausschuß festgestellte Ergebnis des Volksbegehrens öffentlich bekannt.

Arbeitstext 2:

Auftakt zum Volksbegehren

MÜNCHEN/BAYREUTH (lby/epd). Mit der Eintragung einer Reihe von prominenten Politikern in die Unterschriftslisten begann gestern die zweiwöchige Einzeichnungsfrist für das Volksbegehren „Wir gehören in den Senat", der der bayerische Landessportverband, der VdK und der Bund Naturschutz zehn Sitze in der zweiten, „ständischen" Kammer des Freistaates erlangen wollen.

Für einen Erfolg des Volksbegehrens sind die Unterschriften von zehn Prozent der wahlberechtigten Bevölkerung Bayerns erforderlich – dies sind zur Zeit genau 741 589. Wird dieses Ziel erreicht, dann kommt es anschließend zum Volksentscheid.

Einer der ersten war gestern morgen der Vorsitzende der CSU-Landtagsfraktion, Gustl Lang, der sich in seiner Heimatstadt Weiden in die Liste eintrug. Die SPD blieb diesmal nicht in Opposition: ihr Landes- und Fraktionschef Helmut Rothemund leistete ebenfalls gleich am ersten Tag seine Unterschrift, allerdings nicht in seiner Heimatgemeinde Rehau, sondern in der Landeshauptstadt. Auch sein Stellvertreter Jürgen Böddrich unterschrieb ebenso wie der bayerische DGB-Vorsitzende Willi Rothe.

Die Listen für das Volksbegehren liegen bei den Eintragungsstellen aller Gemeinden bis einschließlich 5. Dezember aus.

(aus „Bayerische Rundschau" vom 23. 11. 1977)

Arbeitstext 3:

Senatsvolksbegehren ist gescheitert

Nur etwa die Hälfte der benötigten Unterschriften – Die meisten Stimmen aus Oberfranken

MÜNCHEN (lby). Das Volksbegehren „Wir gehören in den Senat" mit dem der Landessportverband, zusammen mit dem VdK und dem Bund Naturschutz zu einer Vertretung in der Zweiten Kammer Bayerns kommen wollte, gilt als gescheitert. Wenige Stunden vor der am Montagabend zu Ende gehenden zweiwöchigen Eintragungsfrist war erst die Hälfte der nötigen Unterschriftenzahl erreicht. Für einen Erfolg des Volksbegehrens wären 741 589 Stimmen – zehn Prozent der wahlberechtigten Bevölkerung – erforderlich gewesen.

(aus „Bayerische Rundschau" vom 6. 12. 1977)

Vorbemerkungen: Die UE setzt die Kenntnis des Gesetzgebungsverlaufs voraus. Als vorbereitende Hausaufgabe führen die Schüler ein Interview so durch, daß es gemäß Lehrschritt 2 analysiert werden kann. Leitgedanke ist, die Schüler zu einem aktiven politischen Handeln zu veranlassen und die Chancen der direkten Demokratie als mündiger Staatsbürger später selbst wahrzunehmen.

Teillernziele: Die Schüler sollen ...
1. mit einem Interview das politische Interesse der Bevölkerung stichprobenartig erkunden;
2. das Volksbegehren als Möglichkeit der direkten Demokratie erkennen und erklären;
3. den Volksentscheid als Möglichkeit der direkten Demokratie erkennen und erklären;
4. aus dem Umgang mit der BV weitere Möglichkeiten der Einflußnahme des bayerischen Volkes erkennen;
5. die Folgen häufig praktizierter direkter Demokratie bedenken und auf das politische Interesse und Verhalten des Bürgers übertragen.

Literatur:
H. Eberhardt, u.a.: Sozialkunde 9. Jgst., Donauwörth 1979
H. Ammon (Hrsg.): Die Gesellschaft, in der wir leben (9. Jgst.), München 1982
G. Neumann, K. Sperling: Denkanstöße 3, Kulmbach, o. J.
O. Bühler, H. Amann: Sozialkunde 9. Jgst., Ansbach 1978
K. Löw: Rechtsstaat, Demokratie, Sozialstaat, München 1980[4]

Medien: Kassettenrekorder, Tafel, BV, Tageslichtprojektor, Folie, Notizblock, Arbeitsblatt.

Anmerkung: Nach sinnentsprechender Abänderung kann dieses Unterrichtsmodell auch in anderen Bundesländern verwendet werden.

Arbeitstext 4:

Volksbegehren/Volksentscheide

Volksbegehren/Volksentscheid: (01.12.1946)	Bayerische Verfassung
Volksbegehren/Volksentscheid: (07.07.1968)	Änderung Art. 135 BV (christl. Gemeinschaftsschule)
Volksbegehren/Volksentscheid: (24.05.1970)	Änderung Art. 7 und 14 BV (Herabsetzung des Wahlalters)
Volksbegehren/Volksentscheid: (01.07.1973)	Einfügung Art. 111a BV (Rundfunkfreiheit)
Volksbegehren/-----: Frist: 22.11. - 05.12.1977	Änderung Art. 35 BV (Sport-, Behinderten-, Naturschutzorganisationen in den Senat)
Volksbegehren/-----: Frist: 13.10 - 26.10.1977	Ergänzung Art. 132 BV (Lernmittelfreiheit)

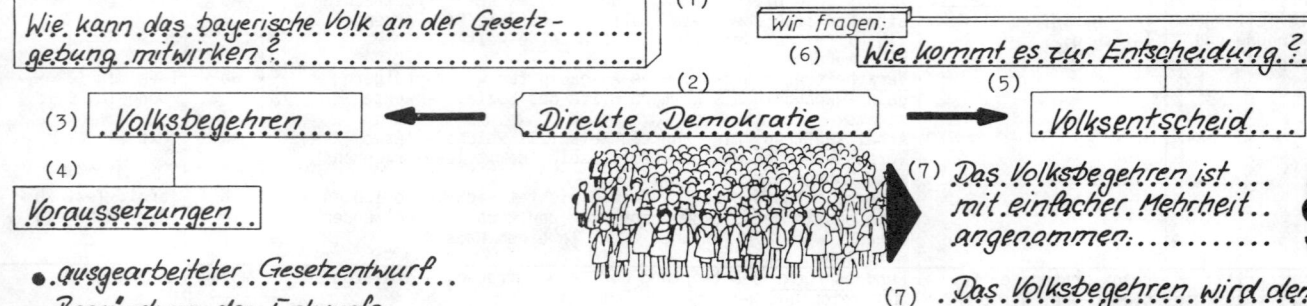

---

(1) **Wie kann das bayerische Volk an der Gesetzgebung mitwirken?**

(6) Wir fragen: **Wie kommt es zur Entscheidung?**

(2) Direkte Demokratie

(3) **Volksbegehren** ← → (5) **Volksentscheid**

(4) **Voraussetzungen**
- ausgearbeiteter Gesetzentwurf
- Begründung des Entwurfs
- 25.000 Unterschriften für den Gesetzentwurf

(7) Das Volksbegehren ist mit einfacher Mehrheit angenommen. §

(7) Das Volksbegehren wird dem Volk zur Entscheidung vorgelegt.

(4) Der bayerische Landessportverband gehört in den Senat!

Mindestens 1/10 der stimmberechtigten Bürger ist für den Gesetzentwurf.

(4) **Die Bayerische Staatsregierung**
... nimmt zum Gesetzentwurf Stellung.

(4) Die Vorlage wird innerhalb von 3 Monaten vom Landtag bearbeitet.

UG	Lehrschritte (Artikulationsdefinition)	Lehrinhalte und Lernziele (= Lz)	Lehrakte .... Lernakte		Sozialformen	Lernhilfen
Eröffnungsphase	1. Lehrschritt: (Problemstellung)	Interview: Sind die Bürger politisch interessiert?	Sachimpuls: Der Lehrer bietet ein von den Schülern selbst durchgeführtes Interview dar.	– zuhören – mitdenken	Hb/Aa	Interview
	2. Lehrschritt: (Problemanalyse)	Klärung des Sachverhalts. (Lz 1)	Erarbeitungsgespräch: Auswertung der Interviewergebnisse unter den Aspekten: Sind die Bürger politisch informiert? Beteiligen sie sich an Wahlen? Warum ist das politische Interesse vielfach gering?	– denken – sprechen – verbalisieren – diskutieren – begründen – werten	Hb	
	3. Lehrschritt: (Problemformulierung)	Problemfrage 1: Wie kann das bayer. Volk an der Gesetzgebung mitwirken?	Erarbeitungsgespräch: Formulierung der Problemfrage.	– verbalisieren – formulieren	Hb	Tafelbild (1) (Problemfrage1 =Überschrift)
Erarbeitungsphase	4. Lehrschritt: (Hypothesenbildung)	Zielorientierte Schülervermutungen.	Partnergespräch n. Problemfrage: Die Schüler artikulieren Möglichkeiten. Verarbeitungsgespräch: Auswertung des vagen bzw. sicheren Schülervorwissens. Erklärung: Wenn das Volk direkt an der Gesetzgebung mitwirken kann, so nennt man dies "direkte Demokratie".	– Hypothesen bilden – beschreiben – erklären – zuhören – mitdenken	Pa Hb Hb	Seitentafel Tafelbild (2)
	5. Lehrschritt: (erste Teilergebniserarbeitung)	Das Volksbegehren. (Lz 2)	Sachimpuls: Der Lehrer zeigt über Folie BV Art. 71. Erarbeitungsgespräch: Die Schüler erkennen und nennen den Zielbegriff. Gruppengespräch n. Arbeitsauftrag: (arbeitsteilig) a) Was sagen BV und das Landeswahlgesetz zum Volksbegehren? b) Worum geht es in diesem Volksbegehren? c) Warum scheiterte das Volksbegehren? d) Wieviele und welche Volksbegehren hat es seit 1945 gegeben?	– lesen – erkennen – nennen – erlesen – besprechen – diskutieren – argumentieren – belegen – beweisen – erklären	Hb/Aa Hb Ga	Folie mit BV, Art. 71 Tafelbild (3) BV Art. 5,1 BV Art. 71 Landeswahlgesetz (=Arbeitstext1) Auftakt zum Volksbegehren (Arbeitstext2) Senatsvolksbegehren gescheitert (Arbeitstext3) Zusammenstellung der Volksbegehren (Arbeitstext4)
	(erste Teilergebnisgewinnung und -fixierung)		Verarbeitungsgespräch: Auswertung der Gruppenergebnisse; Darstellung des Verlaufs.	– vortragen – erklären – beschreiben	Hb	Tafelbild (4)
	6. Lehrschritt: (Problempräzisierung)	Problemfrage 2: Wie kommt es zur Entscheidung?	Sachimpuls: Der Lehrer bietet einen konkreten Fall dar (siehe Arbeitstexte!). Erarbeitungsgespräch: Analyse und Diskussion der Problemhaftigkeit. Erkenntnis und Nennung des Zielbegriffs. Formulierung der weiterführenden Problemfrage.	– lesen – Problem bewußt machen – analysieren – erkennen – nennen – formulieren	Hb/Aa Hb	Arbeitstext 2 und 3 Tafelbild (5) Tafelbild (6)
	7. Lehrschritt: (zweite Teilergebniserarbeitung)	Der Volksentscheid. (Lz 3)	Gruppenarbeit n. Problemfrage: 1. Wie kommt es zur Entscheidung über den Gesetzentwurf? 2. Wieviele und welche Volksentscheide gab es seit 1945?	– lesen – besprechen	Ga	BV Art. 72-74, Arbeitstext 4
	(zweite Teilergebnisgewinnung, -fixierung)		Verarbeitungsgespräch: Auswertung der Gruppenarbeit; Ergänzung der Darstellung vom Volksbegehren zum Volksentscheid.	– vortragen – berichten – auswerten – ergänzen	Hb	Tafelbild (7)
	8. Lehrschritt: (Gesamtzusammenfassung)	Rekapitulation.	Arbeitsauftrag: Erkläre den Weg vom Volksbegehren bis zum Volksentscheid!	– beschreiben – erklären – ergänzen	Hb	
Sicherungsphase	9. Lehrschritt: (Ausweitung)	Lateraler Transfer: weitere Möglichkeiten des bayerischen Volkes. (Lz 4)	Impuls/Arbeitsauftrag: Das bayer. Volk hat noch zwei gesetzgebende Rechte. Lies in der BV nach! Erarbeitungsgespräch: Zitation der BV-Artikel und der Möglichkeiten.	– zuhören – nachlesen – vorlesen – erklären	Hb/Aa Hb	BV Art. 18,3 BV Art. 75,2
	10. Lehrschritt: (Wertung)	Vergleich: Schweiz/Bayern und die direkte Demokratie. (Lz 5)	Impuls/Frage: Die Schweiz ist das Mutterland der direkten Demokratie. Wegen Häufung der Volksentscheide macht sich dort politische Müdigkeit bemerkbar. Kann das auch bei uns sein? Erarbeitungsgespräch: Interpretation des pol. Verhaltens. Begründung d. Wirkung auf das Verhalten und Interesse des Volkes.	– zuhören – mitdenken – vergleichen – folgern – erkennen – meinen – interpretieren – erklären – begründen	Hb Hb	Tafelbild (1) – (7) Tafelbild (1) – (7) Arbeitstexte 1 – 4

Hauptlernziel:	Unterrichtsthema:	Autor:
Überblick über die Aufgabenverteilung zwischen Bund und Ländern.	Welche Aufgaben haben Bund und Länder?	M.-J. Unterreiner
		Unterrichtszeit Empfehlung: 1 UE

Vorbemerkungen: Das Zeigen der Ministerfotos ist keine parteipolitische Werbung, sondern aktive Auseinandersetzung mit den aus den Medien bekannten (oder unbekannten) Persönlichkeiten, aktuellen politischen Gegebenheiten, und soll zu einer Erweiterung des politischen Horizonts und Interesses führen. Im Anschluß sollte der Begriff "konkurrierende Gesetzgebung" und die Zusammenarbeit zwischen Bund und Ländern in eigenen UE erfolgen.

Teillernziele: Die Schüler sollen ...
1. falsche Zeitungsschlagzeilen als solche identifizieren und sachlich berichten,
2. GG bzw. BV als mögliche Fundstellen einer grundsätzlichen Regelung erkennen und nennen,
3. Aufgaben des Bundes aus dem Grundgesetz herausarbeiten und ausgewählten Aufgabenbereichen Ministerien und Minister zuordnen,
4. Aufgaben des Bundeslandes (hier: Bayern) einem Bilderkonglomerat entnehmen und Ministerien und Minister zuordnen.
5. von Fotovorlagen Bundes- und Staatsminister erkennen und ihre Ressorts zuordnen,
6. über Folgen und Vorteile des Bundeslandes (hier: Bayern), die sich aus der Aufgabenverteilung ergeben, diskutieren und die Sinnhaftigkeit begründen.

Literatur:
1. A. Ammon (Hrsg.): Die Gesellschaft, in der wir leben (9. Jgst.), München 1982[1]
2. G. Neumann, K. Sperling: Denkanstöße 3, Kulmbach, o.J.
3. O. Bühler, H. Amann: Sozialkunde 9. Jgst., Ansbach, 1978[1]

Medien: Folien, OH-Projektor, Notizblock, Tafel, Seitentafel, Grundgesetz, Arbeitsblatt.

Bayerns Kanzler auf Staatsbesuch in Japan. – Portogebühren in Bayern erhöht. – Geheimes Treffen der Länderverteidigungsminister. – Neuer Lehrplan für die Volksschulen vom Bundesbildungsministerium vorgestellt. – Bundesinnenminister entscheidet über Landkreisreform.

Folie 1

Bundeshaushalt 1984 (Entwurf)
Ausgaben insgesamt: 257,75 Milliarden DM

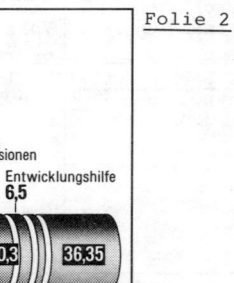

davon für: Jugend, Familie, Forschung 7,1 | Arbeit, Soziales | Schuldendienst | Verteidigung | Verkehr | Pensionen | Entwicklungshilfe 6,5

16,6 | 32,7 | 60,2 | 48,0 | 24,7 | 10,3 | 36,35

Landwirtschaft 6,1 | Wohnungsbau 5,3 | Bildung 3,9 | sonstiges

Folie 2

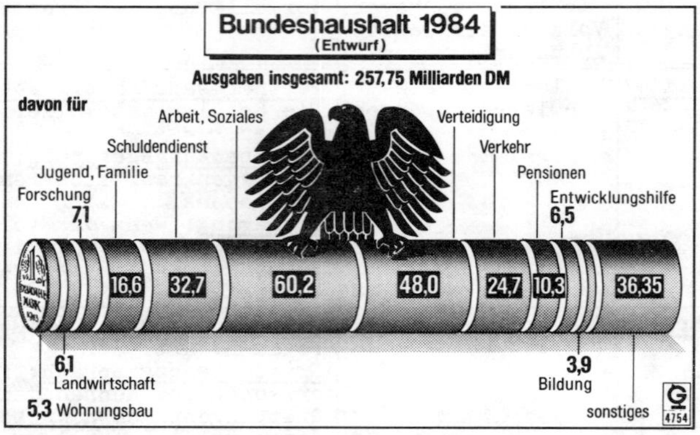

Folie 4 (aus Lit. 3)

(1) **Welche Aufgaben haben Bund und Länder?**

(2) GG — (2) GG / BV

(3) **Bundesrepublik Deutschland**
①  Außenministerium: Genscher
② Innenministerium: Zimmermann
③ Finanzministerium: Stoltenberg; Deutsche Bundesbank
④  Physikalisch-Technische Bundesanstalt
⑤  Verteidigungsministerium: Wörner
⑥  Verkehrsministerium: Dollinger

(4) **Bundesland Bayern**
① 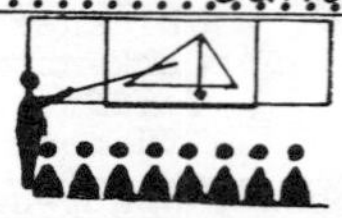 Kultusministerium: Maier
②  Wirtschaftsministerium: Jaumann
③ Justizministerium: Lang
④  Innenministerium: Hillermeier
⑤ Umweltministerium: Dick
⑥ 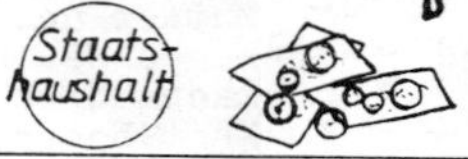 Finanzministerium: Streibl

Wir merken:
(5) Bund und Länder teilen sich ihre vielfältigen Aufgaben.

UG	Lehrschritte (Artikulationsdefinition)	Lehrinhalte und Lernziele (= Lz)	Lehrakte .... Lernakte		Sozialformen	Lernhilfen
Eröffnungsphase	1. Lehrschritt (Provokation)	Identifizierung der falschen "Schlagzeilen" (Lz 1)	Sachimpuls: Der Lehrer zeigt falsche Schlagzeilen. Erarbeitungsgespräch: Freie Aussprache; die Schüler äußern Befremden, erkennen die "Schlagzeilen" als falsch.	– lesen – reflektieren – meinen – erkennen – identifizieren	Hb Hb	Folie 1
	2. Lehrschritt (Problemfindung, -formulierung, -fixierung)	Problemfrage: Welche Aufgaben haben Bund und Länder? (Lz 1)	Partnergespräch nach Impuls: Diese "Schlagzeilen" sind falsch. Formuliere richtig! Verarbeitungsgespräch: Umformulierung und Fixierung möglicherweise richtiger Schlagzeilen, Vergleich mit den falschen. Erarbeitungsgespräch nach Impuls: Wir müssen also Aufgaben des Bundes und der Länder unterscheiden. Formuliere dazu die Problemfrage!	– zuhören – verbessern – formulieren – vorlesen – vergleichen – zuhören – verbalisieren – formulieren	Pa Hb Hb	Notizblock Seitentafel, Folie 1 Tafelbild (1) (Problemfrage)
Erarbeitungsphase	3. Lehrschritt (Hypothesenbildung)	Aktivierung von Schülervorwissen bzw. Schülervermutungen. (Lz 2)	Partnergespräch nach Arbeitsauftrag: (arbeitsteilig) Schreibe deine Vermutungen zu den Aufgabenbereichen des Bundes bzw. der Länder auf! Verarbeitungsgespräch: Auswertung der Schülerhypothesen, Einordnung nach Bund/Länder. Erkennen der Fundstelle: GG, BV.	– vermuten – besprechen – notieren – vortragen – erkennen	Pa Hb	Notizblock Seitentafel Tafelbild (2)
	4. Lehrschritt (erste Teilzielerarbeitung) (erste Teilzielgewinnung)	Aufgaben des Bundes. (Lz 3)	Gruppenarbeit nach Arbeitsaufgabe: (arbeitsteilig) Stelle anhand Art. 73 GG und des Bundeshaushalts die Aufgaben des Bundes fest. Schreibe die Namen des jeweils zuständigen Bundesministers auf! Verarbeitungsgespräch: Auswertung der Ergebnisse: Aufgabenbereich, Ministerien, Minister.	– lesen – betrachten – feststellen – besprechen – notieren – vortragen – nennen	Ga Hb	Art. 73 GG, Folie 2 (Grafik), Notizblock
	5. Lehrschritt (Teilzielzusammenfassung)	Wiederholung und Auswahl.	Sachimpuls: Der Lehrer zeigt Skizzen verschiedener Bundesaufgaben. Fixierung.	– betrachten – erkennen – fixieren	Hb	Folie 3 nach Tafelbild (3)
	6. Lehrschritt (Problempräzisierung)	Problemfrage: Welche Aufgaben haben die Länder?	Sachimpuls: Lies Art. 30 GG! Erarbeitungsgespräch: Formulierung der Problemfrage.	– betrachten – lesen – formulieren	Hb/Aa Hb	Art. 30 GG Hinweis auf Tafelbild (1)
	7. Lehrschritt (zweite Teilzielerarbeitung) (zweite Teilzielgewinnung)	Aufgaben der Länder. (Lz 4)	Partnergespräch nach Arbeitsaufgabe: Entnimm dem Bild die Aufgabenbereiche der Bundesländer! Schreibe die Namen des jeweiligen zuständigen bayerischen Staatsministers dazu auf! Verarbeitungsgespräch: Zusammenführen der Gesprächsergebnisse; Nennen der Aufgabenbereiche, der Ministerien, der Minister; Ergebnisfixierung.	– betrachten – erkennen – notieren – identifizieren – nennen – zuordnen	Hb/Pa Hb	Folie 4 Tafelbild (4) Fotos von Politikern
Sicherungsphase	8. Lehrschritt (Gesamtergebniszusammenfassung)	Wiederholung und Zuordnung: Foto-Name-Ressort. (Lz 5)	Erarbeitungsgespräch nach Sachimpuls: Der Lehrer zeigt Fotos von Bundes- und Staatsministern. Die Schüler nennen Namen und Aufgabenbereich.	– erkennen – zuordnen	Hb	Tafelbild (1) – (4)
	9. Lehrschritt (Wertung)	Sinnbegründung der Aufgabenteilung zwischen Bund und Ländern. (Lz 6)	Gruppengespräch nach Gesprächsauftrag: (arbeitsteilig) 1. Bedenke die Folgen, wenn jedes Land auch die Aufgaben des Bundes regeln wollte! 2. Welche Vorteile hat das Bundesland Bayern aus der Zugehörigkeit zum Bund? Verarbeitungsgespräch: Die Schüler erklären und begründen Sinn und Notwendigkeit der Aufgabenteilung.	– zuhören – besprechen – diskutieren – argumentieren – meinen – erklären – begründen	Ga Hb	Tafelbild (1) – (4) Tafelbild (5)
	10. Lehrschritt (Gesamtergebnisfixierung)	Schriftliche Ergebnissicherung.	Arbeitsauftrag: Ergänze dein Arbeitsblatt und kontrolliere anschließend selbständig!	– ergänzen	Aa	Arbeitsblatt Tafelbild (1) – (5)

Anmerkung: Dieses Unterrichtsmodell kann nach Abänderung der Namen in allen Bundesländern verwendet werden.

Hauptlernziel:	Unterrichtsthema:	Autor: Peter Allerberger
Kenntnis der wesentlichen Merkmale der Landwirtschaft in der DDR.	Landwirtschaft hüben und drüben.	Unterrichtszeit Empfehlung: 2 UE

Vorbemerkungen:
Die pauschale Ablehnung der politischen Ordnung in der DDR sollte ebensowenig Unterrichtsziel sein wie eine unkritische Bewunderung derselben. Zufallsimpressionen dürfen nicht zu Pauschalurteilen verdichtet werden; Schülercharakteristika über das landwirtschaftliche System der DDR zu Beginn der Einheit geben solch stereotype, unreflektierte Urteile wieder.
Ein Rückblick über die wichtigsten Aspekte der Theorie von Marx und Engels könnte in den Unterrichtsablauf eingeplant werden, wenn die Klasse dazu aufnahmefähig und bereit ist. Der Schwerpunkt vorliegender Stunde liegt auf der LPG, der Landwirtschaftlichen Produktionsgemeinschaft der DDR; die Grundzüge der bundesdeutschen Landwirtschaft (nach gängigen Lehrplänen bereits 1-2 Schuljahre zuvor behandelt) dürfen als bekannt vorausgesetzt werden.

Teillernziele: Die Schüler sollen:
1. erkennen, daß die landwirtschaftlichen Produktionsstätten in der DDR die Form des Genossenschaftseigentums haben, und in der Bundesrepublik genossenschaftliches Eigentum nur selten vorkommt;
2. die Vor- und Nachteile des DDR Landwirtschaftssystems erkennen und herausstellen;
3. trotz verschiedenartiger Organisation und Eigentumsverhältnisse Gemeinsamkeiten beider Systeme finden.

Medien:
Satellitenkarte der Bundesrepublik/DDR, Verlag Westermann; Lexikon, Arbeitsblatt, Nationalitätenwappen, Lernmaterialien.

Literatur: siehe Angaben bei Lernmaterialien.

Lernmaterialien:
a) Begonnen hat es kurz nach dem Kriege mit der Bodenreform. Großbauern und Gutsbesitzer mit mehr als 100 ha landwirtschaftlicher Nutzfläche und etwa 4000 Grundbesitzer als Kriegs- und Naziverbrecher mit weniger als 100 ha Land wurden enteignet. Etwa 1/3 des so verfügbar gewordenen Bodens wurden Staatsbetriebe, 2/3 wurden unter 232 000 Familien aufgeteilt.
Ein zweites Mittel, das Privateigentum zu „sozialisieren" war die Bildung von Genossenschaften aus bisherigem Privatbesitz.
Die Bauern wurden in die Landwirtschaftlichen Produktionsgenossenschaften (LPG) gedrängt. Ende 1958 war 30% des Bodens kollektiviert, Mitte 1960 100%; seither gibt es in der DDR keine selbstständigen Bauern mehr.

b) Es gibt in der Praxis zwei Arten von LPGs, den Typ I und den Typ III. Ein knappes Drittel aller Bauern arbeitet im Typ I, der ihnen Haus, Hof, Vieh, Wald und Grünland sowie Geräte läßt und nur die gemeinsame Bewirtschaftung des Ackerlandes vorsieht.
Typ II, der den Bauern nur einen Teil des Viehs ließ, hat sich in der Praxis nicht durchgesetzt. Inzwischen gehören 2/3 aller Bauern zum Typ III, in dem nicht nur der Acker, sondern auch Zucht- und Nutzvieh sowie Maschinen und Geräte Genossenschaftseigentum sind.
Typ III: Was die Genossenschaft im Laufe eines Jahres erwirtschaftet, gehört allen Mitgliedern. Etwa 1/4 des Gewinnes wird zurückgelegt und kommt in die Kasse für Gesamtausgaben und Anschaffungen; den Rest zahlt die LPG an die Mitglieder aus (berechnet nach der jährlich geleisteten Arbeit des Genossenschaftsbauern).
Die LPG Vollversammlung legt fest, wie hoch die Arbeit des einzelnen Mitglieds gewertet wird.

c) 14 von 21 Landwirten schlossen sich in B. (Schleswig-Holstein) auf freiwilliger Basis zu einer kooperativen Wirtschaftsgemeinschaft zusammen. Da von vornherein nur gesunde Betriebe aufgenommen wurden, erfolgte der Start unter günstigen Voraussetzungen.

Die Bauern bewirtschaften gemeinsam 750 ha Fläche, wobei jeder Bauer über sein Ackerland selbst bestimmt. Gemeinsam betrieben werden Kuhstall, Rindermast, Sauenhaltung, Maschinenpark und eine Reithalle. Für jeden Betriebszweig gibt es ein Management mit eigenem Abrechnungswesen. Die Frauen können bei dieser Arbeitsteilung mehr Zeit für Kindererziehung und Familie erübrigen (aus: Der Hof des Bauern T. ist unrentabel, Klett Verlag, Stuttgart).

Arbeitsblatt:

Landwirtschaft hüben und drüben

LPG = Landwirtschaftliche Produktionsgenossenschaft in der DDR

drei Formen:

Typ I: Wohnhaus, Maschinen, Vieh, Wald, Grünland, Stall (Privatbesitz) | Acker (LPG)

Typ II: Wohnhaus, Vieh, Wald, Grünland, Stall (Privatbesitz) | Acker – Maschinen (LPG)

Typ III: Wohnhaus (Privatbesitz) | Acker – Maschinen – Vieh – Wald – Grünland – Stall (LPG)

Vorzüge	der LPG	Schwierigkeiten
Arbeitszeit: *geregelt*	Monokultur: *einseitige Nutzung*
Urlaub – Wochenende: *nach Wunsch*	Kein bäuerlicher *Familienbetrieb*
Lohn: *gesichert, unabhängig von privaten Mißernten*	alle Mitarbeiter der *LPG*
Altersversorgung: *gesichert*	Freie Entfaltung der Persönlichkeit: *nicht möglich; geringe Eigeninitiative*
Maschineneinsatz: *im Kollektiv*	
Wartung-Anschaffung: *rationell-günstig*	Planung: *Produktion u. Absatz durch Staat*
Betriebsauflösungen: *wenig*	dadurch: *Versorgungsengpässe*

UG	Lehrschritte (Artikulationsdefinition)	Lehrinhalte und Lernziele (= Lz)	Lehrakte .... Lernakte		Sozialformen	Lernhilfen
Eröffnungsphase	1. Lehrschritt: (Anknüpfung)	DDR – Bundesrepublik; Vorwissen der Schüler;	Sachimpuls: Sicherlich hast du schon von den Unterschieden zwischen beiden deutschen Staaten gehört. Nenne Gemeinsamkeiten.	– betrachten – notieren – Vorwissen einbringen	Hb	Wappen DDR – B.republik; Seitentafel
	2. Lehrschritt: (Zielangabe)	Ideologische Unterschiede; Landwirtschaft hüben und drüben;	Erarbeitungsgespräch: Die Unterschiede ergeben sich aus den verschiedenen Gesellschaftsordnungen. Wir wollen die Landwirtschaft beider deutscher Staaten vergleichen.	– aufnehmen – formulieren – eintragen	Hb	Arbeitsblatt: Überschrift
Erarbeitungsphase	3. Lehrschritt: (Teilergebniserarbeitung)	Kollektivierung unter Druck; Bodenreform; Begriffe: u.a. LPG; Zwangsenteignung; (Lz 1)	Arbeitsauftrag: Das uns fremd erscheinende landwirtschaftliche System der DDR wollen wir in seiner Nachkriegsentwicklung kennenlernen. Lies den Text. Kennzeichne die Bodenreform nach dem Krieg. Erläutere die Begriffe: Kollektivierung, sozialisieren, LPG. Verarbeitungsgespräch: Die Bauern waren letztlich gezwungen, der LPG beizutreten.	– zuhören – lesen – verbalisieren – kennzeichnen – erläutern – Information entnehmen – definieren	Ga Hb	Lernmaterial a Schülerbuch Lexikon Arbeitsblatt: LPG = ...
	4. Lehrschritt: (Teilergebnisfixierung)	3 Formen der LPG; Privatbesitz, Eigentum der LPG; (Lz 1)	Arbeitsauftrag: Nenne die drei Formen der LPG. Wie funktionieren sie? Verarbeitungsgespräch: Bei allen drei Formen sind die Besitzverhältnisse klar aufgeteilt.	– lesen – differenzieren – werten – skizzieren	Pa Hb	Lernmaterial b; Arbeitsblatt: drei Formen ...
	5. Lehrschritt: (Teilzusammenfassung)	LPG entscheidet über Ausbau, Gewinn; Bauern als Angestellte der LPG; (Lz 1/2)	Erarbeitungsgespräch nach Impuls: Die Bauern sind noch Eigentümer des Bodens, können aber nicht mehr darüber verfügen; ein Widerspruch. Beschreibe den am häufigsten vorkommenden Typ III der LPG.	– reflektieren – begründen – beschreiben	Hb	
	6. Lehrschritt: (Teilergebniserarbeitung und -fixierung)	Vorzüge und Schwierigkeiten der LPG; Eigeninitiative eher gering; z.B. Entlohnung, Urlaub, Planung...; (Lz 2)	Erarbeitungsgespräch: Vieles stimmt nicht in den LPGs, und vor allem ältere Mitglieder meinen oft, daß sie längst keine „richtigen" Bauern mehr seien. Die Denkanstöße deines Arbeitsblattes sollen dir helfen, Vor- und Nachteile der LPG zu finden.	– belegen – argumentieren – abwägen – vervollständigen – fixieren	Hb	Evtl. Film FT 881: Auf einer LPG in Mecklenburg Arbeitsblatt: Vorzüge-Schwierigkeiten
	7. Lehrschritt: (Teilergebnisgewinnung)	Genossenschaften in der Bundesrepublik: Deutscher Raiffeisenverband, Molkerei-, Vieh-, Absatzgenossenschaft, Maschinenringe; (Lz 1/2)	Rundgespräch: Auch unseren Bauern sind die Vorzüge von Genossenschaften bekannt. Was sind die wesentlichen Unterschiede zur östlichen Genossenschaft? Denke daran, in der DDR wurden die Bauern durch Propaganda und unter Druck zum Beitritt gebracht.	– verifizieren – vergleichen – rekapitulieren – kennzeichnen	Aa/Hb	Geschichtsbuch, Lexikon
	8. Lehrschritt: (Gesamtzusammenfassung)	Beibehaltung der Selbständigkeit des privaten Eigentums, ohne Zwang; (Lz 1/2)	Rollenspiel: Nenne den wesentlichsten Unterschied des landwirtschaftlichen Systems der DDR und unserer bundesdeutschen Agrarwirtschaft.	– differenzieren – verbalisieren	Pa/Hb	zwei Schüler vertreten jeweils das eine und das andere landwirtschaftliche System
Sicherungsphase	9. Lehrschritt: (inhaltliche Ergänzung)	Große Parzellen der DDR Gemarkung (aus 900 km Höhe deutlich zu erkennen); zunehmende Technisierung, Einsparung menschlicher Arbeitskraft, Abwanderung in Industrie; (Lz 3)	Arbeitsauftrag: Betrachte die Satellitenkarte von Deutschland. Beiderseits der Demarkationslinie zeigen sich deutliche Unterschiede. Verarbeitungsgespräch: Auch wenn die Organisation und die Eigentumsverhältnisse in Ost und West verschieden sind, stehen beide Seiten doch vor ähnlichen Problemen. Denke an den Stand der Technik.	– vergleichen – kommentieren – Gemeinsamkeiten herausstellen – kennzeichnen – aufzählen	Aa Hb	Satellitenkarte Deutschland (Westermann)
	10. Lehrschritt: (Aktualisierung)	Kooperatives Modell in Norddeutschland; Produktionsgemeinschaft westlicher Prägung; (Lz 1/2)	Auftrag: Lies das Fallbeispiel. Findest du Gemeinsamkeiten mit einer LPG? Verarbeitungsgespräch: Der Zusammenschluß in dem Beispiel hat mit LPG nichts gemeinsam.	– lesen – bewerten – charakterisieren	Ga Hb	Lernmaterial c;

Hauptlernziel:	Unterrichtsthema:	Autor: Peter Allerberger
Kenntnis des Einparteiensystems der DDR.	In der DDR bestimmt die Partei.	Unterrichtszeit Empfehlung: 2 UE

Vorbemerkungen:
Den Schülern sollten die Entwicklungsstufen des Marxismus von der Urgesellschaft über den Kapitalismus zum Kommunismus aus der Geschichte bekannt sein. In die Stufe der Teilergebnisgewinnung kann ein Lückentext der Marxschen Theorie bis hin zum derzeitigen Sozialismus bzw. angestrebten Kommunismus eingeplant werden. Der „demokratische Zentralismus" der DDR im Sinne der Gewalteneinheit organisiert und praktiziert, sollte in einer zusätzlichen Einheit in der Gegenüberstellung mit unserer Gewaltenteilung abgegrenzt werden. Schließlich erscheint ein Vergleich der beiden deutschen Wahlsysteme unumgänglich (kombiniertes System bei uns - Liste der Nationalen Front der DDR).

Teillernziele: Die Schüler sollen:
1. die alles beherrschende und durchdringende Rolle der SED für das Herrschaftssystem der DDR erkennen;
2. wissen, daß die SED eine marxistisch-leninistische Partei ist, die alle staatlichen und gesellschaftlichen Einrichtungen mit Hilfe der Organisationen der Partei kontrolliert;
3. die Nationale Front als Vereinigung aller Parteien und Massenorganisationen der DDR erklären.

Medien -Literatur:
Arbeitsblatt, Arbeitstexte, Verfassung der DDR, Grundgesetz, Lexikon, Schülerbuch

Lernmaterialien: a)
Parteilied: Sie hat uns alles gegeben, Sonne und Wind.
Und sie geizte nie. Wo sie war, war das Leben.
Was wir sind, sind wir durch sie!
Sie hat uns niemals verlassen.
Fror auch die Welt, uns war warm.
Uns schützt die Mutter der Massen,
uns trägt ihr mächtiger Arm.
Die Partei, die Partei, die hat immer recht.

b)
Artikel 1 der DDR - Verfassung:
Die Deutsche Demokratische Republik ist ein sozialistischer Staat der Arbeiter und Bauern. Sie ist die politische Organisation der Werktätigen in Stadt und Land unter Führung der Arbeiterklasse und ihrer marxistisch - leninistischen Partei ...

c) Aus dem Programmentwurf der SED:
Die Sozialistische Einheitspartei Deutschlands ist der bewußte Vortrupp der Arbeiterklasse und des werktätigen Volkes der sozialistischen Deutschen Demokratischen Republik. Sie verwirklicht die von Marx, Engels und Lenin begründeten Aufgaben und Ziele der revolutionären Arbeiterbewegung. In ihrem Wirken läßt sie sich stets davon leiten, alles zu tun für das Wohl des Volkes, für die Interessen der Arbeiterklasse und aller anderen Werktätigen. Sie sieht ihre Aufgabe darin, die entwickelte sozialistische Gesellschaft weiter zu gestalten.
Ihr Ziel ist es, die kommunistische Gesellschaft zu errichten.

Arbeitsblatt:

In der DDR bestimmt die Partei

Massenorganisationen der SED

S E D = *Sozialistische Einheitspartei Deutschlands*;
eine Zwangsvereinigung von:
SPD und *KPD*

- F D J = *Freie Deutsche Jugend*
- F D G B = *Freier Deutscher Gewerkschaftsbund*
- G S T = *Gesellschaft für Sport und Technik*
- D F D = *Demokratischer Frauenbund Deutschlands*
- K B = *Kultur-Bund*

(Sinn:) *die Partei wirkt über diese Organisationen weit in das Volk hinein*

Aufgaben der übrigen 4 Parteien
- Bürger außerhalb der *Arbeiterklasse* an den *Sozialismus* heranzuführen;
- andere Bevölkerungsschichten am politischen Leben zu *beteiligen*

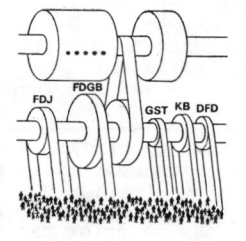

Die Nationale Front
= *Die SED beherrscht und führt als Einheitsfront alle zugelassenen Parteien und Massenorganisationen; SED führt diesen Block an*

Parteien
- S E D
- DBD = *Demokratische Bauernpartei Deutschlands*
- CDU = *Christlich-Demokratische Union Deutschlands*
- LDPD = *Liberal-Demokratische Partei Deutschlands*
- NDPD = *National-Demokratische Partei Deutschlands*

Massenorganisationen
18 Verbände
z.B. Gesellschaft für deutsch-sowjetische Freundschaft

UG	Lehrschritte (Artikulationsdefinition)	Lehrinhalte und Lernziele (= Lz)	Lehrakte .... Lernakte		Sozial-formen	Lernhilfen
Eröffnungsphase	1. Lehrschritt: (Problem-begegnung)	Parteienpluralismus der B.republik; Absolutheitsanspruch der SED; (Lz 1)	Sachimpuls: Warum paßt der Text des Lobliedes zu keiner der demokratischen Parteien bei uns? Um welche Partei handelt es sich?	- lesen - interpretieren - verbalisieren	Hb	Lernmaterial a
	2. Lehrschritt: (Problem-präzisierung)	SED, Sozialistische Einheitspartei Deutschlands; 1946 aus SPD und KPD gebildet; Art. 21 GG: ... Parteien...; Art.1 DDR:Partei...	Feststellung: Die SED ist die Sozialistische Einheitspartei der DDR. Sowohl unser Grundgesetz als auch die DDR Verfassung sagen etwas über politische Parteien aus. Arbeitsauftrag: Vergleiche Artikel 21 unseres Grundgesetzes mit Artikel 1 der DDR Verfassung.	- aufnehmen - ausfüllen - nachschlagen - vorlesen - vergleichen	Hb Pa	Arbeitsblatt: SED = ... Grundgesetz; DDR-Verfassung Lernmaterial b
	3. Lehrschritt: (Zielangabe)	Vergleich mit der NSDAP im Nationalsozialismus; In der DDR bestimmt die Partei;	Verarbeitungsgespräch: Unsere Verfassung spricht von Parteien, die DDR Verfassung erwähnt eine Partei. Die Partei hat immer recht, besagt der Liedtext. Ähnliches hast du in der Geschichte schon gehört.	- gegenüberstellen - Beziehung erkennen - eintragen	Hb	Arbeitsblatt: Überschrift
Erarbeitungsphase	4. Lehrschritt: (Teilergebnis-erarbeitung)	Verwirklichung der Ziele von Marx, Engels, Lenin; Errichtung der kommunistischen Gesellschaft; (Lz 2)	Erarbeitungsgespräch nach Frage: Welche Aufgaben hat sich die SED als „organisierter Vortrupp der Arbeiterklasse" selbst gestellt? Denke an die Ziele des Marxismus.	- durchdenken - erläutern - lesen - rekapitulieren	Hb/Aa	Lernmaterial c
	5. Lehrschritt: (Teilergebnis-gewinnung)	Demokratie im östlichen Sinn; Volksdemokratie; Partei besteht aus den"Besten"des Volkes; "Demokratie" nur, wenn kommunistische Partei an der Führung;(Lz1/2)	Erarbeitungsgespräch: Der Osten nimmt für sich in Anspruch, die wahre Demokratie zu verwirklichen. Der Osten liefert folgende Begründung: In einer Demokratie soll der Wille des Volkes durchgeführt werden. Wer aber kennt den Willen des Volkes? Die Partei allein! Folgere daraus.	zuhören - nachvollziehen Wesentliches erkennen - folgern - sich äußern	Hb	Notizblock
	6. Lehrschritt: (Teilergebnis-gewinnung und -fixierung)	Transmission durch SED; Organisationen der SED; Sinn; (Lz 2/3)	Arbeitsauftrag: Beschreibe das Bild deines Arbeitsblattes unter dem DDR Emblem. Was bedeuten die Abkürzungen der aufgeführten Organisationen? Nimm das Buch zu Hilfe. Verarbeitungsgespräch: Vortrag, Vergleich, Zusammenfassung, Fixierung der Arbeitsergebnisse.	- beschreiben - Abkürzungen entschlüsseln - nachschauen - eintragen	Pa Hb	Arbeitsblatt Schülerbuch, Lexikon Arbeitsblatt: linker Abschn.
	7. Lehrschritt: (Teilergebnis-gewinnung und -fixierung)	Aufgaben: Kontakt zu Massen herstellen, Mitteilung des Parteiwillens; (Lz 1/2/3)	Erarbeitungsgespräch: Die SED ist vergleichbar mit einem Motor, der durch Keilriemen die einzelnen Teile antreibt. Erkläre den Begriff Nationale Front.	- abstrahieren - vergleichen - fixieren	Hb	Arbeitsblatt: rechter Abschnitt – die nationale Front Schülerbuch, Lexikon
	8. Lehrschritt: (Teilergebnis-gewinnung und -fixierung)	Keine Möglichkeit der Opposition; Nationale Front, geschlossener Block Erfassung aller Bürger; (Lz 1-3)	Erarbeitungsgespräch: Neben der SED und den Massenverbänden sind in der DDR weitere 4 Parteien und 18 Verbände in der Nationalen Front zusammengeschlossen. Welche Aufgaben haben neben der SED die anderen 4 Parteien?	- Abkürzungen entschlüsseln - rekapitulieren - Lückentext ausfüllen	Hb	Arbeitsblatt: rechter Abschnitt – Parteien – Massenorganisationen – Verbände Arbeitsblatt: mittlerer Abschnitt – Aufgaben der übrigen vier Parteien
Sicherungsphase	9. Lehrschritt: (Wertung)	BRD: Konkurrenz um Macht, Opposition; DDR: Führungsanspruch der SED (Lz 1-3)	Diskussion: Warum ist das Mehrparteiensystem der Bundesrepublik nicht mit dem der DDR zu vergleichen? Feststellung:Alle anderen Parteien beugen sich in der DDR der SED.	- begründen - Wesensmerkmale erfassen - verbalisieren	Hkf Hkf	
	10.Lehrschritt: (Beurteilung)	Totalitärer Anspruch der Einheitspartei; Partei verkörpert nur Minderheit des Volkes; (Lz 1)	Rundgespräch: Welche Argumente kannst du der Aussage in der letzten Zeile des Liedtextes entgegenhalten? Kann eine Partei „immer recht haben"? Kannst du dir ein Einparteiensystem bei uns vorstellen?	- differenzieren - argumentieren - konkretisieren	Aa/Hb	

Hauptlernziel:	Unterrichtsthema:	Autor:
Kenntnis, daß manche Grundrechte in der DDR erheblich eingeschränkt sind.	Gibt es auch in der DDR Grundrechte?	Max-J. Unterreiner
		Unterrichtszeit Empfehlung: 1-2 UE

Vorbemerkungen: Die Bearbeitung dieses Problemkreises setzt bei den Schülern Grundkenntnisse zur sozialistischen Gesellschaftsordnung voraus. Um dem einzelnen Lehrer eine individuelle Gestaltung und Gewichtung im Unterricht hinsichtlich der Sache offenzuhalten und eine entsprechende Auswahl der sozialisitischen Grundrechte zu ermöglichen, ist der gesamte Wortlaut von Abschnitt II, Kapitel 1 zu den "Grundrechten und Grundpflichten der Bürger" aus der Verfassung der DDR abgedruckt. Vorliegende UE kann nur als Anregung zur unterrichtlichen Realisation verstanden werden. Intention dieser Konzeption ist es, über die Anknüpfung an die Grundrechte nach dem Grundgesetz der Bundesrepublik Deutschland bzw. der Bayerischen Verfassung zu den Grundrechten nach der Verfassung der DDR und der politischen Wirklichkeit zu gelangen.

Lernziele: Die Schüler sollen ...
1. Vorwissen ungeordnet artikulieren,
2. Problemfragen selbst formulieren,
3. die Grundrechte nach GG und BV wiederholen,
4. Grundrechte aus der DDR-Verfassung parallel dazu herausarbeiten,
5. die Problemlösungsstrategie selbst weiterentwickeln,
6. aus dem Vergleich ausgewählter Artikel der DDR-Verfassung mit der Wirklichkeit Schlüsse ziehen und Erkenntnisse gewinnen.

Literatur:
1. Verfassung der Deutschen Demokratischen Republik vom 7. Oktober 1974; unveränderter Faksimiledruck aus dem Gesetzblatt der DDR
2. Südostbayerische Rundschau, 35. Jahrgang, Nummer 104 und 125
3. Das Parlament, vom 25. Juni 1983
4. Bayerisches Staatsministerium für Unterricht und Kultus (Hrsg.): Schule & wir, 1983, Nummer 2

Medien: Tafel, Arbeitsblatt, GG, BV, DDR-Verfassung, Notizblock.

Arbeitstext 1:

Abschnitt II

Bürger und Gemeinschaften in der sozialistischen Gesellschaft

Kapitel 1

Grundrechte und Grundpflichten der Bürger

Artikel 19

(1) Die Deutsche Demokratische Republik garantiert allen Bürgern die Ausübung ihrer Rechte und ihre Mitwirkung an der Leitung der gesellschaftlichen Entwicklung. Sie gewährleistet die sozialistische Gesetzlichkeit und Rechtssicherheit.

(2) Achtung und Schutz der Würde und Freiheit der Persönlichkeit sind Gebot für alle staatlichen Organe, alle gesellschaftlichen Kräfte und jeden einzelnen Bürger.

(3) Frei von Ausbeutung, Unterdrückung und wirtschaftlicher Abhängigkeit hat jeder Bürger gleiche Rechte und vielfältige Möglichkeiten, seine Fähigkeiten in vollem Umfange zu entwickeln und seine Kräfte aus freiem Entschluß zum Wohle der Gesellschaft und zu seinem eigenen Nutzen in der sozialistischen Gemeinschaft ungehindert zu entfalten. So verwirklicht er Freiheit und Würde seiner Persönlichkeit. Die Beziehungen der Bürger werden durch gegenseitige Achtung und Hilfe, durch die Grundsätze sozialistischer Moral geprägt.

(4) Die Bedingungen für den Erwerb und den Verlust der Staatsbürgerschaft der Deutschen Demokratischen Republik werden durch Gesetz bestimmt.

Artikel 20

(1) Jeder Bürger der Deutschen Demokratischen Republik hat unabhängig von seiner Nationalität, seiner Rasse, seinem weltanschaulichen oder religiösen Bekenntnis, seiner sozialen Herkunft und Stellung die gleichen Rechte und Pflichten. Gewissens- und Glaubensfreiheit sind gewährleistet. Alle Bürger sind vor dem Gesetz gleich.

(2) Mann und Frau sind gleichberechtigt und haben die gleiche Rechtsstellung in allen Bereichen des gesellschaftlichen, staatlichen und persönlichen Lebens. Die Förderung der Frau, besonders in der beruflichen Qualifizierung, ist eine gesellschaftliche und staatliche Aufgabe.

(3) Die Jugend wird in ihrer gesellschaftlichen und beruflichen Entwicklung besonders gefördert. Sie hat alle Möglichkeiten, an der Entwicklung der sozialistischen Gesellschaftsordnung verantwortungsbewußt teilzunehmen.

Artikel 21

(1) Jeder Bürger der Deutschen Demokratischen Republik hat das Recht, das politische, wirtschaftliche, soziale und kulturelle Leben der sozialistischen Gemeinschaft und des sozialistischen Staates umfassend mitzugestalten. Es gilt der Grundsatz „Arbeite mit, plane mit, regiere mit!".

(2) Das Recht auf Mitbestimmung und Mitgestaltung ist dadurch gewährleistet, daß die Bürger

alle Machtorgane demokratisch wählen, an ihrer Tätigkeit und an der Leitung, Planung und Gestaltung des gesellschaftlichen Lebens mitwirken;

Rechenschaft von den Volksvertretungen, ihren Abgeordneten, den Leitern staatlicher und wirtschaftlicher Organe über ihre Tätigkeit fordern können;

mit der Autorität ihrer gesellschaftlichen Organisationen ihrem Wollen und ihren Forderungen Ausdruck geben;

sich mit ihren Anliegen und Vorschlägen an die gesellschaftlichen, staatlichen und wirtschaftlichen Organe und Einrichtungen wenden können;

in Volksabstimmungen ihren Willen bekunden.

(3) Die Verwirklichung dieses Rechts der Mitbestimmung und Mitgestaltung ist zugleich eine hohe moralische Verpflichtung für jeden Bürger.

Die Ausübung gesellschaftlicher oder staatlicher Funktionen findet die Anerkennung und Unterstützung der Gesellschaft und des Staates.

Artikel 22

(1) Jeder Bürger der Deutschen Demokratischen Republik, der am Wahltage das 18. Lebensjahr vollendet hat, ist wahlberechtigt.

(2) Jeder Bürger kann in die Volkskammer und in die örtlichen Volksvertretungen gewählt werden, wenn er am Wahltage das 18. Lebensjahr vollendet hat.

(3) Die Leitung der Wahlen durch demokratisch gebildete Wahlkommissionen, die Volksaussprache über die Grundfragen der Politik und die Aufstellung und Prüfung der Kandidaten durch die Wähler sind unverzichtbare sozialistische Wahlprinzipien.

Artikel 23

(1) Der Schutz des Friedens und des sozialistischen Vaterlandes und seiner Errungenschaften ist Recht und Ehrenpflicht der Bürger der Deutschen Demokratischen Republik. Jeder Bürger ist zum Dienst und zu Leistungen für die Verteidigung der Deutschen Demokratischen Republik entsprechend den Gesetzen verpflichtet.

(2) Kein Bürger darf an kriegerischen Handlungen und ihrer Vorbereitung teilnehmen, die der Unterdrückung eines Volkes dienen.

(3) Die Deutsche Demokratische Republik kann Bürgern anderer Staaten oder Staatenlosen Asyl gewähren, wenn sie wegen politischer, wissenschaftlicher oder kultureller Tätigkeit zur Verteidigung des Friedens, der Demokratie, der Interessen des werktätigen Volkes oder wegen ihrer Teilnahme am sozialen und nationalen Befreiungskampf verfolgt werden.

Artikel 24

(1) Jeder Bürger der Deutschen Demokratischen Republik hat das Recht auf Arbeit. Er hat das Recht auf einen Arbeitsplatz und dessen freie Wahl entsprechend den gesellschaftlichen Erfordernissen und der persönlichen Qualifikation. Er hat das Recht auf Lohn nach Qualität und Quantität der Arbeit. Mann und Frau, Erwachsene und Jugendliche haben das Recht auf gleichen Lohn bei gleicher Arbeitsleistung.

(2) Gesellschaftlich nützliche Tätigkeit ist eine ehrenvolle Pflicht für jeden arbeitsfähigen Bürger. Das Recht auf Arbeit und die Pflicht zur Arbeit bilden eine Einheit.

(3) Das Recht auf Arbeit wird gewährleistet

durch das sozialistische Eigentum an den Produktionsmitteln;

durch die sozialistische Leitung und Planung des gesellschaftlichen Reproduktionsprozesses;

durch das stetige und planmäßige Wachstum der sozialistischen Produktivkräfte und der Arbeitsproduktivität;

durch die konsequente Durchführung der wissenschaftlich-technischen Revolution;

durch ständige Bildung und Weiterbildung der Bürger und durch das einheitliche sozialistische Arbeitsrecht.

Artikel 25

(1) Jeder Bürger der Deutschen Demokratischen Republik hat das gleiche Recht auf Bildung. Die Bildungsstätten stehen jedermann offen. Das einheitliche sozialistische Bildungssystem gewährleistet jedem Bürger eine kontinuierliche sozialistische Erziehung, Bildung und Weiterbildung.

(2) Die Deutsche Demokratische Republik sichert das Voranschreiten des Volkes zur sozialistischen Gemeinschaft allseitig gebildeter und harmonisch entwickelter Menschen, die vom Geist des sozialistischen Patriotismus und Internationalismus durchdrungen sind und über eine hohe Allgemeinbildung und Spezialbildung verfügen.

(3) Alle Bürger haben das Recht auf Teilnahme am kulturellen Leben. Es erlangt unter den Bedingungen der wissenschaftlich-technischen Revolution und der Erhöhung der geistigen Anforderungen wachsende Bedeutung. Zur vollständigen Ausprägung der sozialistischen Persönlichkeit und zur wachsenden Befriedigung der kulturellen Interessen und Bedürfnisse wird die Teilnahme der Bürger am kulturellen Leben, an der Körperkultur und am Sport durch den Staat und die Gesellschaft gefördert.

(4) In der Deutschen Demokratischen Republik besteht allgemeine zehnjährige Oberschulpflicht, die durch den Besuch der zehnklassigen allgemeinbildenden polytechnischen Oberschule zu erfüllen ist. In bestimmten Fällen kann die Oberschulbildung in den Einrichtungen der Berufsausbildung oder der Aus- und Weiterbildung der Werktätigen beendet werden. Alle Jugendlichen haben das Recht und die Pflicht, einen Beruf zu erlernen.

(5) Für Kinder und Erwachsene mit psychischen und physischen Schädigungen bestehen Sonderschul- und -ausbildungseinrichtungen.

(6) Die Lösung dieser Aufgaben wird durch den Staat und alle gesellschaftlichen Kräfte in gemeinsamer Bildungs- und Erziehungsarbeit gesichert.

Artikel 26

(1) Der Staat sichert die Möglichkeit des Übergangs zur nächsthöheren Bildungsstufe bis zu den höchsten Bildungsstätten, den Universitäten und Hochschulen, entsprechend dem Leistungsprinzip, den gesellschaftlichen Erfordernissen und unter Berücksichtigung der sozialen Struktur der Bevölkerung.

(2) Es besteht Schulgeldfreiheit. Ausbildungsbeihilfen und Lernmittelfreiheit werden nach sozialen Gesichtspunkten gewährt.

(3) Direktstudenten an den Universitäten, Hoch- und Fachschulen sind von Studiengebühren befreit. Stipendien und Studienbeihilfen werden nach sozialen Gesichtspunkten und nach Leistung gewährt.

Artikel 27

(1) Jeder Bürger der Deutschen Demokratischen Republik hat das Recht, den Grundsätzen dieser Verfassung gemäß seine Meinung frei und öffentlich zu äußern. Dieses Recht wird durch kein Dienst- oder Arbeitsverhältnis beschränkt. Niemand darf benachteiligt werden, wenn er von diesem Recht Gebrauch macht.

(2) Die Freiheit der Presse, des Rundfunks und des Fernsehens ist gewährleistet.

Artikel 28

(1) Alle Bürger haben das Recht, sich im Rahmen der Grundsätze und Ziele der Verfassung friedlich zu versammeln.

(2) Die Nutzung der materiellen Voraussetzungen zur unbehinderten Ausübung dieses Rechts, der Versammlungsgebäude, Straßen und Kundgebungsplätze, Druckereien und Nachrichtenmittel wird gewährleistet.

Artikel 29

Die Bürger der Deutschen Demokratischen Republik haben das Recht auf Vereinigung, um durch gemeinsames Handeln in politischen Parteien, gesellschaftlichen Organisationen, Vereinigungen und Kollektiven ihre Interessen in Übereinstimmung mit den Grundsätzen und Zielen der Verfassung zu verwirklichen.

Artikel 30

(1) Die Persönlichkeit und Freiheit jedes Bürgers der Deutschen Demokratischen Republik sind unantastbar.

(2) Einschränkungen sind nur im Zusammenhang mit strafbaren Handlungen oder einer Heilbehandlung zulässig und müssen gesetzlich begründet sein. Dabei dürfen die Rechte solcher Bürger nur insoweit eingeschränkt werden, als dies gesetzlich zulässig und unumgänglich ist.

(3) Zum Schutze seiner Freiheit und der Unantastbarkeit seiner Persönlichkeit hat jeder Bürger den Anspruch auf die Hilfe der staatlichen und gesellschaftlichen Organe.

Artikel 31

(1) Post- und Fernmeldegeheimnis sind unverletzbar.

(2) Sie dürfen nur auf gesetzlicher Grundlage eingeschränkt werden, wenn es die Sicherheit des sozialistischen Staates oder eine strafrechtliche Verfolgung erfordern.

Artikel 32

Jeder Bürger der Deutschen Demokratischen Republik hat im Rahmen der Gesetze das Recht auf Freizügigkeit innerhalb des Staatsgebietes der Deutschen Demokratischen Republik.

Artikel 33

(1) Jeder Bürger der Deutschen Demokratischen Republik hat bei Aufenthalt außerhalb der Deutschen Demokratischen Republik Anspruch auf Rechtsschutz durch die Organe der Deutschen Demokratischen Republik.

(2) Kein Bürger der Deutschen Demokratischen Republik darf einer auswärtigen Macht ausgeliefert werden.

Artikel 34

(1) Jeder Bürger der Deutschen Demokratischen Republik hat das Recht auf Freizeit und Erholung.

(2) Das Recht auf Freizeit und Erholung wird gewährleistet

durch die gesetzliche Begrenzung der täglichen und wöchentlichen Arbeitszeit,

durch einen vollbezahlten Jahresurlaub und

durch den planmäßigen Ausbau des Netzes volkseigener und anderer gesellschaftlicher Erholungs- und Urlaubszentren.

Artikel 35

(1) Jeder Bürger der Deutschen Demokratischen Republik hat das Recht auf Schutz seiner Gesundheit und seiner Arbeitskraft.

(2) Dieses Recht wird durch die planmäßige Verbesserung der Arbeits- und Lebensbedingungen, die Pflege der Volksgesundheit, eine umfassende Sozialpolitik, die Förderung der Körperkultur, des Schul- und Volkssports und der Touristik gewährleistet.

(3) Auf der Grundlage eines sozialen Versicherungssystems werden bei Krankheit und Unfällen materielle Sicherheit, unentgeltliche ärztliche Hilfe, Arzneimittel und andere medizinische Sachleistungen gewährt.

Artikel 36

(1) Jeder Bürger der Deutschen Demokratischen Republik hat das Recht auf Fürsorge der Gesellschaft im Alter und bei Invalidität.

(2) Dieses Recht wird durch eine steigende materielle, soziale und kulturelle Versorgung und Betreuung alter und arbeitsunfähiger Bürger gewährleistet.

Artikel 37

(1) Jeder Bürger der Deutschen Demokratischen Republik hat das Recht auf Wohnraum für sich und seine Familie entsprechend den volkswirtschaftlichen Möglichkeiten und örtlichen Bedingungen. Der Staat ist verpflichtet, dieses Recht durch die Förderung des Wohnungsbaus, die Werterhaltung vorhandenen Wohnraumes und die öffentliche Kontrolle über die gerechte Verteilung des Wohnraumes zu verwirklichen.

(2) Es besteht Rechtsschutz bei Kündigungen.

(3) Jeder Bürger hat das Recht auf Unverletzbarkeit seiner Wohnung.

Artikel 38

(1) Ehe, Familie und Mutterschaft stehen unter dem besonderen Schutz des Staates.

Jeder Bürger der Deutschen Demokratischen Republik hat das Recht auf Achtung, Schutz und Förderung seiner Ehe und Familie.

(2) Dieses Recht wird durch die Gleichberechtigung von Mann und Frau in Ehe und Familie, durch die gesellschaftliche und staatliche Unterstützung der Bürger bei der Festigung und Entwicklung ihrer Ehe und Familie gewährleistet. Kinderreichen Familien, alleinstehenden Müttern und Vätern gilt die Fürsorge und Unterstützung des sozialistischen Staates durch besondere Maßnahmen.

(3) Mutter und Kind genießen den besonderen Schutz des sozialistischen Staates. Schwangerschaftsurlaub, spezielle medizinische Betreuung, materielle und finanzielle Unterstützung bei Geburten und Kindergeld werden gewährt.

(4) Es ist das Recht und die vornehmste Pflicht der Eltern, ihre Kinder zu gesunden und lebensfrohen, tüchtigen und allseitig gebildeten Menschen, zu staatsbewußten Bürgern zu erziehen. Die Eltern haben Anspruch auf ein enges und vertrauensvolles Zusammenwirken mit den gesellschaftlichen und staatlichen Erziehungs- und Bildungseinrichtungen.

Artikel 39

(1) Jeder Bürger der Deutschen Demokratischen Republik hat das Recht, sich zu einem religiösen Glauben zu bekennen und religiöse Handlungen auszuüben.

(2) Die Kirchen und anderen Religionsgemeinschaften ordnen ihre Angelegenheiten und üben ihre Tätigkeit aus in Übereinstimmung mit der Verfassung und den gesetzlichen Bestimmungen der Deutschen Demokratischen Republik. Näheres kann durch Vereinbarungen geregelt werden.

Artikel 40

Bürger der Deutschen Demokratischen Republik sorbischer Nationalität haben das Recht zur Pflege ihrer Muttersprache und Kultur. Die Ausübung dieses Rechts wird vom Staat gefördert.

Arbeitstext 2:
Wieder Friedensaktionen in der DDR
Pfarrer in Halle verhaftet — „Friedenswerkstatt" in Ost-Berlin

Ost-Berlin. (dpa) In der DDR ist erneut ein Angehöriger der unabhängigen Friedensbewegung verhaftet worden. Wie in Berlin mitgeteilt wurde, befindet sich der Jugendpfarrer Lothar Rochau aus Halle seit einiger Zeit in Haft. Seine Festnahme sei im Zusammenhang mit einer Protestaktion gegen Umweltverschmutzung erfolgt.

Am 5. Juni hätten rund 200 maskierte Radfahrer gegen die Schadstoffe der Buna-Chemiewerke demonstriert. Anschließend seien mehrere Teilnehmer festgenommen worden. Die Kirche hatte Rochau, der auch zur Jenauer Friedensgruppe Kontakt hatte, vor vier Wochen von der Gemeindearbeit entbunden. Er organisierte daraufhin private Treffen.

Auf einer kirchlichen „Friedenswerkstatt" in Ost-Berlin haben Pazifisten am Sonntag gegen die Politik der Abschreckung durch Waffen protestiert. „Wir haben kein Vertrauen mehr in die Fähigkeit der meisten regierenden Politiker und ihrer Militärstrategen, den Frieden für die Völker zu erhalten", heißt es in der Erklärung, die auf der Veranstaltung an der Erlöserkirche im Stadtteil Rummelsburg zur Unterschriftensammlung ausgelegt wurde. Zu den Erstunterzeichnern gehören die Witwe des im vergangenen Jahr gestorbenen DDR-Regimekritikers Robert Havemann und weitere Mitglieder seines Freundeskreises, die bereits früher einen Abrüstungsappell veröffentlicht hatten.

DDR schob sechs Pazifisten ab
Weitere Mitglieder der Jenaer Friedensgemeinschaft im Westen eingetroffen

Ludwigstadt. Weitere sechs von den DDR-Behörden ausgewiesenen Mitglieder der Friedensgemeinschaft in Jena sind am Wochenende in der Bundesrepublik eingetroffen.

Nach Angaben der Bayerischen Grenzpolizei kamen am Grenzübergang Ludwigsstadt-Bahnhof im oberfränkischen Landkreis Kronach eine 25jährige Bibliothekarin mit ihrem acht Monate alten Sohn, ein 32jähriger Schlosser und eine 21jährige ohne Beruf aus Jena an. Wenig später folgten ein 23jähriger Baumaschinist, ein 21jähriger Krankenpfleger und ein 34jähriger wissenschaftlicher Assistent der Friedrich-Schiller-Universität in Jena.

Alle sechs gaben nach Mitteilung der Grenzpolizei vom Montag übereinstimmend an, aufgrund ihrer Zugehörigkeit zur Friedensgemeinschaft in Jena von den DDR-Behörden zwangsweise ausgewiesen worden zu sein. Damit wolle die DDR offensichtlich unliebsame Staatsbürger loswerden. Nach einer Übergangszeit im Bundesnotaufnahmelager in Gießen wollen die Ausgewiesenen nach Westberlin weiterfahren. Damit sind in den vergangenen zwei Wochen bereits insgesamt 20 DDR-Pazifisten in den Westen abgeschoben worden.

Kleiner Grenzverkehr

Die Einwohner grenznaher Städte und Landkreise der Bundesrepublik Deutschland können bis zu 30 mal im Jahr zu Tagesbesuchen in grenznahe Kreise der DDR einreisen

Grenzübergänge
● Bahn   ● Auto

Die Grenze zwischen der „DDR" und der Bundesrepublik Deutschland reicht von der Lübecker Bucht bis zum Fichtelgebirge. Sie ist insgesamt 1393 Kilometer lang und unterbricht 32 Eisenbahnlinien, drei Autobahnen, 31 Bundesstraßen, 140 Landstraßen.

Tausende von öffentlichen und privaten Verkehrswegen enden heute im Nichts, bringen niemanden mehr von hüben nach drüben. Doch die Zonengrenze zerschneidet nicht nur Landschaft, sondern geht auch unbarmherzig mitten durch Dörfer. Sie zerreißt Familienbande, sprengt die in Jahrhunderten gewachsene Gemeinschaft.

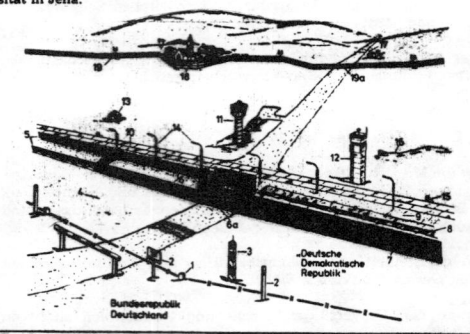

Das Sperrsystem an der Zonengrenze

1 Grenzstein
2 Hinweisschild bzw. -pfahl unmittelbar vor der Grenze
3 „DDR"-Grenzsäule
4 Geländestreifen (bis zu 100 m breit)
5 Stacheldrahtzaun (Zwischenraum vermint)
6 Metallgitterzaun (Zwischenraum vermint)
6a Durchlaß
7 Metallgitterzaun mit Selbstschußanlagen
8 Kfz-Sperrgraben
9 Spurensicherungsstreifen (6 m breit)
10 Kolonnenweg
11 Beobachtungsturm mit Führungspunkt
12 Beobachtungsturm
13 Beobachtungsbunker
14 Lichtsperre
15 Anschlußsäule für unterird. Grenzmeldenetz
16 Hundelaufanlage
17 Kontrollpunkt
18 Betonsperrmauer (ca. 3,30 m hoch)
19 Schutzstreifenzaun mit elektrischen und akustischen Signalanlagen
19a Durchlaß

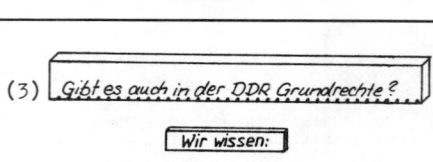

---

(3) Gibt es auch in der DDR Grundrechte?

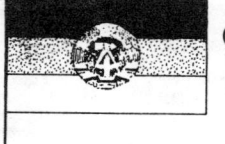

Wir wissen:

(4) Grundgesetz....
Grundrechte in der Bundesrepublik....
Bayer. Verfassung....

Wir fragen:
(5) Welche Grundrechte haben DDR-Bürger nach der DDR-Verfassung.

Wir finden:	Wir vergleichen:		Wir erkennen:
(6) Grundrechte....	(7) mit der Wirklichkeit..		(9)

(8)

(4)			
• Die Freiheit der Person...............	nach Art. 19 und 30..	ist eingeschränkt...	Manche Grundrechte sind durch die „sozialistische Gesetzlichkeit" eingeschränkt oder aufgehoben. Die Freiheitsrechte sind von der Treue zum kommunistischen Staat abhängig.
• Die Glaubens- und Gewissensfreiheit....	nach Art. 20 und 39..	ist eingeschränkt...	
• Die Meinungsfreiheit................	nach Art. 27..	ist eingeschränkt...	
• Das Versammlungsrecht..............	nach Art. 28..	ist eingeschränkt...	
• Das Recht auf Freizügigkeit..........	nach Art. 32..	ist eingeschränkt...	
• Das Grundrecht auf Leben und körperliche Unversehrtheit....		fehlt...	

UG	Lehrschritte (Artikulationsdefinition)	Lehrinhalte und Lernziele (= Lz)	Lehrakte .... Lernakte		Sozial- formen	Lernhilfen
Eröffnungsphase	1. Lehrschritt: (Hinführung)	Aktivierung und Artikulation von Vorwissen. (Lz 1)	Impuls, stumm: Der Lehrer heftet ein Bild der DDR-Staatsflagge an. Impuls, verbal: Woran denkst du, wenn du diese Flagge siehst? Erarbeitungsgespräch: Freie, ungelenkte Wiederholung und Reihung von Schülervorwissen.	– betrachten – nachdenken – identifizieren – assoziieren – artikulieren – nennen – berichten	Hb Hb Hb	Tafelbild (1)
	2. Lehrschritt: (Problemfindung, -isolierung, -formulierung, -fixierung)	Problemfrage 1: Gibt es auch in der DDR Grundrechte? (Lz 2)	Impuls, stumm: Der Lehrer kanalisiert die Denkrichtung mit Tafelbild (2). Erarbeitungsgespräch: Aus dem Problemfeld DDR und Recht wird die Problemfrage entwickelt.	– betrachten – Zusammenhänge herstellen – formulieren	Hb Hb	Tafelbild (2) Tafelbild (3) (Problemfrage 1)
Erarbeitungsphase	3. Lehrschritt: (Hypothesenbildung)	Schülervermutungen: Gibt es in der DDR Grundrechte?	Gruppengespräch n. Gesprächsauftrag: Diskutiere die Problemfrage! Verarbeitungsgespräch: Die Gruppensprecher tragen die begründeten Meinungen vor.	– diskutieren – meinen – vortragen – erklären – begründen	Hb/ Ga Hb	
	4. Lehrschritt: (erste Teilergebniserarbeitung)	Die Grundrechte in der Bundesrepublik. (Lz 3)	Impuls: Denke zuerst an die Rechtslage in der Bundesrepublik Deutschland! Erarbeitungsgespräch: Grundrechte nach dem Grundgesetz und der Bayerischen Verfassung.	– zuhören – nachdenken – erinnern – wiederholen – nachlesen	Hb Hb/ Aa	GG, BV Tafelbild (4)
	5. Lehrschritt: (Problempräzisierung)	Problemfrage 2: Welche Grundrechte haben DDR-Bürger nach der DDR-Verfassung? (Lz 2)	Impuls, verbal: Denke an die Rechte, die wir haben, denke an die Rechte der DDR-Bürger. Formuliere jetzt die Problemfrage neu! Erarbeitungsgespräch: Formulierung und Präzisierung der Problemfrage.	– zuhören – überlegen – formulieren – verbalisieren – präzisieren	Hb Hb	Tafelbild (5)
	6. Lehrschritt: (zweite Teilergebniserarbeitung)	Rechte der DDR-Bürger laut Verfassung vom 27.09.1974. (Lz 4)	Partnerarbeit n. Arbeitsauftrag: Studiere die Aussagen der DDR-Verfassung! Schreibe die Grundrechte heraus! Verarbeitungsgespräch: Ergebniszusammenführung und -fixierung. Ergänzung: Der Lehrer weist darauf hin, daß o.g. Beispiele nur eine Auswahl sind!	– zuhören – erlesen – besprechen – notieren – vortragen – nennen – zuhören	Hb/ Pa Hb Hb	Arbeitstext 1 (Auswahl!), Notizblock Tafelbild (6)
	7. Lehrschritt: (Gesamtzusammenfassung)		Rundgespräch n. Gesprächsauftrag: Nenne die Grundrechte aus unserem Grundgesetz und aus der Bayerischen Verfassung! Nenne Beispiele von Grundrechten aus der Verfassung der DDR!	– zuhören – nennen	Hb	Tafelbild (1)-(6)
Sicherungsphase	8. Lehrschritt: (Problemvertiefung)	Weiterentwicklung der Problemlösungsstrategie. (Lz 5)	Partnergespräch n. Gesprächsauftrag: Diskutiere mit deinem Nachbarn Möglichkeiten, wie wir die Verwirklichung der Grundrechte nach der DDR-Verfassung besser kennenlernen können! Verarbeitungsgespräch: Auswertung und Überprüfung der Gesprächsergebnisse auf ihre Praktikabilität. Erklären und Begründen der Problemlösungsstrategie. Ergebnisfixierung.	– überlegen – diskutieren – planen – beschreiben – vorschlagen – erklären – begründen	Hb/ Pa Hb	Tafelbild (7)
	9. Lehrschritt: (dritte Teilergebniserarbeitung)	Vergleich: DDR-Verfassung und DDR-Wirklichkeit. (Lz 6)	Gruppengespräch n. Gesprächsauftrag: (arbeitsteilig) Vergleicht die Aussagen der DDR-Verfassung mit der politischen Wirklichkeit und diskutiert darüber! Verarbeitungsgespräch: Zusammenführung und Auswertung der Gruppenarbeitsergebnisse. Fixierung der Erkenntnis als Tafelbild.	– lesen – analysieren – vergleichen – diskutieren – argumentieren – konkretisieren – aktualisieren – vortragen – erklären – folgern – erkennen – meinen	Hb/ Ga Hb	Arbeitstext 2 (Auswahl!) Tafelbild (8)(9)
	10. Lehrschritt: (Gesamtergebnisfixierung)	Eintrag in das Arbeitsblatt.	Arbeitsauftrag: Ergänze dein Arbeitsblatt und überprüfe selbst!	– ergänzen – kontrollieren	Aa	Arbeitsblatt (= Tafelbild ohne handschr. Eintragung)

Hauptlernziel:	Unterrichtsthema:	Autor: Peter Allerberger
Kenntnis der besonderen Situation Berlins aus Anlaß einer Klassenfahrt.	Mit der Schulklasse in Ost-Berlin; Die besondere Situation Berlins.	Unterrichtszeit Empfehlung: 2 UE

Vorbemerkungen:
Die Berlinfahrt meiner Klasse beinhaltete einen Tagesbesuch in Ost-Berlin (Rückkehr bis 24 Uhr). Übergänge sind Bornholmer Straße und Prinzenstraße für Kfz und Fußgänger, Friedrichstraße für S- und U-Bahnreisende. Bei Berlin-Fahrten, die aus Mitteln des Bundes und Länder gefördert werden, ist ein Mindestaufenthalt von 4 vollen Tagen vorgeschrieben. Außerdem müssen bestimmte Programmpunkte berücksichtigt werden. Obligatorisch bei der Inanspruchnahme von Zuschüssen ist, daß die Gruppe eine Informationsfahrt durch Westberlin durchführt, an einem Vortrag über die politische, wirtschaftliche und kulturelle Situation Berlins beim Informationszentrum und über die Situation in der DDR teilnimmt. Dringend erwünscht, jedoch nicht obligatorisch, ist ein Besuch Ostberlins. Empfehlenswert ist es, auf eigene Faust nach Ostberlin zu gehen. Gespräche mit Ostberlinern – ein Aspekt unserer Fahrt – war allerdings nur in kleinen Gruppen möglich. Die direkte Konfrontation mit den beiden so sehr unterschiedlichen Eindrücken Ost- und Westberlins ist nachhaltig.
Die vorliegende Einheit ist als Vorbereitung einer Klassenfahrt gedacht. Besser, als an Ort und Stelle (einschließlich der Transitfahrt, Mauer, Demarkationslinie, Abfertigung, Alexanderplatz, Reichstagsgebäude..) können den Schülern die vielfältigen und verwickelten Fragen und Problemkreise des geteilten Deutschlands meiner Meinung nach kaum nahegebracht werden.

Teillernziele: Die Schüler sollen:
1. die Bindungen Westberlins mit der Bundesrepublik benennen;
2. die wesentlichen Inhalte des Viermächteabkommens von 1971 bewerten;
3. die entscheidende Frage der Zugehörigkeit Westberlins zur Bundesrepublik beantworten und durch Fakten belegen;
4. die Realität der Spaltung Berlins trotz beachtlicher Vereinbarungen erfassen.

Medien - Literatur: Dias R 905/906, Arbeitsblatt, Grundgesetz, Zeitung; Infos des Bundesministeriums für gesamtdeutsche Fragen.

Lernmaterialien: a) Zeitungsmeldung: Dramatische Flucht aus der DDR. Mit Stahlseil über Mauer.
Zwei jungen Ostberlinern ist am Dienstag auf ungewöhnliche Weise die Flucht über die Mauer in den Westteil der Stadt gelungen. Die Flüchtlinge hatten von einem Haus nahe der Grenze ein starkes Stahlseil über die Mauer hinweg in den Westteil katapultiert, wo dieses von einem Bekannten befestigt worden ist. Dann hatten sie sich vom 5. Stockwerk aus über die Mauer und den Todesstreifen hinweg mit Rollen abgeseilt.

b) Westberlin ist kein konstitutiver (in allen Bereichen) Bestandteil der Bundesrepublik Deutschland. Diese Vorbehalte besagen im einzelnen:
Westberlin darf nicht vom Bund regiert werden. Die Abgeordneten des „Landes" Berlin im Bundestag (22) können nicht von der Bevölkerung gewählt werden und haben im Bundestag kein Stimmrecht; dies gilt auch für die Bundesratsmitglieder. In den Ausschüssen haben sie jedoch volles Stimmrecht, und in der Bundesversammlung wählen sie den Bundespräsidenten mit. Bundesgesetze gelten in Westberlin nicht unmittelbar, sondern sie werden, sofern die Westmächte keine Einsprüche erheben, durch ein Mantelgesetzgebungsverfahren übernommen. Außer den Wehr- und Notstandsgesetzen sind alle Bundesgesetze mit einer sogenannten Berlin Klausel versehen und werden daher vom Berliner Abgeordnetenhaus übernommen. Unterhalb dieser Einschränkungen ist Westberlin in allen Bereichen in die staatliche Ordnung der B.republik integriert. Die Ministerpräsidenten der Bundesländer, denen der Regierende Bürgermeister von Berlin gleichgestellt ist, wechseln sich jährlich als Bundesratspräsidenten ab. Die völlige Eingliederung in das Wirtschafts-, Finanz-, Währungs- und Sozialsystem des Bundes ist vollzogen. Der Bund vertritt die Interessen Westberlins im Ausland. Der Bundespräsident hat in Westberlin einen Amtssitz, ebenso der Berlin-Bevollmächtigte der Bundesregierung. Über 60 Bundesbehörden und -einrichtungen mit etwa 22 000 Mitarbeitern befinden sich in der Stadt (ohne Post- und Zollbedienstete).

c) Inhalte des Berlin Abkommens von 1971: entweder in den gängigen Schulbüchern oder direkt vom Gesamtdeutschen Institut, 5300 Bonn, Adenauerallee 10.

W-Berlins Bindungen zur B.republik

22 Berliner Vertreter im *Bundestag*.
Stimmrecht: *keines*

4 Berliner Vertreter im *Bundesrat*.
Stimmrecht: *keines*

in Bundestagsausschüssen: *Mitspracherecht*

Regierender Bürgermeister: alle 11 Jahre *Bundesratspräsident*

Alle 5 Jahre Wahlrecht in der *Bundesversammlung*

Eingliederung in die Bundesrepublik in den Bereichen: *Wirtschaft - Finanzen - Währung - Soziales*

Vertretung im Ausland: *durch Bund*

→ Sonderstellung Westberlins

Die besondere Situation Berlins

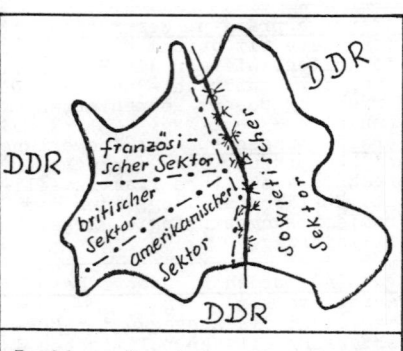

Berlin – Insel im „Roten Meer"

Viermächte-Abkommen über Berlin

3. 9. 71

● Bindungen zwischen Berlin u. Bund
dürfen aufrechterhalten, weiterentwickelt werden

● Zugehörigkeit Westberlins zur BRD
kein konstitutiver Teil (in allen Bereichen) der Bundesrepublik

● Transitverkehr
= *Durchgangsverkehr (durch DDR). Auch die Sowjetunion garantiert freien Verkehr von und nach W-Berlin.*

● Besuchsbestimmungen
Besuchsmöglichkeiten in Ostberlin u. in DDR

UG	Lehrschritte (Artikulationsdefinition)	Lehrinhalte und Lernziele (= Lz)	Lehrakte .... Lernakte		Sozialformen	Lernhilfen
Eröffnungsphase	1. Lehrschritt: (Problembegegnung)	Besondere Situation Berlins; Mauer inmitten einer Stadt!	Sachimpuls: Schüler beurteilen anhand der Zeitungsmeldung und ausgewählter Dias die aktuelle Situation Berlins.	– lesen – betrachten – beurteilen – kommentieren	Hb	Dias R 905/906 Lernmaterial a Arbeitsblatt: Kartenskizze
	2. Lehrschritt: (Zielangabe)	Artikel 1,2 der Berliner Verfassung; Artikel 1,2 DDR-Verfassung; Teilung Berlins;	Erarbeitungsgespräch nach Impuls: Berlin ist ein Land der Bundesrepublik Deutschland. Die Hauptstadt der DDR ist Berlin. Zwei gegensätzliche Ansprüche auf eine geteilte Stadt. Formulieren des Problems.	– aufnehmen – differenzieren – Vorwissen einbringen – formulieren	Hb	Arbeitsblatt: Überschrift
Erarbeitungsphase	3. Lehrschritt: (Teilergebnisdarstellung)	Bindungen Westberlins mit der Bundesrepublik; (Lz 1)	Erarbeitungsgespräch nach Impuls: Zwischen Westberlin und der Bundesrepublik bestehen vielfältige Bindungen.	– ungeordnete Wiedergabe von Vorwissen	Hb	Karte Mitteleuropa
	4. Lehrschritt: (Teilergebniserarbeitung und -fixierung)	konstitutiver Teil der Bundesrepublik Mantelgesetze, Berlinklausel; Wirtschaft, Soziales, Finanzen; konstitutiv, integriert, Notstandsgesetze; Sicherheit, Militär Flugverkehr in Zuständigkeit der Alliierten (Lz 1/3)	Arbeitsaufträge: (arbeitsteilig) 1. Was besagen die Vorbehalte der Westalliierten bezüglich der Zugehörigkeit Westberlins zum Bund? 2. Gelten Bundesgesetze in Westberlin unmittelbar? 3. In welchen Bereichen ist Westberlin voll in die staatliche Ordnung des Bundes eingeschlossen? 4. Suche aus dem Text Begriffe, die du nicht verstehst! 5. Ist der Bund auch für die Sicherheit Berlins zuständig? 6. Warum landet in Westberlin keine Lufthansamaschine? Verarbeitungsgespräch: Vortrag, Vergleich! Wertung, Zusammenfassung und Fixierung der Arbeitsergebnisse.	– lesen – Informationen entnehmen – nachlesen – aufzählen – definieren – beurteilen – verifizieren – fixieren	Ga Hb	Lernmaterial b Notizblock Nachschlagewerk Arbeitsblatt: linker Block
	5. Lehrschritt: (Teilergebnisdarstellung)	Berlin - Abkommen von 1971; (Lz 2)	Bericht: Nach langwierigen Verhandlungen wurde am 3. September 1971 das Berlin-Abkommen von den 4 Siegermächten unterzeichnet.	– aufnehmen – nachlesen – wesentliche Inhalte erfassen	Hb	Lernmaterial c
	6. Lehrschritt: (Teilergebniserarbeitung und -fixierung)	Mitverantwortung der Sowjets für Berlinverkehr; Begriff: Transitverkehr; Zugehörigkeit Westberlins zur Bundesrepublik: Nach alliiertem Recht kein vollwertiges Bundesland; Sonderstellung; (Lz 2/3)	Arbeitsaufträge: 1. Denke an die wiederholten Komplikationen im Transitverkehr nach dem Kriege: Welche Verantwortung hat nun die Sowjetunion übernommen? 2. Definiere den Begriff Transitverkehr. 3. Ist nun Westberlin ein vollwertiges Bundesland (sozusagen das 11.)? Ergänzung: Nach bundesdeutschem Recht ist Westberlin ein Bundesland, nach dem Viermächte-Abkommen weiterhin konstitutiver Teil. Verarbeitungsgespräch: Vortrag, Vergleich, Wertung, Zusammenfassung und Fixierung der Arbeitsergebnisse.	– nachschlagen – belegen – interpretieren – definieren – abwägen – vortragen – verdichten	Pa Hb Hb	Lernmaterial c Lexikon Arbeitsblatt: rechter Block
Sicherungsphase	7. Lehrschritt: (Vergleich)	Präambel des GG; siehe Lehrschritt 2.; Geltungsbereich des GG; (Lz 1/3)	Feststellung: Die schwierige Problematik Westberlins wird durch die verschiedenen Verfassungen nicht durchsichtiger. Aufgabe: Lies Artikel 23 des Grundgesetzes und vergleiche mit Artikel 1 der Berliner Verfassung. Welche Bindungen zum Bund werden durch das Abkommen gesichert?	– bewerten – nachschlagen – belegen – lesen – vergleichen – zuordnen	Hb Aa	Grundgesetz GG
	8. Lehrschritt: (Wertung)	Fortbestand der Spaltung einer Großstadt; Flucht, Schußwechsel (Lz 4)	Rundgespräch: Freilich ändern all die Vereinbarungen nichts an den Tatsachen. Denke an die Spaltung Berlins, an unseren Zeitungsartikel.	– charakterisieren – generalisieren – kommentieren	Aa/Hb	
	9. Lehrschritt: (Gesamtzusammenfassung)	Exklave Berlin inmitten des sowjetischen Interessengebietes; (Lz 4)	Erarbeitungsgespräch: Die Lage Berlins ist einzigartig in der Welt. Insel im 'Roten Meer' umschrieb ein Schüler die Insellage Berlins.	– begründen – verbalisieren	Hb	

243

Hauptlernziel: Kenntnis des Rüstungswettlaufs zur gegenseitigen Abschreckung als einen Weg der Friedenssicherung.	Unterrichtsthema: Das militärische Kräfteverhältnis zwischen Ost und West.	Autor: Peter Allerberger
		Unterrichtszeit Empfehlung: 2 UE

Vorbemerkungen:

Fragestellungen wie „wohin mit der ständigen Aufrüstung?" oder „brauchen wir die Bundeswehr?" verleiten zu einer einseitigen, meist emotional gestimmten Behandlung des Bereiches Friedenssicherung. Die Fassungslosigkeit vieler Jugendlicher über die nuklearen Kapazitäten der Supermächte und über die Möglichkeiten eines Atomkrieges aus Versehen läßt sie die undurchsichtigen Konzepte und Schlagwörter in der Terminologie der Militärstrategen kaum mehr verstehen. Es wird versucht durch einfache Leitfragen die umfassende Thematik zu untergliedern. Eine anonyme Befragung der Klasse nach den Ursachen von Kriegen generell, und die geschichtlichen Kenntnisse des Ost-West-Konflikts nach 1945 lassen die Fragestellung nach dem Sinn der Abschreckung (impliziert das angenäherte Kräftepatt zwischen den Blöcken) vielleicht noch klarer erscheinen. Bloße Zahlen in einer Gegenüberstellung des Kräfteverhältnisses Ost - West sind im Schulrahmen sicher keinerlei Indiz für ein Übergewicht; beispielsweise spricht man bei der Globalstrategie von einem ungefähren Gleichgewicht, bei der Eurostrategie von einem Vorteil der Sowjets u.ä. Räumliche und weltanschauliche Gegebenheiten bei dieser schwierigen Abwägung des Kräftepotentials sind für unsere Schüler noch schwer durchschaubar (nicht minder für die Militärs). Die Zielsetzungen von NATO und Warschauer Pakt sollten den Schülern bekannt sein. Als Anschlußstoff bietet sich der NATO - Doppelbeschluß und dessen Auswirkungen im Jahre 1983 an.

Teillernziele: Die Schüler sollen:

1. Abschreckung und Abrüstung als die wesentlichen Möglichkeiten der Friedenssicherung nennen;
2. bei den heute denkbaren Abrüstungstheorien erkennen, daß Abrüstung dauerndes militärisches Gleichgewicht voraussetzt;
3. die der Politik der Abschreckung zugrundeliegende Idee erkennen und bewerten;
4. erkennen, daß Abschreckung auch Bestandteil der bundesdeutschen Verteidigungspolitik ist.

Medien:	Lernmaterialien:	
Arbeitsblatt, Grundgesetz, Zeitungsschlagzeilen, Folie bzw. Dias von Hiroshima/Nagasaki. **Literatur:** Informationen zur politischen Bildung, Heft 1 Frieden und Sicherheit; Baumberger/Wutz, Politische Bildung, Neusäß, Kieser Verlag.	a) Schlagzeilen aus der Tagespresse: - 50 Millionen beim Militär beschäftigt. - Warschauer Pakt stärker als die NATO? - Wie schwach ist die NATO? - Das Verhältnis steht 8:1 für die Sowjets!	b) Die NATO Planung will einen Krieg durch eine Vielzahl von Abschreckungsmitteln verhindern. Sie kann auf Nuklearwaffen schon deshalb nicht verzichten, weil sie dem Warschauer Pakt konventionell nicht ebenbürtig ist. Ohne Nuklearwaffen gibt es kein Gleichgewicht. Das Bündnis kann den Frieden nur erhalten, wenn es in der Lage ist, dem Osten das Risiko eines Nuklearkrieges vor Augen zu führen.

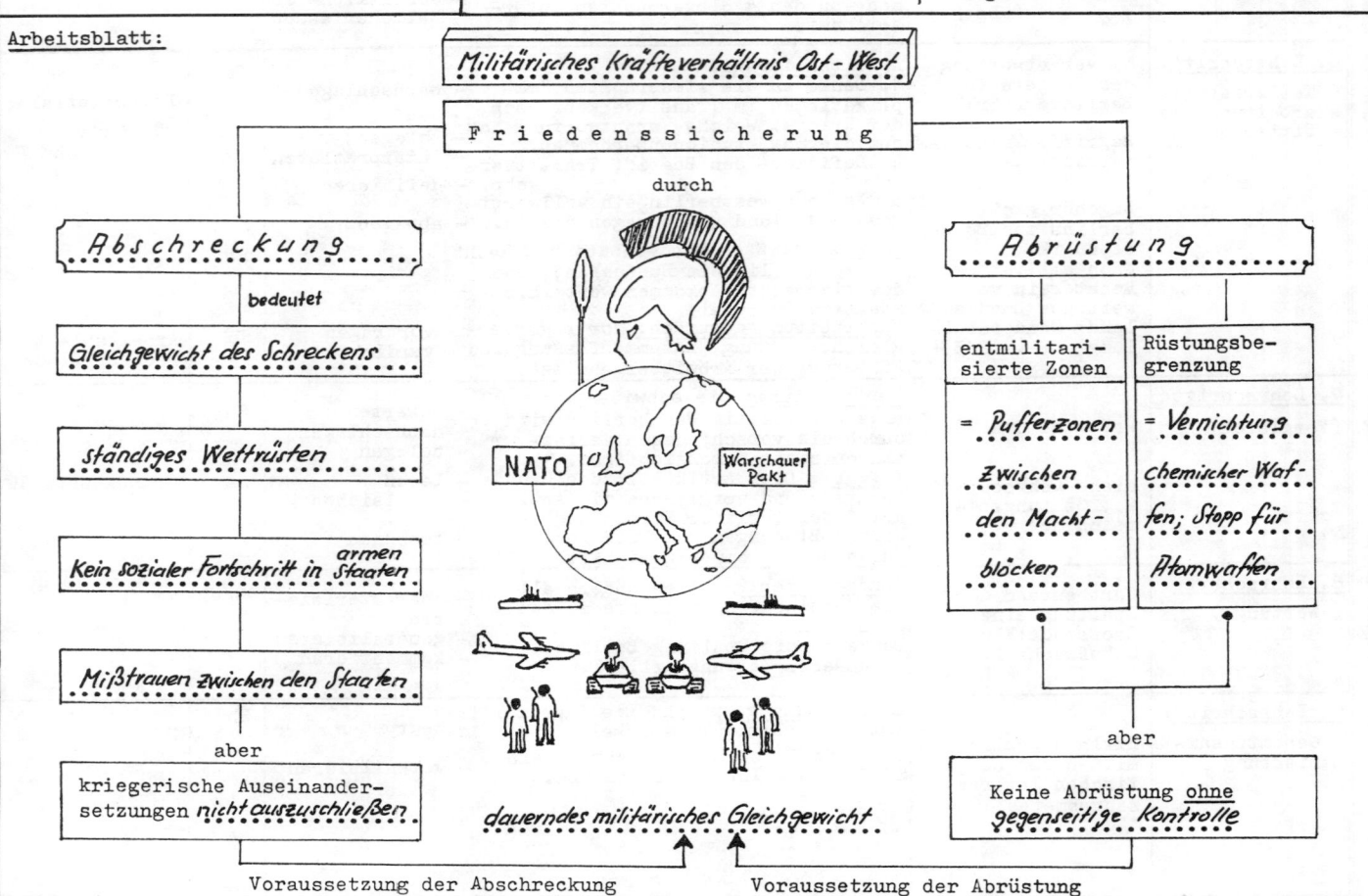

Arbeitsblatt:

Militärisches Kräfteverhältnis Ost-West

Friedenssicherung

durch

Abschreckung — bedeutet

- Gleichgewicht des Schreckens
- ständiges Wettrüsten
- Kein sozialer Fortschritt in armen Staaten
- Mißtrauen zwischen den Staaten

aber

kriegerische Auseinandersetzungen nicht auszuschließen

NATO — Warschauer Pakt

dauerndes militärisches Gleichgewicht

Abrüstung

entmilitarisierte Zonen	Rüstungsbegrenzung
= Pufferzonen zwischen den Machtblöcken	= Vernichtung chemischer Waffen; Stopp für Atomwaffen

aber

Keine Abrüstung ohne gegenseitige Kontrolle

Voraussetzung der Abschreckung — Voraussetzung der Abrüstung

244

UG	Lehrschritte (Artikulationsdefinition)	Lehrinhalte und Lernziele (= Lz)	Lehrakte .... Lernakte		Sozial-formen	Lernhilfen
Eröffnungsphase	1. Lehrschritt: (Problem-stellung)	Friedenssicherung	Sachimpuls: Der Friede in der Welt scheint gefährdet.	- aufnehmen - lesen - verbalisieren	Hb	Lernmaterial a
	2. Lehrschritt: (Zielangabe)	Möglicher Kriegs-ausbruch; Polarisierung West - Ost;	Erarbeitungsgespräch: Krieg ist nur möglich, wenn ein Angreifer erwarten kann, durch Angriff zum Erfolg zu kommen. Das Kräfteverhältnis zwischen zwei Blöcken sollte ausgeglichen sein. Formulieren des Problems.	- zuhören - kommentie-ren - Vorwissen wiedergeben - formulieren	Hb	Arbeitsblatt: Überschrift
	3. Lehrschritt: (Teilergebnis-erarbeitung und -fixierung)	Wege zur Friedens-erhaltung: Ab-schreckung und Abrüstung; (Lz 1) Voraussetzung: militärisches Gleichgewicht; (Lz 2)	Arbeitsauftrag: Welche Wege zur Friedenssicherung gibt es deiner Meinung nach? Erkläre den Begriff Abrüstung. Äußere dich zu den zwei Formen der Abrüstung. Nenne Voraussetzungen. Verarbeitungsgespräch: Ohne gegen-seitige Kontrolle ist keine Abrü-stung möglich	- vermuten - erläutern - erklären - sich äußern - fixieren	Pa Hb	Schülerbuch, Notizblock, Arbeitsblatt: Begriffe Ab-schreckung,Ab-rüstung,dau-erndes milit. Gleichgewicht;
	4. Lehrschritt: (Teilergebnis-erarbeitung)	Kriegsverhütung durch Abschrek-kung; Begriffsbestim-mung; (Lz 1/3)	Erarbeitungsgespräch nach Impuls: Die meisten Regierungen und Militärs sind der Auffassung, Abschreckung verhindere den Krieg. Deute den Begriff Abschreckung. Nenne Voraussetzungen.	- aufnehmen - begründen - deuten - fixieren	Hb	
Erarbeitungsphase	5. Lehrschritt: (Teilzusammen-fassung und -fixierung)	Mögliche totale Zerstörung der Erde; Irrtümer nicht ausgeschlossen; (Lz 1-3)	Erarbeitungsgespräch: Auch Ab-schreckung ist keine sichere Kriegs-verhütung. Feststellung: Kriegerische Ausein-andersetzungen sind nicht auszu-schließen. Ergebnisfixierung.	- wiederholen - charakteri-sieren - eintragen	Hb Hb	Arbeitsblatt: Abschnitt Ab-schreckung
	6. Lehrschritt: (Besinnung)	Ansatz zur Hoff-nung: Verhinderung von Kriegen durch Drohung der Ver-nichtungskraft; Gleichgewicht des Schreckens; (Lz 2/3)	Erzählung: Seit Japan 1945 mußte die Welt mit der Existenz und Drohung des Einsatzes neuer furchtbarer Massenvernichtungsmit-tel leben. Seither haben beide Mäch-te große Mengen an Kernwaffen aufge-baut. Die Welt könnte bereits mehr-fach ausgelöscht werden. Overkill nennen es die Experten.	- zuhören - betrachten - Problematik erkennen - verbalisieren - kommentieren	Hb	Folie bzw. Dias Hiroshima, Nagasaki
	7. Lehrschritt: (inhaltliche Ergänzung)	Gleichgewicht der Kräfte; Ausnahme: Risiko eines militä-rischen Mißerfolgs und eigene Ver-nichtung einzuge-hen; (Lz 2/3)	Erarbeitungsgespräch: Eine neue Situation ist zwischen den Supermäch-ten entstanden: keine Seite kann hoffen die Gegenseite durch Gewaltan-drohung oder -anwendung zu einem bestimmten Tun oder Lassen zwingen zu können. Nenne eine Ausnahme.	- aufnehmen - interpretie-ren - belegen - nennen - kennzeichnen	Hb	
	8. Lehrschritt: (Teilergebnis-erarbeitung und -fixierung)	Begriffe:Nuklear-waffen,konventio-nelle Waffen; (Lz 3/4) Abrüstung durch Rüstungsbegrenzung u.entmilitarisier-te Zonen;	Arbeitsauftrag: Erkläre die im Text vorkommenden Begriffe Nuklear- und konventionelle Waffen. Verarbeitungsgespräch: Wozu hält die NATO Nuklearwaffen bereit? Will die NATO und somit die Bundeswehr einen Angriffskrieg? Abrüstung durch Rü-stungsbegrenzung und entmilitari-sierte Zonen.	- erklären - nachschlagen - Informationen entnehmen - sich äußern - belegen - zusammenfas-sen - fixieren	Aa Hb	Lernmaterial b Schülerbuch, Lexikon; Grundgesetz Artikel 26; Arbeitsblatt: Abschitt Ab-rüstung
Sicherungsphase	9. Lehrschritt: (Gesamtzusam-menfassung)	Prinzip der Abschreckung und Möglichkeiten der Abrüstung; (Lz 1 - 4)	Erarbeitungsgespräch nach Frage: Worauf gründen sowohl die NATO als auch der Warschauer Pakt ihre mili-tärische Sicherheit? Begründe.	- rekapitulie-ren - begründen	Hb	
	10.Lehrschritt: (Wertung)	Abschreckung ohne Rüstung nicht denkbar; (Lz 1 - 4)	Diskussion: Abschreckung bedeutet auch Vorbereitung auf einen mögli-chen Krieg. Feststellung: Absolut sichere Mittel zur Kriegsverhütung gibt es nicht.	- diskutieren - verifizieren - abgrenzen - schlußfolgern	Hkf Hb	

Hauptlernziel: Kenntnis des Verteidugungskonzepts der Bundeswehr im Verbund mit den Alliierten.	Unterrichtsthema: Die Bundeswehr im NATO - Bündnis.	Autor: Peter Allerberger
		Unterrichtszeit Empfehlung: 2 UE

Vorbemerkungen:

Vorkenntnisse für vorliegende Stunde: Gründung der NATO aus der Notwendigkeit, der expansionistischen sowjetischen Kriegspolitik nach dem Krieg geschlossen entgegenzutreten; Ziel der Sowjetunion: ihre Einflußsphäre weit über die Vorkriegsgrenzen vorzuschieben; Kenntnis des Aufbaus und Auftrags der Bundeswehr (u.a. Möglichkeit der Friedenssicherung durch Abschreckung).

Es wird versucht aufzuzeigen, daß Freiheit und Unabhängigkeit vor militärischer Bedrohung in Europa nur geschützt und Frieden bewahrt werden kann, wenn zwischen Ost und West militärisches Gleichgewicht herrscht.

Nach gesicherten Kenntnissen hat die Sowjetunion mit den Warschauer Pakt- Staaten ihre Aufrüstung im Schwerpunkt DDR (Osteuropa) fortgesetzt. Ein militärisches Ungleichgewicht könnte fatale Folgen für den Westen haben. Die Nachkriegszeit ohne kriegerische Auseinandersetzungen in Europa sollte Beweis genug sein, daß die gemeinsame Verteidigungskonzeption im Bündnis (im Sinne der Abschreckung) bisher funktionierte. Als nachfolgende Einheit bietet sich als Gegenpol zu scheinbar grenzenloser Aufrüstung im Sinne des Gleichgewichts aktuelle Entspannungspolitik an (Ergebnisse der Genfer Verhandlungen vom Herbst 1983 u.a.).

Teillernziele: Die Schüler sollen:

1. wissen, daß Streitkräfte verbündeter Staaten auf dem Gebiet der Bundesrepublik einen Beitrag zur Kriegsverhütung gemeinsam mit der Bundeswehr leisten;
2. den Auftrag der Bundeswehr im Bündnis im Friedens-, Krisen- und Verteidigungsfall kennen und bewerten;
3. von der defensiven Aufgabe der NATO insgesamt und der NATO-Truppen auf bundesdeutschem Gebiet in Form der Vorneverteidigung wissen.

Medien:
Arbeitsblatt, Karikatur, Statistik, Grundgesetz, Lexikon, Landkarte Deutschlands

Lernmaterialien: a)

"Diese Stütze ist doch eigentlich überflüssig; all die Jahre, die sie da steht, ist noch nie etwas passiert!"
Zeichnung: DS / Wolter

b) Die Bundeswehr hat den Auftrag, gemeinsam mit den Truppen unserer Bündnispartner im Frieden durch ständige Einsatzbereitschaft einen Gegner davon abzuhalten, militärische Gewalt anzudrohen oder anzuwenden; in Krisen dazu beizutragen, daß die politische Führung verhandeln kann, ohne sich einem fremden politischen Willen unterwerfen zu müssen; im Verteidigungsfall gemeinsam mit den Bündnispartnern die Unversehrtheit unseres Landes zu erhalten oder wiederherzustellen. Konsequente Vorbereitung der Verteidigung ist das beste Mittel, einem möglichen Angreifer das Risiko seines Tuns vor Augen zu führen und ihn zu veranlassen, einen bewaffneten Konflikt erst gar nicht zu beginnen. Abschreckung als Mittel der Kriegsverhinderung ist aber nur glaubwürdig, wenn nach Quantität und Qualität ausreichende Kräfte zur Verfügung stehen. Die Bundesrepublik trägt einen angemessenen Anteil an den Verteidigungslasten der NATO. Die besondere Gefährdung unseres Landes in der Grenzlage zum Warschauer Pakt und unsere Wirtschaftskraft setzen Maßstäbe für Art und Umfang unseres Beitrags.
(auszugsweise aus Weißbuch Bundeswehr 1976)

Arbeitsblatt: Die Bundeswehr im NATO-Bündnis

	Aufgaben der Bundeswehr in der NATO
im Frieden	durch *ständige Einsatzbereitschaft möglichen Gegner vor Gewaltandrohung u. -anwendung abhalten*
in Krisen	dazu beitragen, daß: *Regierung verhandeln kann, ohne sich fremdem Willen unterwerfen zu müssen*
im Verteidigungsfall	mit den Bündnispartnern *Unversehrtheit unseres Landes zu erhalten oder wiederherzustellen*

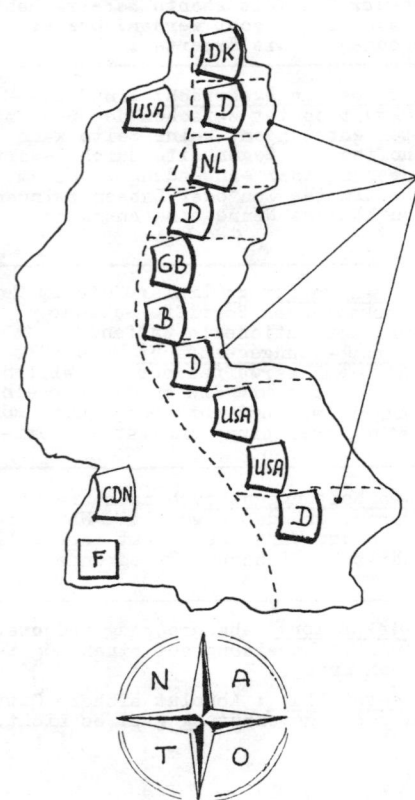

Vorneverteidigung im Verbund mit den NATO - Partnern

Verteidigungsräume der deutschen Landstreitkräfte

Die Verteidigung unseres Landes beginnt an der *DDR-Grenze*.

Vorneverteidigung aufgrund der geografischen Situation Deutschlands im Herzen Europas: *Gegner im Falle eines Angriffs mit allen Mitteln bereits an der Demarkationslinie aufzuhalten*

Ziel

Möglichem Gegner durch ständige Bereitschaft und Stärke zu zeigen, daß ein Angriff sinnlos und das Risiko für ihn unberechenbar ist.

246

UG	Lehrschritte (Artikulationsdefinition)	Lehrinhalte und Lernziele (= Lz)	Lehrakte .... Lernakte		Sozialformen	Lernhilfen
Eröffnungsphase	1. Lehrschritt: (Problemstellung)	Friedenswahrung durch Nordatlantikpakt;	Sachimpuls: Kann man so argumentieren? Auswerten der Karikatur.	– ungeordnete Wiedergabe von Vorwissen	Hb	Lernmaterial a: Karikatur
	2. Lehrschritt: (Problemabgrenzung)	Keine nationale Sicherheitspolitik der Bundesrepublik Abschreckung – Abrüstung; (Lz 1)	Erarbeitungsgespräch: Auf sich allein gestellt wäre unser Land nicht in der Lage, sich erfolgreich gegen einen militärischen Angriff zu verteidigen. Erinnere dich an die zwei Punkte der Friedenssicherung.	– Aussageschwerpunkt erkennen – sich erinnern – kommentieren	Hb	
	3. Lehrschritt: (Zielangabe)	1985 30 Jahre NATO Mitgliedschaft; Die Bundeswehr im NATO-Bündnis;	Erarbeitungsgespräch nach Impuls: Am 9. Mai 1955 trat die Bundeswehr als 15. Mitglied der NATO bei. Formulieren der Überschrift.	– aufnehmen – eintragen	Hb Aa	Arbeitsblatt: Überschrift
	4. Lehrschritt: (Teilergebnisdarstellung)	Die NATO als Garantie für Frieden; Gleichgewicht zum Warschauer Pakt; (Lz 1)	Erarbeitungsgespräch nach Impuls: Der Zweck von Waffen ist der Friede, nicht der Krieg; sicherzustellen, daß Waffen niemals angewandt werden. Nur in der NATO ist ein Gleichgewicht zum Osten aufrechtzuerhalten. Begründe.	– interpretieren – argumentieren – Problematik erkennen – begründen	Hb	Statistik der Waffenpotentiale in Ost und West (z.B. Informationen der Bundeswehr)
Erarbeitungsphase	5. Lehrschritt: (Teilergebniserarbeitung und -fixierung)	Auftrag der Bundeswehr im Bündnis; Aufgaben im Frieden, Krisenfall, Verteidigungsfall; Sicherung der Eigeninteressen, Sicherheit Westeuropas; Übergewicht des Warschauer Pakts in Mitteleuropa; (Lz 1/2)	Erarbeitungsgespräch: Die Bundeswehr ist der NATO mit der Verpflichtung beigetreten, ihre Streitkräfte unter NATO-Oberbefehl zu stellen; sie ist keine deutsche National-Armee. Arbeitsauftrag: 1. Welche Aufgaben hat die Bundeswehr im Bündnis? 2. Was kannst du dir als Verteidigungsbeitrag der Bundesrepublik vorstellen? Verwende dazu die Karte unseres Landes. Verarbeitungsgespräch: Für die Bundeswehr gibt es nur im Rahmen der NATO eine Verteidigungschance.	– aufnehmen – lesen – durchdenken – Informationen entnehmen – vermuten – Karte deuten – fixieren	Hb Pa Hb/Aa	Lernmaterial b; Notizblock; Landkarte von Deutschland; Arbeitsblatt: Aufgaben der Bundeswehr ...
	6. Lehrschritt: (Teilergebniserarbeitung und -fixierung)	Defensive Aufgabe von Bundeswehr und NATO; Verfassungsauftrag ca. 500 000 NATO-Soldaten in der B.republik. Vorneverteidigung; (Lz 3)	Erarbeitungsgespräch nach Impuls: Nach dem Willen des Grundgesetzes wird die Bundeswehr nur zur Verteidigung eingesetzt. Zusammen mit 6 verbündeten Staaten der NATO leisten wir auf unserem Staatsgebiet einen Beitrag zur Kriegsverhütung. Aufgabe: Die NATO hat sich auf die sogenannte Vorneverteidigung geeinigt. Erkläre anhand der Karte, deines Arbeitsblattes und der Informationen. Verarbeitungsgespräch: Ergebnisfixierung.	– belegen – nachschlagen – verbalisieren – aufnehmen – definieren – fixieren	Hb Pa Hb	Grundgesetz Artikel 87a; Notizblock; Schülerbuch; Landkarte; Arbeitsblatt: Vorneverteidig.
Sicherungsphase	7. Lehrschritt: (Besinnung)	Propagandistische Hetze im Osten; Begriffe: aggressiv, imperialistisch; (Lz 2)	Rundgespräch: In einem DDR Schulbuch las ich folgendes: Die NATO ist ein aggressives, imperialistisches Militärbündnis. Es wurde 1949 mit der Stoßrichtung gegen die sozialistischen Staaten .....gegründet. Äußere dich dazu.	– aufnehmen – Begriffe definieren – interpretieren – bewerten – sich äußern	Aa/Hb	Lexikon;
	8. Lehrschritt: (Rekapitulierung)	Sowjetische Expansionspolitik nach dem Kriege; (Lz 2)	Erarbeitungsgespräch nach Frage: Wie kam es dazu, daß die Westmächte nach der 1945 erfolgten völligen Abrüstung wieder einen Wehrbeitrag der Bundesrepublik wünschten?	– nachvollziehen – reflektieren – verbalisieren	Hb	
	9. Lehrschritt: (Aktualisierung – Ausweitung)	Notwendigkeit der NATO (einschließlich Bundeswehr) in Mitteleuropa?	Rundgespräch: Betrachte noch einmal die Karikatur. Wie ist deine Meinung jetzt? Impuls: Lieber rot als tot, lautet eine vielzitierte Variation dieser vier Wörter.	– betrachten – Bezüge herstellen – diskutieren – abwägen – verifizieren	Hkf	Karikatur

247

Hauptlernziel: Kenntnis der Entspannungspolitik als wesentliches Element der Friedenssicherung.	Unterrichtsthema: Sicherheit in Europa durch Entspannungspolitik.	Autor: Peter Allerberger
		Unterrichtszeit Empfehlung: 2 UE

Vorbemerkungen: Auf dem Feld der Friedenserziehung befinden sich die Kultusminister der Bundesländer (zumindest im März 1983) im „Kriegszustand". A- und B- Länder (sozialdemokratisch regierte und Unionsländer) richten sich offenbar darauf ein, künftig Friedenserziehung nach getrennten Richtlinien zu unterrichten. Die Vorstellungen beider Lager gehen weit auseinander: Die Union stellt den friedenssichernden Auftrag der Bundeswehr in den Vordergrund, die SPD verwendet einen erweiterten Friedensbegriff, der auch die „Verbesserung sozialer und politischer Verhältnisse" umschließt. Vor allem räumen SPD-Länder der Vermittlung alternativer Konzepte zur Friedenssicherung und der Idee der Friedensbewegung gleiche Bedeutung ein. Die Unions-Länder begründen die Notwendigkeit der Bundeswehr mit der Existenz einer konkreten Bedrohung. In den vorliegenden Einheiten im Bereich Friedenssicherung versuchte ich beiden „Strömungen" gerecht zu werden. Entspannung im Sinne der sowjetischen Doktrin der „friedlichen Koexistenz" wird in dieser Einheit ausgeklammert.

Lernmaterialien:

a) „Gespräche Andropow – Reagan verheißen Entspannung".
„Sowjetische Führung sieht Fortschritte in der Entspannung".
„Neue Kämpfe in Nahost gefährden Entspannung".
„Tausende entspannten sich am Badesee".

b) Am 10.2.54 schlug der frühere sowjetische Außenminister Molotow eine Konferenz europäischer Staaten zur Ausarbeitung eines Systems gemeinsamer Sicherheit vor. Auf einer NATO- Tagung auf Island bot der Westen den Warschauer- Paktstaaten eine gegenseitige ausgewogene Truppenverminderung in Europa an.
1963 verpflichteten sich die Atommächte keine Kernladungen mehr in die Atmosphäre, im Weltraum und unter Wasser zu zünden.
1970 verpflichteten sich die Kernwaffenstaaten vertraglich, keine Atomwaffen an andere Staaten weiterzugeben. 1972 schlossen die USA und die UdSSR ein Abkommen, in dem sie die Begrenzung der Zahl strategischer Offensivwaffen vereinbarten. Mit dieser SALT I Vereinbarung wurde gleichzeitig das SALT II Abkommen vorbereitet, das die Zahl der strategischen Bomber und der Raketen begrenzen soll. Die internationalen Entspannungsbemühungen führten zur Konferenz über Sicherheit und Zusammenarbeit in Europa (KSZE). Nach fast zweijähriger Dauer wurde die Konferenz 1975 von 35 Staaten abgeschlossen.

Teillernziele: Die Schüler sollen:
1. anhand bisheriger Bemühungen der Staaten und im besonderen der KSZE - Beschlüsse aufzeigen, daß Sicherheit in Europa durch Entspannung nach dem Krieg aufrechterhalten wird;
2. den Begriff Entspannung definieren;
3. die Beiträge der Bundesregierung um Entspannung in Europa nennen und bewerten.

Medien: Zeitungsschlagzeilen, Arbeitsblatt, Schülerbuch, Lexikon, Lernmaterialien.

Literatur: Weißbuch der Bundeswehr 1976

c) Die europäischen Länder wie die USA sind an der Entspannungspolitik mit dem Ziel beteiligt, die Kriegsgefahr herabzusetzen, sowie wirtschaftliche Vereinigungen und größere Freizügigkeit zwischen Ost und West zu ermöglichen. Niemand zweifelt aber heute mehr daran, daß Verteidigungsfähigkeit eine Voraussetzung für erfolgreiche Entspannungsbemühungen ist, und daß ohne ausreichende Vorsorge für die äußere Sicherheit Entspannung nicht möglich ist. Nur aus der Position angemessener Stärke können Verhandlungen zur Entspannung glaubwürdig und mit Aussicht auf Erfolg geführt werden.

d) Die Bundesrepublik hat etliche Zeichen ihrer Bemühungen um Entspannung gesetzt: Hinzuweisen wäre auf den freiwilligen Verzicht von Nuklearwaffen, auf die Ostpolitik der 70-er Jahre, auf Reduzierung der Rüstungsausgaben, auf den Verzicht der Herstellung von ABC- Waffen, auf Beschränkungen im Rüstungsexport, auf die Teilnahme an den MBFR - und KSZE Verhandlungen...

Arbeitsblatt: *Sicherheit in Europa durch Entspannungspolitik*

1. Was heißt Entspannung? — *Abbau von Spannungen u. Beseitigung von Konflikten zwischen Staaten*

2. Möglichkeiten der Entspannung — Konferenzen — Truppenverminderungen — Atomwaffenverzicht — Rüstung reduzieren — Rüstungsexport verringern — Zusammenarbeit

3. Ziele der Entspannung (KSZE) — Schlußakte der KSZE enthält 3 Abschnitte („Körbe"):

Korb 1 — Sicherheit in Europa durch:
- *Keine Androhung oder Anwendung von Gewalt*
- *Unverletzlichkeit* der Landesgrenzen;
- *Achten der Selbständigkeit*
- *friedliche Regelung* von Streitfällen
- *Nichteinmischung* in innere Angelegenheiten;
- *Achten, Einhalten* der Menschenrechte

Korb 2 — Zusammenarbeit in: *Wirtschaft – Wissenschaft – Technik – Umweltschutz*

Internationale Entspannung durch
KSZE = *Konferenz über Sicherheit und Zusammenarbeit in Europa*

Korb 3 — Zusammenarbeit durch:
- *Familienkontakte, Familienzusammenführung*
- Eheschließung zwischen: *Bürgern verschiedener Staaten*
- Reisen: *aus persönlichen oder beruflichen Gründen;*
- *Jugendbegegnungen (auch Sport);*
- *Kultur, Bildung, Informationsaustausch*

UG	Lehrschritte (Artikulationsdefinition)	Lehrinhalte und Lernziele (= Lz)	Lehrakte .... Lernakte		Sozial-formen	Lernhilfen
Eröffnungsphase	1. Lehrschritt: (Problembegegnung)	„Entspannung" in der Tagespresse;	Sachimpuls: Fast täglich beherrscht das Wort Entspannung die Schlagzeilen in aller Welt.	- betrachten - lesen - sich äußern	Hb	Lernmaterial a
	2. Lehrschritt: (Zielangabe)	Sicherheit in Europa durch Entspannungspolitik;	Beispiel: In dem Augenblick, in dem ein Bogenschütze den Pfeil losläßt, wechseln Sehne und Bogen vom Zustand äußerster Spannung in den der Entspannung über. Was der Begriff in der Politik meint, soll uns heute beschäftigen.	- aufnehmen - vergleichen - eintragen	Hb	Arbeitsblatt: Überschrift
Erarbeitungsphase	3. Lehrschritt: (Problemdarstellung)	Ost – West – Beziehungen; verschiedene Auffassungen von Entspannung;	Erarbeitungsgespräch: Das Verhältnis zwischen Ost und West bleibt im Wesentlichen unausgeglichen und ungewiß. Das wird so lange so bleiben, wie die Kommunisten den Westen in seiner Weltanschauung ablehnen und umgekehrt.	- reflektieren - beurteilen - Vorwissen einbringen - lokalisieren	Hb	Weltkarte
	4. Lehrschritt: (Teilergebnisgewinnung und -fixierung)	Möglichkeiten der Entspannung; (Lz 1)	Erarbeitungsgespräch nach Frage: Welche Maßnahmen zur Entschärfung der Spannungen zwischen den beiden Blöcken kannst du dir vorstellen?	- vermuten - ungeordnete Wiedergabe von Vorwissen	Hb	Arbeitsblatt, Nr. 2
	5. Lehrschritt: (Teilergebniserarbeitung und -fixierung)	Wege zur Entspannung; Begriffe: strategische Bomber, Offensivwaffen, ausgewogene Truppenverminderung, SALT, MBFR, KSZE; „Körbe" der KSZE; Weltmächte mit Verantwortung; (Lz 1)	Arbeitsauftrag: 1. Welche Beiträge zur Entspannung leisteten die Großmächte? Nenne Beispiele aus dem Text. 2. Entnimm deinem Buch die wesentlichen Inhalte der KSZE von Helsinki und vergleiche sie. 3. Weshalb sind die UdSSR und die USA an einer Entspannungspolitik interessiert?	- lesen - nachschlagen - belegen - Informationen entnehmen - vergleichen - rekapitulieren - fixieren	Ga	Lernmaterial b Schülerbuch; Lexikon;
	6. Lehrschritt: (Teilergebniserarbeitung und -fixierung)	Begriffsbestimmung „Entspannung"; Entspannung zur Konfliktentschärfung; (Lz 2)	Arbeitsauftrag: definiere aufgrund der bisherigen Informationen den Begriff Entspannung. Lies danach den Arbeitstext c. Formuliere mit deinem Partner.	- definieren - verbalisieren - lesen - fixieren	Pa	Lernmaterial c Arbeitsblatt, Nr. 1
	7. Lehrschritt: (Teilergebniserarbeitung und -fixierung)	Verteidigung und Entspannung; Ziele (Wege) anhand KSZE; (Lz 1/2)	Erarbeitungsgespräch: Welche Voraussetzungen sollten für erfolgreiche Entspannungsbemühungen gegeben sein? Welche Ziele beinhaltet Entspannungspolitik? Denke an die KSZE.	- wiederholen - ableiten - erkennen - verallgemeinern	Hb	Arbeitsblatt, Nr. 3
Sicherungsphase	8. Lehrschritt: (Übertragung)	Bundesrepublik an der Nahtstelle zum Osten; Beiträge der Bundesrepublik zur Entspannung in Europa; (Lz 3)	Erarbeitungsgespräch nach Impuls: Die Bundesrepublik bemüht sich besonders um Entspannung in Europa. Arbeitsauftrag: Lies den Text und äußere dich dazu in der Gruppe. Verarbeitungsgespräch nach Frage: Wofür sind die bisherigen Handlungen unseres Landes deutliche Hinweise?	- Informationen entnehmen - lesen - sich äußern - Beziehungen herstellen	Hb Ga Hb	Lernmaterial d
	9. Lehrschritt: (Ausweitung - Aktualisierung)	Reduzierung im Haushalt der 70-er Jahre (Ausnahme: Sowjetunion); Afghanistan, SS 20 (Lz 1-3)	Rundgespräch: Die bisherige Bilanz der Entspannung führte überall im Westen zur Senkung der Militärausgaben, nicht in der Sowjetunion! Ergänzung: Sowjets geben 12-14% des Bruttosozialprodukts, USA 6%, B.republik 3,4% für Rüstung aus.	- nachvollziehen - argumentieren - überdenken	Aa/Hb Hb	
	10. Lehrschritt: (Wertung)		Erarbeitungsgespräch: Will Entspannung die bestehenden Gegensätze zwischen den Blöcken aufheben?	- reflektieren - abwägen - verbalisieren	Hb	

Hauptlernziel: Bewußtsein, daß Entwicklungspolitik eine wichtige Aufgabe ist.	Unterrichtsthema: Wie leisten wir sinnvolle Entwicklungshilfe?	Autor: Max-J. Unterreiner
		Unterrichtszeit Empfehlung: 1 UE

Vorbemerkungen:
Die UE soll dem Schüler die Notwendigkeit einer Entwicklungshilfe aus humanitären Gründen bewußt machen. Dazu muß er die typischen Probleme im Wirkungszusammenhang und die Ernährungsverhältnisse kennen. Vom exemplarischen Beispiel Hunger ausgehend wird die Entwicklungshilfestrategie auf andere Bereiche des Teufelskreises ausgeweitet. In einer weiteren UE wird mehr der politische und wirtschaftliche Aspekt betont.

Lernziele: Die Schüler sollen ...
1. für den Problemgrund sensibilisiert werden;
2. die beständige bzw. akute Aktualität des Problems erkennen;
3. wissen, wo Entwicklungsländer und die Hungergebiete der Welt liegen;
4. die Elemente des Teufelskreises der Armut erkennen und den Wirkungszusammenhang erklären;
5. die Ernährungsgrundlage der Entwicklungsländer beschreiben;
6. eine Strategie der Entwicklungshilfe am Beispiel "Hunger" entwickeln;
7. die gewonnenen Strategien auf weitere Elemente des Teufelskreises der Armut übertragen.

Literatur:
1. C.D.Grupp: Partner Dritte Welt, Köln, 1980[1];
2. Bundesministerium für wirtschaftliche Zusammenarbeit (Hrsg.): Politik der Partner, Bonn 1979, 4.überarbeitete Auflage;
3. Bundeszentrale für politische Bildung (Hrsg.): Informationen zur politischen Bildung 1982/196 (Der Nord-Süd-Konflikt);
4. G.Neumann, K. Sperling: Denkanstöße 3, Kulmbach o.J.

Medien:
OH-Projektor, Folie, Arbeitsblatt, Notizblock, Tafel, Seitentafel, Literatur 1 im Klassensatz.

Arbeitstext 1:

Sechs Milliarden Menschen im Jahr 2000
Probleme in den Entwicklungsländern — Schlechte Ernährung und Unterkünfte

NEW YORK - Die Weltbevölkerung wird in den kommenden zwei Jahrzehnten um nahezu zwei Milliarden Menschen zunehmen. Wie aus einer in New York von der UNO veröffentlichten Studie hervorgeht, entfallen 90 Prozent dieses Zuwachses auf die Entwicklungsländer.

Insgesamt werden im Jahr 2000 etwa 6,19 Milliarden Menschen die Erde bevölkern.

Die UNO-Berichte sagen voraus, daß in 20 Jahren von hundert Bewohnern der Erde allein 58 auf dem asiatischen Kontinent leben werden, 13 in Afrika, 10 in Lateinamerika und 9 in Europa. In Nordamerika und der Sowjetunion werden es jeweils fünf sein.

Nach Meinung der UNO-Experten wird die Stadtbevölkerung rapide anwachsen. Während jetzt etwa 1,8 Milliarden Menschen in Ballungsgebieten wohnen, werden es in 20 Jahren 3,2 Milliarden sein. Diese Entwicklung stellt vor allem die Staaten der dritten Welt vor enorme Probleme. Schon jetzt lebt ein Viertel ihrer Gesamtbevölkerung in Slums.

Der starke Bevölkerungszuwachs in den Entwicklungsländern wird nach Ansicht der Weltorganisation die gegenwärtigen Schwierigkeiten vergrößern: in dem Report wird daran erinnert, daß in der dritten Welt 20 Prozent der Bevölkerung unterernährt, 30 Prozent ohne ausreichende gesundheitliche Fürsorge und Wasserversorgung, 40 Prozent arbeitslos oder nur teilbeschäftigt und 50 Prozent aller über 15 Jahre alten Menschen Analphabeten seien.

(aus "Nürnberger Nachrichten" v.6.7.1979)

Arbeitstext 3: In Bengalen/Indien wird Reis mit Linsen gegessen, dazu verschiedene Gemüsearten, die in Wasser gekocht werden. Fleisch ist für viele unbezahlbarer Luxus. In Kamerun/Afrika bestehen fast alle Mahlzeiten aus Maisbrei und Süßkartoffeln. Dazu gibt es scharf gewürzte Soßen. Außerdem werden Bananen und andere typische Früchte zubereitet. In Mexiko besteht die Hauptnahrung aus Mais und Bohnen, die eingeweicht, zu einer Teigmasse verarbeitet und auf einem Blech über offenem Feuer gebacken werden. Hühnerfleisch gibt es, wenn überhaupt, nur zu feierlichen Anlässen.

Folie 1: Die Bevölkerungs-Explosion
- Im Jahre 2000: über 6000 Mio
- Im Jahre 1974: 3946 Mio
- Im Jahre 1950: 2517 Mio
(Australien und Ozeanien, Asien, Amerika, Afrika, UdSSR, Europa)

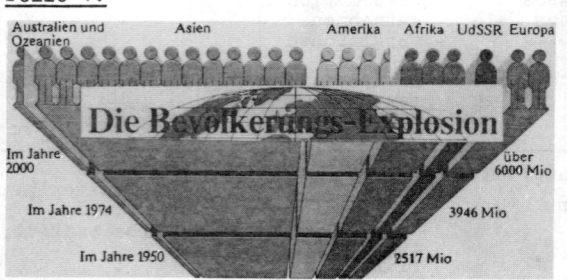

Folie 2: Entwicklungsländer der Erde — Bruttosozialprodukt je Einwohner und Jahr in US-Dollar (Quelle Weltbank, Schätzungen für 1980)
- bis 300 $
- 301 – 1 000 $
- 1 001 – 2 000 $
- 2 001 – 3 500 $

---

(1) **Wie leisten wir sinnvolle Entwicklungshilfe?**

(2) Wir fragen: Welche Probleme sind für Entwicklungsländer am größten?

(3) **Teufelskreis der Armut:**
- Hunger
- Krankheit
- Arbeitslosigkeit
- Bildungsmangel
- Übervölkerung
- Not, Elend
- Armut

(4) Wir fragen: Was essen die Menschen in den Entwicklungsländern?

(5)
- Reis, Linsen, Gemüse
- Mais, Kartoffeln, Früchte
- Mais, Bohnen

(5) Wir erkennen: Die Grundnahrungsmittel sind in den Entwicklungsländern hauptsächlich pflanzlicher Art.

(6) Wir folgern: Entwicklungshilfe muß Hilfe zur Selbsthilfe sein!

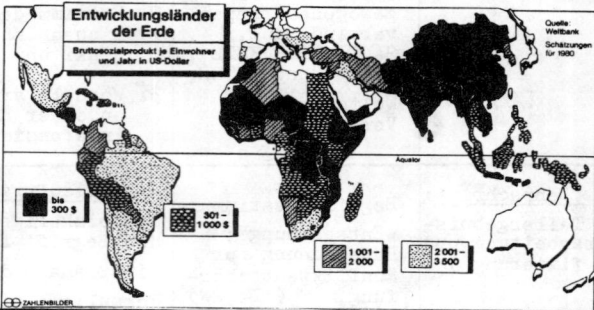

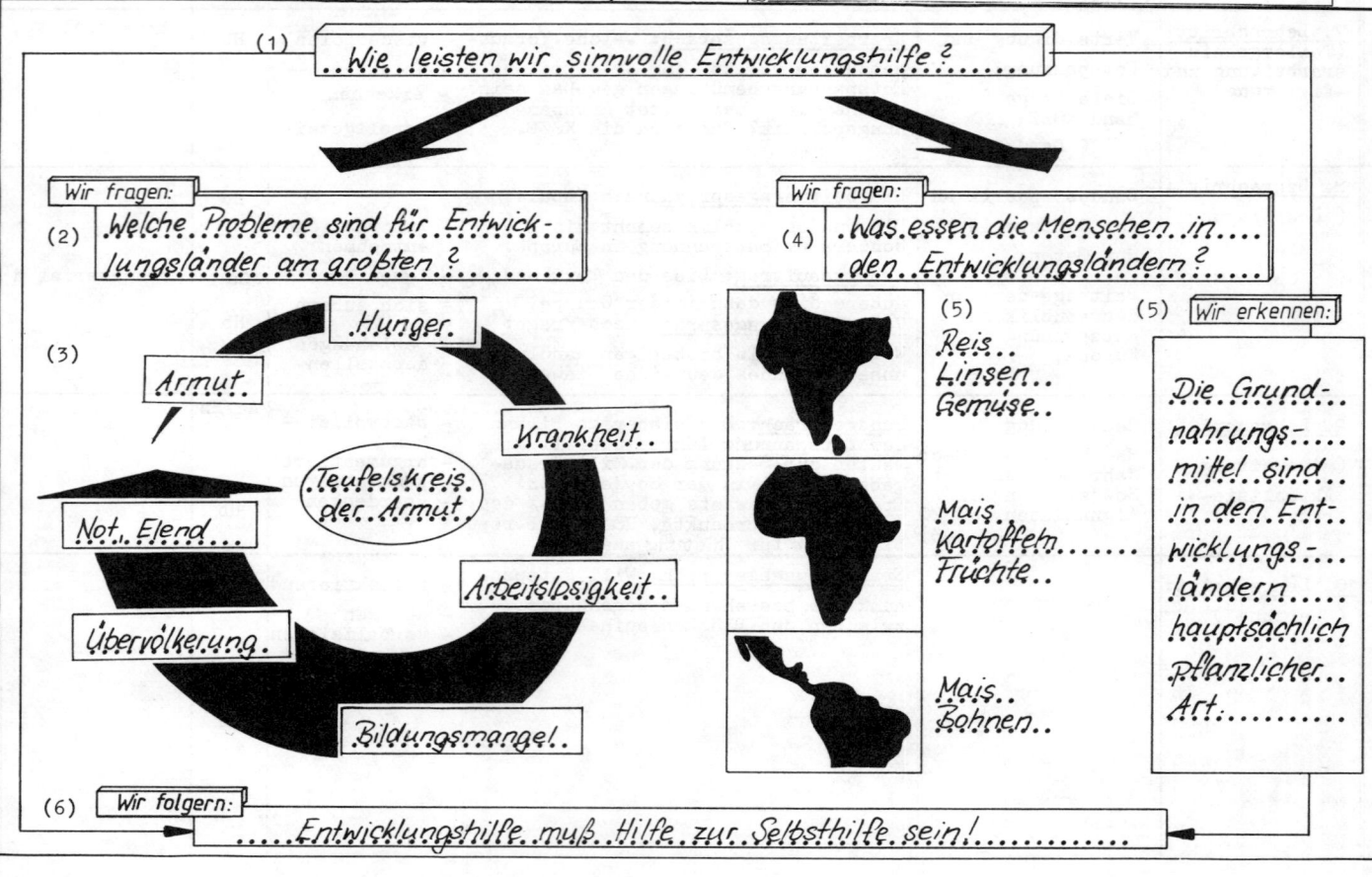

UG	Lehrschritte (Artikulationsdefinition)	Lehrinhalte und Lernziele (= Lz)	Lehrakte .... Lernakte		Sozialformen	Lernhilfen
Eröffnungsphase	1. Lehrschritt: (Problembegegnung)	Sensibilisierung. (Lz 1)	Sachimpuls: Der Lehrer zeigt Folie "Bevölkerungsexplosion". Erarbeitungsgespräch: Freie Aussprache zum Problemhintergrund.	– betrachten – reflektieren – erkennen – meinen	Hb Hb	Folie 1
	2. Lehrschritt: (Problementfaltung, -analyse)	Problematisierung. (Lz 2, 3)	Sachimpuls: Der Lehrer aktualisiert und problematisiert mit Zeitungsbericht. Denksteuerung. Erarbeitungsgespräch: Zielorientierte Klärung des Problemfeldes. Veranschaulichung durch Kartendarstellung "Hungergebiete".	– erlesen – nachdenken – analysieren – erkennen – meinen – lokalisieren – nennen	Hb Hb	Arbeitstext 1 Folie 2
	3. Lehrschritt: (Problemformulierung, -fixierung)	Problemfrage: Wie leisten wir sinnvolle Entwicklungshilfe?	Sachimpuls: Der Lehrer zeigt die Folie "Todesanzeige". Impuls: – Und im Jahr 2000? Gruppengespräch n. Gesprächsauftrag: Diskutiert in der Gruppe das Problem und formuliert es als Frage! Verarbeitungsgespräch: Vorlesen, Verbessern, Auswählen der gruppenformulierten Problemfragen. Fixierung im Tafelbild.	– betrachten – folgern – zuhören – diskutieren – formulieren – vorlesen – modifizieren – formulieren	Hb Ga Hb	⊤ Nach längerer Zeit des Hungerns verstarben 1980 30 Millionen Menschen. Tafelbild (1)
	4. Lehrschritt: (Hypothesenbildung)	Schülervermutungen.	Erarbeitungsgespräch: Schülervermutungen zur Durchführung sinnvoller Entwicklungshilfe.	– vorschlagen – meinen – begründen	Hb	Seitentafel
	5. Lehrschritt: (Problempräzisierung)	Problemfrage: Welche Probleme sind für Entwicklungsländer am größten?	Impuls: Bevor wir helfen können, müssen wir die Probleme der Entwicklungsländer kennen. Frage! Erarbeitungsgespräch: Versprachlichung und Präzisierung des Problems.	– zuhören – mitdenken – präzisieren – formulieren	Hb Hb	Tafelbild (2)
Erarbeitungsphase	6. Lehrschritt: (erste Teilergebniserarbeitung, -gewinnung, -fixierung)	Der Teufelskreis der Armut. (Lz 4) **Im Teufelskreis der Armut** Das Häufchen Mensch, das auf der anderen Straßenseite vor dem Hotel in Accra hockt, sieht aus wie 50. Der Mann ist aber erst 32. Er heißt Friday. Friday ist arm. Deswegen hat er nicht genug zu essen. Er ist unterernährt. Man kann ihm ansehen, daß er schwach ist, sicher auch nicht gesund. Deshalb wird er nicht mal vom Hotelportier zum Koffertragen gerufen. Ohne Arbeit wird Friday immer arm bleiben. Durch die unzureichende Ernährung wird sich seine Gesundheit nicht wieder herstellen lassen ...	Sachimpuls: Der Lehrer läßt den Arbeitstext still erlesen. Erarbeitungsgespräch: Herausstellen der Detailprobleme. Gruppenarbeit n. Arbeitsauftrag: Diskutiert und beantwortet die Problemfragen 1–5 aus dem Heft "Partner Dritte Welt"! Verarbeitungsgespräch: Vortragen der Gruppenarbeitsergebnisse, Zusammenführen und Auswertung, Beantwortung der Detailproblemfragen 1–5. Integration in Problemfrage, Beschreibung der Wirkungsweise des Teufelskreises der Armut. Ergebnisfixierung.	– erlesen – nachdenken – nennen – lesen – diskutieren – beantworten – vortragen – erklären – beantworten – integrieren – beschreiben	Aa Hb Ga (atlg.) Hb	Arbeitstext 2 Seitentafel Literatur 1 (S. 23-50) Tafelbild (3)
	7. Lehrschritt: (Teilergebniszusammenfassung)		Erarbeitungsgespräch n. Auftrag: Erkläre den Teufelskreis! Warum ist er so schwer zu durchbrechen?	– beschreiben – erklären – folgern	Hb	
	8. Lehrschritt: (Problempräzisierung)	Problemfrage: Was essen die Menschen in den Entwicklungsländern?	Impuls: Auch für die Menschen in den Entwicklungsländern gilt das Grundrecht auf Leben. Um ihnen helfen zu können, muß man nähere Umstände kennen. Erarbeitungsgespräch: Präzisierung des Problems, Formulierung und Fixierung der Problemfrage.	– mitdenken – folgern – erkennen – präzisieren – formulieren	Hb Hb	Tafelbild (4)
	9. Lehrschritt: (zweite Teilergebniserarbeitung, -gewinnung, -fixierung)	Die Ernährungsgrundlage in den Entwicklungsländern. (Lz 5)	Partnergespräch n. Gesprächsauftrag: Lies den Text still durch. Vergleiche die Länder untereinander und beantworte dann die Problemfrage! Verarbeitungsgespräch: Auswertung der Gesprächsergebnisse, Erkenntnisformulierung, Ergebnisfixierung.	– lesen – besprechen – vergleichen – erkennen – vortragen – nennen – generalisieren	Pa Hb	Arbeitstext 3 Tafelbild (5)
	10. Lehrschritt: (Teilergebniszusammenfassung)		Feststellung: Die Grundnahrungsmittel sind Pflanzen.	– zuhören	Hb	
Sicherungsphase	11. Lehrschritt: (Problemlösung)	Strategie der Entwicklungshilfe. (Lz 6)	Sachimpuls: Der Lehrer bietet ein chinesisches Sprichwort dar. Erarbeitungsgespräch: Erkenntnisformulierungen zu sinnvoller Entwicklungshilfe; Vorschläge zur praktischen Umsetzung. Fixierung im Tafelbild (6);	– lesen – reflektieren – meinen – erkennen – nennen – beschreiben	Hb Hb	"Gibst du eine Schale Reis, so wird er einen Tag davon satt. Gibst du einen Korb voll Reis, so wird er eine Woche lang satt. Lehrst du ihn Reis pflanzen, dann wird er nie mehr hungern."
	12. Lehrschritt: (Transfer, lateral)	Ausweitung auf den ganzen Teufelskreis der Armut. (Lz 7)	Impuls: Sinnvolle Entwicklungshilfe darf sich nicht auf das Problem Hunger beschränken. Erarbeitungsgespräch: Weitere konkrete Möglichkeiten der Entwicklungshilfe.	– zuhören – folgern – erkennen – meinen – vorschlagen – beschreiben	Hb Hb	

251

Hauptlernziel: Einsicht, daß die Zusammenarbeit der Völker notwendig ist: Die Bedeutung der Vereinten Nationen (UN)	Unterrichtsthema: Die UN - eine Organisation für den Frieden in der Welt.	Autor: Max-J. Unterreiner
		Unterrichtszeit Empfehlung: 1 - 2 UE

Vorbemerkungen:
Diese UE setzt Daten der UN aus dem Geschichtsunterricht voraus. Die Komplexität der Problematik verlangt eine weitgehende didaktische Reduktion. Die Stunde basiert auf einem exemplarisch analysierten, aktuellen Konflikt, an dem die vielschichtigen Zusammenhänge erkannt werden. Ziele und Grundsätze der UN werden wegen der Fülle nur in Auswahl angeboten. Dieses theoretische Wissen schafft jedoch die notwendige Voraussetzung, um problemlösend die aktuelle Problemfrage 1 beantworten, Möglichkeiten und Grenzen der UN erkennen und die Bedeutung der UN richtig ermessen zu können.

Lernziele: Die Schüler sollen ...
1. einen aktuellen Konfliktfall analysieren;
2. Fakten zur Gründung und Organisation der UN wissen;
3. Ziele der UN nennen und erklären können;
4. Handlungsgrundsätze der UN beschreiben und kurz fassen können;
5. Möglichkeiten und Grenzen der UN erkennen und erklären;
6. die Bedeutung der UNO wertend beurteilen.

Literatur:
1. G.Neumann, K.Sperling: Denkanstöße 3, Kulmbach o.J.;
2. H.Eberhardt, u.a.: Sozialkunde 9, Donauwörth 1979;
3. O.Bühler, H.Amann: Sozialkunde 9.Jgst., Ansbach 1978[1];
4. Südostbayerische Rundschau, 35.Jahrgang, Nummer 232.

Medien:
OH-Projektor, Folie, Tafel, Landkarten, Arbeitsblatt, Notizblock.

Folie:
Der Physiker Sacharow darf trotz seiner Herzerkrankung nicht die Sowjetunion (Gorki) verlassen. - Die DDR schob 6 Pazifisten der Jenaer Friedensgemeinschaft nach dem Westen ab. - Im Nahen Osten wird gekämpft, obwohl UN-Friedensresolutionen gefaßt sind. - In Südafrika werden durch die Apartheid-Politik in Gesellschaft und Politik die Farbigen von den Weißen getrennt.

Arbeitstext a):

Konfrontation USA—Syrien in Nahost
Amerikanischer Luftangriff auf syrische Stellungen — Damaskus antwortet mit Feuer auf Friedenstruppen

Beirut. (dpa) Die Lage im Libanon hat sich am Wochenende durch eine direkte Konfrontation zwischen den USA und Syrien gefährlich zugespitzt. Nachdem amerikanische Flugzeuge syrische Stellungen bombardiert und dabei zwei Maschinen verloren hatten, kamen beim anschließenden Beschuß amerikanischer Stellungen in Beirut durch Syrien acht Marineinfanteristen ums Leben. Zwei weitere wurden verletzt.

US-Präsident Ronald Reagan betonte in Washington kurz nach seiner Rückkehr aus Camp David die USA suchten im Libanon keine Feindseligkeiten. Die Aufgabe bleibe unverändert, der libanesischen Regierung bei der Stabilisierung der Lage zu helfen und den Abzug aller Truppen zu erreichen. „Aber wir werden unsere Streitkräfte dort verteidigen" sagte Reagan. Die amerikanischen Soldaten würden solange in Libanon bleiben, bis es der libanesischen Regierung gelinge, die Autorität über „ihr eigenes Land" zu erreichen.

In Washington hieß es ferner, das amerikanische Vorgehen sei mit Italien und Frankreich, die ebenfalls Soldaten in der multinationalen Friedenstruppe im Libanon haben, koordiniert, nicht aber mit Israel.

Das ganze Wochenende war durch heftige Kämpfe an allen Fronten gekennzeichnet. Die von Syrien unterstützten drusischen Milizen und Einheiten der regulären libanesischen Armee lieferten sich Artillerieduelle und die verfeindeten Palästinensergruppen in der nordlibanesischen Küstenstadt Tripoli nahmen sich unter Beschuß.

(aus: Südbayerische Rundschau)

b) „Wir, die Völker der Vereinten Nationen, entschlossen, kommende Geschlechter vor der Geißel des Krieges, welche zweimal zu unseren Lebzeiten der Menschheit unsagbares Leid gebracht hat, zu bewahren und den Glauben an die Grundrechte des Menschen, an die Würde und den Wert der menschlichen Person, an die gleichen Rechte von Männern und Frauen und großen und kleinen Völkern erneut zu bekunden und Bedingungen herzustellen, unter denen Gerechtigkeit und Achtung vor den Verpflichtungen, die sich aus Verträgen und Quellen des Völkerrechts herleiten, gewahrt bleiben können, haben beschlossen, zur Verwirklichung dieser Ziele unsere Anstrengungen zu vereinigen."

c)
– Für die UN gilt der Grundsatz der Gleichheit aller ihrer Mitglieder.
– Alle Mitglieder erfüllen nach Treu und Glauben die Verpflichtungen, die sie mit ihrem Beitritt übernehmen.
– Alle Mitglieder legen ihre internationalen Streitigkeiten mit friedlichen Mitteln bei.
– Alle Mitglieder unterlassen die Androhung oder Anwendung von Gewalt gegen die politische Unabhängigkeit oder territoriale Unversehrtheit eines Staates.
– Alle Mitglieder unterstützen die Vereinten Nationen bei jeder Maßnahme, welche die Organisation im Einklang mit ihren Zielen unternimmt.
– Die Vereinten Nationen tragen dafür Sorge, daß Staaten, die nicht Mitglied der Organisation sind, insoweit nach diesen Grundsätzen handeln, als dies zur Wahrung des Weltfriedens und der internationalen Sicherheit erforderlich ist.

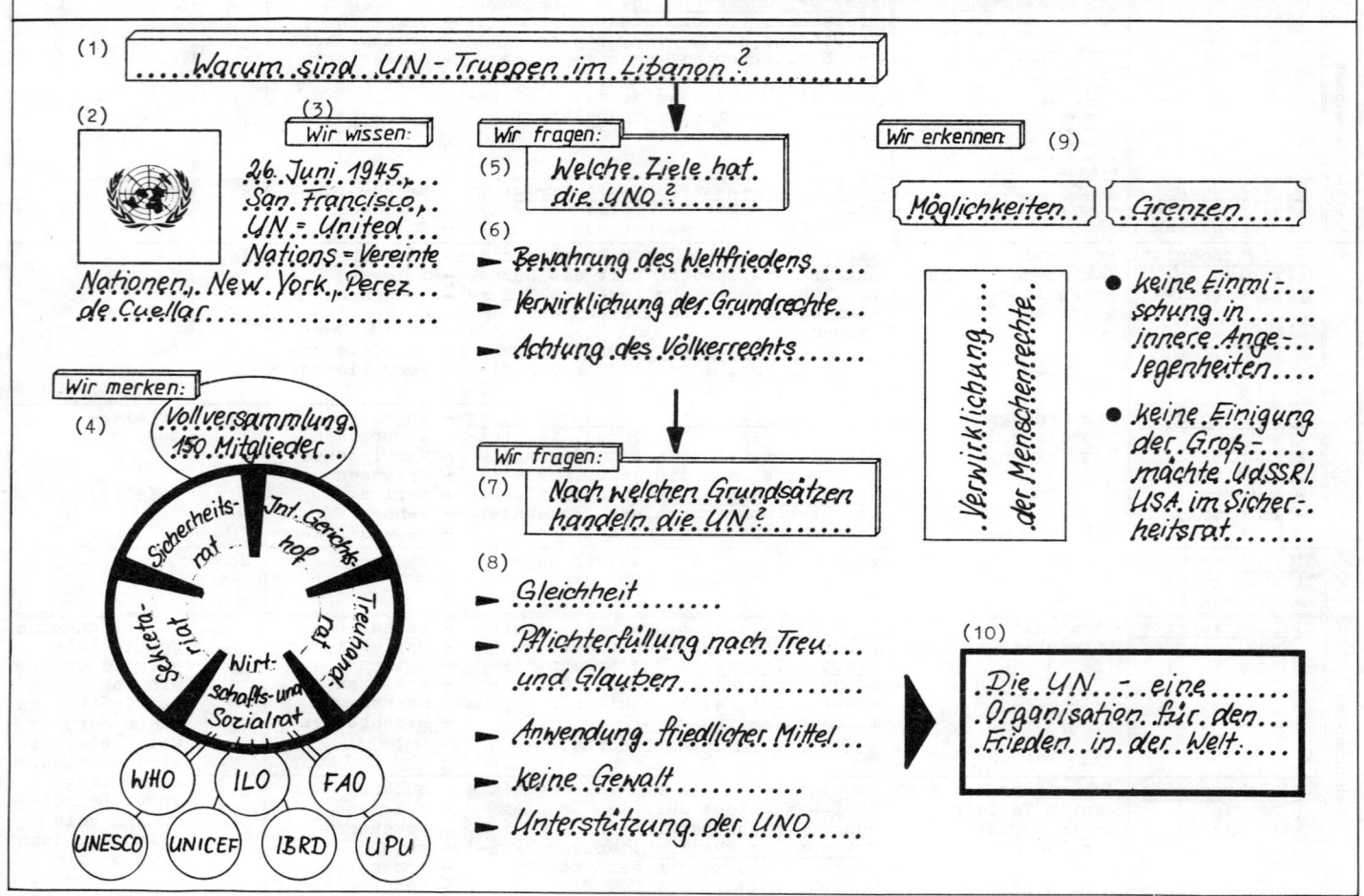

---

(1) **Warum sind UN-Truppen im Libanon?**

(2) [UN-Emblem]

(3) Wir wissen:
26. Juni 1945
San Francisco
UN = United Nations = Vereinte Nationen, New York, Perez de Cuellar

(4) Wir merken:
Vollversammlung, 150 Mitglieder
- Sicherheitsrat
- Int. Gerichtshof
- Treuhandrat
- Wirtschafts- und Sozialrat
- Sekretariat

WHO, ILO, FAO, UNESCO, UNICEF, IBRD, UPU

(5) Wir fragen: **Welche Ziele hat die UNO?**

(6)
► Bewahrung des Weltfriedens
► Verwirklichung der Grundrechte
► Achtung des Völkerrechts

(7) Wir fragen: **Nach welchen Grundsätzen handelt die UN?**

(8)
► Gleichheit
► Pflichterfüllung nach Treu und Glauben
► Anwendung friedlicher Mittel
► keine Gewalt
► Unterstützung der UNO

(9) Wir erkennen:

Möglichkeiten	Grenzen
Verwirklichung der Menschenrechte	• keine Einmischung in innere Angelegenheiten
	• keine Einigung der Großmächte UdSSR/USA im Sicherheitsrat

(10) **Die UN - eine Organisation für den Frieden in der Welt.**

UG	Lehrschritte (Artikulationsdefinition)	Lehrinhalte und Lernziele (= Lz)	Lehrakte .... Lernakte		Sozial-formen	Lernhilfen
Eröffnungsphase	1. Lehrschritt: (Problembegegnung, -formulierung)	Aktualisierung. (Lz 1) Problemfrage 1: Warum sind UN-Truppen im Libanon?	Sachimpuls: Der Lehrer bietet einen Zeitungsausschnitt zu einem aktuellen Konflikt dar. Erarbeitungsgespräch: Verbaldarstellung der Sachsituation; Abtasten und Aufhellen des Wissensstandes. Formulierung der Problemfrage.	– lesen – erkennen – berichten – meinen – erkennen – lokalisieren	Hb Hb	Arbeitstext 1 Tafelbild (1) (Problem-frage) Wandkarte
	2. Lehrschritt: (Rekapitulation, erste Teilergebnisgewinnung)	Lehrplanquerverbindung: Gründung und Organisationsstruktur der UN. (Lz 2)	Impuls: Der Lehrer heftet das UN-Emblem an die Tafel. Über die Gründung der UN weißt du schon aus dem Geschichtsunterricht Bescheid. Erarbeitungsgespräch: Wiederholung: Gründungsdatum, -ort, Abkürzungen und deutsche Bedeutungen, UN-Hauptquartier, Generalsekretär. Ergänzung: Der Lehrer beschreibt die Organisationsstruktur der UN.	– betrachten – erkennen – erinnern – wiederholen – nennen – zuhören – mitdenken	Hb Hb Hb	Tafelbild (2) (Emblem) Tafelbild (3) Tafelbild (4)
	3. Lehrschritt: (Problempräzisierung)	Problemfrage 2: Welche Ziele hat die UNO?	Impuls/Frage: Im Libanon sind "Friedenstruppen" stationiert. Was sollen sie dort tun? Erarbeitungsgespräch: Differenzierung: Gründe, Absichten, Ziele der UN. Formulierung der Problemfrage.	– zuhören – differenzieren – abgrenzen – formulieren	Hb Hb	 Tafelbild (5)
Erarbeitungsphase	4. Lehrschritt: (zweite Teilergebniserarbeitung, -gewinnung, -fixierung)	Ziele der UN. (Lz 3)	Arbeitsauftrag: Lies die Präambel der Charta der Vereinten Nationen und schreibe drei Ziele heraus, die dir besonders wichtig erscheinen! Verarbeitungsgespräch: Zusammentragen und Nennen der subjektiv gewichteten Ziele, Auswahl und Formulierung der Ergebnisse.	– lesen – erkennen – gewichten – notieren – vorlesen – formulieren	Aa Hb	Arbeitstext 2 Notizblock Tafelbild (6)
	5. Lehrschritt: (Problempräzisierung)	Problemfrage 3: Nach welchen Grundsätzen handeln die UN?	Frage: Der Lehrer gibt die weiterführende Problemfrage direkt vor.	– zuhören – lesen	Hb	Tafelbild (7)
	6. Lehrschritt: (dritte Teilergebniserarbeitung, -gewinnung, -fixierung)	Grundsätze der UN. (Lz 4)	Arbeitsauftrag: Lies den Text still durch! Formuliere zusammen mit deinem Nachbarn die Grundsätze der UN möglichst kurz! Verarbeitungsgespräch: Vortragen, Verbessern, Fixieren der Arbeitsergebnisse.	– zuhören – lesen – besprechen – komprimieren – formulieren – vortragen – korrigieren	Aa/ Pa Hb	Arbeitstext 3 Notizblock Tafelbild (8)
	7. Lehrschritt: (Teilergebniswiederholung)	Rekapitulation.	Gesprächsauftrag: – Wiederhole den Aufbau der UN! – Nenne Ziele und Grundsätze der UN! Erarbeitungsgespräch: Verbaldarstellung der Organisationsstruktur; besondere Betonung des Sicherheitsrates; Wiederholung von Zielen und Grundsätzen der UN.	– erfassen – erklären – wiederholen	Aa Hb	 Tafelbild (2)- (8)
Sicherungsphase	8. Lehrschritt: (Problemlösung)	Beantwortung der Ausgangsfrage.	Frage: Der Lehrer wiederholt die Problemfrage 1. Erarbeitungsgespräch: Die Schüler beantworten die Frage auf der Basis des bisherigen Kenntnisstandes.	– zuhören – nachdenken – beantworten – erklären – begründen	Hb Hb	Tafelbild 1 Tafelbild (2)- (8)
	9. Lehrschritt: (Problemvertiefung)	Möglichkeiten und Grenzen der UN. (Lz 5)	Sachimpuls: Der Lehrer stellt verschiedene Konfliktfälle zur Diskussion. Gruppengespräch nach Gesprächsauftrag: Diskutiert wirklichkeitsbezogene Möglichkeiten der UN! Verarbeitungsgespräch: Auswertung der Ergebnisse, Beschreibung von Möglichkeiten, Berücksichtigung der Grenzen.	– erlesen – reflektieren – diskutieren – analysieren – vorschlagen – vortragen – meinen – erkennen	Aa/ Hb Ga Hb	Folie Tafelbild (9)
	10. Lehrschritt: (Problemtransfer, -wertung)	Bedeutung der UN. (Lz 6)	Bericht: Erfolge der UN: Waffenstillstandsabkommen, Einsatz von Beobachter, Friedenstruppen (Naher Osten, Korea, Indien/Pakistan, Kongo, Indonesien, Zypern), Abrüstungsverhandlungen, Weltraum-, Meeres- und Meeresbodennutzung. Hinweis: Vieles konnte die UNO jedoch nicht verhindern (Beispiele!) Erarbeitungsgespräch: Zusammenfassende Beurteilung der Leistung der UN, Wertung der globalen Bedeutung der UN.	– zuhören – mitdenken – erfahren – lokalisieren – meinen – werten	Hb Hb	Weltkarte Tafelbild (10)

253

Arbeitslehre

Hauptlernziel: Einblick in eine berufsfeldbreite Grundbildung.	Unterrichtsthema: Das BGJ im Berufsfeld "Bautechnik".	Autor: Max-J. Unterreiner
		Unterrichtszeit Empfehlung: 1 - 2 UE

Vorbemerkungen: Diese UE schließt an die Erkundung des Berufsfeldes "Bautechnik" an. Des weiteren nimmt sie die Kenntnis des Begriffs "Berufsfeld" sowie die Systematik der Berufsfelder als gegeben an.

Literatur:
H. Geiling (Hrsg.): Schwerpunkt Arbeitslehre (9. Jgst.), München 1981
H. Heinrich, J. Huber: Arbeitslehre 3, München 1980
Bayr. Baugewerbeverbände (Hrsg.): Die Bauwirtschaft, o.O., o.J.

Teillernziele: Die Schüler sollen ...
1. subjektive Eindrücke zur Erkundung artikulieren;
2. gewonnene Sachinformationen zusammenstellen und ordnen;
3. Theorie und Praxis des BGJ im Berufsfeld "Bautechnik" beschreiben;
4. Ausbildungsberufe des Berufsfeldes "Bautechnik" erkennen und zuordnen;
5. erkennen, unter welchen Bedingungen und wieviel Ausbildungszeit angerechnet werden kann;
6. erkennen, daß in anderen Berufsfeldern die Situation ebenso ist.

Bilder (Berufe): Maurer, Zimmerer, Estrichleger, Trockenbaumonteur, Stukkateur

Auswahlliste: Ausbaufacharbeiter, Bankkaufmann, Chemielaborant, Estrichleger, Gleisbauer, Fräser, Isoliermonteur, Maurer, Meß- und Regelmechaniker, Straßenbauer, Wagner.

Richtig sind: Ausbaufacharbeiter, Backofenbauer, Baustoffprüfer, Beton- und Stahlbetonbauer, Betonstein- und Terrazzohersteller, Betonwerker, Brunnenbauer, Dachdecker, Estrichleger, Feuerungs- und Schornsteinbauer, Fliesen-, Platten- und Mosaikleger, Gleisbauer, Hochbaufacharbeiter, Isoliermonteur, Kanalbauer, Klebeabdichter, Maurer, Rohrleitungsbauer, Straßenbauer, Stukkateur, Tiefbaufacharbeiter, Wärme-, Kälte- und Schallschutzisolierer (Isoliermonteur), Zimmerer.

Fall "Heinz": Heinz wollte ursprünglich Maurer werden. Doch schon wenige Wochen nach Ausbildungsbeginn stellte sich heraus, daß seine Haut das Arbeiten mit Kalk und Zement nicht verträgt. Darum überlegt er: soll er auf Zimmerer oder Tischler umsteigen?

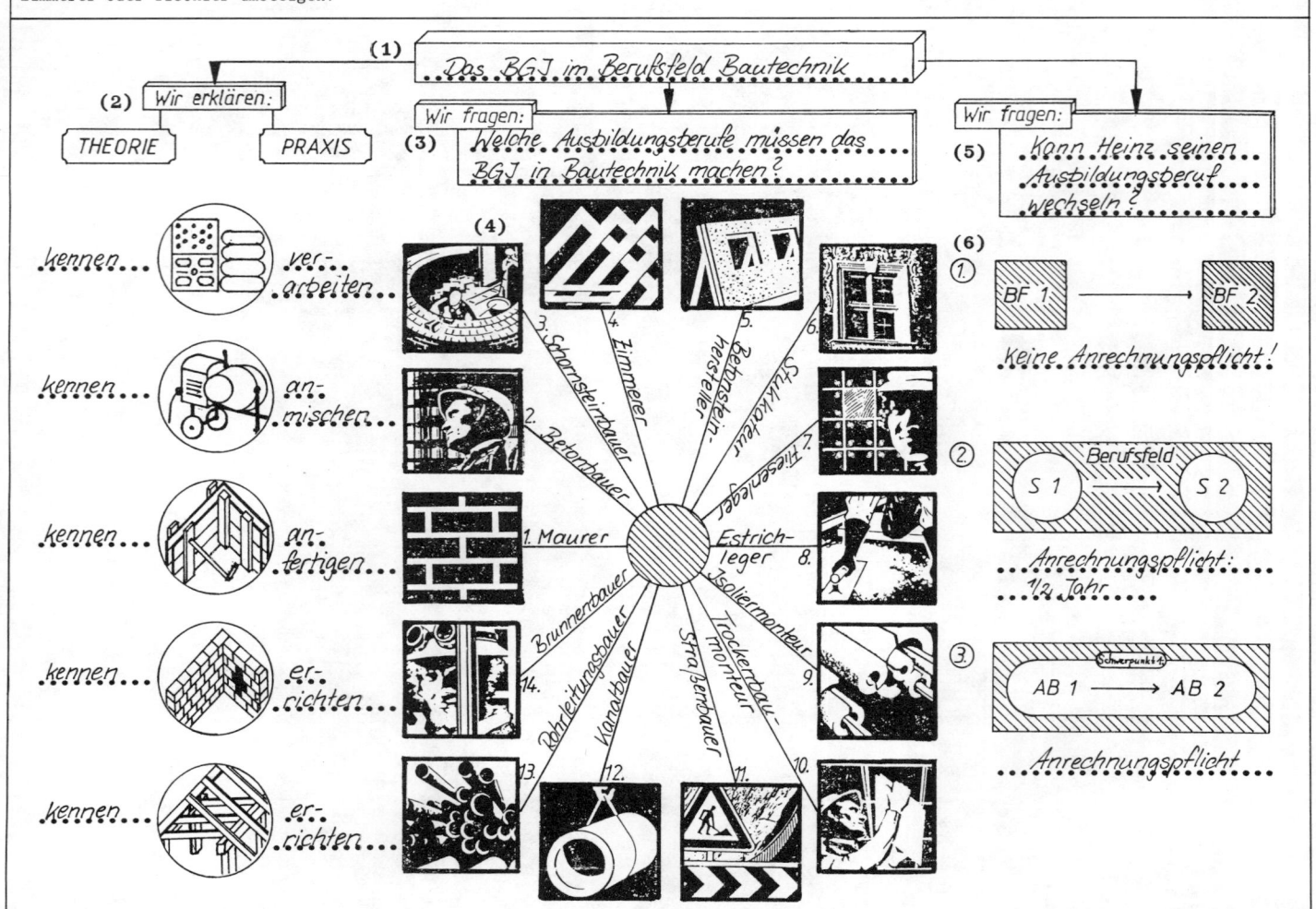

Anrechnungsmöglichkeiten:

① Berufsfeld 1 → Wechsel nach → Berufsfeld 2
Keine Anrechnungspflicht.

② Berufsfeld: Schwerpunkt 1 → Wechsel nach → Schwerpunkt 2
Anrechnungspflicht: 1/2 Jahr.

③ Schwerpunkt: Ausbildungsberuf 1 → Wechsel nach → Ausbildungsberuf 2, Berufsfeld
Anrechnungspflicht.

(1) Das BGJ im Berufsfeld Bautechnik

(2) Wir erklären: THEORIE — PRAXIS

(3) Wir fragen: Welche Ausbildungsberufe müssen das BGJ in Bautechnik machen?

(5) Wir fragen: Kann Heinz seinen Ausbildungsberuf wechseln?

(4) kennen... verarbeiten...
kennen... anmischen...
kennen... anfertigen...
kennen... errichten...
kennen... errichten...

1. Maurer, 2. Betonbauer, 3. Schornsteinbauer, 4. Zimmerer, 5. Betonsteinhersteller, 6. Stukkateur, 7. Fliesenleger, 8. Estrichleger, 9. Isoliermonteur, 10. Trockenbaumonteur, 11. Straßenbauer, 12. Kanalbauer, 13. Rohrleitungsbauer, 14. Brunnenbauer

(6)
① BF 1 → BF 2   Keine Anrechnungspflicht!
② Berufsfeld: S 1 → S 2   Anrechnungspflicht: 1/2 Jahr.
③ Schwerpunkt: AB 1 → AB 2   Anrechnungspflicht.

256

UG	Lehrschritte (Artikulationsdefinition)	Lehrinhalte und Lernziele (= Lz)	Lehrakte .... Lernakte		Sozialformen	Lernhilfen
Eröffnungsphase	1. Lehrschritt: (Anknüpfung)	Subjektive Eindrücke zur vorausgegangenen Berufsschulerkundung. (Lz 1)	Gesprächsauftrag: Wir haben die Berufsschule in ... . erkundet. Berichte von deinen Erlebnissen, Erfahrungen, Eindrücken! Verarbeitungsgespräch: Freie Aussprache, spontanes Äußern von subjektiven Eindrücken, kritische Gedanken.	– zuhören – erzählen – berichten	Hb Hb	
	2. Lehrschritt: (Problemisolierung, -formulierung, -fixierung)	Kanalisierung der Denkrichtung zur Zielformulierung.	Impuls: Für manche von euch wird die Schulpflicht nach der 9. Klasse Hauptschule noch ein volles Jahr dauern. Erarbeitungsgespräch: Berufsnennungen; Erkenntnis: BGJ; Beispiel: Bautechnik; Fixierung der Überschrift.	– zuhören – vermuten – nennen	Hb Hb	Tafelbild (1): Überschrift
	3. Lehrschritt: (Integration und Darstellung)	Zusammenstellen und ordnen der Sachinformationen. (Lz 2)	Gruppengespräch nach Gesprächsauftrag: Stellt mit Hilfe der Erkundungsnotizen alles zusammen, was ihr über das Berufsfeld "Bautechnik" erfahren habt!	– zusammenstellen – ordnen	Ga	Notizblock m. Erkundungsnotizen
	4. Lehrschritt: (Auswertung) (erste Teilergebnisgewinnung, -fixierung)	Theorie und Praxis im BGJ (Berufsfeld Bautechnik). (Lz 3)	Verarbeitungsgespräch: Auswertung der Gruppenberichte hinsichtlich Aufgaben und Tätigkeiten eines Berufsschülers in Theorie und Praxis im BGJ "Bautechnik".	– berichten – auswerten – erklären	Hb	Tafelbild (2)
	5. Lehrschritt: (erste Teilergebniszusammenfassung)		Rundgespräch nach Gesprächsauftrag: Nenne wichtige Aufgaben und Tätigkeiten im BGJ "Bautechnik" und begründe die Wichtigkeit für das Ausbildungsziel!	– nennen – begründen	Aa/Hb	Tafelbild (2)
Erarbeitungsphase	6. Lehrschritt: (Problempräzisierung)	Problemfrage: Welche Ausbildungsberufe müssen das BGJ in Bautechnik machen?	Impuls: Aus den Aufgaben und Tätigkeiten eines Berufsschülers im BGJ Bautechnik kannst du erkennen, welche Ausbildungsberufe das BGJ Bautechnik machen müssen. Erarbeitungsgespräch: Formulierung der Problemfrage.	– zuhören – folgern – schließen – erkennen – verbalisieren – formulieren	Hb Hb	Tafelbild (3)
	7. Lehrschritt: (zweite Teilergebniserarbeitung) (zweite Teilergebnisgewinnung, fixierung)	Ausbildungsberufe im BGJ "Bautechnik". (Lz 4)	Partnergespräch nach Sachimpuls: Der Lehrer zeigt verschiedene Bilder von Berufen und gibt zusätzlich eine Auswahlliste mit Berufsbezeichnungen vor. Die Schüler wählen aus, welche Berufe zum Berufsfeld "Bautechnik" gehören. Verarbeitungsgespräch: Auswertung des Partnergesprächs. Nennen der Ausbildungsberufe.	– betrachten – identifizieren – lesen – auswählen – notieren – auswerten – nennen – begründen	Pa Hb	Bilder (Berufe), Auswahlliste (Berufe) Tafelbild (4)
	8. Lehrschritt: (zweite Teilergebniszusammenfassung)		Erarbeitungsgespräch: Begründe, warum nicht nur Maurer, sondern auch Bauzeichner und Dachdecker das BGJ "Bautechnik" machen müssen!	– begründen – erklären	Hb	
	9. Lehrschritt: (Problempräzisierung)	Problemfrage: Kann Heinz einen anderen Ausbildungsberuf erlernen?	Sachimpuls: Der Lehrer bietet den Fall "Heinz" dar. Erarbeitungsgespräch: Formulierung der Problemfrage.	– lesen – reflektieren – verbalisieren – formulieren	Hb Hb	Arbeitstext: Fall "Heinz" Tafelbild (5)
	10. Lehrschritt: (dritte Teilergebniserarbeitung) (dritte Teilergebnisgewinnung, -fixierung)	Möglichkeiten im BGJ. (Lz 5)	Gruppengespräch nach Gesprächsauftrag: Diskutiere, 1. ob Heinz den Ausbildungsberuf wechseln kann und 2. welche Möglichkeit für ihn am günstigsten ist! Begründe! Verarbeitungsgespräch: Auswertung der Gruppenergebnisse zum Fall "Heinz".	– lesen – auswerten – diskutieren – vortragen – auswerten – besprechen	Ga Hb	Grafik: Anrechnungsmöglichkeiten Tafelbild (6)
	11. Lehrschritt: (dritte Teilergebniszusammenfassung)		Erarbeitungsgespräch nach Gesprächsauftrag: Begründe die unterschiedlichen Anrechnungszeiten!	– erklären – begründen	Hb	
Sicherungsphase	12. Lehrschritt: (Lateraler Transfer, Ausweitung)	Situation in anderen Berufsfeldern. (Lz 6)	Impuls: Um ein Haus zu bauen, sind Berufe aus verschiedenen Berufsfeldern am Werk. Erarbeitungsgespräch: Berufsfelder am Bau; Erkenntnis: gleiche Situation wie im Berufsfeld "Bautechnik".	– zuhören – erkennen – nennen – transferieren – erklären	Hb Hb	

Hauptlernziel:	Einsicht, daß Ausbildungsberufe durch bestimmte Merkmale geprägt sind.	Unterrichtsthema: Wir entwickeln ein Berufsbild. (Fliesen-, Platten-, Mosaikleger)	Autor: Max-J. Unterreiner
			Unterrichtszeit Empfehlung: 1 - 2 UE

Vorbemerkungen: Bei der Berufswahl soll sich der Schüler intensiv mit Ausbildungsberufen auseinandersetzen. Um diesen Prozeß bemüht sich vorliegende UE anhand eines exemplarischen Beispiels. Die individuelle Ausarbeitung des eigenen Berufsbildes vom angestrebten Beruf ist unerläßliche Weiterarbeit.

Lernziele: Die Schüler sollen ...
1. den Ausbildungsberuf "Fliesen-, Platten- und Mosaikleger" kennen;
2. selbständig ein Darstellungssystem für das Berufsbild erarbeiten lernen;
3. den Ausbildungsberuf grobgliedernd einteilen und zuordnen;
4. Tätigkeitsmerkmale und typische Tätigkeiten herausarbeiten;
5. berufliche Anforderungen erkennen;
6. die Ausbildung kurz beschreiben und Aufstiegsmöglichkeiten nennen;
7. charakteristische Berufsmerkmale kurz darstellen.

Literatur:
- H. Geiling (Hrsg.): Schwerpunkt: Arbeitslehre (9. Jgst.), München 1981
- H. Heinrich, J. Huber: Arbeitslehre 3, München 1980 Bundesanstalt für Arbeit (Hrsg.): Beruf aktuell,
- Ausgabe 1978
- Bayr. Bauwirtschaft (Hrsg.): Die Bauwirtschaft, o.O., o.J.

Medien: Folie, Tafel, Notizblock, Episkop, Arbeitsblatt

Arbeitstext 2:

MINERALIEN, GESTEIN UND ANDERE BAUSTOFFE

Die Fachleute dieser Gruppe hantieren mit Bau- und Montageteilen aus Beton, Stein, Holz, Keramik und Glas. Sie setzen zusammen, mischen, behauen, dichten ab. Sie passen ein und fassen ein, verfugen, vergipsen, kitten, verputzen. Sie verwenden Bindemittel (Mörtel, Kitt, Zement) und Grobmeßgeräte (Schnur, Lot, Wasserwaage, Zollstock). Anforderungen: Durchweg robuste Körperkraft, Handgeschick und räumliches Vorstellungsvermögen.

Stufenausbildung in der Bauwirtschaft
GEBÄUDEAUSBAUER

Fliesen-, Platten- und Mosaikleger
Ausbildungsdauer 33 Monate (Handwerk),
Fliesen, Kacheln und Steinplatten als Wandverkleidung, Fußbodenbelag und Fassadenschmuck fehlen heute bei keinem Bau. Aufgabe in diesem Beruf ist, die fertig gelieferten Fliesen und Platten aus Keramik in Innenräumen, wie zum Beispiel Küchen und Bädern sowie an Wänden und auf dem Boden zu verlegen. Aus vorgefertigten Tafeln stellt er auch Mosaikbeläge her, und mit großen Kunst- oder Natursteinplatten bedeckt er ganze Hausfassaden. Material und Verlegetechnik verlangen genaues Arbeiten und Sicherheit im Umgang mit den verschiedenen Mörteln und Klebemischungen.

Zusammenarbeit mit Fachleuten anderer Ausbauberufe ist notwendig.

Foto:

Arbeitstext 1:

Der Beruf des Fliesenlegers

Durch Fliesen und Platten erhalten Wände und Böden eine Schale, die schützt und gleichzeitig verschönt. Man verwendet sie überall dort, wo Sauberkeit und Hygiene besonders wichtig sind — z. B. in Küchen, Badezimmern, Schwimmbädern, Krankenhäusern, Sanitärräumen, Lebensmittelgeschäften, Labors und Fabrikationsräumen — in vielen Gegenden auch zur Verkleidung und Gestaltung von Außenfassaden.

Der Fliesenleger — seine Berufsbezeichnung lautet korrekt: „Fliesen-, Platten- und Mosaikleger" — arbeitet vorwiegend mit keramischem Material, das durch Verwendung farbig brennender Tonsorten oder Beimengung chemischer Substanzen leuchtende Farben erhält und mit schönen Mustern versehen wird. Aber auch Naturstein-, Glas- und Kunststoffplatten werden verwendet.

Fliesen und Platten fügt der Fliesenleger zu einem Belag zusammen und verbindet sie mit Mörtel oder Spezialklebern fest mit dem Untergrund. Auf jeder Baustelle, in jedem Raum findet der Fliesenleger andere Arbeitsobjekte mit anderen Abmessungen vor. Deshalb muß er vorher genaue Berechnungen über die maßgenaue Aufteilung der Fliesen auf die vorhandenen Flächen anstellen, um die Fliesen genau an Ecken, Nischen und Vorsprüngen anpassen und die gewünschte Muster auch um Ecken herum ästhetisch zufriedenstellend fortführen zu können.

Die herkömmliche Art der Verlegung der Fliesen in einem Mörtelbett aus Zement wird zunehmend durch verbesserte, arbeits- und zeitsparende Verlegemethoden unter Verwendung industriell hergestellter Pulver- oder Kunststoffkleber (Dünnbettverfahren) ersetzt. Der Fliesenleger muß die Herstellung und Verarbeitung der verschiedenen Mörtel- und Klebearten beherrschen. Zum Teilen der Platten stehen ihm Spezialplattentrenngeräte zur Verfügung. Für seine Arbeit braucht er Senklot, Wasser- und Schlauchwaage, denn die Fliesen- und Plattenbahnen müssen exakt winklig verlaufen.

Fliesenwände müssen nicht nur schön, sondern auch wasserdicht sein. Der Fliesenleger muß daher auch das Anbringen besonderer Abdichtungen und Sperrungen beherrschen.

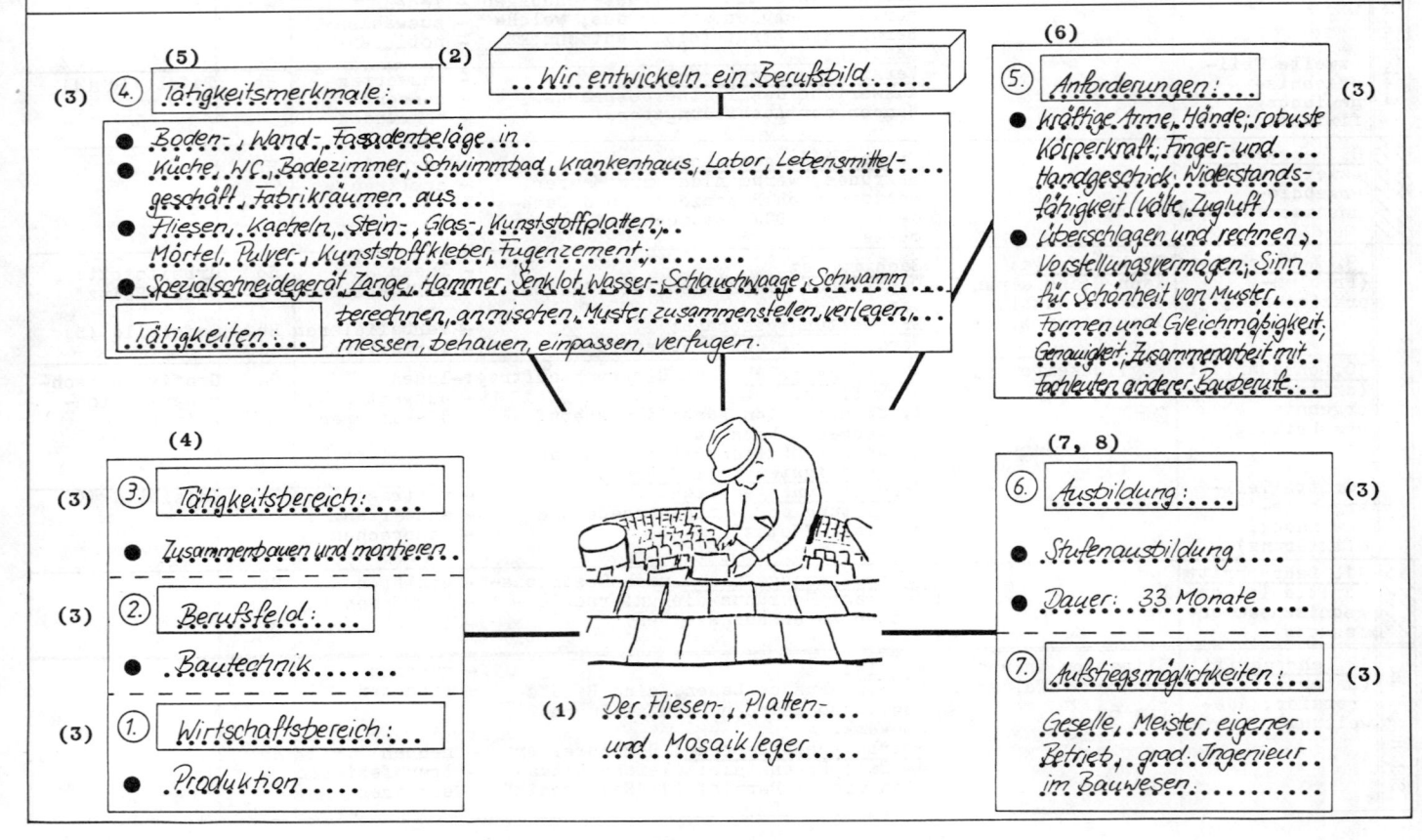

---

(5) (2) ... Wir entwickeln ein Berufsbild ... (6)

(3) ④ **Tätigkeitsmerkmale:** ⑤ **Anforderungen:** (3)

- Boden-, Wand-, Fassadenbeläge in
- Küche, WC, Badezimmer, Schwimmbad, Krankenhaus, Labor, Lebensmittelgeschäft, Fabrikräumen aus ...
- Fliesen, Kacheln, Stein-, Glas-, Kunststoffplatten;
- Mörtel, Pulver, Kunststoffkleber, Fugenzement;
- Spezialschneidegerät, Zange, Hammer, Senklot, Wasser-, Schlauchwaage, Schwamm

Tätigkeiten: berechnen, anmischen, Muster zusammenstellen, verlegen, messen, behauen, einpassen, verfugen.

- kräftige Arme, Hände, robuste Körperkraft; Finger- und Handgeschick; Widerstandsfähigkeit (Kälte, Zugluft)
- überschlagen und rechnen; Vorstellungsvermögen; Sinn für Schönheit von Muster, Formen und Gleichmäßigkeit; Genauigkeit; Zusammenarbeit mit Fachleuten anderer Bauberufe.

(4) (7, 8)

(3) ③ **Tätigkeitsbereich:** ⑥ **Ausbildung:** (3)
- Zusammenbauen und montieren
- Stufenausbildung
- Dauer: 33 Monate

(3) ② **Berufsfeld:** ⑦ **Aufstiegsmöglichkeiten:** (3)
- Bautechnik

(3) ① **Wirtschaftsbereich:**
- Produktion

(1) Der Fliesen-, Platten- und Mosaikleger

Geselle, Meister, eigener Betrieb, grad. Ingenieur im Bauwesen.

UG	Lehrschritte (Artikulationsdefinition)	Lehrinhalte und Lernziele (= Lz)	Lehrakte ... Lernakte		Sozialformen	Lernhilfen
Eröffnungsphase	1. Lehrschritt (Problemstellung)	Ratespiel: "Was bin ich?" (Lz 1)	Sachimpuls: Der Lehrer zeigt die Skizze "Fliesenleger". Erarbeitungsgespräch nach Frage: "Was bin ich?" Nennung/Erarbeitung der vollen Berufsbezeichnung: Fliesen-, Platten- und Mosaikleger.	- betrachten - erkennen - nennen - genau bezeichnen	Hb Hb	Tafelbild: Skizze Fliesenleger Tafelbild (1): Berufsbezeichnung
	2. Lehrschritt (Zielangabe)	Ausrichtung des Denkens auf deskriptive Darstellung.	Erklärung: Wir entwickeln vom Ausbildungsberuf "Fliesen-, Platten- und Mosaikleger" ein Berufsbild.	- zuhören	Hb	Tafelbild (2) (Überschrift)
Erarbeitungsphase	3. Lehrschritt (Planung)	Systematik zur Entwicklung des Berufsbildes. (Lz 2)	Arbeitsauftrag: Besprecht in der Gruppe, welche Berufsmerkmale zum besseren Verständnis notwendig sind! Verarbeitungsgespräch: Gewinnung der verschiedenen Betrachtungspunkte (s. Tafelbild) und Fixierung.	- zuhören - diskutieren - sammeln - notieren - vortragen - meinen - begründen - nennen	Ga Hb	Notizblock Tafelbild (3): alle Blocküberschriften
	4. Lehrschritt (erste Teilergebniserarbeitung, -gewinnung, -fixierung)	Grobgliederung Wirtschaftsbereich, Berufsfeld, Tätigkeitsbereich. (Lz 3)	Arbeitsauftrag: Finde zum Ausbildungsberuf "Fliesenleger" den zutreffenden Wirtschaftsbereich, Berufsfeld und Tätigkeitsbereich! Verarbeitungsgespräch: Ergebnisauswertung, Zuordnung, Fixierung.	- Vorlagen auswerten - zuordnen - notieren - auswerten	Aa Hb	Notizblock Tafelbild (4)
	5. Lehrschritt (zweite Teilergebniserarbeitung)	Tätigkeitsmerkmale und typische Tätigkeiten. (Lz 4)	Arbeitsaufgaben: (arbeitsteilig) Stelle fest: 1. Wo arbeitet der Fliesenleger? 2. Welche Materialien verwendet er? 3. Mit welchem Werkzeug arbeitet er? 4. Welche typischen Tätigkeiten verrichtet er?	- zuhören - lesen - Text auswerten - besprechen - notieren	Aa/Ga	Arbeitstext 1: "Der Beruf des Fliesenlegers" Arbeitstext 2: "Mineralien, Gestein und andere Baustoffe"
	(zweite Teilergebnisgewinnung)		Verarbeitungsgespräch: Schülergruppenberichte, Ergebnisauswertung und -fixierung.	- vortragen - besprechen - auswerten	Hb	Tafelbild (5)
	6. Lehrschritt (dritte Teilergebniserarbeitung)	Anforderungen, die der Beruf stellt. (LZ 5)	Partnergespräch nach Gesprächsauftrag mit Sachimpuls: Betrachte das Bild und vergleiche mit unseren bisherigen Ergebnissen. Dann versucht daraus Anforderungen, die der Beruf stellt, abzuleiten in 1. körperlicher Hinsicht! 2. geistiger Hinsicht!	- betrachten - lesen - vergleichen - besprechen - folgern - erkennen	Pa	Foto
	(dritte Teilergebnisgewinnung)		Verarbeitungsgespräch: Vortragen und Auswertung der Schülerergebnisse, Fixierung.	- vortragen - erklären - auswerten	Hb	Tafelbild (6)
	7. Lehrschritt (vierte Teilergebniserarbeitung, -gewinnung, -fixierung)	Ausbildung und Aufstiegsmöglichkeiten. (Lz 6)	Impuls: Aus Arbeitstext 2 geht zum Ausbildungsverlauf Genaueres hervor. Erarbeitungsgespräch: Ausbildungsverlauf und -dauer. Impuls: Du solltest dir heute schon Gedanken darüber machen, ob der Beruf Aufstiegschancen bieten kann. Erarbeitungsgespräch: Schülervermutungen, Ergebnisformulierung, -fixierung.	- zuhören - lesen - belegen - vorlesen - zuhören - überlegen - vermuten - meinen - formulieren	Hb Hb Hb Hb	Arbeitstext 2 Tafelbild (7) Tafelbild (8)
Sicherungsphase	8. Lehrschritt (Gesamtergebniszusammenfassung)	Wiederholung mit charakteristischen Aussagen. (Lz 7)	Arbeitsauftrag: Fasse das Ergebnis schriftlich kurz und treffend genau zusammen, so daß man den Beruf "Fliesenleger" bei "Was bin ich" erraten könnte! Verarbeitungsgespräch: Einige Schülerkurzberichte werden vorgetragen und an der Aufgabenstellung gemessen.	- zuhören - zusammenfassen - aufschreiben - vortragen - messen - werten	Aa Hb	Notizblock, Tafelbild (1) - (8) Notizblock mit Schüleraufzeichnungen
	9. Lehrschritt (Gesamtergebnis-fixierung)	Eintrag in das Arbeitsblatt.	Arbeitsauftrag: Ergänze das Arbeitsblatt möglichst selbständig, ohne Tafel. Kontrolliere anhand des Tafelbildes!	- ergänzen - eintragen - kontrollieren	Aa	Tafelbild (1) - (8) (= Arbeitsblatt)

Hauptlernziel:	Überblick über die Weiterführung der Berufsausbildung.	Unterrichtsthema: Wie werde ich Fliesenleger?	Autor: Max-J. Unterreiner
			Unterrichtszeit Empfehlung: 2 UE

Stufenausbildung:

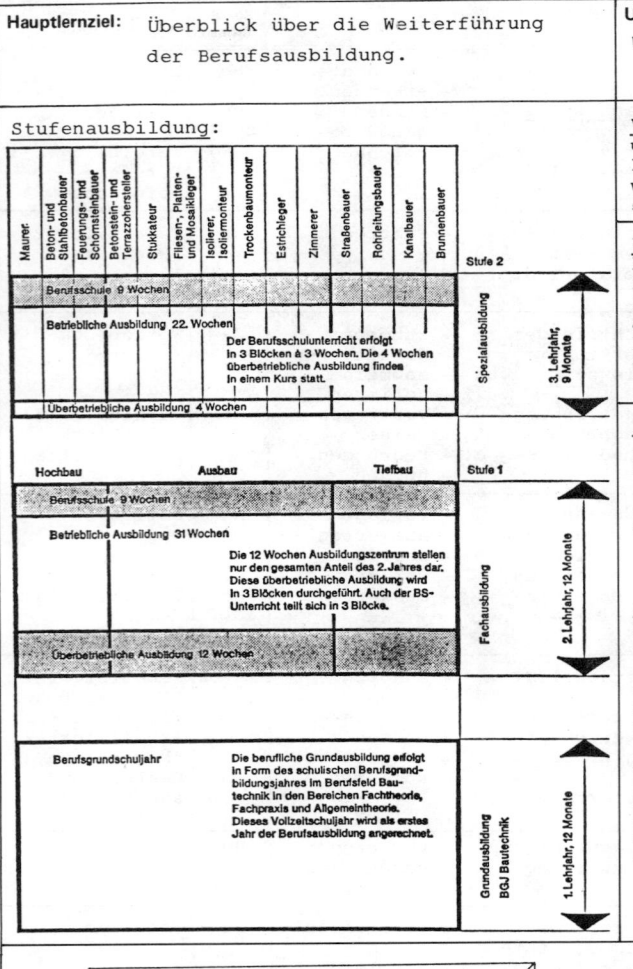

[Diagramm der Stufenausbildung mit Stufe 2 (Spezialausbildung, 3. Lehrjahr, 9 Monate): Berufsschule 9 Wochen, Betriebliche Ausbildung 22 Wochen, Überbetriebliche Ausbildung 4 Wochen. Der Berufsschulunterricht erfolgt in 3 Blöcken à 3 Wochen. Die 4 Wochen überbetriebliche Ausbildung finden in einem Kurs statt.

Stufe 1 (Fachausbildung, 2. Lehrjahr, 12 Monate): Hochbau, Ausbau, Tiefbau — Berufsschule 9 Wochen, Betriebliche Ausbildung 31 Wochen, Überbetriebliche Ausbildung 12 Wochen. Die 12 Wochen Ausbildungszentrum stellen nur den gesamten Anteil des 2. Jahres dar. Diese überbetriebliche Ausbildung wird in 3 Blöcken durchgeführt. Auch der BS-Unterricht teilt sich in 3 Blöcke.

Berufsgrundschuljahr (Grundausbildung BGJ Bautechnik, 1. Lehrjahr, 12 Monate): Die berufliche Grundausbildung erfolgt in Form des schulischen Berufsgrundbildungsjahres im Berufsfeld Bautechnik in den Bereichen Fachtheorie, Fachpraxis und Allgemeintheorie. Dieses Vollzeitschuljahr wird als erstes Jahr der Berufsausbildung angerechnet.]

Vorbemerkungen: Die Unterrichtseinheiten "Wir entwickeln ein Berufsbild" und "Wie werde ich Fliesenleger?" stehen in einem engen inneren und sachlichen Zusammenhang. Ihre Aufgabe ist es, dem Schüler über kognitiv gewonnene Übersicht und Kenntnisse Instrumente für den persönlichen Entscheidungsprozeß zur Berufswahl an die Hand zu geben.

Lernziele: Die Schüler sollen ...
1. zielrelevante Problemfragen selbständig formulieren;
2. die Stufenausbildung in der Bauwirtschaft kennen und beschreiben;
3. die zeitliche und lokale Aufteilung der Ausbildung kennen;
4. den Begriff "duale Ausbildung" kennen und erklären;
5. das Ausgangsproblem zusammenfassend erklären und lösen;
6. rechtliche und finanzielle Aspekte exemplarisch erklären;
7. zum dualen Ausbildungssystem Stellung nehmen und es bewerten.

Tonbandszene:
Jörg: Heinz, hast du dich schon mit deinem Berufswunsch beschäftigt?
Heinz: Freilich, man kann ja nicht früh genug damit beginnen. Nur kann ich mich noch nicht entscheiden.
Jörg: Du hast wohl mehrere zur Wahl?
Heinz: Kfz-Mechaniker oder Fliesenleger. Über den Kfz-Mechaniker weiß ich Bescheid. Über die Ausbildung zum Fliesenleger muß ich mich noch genau erkundigen.

Arbeitstext 1: Anrechnung des BGJ
Der erfolgreiche Besuch eines schulischen Berufsgrundschuljahres ist ... als erstes Jahr der Berufsausbildung auf die Ausbildungszeit in einem anerkannten Ausbildungsberuf anzurechnen ... Zwischen dem Azubi und seinem Ausbildungsbetrieb wird daher bereits vor Antritt des BGJ eine Vereinbarung getroffen, die beide Seiten zur Ausbildung in dem gewählten Beruf nach Abschluß des BGJ verpflichtet.

Arbeitstext 2: Auszug auf dem Tarif 1983
1. Ausbildungsjahr: BGJ kein Bafög mehr
2. Ausbildungsjahr: 996,20 DM/Monat
3. Ausbildungsjahr: 1257,10 DM/Monat
Fliesenleger: 2387,20 DM/Monat
Sozialleistungen: Zuschuß zur Vermögensbildung, Urlaubsgeld, Wintergeld, Schlechtwettergeld, Überbrückungsgeld

Stundenplan:
Mo, Di: Betrieb
Mi: Fachtheorie, -rechnen, -zeichnen, Deutsch, Sozialkunde, Religion, Fachpraxis
Do, Fr: Betrieb

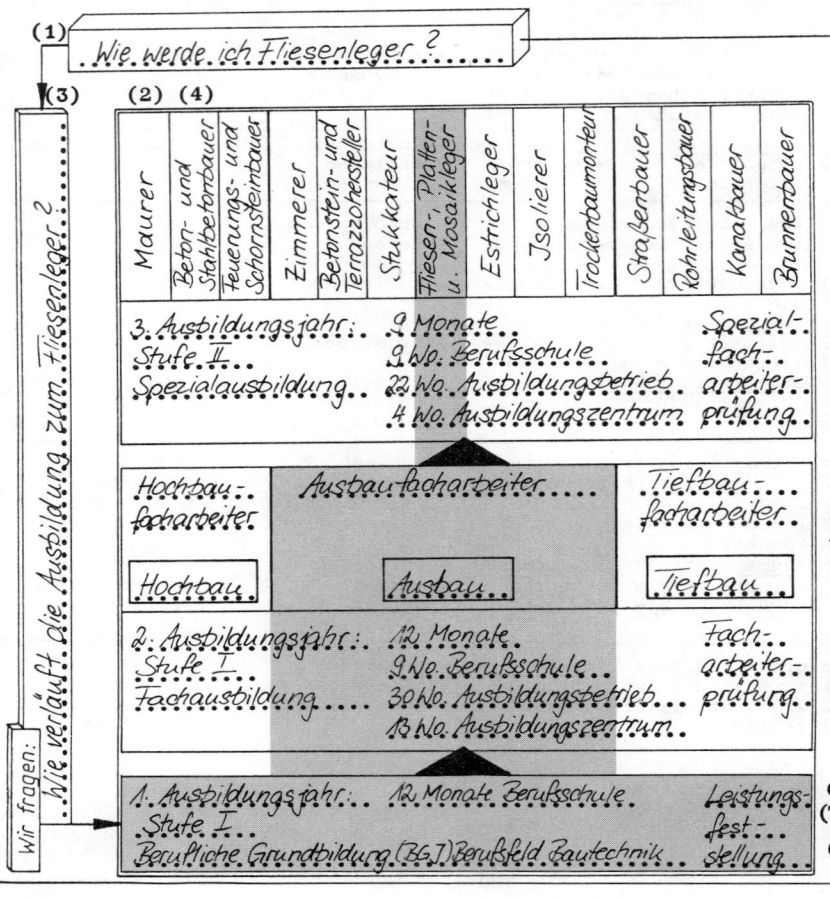

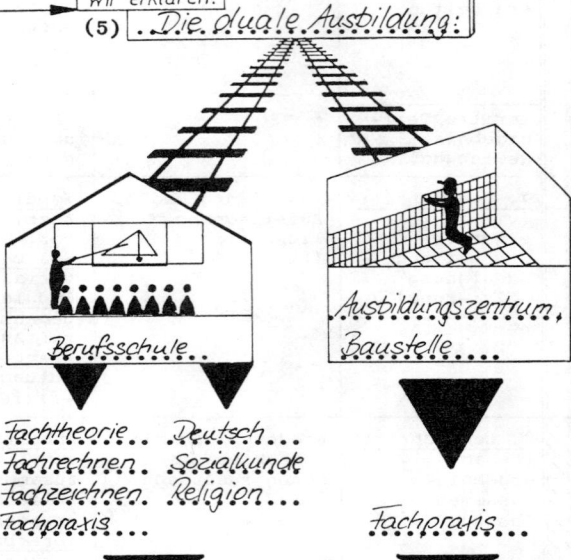

---

(1) Wie werde ich Fliesenleger? → (5) Wir erklären: Die duale Ausbildung

(3) Wir fragen: Wie verläuft die Ausbildung zum Fliesenleger?

(2)(4) [Tafelbild]

	Maurer	Beton- und Stahlbetonbauer	Feuerungs- und Schornsteinbauer	Zimmerer	Betonstein- und Terrazzohersteller	Stukkateur	Fliesen-, Platten- u. Mosaikleger	Estrichleger	Isolierer	Trockenbaumonteur	Straßenbauer	Rohrleitungsbauer	Kanalbauer	Brunnenbauer	
3. Ausbildungsjahr Stufe II Spezialausbildung	9 Monate / 9 Wo. Berufsschule / 22 Wo. Ausbildungsbetrieb / 4 Wo. Ausbildungszentrum														Spezialfacharbeiterprüfung
	Hochbau-facharbeiter				Ausbaufacharbeiter						Tiefbau-facharbeiter				
	Hochbau				Ausbau						Tiefbau				
2. Ausbildungsjahr Stufe I Fachausbildung	12 Monate / 9 Wo. Berufsschule / 30 Wo. Ausbildungsbetrieb / 13 Wo. Ausbildungszentrum														Facharbeiterprüfung
1. Ausbildungsjahr Stufe I Berufliche Grundbildung (BGJ) Berufsfeld Bautechnik	12 Monate Berufsschule														Leistungsfeststellung

Berufsschule → Fachtheorie, Fachrechnen, Fachzeichnen, Fachpraxis, Deutsch, Sozialkunde, Religion

Ausbildungszentrum, Baustelle → Fachpraxis

(6) Die berufstheoretische Unterweisung und der allgemeinbildende Unterricht erfolgen in der Berufsschule.

Die berufspraktische Ausbildung findet überwiegend im Betrieb statt.

(7)
● Laut Ausbildungsvertrag muß der Azubi vom Betrieb nach dem BGJ genommen werden.
● Verdienst und Sozialleistungen sind gut.

UG	Lehrschritte (Artikulationsdefinition)	Lehrinhalte und Lernziele (= Lz)	Lehrakte .... Lernakte		Sozial- formen	Lernhilfen
Eröffnungsphase	1. Lehrschritt (Hinführung)	Gespräch über die Wahl des Ausbildungsberufs.	Sachimpuls: Der Lehrer spielt eine Tonbanszene ein. Verarbeitungsgespräch: Freie Schüleräußerungen zur Tonbandszene.	– zuhören – mitdenken – berichten – wiederholen – nennen	Hb Hb	Kassettenrecorder (Tonbandszene)
	2. Lehrschritt (Problemfindung, -formulierung, -fixierung)	Problemfrage: Wie werde ich Fliesenleger? (Lz 1)	Impuls: Für Heinz ist noch eine wichtige Frage offen. Du kannst sie für ihn formulieren. Erarbeitungsgespräch: Formulierung der Problemfrage.	– zuhören – erkennen – verbalisieren – formulieren	Hb Hb	Tafelbild (1) (Überschrift)
Erarbeitungsphase	3. Lehrschritt (Vorkenntnisaktivierung und Hypothesenbildung)	Schülervermutungen.	Arbeitsauftrag: Schreibe die Antworten, die du geben könntest, auf den Block! Verarbeitungsgespräch: Zusammenführung der Schülerhypothesen.	– zuhören – reflektieren – besprechen – notieren – vortragen – hypothetisieren – erklären	Aa Hb	Notizblock
	4. Lehrschritt (erste Teilergebniserarbeitung)	Die Stufenausbildung in der Bauwirtschaft. (Lz 2)	Sachimpuls: Der Lehrer zeigt ein leeres und ein ausgefülltes Schema zur Stufenausbildung. Arbeitsauftrag: Vergleiche beide Raster! Finde den Ausbildungsgang für den Fliesenleger heraus!	– betrachten – orientieren – lesen – folgern – vermuten – identifizieren – bezeichnen – vergleichen	Hb Ga	Tafelbild (2) und (4): leeres Schema Stufenausbildung
	(erste Teilergebnisgewinnung, -fixierung)		Verarbeitungsgespräch: Identifizierung, Bezeichnung und Abgrenzung der schattierten Blöcke. Ergebnisfixierung.	– vortragen – bezeichnen – abgrenzen	Hb	Tafelbild (2)
	5. Lehrschritt (Problempräzisierung)	Problemfrage: Wie verläuft die Ausbildung zum Fliesenleger? (Lz 1)	Impuls: Die Ausbildung zum Spezialfacharbeiter "Fliesenleger" verläuft nach genauem Plan. Frage danach. Erarbeitungsgespräch: Formulierung der Problemfrage.	– zuhören – überdenken – erfragen – formulieren	Hb Hb	Tafelbild (3)
	6. Lehrschritt (zweite Teilergebniserarbeitung)	Zeitliche und lokale Aufteilung der Ausbildung. (Lz 3)	Sachimpuls: Der Lehrer zeigt evtl. auf Folie "Stufenausbildung". Arbeitsauftrag: Stelle für jedes Ausbildungsjahr fest: die Ausbildungsstätten, die jeweilige Dauer der Ausbildung, Prüfungen!	– betrachten – lesen – feststellen – lesen	Hb	Stufenausbildung Notizblock
	(zweite Teilergebnisgewinnung, -fixierung)		Verarbeitungsgespräch: Zusammenführen und vergleichen der Arbeitsergebnisse. Fixierung.	– vortragen – vergleichen – auswerten	Hb	Tafelbild (4)
	7. Lehrschritt (dritte Teilergebniserarbeitung)	Die duale berufliche Bildung. (Lz 4)	Gesprächsauftrag: Vergleiche die Bildungsinhalte der berufspraktischen und der berufstheoretischen Bildung der Berufsschule!	– zuhören – betrachten – lesen – besprechen – auswerten	Ga	Stundenplan
	(dritte Teilergebnisgewinnung, -fixierung)		Verarbeitungsgespräch: Auswertung der Gruppenergebnisse. Ergebnisfixierung.	– vortragen – erklären – auswerten	Hb	Tafelbild (5)
	8. Lehrschritt (Problemlösung, Teilergebniszusammenfassung)	Rekapitulation. Erklärung der Problemfrage. (Lz 5)	Rundgespräch nach Gesprächsauftrag: Wiederhole und beantworte: Wie wird man Fliesenleger?	– wiederholen – beantworten	Aa/Hb	Tafelbild (1) – (5)
Sicherungsphase	9. Lehrschritt (Problemwertung)	Praxis, Theorie oder duales System? (Lz 7)	Impuls: Ausbildung im Betrieb, in der Berufsschule oder in beiden? Beurteile das "duale System"! Erarbeitungsgespräch: Vorteile der der dualen Ausbildung.	– zuhören – überlegen – beurteilen – werten	Hb Hb	Tafelbild (6)
	10. Lehrschritt (Problempräzisierung)	Problemfragen: 1. Wer nimmt mich nach dem BGJ? 2. Wieviel verdiene ich? (Lz 1)	Impuls: Heinz will noch zwei weitere Gesichtspunkte geklärt haben. Frage danach! Erarbeitungsgespräch: Formulierung der Problemfragen.	– zuhören – nachdenken – erfragen – formulieren	Hb Hb	Seitentafel
	11. Lehrschritt (Problemvertiefung)	Rechtliche und finanzielle Aspekte. (Lz 6)	Gruppengespräch nach Gesprächsauftrag: (arbeitsteilig) Kläre die Problemfragen anhand der Arbeitstexte! Verarbeitungsgespräch: Beantwortung der Problemfragen.	– erlesen – auswerten – diskutieren – vortragen – erklären	Ga Hb	Arbeitstext 1; 2: (Anrechnung/BGJ) (Auszug aus der Lohntafel) Tafelbild 7

Hauptlernziel: Gezielte Vorbereitung auf das persönliche Bewerbungsgespräch.	Unterrichtsthema: Gezielte Bewerbung.	Autor: Peter Allerberger
		Unterrichtszeit Empfehlung: 2 UE

Vorbemerkungen:
Die formale Aufbereitung eines Bewerbungsschreibens bzw. des Lebenslaufs (tabellarischer bzw. handgeschriebener ausführlicher) sollte für diese Stunde vorausgesetzt werden.
Alle eingesandten Bewerbungsunterlagen dienen der indirekten und alle Eindrücke, die bei der Vorstellung und weiteren Gesprächen entstehen, der unmittelbaren Beurteilung. Zur gezielten Bewerbung gehören die genaue Information über den gewählten Beruf, die Anfertigung einer Liste mit Ausbildungsfirmen (in naher und weiterer Umgebung), eine Fragenliste für eine mögliche Betriebserkundung.
Neben der sprachlichen Förderung kann der Schüler aus dem durchgeführten Rollenspiel auch den psychologischen Gewinn ziehen, daß eine gewisse Angst vor dem Gespräch abgebaut hat, wenn es der Schüler schon einmal durchgespielt hat. Viele Betriebe verbinden das Gespräch mit einem Eignungstest; das Ergebnis ist lediglich eine Entscheidungshilfe. In einer Art Rollenspiel könnte in einer nachfolgenden Einheit Fehlverhalten (in Wort und Auftreten) vom Schüler einstudiert und vorgeführt werden; jeder sollte daher im Laufe des Schuljahres (Abschlußklasse) seinen Fall durchspielen dürfen. Jedesmal dufte in anderer Schüler „Personalchef" spielen. Eine Schülerjury bewertete das beste „Duo" nach Kriterien, die wir ähnlich den vorliegenden Inhalten und Fragen ausgeklügelt hatten. Tonbandaufzeichnungen erlaubten bei jedem kurz vor dem „Ernstfall" ein wiederholtes Abspielen mit dem oben zitierten sprachlichen und psychologischen Effekt.

Medien – Literatur:
Mach's richtig, Broschüre der Bundesanstalt für Arbeit; Arbeitsblatt; möglicher Filmeinsatz: Den Personalchef bitte! FT 2883

Lernmaterialien: a)
Bei einem Großbetrieb sind an einem Vorstellungsgespräch oft mehrere Personen beteiligt, z.B. der für Personalwesen zuständige Mitarbeiter, der Fachvorgesetzte, der Betriebspsychologe. Das wichtigste Ziel, das hierbei verfolgt wird ist, den Bewerber kennenzulernen und dabei zu analysieren, ob er den Anforderungen der zu besetzenden Stelle gewachsen ist. Unternehmen werden dabei dafür sorgen, daß das Gespräch in einer zwanglosen Atmosphäre stattfindet, ohne störende Faktoren, wie z.B. Geräusche, Telefon oder andere Gespräche. Auch wird es der Interviewer vermeiden, durch schlechte oder beleidigende Fragen den Bewerber in eine Verteidigungsstellung oder eine Verlegenheitssituation zu bringen. Das Gespräch sollte ohne Zeitdruck stattfinden und dem Bewerber das Gefühl geben, daß er ein gleichrangiger Gesprächspartner ist.

b)
Da ist einmal die äußere Erscheinung; ob mit oder ohne Krawatte ist heute meist egal. Daß sich ein kaugummikauender Motorradkluftträger viele Chancen verdirbt, dürfte klar sein. Im allgemeinen gilt: Im kaufmännischen Bereich wird das Äußere wesentlich höher bewertet als bei gewerblichen und technischen Berufen. Gewerbliche Ausbilder wünschen meist die Vorstellung zusammen mit den Eltern. Aber: Nicht Vater und Mutter sollen am Ende das Gespräch führen, sondern du als Bewerber.
Stelle dein Interesse an gerade dieser Lehrstelle unter Beweis. Zeige, daß du über diesen Beruf informiert bist. Beweise, daß du mit anderen Menschen umgehen und überzeugen kannst. Sei nicht schüchtern, klopfe aber auch keine Sprüche; gib dich so, wie du bist. Sprich sachlich, unverkrampft, natürlich und unbefangen.
Denke in dieser Situation vielleicht auch an unsere gespielten Beispiele, bei denen du ganz unbeschwert aufgetrumpft hast.

Teillernziele: Die Schüler sollen:
1. den voraussichtlichen äußeren Ablauf eines Vorstellungsgesprächs schildern können und sich im individuellen Fall soweit wie möglich mit der zukünftigen Rolle identifizieren;
2. mögliche Gesprächssituationen im Rollenspiel umsetzen können;
3. die Aufgabe und den Zweck eines Vorstellungsgesprächs kennen;
4. fähig sein, auf Fragen, die im Verlauf eines Vorstellungsgesprächs gestellt werden, zu antworten und Fragen nennen, die sie selbst stellen können.

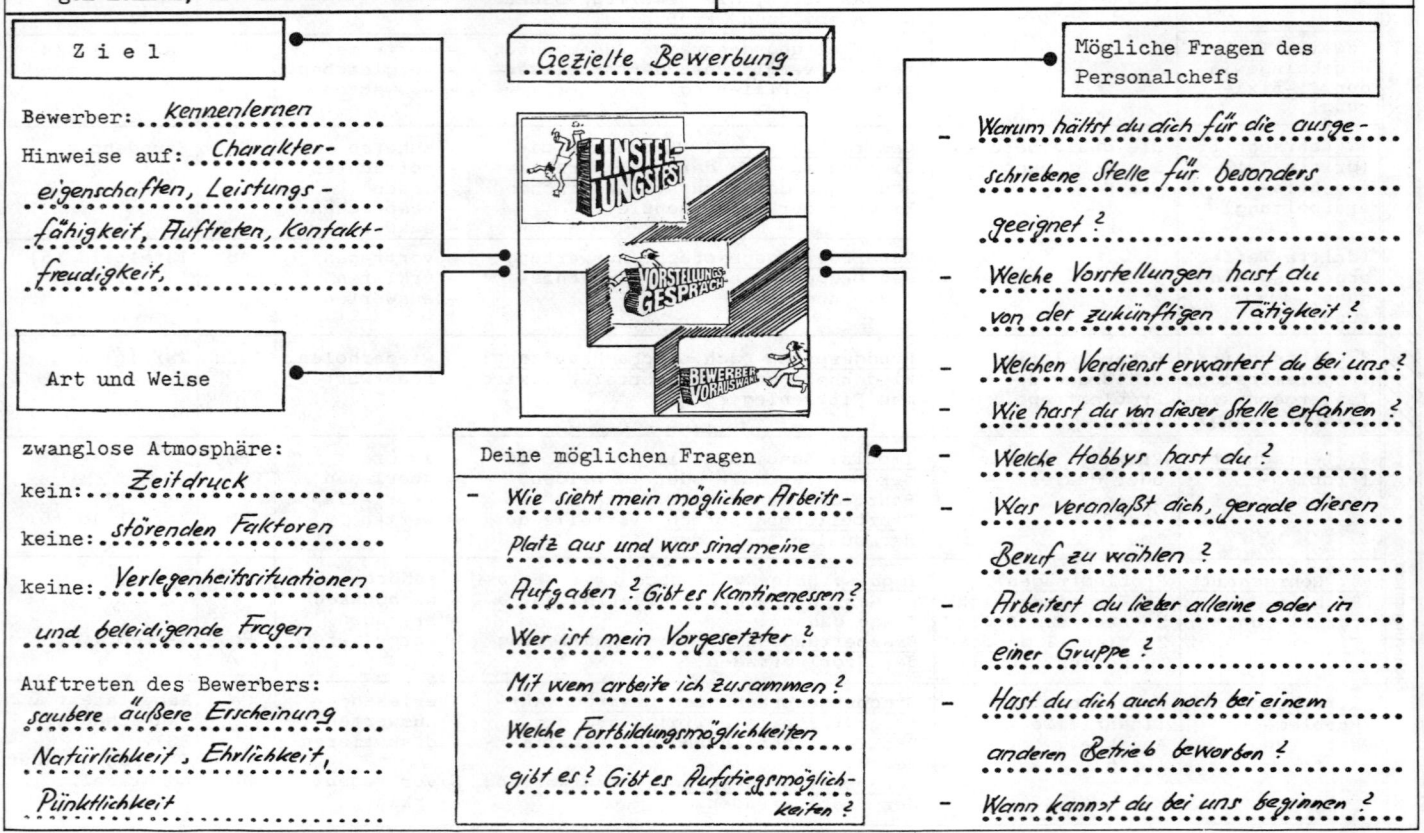

Z i e l

Bewerber: *kennenlernen*
Hinweise auf: *Charaktereigenschaften, Leistungsfähigkeit, Auftreten, Kontaktfreudigkeit,*

Art und Weise

zwanglose Atmosphäre:
kein: *Zeitdruck*
keine: *störenden Faktoren*
keine: *Verlegenheitssituationen und beleidigende Fragen*

Auftreten des Bewerbers:
saubere äußere Erscheinung
Natürlichkeit, Ehrlichkeit,
Pünktlichkeit

Gezielte Bewerbung

Deine möglichen Fragen
- *Wie sieht mein möglicher Arbeitsplatz aus und was sind meine Aufgaben? Gibt es Kantinenessen?*
- *Wer ist mein Vorgesetzter?*
- *Mit wem arbeite ich zusammen?*
- *Welche Fortbildungsmöglichkeiten gibt es? Gibt es Aufstiegsmöglichkeiten?*

Mögliche Fragen des Personalchefs
- *Warum hältst du dich für die ausgeschriebene Stelle für besonders geeignet?*
- *Welche Vorstellungen hast du von der zukünftigen Tätigkeit?*
- *Welchen Verdienst erwartest du bei uns?*
- *Wie hast du von dieser Stelle erfahren?*
- *Welche Hobbys hast du?*
- *Was veranlaßt dich, gerade diesen Beruf zu wählen?*
- *Arbeitest du lieber alleine oder in einer Gruppe?*
- *Hast du dich auch noch bei einem anderen Betrieb beworben?*
- *Wann kannst du bei uns beginnen?*

UG	Lehrschritte (Artikulationsdefinition)	Lehrinhalte und Lernziele (= Lz)	Lehrakte .... Lernakte		Sozialformen	Lernhilfen
Eröffnungsphase	1. Lehrschritt: (Anknüpfung)	Stellensuche;	Sachimpuls: Jetzt heißt es aktiv werden! Die Suche nach einem Ausbildungsplatz beginnt mit der Bewerbung. Deute die Karikatur.	– betrachten – verbalisieren – deuten	Hb	Zeitungsinserate: Stellenmarkt; Arbeitsblatt: Karikatur
	2. Lehrschritt: (Problempräzisierung)	Vorbereiten auf Vorstellungsgespräch; Begriff: Bewerbung;	Erarbeitungsgespräch nach Impuls: Das Wort Bewerbung kommt von Werbung. Du mußt dir nicht gleich ein Schild um den Hals hängen, auf dem „ich bin der Größte" steht. Frage: Was zählt zur Bewerbung?	– aufnehmen – Aussageschwerpunkt erkennen – aufzählen	Hb	
	3. Lehrschritt: (Zielangabe)	Bewerbungsschreiben, Lebenslauf (meist tabellarisch – Kurzfassung); gezielte Bewerbung;	Erarbeitungsgespräch nach Impuls: Da Zeit auch bei Personalchefs ein knapp bemessenes Gut ist, kann man das Romaneschreiben ruhig anderen Leuten überlassen. Kurz und knapp heißt die Devise einer gezielten Bewerbung.	– zuhören – eigene Erfahrungen einbringen – Wiedergabe von Vorwissen	Hb	Arbeitsblatt: Überschrift
Erarbeitungsphase	4. Lehrschritt: (Problemdarstellung)	Vorstellungsgespräch nach schriftlicher Bewerbung;	Erarbeitungsgespräch: Der erste Erfolg kann verbucht werden, wenn der entsprechende Betrieb zu einem persönlichen Vorstellungsgespräch einlädt. Mit diesem Startkapital machst du dich auf den Weg.	– sich äußern – kommentieren – Beispiele nennen – begründen	Hb	
	5. Lehrschritt: (Teilergebniserarbeitung und -fixierung)	Ziel der Vorstellung; Art und Weise des Gesprächs (Atmosphäre); (Lz 1/3)	Arbeitsaufträge: Das Vorstellungsgespräch wird meist in Form eines Interviews geführt. Was bezweckt es? Was will der Ausbildende wissen? Wie stellst du dir die Atmosphäre vor? Verarbeitungsgespräch: Von Analysieren ist im Text die Rede; das zwanglose Gespräch soll Hinweise liefern.	– aufnehmen – vermuten – Information entnehmen – vortragen – fixieren	Pa Hb	Lernmaterial a Notizblock; Arbeitsblatt: Ziel – Art und Weise (zwangl. Atmosphäre)
	6. Lehrschritt: (Teilergebniserarbeitung und -fixierung)	Statt Krawatte lieber viel Interesse zeigen; (Lz 1/2)	Arbeitsauftrag: Wie kannst du bei einem Bewerbungsgespräch einen möglichst guten Eindruck machen? Lies danach den Text b. Verarbeitungsgespräch: Vortrag, Zusammenfassung und Fixierung der Arbeitsergebnisse.	– Vorwissen einbringen – sammeln – lesen – fixieren	Aa Hb	Lernmaterial b Arbeitsblatt: Art und Weise (Auftreten..)
	7. Lehrschritt: (Teilzusammenfassung)	Bedeutung der Noten; „Kämpfen" um Stelle aus wirklichem Interesse; (Lz 1)	Erarbeitungsgespräch nach Impuls: Das A und O für die Einstellung sind immer noch die Schulnoten in den auf den gewünschten Beruf bezogenen Fächern. Aber manchem Durchschnittsschüler gelang der Sprung ins Berufsleben.	– wiederholen – verifizieren – werten	Hb	
	8. Lehrschritt: (Teilergebniserarbeitung und -fixierung)	Vorbereitung auf mögliche Fragen; Rollenspiel; Vorgabe eines Fragenkatalogs eines möglichen Personalchefs (bzw. Lehrerrolle); (Lz 2/4)	Erarbeitungsgespräch: In einem Vorstellungsgespräch will dich der Ausbilder kennenlernen. Er wird deshalb einige Fragen an dich richten. Bist du darauf vorbereitet, fällt es dir leichter, sie nicht nur einsilbig mit Ja oder Nein zu beantworten. Was könnte gefragt werden? Was könntest du selbst fragen?	– spielhandeln – identifizieren – nachvollziehen – besprechen – nachlesen – fixieren	Hb	Mach's richtig Heft 1982; Rollenanweisung; Arbeitsblatt: Mögliche Fragen...
Sicherungsphase	9. Lehrschritt: (Anwendung)	Rollenspiel mit „Forderungen"; (Lz 2)	Impuls: Als Auszubildender solltest du es vermeiden, nur als Fordernder dazustehen.	– sich äußern – spielhandeln – bewerten	Pa/Hb	Rollenanweisung (vorbereitet bzw. improvisiert)
	10. Lehrschritt: (Ausweitung)	Nicht Kommunikation in bloßer positiver Selbstdarstellung; (Lz 1-4)	Erarbeitungsgespräch nach Impuls: Das Gespräch sollte keineswegs eine „Einbahnstraße" sein. Auch du als Bewerber solltest ein Bild von deinem möglichen Arbeitgeber bekommen.	– zuhören – beurteilen – mit Beispielen erläutern	Hb	Arbeitsblatt: Deine möglichen Fragen..
	11. Lehrschritt: (Besinnung)	Trost bei Mißerfolg; Ursachen ergründen; andere Möglichkeiten ausschöpfen;	Bericht: Werte es nicht als Todesurteil für deine „Karriere", wenn ein Vorstellungsgespräch schief läuft. Die Betriebe begründen üblicherweise im positiven wie im negativen Fall ihre Entscheidung.	– nachempfinden – überlegen	Hb	
	12. Lehrschritt: (Ergänzung)	Keine Übertreibungen; z.B...bringe gute Voraussetzungen mit...	Rundgespräch mit Hinweis: Vorsicht, wenn du in den Bewerbungsunterlagen bereits zu sehr übertrieben hast. Im Gespräch wird sicher darauf eingegangen.	– belegen – ergänzen – schlußfolgern	Aa/Hb	Seitentafel: siehe Lerninhalt

263

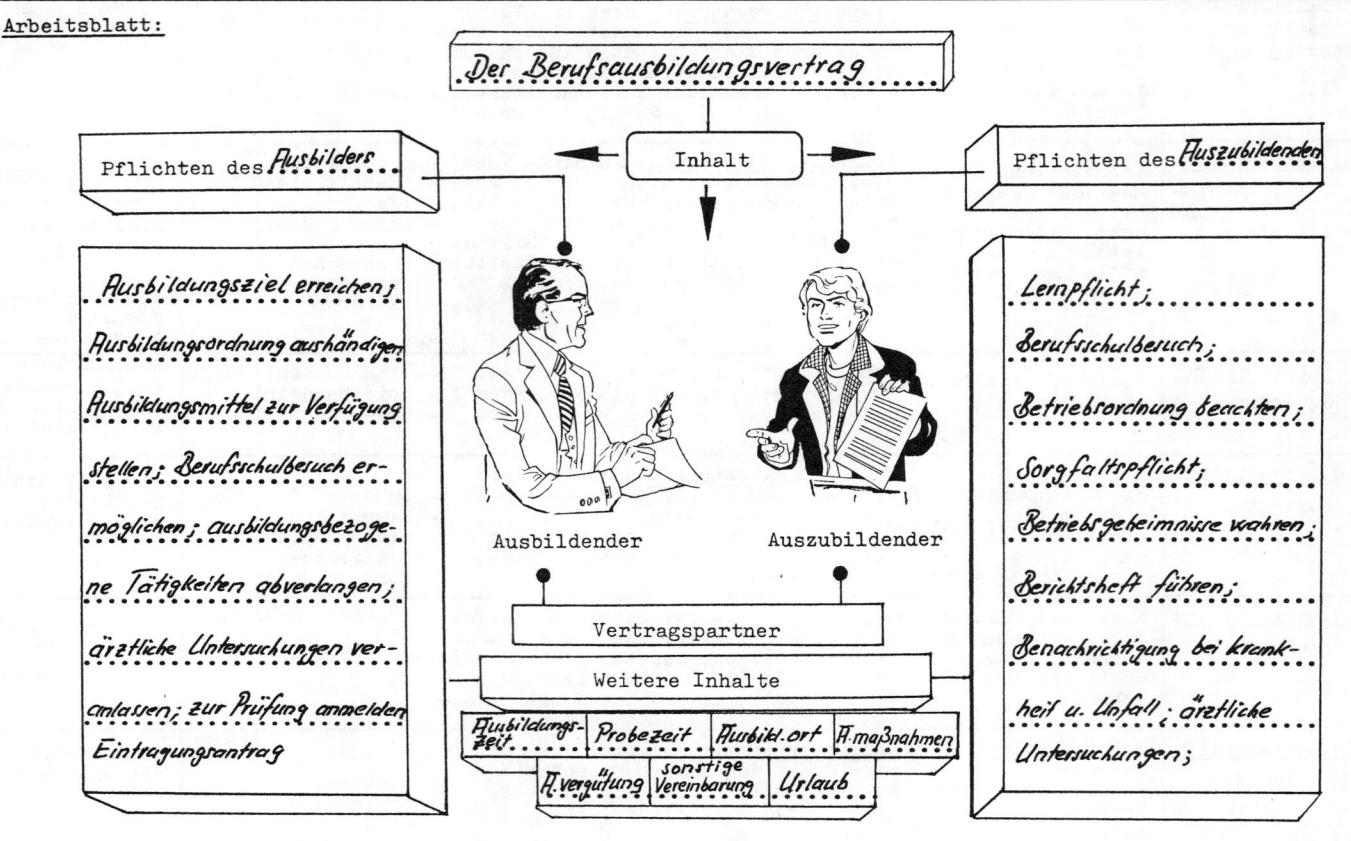

Hauptlernziel:	Unterrichtsthema:	Autor: Peter Allerberger
Die wesentlichen Inhalte des Berufsausbildungsvertrages erfahren.	Der Berufsausbildungsvertrag.	Unterrichtszeit Empfehlung: 2 UE

Vorbemerkungen:

Die Ausbildungsverträge sind im gesamten Bundesgebiet einheitlich und gelten für Industrie-, Handels-, Handwerks- und Verwaltungsberufe.
Für Unterrichtszwecke können die bundeseinheitlichen Musterbögen von Ausbildungsverträgen bei den zuständigen Kammern in Klassensätzen (oder beim DGB bzw. Arbeitsamt) angefordert werden.
Das Führen von Berichtsheften ist zwar nicht generell vorgeschrieben, in manchen Berufen aber Voraussetzung für die Zulassung zur Abschlußprüfung; häufig werden nur kurze Tätigkeitsberichte verlangt.
Zur Lernzielkontrolle (siehe Lehrschritt 9) bieten sich die „14 Fragen zum Berufsausbildungsvertrag" aus der Orientierungsschrift „Mach's richtig" der Bundesanstalt für Arbeit in Nürnberg an. Hier werden in geraffter Form die wesentlichen Inhalte des „Kleingedruckten" eines Ausbildungsvertrages abgefragt und den entsprechenden Paragraphen der Einheitsmuster zugeordnet.
Der Thematik vorausgehen könnte eine kurze Kennzeichnung des Arbeitsverhältnisses (im Gegensatz zum Ausbildungsverhältnis): Angelernte Berufe verlangen vom Jungarbeiter bereits von Anfang an betriebliche Arbeiten, aus denen der Betrieb wirtschaftlichen Nutzen zieht. Die dadurch höhere Vergütung gegenüber dem Ausbildungsentgelt sollte aber deutlich den vielen Nachteilen gegenüber abgegrenzt werden (geringe Aufstiegsmöglichkeiten, häufiger Arbeitsplatzverlust in wirtschaftlich schlechten Zeiten).

Teillernziele: Die Schüler sollen:

1. erfahren, daß eine Berufsausbildung nur durch einen schriftlichen Vertrag begonnen werden kann
2. erkennen, daß neben den persönlichen Angaben auch Vereinbarungen (Kleingedrucktes) Bestandteil des Ausbildungsvertrages sind
3. wissen, daß die Rechte und Pflichten des Ausbilders wie des Auszubildenden den wesentlichen Bestandteil des Vertrages darstellen.

Arbeitsblatt:

Der Berufsausbildungsvertrag

Pflichten des *Ausbilders* ← Inhalt → Pflichten des *Auszubildenden*

Pflichten des Ausbilders:
- Ausbildungsziel erreichen;
- Ausbildungsordnung aushändigen;
- Ausbildungsmittel zur Verfügung stellen;
- Berufsschulbesuch ermöglichen;
- ausbildungsbezogene Tätigkeiten abverlangen;
- ärztliche Untersuchungen veranlassen;
- zur Prüfung anmelden
- Eintragungsantrag

Pflichten des Auszubildenden:
- Lernpflicht;
- Berufsschulbesuch;
- Betriebsordnung beachten;
- Sorgfaltspflicht;
- Betriebsgeheimnisse wahren;
- Berichtsheft führen;
- Benachrichtigung bei Krankheit u. Unfall;
- ärztliche Untersuchungen;

Vertragspartner: Ausbildender — Auszubildender

Weitere Inhalte: Ausbildungszeit, Probezeit, Ausbildungsort, A.maßnahmen, A.vergütung, sonstige Vereinbarung, Urlaub

264

UG	Lehrschritte (Artikulationsdefinition)	Lehrinhalte und Lernziele (= Lz)	Lehrakte .... Lernakte		Sozial-formen	Lernhilfen
Eröffnungsphase	1. Lehrschritt: (Vorkenntnis-ermittlung)	Berufsausbildungsvertrag; (BAV)	Sachimpuls: Der Berufsausbildungsvertrag ist ein begehrtes Papier. Derjenige, der ihn schon in der Tasche hat, ist glücklich.	- aufnehmen - Erfahrungswissen wiedergeben	Hb	Muster des Vertrags als Folie
	2. Lehrschritt: (Zielangabe)	Der Berufsausbildungsvertrag;	Erarbeitungsgespräch: Wer sich ausbilden lassen will, muß einen BAV abschließen. Was bei der Heirat die Heiratsurkunde, ist bei der Ausbildung der Ausbildungsvertrag.	- vergleichen - verbalisieren - eintragen	Hb	Arbeitsblatt: Überschrift
Erarbeitungsphase	3. Lehrschritt: (Freilegung von Erfahrungswissen)	Mustervertrag an Schüler; Unterschrift von Azubi und Ausbilder; zusätzliche Unterschrift der Erziehungsberechtigten; (Lz 1)	Erarbeitungsgespräch: Auch wenn man im Gespräch mit dem Ausbilder einig geworden ist, genügt das nach dem Gesetz noch nicht. Der Vertrag wird von den Vertragspartnern „besiegelt". Ihr seid alle noch nicht 18. Wer muß den Ausbildungsvertrag unterschreiben?	- zuhören - begründen - ansehen - belegen	Hb	Muster eines BAV
	4. Lehrschritt: (Teilergebnisgewinnung und - fixierung)	Unterschrift bindet an den Vertrag; vor Unterzeichnung Vertrag lesen; „Kleingedrucktes" als Bestandteil; Vorderseite des BAV; Punkte A - H; (Lz 1/2)	Erarbeitungsgespräch nach Impuls: Ein Vertrag wird nicht der schönen Handschrift wegen unterschrieben. Aber halten kann man nur das, was man auch kennt. Zu lesen gibt es dabei genug. Arbeitsauftrag: Was beinhaltet nun der Vertrag? Die Vorderseite führt von A - H die wesentlichen Punkte auf. Bearbeite mit deinem Partner die erste Seite und stelle die Inhalte stichpunktartig zusammen. Verarbeitungsgespräch: Ergebnisse werden zusammengefaßt.	- sich äußern - verifizieren - kursorisch durchlesen - notieren - Informationen entnehmen - exzerpieren - fixieren	Hb Pa Hb	Mustervordruck Notizblock; Arbeitsblatt: "weitere Inhalte"
	5. Lehrschritt: (Teilergebnisgewinnung und - fixierung)	Bedingungen, mit denen man sich einverstanden erklärt; Pflichten und Rechte beider Vertragspartner; (Lz 2/3)	Arbeitsauftrag: Was beinhaltet die kleingedruckte Rückseite? Nenne daraus die Pflichten des Auszubildenden und des Ausbilders. Verarbeitungsgespräch: das Ergebnis der arbeitsteiligen Gruppen auswerten.	- nachlesen - nennen - formulieren - auswerten - fixieren	Ga (atlg.) Hb	Mustervordruck Notizblock; Arbeitsblatt: Pflichten
	6. Lehrschritt: (Teilzusammenfassung)	Schriftliche Kündigung ohne Angabe von Gründen; eindeutige Klärung der Rechtslage; (Lz 2/3)	Erarbeitungsgespräch nach Impuls: Die Probezeit bringt den Vertragspartnern Vorteile. Frage: Welche Vor- und Nachteile ergeben sich für die Parteien dadurch, daß sie einen Vertrag unterschrieben haben?	- rekapitulieren - abwägen - differenzieren	Hb Hb	
Sicherungsphase	7. Lehrschritt: (Anwendung)	Begriffe: Ausbilder, Auszubildender (Azubi), anerkannte Ausbildungsberufe, Probezeit u.a. (Lz 1)	Arbeitsauftrag: Zur späteren Hilfestellung wollen wir nun gemeinsam die Vorderseite des Vertrages ausfüllen. Jeder setzt seine möglichen Daten (Ausbilder u.a.) ein. Die wesentlichen Begriffe wollen wir hervorheben und unterlinieren.	- ausfüllen - persönliche Daten einsetzen - markieren	Aa/Hb	Muster; analoge Folie; Seitentafel;
	8. Lehrschritt: (Gesamtzusammenfassung - Lernzielkontrolle)	Pflichten des Ausbildenden sind den Rechten des Azubis in etwa gleichzusetzen; an Beispielen aus dem BAV belegen; Ausbildungsvergütung; vorzeitige Kündigung, Abschlußprüfung; gesetzliche Grundlagen; (Lz 1 - 3)	Arbeitsaufgabe: 1. Sind die Pflichten des Ausbildenden den Rechten des Azubis gleichzusetzen? 2. Stimmt die Aussage, daß die Pflichten des Azubis den Rechten des Ausbildenden entsprechen? 3. Erfrage zu Hause die momentan gültige Ausbildungsvergütung für deinen zukünftigen Beruf. 4. Wie wird das Ausbildungsverhältnis beendet? Verarbeitungsgespräch: Im Ausbildungsvertrag sind die gesetzlichen Grundlagen deiner Stellung am Arbeitsplatz festgelegt.	- wiederholen - vergleichen - gegenüberstellen - belegen - Information entnehmen - schlußfolgern	Aa Hb	Notizblock Unterlagen;

Literatur: Broschüre "Mach's richtig" der Bundesanstalt für Arbeit in Nürnberg; Merkblatt zum Berufsausbildungsvertrag der Industrie- und Handelskammer für München und Oberbayern;

Medien: Arbeitsblatt, Folie von einem Vertragsmuster; Klassensatz eines Ausbildungsvertragsmusters

Hauptlernziel:	Unterrichtsthema:	Autor:
Kenntnis der wichtigsten gesetzlichen Grundlagen und der Inhalte des Ausbildungsverhältnisses.	Kann Karin fristlos kündigen?	Max-J. Unterreiner
		Unterrichtszeit Empfehlung: 2 UE

Vorbemerkungen:
Anhand einer Ausgangssituation werden Rechtszusammenhänge mit dem Berufsausbildungsvertrag und dem BBiG dem Schüler nahegebracht. Die Auswertung des Ausbildungsvertrages erfolgt besonders gründlich.

Teillernziele: Die Schüler sollen ...
1. zielrelevante Problemfragen formulieren;
2. die wichtigsten Inhalte des Berufsausbildungsvertrages kennen;
3. Inhalte des Ausbildungsvertrages und des BBiG vergleichen;
4. die Ausgangssituation schlüssig klären und das "Urteil" begründen;
5. andere Situationen nach dem BBiG klären;
6. Vor- und Nachteile durch das BBiG und den Ausbildungsvertrag für die Vertragsparteien erklären.

Fall "Karin": Karin ist Azubi im Hotel Goldene Traube. Seit fast einem Jahr ist das Lehrmädchen im Etagendienst eingesetzt, obwohl der Ausbildungsplan dort nur eine Ausbildungszeit von 3 Monaten vorsieht. Karin hat sich darüber schon mehrmals beschwert, wurde aber immer wieder vertröstet. Als sie eines Tages wieder für den Etagendienst eingeteilt wird, kündigt sie und geht nach Hause. Ihr Vater bestätigt die Kündigung schriftlich. Einige Tage später trifft ein Brief des Arbeitsgerichtes ein. Die Geschäftsleitung des Hotels will den Schaden ersetzt haben, der durch Karins fristlose Kündigung angeblich entstanden sei.

Weitere Fälle:
1. Linda ist seit 3 Wochen Azubi in einem Schuhgeschäft. Nun wird ihr die Stelle einer Drogistin angeboten. Sie möchte das bestehende Ausbildungsverhältnis lösen, aber keine Gründe angeben.
2. Seit 6 Monaten wird Ernst als Maler ausgebildet. Er bekommt immer wieder Hautausschläge, weil der die Chemikalien nicht verträgt. Obwohl die Probezeit vorbei ist, will er kündigen und sich für einen anderen Beruf ausbilden lassen.

Arbeitstexte:
Berufsbildungsgesetz (BBiG)
zuletzt geändert
7. September 1976 (BGBl. I S.2658)

§ 3 Vertrag
(1) Wer einen anderen zur Berufsausbildung einstellt (Ausbildender), hat mit dem Auszubildenden einen Berufsausbildungsvertrag zu schließen.

§ 4 Vertragsniederschrift
(1) Der Ausbildende hat unverzüglich nach Abschluß des Berufsausbildungsvertrages, spätestens vor Beginn der Berufsausbildung, den wesentlichen Inhalt des Vertrages schriftlich niederzulegen. Die Niederschrift muß mindestens Angaben enthalten über
1. Art, sachliche und zeitliche Gliederung sowie Ziel der Berufsausbildung, insbesondere die Berufstätigkeit, für die ausgebildet werden soll,
2. Beginn und Dauer der Berufsausbildung,
3. Ausbildungsmaßnahmen außerhalb der Ausbildungsstätte,
4. Dauer der regelmäßigen täglichen Ausbildungszeit,
5. Dauer der Probezeit,
6. Zahlung und Höhe der Vergütung,
7. Dauer des Urlaubs,
8. Voraussetzungen, unter denen der Berufsausbildungsvertrag gekündigt werden kann.

(2) Die Niederschrift ist von dem Ausbildenden, dem Auszubildenden und dessen gesetzlichem Vertreter zu unterzeichnen.

(3) Der Ausbildende hat dem Auszubildenden und dessen gesetzlichem Vertreter eine Ausfertigung der unterzeichneten Niederschrift unverzüglich auszuhändigen.

§ 13 Probezeit
Das Berufsausbildungsverhältnis beginnt mit der Probezeit. Sie muß mindestens einen Monat und darf höchstens drei Monate betragen.

§ 15 Kündigung
(1) Während der Probezeit kann das Berufsausbildungsverhältnis jederzeit ohne Einhalten einer Kündigungsfrist gekündigt werden.

(2) Nach der Probezeit kann das Berufsausbildungsverhältnis nur gekündigt werden
1. aus einem wichtigen Grund ohne Einhalten einer Kündigungsfrist,
2. vom Auszubildenden mit einer Kündigungsfrist von vier Wochen, wenn er die Berufsausbildung aufgeben oder sich für eine andere Berufstätigkeit ausbilden lassen will.

(3) Die Kündigung muß schriftlich und in den Fällen des Absatzes 2 unter Angabe der Kündigungsgründe erfolgen.

(4) Eine Kündigung aus einem wichtigen Grund ist unwirksam, wenn die ihr zugrunde liegenden Tatsachen dem zur Kündigung Berechtigten länger als zwei Wochen bekannt sind. Ist ein vorgesehenes Güteverfahren vor einer außergerichtlichen Stelle eingeleitet, so wird bis zu dessen Beendigung der Lauf dieser Frist gehemmt.

§ 16 Schadensersatz bei vorzeitiger Beendigung
(1) Wird das Berufsausbildungsverhältnis nach der Probezeit vorzeitig gelöst, so kann der Ausbildende oder der Auszubildende Ersatz des Schadens verlangen, wenn der andere den Grund für die Auflösung zu vertreten hat. Dies gilt nicht im Fall des § 15 Abs. 2 Nr. 2.

INDUSTRIE- UND HANDELSKAMMER FÜR MÜNCHEN UND OBERBAYERN
MAX-JOSEPH-STRASSE 2 · 8000 MÜNCHEN 2
Anschrift: Postfach, 8000 München 34

Berufsausbildungsvertrag
(§§ 3, 4 Berufsausbildungsgesetz – BBiG)

MUSTER

Zwischen dem Ausbildungsbetrieb (Ausbildender)

Hotel Goldene Traube
Inh. Gaby Schneider
Frühlingsstraße 4
8230 Bad Reichenhall
Ident-Nr. der Ausbildungsstätte: 5 5

und dem Auszubildenden
Karin Mayer
Göllstr. 21
8228 Freilassing
geb. am 19.11.1968 in Freilassing

gesetzlich vertreten durch:
Georg Mayer (Vater bzw. Vormund)
Gerlinde Mayer (Mutter)
8228 Freilassing
Göllstr. 21

wird nachstehender Vertrag zur Ausbildung im Ausbildungsberuf
Hotelfachfrau
nach Maßgabe der Ausbildungsordnung geschlossen:

A. Die Ausbildungszeit (§ 1) beträgt nach der Ausbildungsordnung 3 Jahre.
Hierauf wird die Berufsausbildung zum
eine Vorbildung/Ausbildung in
mit – Monaten angerechnet.
Das Berufsausbildungsverhältnis beginnt am 01.09.83
und endet am 31.08.86

B. Die Probezeit (§ 1 Nr. 2) beträgt 3 Monate.

C. Die Ausbildung (§ 2) findet vorbehaltlich der Regelungen nach § 3 Nr. 12 in
und mit dem Betriebssitz für die Ausbildung üblicherweise zusammenhängenden Bau-, Montage- und sonstigen Arbeitsstellen statt.

D. Ausbildungsmaßnahmen außerhalb der Ausbildungsstätte (§ 3 Nr. 12): —

E. Der Ausbildende zahlt dem Auszubildenden eine angemessene Vergütung (§ 5); sie beträgt z. Z. monatlich
DM 420,— brutto im ersten Ausbildungsjahr
DM 515,— brutto im zweiten Ausbildungsjahr
DM 600,— brutto im dritten Ausbildungsjahr
DM — brutto im vierten Ausbildungsjahr
Soweit Vergütungen tariflich geregelt sind, gelten mindestens die tariflichen Sätze.

F. Die regelmäßige tägliche Ausbildungszeit (§ 6 Nr. 1) beträgt 8 Stunden.

G. Der Ausbildende gewährt dem Auszubildenden Urlaub (§ 6 Nr. 2) nach den geltenden Bestimmungen. Es besteht ein Urlaubsanspruch
auf 10 Werktage oder — Arbeitstage im Jahre 1983
auf 30 Werktage oder — Arbeitstage im Jahre 1984
auf 27 Werktage oder — Arbeitstage im Jahre 1985
auf 12 Werktage oder — Arbeitstage im Jahre 1986
auf — Werktage oder — Arbeitstage im Jahre

H. Sonstige Vereinbarungen (§ 11)
keine

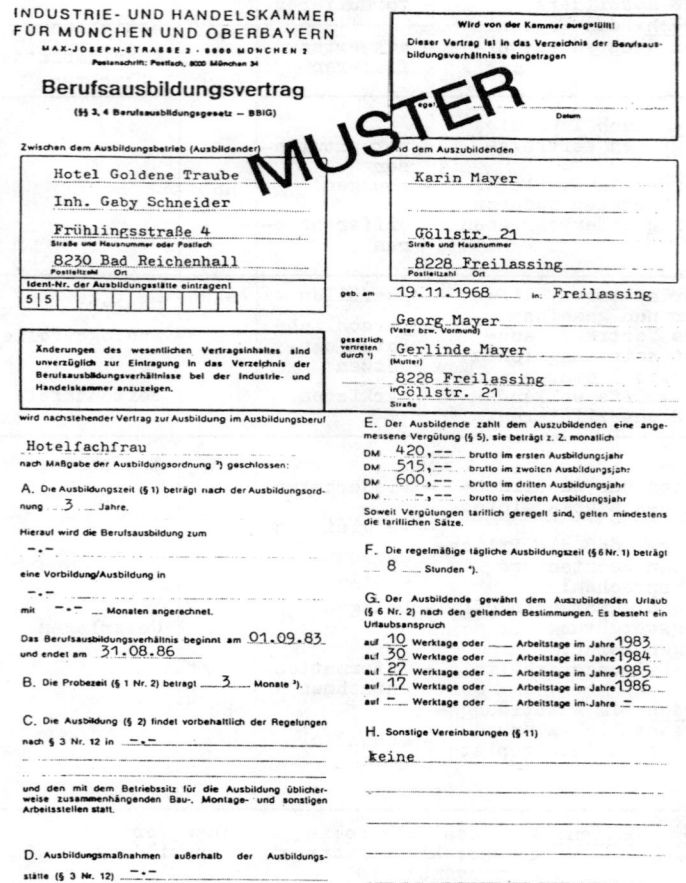

(1) Kann Karin fristlos kündigen?

Wir fragen:
(2) 1. Was steht im Berufsausbildungsvertrag?
2. Was steht im Berufsbildungsgesetz?

(3) Wir erkennen:
1. Karin hat einen Ausbildungsvertrag abgeschlossen.
2. Sie soll zur Hotelfachfrau ausgebildet werden.
3. Die Probezeit dauert 3 Monate.
4. In der zeitlichen und sachlichen Gliederung des Ausbildungsplans sind für den Etagendienst 3 Monate vorgesehen.
(4) 5. Während der Probezeit kann Karin jederzeit kündigen.
6. Nach der Probezeit kann sie nur aus einem wichtigen Grund kündigen.

(5) Wir erklären:
- Karin kann nicht fristlos kündigen, weil sie eine Kündigungsfrist von 4 Wochen einhalten müßte.
- Sie kann überhaupt nicht kündigen, weil ihr der wichtige Grund länger als 2 Wochen bekannt ist. Der Ausbildende kann Schadenersatz verlangen.

UG	Lehrschritte (Artikulationsdefinition)	Lehrinhalte und Lernziele (= Lz)	Lehrakte	Lernakte	Sozial-formen	Lernhilfen
Eröffnungsphase	1. Lehrschritt (Problem-stellung)	Der Fall "Karin".	Sachimpuls: Der Lehrer bietet den Fall "Karin" auf Folie dar. Verarbeitungsgespräch: Freie, ziel-gerichtete Schüleräußerungen zur Sachsituation.	– lesen – überdenken – wiederholen – besprechen	Hb Hb	Arbeitstext Fall "Karin"
	2. Lehrschritt (Problem-findung, -isolierung, -formulierung, -fixierung)	Problemfrage: Kann Karin frist-los kündigen? (Lz 1)	Erarbeitungsgespräch: Das zentrale Problem wird aus dem Fallbeispiel isoliert und als Problemfrage for-muliert und fixiert.	– Problem finden – formulieren – fixieren	Hb	Tafelbild (1)
Erarbeitungsphase	3. Lehrschritt (Hypothesen-bildung)	Schülervermutun-gen.	Partnergespräch nach Gesprächsauf-trag: Beurteile mit deinem Nachbarn die Rechtslage! Verarbeitungsgespräch: Die Schüler erklären und begründen ihre Mei-nungen zum Fallbeispiel.	– diskutieren – vermuten – beurteilen – darlegen – meinen – begründen	Pa Hb	Arbeitstext: Fall "Karin"
	4. Lehrschritt (Problem-präzisierung)	Steuerung der Denkrichtung. Problemfragen: 1. Was steht im Berufsausbil-dungsvertrag? 2. Was steht im Berufsbil-dungsgesetz? (Lz 1)	Impuls: Die Meinungen sind unter-schiedlich. Wo können wir Genaueres erfahren? Erarbeitungsgespräch: Rechtsanwalt, Berufsausbildungsvertrag, Berufs-bildungsgesetz; Formulierung der Problemfragen.	– zuhören – folgern – vermuten – meinen – verbalisieren – formulieren	Hb Hb	Tafelbild (2)
	5. Lehrschritt (erste Teil-ergebnis-erarbeitung)	Der Berufsausbil-dungsvertrag von Karin. (Lz 2)	Arbeitsauftrag: Stelle fest, worüber der Berufsausbildungsvertrag von Karin Auskunft gibt!	– lesen – untersuchen – notieren	Ga	Berufsausbil-dungsvertrag, Notizblock
	(erste Teil-ergebnis-gewinnung, -fixierung)		Verarbeitungsgespräch: Auswertung der Gesprächsergebnisse zum Be-rufsausbildungsvertrag.	– berichten – auswerten	Hb	Tafelbild (3)
	6. Lehrschritt (zweite Teil-ergebnis-erarbeitung)	Das Berufsbil-dungsgesetz. (Lz 2, 3)	Partnergespräch nach Gesprächsauf-trag: Vergleiche, ob der Ausbil-dungsvertrag den Anforderungen und Bestimmungen des BBiG entspricht!	– zuhören – lesen – vergleichen – erkennen	Pa	Arbeitstext: § 3 Abs. 1, § 4 BBiG
	(zweite Teil-ergebnis-gewinnung, -fixierung)		Verarbeitungsgespräch: Wiederholung und Bestätigung der entsprechenden Punkte. Erkenntnisse zur Probezeit.	– nennen – wiederholen – bestätigen – erkennen	Hb	Tafelbild (4)
	7. Lehrschritt (erste und zweite Teil-ergebniszu-sammenfassung)	Mündliche Ergeb-nissicherung. (Lz 2, 3)	Frage: Über welche Punkte des Be-rufsausbildungsvertrages solltest du dich vor der Unterzeichnung des Vertrags mit dem Ausbildenden ab-sprechen?	– zuhören – meinen – erklären – begründen	Hb	Tafelbild (2), (3)
Sicherungsphase	8. Lehrschritt (Problem-lösung)	Beantwortung der Ausgangsfrage. (Lz 4)	Gruppengespräch nach Gesprächsauf-trag: Lies den Fall "K." noch ein-mal genau durch. Wiederhole auch die Aussagen des Ausbildungsvertra-ges und des Berufsbildungsgesetzes! Dann besprich in der Gruppe die Ausgangsfrage so, daß du wie ein Richter das Urteil fällen und be-gründen kannst! Rollenspiel: Vortragen und Begrün-den des "Urteils". Verarbeitungsgespräch: Auswertung der "Urteile", Ergebnisfindung, -formulierung, -begründung.	– wiederholen – lesen – besprechen – diskutieren – argumentie-ren – erklären – Problem lösen – vortragen – begründen – erklären – folgern – beweisen	Ga Aa/Hb Hb	Arbeitstexte: Fall "Karin", § 13, § 15, § 16 BBiG Rollenspiel Tafelbild (5)
	9. Lehrschritt (Problem-transfer)	Andere Situatio-nen. (Lz 5)	Partnergespräch nach Gesprächsauf-trag: Besprich und kläre die ande-ren Fälle! Verarbeitungsgespräch: Auswertung der Gesprächsergebnisse und Be-gründung nach BBiG.	– lesen – klären – auswerten – vergleichen – begründen	Pa Hb	Arbeitstext: weitere Fälle Vertrag, BBiG
	10. Lehrschritt (Problem-wertung)	Vor- und Nachteile des Ausbildungs-vertrages für die Vertragsparteien. (Lz 6)	Erarbeitungsgespräch nach Fragen: 1. Welche Vor- und Nachteile erge-ben sich für die Vertragspar-teien aus dem Ausbildungsver-trag? 2. Welche Vorteile bringt die Probe-zeit für beide Vertragsparteien?	– zuhören – überlegen – folgern – erkennen – erklären	Hb	Tafelbild (1) – (5) Arbeitstexte: Berufsausbil-dungsvertrag. BBiG
	11. Lehrschritt (Gesamterge-nisfixierung)	Eintrag in das Arbeitsblatt.	Arbeitsauftrag: Ergänze dein Ar-beitsblatt und kontrolliere selb-ständig!	– lesen – ergänzen – kontrollie-ren	Aa	Tafelbild (1) – (5) Arbeitsblatt

Hauptlernziel: Kenntnis der Wahl und des Aufgabenbereiches der Mitbestimmungsgremien in den Betrieben.	Unterrichtsthema: Betriebliche Mitbestimmung – eine Forderung unserer Zeit.	Autor: Peter Allerberger
		Unterrichtszeit Empfehlung: 2 UE

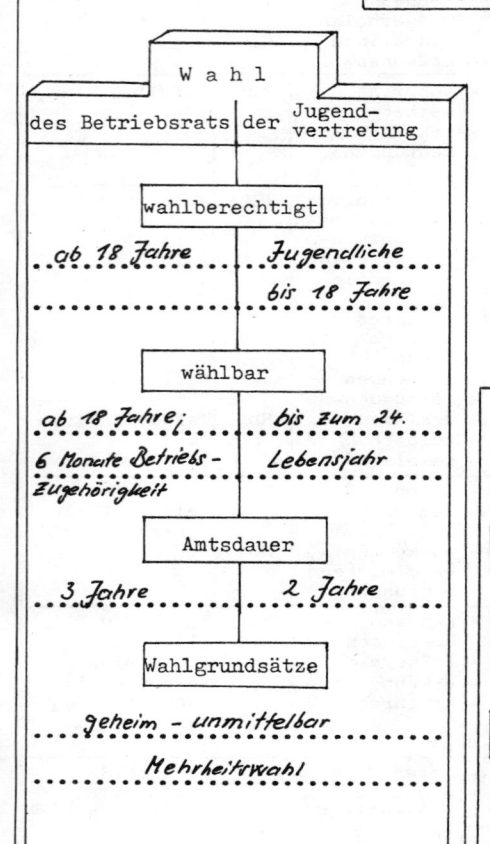

Vorbemerkungen:
Aus Geschichte und Sozialkunde sollten den Schülern bereits die Bemühungen aus der Vergangenheit bekannt sein, den Arbeitern im Betrieb Mitspracherechte einzuräumen (z.B. Zeiss - Werke 1896, Ernst Abbe; 1920 Betriebsrätegesetz; 1933 Ablösung der Betriebsräte durch die Nationalsozialisten u.a.). Außerdem sollten die Produktionsfaktoren, insbesondere Kapital und Arbeit als Voraussetzungen zur Güterherstellung geläufig sein.
In der Anwendungsstufe kann ein Arbeitsblatt mit aktuellen Fällen aus dem Betriebsalltag zusammengestellt werden; die Schüler haben dabei die Alternative zwischen Zustimmung und Ablehnung bzw. Mitwirkung und Mitbestimmung. Derartige Fälle aus dem Betriebsalltag lassen sich aus gängigen Schulbüchern bzw. juristischer Fachliteratur (alte Büro - und Betriebsordnungen) zusammenstellen.

Teillernziele: Die Schüler sollen:
1. wissen, daß der Betriebsrat die gesetzliche Vertretung der Arbeitnehmer ist;
2. wissen, wie sich der Betriebsrat zusammensetzt und gewählt wird;
3. wissen, daß es in den meisten Großbetrieben auch Jugendvertretungen gibt;
4. den Unterschied zwischen Mitbestimmung und Mitwirkung anhand der Aufgabenverteilung im Betriebsrat (Jugendvertretung) aus dem Betriebsverfassungsgesetz herausarbeiten.

Medien:
Arbeitsblatt; Betriebsverfassungsgesetz (BVG)

Literatur:
siehe Angaben bei den Lernmaterialien.

Lernmaterialien: a)
Mit Beginn der Industrialisierung hat sich eine neue Wirtschaftsform herausgebildet: Das Kapital hat sich bei den Unternehmern aus verschiedenen Gründen angehäuft, auch um rationell und ergiebig wirtschaften zu können. Der Arbeiter muß seine Arbeitskraft in den Dienst des Unternehmens stellen, um seinen Lebensunterhalt zu verdienen. Kapitaleigner und Arbeitnehmer sind für die Wirtschaft gleichwertig. Daraus leiten die Gewerkschaften die Forderung ab, daß Kapital und Arbeit auch gleichberechtigt sein müssen.
b)
Das Betriebsverfassungsgesetz ist für alle Betriebe der privaten Wirtschaft gültig, die fünf und mehr Arbeitnehmer über 18 Jahre beschäftigen. In diesen Betrieben sind von allen über 18 Jahre alten Betriebsangehörigen in geheimer und unmittelbarer Wahl Betriebsräte auf die Dauer von 3 Jahren zu wählen. Die Zahl der zu wählenden Betriebsräte richtet sich nach der Anzahl der Beschäftigten. Wählbar sind alle über 18 Jahre alten Belegschaftsmitglieder, die mindestens 6 Monate dem Betrieb angehören. Der Betriebsrat wählt aus seiner Mitte den Vorsitzenden und dessen Stellvertreter. Arbeiter und Angestellte müssen entsprechend ihrem zahlenmäßigen Verhältnis im Betriebsrat vertreten sein, wenn dieser aus mindestens 3 Mitgliedern besteht.
Der Betriebsrat soll sich möglichst aus Arbeitnehmern der einzelnen Betriebsabteilungen zusammensetzen. Männer und Frauen sollen entsprechend ihrem zahlenmäßigen Verhältnis vertreten sein. Sind in einem Betrieb mehr als 5 Jugendliche beschäftigt, so werden alle 2 Jahre Jugendvertreter gewählt; wählbar sind alle Arbeitnehmer des Betriebes bis zum 24. Lebensjahr.
(aus Wengert Sozialkunde, Ingolstadt 1978)

Arbeitsblatt:

Betriebliche Mitbestimmung - eine Forderung unserer Zeit

Wahl des Betriebsrats / der Jugendvertretung

	des Betriebsrats	der Jugendvertretung
wahlberechtigt	ab 18 Jahre	Jugendliche bis 18 Jahre
wählbar	ab 18 Jahre; 6 Monate Betriebszugehörigkeit	bis zum 24. Lebensjahr
Amtsdauer	3 Jahre	2 Jahre
Wahlgrundsätze	geheim - unmittelbar Mehrheitswahl	

Betriebsrat = Vertretung der Arbeitnehmer

Was bedeutet Mitbestimmung?
mitbestimmen = Arbeitgeber entscheiden unter Mitwirkung der Arbeitnehmervertreter

Was bedeutet Mitwirkung?
mitwirken = der Betriebsrat hat das Recht, zu bestimmten Fragen seine Meinung vorzutragen

Aufgaben des Betriebsrats / der Jugendvertretung

im **sozialen Bereich**
Regelung der Arbeitszeit u. Pausen, Maßnahmen zur Unfallverhütung, Urlaubsplanung, Berufsausbildung, Fortbildung Regelung von Akkord-Lohnsätzen

im **personellen Bereich**
Einstellung, Entgegennahme von Beschwerden, Durchführung der betrieblichen Berufsbildung, Versetzung u. Kündigung von Betriebsangehörigen

im **wirtschaftlichen B.**
Arbeitsmethoden, Einschränkung, Erweiterung, Verlegung oder Stillegung des Betriebes, Arbeitsplatzgestaltung

UG	Lehrschritte (Artikulationsdefinition)	Lehrinhalte und Lernziele (= Lz)	Lehrakte .... Lernakte	Sozialformen	Lernhilfen
Eröffnungsphase	1. Lehrschritt: (Problembegegnung)	Hört Mitbestimmung im Betrieb auf?	Sachimpuls: Welche Mitbestimmungsrechte haben die Arbeitnehmer im Betrieb? Deuten der Karikatur. — betrachten — interpretieren — verbalisieren	Hb	Karikatur im Arbeitsblatt
	2. Lehrschritt: (Zielangabe)	Staat, Schule, Verein, Kirche... Betriebliche Mitbestimmung ...	Erarbeitungsgespräch nach Frage: Heute wird in vielen Bereichen von Demokratisierung und Mitbestimmung gesprochen. Welche Bereiche sind das? Wir wollen uns mit der betrieblichen Mitbestimmung befassen. — Wiedergabe von Vorwissen — aufzählen — eintragen	Hb	Arbeitsblatt: Überschrift
Erarbeitungsphase	3. Lehrschritt: (Teilergebnisdarstellung)	Produktionsfaktoren: Arbeit, Kapital; Arbeit u. Kapital in Personalunion; (Lz 1)	Erarbeitungsgespräch: Bei der Güterherstellung müssen Arbeit und Kapital zusammenarbeiten. Bei einem Einmannhandwerksbetrieb bringt dieses Verhältnis keine Konflikte mit sich. — aufnehmen — verbalisieren — verifizieren — vergleichen	Hb	
	4. Lehrschritt: (Teilergebniserarbeitung)	Kapitaleigner, Arbeitnehmer; Gleichwertigkeit beider Gruppen; (Lz 1)	Arbeitsaufträge: Lies den Text: 1. Diese Wirtschaftsform trennt die an der Güterherstellung Beteiligten in zwei unterschiedliche Gruppen. Nenne sie. 2. Beide Gruppen sind aufeinander angewiesen. Begründe. — lesen — Informationen entnehmen — benennen — begründen	Pa	Lernmaterial a
	5. Lehrschritt: (Teilergebnisfixierung)	Was bedeutet Mitbestimmung? (Lz 1/4)	Verarbeitungsgespräch: Die Arbeitnehmer sollen nicht nur ihre Arbeitskraft einsetzen, sondern in Fragen, die ihre Interessen berühren, mitbestimmen. — definieren — fixieren	Hb	Arbeitsblatt: mittl. Block
	6. Lehrschritt: (Teilzusammenfassung)	Eigentümer investiert Kapital; Arbeitnehmer bietet Arbeitskraft an; (Lz 1/4)	Erarbeitungsgespräch nach Impuls: Wesentlich hängen Erfolg und Mißerfolg eines Unternehmens von Grundentscheidungen über Vorhaben ab. Wer soll diese fällen? — zusammenfassen — verbalisieren	Hb	
	7. Lehrschritt: (Teilergebniserarbeitung und -fixierung)	Betriebsrat vertritt Interessen der Belegschaft; BVG: wichtige Regelungen; (Lz 1 - 3)	Feststellung: Der Betriebsrat ist die Vertretung der Arbeitnehmerinteressen im Betrieb. Seine Aufgaben, Rechte und Pflichten regelt das Betriebsverfassungsgesetz. Aufgabe: Wie werden Betriebsrat und Jugendvertretung gewählt? Verarbeitungsgespräch: Ergebnisermittlung. — zuhören — definieren — nachschlagen — belegen — fixieren — verbalisieren	Hb Ga Hb	Lernmaterial b; BVG z.B. § 7 - 20 und § 60 - 71; Arbeitsblatt: linker Block
	8. Lehrschritt: (Teilergebniserarbeitung und -fixierung)	Mitwirkungs- und Mitbestimmungsrechte - Aufgaben des Betriebsrats; sozialer, personeller, wirtschaftlicher Bereich; (Lz 4)	Arbeitsauftrag: Ihr erarbeitet aus dem Betriebsverfassungsgesetz die wichtigsten Aufgaben des Betriebsrates. Eine Gruppe sucht Aufgaben im sozialen, eine zweite im personellen, eine dritte im wirtschaftlichen Bereich heraus. Formuliert mit eigenen Worten. Verarbeitungsgespräch: Die Rechte des Betriebsrates beziehen sich auf Mitwirkung und Mitbestimmung im Betrieb. — aufnehmen — differenzieren — abgrenzen — formulieren — vortragen der Ergebnisse — fixieren	Ga Hb	BVG: z.B. § 87 -91 § 92 - 105 § 106 - 110 Notizblock; Arbeitsblatt: rechter Block
	9. Lehrschritt: (Lernzielkontrolle)	Mitbestimmen = mitentscheiden; mitwirken = beraten und anhören; (Lz 4)	Rundgespräch nach Frage: Welche Bereiche fallen unter die Begriffe Mitbestimmung bzw. Mitwirkung? Wir definieren beide Begriffe. — vergleichen — formulieren — definieren	Aa/Hb	
Sicherungsphase	10. Lehrschritt: (Anwendung)	Anwendung des BVG auf praktische Fälle; (Lz 1 - 4)	Diskussion: Wir wollen das BVG auf alltägliche Fälle im Betrieb anwenden. In einer Fabrik sollen beispielsweise Löhne nicht mehr bar ausgezahlt, sondern überwiesen werden. Kann eine solche Umstellung ohne Zustimmung des Betriebsrats erfolgen? — zuhören — Alternativen anbieten — diskutieren	Hkf	
	11. Lehrschritt: (Wertung)	Befugnisse des Betriebsrats ausreichend?	Frage: Hältst du die Befugnisse des Betriebsrats für ausreichend, die Arbeitnehmerinteressen wirksam zu vertreten? — belegen — Erfahrungswissen anwenden — schlußfolgern	Hb	

Hauptlernziel: Einsicht in Aufgaben und Verantwortung der Tarifpartner.	Unterrichtsthema: Die große Verantwortung der Tarifpartner!	Autor: Alfred Ilsanker
		Unterrichtszeit Empfehlung: 1 UE = 45 Min.

Vorbemerkungen:
Die Thematik ist so komplex, daß ein Planspiel - in der Literatur gelegentlich erwähnt - bis hin zu einem neuen Tarifabschluß als recht problematisch erscheint. Das bei dem Lehrschritt 1 aufgeführte Rollenspiel wird nach einer Groborientierung seitens des Lehrers von zwei Schülergruppen (Arbeitgeber-/Arbeitnehmervertreter) zu Hause vorbereitet. Die Erfahrung mit dieser in der Unterrichtspraxis bewährten methodischen Maßnahme zeigt, daß die Schüler ihre Forderungen (im Lehrbeispiel: 35-Stunden-Woche mit Lohnausgleich) bzw. ihr Angebot (im Lehrbeispiel: 3 % mehr Lohn und Gehalt) hartnäckig verteidigen und kaum eine Annäherung ihrer gegensätzlichen Standpunkte erreichen. Die Schüler sollen die Berichte einschlägiger Medien verfolgen und entsprechend aufbereiten ("Ausstellung" im Klassenzimmer). Der Stunde geht ein orientierender Überblick über Gewerkschaften und Arbeitgeberverbände voraus. Die Begriffe Lohn- und Manteltarif, Tarifverhandlung, -vertrag, -partner, -autonomie sind bekannt.

Teillernziele:
Die Schüler sollen:
1. den formalen Ablauf einer Tarifverhandlung kennenlernen,
2. Folgen eines Streiks bzw. einer möglichen Aussperrung erläutern können,
3. wirtschaftliche Zusammenhänge bei Tarifabschlüssen erörtern können,
4. sich der besonderen Verantwortung der Tarifpartner beim Abschluß von Tarifverträgen bewußt sein.

Quellen und Literatur:
1. Arbeitslehre 3, Bayerischer Schulbuch-Verlag, München
2. Nachrichtenmagazin "Der Spiegel", Nr. 21/1984
3. Abendzeitung vom 7./8. April und vom 19./20. Mai 1984
4. Bild-Zeitung vom 12. Mai 1984

Text (1) aus Quelle (4)

Metall-Streik: VW nach 5 Tagen zu?

● Die IG Metall fängt klein an: Von Montag 0.00 Uhr an werden in Baden-Württemberg zehn Unternehmen mit rund 12 000 Mitarbeitern bestreikt – fast alles Auto-Zulieferer.

In den betroffenen Betrieben (15 Werke) werden hergestellt: Getriebe, Kolben, Zylinder, Motorblöcke, Kühler, Dichtungen, Heizungen, elektrische Schaltungen, elektronische Einspritzpumpen.

Die Autoindustrie: „Die IG Metall hat einen wunden Punkt getroffen." Ein VW-Sprecher zu BILD: „Wenn kein Nachschub kommt, müssen wir in spätestens fünf Tagen in allen Werken die Produktion einstellen." Daimler-Benz: „Wenn die Zulieferung aus diesen Werken ausfällt, hat das in wenigen Tagen schwerwiegendste Auswirkungen."

In der hessischen Metallindustrie beginnt der Streik am Mittwoch um 0.00 Uhr.

Text (2) aus Lit. (1)
Streikende Arbeiter erhalten keinen Lohn. Sie bekommen aus der Streikkasse ihrer Gewerkschaft ein Streikgeld ausbezahlt. Je länger der Streik dauert und je mehr Arbeiter daran beteiligt sind, desto teurer wird der Streik für die Gewerkschaft. Im gegenwärtigen Tarifkonflikt zahlt die Gewerkschaft Metall jeden Tag DM 10 Millionen an ihre Mitglieder.

Folie aus Quelle (3)

Text (3): Viele müssen zum Sozialamt – Wann gibt es Sozialhilfe

Wer von dem Arbeitgeber ausgesperrt wurde und kein Mitglied der Gewerkschaft ist, bekommt weder Lohn von seinem Arbeitgeber noch Streikgeld von der Gewerkschaft, auch kein Arbeitslosengeld vom Arbeitsamt. Das gilt auch für indirekt vom Streik Betroffene außerhalb des bestreikten Gebietes, wenn ihr Betrieb wegen Ausbleibens wichtiger zuzuliefernder Teile die Produktion einstellen muß. Wer keine Rücklagen hat, muß zum Sozialamt gehen und eine Unterstützung beantragen. Die Sätze sind eher karg: Der Haushaltsvorstand bekommt im Monat gerade DM 348.--

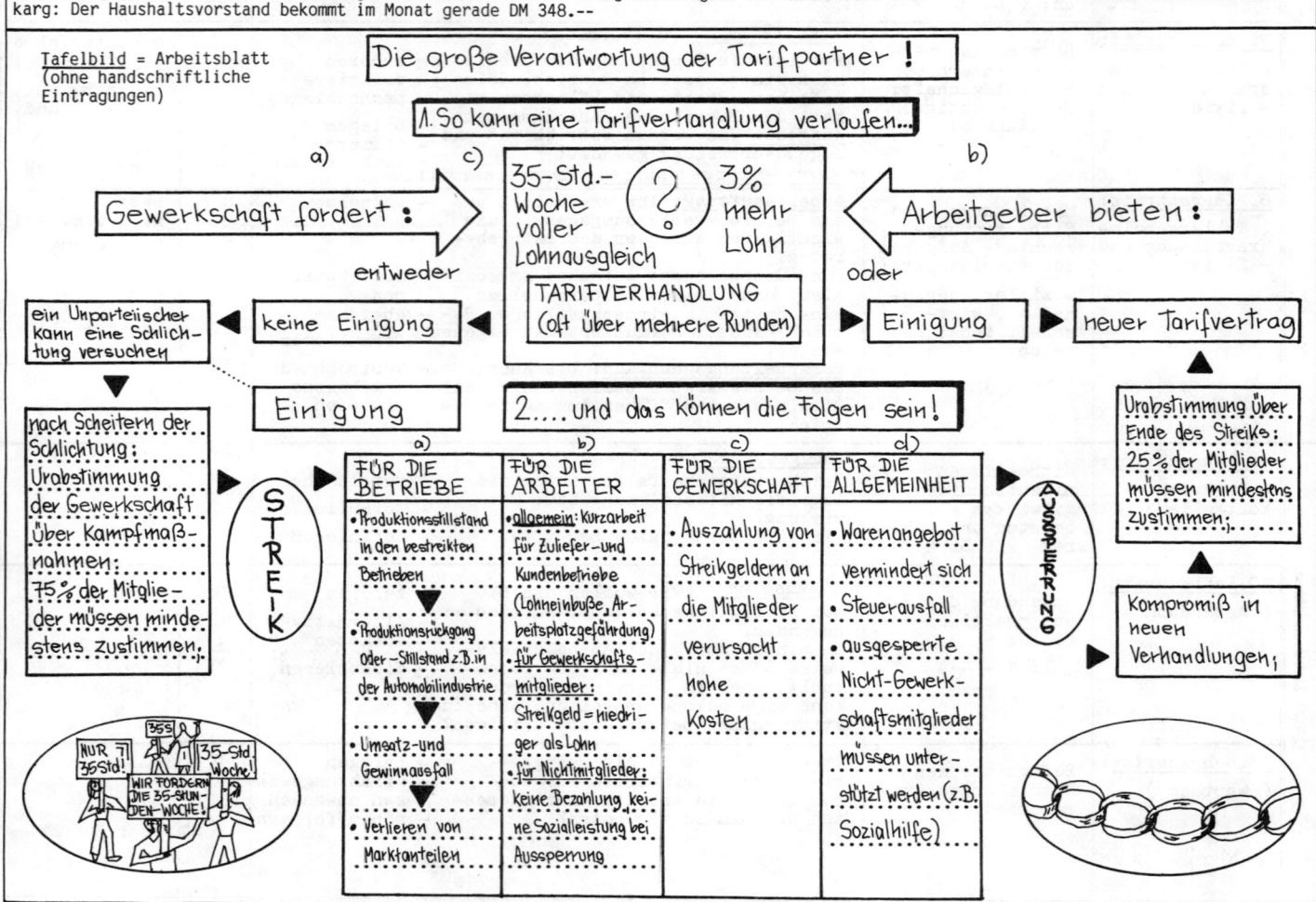

Tafelbild = Arbeitsblatt (ohne handschriftliche Eintragungen)

Die große Verantwortung der Tarifpartner!

1. So kann eine Tarifverhandlung verlaufen...

a) Gewerkschaft fordert: 35-Std.-Woche voller Lohnausgleich
b) Arbeitgeber bieten: 3% mehr Lohn
c) TARIFVERHANDLUNG (oft über mehrere Runden)

- entweder → keine Einigung → ein Unparteiischer kann eine Schlichtung versuchen → Einigung
- oder → Einigung → neuer Tarifvertrag

nach Scheitern der Schlichtung: Urabstimmung der Gewerkschaft über Kampfmaßnahmen: 75% der Mitglieder müssen mindestens zustimmen. → STREIK

Urabstimmung über Ende des Streiks: 25% der Mitglieder müssen mindestens zustimmen. → AUSSPERRUNG → Kompromiß in neuen Verhandlungen.

2. ...und das können die Folgen sein!

a) FÜR DIE BETRIEBE	b) FÜR DIE ARBEITER	c) FÜR DIE GEWERKSCHAFT	d) FÜR DIE ALLGEMEINHEIT
• Produktionsstillstand in den bestreikten Betrieben	• allgemein: Kurzarbeit für Zuliefer- und Kundenbetriebe (Lohneinbuße, Arbeitsplatzgefährdung)	• Auszahlung von Streikgeldern an die Mitglieder verursacht hohe Kosten	• Warenangebot vermindert sich
• Produktionsrückgang oder -stillstand z.B. in der Automobilindustrie	• für Gewerkschaftsmitglieder: Streikgeld = niedriger als Lohn		• Steuerausfall
• Umsatz- und Gewinnausfall	• für Nichtmitglieder: keine Bezahlung, keine Sozialleistung bei Aussperrung		• ausgesperrte Nicht-Gewerkschaftsmitglieder müssen unterstützt werden (z.B. Sozialhilfe)
• Verlieren von Marktanteilen			

UG	Lehrschritte (Artikulationsdefinition)	Lehrinhalte und Lernziele (= Lz)	Lehrakte .... Lernakte		Sozial-formen	Lernhilfen
Eröffnungsphase	1. Lehrschritt: (Problembegegnung)	Möglicher Verlauf einer Tarifverhandlung;	Rollenspiel: Verhandlung zwischen Arbeitgeber und Gewerkschaft um einen neuen Tarifvertrag. Erarbeitungsgespräch: Forderung der Gewerkschaft - Angebot der Arbeitgeber - beide kompromißlos - keine Einigung.	- spielen - zuhören - berichten	Ga/Hb Hb	siehe Vorbemerkungen Tafel: (1a) - (1c)
	2. Lehrschritt: (Problemfindung und -fixierung)	Problemfrage (1)	Sachimpuls: Lehrer zeichnet zwischen Forderung und Angebot ein Fragezeichen. Erarbeitungsgespräch: Formulierung der Problemfrage.	- betrachten - erkennen - formulieren	Hb Hb	Tafel: ? Tafel: (1)
	3. Lehrschritt: (Hypothesenbildung)	Wir vermuten ... Wir meinen ...	Gruppengespräch nach Gesprächsauftrag: Überlege dir den möglichen weiteren Verlauf! - Schüler artikulieren Vermutungen. Verarbeitungsgespräch: Auswertung der Vermutungen.	- vermuten - notieren - berichten	Ga Hb	Notizblock Seitentafel
	4. Lehrschritt: (erste Teilergebnisgewinnung und -fixierung)	Verlauf einer Tarifverhandlung; (Lz 1) Begriff: Streik	Erläuterung: Bei der ersten Verhandlung gibt es zwischen den Tarifpartnern meist keine Einigung - sie wird oft erst nach etlichen "Runden" erzielt - dann wird ein neuer Tarifvertrag unterzeichnet; gibt es keine Einigung, kann ein neutraler Schlichter versuchen, eine Einigung zu erreichen - scheitert auch er, dann überlegen sich die Gewerkschaften in einer "Urabstimmung", ob gestreikt wird - mindestens 75% der Gewerkschaftsmitglieder müssen zustimmen.	- zuhören - verstehen	Hb	Tafel: vgl.Pfeilrichtung bei Tarifverhandlung
	5. Lehrschritt: (Teilergebniszusammenfassung)	Mündliche Lernzielkontrolle;	Rundgespräch: Erkläre noch einmal den Verlauf einer Tarifverhandlung bis zu einem möglichen Streik.	- erklären	Aa/Hb	Tafel: geschlossen
Erarbeitungsphase	6. Lehrschritt: (zweite Teilergebnisgewinnung und -fixierung)	Folgen eines Streiks; (Lz 2)	Arbeitsauftrag:(arbeitsteilig) Gruppe 1: Welche Folgen hat ein Streik für die Betriebe? Gruppe 2: Wie wirkt sich der Streik auf die Gewerkschaften und die Arbeitnehmer aus? Verarbeitungsgespräch: Auswertung, Ergänzung und Fixierung der Schülerergebnisse.	- lesen und unterstreichen - lesen und unterstreichen - berichten	Ga Hb	Text (1) Text (2) Tafel: (2), (2a) - (2c)
	7. Lehrschritt: (dritte Teilergebnisgewinnung und -fixierung)	Mögliche Gegenmaßnahme der Arbeitgeber: Aussperrung und ihre Auswirkungen; Begriff: Aussperrung (Lz 2)	Erläuterung: Die Arbeitgeber können sich gegen einen Streik mit einer Aussperrung wehren - es werden Betriebe einbezogen,die nicht bestreikt wurden - die Arbeiter dürfen den Betrieb nicht mehr betreten - die Gewerkschaften müssen dann für viele Ausgesperrte und wenig Streikende Unterstützung bezahlen - die Gewerkschaften werden u.U. dadurch gezwungen, nachzugeben - eine Aussperrung ist rechtlich zulässig. Arbeitsauftrag: Lies nach, welche Folgen für Nicht-Gewerkschaftsmitglieder eine Aussperrung haben kann! Verarbeitungsgespräch: Auswertung, Ergänzung und Fixierung der Schülerergebnisse - welche Folgen für die Allgemeinheit ein Streik noch haben kann.	- zuhören - verstehen - lesen - unterstreichen - berichten - begründen - Zusammenhänge verstehen	Hb Aa Hb	Tafel: Aussperrung Text (3) Tafel: (2d)
	8. Lehrschritt: (vierte Teilergebnisgewinnung und -fixierung)	So geht der Tarifkampf zu Ende. (Lz 1)	Erarbeitungsgespräch nach Impuls: Streik und Aussperrung können nicht wochen- oder gar monatelang durchgehalten werden. Neue Verhandlungen - Abstimmung über Kompromiß (Zustimmung von mindestens 25% der Gewerkschaftsmitglieder) - neuer Tarifvertrag.	- zuhören - erkennen - begründen	Hb	Tafel: vgl.Pfeilrichtung nach Aussperrung
	9. Lehrschritt: (Rückgriff auf die Problemfragen)		Verarbeitungsgespräch: Beantwortung der Problemfragen, Wertung der Vermutungen.	- formulieren - werten	Hb	Seitentafel
Sicherungsphase	10. Lehrschritt: (Gesamtzusammenfassung)	Schriftliche Lernzielkontrolle;	Arbeitsauftrag: Ergänze dein Arbeitsblatt und kontrolliere dann anhand der Tafel!	- schreiben - vergleichen	Aa	Arbeitsblatt,Tafel geschl.und geöff.
	11. Lehrschritt: (Ausweitung)	Wirtschaftliche Zusammenhänge; (Lz 3) Begriff: Lohn-Preis-Spirale	Impuls: Nun waren die Arbeitgeber in unserem Rollenspiel vielleicht etwas "stur". Sie hätten doch leicht der Gewerkschaftsforderung nachkommen können. Erarbeitungsgespräch: Die Betriebe wälzen die höheren Löhne z.T. wieder auf die Preise ab - höhere Preise bedeuten aber, daß man die Waren nicht mehr so gut verkaufen kann, z.B. im Ausland, weil Deutschland ein exportabhängiges Industrieland ist - Sicherheit von Arbeitsplätzen ist in Gefahr - wenn die Unternehmen durch zu hohe Kosten belastet werden, sind sie nicht mehr konkurrenzfähig.	- zuhören - erkennen - begründen	Hb Hb	
	12. Lehrschritt: (Beurteilung)	Verantwortung der Tarifpartner; (Lz 4)	Sachimpuls: Projektion einer Karikatur. Erarbeitungsgespräch: Die Tarifvertragsparteien sollten nicht gleich mit den schwersten "Waffen" aufeinander losgehen, sondern versuchen, sich friedlich zu einigen: Sie tragen große Verantwortung.	- betrachten - werten - formulieren	Hb Hb	Folie Tafel:Überschrift

Hauptlernziel: Kenntnis einiger Aufgaben der Geldinstitute und Fähigkeit, ihre Dienstleistungen zu nutzen.	Unterrichtsthema: Die Erkundung der Sparkasse Berchtesgadener Land.	Autor: Max-J. Unterreiner
		Unterrichtszeit Empfehlung: 6 UE

Vorbemerkungen: Die Erkundung sollte keine "Sightseeing tour" sein, sondern ein aktives Auseinandersetzen mit dem Unterrichtsgegenstand anhand der Erkundungsaufträge. Der Schüler soll entsprechend der Situation seine Rolle als späterer Bankkunde antizipieren, situationsadäquat handeln und Entscheidungen fällen.

Lernziele: Die Schüler sollen ...
1. die Erkundung des Geldinstituts durch Formulieren von Problemfragen vorbereiten;
2. Fachabteilungen der Geldinstitute erkennen und nennen;
3. den Erkundungsablauf weitgehend selbständig durchorganisieren;
4. die einzelnen Fachabteilungen anhand von Detailfragen erschließen;
5. zwischen Beobachtungen und Befragung unterscheiden;
6. sich als verantwortungsbewußter "Bankkunde" verhalten.

Literatur:
H. Bartenschlager: Arbeitslehre konkret (9. Jgst.), Donauwörth 1981
H. Heinrich, J. Huber: Arbeitslehre 3, München 1980
Sparkasse BGL: Beobachtungsbögen mit Erkundungsaufträgen
O. Bühler, H. Amann: Arbeitsblätter für Arbeitslehre 9. Jgst., Ansbach 1978
Medien: Tafel, Arbeitsblatt, Notizblock, Folie, Kassettenrekorder.

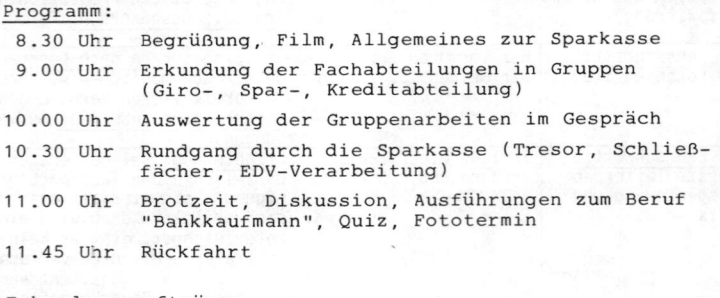

Programm:
8.30 Uhr Begrüßung, Film, Allgemeines zur Sparkasse
9.00 Uhr Erkundung der Fachabteilungen in Gruppen (Giro-, Spar-, Kreditabteilung)
10.00 Uhr Auswertung der Gruppenarbeiten im Gespräch
10.30 Uhr Rundgang durch die Sparkasse (Tresor, Schließfächer, EDV-Verarbeitung)
11.00 Uhr Brotzeit, Diskussion, Ausführungen zum Beruf "Bankkaufmann", Quiz, Fototermin
11.45 Uhr Rückfahrt

Erkundungsaufträge:
1. Du möchtest zu Beginn der Berufsausbildung ein Girokonto eröffnen. Erkundige dich über seine Möglichkeiten, dann mache ein Konto auf.
2. Du bist unschlüssig, welche Sparform für dich als Azubi am günstigsten ist. Laß dich eingehend beraten, dann entscheide dich für eine Möglichkeit.
3. Du überlegst: Soll ich mir mit 16 ein Moped kaufen oder später ein Eigenheim bauen? In beiden Fällen brauchst du Kredit. Laß dir beides erklären, dann nimm einen Kredit auf.
4. Du möchtest in Italien für 2 Wochen Urlaub machen. Überlege, wieviel Geld du brauchst, in welcher Form du es mitnimmst. Laß dir das Geld wechseln.
5. Du möchtest Ersparnisse möglichst wertbeständig anlegen. Laß dich an der Edelmetallabteilung gründlich beraten.
6. Du bist Kunde der Bank und möchtest deine Wertsachen im Tresor aufbewahren lassen. Miete dazu ein Schließfach.
7. Täglich fallen ca. 26 000 Buchungen an. Laß dir die EDV-Verarbeitung ausführlich erklären.
8. Du möchtest nach Beendigung der Hauptschule Bankkaufmann werden. Informiere dich über den Beruf, die Voraussetzungen und Bedingungen.

Fachabteilungen

(1) Die Sparkasse Berchtesgadener Land

(2)
- 26 Geschäftsstellen
- 350 Mitarbeiter
- ca. 106 000 Sparkonten
- 143 000 Girokonten
- 26 000 tägliche Buchungsposten
- Gesamteinlagen: 850 Millionen
- Gesamtausleihungen: 680 Millionen
- Bilanzsumme: 1 050 Millionen

(3) Wir fragen: Welche Dienste leisten Geldinstitute?

(4) Kredite · Kasse · Münzen Edelmetalle · Sparverkehr · Bankkaufmann · Tresor Schließfächer · Giroverkehr · EDV.

UG	Lehrschritte (Artikulationsdefinition)	Lehrinhalte und Lernziele (= Lz)	Lehrakte .... Lernakte		Sozial-formen	Lernhilfen
Eröffnungsphase	1. Lehrschritt: (Problem-begegnung)	Einladungsschreiben der Sparkasse.	Sachimpuls: Der Lehrer bietet das Einladungs-schreiben mit Programm dar. Verarbeitungsgespräch: Freie, spontane Stellungnahmen. Klärung der Situation: wer, was, wann, wohin?	– lesen – zitieren – belegen – meinen	Aa/Hb Hb	Folie: Programm
	2. Lehrschritt: (Problemiso-lierung) (Problem-formulierung)	Zielangabe. (Lz 1)	Feststellung: Der Lehrer kündigt das geplante Vorhaben an. Partnergespräch: nach Gesprächs-auftrag: Welche allgemeinen Daten möchtest du über die Sparkasse wissen? Schreibe deine Fragen auf! Verarbeitungsgespräch: Fragen zu: - geographische Orientierung, Ge-schäftsstellen, Mitarbeiterzahl - Anzahl der Sparkonten, Girokonten, täglichen Buchungen - Einlagen, Ausleihungen, Bilanzsumme	– zuhören – besprechen – auswählen – fragen – formulieren – notieren – vortragen – verbalisieren – formulieren	Hb Pa Hb	Tafelbild (1) Überschrift Notizblock Seitentafel
Erarbeitungsphase	3. Lehrschritt: (Allgemeine Orientierung)	Schülervermu-tungen.	Partnergespräch: Versuch, durch Raten, Schätzen, Wis-sen die Problemfragen zu erschließen. Verarbeitungsgespräch: Ergebnisauswertung. Darbietung der Sachdaten durch den Lehrer.	– diskutieren – raten – vermuten – berichten – zuhören	Pa Hb	Tafelbild (2)
	4. Lehrschritt: (Problem-präzisierung)	Problemfrage: Welche Dienste leisten Geld-institute?	Erarbeitungsgespräch: Geldinstitute sind Dienstleistungs-unternehmen. Frage nach ihren Auf-gaben!	– überlegen – fragen – formulieren	Hb	Tafelbild (3)
	5. Lehrschritt: (Problem-abgrenzung)	Lokalisation und Festlegung der Fachabteilungen. (Lz 2)	Gruppengespräch: nach Gesprächsauf-trag: Die Schüler tragen die Dienst-leistungsbereiche nach Fachabteilungen zusammen. Verarbeitungsgespräch: Auswertung der Gruppenergebnisse. Ergänzung: Tresor, Schließfach, EDV-Anlage, Bankkaufmann.	– betrachten – lesen – auswerten – nennen – berichten – nennen – folgern	Ga Hb	Folie: Fachabteilun-gen Tafelbild (4)
	6. Lehrschritt: (Arbeitspla-nung)	Zielstellung und Organisation der Erkundung. (Lz 3)	Feststellung: Zusammenfassende Nennung der Fach-abteilungen. Erarbeitungsgespräch: Einteilung der Schüler nach Inter-essengruppen.	– zuhören – betrachten – vorschlagen – besprechen – übernehmen	Hb Hb	Tafelbild (4) evtl.: Lage-plan des zu erkundenden Geldinstituts
	7. Lehrschritt: (Problem-formulierung, -fixierung)	Fragenkatalog zu den Fachabteilungen. (Lz 4,5)	Gruppengespräch: nach Gesprächs-auftrag: Damit jede Gruppe ihre Fachabteilung genau erkundet, spielt ihr die vor-gegebenen Situationen nach. Jede Grup-pe überlegt und notiert für sich ge-nau formulierte Fragen. Unterschei-det zwischen Fragen und Beobachtun-gen! Verarbeitungsgespräch: Vortragen der Schülerfragen. Der Leh-rer berät bei den Formulierungen.	– zuhören – erfassen – nachvollziehen – verbalisieren – formulieren – fixieren – vorlesen – umformulieren	Ga Hb	Erkundungsauf-träge 1-8, Notizblock Erkundungsauf-träge 1-8
	8. Lehrschritt: (Infra-Organi-sation)	Organisation in-nerhalb der Er-kundungsgruppen. (Lz 3)	Gruppenarbeit: nach Arbeitsauftrag: Verteilt die anfallenden Aufgaben innerhalb der Gruppe: schreiben, interviewen, fragen, beobachten ... Hinweis: Für die Durchführung sind Block, Schreibzeug notwendig, ein Tonband-gerät ist sehr hilfreich.	– zuhören – verteilen – organisieren – zuhören – aufnehmen	Ga Hb	
	9. Lehrschritt: (Belehrung)	Verhalten bei der Erkundung der Sparkasse. (Lz 6)	Feststellung: Wir besuchen einen arbeitenden Be-trieb! Durch unsere Erkundung stören wir den normalen Ablauf. Damit die Störung möglichst gering bleibt, verhaltet ihr euch verantwortungs-bewußt. Erarbeitungsgespräch: Konkretes Verhalten in konkreten Situationen: Verhaltenstraining an-hand der vorgegebenen Sachsituationen.	– zuhören – mitdenken – einsehen – lesen – erkennen – einsehen – befolgen	Hb Hb/Ga	Erkundungsauf-träge 1-8
	10. Lehrschritt: (Durchführung der Erkundung)	Erkundung der Sparkasse. (Hauptlernziel)	Arbeitsauftrag: Erkundet sorgfältig durch Beobachten und Fragen mit Notizblock und Kasset-tenrecorder die Sparkasse!	– beobachten – erfragen – erkunden	Ga	Erkundungsauf-träge, Schreibzeug, Kassetten-recorder

Hauptlernziel:	Kenntnis des Wirtschaftskreislaufs unter Einbeziehung der Haushalte, Unternehmungen, Geldinstitute, des Staates und Auslands.	Unterrichtsthema: Kommt der Hundert-Mark-Schein wieder einmal zurück?	Autor: Max-J. Unterreiner
			Unterrichtszeit Empfehlung 1 UE

Vorbemerkungen:

Die UE zielt ab auf eine integrative Sicht des komplexen Wirtschaftskreislaufs vom einfachen Geld- und Güterkreislauf, über binnenwirtschaftliche Zusammenhänge bis zum Außenhandel. Dazu ist ein detailliert vorbereitetes Tafelbild erforderlich. Die Ergebnisfixierung erfolgt jeweils nach den einzelnen Teilzielen und ihrer mündlichen Sicherung.

Lernziele:

Die Schüler sollen ...
1. den einfachen Geld- und Güterkreislauf erkennen und beschreiben;
2. die erweiterten binnenwirtschaftlichen Zusammenhänge erkennen und beschreiben;
3. den Vorgang des Außenhandels erkennen und beschreiben.

Literatur:
- M.Grabinger, u.a.: Die Rolle des Geldes, Stuttgart 1978
- H.Bartenschlager: Arbeitslehre konkret (9. Jgst.), Donauwörth 1981

Medien: Tafel, Bildapplikationen, Arbeitsblatt, Folie, OH-Projektor.

Bildgeschichte:

Arbeitstext 1:

Damit sich Georg das Mofa kaufen konnte, legte der Vater 500 Mark dazu. Das war Herrn Schmidt jedoch nur möglich, weil er als Hersteller in einer Schuhfabrik arbeitete und monatlich seinen Lohn bezog. Der Unternehmer kann aber den Lohn nur auszahlen, wenn er seine Ware absetzen kann.

Arbeitstext 2:

Herr Schmidt konnte in Wirklichkeit nur deshalb die 500 Mark geben, weil er einen Teil seines Lohns gespart hatte. Die Geldinstitute sammeln die Sparbeträge, zahlen Habenzinsen an die Haushalte und geben Unternehmungen Kredite; dafür verlangen sie Sollzinsen. Dieser Kreditmechanismus wird natürlich auch bei Privatpersonen wirksam. Die Unternehmungen können mit diesen Krediten Investitionen durchführen. Die Entlohnung, die Herr Schmidt für seine Arbeitskraft monatlich erhält, bezeichnet man als Bruttolohn. Davon muß er einen Teil an den Staat in Form von Steuern und Beiträgen zur Sozialversicherung abführen. Den verbleibenden Rest bezeichnet man als Nettolohn. Nicht nur Arbeitnehmer, sondern auch Unternehmungen, müssen Steuern an den Staat zahlen, damit dieser seine umfangreichen öffentlichen Aufgaben finanzieren kann. Ein Teil der Staatseinnahmen fließt an die Haushaltungen in Form von Löhnen und Gehältern für Beschäftigte im öffentlichen Dienst und Sozialleistungen zurück. Auch die Unternehmungen erhalten Staatsgelder in Form von öffentlichen Aufträgen oder Subventionen.

Arbeitstext 3:

Im vollständigen Wirtschaftskreislauf spielt die Verflechtung mit dem Ausland eine große Rolle. Die Unternehmungen kaufen Güter im Ausland. Sie müssen also an die ausländischen Lieferanten bezahlen. Unternehmungen verkaufen aber auch Güter an das Ausland und erhalten dafür Geld. Es fließen also auch Geld- und Güterströme vom Ausland ins Inland und umgekehrt.

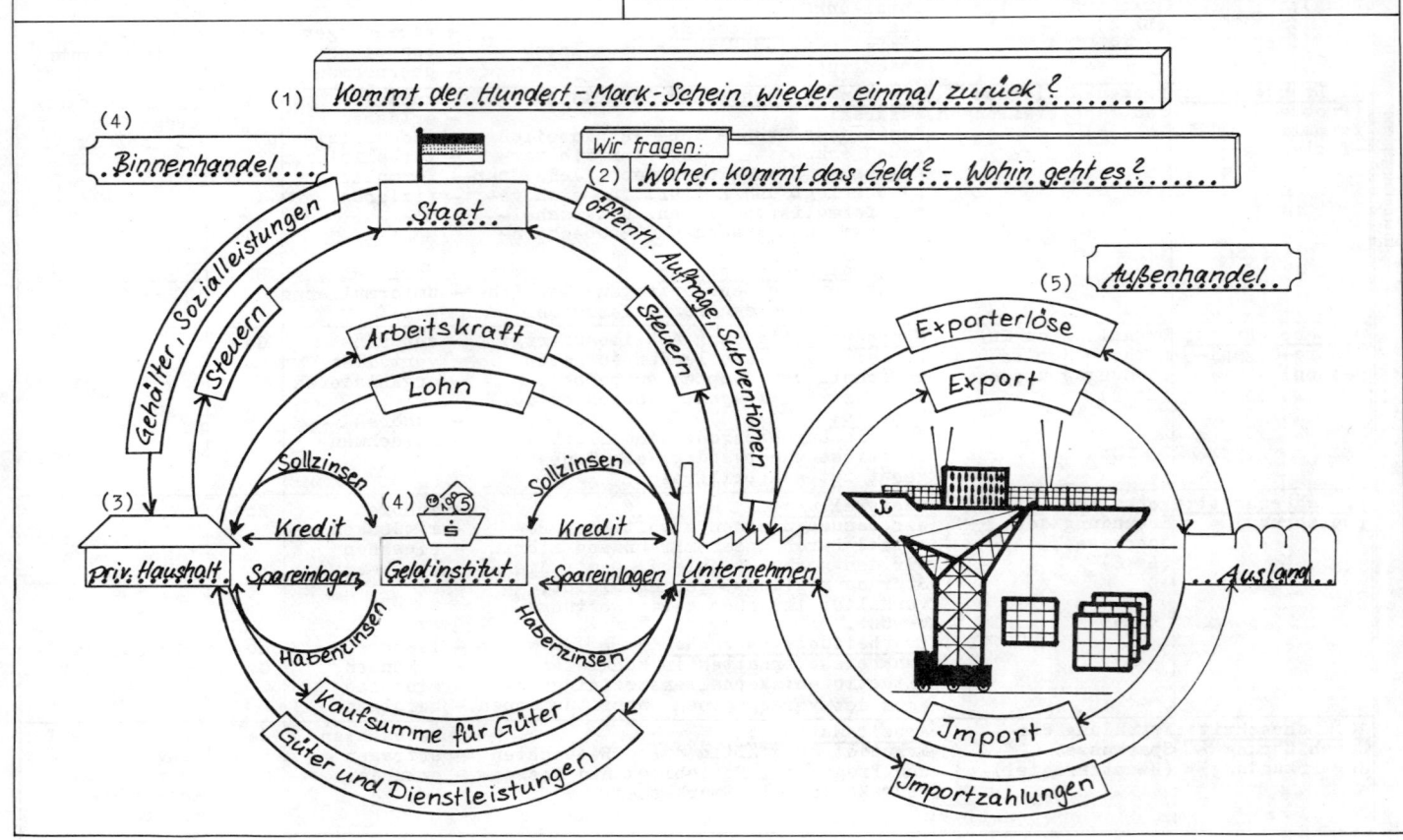

274

UG	Lehrschritte (Artikulationsdefinition)	Lehrinhalte und Lernziele (= Lz)	Lehrakte .... Lernakte		Sozialformen	Lernhilfen
Eröffnungsphase	1. Lehrschritt (Problemstellung)	Darstellung einer Sachsituation.	Sachimpuls: Der Lehrer zeigt über OH-Projektor eine "Bildgeschichte". Erarbeitungsgespräch: Georg hat sich 1 000 DM erspart. Das Mofa kostet 1 500 DM. Vom Vater bekommt er 500 DM. Er kann sich seinen Wunsch erfüllen. Von einem Hundert-Mark-Schein merkt er sich die Nummer.	– betrachten – reflektieren – verbinden – erzählen – erklären – begründen	Hb Hb	Bildgeschichte
	2. Lehrschritt (Problemfindung, -formulierung, -fixierung)	Problemfrage 1: Kommt der Hundert-Mark-Schein wieder einmal zurück?	Erarbeitungsgespräch nach Impuls: Es hat schon einen Grund, warum sich Georg die Nummer des Geldscheins merkt!	– vermuten – erfragen – formulieren	Hb	Tafelbild (1) (Überschrift)
	3. Lehrschritt (Problempräzisierung)	Problemfrage 2/3: • Woher kommt das Geld? • Wohin geht es?	Impuls: Georg hat sich nur einen Schein gemerkt. Denke aber auch an das andere Geld! Erarbeitungsgespräch: Formulierung der Problemfrage.	– weiterschließen – folgen – erfragen – formulieren	Hb Hb	Tafelbild (2)
	4. Lehrschritt (Hypothesenbildung)	Schülerhypothesen.	Gruppengespräch nach Gesprächsauftrag: Die Schüler artikulieren Vermutungen zu den Problemfragen. Verarbeitungsgespräch: Mögliche Herkunft und mögliche Ziele des Geldes.	– vermuten – diskutieren – notieren – berichten – erklären – beschreiben	Ga Hb	Notizblock
	5. Lehrschritt (erste Teilergebniserarbeitung)	Der einfache Geld- und Güterkreislauf.	Sachimpuls: Der Lehrer bietet Arbeitstext dar. Partnergespräch nach Gesprächsauftrag: Besprich, in welcher Beziehung Geld und Güter zueinander stehen!	– erlesen – überdenken – besprechen – beschreiben	Hb Pa	Arbeitstext 1 Tafelbild: Der einfache Geld- und Güterkreislauf
	(erste Teilergebnisgewinnung)		Verarbeitungsgespräch: Unternehmen, privater Haushalt, Tausch, Lohn, Arbeitskraft, Güter, Kaufpreis, Güterkreislauf und Geldkreislauf verlaufen entgegengesetzt.	– erkennen – benennen – zuordnen – beschreiben – erklären	Hb	Tafelbild (3)
Erarbeitungsphase	6. Lehrschritt (Teilergebniszusammenfassung)	Mündliche und schriftliche Ergebnissicherung.	Verarbeitungsgespräch nach Arbeitsauftrag: Erkläre im Zusammenhang den einfachen Geld- und Güterkreislauf!	– im Zusammenhang erklären – beschreiben	Hb	Tafelbild (3)
	7. Lehrschritt (zweite Teilergebnisgewinnung, -fixierung)	Der erweiterte Geld- und Güterkreislauf.	Sachimpuls: In Wirklichkeit ist der Geld- und Güterkreislauf umfangreicher und komplizierter. Lies dazu Arbeitstext 2! Verarbeitungsgespräch: Spareinlagen, Habenzinsen, Kredite, Sollzinsen, Steuern, Sozialleistungen, öffentliche Aufträge, Subventionen; Binnenhandel.	– folgen – erlesen – erkennen – erklären – beschreiben – folgern – einordnen	Hb Hb	Arbeitstext 2 Tafelbild: Der erweiterte Geld- und Güterkreislauf Tafelbild (4)
	8. Lehrschritt (zweite Teilergebniszusammenfassung)	Mündliche und schriftliche Ergebnissicherung.	Verarbeitungsgespräch: Beschreibe den erweiterten Geld- und Güterkreislauf!	– im Zusammenhang beschreiben	Hb	Tafelbild (4)
	9. Lehrschritt (dritte Teilergebniserarbeitung)	Der Außenhandel.	Sachimpuls: Der Wirtschaftskreislauf ist erst vollständig, wenn der Handel mit dem Ausland berücksichtigt wird. Lies dazu Arbeitstext 3! Gruppengespräch nach Gesprächsauftrag: Finde die entsprechenden Fachausdrücke heraus!	– zuhören – erlesen – besprechen – erkennen – zuordnen	Hb Ga	Arbeitstext 3 Tafelbild: Außenhandel
	(dritte Teilergebnisgewinnung, -fixierung)		Verarbeitungsgespräch: Import, Export. Importzahlungen, Exporterlöse; Außenhandel.	– formulieren – zuordnen	Hb	Tafelbild (5)
	10. Lehrschritt (dritte Teilergebniszusammenfassung)	Mündliche und schriftliche Ergebnissicherung.	Verarbeitungsgespräch: Beschreibe kurz den Außenhandel!	– beschreiben	Hb	Tafelbild (5)
Sicherungsphase	11. Lehrschritt (Rückgriff auf Problemfragen)	Lösung und Beantwortung des Ausgangsproblems.	Verarbeitungsgespräch: Kommt der Hundert-Mark-Schein wieder einmal zurück? – Mögliche Stationen des Geldes. Der Geldkreislauf verläuft entgegengesetzt dem Güterkreislauf.	– formulieren – werten	Hb	Tafelbild (1) – (5)
	12. Lehrschritt (Ausblick)	Bedeutung des Geldes in unserer Wirtschaft.	Impuls: Auch eine Wirtschaft kann erkranken. Überlege, wo im Wirtschaftskreislauf dies der Fall sein könnte! Erarbeitungsgespräch: Zu viele Güter zu wenig Geld; zu wenig Güter, zu viel Geld.	– zuhören – überlegen – erkennen – begründen	Hb Hb	Tafelbild (1) – (5)

Hauptlernziel:	Unterrichtsthema:	Autor: Peter Allerberger
Kenntnis davon, daß Güter- und Geldmenge in einem unterschiedlichen Verhältnis zueinander stehen können.	Krankheiten unserer Wirtschaft: Inflation - Deflation.	Unterrichtszeit Empfehlung: 2 UE

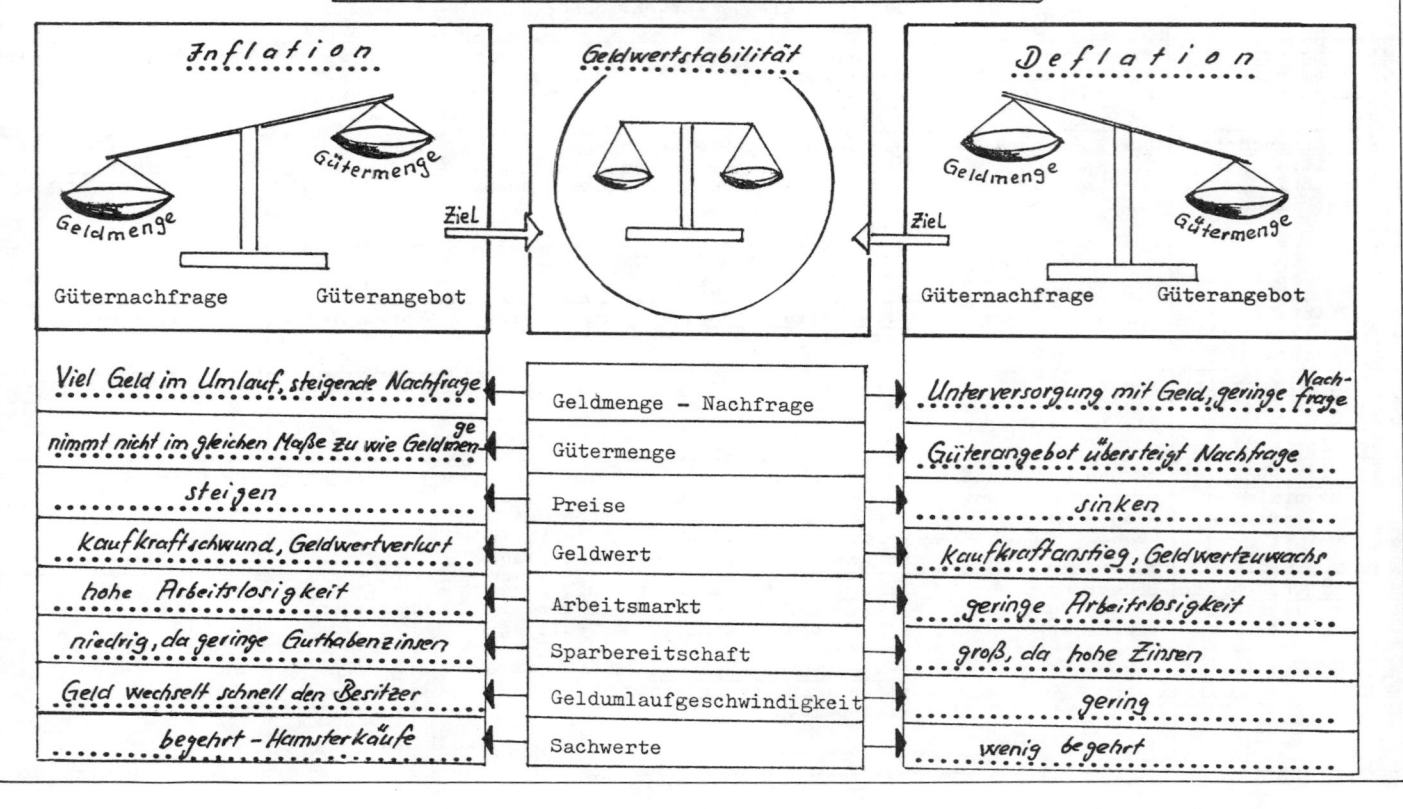

Vorbemerkungen:

Die Zielsetzung des Stabilitätsgesetzes von 1967 (vereinfacht in Form des sogenannten Magischen Vierecks: Vollbeschäftigung, ausgeglichene Handels- bzw. Zahlungsbilanz, angemessenes Wirtschaftswachstum, Geldwertstabilität) sollte den Schülern bereits geläufig sein.
Lösungen zur Behebung der beiden wirtschaftlichen Mißstände in Richtung (Zielsetzung) Geldwertstabilität mit den Schülern zu erarbeiten, ist schwierig, da manche Maßnahmen andere wirtschafts- und gesellschaftspolitische Zielsetzungen gefährden könnten (Finanz-, Geld-, Lohnpolitik, Preiskontrolle). Deshalb wird diesen stabilitätspolitischen Maßnahmen in dieser Einheit wenig Raum geschenkt; lediglich im Lehrschritt 10 werden Möglichkeiten der Inflationsbehebung erfragt.
Alternativ ließen sich im Anschluß an vorliegende wirtschaftspolitischen Ziele ebensogut erarbeiten; hierbei könnten mit dem erlernten Grundwissen unmittelbar Wege zum Erreichen der Preis- bzw. Kaufkraftstabilität aufgezeigt werden. Die im magischen Viereck niedergelegten Ziele gehen über das Ziel des stabilen Geldwerts hinaus, denn der Staat muß auch für ein angemessenes Wachstum bzw. für einen hohen Beschäftigungsgrad sorgen; hier wird deutlich, wie schwierig die Thematik für die Schüler ist: auf der einen Seite soll das Ziel der Kaufkraftstabilität angestrebt, auf der anderen Seite sollen die nicht minder wichtigen Ziele nicht vernachlässigt werden (natürlich auf Kosten der Geldwertstabilität).

Medien - Literatur:

Arbeitsblatt, Inflationsgeld als Kopie (Folie bzw. Bild oder Original);
Information des Instituts der deutschen Wirtschaft, Köln

Lernmaterialien: a)

Die Beförderung eines einfachen Briefes kostete 1920 wenige Pfennige. Der „Nominalwert" einer Briefmarke, die man auf einen einfachen Brief kleben mußte, belief sich entsprechend auf wenige Pfennige. Die „reale" (wirkliche) Leistung der damaligen Reichspost bestand in der Beförderung des Briefes vom Absender zum Adressaten. Ende 1923 erhöhte sich der „Nominalwert" der Briefmarke auf mehrere Milliarden Mark; die Leistung der Reichspost blieb aber „real" unverändert.
Ein Angestellter verdiente z.B. 1980 im Monat netto 3000 DM. Sein Gehalt stieg 1981 um 5,5% auf netto 3165 DM an. Von 1980 auf 1981 haben sich die Preise durchschnittlich um 5,5% erhöht.

b)
Seitdem es Geld gibt, hat es immer wieder Zeiten besonders starker Geldentwertung gegeben. Oft waren es die Folgen von Mißernten oder Kriegen. In vielen Fällen aber waren Inflationen das Ergebnis übersteigerter Ansprüche oder bewußten Betrugs. Als die aufgestaute Inflation nach dem II.Weltkrieg im Sommer 1948 durch die Währungsreform beendet wurde, gab es für 100 Reichsmark 7,50 neue DM.

c)
Nimmt die Geldmenge gegenüber der Gütermenge zu, so verliert die Geldeinheit an Kaufkraft. Man kann dann für eine Geldeinheit (DM) weniger Güter kaufen als bisher. Diesen Vorgang nennt man Geldentwertung oder Inflation. In dieser Lage ist die gesamte kaufkräftige Nachfrage nach Gütern und Dienstleistungen in einer Volkswirtschaft größer als das gesamte Angebot; die Geldmenge wird über den volkswirtschaftlichen Geldbedarf hinaus vermehrt.

Teillernziele: Die Schüler sollen:

1. die Begriffe nominal und real im Zusammenhang mit dem Einkommen bzw. mit Wirtschaftsleistungen erläutern können;
2. davon ausgehend die Geldentwertung der Jahre 1923 und 1948 miteinander vergleichen;
3. die Begriffe Inflation und Deflation anhand des Waagemodells veranschaulichen und kennzeichnen;
4. Möglichkeiten aufzeigen, wie Geldwertstabilität erreicht werden kann.

Arbeitsblatt:

Krankheiten unserer Wirtschaft: Inflation - Deflation

Inflation	Geldwertstabilität	Deflation
Geldmenge < Gütermenge (Güternachfrage / Güterangebot)	Ziel	Geldmenge > Gütermenge (Güternachfrage / Güterangebot)

Inflation		Deflation
Viel Geld im Umlauf, steigende Nachfrage	Geldmenge - Nachfrage	Unterversorgung mit Geld, geringe Nachfrage
nimmt nicht im gleichen Maße zu wie Geldmenge	Gütermenge	Güterangebot übersteigt Nachfrage
steigen	Preise	sinken
Kaufkraftschwund, Geldwertverlust	Geldwert	Kaufkraftanstieg, Geldwertzuwachs
hohe Arbeitslosigkeit	Arbeitsmarkt	geringe Arbeitslosigkeit
niedrig, da geringe Guthabenzinsen	Sparbereitschaft	groß, da hohe Zinsen
Geld wechselt schnell den Besitzer	Geldumlaufgeschwindigkeit	gering
begehrt - Hamsterkäufe	Sachwerte	wenig begehrt

UG	Lehrschritte (Artikulationsdefinition)	Lehrinhalte und Lernziele (= Lz)	Lehrakte .... Lernakte		Sozialformen	Lernhilfen
Eröffnungsphase	1. Lehrschritt: (Einstimmung)	Inflationsgeld von 1923;	Sachimpuls: Die Leute damals hatten ja Geld wie Heu.	– betrachten – kommentieren	Hb	Folie bzw. Bild: Inflationsgeld
	2. Lehrschritt: (Zielangabe)	Krankheiten der Wirtschaft: Inflation – Deflation;	Erarbeitungsgespräch: Geld ist ein Tauschmittel. Es ist das „Blut" unserer Wirtschaft. Formulieren der Überschrift.	– aufnehmen – konkretisieren – formulieren	Hb	Arbeitsblatt: Überschrift
Erarbeitungsphase	3. Lehrschritt: (Vorkenntnisermittlung)	„real" Kaufkraft unverändert; Nominaleinkommen minus Preissteigerung = Realeink.; (Lz 1)	Arbeitsauftrag: Worin bestand im 1.Fall die Leistung der Reichspost? Der Angestellte verfügte über 165 DM Nominaleinkommen mehr als im Vorjahr; konnte er dafür zusätzlich einkaufen? Verarbeitungsgespräch: Das Realeinkommen wird an der Kaufkraft des Geldes gemessen.	– lesen – verbalisieren – überlegen – belegen – Information entnehmen	Aa Hb	Lernmaterial a u.U. Aufdruck-Briefmarke aus der Inflationszeit;
	4. Lehrschritt: (Problembegegnung)	Briefmarke, Nettoeinkommen; Briefbeförderung, Kaufkraft des Nettoeinkommens; Vergleich 1923/1980 (Lz 1)	Arbeitsauftrag: Nenne aus beiden Fällen die Nominalwerte, die Realwerte. 1923 verlor das Geld binnen eines Jahres 99,99% seines ursprünglichen realen Wertes, 1980 dagegen um 5,5%.	– zuordnen – Bezüge herstellen – vergleichen – kommentieren	Aa	
	5. Lehrschritt: (Teilergebniserarbeitung)	Entstehung der Inflation; Kriege als Wurzel; Staatsbeteiligung; (Lz 2) Inflation = Geldentwertung;	Verarbeitungsgespräch: Vergleiche die beiden großen Kaufkraft-Zerstörungen in der deutschen Geschichte. Was kannst du feststellen? Erklärung: Der Begriff Inflation wird heute auch für eine ziemlich langsame Geldentwertung verwendet.	– lesen – differenzieren – feststellen – aufnehmen – definieren	Hb Hb	Lernmaterial b
	6. Lehrschritt: (Teilergebnisdarstellung)	Güter- und Geldmenge (Nachfrage, Angebot), Sparen, Konsumieren Produktion, Geldumlauf u.a. (Lz 3)	Erarbeitungsgespräch nach Impuls: Die Geldmenge, die im Umlauf ist, steht immer einer bestimmten Gütermenge gegenüber. Die Größe der Güter- bzw. Geldmenge kann jedoch schwanken.	– zuhören – überdenken – erläutern – beurteilen	Hb	
	7. Lehrschritt: (Teilergebnisfixierung)	Kennzeichen der Inflation; Geldmenge, Gütermenge, Preise, Geldwert, Sachwerte u.a.; Geldmenge überwiegt; (Lz 3)	Arbeitsauftrag: Wir wollen dies am Waagemodell veranschaulichen. Vervollständige nach den angegebenen Punkten und begründe. Was ist Inflation? Denke an die Nominalwerte 1923/1948. Verarbeitungsgespräch: Bei der Inflation wirken Geld- und Gütermenge in entgegengesetzter Richtung.	– veranschaulichen – vervollständigen – rekapitulieren – lesen – fixieren	Ga Hb	Arbeitsblatt: Waagemodell; Notizblock; Lernmaterial c Arbeitsblatt: Abschnitt Inflation
	8. Lehrschritt: (Teilergebniserarbeitung und -fixierung)	Deflation: Unterversorgung der Wirtschaft mit Geld; gleichbleibende oder verringerte Geldmenge und gleichzeitige Vermehrung der Gütermenge; (Lz 3)	Arbeitsauftrag: Versuche nun die zweite mögliche Krankheit einer Volkswirtschaft als das Gegenteil der Inflation zu erläutern. Verwende dazu wiederum das Waagemodell. Verarbeitungsgespräch: Die Deflation ist das Gegenteil zur Inflation; sie kommt in Wirklichkeit selten vor. Wir vervollständigen nach den angegebenen Punkten.	– Beziehungen herstellen – ableiten – verbalisieren – gegenüberstellen – fixieren	Pa Hb	Arbeitsblatt: Waagemodell; Notizblock; Arbeitsblatt: Abschnitt Deflation
Sicherungsphase	9. Lehrschritt: (Teilzusammenfassung)	Anwachsen der Warenbestände, da Geldknappheit; scheinbarer Widerspruch; (Lz 3)	Erarbeitungsgespräch nach Frage: Ist nicht Deflation ein erstrebenswerter Zustand, geschweige denn eine Krankheit der Wirtschaft? Erläuterung: Der Geldwert ist verhältnismäßig hoch, die Preise sind in der Deflation relativ niedrig.	– aufnehmen – belegen – konkretisieren	Hb Hb	
	10. Lehrschritt: (Wertung – Ausblick)	Vergleich mit Blutkreislauf; Ziel: Geldwertstabilität; (Lz 3/4)	Verarbeitungsgespräch: Läuft zuviel Geld um, fiebert die Wirtschaft; läuft zuwenig um, ist sie blutarm. Diagnostiziere diese Krankheiten mit eigenen Worten. Wie kann Geldwertstabilität erreicht werden?	– Beispiele nennen – nachvollziehen – aufzählen	Hb	Arbeitsblatt: Gesamtdarstellung
	11. Lehrschritt: (Anwendung – Lernzielkontrolle)	Nominalverdienst; Realeinkommen einschließlich der Teuerungsrate; (Lz 1 – 4)	Rundgespräch: Hauptsache die Löhne steigen kräftiger als die Preise. Unter dem Strich bleibt ja doch was übrig. Äußere dich zu diesem vielzitierten Satz. Verwende die Begriffe real und nominal.	– diskutieren – schlußfolgern – sich äußern – erläutern	Hkf	

Hauptlernziel: Kenntnis einiger Aufgaben der Geldinstitute.	Unterrichtsthema: Was tut der Dienstleistungsbetrieb "Sparkasse" für seine Kunden?	Autor: Max-J. Untereiner
		Unterrichtszeit Empfehlung: 2 UE

Vorbemerkungen: Für den Überblick über die Dienstleistleistungen der Geldinstitute berichten alle Gruppen, das Verarbeitungsgespräch wird Schwerpunkte (z.B. Giro-, Sparverkehr, Kreditwesen) setzen. Sonach werden nicht alle aufgeführten Teillernziele im gleichen Umfang angestrebt.

Teillernziele: Die Schüler sollen ...
1. Problemfragen formulieren;
2. selbständig in arbeitsteiliger Gruppenarbeit die Erkundungsergebnisse auswerten, einen Kurzbericht auf Folien erstellen und diesen vortragen;
3. Aufgaben des Giro-, Sparverkehrs, des Kreditwesens, der Kasse, Edelmetall- und Münzabteilung, Sicherheitseinrichtungen und EDV kennen und erklären;
4. das Berufsbild des Bankkaufmanns beschreiben;
5. erkennen, daß auch das Geldinstitut wirtschaftlich arbeiten muß.

Literatur:
- Erkundungsbögen der Sparkasse Berchtesgadener Land
- H.W.Knüppel, H.J.Riehm: Lehrerbegleitheft zum Foliensatz "Die Aktie", Sparkassenverlag Stuttgart
- H.J.Riehm: Lehrerbegleitheft zum Foliensatz "Das Kreditwesen in Deutschland", Sparkassenverlag Stuttgart
- G.Zeep-Metzger, W.D.Zeep: Lehrerbegleitheft zum Foliensatz "Welt-Währungen", Sparkassenverlag Stuttgart

Medien: Tafel, Bildkarten, Fragenkataloge, Erkundungsprotokolle, Folien, Erkundungsbögen der Sparkasse, Girotasche, Foliensätze: Vordrucke für den bargeldlosen Zahlungsverkehr, bargeldloser Zahlungsverkehr, Aktie, Kreditwesen, Weltwährungen (aus dem Sparkassenverlag).

Gruppenbericht 1 (Folie 1): Das Girokonto ist der Dreh- und Angelpunkt im täglichen Zahlungsverkehr. Auf ihm können Zahlungen empfangen und geleistet werden. Eine ganze Reihe wiederkehrender Leistungen werden automatisch durchgeführt.

Dauerauftrag: monatliche Miete, monatliche Sparrate, Vereinsbeiträge, Rundfunk- und Fernsehgebühren;
Einzugsauftrag: Telefon, elektrischer Strom, Rundfunk- und Fernsehgebühren;
Überweisungen, Scheck: Rechnungen;
Barabhebung: Eigenbedarf.

Regel: Für alle gleichbleibenden Zahlungen: Dauerauftrag, für regelmäßige, in der Betragshöhe wechselnde Zahlungen: Einzugsauftrag.

Der eurocheque: Zahlung in allen europäischen Ländern, außer DDR, Albanien; gültig auch in den afrikanischen Mittelmeerländern. Der Scheckbetrag wird durch die Scheckkarte garantiert. Garantie bis zu 300,-- DM je Scheck. Gültigkeitsdauer: 1-2 Jahre. Dispositionskredit bis zum 2-3-fachen des monatlichen Einkommens.

Weg einer Überweisung (Folie 2):

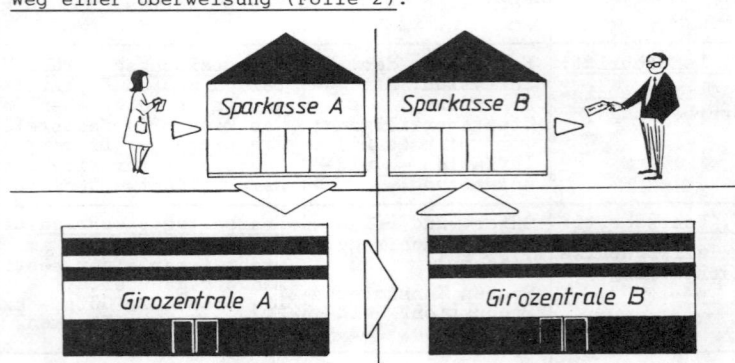

(1) Der bargeldlose Zahlungsverkehr

Wir fragen:
(2) Welche Möglichkeiten bietet das Girokonto?

Wir erkennen: (3)
- Dauerauftrag ..... monatliche Miete, monatliche Sparrate, Vereinsbeiträge
- Einzugsauftrag ... Telefon, Strom, Rundfunk- u. Fernsehgebühren
- Überweisung ...... Rechnungen
- ec.- Scheck ...... Urlaubsreise
- Barabhebung ...... eigener Bedarf
- Dispositionskredit. Das Girokonto kann um das 2-3.fache des monatlichen Einkommens überzogen werden.

Wir merken:
(4) Der Dauerauftrag eignet sich für gleichbleibende Zahlungen.
Der Einzugsauftrag eignet sich für regelmäßige, in der Betragshöhe wechselnde Zahlungen.

Wir fragen:
(5) Wie läuft ein Überweisungsauftrag?

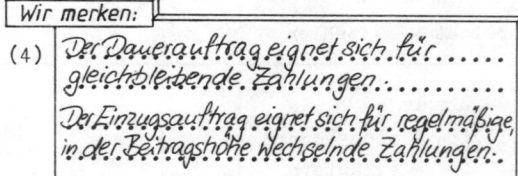

(6) Kontobelastung für Auftraggeber ... Kontogutschrift für Empfänger ...

UG	Lehrschritte (Artikulationsdefinition)	Lehrinhalte und Lernziele (= Lz)	Lehrakte .... Lernakte		Sozialformen	Lernhilfen
Eröffnungsphase	1. Lehrschritt (Anknüpfung)	Wiederholung zur vorausgegangenen Erkundung.	Impuls: Geldinstitute leisten viele Dienste. Wir können sie zu verschiedenen Fachabteilungen zusammenfassen. Erarbeitungsgespräch: Die Schüler reproduzieren Vorwissen. Der Lehrer trifft durch Anheften von Applikationen eine exemplarische Auswahl der vertieft zu bearbeitenden Fachabteilungen. Rundgespräch: Freie Aussprache, Berichte zu Erlebnissen, Eindrücken, Erfahrungen aus der Erkundung.	- zuhören - mitdenken - reproduzieren - nennen - erklären - erzählen - berichten - deuten	Hb Hb Aa/Hb	Seitentafel: Wortkarten -Giroverkehr -Sparverkehr -Kreditwesen
	2. Lehrschritt (Problemstellung)	Zielstellung mit Problemfrage: Was tut der Dienstleistungsbetrieb "Sparkasse" für seine Kunden? (Lz 1)	Partnergespräch nach Gesprächsauftrag: Wir werten die Ergebnisse und Erkenntnisse der Erkundung aus. Überlege mit deinem Partner eine passende Arbeitsfrage! Verarbeitungsgespräch: Formulierung der Problemfrage.	- zuhören - überlegen - besprechen - fragen - verbalisieren - formulieren	Pa Hb	Seitentafel
Erarbeitungsphase	3. Lehrschritt (Integration, Darstellung)	Informationsauswertung. (Lz 2)	Arbeitsauftrag: Erstellt einen kurzen Gruppenbericht zu euerm Erkundungsauftrag auf Folie!	- lesen - auswerten - ordnen	Ga	Fragenkatalog, Erkundungsergebnisse, Folien a) - f)
	4. Lehrschritt (erste Teilergebnisauswertung und -fixierung)	Der Giroverkehr. (Lz 3) (Stundenschwerpunkt)	Gruppenbericht 1: Bericht zu Erkundung der Fachabteilung "Giroverkehr". Verarbeitungsgespräch: Möglichkeiten mit dem Girokonto, ec-Scheck. Besprechen und Ausfüllen von Vordrucken.	- berichten - zuhören - integrierend erklären	Aa/Hb Hb	Folie 1 Folie 2 Tafelbild (1)-(6) Foliensatz "Giro"
	5. Lehrschritt (zweite Teilergebnisauswertung)	Der Sparverkehr. (Lz 3)	Gruppenbericht 2: Bericht zur Erkundung der Fachabteilung "Sparverkehr". Verarbeitungsgespräch: Sparbuch, vermögenswirksames Sparen, Wertpapiersparen, Besprechen der verschiedenen Sparformen.	- berichten - zuhören - integrierend erklären	Aa/Hb Hb	Folie a) Foliensatz "Aktie"
	6. Lehrschritt (dritte Teilergebnisauswertung)	Das Kreditwesen. (Lz 3)	Gruppenbericht 3: Bericht zur Erkundung der Fachabteilung "Kredit". Verarbeitungsgespräch: Kreditarten, Zinsberechnung, besondere Voraussetzungen für Minderjährige.	- berichten - zuhören - integrierend erklären	Aa/Hb Hb	Folie b) Foliensatz "Kreditwesen"
	7. Lehrschritt (vierte Teilergebnisauswertung)	Die Kasse. (Lz 3)	Gruppenbericht 4: Bericht zur Erkundung der Fachabteilung "Sorten, Devisen, Kasse". Verarbeitungsgespräch: Begriffe "Sorte", "Devisen"; Aufgaben der Kasse, Kurs.	- berichten - zuhören - integrierend erklären	Aa/Hb Hb	Folie c) Foliensatz "Währungen"
	8. Lehrschritt (fünfte Teilergebnisauswertung)	Edelmetalle, Münzen. (Lz 3)	Gruppenbericht 5: Bericht zur Erkundung der Fachabteilung "Edelmetalle, Münzen". Verarbeitungsgespräch: Edelmetalle, Münzen, Goldpreis.	- berichten - zuhören - integrierend erklären	Aa/Hb Hb	Folie d)
	9. Lehrschritt sechste Teilergebnisauswertung)	Tresor, Schließfach, EDV-Verarbeitung. (Lz 3)	Gruppenbericht 6 und 7: Bericht zur Erkundung der Sicherheitseinrichtung und der Datenverarbeitung. Verarbeitungsgespräch: Alarmanlage, Beschaffenheit des Tresors, Kundenschließfächer, EDV-Verarbeitung.	- berichten - zusammenfassen - zuhören - integrierend erklären	Aa/Hb Hb	Folie e)
	10. Lehrschritt (siebte Teilergebnisauswertung)	Berufsbild "Bankkaufmann". (Lz 4)	Gruppenbericht 8: Bericht zur Erkundung über den Beruf "Bankkaufmann". Verarbeitungsgespräch: Berufsbezeichnung, Tätigkeitsbereich, Tätigkeitsmerkmale, Tätigkeiten, Anforderungen, Ausbildung.	- berichten - zuhören - integrierend erklären	Aa/Hb Hb	Folie f)
Sicherungsphase	11. Lehrschritt (Gesamtergebniszusammenfassung)	Rekapitulation nach ausgewählten Schwerpunkten. (LZ 3)	Rundgespräch nach Impuls: Wiederhole noch einmal die verschiedenen Dienstleistungen der Geldinstitute!	- wiederholen - beschreiben - erklären	Aa/Hb	Tafelbild (1)-(6)
	12. Lehrschritt (Wertung)	Wirtschaflichkeit der Geldinstitute. (Lz 5)	Gruppengespräch nach Impuls: Geldinstitute müssen wirtschaftlich arbeiten. Diskutiere folgende Situationen in der Gruppe: a) Die Einlagen sind erheblich höher als die Ausleihungen. b) Die Ausleihungen sind erheblich höher als die Einlagen Verarbeitungsgespräch: Auswertung der Gesprächsergebnisse.	- zuhören - diskutieren - folgern - erkennen - vortragen - begründen	Ga Hb	

Hauptlernziel: Einblick in die Funktionsweise der freien Marktwirtschaft.	Unterrichtsthema: Wie funktioniert die freie Marktwirtschaft?	Autor: Max-J. Unterreiner
		Unterrichtszeit Empfehlung: 2 UE

Vorbemerkungen: Diese UE, erster Teil der Sequenz "Wirtschaftssysteme", setzt die Kenntnis des Marktgeschehens und der Tarifautonomie voraus. Die Fixierung der Teilergebnisse erfolgt nach der jeweiligen Erarbeitung. Um die Teilaspekte in den Gesamtzusammenhang zu integrieren, ist auf argumentative Schülerbeiträge zu achten.

Teillernziele: Die Schüler sollen ...
1. die Preisbildungsfaktoren kennen und den Vorgang der Preisbildung beschreiben;
2. die Produktionsmittel kennen und über die freie Verfügbarkeit Auskunft geben;
3. das Verhältnis Arbeitgeber/Arbeitnehmer/Tarifautonomie beschreiben;
4. das Konsumverhalten des Verbrauchers in der freien Marktwirtschaft kennzeichnen;
5. die Aufgabe des Staates erklären;
6. Vorteile der Wirtschaftsordnung für Unternehmen und Haushalte erkennen und nennen;
7. Nachteile für den Verbraucher erkennen und aus ihnen Konsequenzen folgern.

Literatur:
- P.Paulig, u.a.: Wirtschaftslehre, Stuttgart, 5. überarbeitete Auflage
- H.u.M.Weigang: Arbeitslehre, 9. Jgst., Ansbach 1980
- H.Geiling (Hrsg.): Schwerpunkt: Arbeitslehre, 9. Jgst., München 1981
- Bundeszentrale für politische Bildung (Hrsg.): Information zur politischen Bildung, Nr. 183

Arbeitsaufträge zur Gruppenarbeit:
- Gruppe 1: Die Getreideernte ist gut.
- Gruppe 2: Die Getreideernte ist schlecht; ausländisches Getreide wird importiert.
- Gruppe 3: Handelsfirmen einigen sich auf die Verkaufspreise.
- Gruppe 4: Große Firmen kaufen kleinere auf.

Arbeitsmaterialien:

DAG will mindestens Ausgleich der Preissteigerungen

Hamburg. (dpa) Die Deutsche Angestellten-Gewerkschaft (DAG) will bei den Tarifabschlüssen des kommenden Jahres mindestens den Ausgleich der erwarteten Preissteigerungen erreichen. Im DAG-Pressedienst begründete Vorstandsmitglied Roland Issen am Montag in Hamburg diese Zielrichtung damit, daß weitere reale Einkommensverluste der Arbeitnehmerhaushalte „erhebliche Gefahren für die Wirtschaftsentwicklung" darstellten. Bei rückläufigem Privatkonsum als Folge sinkender Realeinkommen müsse auch die Investitionsbereitschaft der Unternehmen zurückgehen, meinte Issen.

Traunsteiner Heizöl-Notierungen

Nach Angaben der an der Preisfeststellung beteiligten Heizölhändler wurden heute folgende Nettopreise frei Verbrauchertank im Großraum Traunstein für je 100 Liter erzielt, bei einer Abladestelle.

ab Liter	11. Mai	4. Mai
400	70,— bis 76,—	71,— bis 76,—
800	67,30 bis 69,—	68,— bis 70,—
1500	65,— bis 67,—	66,50 bis 68,20
2500	*63,60 bis 65,60	*65,10 bis 65,40
3500	62,50 bis 63,70	*63,50 bis 64,40
4500	*62,— bis 63,80	*63,— bis 64,20
5500	61,50 bis 63,40	*62,90 bis 63,20
6500	*61,— bis 63,—	*62,60 bis 63,10
7500	60,50 bis 62,60	*61,80 bis 62,30
8500	60,40 bis 62,40	*62,— bis 62,30
9500	*59,90 bis 60,80	60,80 bis 60,90

zuzüglich 13 % MwSt.   Tendenz: ruhig

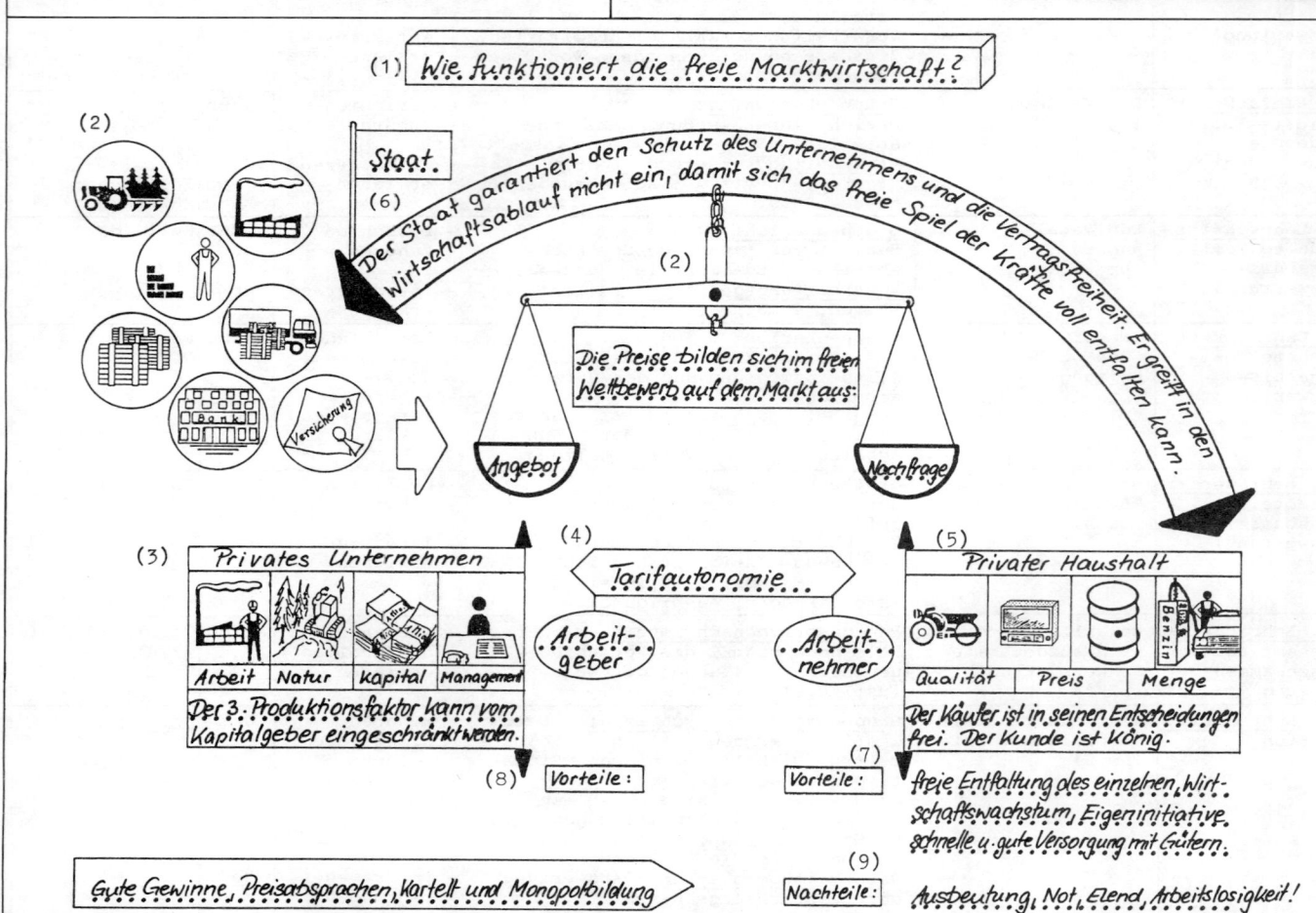

---

(1) **Wie funktioniert die freie Marktwirtschaft?**

(2) Staat

(6) Der Staat garantiert den Schutz des Unternehmens und die Vertragsfreiheit. Er greift in den Wirtschaftsablauf nicht ein, damit sich das freie Spiel der Kräfte voll entfalten kann.

(2) Die Preise bilden sich im freien Wettbewerb auf dem Markt aus: Angebot — Nachfrage

(3) Privates Unternehmen: Arbeit | Natur | Kapital | Management
Der 3. Produktionsfaktor kann vom Kapitalgeber eingeschränkt werden.

(4) Tarifautonomie: Arbeitgeber — Arbeitnehmer

(5) Privater Haushalt: Qualität | Preis | Menge
Der Käufer ist in seinen Entscheidungen frei. Der Kunde ist König.

(7) Vorteile: freie Entfaltung des einzelnen, Wirtschaftswachstum, Eigeninitiative, schnelle u. gute Versorgung mit Gütern.

(8) Vorteile: Gute Gewinne, Preisabsprachen, Kartell- und Monopolbildung

(9) Nachteile: Ausbeutung, Not, Elend, Arbeitslosigkeit!

UG	Lehrschritte (Artikulationsdefinition)	Lehrinhalte und Lernziele (= Lz)	Lehrakte .... Lernakte		Sozialformen	Lernhilfen
Eröffnungsphase	1. Lehrschritt: (Hinführung)	Vergleich zweier Fotos: "Markt".	Sachimpuls: Der Lehrer bietet zwei Fotos dar. Rundgespräch: Freie Schüleräußerungen zum Unterrichtsgegenstand. Erkenntnisformulierung: Marktgeschehen.	– betrachten – vergleichen – erkennen – beschreiben	Hb Aa/Hb	Kolonialwarenladen, Supermarkt
	2. Lehrschritt: (Vorkenntnisermittlung, -aktivierung)	Bericht.	Erarbeitungsgespräch: nach Impuls: Bereits in der 7. Jgst. hast du dich mit dem Markt befaßt. Berichte!	– berichten – erklären – beschreiben	Hb	
	3. Lehrschritt: (Problemfindung, -formulierung, -fixierung)	Problemfrage: Wie funktioniert die freie Marktwirtschaft?	Erklärung: Eine Wirtschaftsordnung, die nach den Gesetzen des freien Marktes arbeitet, d.h. frei von Eingriffen die vielen Bedürfnisse der Menschen befriedigt, heißt freie Marktwirtschaft.	– zuhören – folgen – mitfolgern – erkennen	Hb	Seitentafel: "Freie Marktwirtschaft"
			Arbeitsauftrag: Notiere Fragen dazu, was du wissen möchtest!	– fragen – notieren	Aa	Notizblock
			Erarbeitungsgespräch: Formulierung der zielrelevanten Problemfragen. Fixierung der Problemfrage.	– vorlesen – formulieren	Hb	Seitentafel; Tafelbild (1) Problemfrage
Erarbeitungsphase	4. Lehrschritt: (erste Teilergebniserarbeitung)	Freie Marktpreisbildung. (Lz 1)	Gruppengespräch nach Gesprächsauftrag: Erkenne die Preisbildungsfaktoren und erkläre ihren Zusammenhang!	– entschlüsseln – Zusammenhang erkennen – erklären	Ga	Tafelbild (2) (Waage, Kreise)
	(erste Teilergebnisgewinnung, -fixierung)		Verarbeitungsgespräch: Vortragen und auswerten der Ergebnisse. Fixierung der Ergebnisse.	– vortragen – erklären	Hb	Tafelbild (2)
	5. Lehrschritt: (zweite Teilergebniserarbeitung)	Produktionsmittel. (Lz 2)	Partnergespräch: nach Gesprächsauftrag: Unternehmen brauchen zum Produzieren Produktionsmittel. Finde sie anhand der Zeichnungen heraus und überlege, inwieweit sind sie frei verfügbar!	– entschlüsseln – folgern – erkennen	Pa	Tafelbild (3) (Bilder)
	(zweite Teilergebnisgewinnung, -fixierung)		Verarbeitungsgespräch: Auswertung und Ergebniszusammenführung. Fixierung.	– benennen – vortragen – erklären	Hb	Tafelbild (3)
	6. Lehrschritt: (dritte Teilergebnisgewinnung, -fixierung)	Arbeitgeber, Arbeitnehmer. (Lz 3)	Sachimpuls: Der Lehrer gibt den Zeitungsbericht "DAG-Forderungen" vor. Erarbeitungsgespräch nach Impuls: Du hast dieses Verfahren heuer kennengelernt. Berichte! Fixierung.	– erlesen – feststellen – berichten – rekapitulieren	Hb Hb	Zeitungsbericht Tafelbild (4)
	7. Lehrschritt: (vierte Teilergebniserarbeitung)	Konsumverhalten. (Lz 4)	Partnergespräch nach Gesprächsauftrag: (arbeitsteilig): Du kaufst ein ... a) ein Mofa, b) ein Radio, c) den Jahresbedarf an Heizöl, d) Benzin. Besprich mit dem Partner, nach welchen Gesichtspunkten du kaufst!	– überlegen – folgern – diskutieren – argumentieren – erörtern	Pa	Heizöl-Notierungen
	(vierte Teilergebnisgewinnung, -fixierung)		Verarbeitungsgespräch: Ergebnisformulierung und Fixierung.	– formulieren – fixieren	Hb	Tafelbild (5)
	8. Lehrschritt: (fünfte Teilergebnisgewinnung, -fixierung)	Aufgabe des Staates. (Lz 5)	Erarbeitungsgespräch: Schutz der Unternehmen und Vertragsfreiheit. Kein Eingriff in den Wirtschaftsablauf. Fixierung.	– schließen – erkennen – erklären – formulieren	Hb	Tafelbild (6)
	9. Lehrschritt: (Problemlösung, Gesamtzusammenfassung)	Beantwortung der Ausgangsfrage. Zeitliche und geographische Einordnung.	-Unterrichtsfrage: Wie funktioniert die freie Marktwirtschaft? Erklärung: Preisbildung, Produktionsmittel, Tarifpartner, Konsum, Staat. 19. Jahrhundert; westliche Welt.	– zuhören – beantworten – erklären – lokalisieren – Zeit fixieren	Hb Hb	Tafelbild(1)-(6) Kolonialwarenladen: 1913, Supermarkt:1983
Sicherungsphase	10. Lehrschritt: (Wertung)	Vorteile für Unternehmen und private Haushalte. (Lz 6)	Partnergespräch nach Gesprächsauftrag:Untersuche die freie Marktwirtschaft auf Vorteile für den Verbraucher!	– untersuchen – überlegen – folgern	Pa	Tafelbild(1)-(6)
			Verarbeitungsgespräch: Auswertung und Fixierung des Gespr.Ergebnisses.	– vortragen – notieren	Hb	Tafelbild (7)
			Gruppengespräch nach Gesprächsauftrag: (arbeitsteilig): Welche Vorteile können sich für die Unternehmen aus folgenden Situationen ergeben?	– Aufträge lesen – diskutieren – argumentieren	Ga	Arbeitsaufträge
			Verarbeitungsgespräch: Auswertung und Fixierung der Ergebnisse.	– vortragen – fixieren	Hb	Tafelbild (8)
	11. Lehrschritt: (Folgerung und Aktualisierung)	Nachteile für sozial Schwächere. Konsequente Forderung an den Staat. (Lz 7)	Erarbeitungsgespräch: Erkenntnis der Nachteile für die sozial Schwächeren im Staat. Konsequenz: Forderung an den Staat zum Schutz der sozial Schwachen. Fixierung.	– erkennen – folgern – argumentieren – erörtern – begründen – fixieren	Hb	Tafelbild (9)

Hauptlernziel: Einblick in die Funktionsweise der zentralen Verwaltungswirtschaft.	Unterrichtsthema: Warum bildet sich eine Käuferschlange vor dem Obststand?	Autor: Max-J. Unterreiner
		Unterrichtszeit Empfehlung: 2 UE

Vorbemerkungen:
Zur Darstellung der zentralen Verwaltungswirtschaft, der zweiten idealtypischen Wirtschaftsordnung, wird besonderer Wert auf Analogie zur freien Marktwirtschaft gelegt. Zum Schluß der UE sollte der Schüler nach Abwägung aller ihm bekannten positiven wie negativen Tatsachen zu einer begründeten persönlichen Stellungnahme veranlaßt werden.

Teillernziele:
Die Schüler sollen ...
1. erklären, wie der Preis entsteht;
2. erkennen, wem die Produktionsmittel gehören;
3. das Selbstverständnis des Staates und die Situation der Arbeitnehmer beschreiben;
4. die Ursachen für das Konsumverhalten der Bürger ergründen und erklären;
5. die Aufgaben des Staates zusammenfassen und den Planungsprozeß an einem Beispiel beschreiben;
6. Vor- und Nachteile wertend gegenüberstellen.

Literatur:
1. Bundeszentrale für politische Bildung (Hrsg.): Informationen zur politischen Bildung, Bonn, 1979, Nr. 4;
2. P.Paulig, u.a.: Wirtschaftslehre, Stuttgart, 5.überarbeitete Auflage;
3. G.Neumann, K.Sperling: Denkanstöße 3, Kulmbach/München;
4. Bundesministerium für innerdeutsche Beziehungen (Hrgg.): Zahlenspiegel, Bonn 1982².

Arbeitstext: Staat und Arbeitnehmer
Die zentrale Verwaltungswirtschaft lehnt Akkordlöhne mit der Begründung ab: "Akkord ist Mord!" Dennoch ist gerade in jüngster Zeit bekanntgeworden, daß z.B. in der UdSSR Fabriken nach dem Akkordsystem arbeiten; der Initiative des einzelnen Arbeitnehmers soll wieder eine größere Entfaltungsmöglichkeit eingeräumt werden. Der arbeitende Mensch ist ein Lohnempfänger des Staates. Das gilt für den Arbeiter in der Fabrik, den ursprünglichen Handwerksmeister wie auch für den Arzt und Künstler. Der Staat bestimmt als Arbeitgeber die Löhne und die Arbeitsbedingungen. Freie Gewerkschaften, die vom Staat unabhängig sind, gibt es nicht. Das Streikrecht wird dem Arbeitnehmer nicht eingeräumt. Nach sozialistischem Verständnis entspricht dem Recht auf Arbeit die Pflicht zur Arbeit; daraus leiten z.B. sowjetische Arbeitsämter ihre Aufgabe zur Arbeitskraftlenkung, nicht jedoch zur Arbeitslosenunterstützung ab.

PLANUNGSPROZESS

	1. Phase: Vorgabe	2. Phase: Gegenvorschläge	3. Phase: Beschluß und Durchsetzung
Politische Führung	Allgemeine Zielvorgabe	Billigung des Plans	Plan erhält Gesetzeskraft
Zentrale Planbehörde	Entwurf des vorläufigen Volkswirtschaftsplans. Aufschlüsselung in Einzelpläne	Koordinierung und Aufstellung des endgültigen Volkswirtschaftsplans	Aufschlüsselung in Einzelpläne
Fachministerien	Detaillierung der Einzelpläne für die Betriebe	Koordinierung und Zusammenfassung d.Gegenvorschläge	Detaillierung der Einzelpläne für die Betriebe etc.
Betriebe und Betriebszusammenschlüsse	Beratung der Planvorschläge	Gegenvorschläge	Plandurchführung

Arbeitstext: Der Industriepreis
Bei den Industriepreisen kann man von "echten" Preisen sprechen. Die Betriebe müssen ihre Rohstoffe, Maschinen und dergleichen zu diesen Preisen kaufen und danach - unter Einbeziehung einer gewissen Gewinnspanne - ihre Produkte weiterverkaufen. Obwohl diese Preise staatlich festgelegt sind, liegt ihnen eine reale Kalkulation zugrunde. Sie stellen auch ein Mittel dar, um die Betriebe zu stimulieren. Gelingt es ihnen, die Selbstkosten unter Plan zu senken, kommt das Ersparte den Betriebsfonds zugute. Innerhalb der Wirtschaft wird so nach der sogenannten "wirtschaftlichen Rechnungsführung" gearbeitet.

Erst wenn das Produkt fertig ist und an den Handel weitergegeben wird, vollzieht sich der Übergang zu den "unechten" Preisen.

Nehmen wir zum Beispiel eine Brikettfabrik. Soweit sie ihre Produkte an andere Betriebe weitergibt, die daraus für weitere Produktionsprozesse Energie gewinnen, gilt der Industriepreis. Gibt sie die Produkte indes für die Hausbrandversorgung der Bevölkerung ab, erhält sie einen niedrigeren Konsumpreis, die Differenz wird durch Subventionen des Staates ausgeglichen. Der Verbraucher der DDR erhält seine Briketts also weit unter den Gestehungskosten des Betriebes.

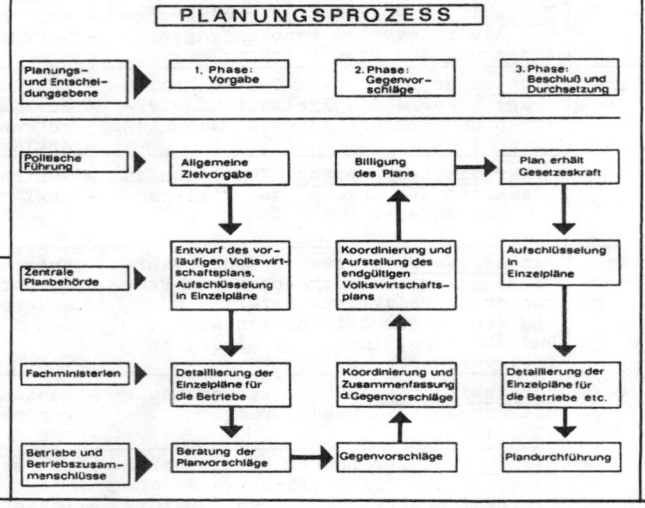

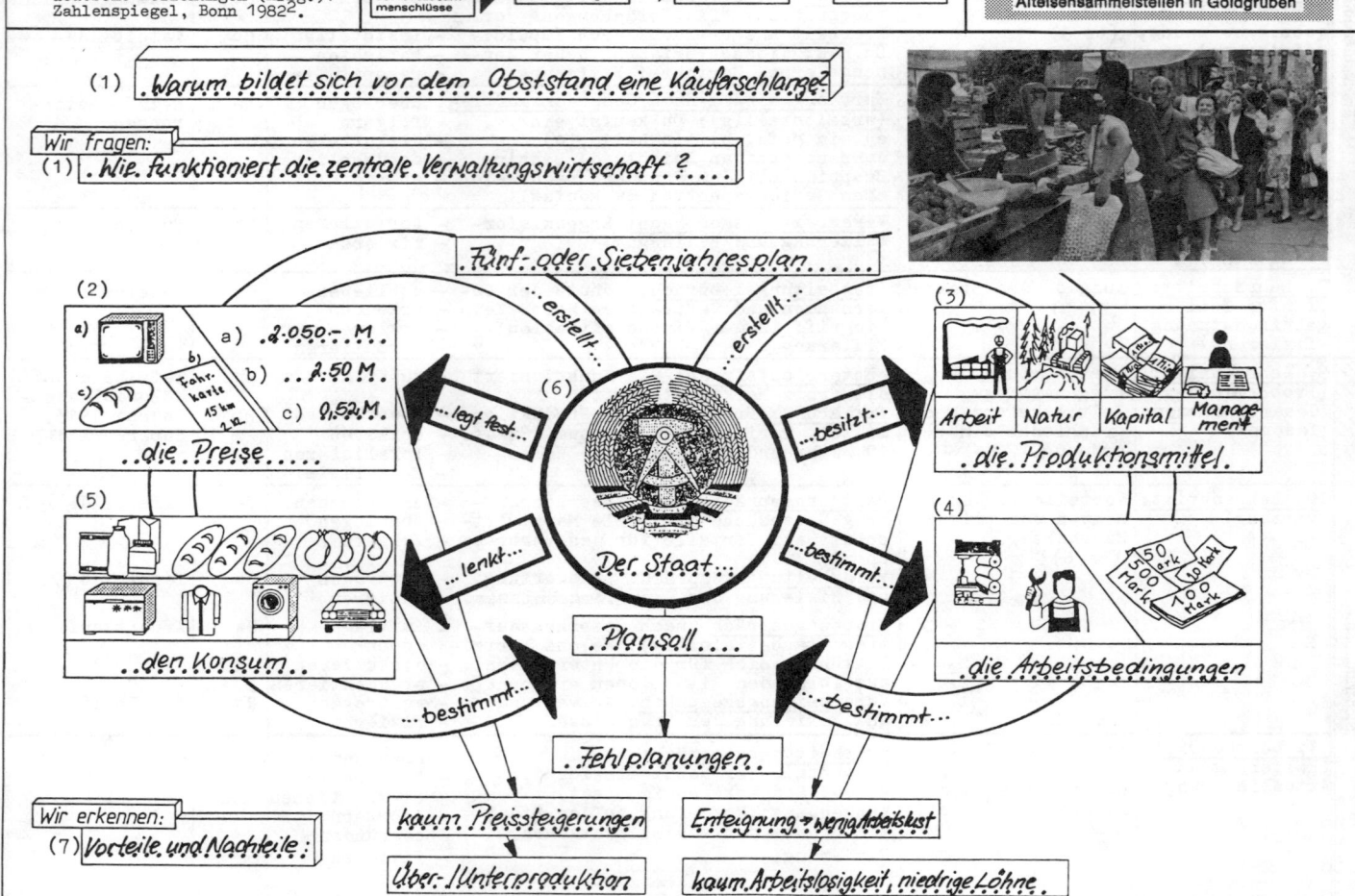

Neue Traktoren auf dem Schrottplatz
Zwang zur Planerfüllung verwandelt Alteisensammelstellen in Goldgruben

---

(1) Warum bildet sich vor dem Obststand eine Käuferschlange?

Wir fragen:
(1) Wie funktioniert die zentrale Verwaltungswirtschaft?

Fünf- oder Siebenjahresplan
... erstellt ...

(6) Der Staat

(2) die Preise — legt fest
(3) die Produktionsmittel — besitzt (Arbeit, Natur, Kapital, Management)
(5) den Konsum — lenkt
(4) die Arbeitsbedingungen — bestimmt

Plansoll

... bestimmt ... Fehlplanungen ... bestimmt ...

Wir erkennen:
(7) Vorteile und Nachteile:
- kaum Preissteigerungen
- Enteignung = wenig Arbeitslust
- Über-/Unterproduktion
- kaum Arbeitslosigkeit, niedrige Löhne

UG	Lehrschritte (Artikulationsdefinition)	Lehrinhalte und Lernziele (= Lz)	Lehrakte .... Lernakte		Sozialformen	Lernhilfen
Eröffnungsphase	1. Lehrschritt: (Problembegegnung)	Käuferschlange vor einem Obststand.	Sachimpuls: Der Lehrer bietet das Bild dar. Erarbeitungsgespräch: Eine Wirtschaft, in der alles zentral gesteuert wird, heißt zentrale Verwaltungswirtschaft.	– betrachten – reflektieren – erkennen – beschreiben – erklären	Hb Hb	Bild: Käuferschlange Seitentafel: Begriff: zentrale Verwaltungswirtschaft
	2. Lehrschritt: (Problemfindung, -formulierung, -fixierung)	Problemfragen: 1. Warum bildet sich eine Käuferschlange vor dem Obststand? 2. Wie funktioniert die zentrale Verwaltungswirtschaft?	Arbeitsauftrag: Notiere Fragen zur zentralen Verwaltungswirtschaft! Erarbeitungsgespräch: Formulierung und Fixierung der zielrelevanten Problemfragen.	– notieren – verbalisieren – formulieren – fixieren	Aa Hb	Notizblock Tafelbild (1)
Erarbeitungsphase	3. Lehrschritt: (erste Teilergebniserarbeitung) (erste Teilergebnisgewinnung, -fixierung)	Der Preis wird vom Staat zentral festgelegt. (Lz 1)	Partnergespräch nach Gesprächsauftrag: Lies den Text "Der Industriepreis" und besprich mit deinem Partner, wie er zustande kommt! Verarbeitungsgespräch: Vortragen der Gesprächsergebnisse. Ergebnisfixierung. Ergänzung: Der Lehrer gibt den Hinweis auf freie Marktpreisbildung auf den Kolchosmärkten.	– lesen – besprechen – Informationen entnehmen – vortragen – erklären – fixieren – zuhören	Pa Hb Hb	Arbeitstext "Industriepreis" Tafelbild (2)
	4. Lehrschritt: (zweite Teilergebnisgewinnung, -fixierung)	Die Produktionsmittel werden zentral vom Staat verwaltet. (Lz 2)	Frage: Wem gehören die Produktionsmittel? Erarbeitungsgespräch: Enteignung, Staat, Genossenschaften (LPG, VEB, PGH, HO).	– zuhören – folgern – erkennen – nennen – fixieren	Hb Hb	Tafelbild (3)
	5. Lehrschritt: (dritte Teilergebniserarbeitung) (dritte Teilergebnisgewinnung, -fixierung)	Der Staat bestimmt die Arbeitsbedingungen. (Lz 3)	Partnergespräch nach Gesprächsauftrag: Lies den Text "Staat und Arbeitnehmer". Kläre im Gespräch mit deinem Partner das Verhältnis Staat – Arbeitnehmer! Verarbeitungsgespräch: Charakteristische Merkmale im Verhältnis Staat – Arbeitnehmer. Fixierung.	– lesen – klären – Informationen entnehmen – vortragen – auswerten – fixieren	Pa Hb	Arbeitstext: Staat und Arbeitnehmer Tafelbild (4)
	6. Lehrschritt: (vierte Teilergebnisgewinnung, -fixierung)	Konsumverhalten der privaten Nachfrager. (Lz 4)	Sachimpuls: Der Lehrer zeigt noch einmal das Bild "Käuferschlange" und dazu ein Inserat aus einer DDR-Zeitung. Erarbeitungsgespräch: Der Käufer kann unter den zur Verfügung stehenden Waren frei wählen. Ergebnisfixierung.	– betrachten – lesen – überdenken – vergleichen – erkennen – erklären – folgern – fixieren	Hb Hb	Bild: Käuferschlange Biete TRABANT 601, suche Heizkessel Tafelbild (5)
	7. Lehrschritt: (fünfte Teilergebniserarbeitung)	Die Aufgaben des Staates. (Lz 5)	Sachimpuls: Der Lehrer heftet ohne Kommentar das DDR-Emblem an die Tafel. Rundgespräch: Wiederholung der bis jetzt den Schülern bekannten Aufgaben des Staates. Gruppengespräch: nach Gesprächsauftrag: Ein neues "Wartburg"-Modell soll produziert werden. Besprich den Planungsprozeß!	– betrachten – nachdenken – schließen – erklären – zusammenfassen – lesen – beschreiben – erklären – auswerten	Hb Aa/Hb Ga	DDR-Emblem Tafelbild (2)–(5) Schaubild: Planungsprozeß
	(fünfte Teilergebnisgewinnung, -fixierung)		Verarbeitungsgespräch: Beispielbezogene Auswertung der Gruppenergebnisse. Fixierung.	– vortragen – erklären	Hb	Tafelbild (6)
	8. Lehrschritt: (Gesamtzusammenfassung, Problemlösung)	Beantwortung der Problemfrage. Zeitliche und geographische Einordnung.	Rundgespräch: nach Hinweis auf Fragen: Klärung des Sachverhalts im Zusammenhang: Staat – Preisbildung, Produktionsmittel, Arbeitsbedingungen, Konsumverhalten, Planung. Erarbeitungsgespräch: 20. Jahrhundert (nach dem II. Weltkrieg), sozialistische Länder.	– zuhören – erklären – mitfolgen – beschreiben – nennen – erinnern – folgern – nennen	Aa/Hb Hb	Tafelbild (1)–(6)
Sicherungsphase	9. Lehrschritt: (Wertung)	Vorteile und Nachteile. (Lz 6)	Gruppengespräch: nach Gesprächsauftrag Diskutiert Vor- und Nachteile der zentralen Verwaltungswirtschaft! Verarbeitungsgespräch: Ergebnisverbalisierung, -fixierung.	– vergleichen – folgern – begründen – verbalisieren – fixieren	Ga Hb	Tafelbild (1)–(6) Schlagzeile: Traktoren auf dem Schrottpl. Tafelbild (7)
	10. Lehrschritt: (Wertender Vergleich der Wirtschaftsordnungen)	Vergleich der idealtypischen Wirtschaftsordnungen mit persönlicher Meinung.	Erarbeitungsgespräch: nach Frage: Du kennst jetzt zwei Wirtschaftsordnungen. Für welche würdest du dich entscheiden? Begründe! Erklärung: Fr. Marktwirtschaft und zentr. Verwaltungswirtschaft sind idealtypische Wirtschaftsordnungen. Weil man ihre Nachteile kennt, hat die f. M.-Wirtschaft planwirtschaftliche, die z.V.-Wirtschaft marktwirtschaftliche Elemente übernommen.	– überlegen – abwägen – entscheiden – begründen – zuhören – mitdenken – mitfolgen	Hb Hb	Tafelbild (1)–(7)

Hauptlernziel: Einsicht in Merkmale der sozialen Marktwirtschaft	Unterrichtsthema: Wie funktioniert die soziale Marktwirtschaft?	Autor: Max-J. Unterreiner
		Unterrichtszeit Empfehlung: 2 UE

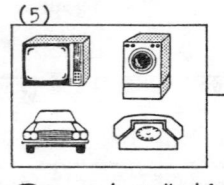

Teillernziele:
Die Schüler sollen ...
1. die Funktionsweise der sozialen Marktwirtschaft beschreiben;
2. das Ziel "materieller Wohlstand für alle" erkennen und den augenblicklichen Stand beschreiben;
3. die Sozialversicherungen kennen und die Funktionsweise beschreiben;
4. Gesetze zum Schutz der wirtschaftlich Schwachen erklären;
5. staatliche Hilfen für wirtschaftlich Schwache erklären;
6. Idee und Wirklichkeit der sozialen Marktwirtschaft vergleichen, den augenblicklichen Stand bewerten und Grenzen erkennen.

Vorbemerkungen:
Die Fälle zu Lehrschritt 11 können selbst gewählt oder der Literatur 2 entnommen werden. Aus Platzgründen ist es im Stundenmodell nicht mehr möglich, jedoch um das kritische Bewußtsein zu fördern unumgänglich, den Schüler zu wertenden Stellungnahmen zum Sprechblasentext zu veranlassen (Lz 6); dabei ist aus der aktuellen Situation (Schaubild 4) heraus auf die Grenzen der sozialen Marktwirtschaft hinzuführen.

Literatur:
1. G.A.Friedl:Sozialpolitik gestern,heute,morgen; München 1977
2. P.Paulig u.a.:Wirtschaftslehre, Stuttgart, 5.überarb. Auflage
3. H.u.M.Weigand: Arbeitslehre (9.Jgst.), Ansbach 1980
4. H.Heinrich,J.Huber: Arbeitslehre 3, München 1980

Arbeitsmaterialien:
Meinungen zur sozialen Marktwirtschaft:
Ludwig Erhard

"Es ist ... nicht Aufgabe des Staates, unmittelbar in die Wirtschaft einzugreifen; jedenfalls nicht so lange, als die Wirtschaft selbst diesen Eingriff nicht herausfordert. Auch paßt es nicht in das Bild einer auf unternehmerischer Freizügigkeit beruhenden Wirtschaft, wenn sich der Staat selbst als Unternehmer betätigt."

"Eine Wirtschaftsordnung darf sich nur dann sozial nennen, wenn sie den wirtschaftlichen Fortschritt, die höhere Leistungsergiebigkeit und die steigende Produktivität dem Verbraucher schlechthin zugute kommen läßt.

Das vorzüglichste Mittel, dieses Ziel innerhalb einer freien Gesellschaftsordnung zu erreichen, ist und bleibt der Wettbewerb; er ist der tragende Pfeiler dieses Systems. Die soziale Marktwirtschaft verpflichtet mich mithin, den Kartellbestrebungen wie überhaupt allen auf Einschränkung des Wettbewerbs hinzielenden Bestrebungen in den verschiedensten Schattierungen meine ganze Aufmerksamkeit zu widmen und den Kampf anzusagen."

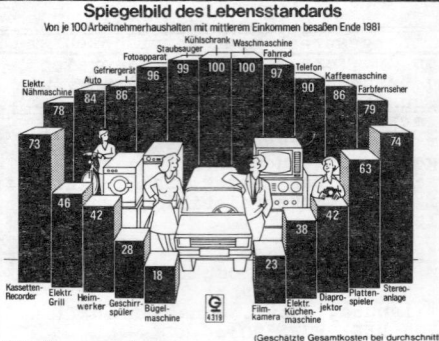

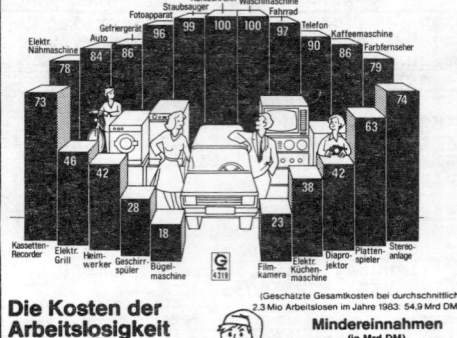

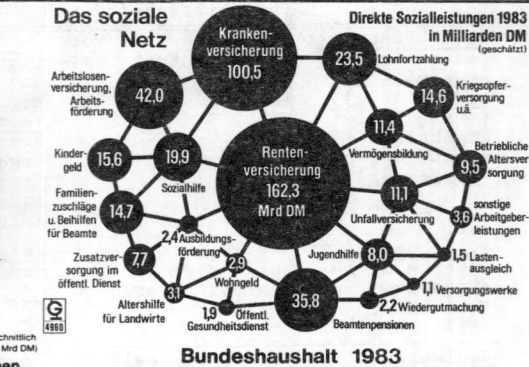

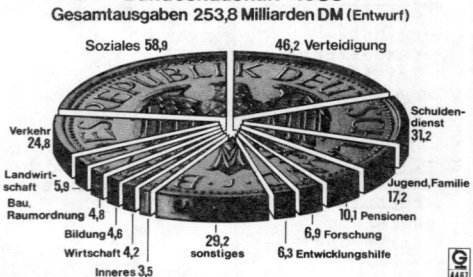

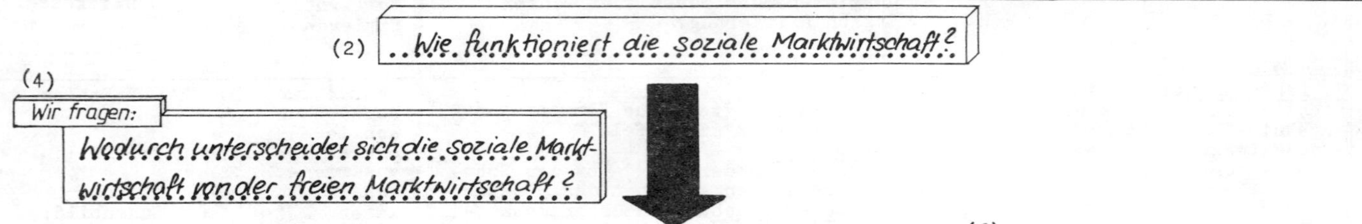

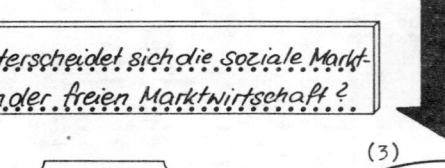

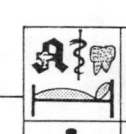

UG	Lehrschritte (Artikulationsdefinition)	Lehrinhalte und Lernziele (= Lz)	Lehrakte .... Lernakte		Sozialformen	Lernhilfen
Eröffnungsphase	1. Lehrschritt: (Problembegegnung)	Rätsel: "Wer bin ich?"	Sachimpuls: Der Lehrer bietet ein Foto von Prof. L. Erhard mit Sprechblase dar. Erarbeitungsgespräch: nach Hilfsimpulsen: Prof. L. Erhard, Bundeskanzler 1963 - 67, soziale Marktwirtschaft.	– betrachten – lesen – vermuten – raten – kombinieren – erraten	Hb Hb	Tafelbild: Foto mit Sprechblase (s. Tafelbild 1)
	2. Lehrschritt: (Problemfindung, -isolierung, -formulierung, -fixierung)	Problemfrage 1: Wie funktioniert die soziale Marktwirtschaft? (Lz 1)	Sachimpuls: Darbietung der Meinung von Prof. L. Erhard zur sozialen Marktwirtschaft. Erarbeitungsgespräch: Herausstellen der Schwerpunkte: Marktwirtschaft und soziale Gerechtigkeit. Formulierung der Problemfrage. Fixierung.	– lesen – reflektieren – Information entnehmen – verbalisieren – formulieren – fixieren	Aa Hb	Arbeitstext Tafelbild (2)
Erarbeitungsphase	3. Lehrschritt: (Vorkenntnisaktivierung)	Rekapitulation des Wissens zu den idealtypischen Wirtschaftsordnungen.	Rundgespräch: nach Gesprächsauftrag: Vergleiche die dir bekannten Wirtschaftsordnungen und stelle die wesentlichen Unterschiede heraus! (Preis, Produktionsmittel, Arbeitsbedingungen, Konsum, Staat.)	– vergleichen – unterscheiden – nennen – erklären	Aa/Hb	
	4. Lehrschritt: (Hypothesenbildung)	Wir vermuten ...	Partnergespräch: nach Gesprächsauftrag: Stelle Vermutungen zur sozialen Marktwirtschaft an: Wie funktioniert sie? Verarbeitungsgespräch: Überlegungen und Vergleichsergebnisse hinsichtlich Preis, Produktionsmittel, Arbeitsbedingungen, Konsum, Staat werden vorgetragen.	– vermuten – Hypothesen bilden – vergleichen – vortragen – erklären	Pa Hb	Arbeitstext Tafelbild (3)
	5. Lehrschritt: (Problempräzisierung)	Problemfrage 2: Wodurch unterscheidet sich die soziale Marktwirtschaft von der freien Marktwirtschaft?	Auftrag nach Feststellung: Es muß aber auch Unterschiede zur freien Marktwirtschaft geben. Formuliere dazu eine Frage! Erarbeitungsgespräch: Formulierung der Problemfrage 2. Fixierung.	– zuhören – folgern – verbalisieren – formulieren	Hb Hb	Tafelbild (4)
	6. Lehrschritt: (erste Teilergebnisgewinnung, -fixierung)	Materieller Wohlstand für alle. (Lz 2)	Impuls: bildhaft/verbal: Den materiellen Wohlstand eines Landes kann man daran messen, wie die privaten Haushalte mit langlebigen Gebrauchsgütern ausgestattet sind. Erarbeitungsgespräch: Auswertung des Schaubildes und Erkenntnisformulierung zum Wohlstand in der Bundesrepublik.	– betrachten – zuhören – mitfolgen – auswerten – erklären – schließen – erkennen	Hb Hb	Schaubild: (Spiegelbild des Wohlstands) Tafelbild (5)
	7. Lehrschritt: (zweite Teilergebniserarbeitung)	Soziale Sicherheit für alle! (Sozialversicherungen). (Lz 3)	Gruppengespräch: nach Gesprächsauftrag: Stelle fest: 1. Wieviel Geld gibt der Staat für den Sozialbereich aus? 2. Welche Sozialleistungen werden damit bezahlt? 3. Was zählt man zu den Sozialversicherungen?	– zuhören – erfassen – besprechen – betrachten – lesen – auswerten	Ga	Schaubild: (Bundeshaushalt 1983) Schaubild: (Das soziale Netz)
	(zweite Teilergebnisgewinnung, -fixierung)		Verarbeitungsgespräch: Auswertung und Zusammenführung der Gruppenarbeitsergebnisse: Kranken- (1883), Unfall- (1884), Renten- (1911), Arbeitslosenversicherung (1927).	– vortragen – erklären – nennen – zeitlich ordnen	Hb	Tafelbild (6)
	8. Lehrschritt: (dritte Teilergebniserarbeitung)	Schutz der wirtschaftlich Schwächeren. (Lz 4)	Gruppengespräch: nach Arbeitsauftrag: (arbeitsteilig) Kläre die Bedeutung folgender Gesetze: Tarifvertrags-, Betriebsverfassungs-, Personalvertretungs-, Mitbestimmungs-, Kartell-, Lebensmittelgesetz.	– lesen – erlesen – klären – erklären	Ga	Kopien aus Lit. 1, Lexikon
	(dritte Teilergebnisgewinnung, -fixierung)		Verarbeitungsgespräch: Auswertung und Zusammenführung der Gruppenergebnisse. Fixierung der Gesetzesbezeichnungen.	– vortragen – erklären – beschreiben – definieren	Hb	Tafelbild (7)
	9. Lehrschritt: (vierte Teilergebniserarbeitung)	Hilfen für wirtschaftlich Schwache. (Lz 5)	Arbeitsauftrag: Schreibe aus dem Schaubild heraus, wie der Staat wirtschaftlich Schwachen hilft! Ergänze selbst noch!	– betrachten – lesen – notieren – ergänzen	Pa	Schaubild: Die Kosten der Arbeitslosigkeit Notizblock
	(vierte Teilergebnisgewinnung, -fixierung)		Verarbeitungsgespräch: Zusammenführung, Auswertung, Fixierung.	– vortragen – erklären	Hb	Tafelbild (8)
Sicherungsphase	10. Lehrschritt: (Gesamtzusammenfassung)	Rekapitulation.	Rundgespräch: Stelle die Besonderheiten der sozialen Marktwirtschaft heraus und grenze zur freien Marktwirtschaft ab!	– erklären – vergleichen – abgrenzen	Aa/Hb	Tafelbild (1)-(8)
	11. Lehrschritt: (Problemanwendung)	Übertragung auf Einzelsituationen.	Erarbeitungsgespräch: Die Schüler ordnen ausgewählte Fälle den 4 Zielen und den entsprechenden Gesetzen der sozialen Marktwirtschaft begründet zu.	– vorlesen – zuordnen – begründen	Hb	Fälle (selbst formuliert) Tafelbild (1)-(8)

Hauptlernziel: Kenntnis der Instrumente der Deutschen Bundesbank zur Konjunktursteuerung.	Unterrichtsthema: Die Deutsche Bundesbank - Hüterin der Währung.	Autor: Peter Allerberger Unterrichtszeit Empfehlung: 2 UE

Vorbemerkungen:
Die Schüler sollten den Konjunkturzyklus und die Hauptziele der Wirtschaftspolitik bereits kennen (magisches Viereck: Vollbeschäftigung, Preisstabilität, angemessenes Wachstum, außenwirtschaftliches Gleichgewicht). Innerhalb der stabilitätspolitischen Maßnahmen zur Dämpfung des Preisniveau-Anstiegs nehmen diejenigen der Bundesbank eine wesentliche Rangordnung ein. In Form eines Simulationsspiels können in einer nachfolgenden Einheit die hier erworbenen Kenntnisse angewandt werden; es bietet sich ein Rollenspiel an, in dem die Schüler Vertreter der Bundesbank, der Bundesregierung, des Sachverständigenrats oder der Gewerkschaften und Arbeitgeberverbände spielen. Ausgehend von der Beschreibung der aktuellen gesamtwirtschaftlichen Situation können durch Rollenanweisungen in einer fingierten „Sitzung" währungspolitische Maßnahmen diskutiert werden. Auf das Wechselgeschäft kann im Zusammenhang mit der Besichtigung eines Kreditinstitutes näher eingegangen werden (Mustervordrucke).

Teillernziele: Die Schüler sollen:
1. die Schlüsselstellung der Bundesbank in der Währungspolitik und Konjunktursteuerung erkennen;
2. den Diskontsatz als Mittelpunkt der Diskontpolitik der Bundesbank erfahren;
3. erläutern, wie die Bundesbank durch Herabsetzung bzw. Erhöhung des Diskontsatzes den Geldumlauf steuern kann und die Konsequenzen für die Volkswirtschaft ableiten;
4. Mindestreserven- und Offenmarktpolitik der Bundesbank als weitere wirksame Mittel zur Konjunktursteuerung bewerten.

Medien - Literatur: Arbeitsblatt, Schlagzeilen; Information zur politischen Bildung Heft 3, 1978

Lernmaterialien b): Ein Textilhändler bezieht von einem Großhändler einen Posten Pullis. Er kann die Lieferung erst bezahlen, wenn er die Pullis verkauft hat; daher unterschreibt er dem Lieferanten einen Wechsel. Dabei verpflichtet er sich, die Kaufsumme in 3 Monaten zu bezahlen.

Der Lieferant hat nun 2 Möglichkeiten: Er kann die 3 Monate abwarten und danach vom Kunden anhand des Wechsels die Zahlung fordern. Will er nicht so lange warten, weil er selbst Geld braucht, kann er den Wechsel an eine Bank verkaufen. Diese zieht ihm für die Restlaufzeit ihren Privatdiskontsatz ab und zahlt ihm die Restsumme aus. Die Bank kann die Fälligkeit des Wechsels abwarten und dann von dem Textilhändler Zahlung verlangen. Den Wechsel kann sie aber auch an die Bundesbank verkaufen. Für die Restlaufzeit des Wechsels zieht die Bundesbank den Diskontsatz ab.

c) Die Bundesbank kann verlangen, daß die Banken in Höhe eines bestimmten Prozentsatzes ihrer Einlagen unverzinsliche Guthaben bei der Bundesbank unterhalten (Mindestreserven).

a) Schlagzeilen der Tagespresse:

Bundesbank wartet ab — Notenbank-Politik — Kredit-Institute geben Bundesbank-Signal weiter — Zinsen für Privatkunden geben auf breiter Front kräftig nach — Jetzt fallen die Zinsen — Signal der Bundesbank — Diskont und Lombard um ein Prozent gesenkt — Bundesbank gibt neues Zinssignal — Bundesbank stemmt sich dem Dollar entgegen — Kredit-Zinsen bröckeln auf breiter Front ab

Arbeitsblatt:

Die Deutsche Bundesbank: Hüterin der Währung

Diskontpolitik

Diskontsatz = Leitzins, richtungweisend für alle Kreditinstitute; Signalwirkung für Spar- u. Kreditzinsen

	hoch	niedrig	
	hoch	niedrig	Sparzinsen
	gering	höher	Konsumneigung beim Verbraucher
	groß	gering	Sparanreiz
	teuer	billig	Kredite
	gering	höher	Investitionsneigung beim Unternehmer
	kaum	möglich	Vollbeschäftigung
	stabil	steigen	Preise
	gering	größer	Wachstum

Deutsche Bundesbank in Frankfurt — Instrumente zur Steuerung der Geld- und Kreditwirtschaft

Offenmarktpolitik

Offenmarkt = Deutsche Bundesbank kann Wertpapiere auf- oder verkaufen

	Bundesbank verkauft	kauft an
Geldumlauf	gering	steigt
Kredite	teuer	billig
Nachfrage	gering	steigt
Konjunktur	gedrosselt	angekurbelt

Mindestreservenpolitik

Mindestreserven = bestimmter Prozentsatz der Einlagen aller Banken muß zinslos bei der BB hinterlegt werden

	hoch	niedrig
Kredite	teuer	billig
Geldumlauf	eingeschränkt	erhöht
Zinsen	steigen	sinken
Sparanreiz	groß	gering
Preise	steigen	fallen
Investitionen	gering	hoch
Ziel	Preissteigerungen eindämmen	Wirtschaft ankurbeln

UG	Lehrschritte (Artikulationsdefinition)	Lehrinhalte und Lernziele (= Lz)	Lehrakte .... Lernakte		Sozialformen	Lernhilfen
Eröffnungsphase	1. Lehrschritt: (Problembegegnung)	Deutsche Bundesbank - die „Bank der Banken"; Einfluß auf Konjunktur; (Lz 1)	Sachimpuls: Institution Bundesbank und deren Aktivitäten auf dem Geld- und Währungsmarkt aus Presseschlagzeilen entnehmen.	- betrachten - Auszüge entnehmen - sich äußern	Hb	Lernmaterial a
	2. Lehrschritt: (Zielangabe)	Sitz der Bundesbank in Frankfurt; Die Deutsche Bundesbank - ...	Erarbeitungsgespräch nach Impuls: Die Frankfurter Währungshüter beeinflussen unsere Konjunktur.	- ungeordnete Wiedergabe von Vorwissen	Hb	Arbeitsblatt: Überschrift
Erarbeitungsphase	3. Lehrschritt: (Teilergebniserarbeitung)	Instrumentarium der Geld- und Kreditpolitik; Diskontpolitik; Diskont = Zinssatz vom Wechselbetrag beim Ankauf von Wechseln;	Arbeitsauftrag: Lies den Text. Was versteht man unter Diskont? Verarbeitungsgespräch: Zur Steuerung unserer Wirtschaft bedient sich die Bundesbank verschiedener Mittel. Die Diskontpolitik ist dabei ein wesentliches Mittel.	- lesen - Informationen entnehmen - erläutern	Aa Hb	Lernmaterial b Schlagzeilenkollage; Nachschlagewerk Arbeitsblatt: Definition Diskontsatz
	4. Lehrschritt: (Teilergebniserarbeitung)	Mögliche rechnerische Veranschaulichung: Wechselsumme 5000 DM Diskontsatz 8% Restlaufzeit 3 Mt. Diskontabzug 100 DM Wechselguthaben 4900 DM; Erhöhung der Bankliquidität; günstige Geldbeschaffung; Politik des billigen Geldes (Lz 2/3)	Arbeitsauftrag: 1. Zahlt die Bank die volle Wechselsumme aus? 2. Mit welcher Begründung zieht die Bank den Diskont (Zinsbetrag) ab? 3. Was versteht man unter dem Diskontsatz? 4. Was erreicht die Bank durch den Verkauf des Wechsels an die Bundesbank? 5. Was geschieht, wenn die B.bank den Diskontsatz senkt? Gehe nach den Punkten deines Arbeitsblattes vor. 6. Was geschieht bei Erhöhung?	- kennzeichnen - beurteilen - definieren - durchdenken - Bezüge herstellen - im Arbeitsblatt vervollständigen	Ga (atlg.)	Arbeitsblatt: Diskontpolitik Lernmaterial b Notizblock
	5. Lehrschritt: (Teilergebnisgewinnung und -fixierung)	Indirekte Wirkung: Leitzins, Richtzinssatz für allgemeine Kredite; (Lz 3)	Verarbeitungsgespräch: Von der Diskontpolitik darf man keine allzu große Wirkung erwarten. Wichtiger ist ihre Signalwirkung für Kreditnehmer und Sparer.	- aufnehmen - konkretisieren - eintragen	Hb	Arbeitsblatt: Diskontpolitik
	6. Lehrschritt: (Teilzusammenfassung)	Hochkonjunktur; Verteuerung der Wechselkredite; Ankurbelung der Wirtschaft; (Lz 1-3)	Erarbeitungsgespräch nach Frage: Wann wird die Bundesbank den Diskontsatz erhöhen? Was will sie damit bezwecken? Wann wird sie ihn senken? Erläuterung: Politik des billigen und teuren Geldes.	- verifizieren - differenzieren - durchdenken - verbalisieren	Hb Hb	
	7. Lehrschritt: (Teilergebniserarbeitung)	Konjunktursteuerung durch Mindestreservenpolitik: Einfrieren des Geldes; (Lz 4)	Erarbeitungsgespräch: Eine weitere Möglichkeit zur Steuerung der vorhandenen Geldmenge hat die Bundesbank in der Mindestreservenpolitik. Worum handelt es sich dabei?	- zuhören - lesen - definieren	Hb	Lernmaterial c
	8. Lehrschritt: (Teilergebnisgewinnung und -fixierung)	Erhöhung und Senkung der Mindestreservensätze durch die Bundesbank; (Lz 4)	Arbeitsauftrag: Bearbeite dein Arbeitsblatt nach den angegebenen Punkten. Was bedeutet eine Erhöhung und Senkung der Mindestreserven? Verarbeitungsgespräch: Die Senkung bzw. Erhöhung hat für Banken, Kunden und für die Wirtschaft Folgen; Kontrolle der Gruppenergebnisse.	- Wesensmerkmale erkennen - schlußfolgern - berichten - fixieren	Ga Hb	Arbeitsblatt: Mindestreservenpolitik
	9. Lehrschritt: (Teilergebniserarbeitung und fixierung)	Offenmarktpolitik beeinflußt Geldmenge; Begriff Wertpapier; (Lz 4)	Erarbeitungsgespräch: Die B.bank kann auch als Käufer oder Verkäufer von Wertpapieren auftreten. Vervollständigt anhand der vorgegebenen Punkte die Wirkungen dieser sogenannten Offenmarktpolitik.	- aufnehmen - Beziehung herstellen - kommentieren - fixieren	Hb	Schülerbuch; Lexikon; Arbeitsblatt: Offenmarktpolitik
	10. Lehrschritt: (Lernzielkontrolle)	Hüterin der Währung Konjunkturbeeinflussung; Deflation: zu wenig Geld, zuviel Waren	Rundgespräch: Inwiefern ist die Bundesbank die Hüterin der Währung? Die Bundesbank hat mindestens 3 Möglichkeiten, die Konjunktur zu beeinflussen. Welche Maßnahmen können von ihr getroffen werden, wenn eine Deflation eingetreten ist?	- rekapitulieren - wiederholen - nachvollziehen - charakterisieren	Aa/Hb	Schlagzeilenkollage

Hauptlernziel:	Bereitschaft, die Auswirkungen wirtschaftspolitischer Zusammenhänge und Entscheidungen für das eigene wirtschaftliche Handeln zu berücksichtigen.	Unterrichtsthema: Arbeitslos - was nun?	Autor: Max-J. Unterreiner
			Unterrichtszeit Empfehlung: 1 UE

Vorbemerkungen: Die Kenntnis der wirtschaftlichen Ursachen für Arbeitslosigkeit voraussetzend geht die UE auf die subjektive Betroffenheit ein. Der Bogen spannt sich von anfänglicher Ratlosigkeit über die Hilfen durch die BfA bis zu Problemen und Ursachen, die in der arbeitslosen Person selbst begründet sind. Die generelle Bereitschaft zur Mobilität wird als prophylaktische Maßnahme des einzelnen postuliert.	Teillernziele: Die Schüler sollen ... 1. für die Situation der Arbeitslosigkeit sensibilisiert werden und Verständnis aufbringen; 2. erkennen und erklären, wie die BfA Arbeitslosen hilft; 3. erkennen, welche Probleme dabei auftreten; 4. erkennen, wer eher arbeitslos werden kann; 5. erklären, wie der einzelne vorbeugen kann; 6. die Situation bewältigen und die Entscheidung bewerten.	Literatur: • H.u.M.Weigang: Arbeitslehre, 9. Jgst., Ansbach, 1980 • H.Geiling (Hrsg.): Schwerpunkt: Arbeitslehre, 9. Jgst., München 1981 • Bundesverband der Ortskrankenkassen (Hrsg.): System der sozialen Sicherung • IWD (Hrsg.), 1983, Nr. 12 • Bayr. Staatszeitung 1983, Nr. 15 • Südostbayr. Rundschau 1983, Nr. 97

Aussage des Bundes-Arbeitsministers:
Der Bundesminister für Arbeit und Sozialordnung: "Es ist so, daß jeder, der heute einen Beruf erlernt, damit zu rechnen hat, daß er im Berufsleben mehrmals ganz neue Kenntnisse und Fähigkeiten erwerben muß. In sehr vielen Fällen wird er genötigt sein, sogar mehrmals im Leben seinen Beruf zu wechseln."

Beratungsgespräch:
Es ist Ihnen zum Abschluß der dreijährigen Ausbildungszeit zum 1. September gekündigt worden. Ihr letztes Bruttoeinkommen betrug 1 026 DM. Demnach steht Ihnen bei einer Bemessungsgrenze von 70% als Lediger etwa 62% Arbeitslosengeld auf eine Zeitdauer von maximal 52 Wochen zu. Haben Sie dann noch keine Arbeit gefunden, so wird Ihnen Arbeitslosenhilfe gewährt; diese macht für Sie ca. 52% aus. Sie ist zeitlich unbegrenzt, Sie werden aber jedes Jahr auf die Bedürftigkeit überprüft.

Schaubild 1: Der Abbau von Arbeitsplätzen in der Industrie. Rückgang der Beschäftigtenzahl 1972 bis 1982 in 1000. Schiffbau -19, Druck -29, Stahl-Möbel -33, Eisenschaffende Industrie -41, Leder/Gummi -67, Steine u. Erden -95, Maschinenbau -111, Bergbau -48, EBM-Waren -101, Chemie -40, Feinmechanik/Optik -21, Ernährung -155, Elektrotechnik. Mehr Arbeitsplätze dagegen bei: Straßenfahrzeugbau +350, Luft- und Raumfahrzeugbau +17, Kunststoffwaren +65, Textil/Bekleidung -379, Baugewerbe +22.

Zeitungsbericht:
Trotz eines neuen leichten Rückgangs der Arbeitslosenzahl hält die konjunkturell ungünstige Tendenz auf dem Arbeitsmarkt an. Der Präsident der Bundesanstalt für Arbeit gab bei der Vorlage des neuen Arbeitsmarktberichts eine Abnahme der Arbeitslosenzahl im April 1983 um 132 700 auf 2 253 800 bekannt. Etwas günstiger entwickelte sich der Zugang an offenen Stellen: Den Arbeitsämtern waren 82 000 freie Plätze gemeldet.

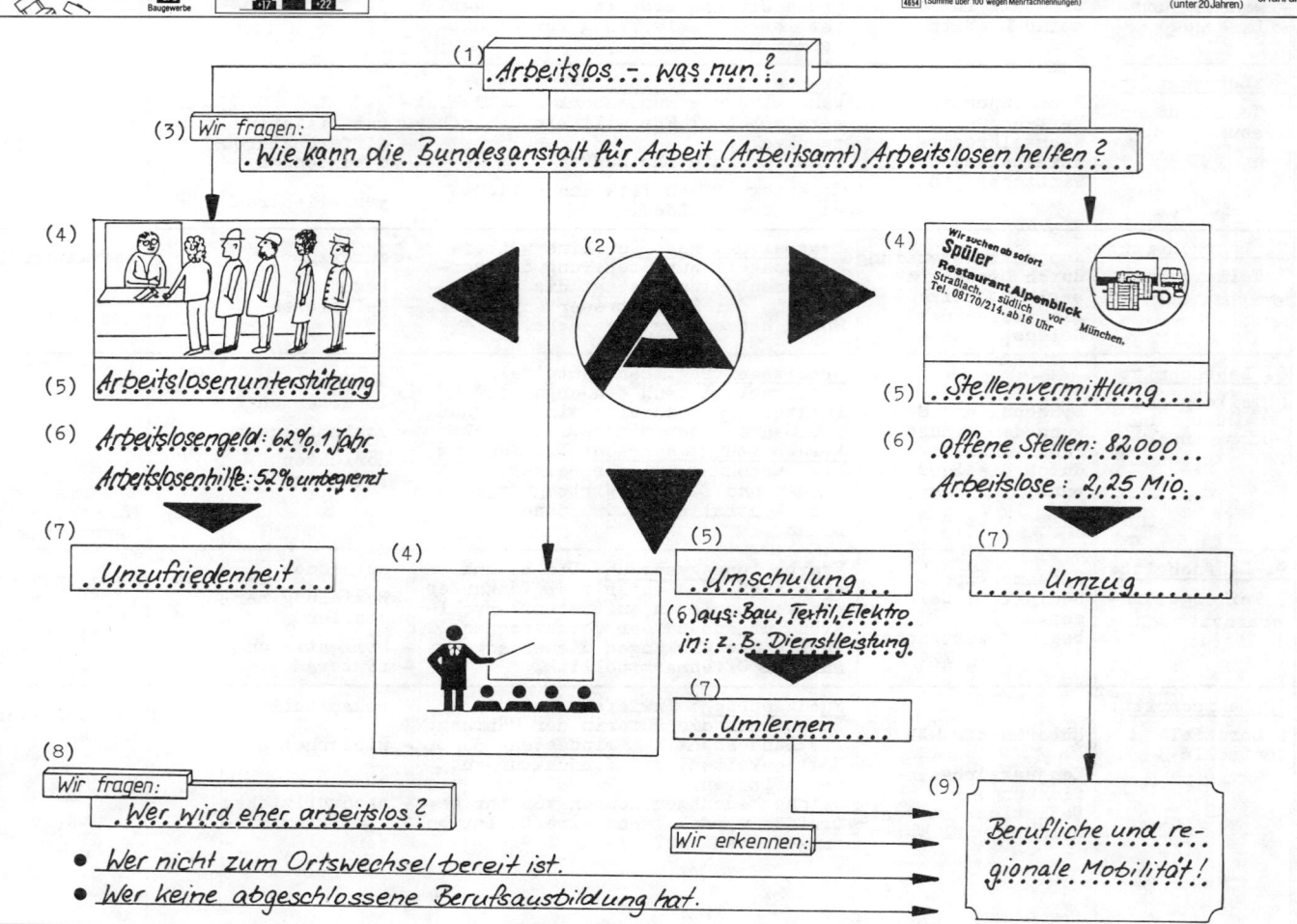

Schaubild 2: Arbeitslose unter der Lupe. Von je 100 Arbeitslosen im Sept. 1982 waren: Nicht zum Ortswechsel in der Lage 78; Ohne abgeschlossene Berufsausbildung 52; Gesundheitlich beeinträchtigt 21; Ein Jahr und länger arbeitslos 21; Nur an Teilzeitarbeit interessiert 13; Ältere (55 Jahre u.mehr) 11; Jugendliche (unter 20 Jahren) 11; Ohne Berufserfahrung 8. (Summe über 100 wegen Mehrfachnennungen)

---

(1) **Arbeitslos - was nun?**

(3) Wir fragen: **Wie kann die Bundesanstalt für Arbeit (Arbeitsamt) Arbeitslosen helfen?**

(4) [Arbeitsamt-Schalter] — (5) **Arbeitslosenunterstützung** — (6) Arbeitslosengeld: 62%, 1 Jahr; Arbeitslosenhilfe: 52% unbegrenzt — (7) **Unzufriedenheit**

(2) [BfA-Logo]

(4) [Lehrer/Schulung] — (5) **Umschulung** — (6) aus: Bau, Textil, Elektro in: z.B. Dienstleistung — (7) **Umlernen**

(4) [Stellenanzeige Spüler Restaurant Alpenblick] — (5) **Stellenvermittlung** — (6) offene Stellen: 82.000; Arbeitslose: 2,25 Mio. — (7) **Umzug**

(8) Wir fragen: **Wer wird eher arbeitslos?**
• Wer nicht zum Ortswechsel bereit ist.
• Wer keine abgeschlossene Berufsausbildung hat.

Wir erkennen: (9) **Berufliche und regionale Mobilität!**

288

UG	Lehrschritte (Artikulationsdefinition)	Lehrinhalte und Lernziele (= Lz)	Lehrakte .... Lernakte		Sozialformen	Lernhilfen
Eröffnungsphase	1. Lehrschritt (Situationskonfrontation)	Einstimmung. (Lz 1)	Sachimpuls: Szenisches Spiel (Stammlokal, Arbeitsschluß, Kollegen. Fritz kommt herein, bestellt mißmutig ein Bier, wirft einen Brief auf den Tisch. Stille. Dann: Fragen.	- zuschauen - nachdenken - kombinieren - raten	Hb	szenisches Spiel
	2. Lehrschritt (Problemstellung)	Erzählung. (Lz 1)	Monologischer Lehrakt: Darbietung, Fritz: "Ihr habt sicher gesehen, daß ich heute kurz vor Arbeitsschluß ins Büro gerufen wurde. Ich habe mir schon Gedanken gemacht, ob er mich nach der Lehrzeit behalten würde. Aber jetzt hat es mich doch getroffen: Gekündigt zum 1. September."	- zuhören - erkennen	Hb	Erzählung
	3. Lehrschritt (Problemisolierung, -formulierung -fixierung)	Problemfrage 1: Arbeitslos - was nun?	Impuls: Fritz ist vieles durch den Kopf gegangen. Sicher aber kreisen seine Gedanken um eine Frage. Arbeitsauftrag: Schreibe sie auf! Erarbeitungsgespräch: Formulieren der Problemfrage.	- nachvollziehen - vermuten - aufschreiben - isolieren - formulieren	Hb Aa Hb	Notizblock Tafelbild (1)
Erarbeitungsphase	4. Lehrschritt (Hypothesenbildung)	Vermutungen und Vorschläge zur Problemfrage.	Partnergespräch nach Arbeitsauftrag: Alkohol ist keine Lösung! Er schiebt Probleme nur auf. Suche mit deinem Partner bessere Möglichkeiten. Verarbeitungsgespräch: Lösungsvorschläge (Seitentafel). Zeichen für Arbeitsauftrag (Tafel).	- vermuten - besprechen - notieren - Hypothesen erklären - begründen	Pa Hb	Notizblock Seitentafel, Tafelbild (2)
	5. Lehrschritt (Problempräzisierung)	Problemfrage 2: Wie kann die Bundesanstalt für Arbeit (Arbeitsamt) Arbeitslosen helfen?	Frage: Wie kann die Bundesanstalt für Arbeit Arbeitslosen helfen?	- erinnern - vergegenwärtigen	Hb	Tafelbild (3)
	6. Lehrschritt (erste Teilergebniserarbeitung, -gewinnung, -fixierung)	Hilfe durch die Bundesanstalt für Arbeit. (Lz 2)	Sachimpuls: Der Lehrer heftet zwei Bildkarten an die Tafel. Erarbeitungsgespräch: Vermittlung offener Stellen, Umschulung, Arbeitslosenunterstützung. Arbeitsauftrag (arbeitsteilig): A: Vergleiche das Stellenangebot mit der Nachfrage auf dem Arbeitsmarkt! B: Welche Wirtschaftsbranchen sind von der Konjunktur stark bzw. weniger betroffen? Welche eignen sich für Umschulung? C: Wie lange und wieviel bekäme Fritz Arbeitslosenunterstützung? Verarbeitungsgespräch: Gruppenberichte, Ergebnisauswertung.	- betrachten - erkennen - identifizieren - beschreiben - erklären - Arbeitsaufträge lesen - Lernhilfen durchsehen, auswerten - beraten - besprechen - notieren - konkretisieren - vortragen - erklären	Hb Hb Ga Hb	Tafelbild (4) Tafelbild (5) A: Zeitungsbericht B: Schaubild 1 C: Beratungsgespräch Tafelbild (6)
	7. Lehrschritt (zweite Teilergebniserarbeitung, -gewinnung, -fixierung)	Mögliche Folgeschwierigkeiten. (Lz 3)	Impuls: Gewiß ist nicht jeder Arbeitslose mit seiner Situation und der Lösung durch das Arbeitsamt einverstanden, weil sich auch neue Probleme aus dem Lösungsversuch ergeben können. Erarbeitungsgespräch: Diskussion möglicher Folgeschwierigkeiten.	- überlegen - vergleichen - folgern - diskutieren - argumentieren	Hb Hb	Tafelbild (7)
	8. Lehrschritt (Teilergebniszusammenfassung)	Reorganisation.	Arbeitsauftrag: Stelle gegenüber und erkläre: Das Arbeitsamt hilft; diese Hilfe bringt aber auch neue Schwierigkeiten für den Arbeitslosen.	- erklären - begründen - reorganisieren	Hb	Tafelbild (1) - (7)
Sicherungsphase	9. Lehrschritt (Problempräzisierung)	Problemfrage 3: Wer wird eher arbeitslos? (Lz 4)	Sachimpuls: Der Lehrer zeigt Schaubild "Arbeitslose unter der Lupe". Erarbeitungsgespräch: Formulierung der Problemfrage und Auswertung des Schaubilds zur Erkenntnisgewinnung.	- betrachten - lesen - verbalisieren - formulieren - auswerten	Hb Hb	Schaubild 2 Tafelbild (8)
	10. Lehrschritt (Problemlösung)	Generalisation: Prophylaxe des einzelnen. (Lz 5)	Sachimpuls: Der Lehrer bietet die Worte des Bundesministers für Arbeit und Sozialordnung dar. Erarbeitungsgespräch: Differenzierte Betrachtung zur beruflichen und regionalen Mobilität.	- erfassen - erkennen - erklären - beschreiben	Hb Hb	Worte des Bundesministers Tafelbild (9)
	11. Lehrschritt (Problemtransfer)	Situationsbewältigung und Wertung der Entscheidung. (Lz 6)	Rundgespräch nach Arbeitsauftrag: Versetze dich in die Ausgangssituation: du bist an der Stelle des Fritz. Du mußt dich entscheiden! Begründe deine Entscheidung!	- identifizieren - subjektivieren - entscheiden - begründen	Aa/Hb	Tafelbild (1) - (9)

Hauptlernziel: Einblick in das wirtschaftspolitische Ziel "Preisstabilität" und wirtschaftliche Zusammenhänge.	Unterrichtsthema: Können die Preise nicht stabil bleiben?	Autor: Max-J. Unterreiner
		Unterrichtszeit Empfehlung: 2 UE

Vorbemerkungen: Der komplexe und in seinen Kausalzusammenhängen sehr vielschichtige und komplizierte Bereich "Schwerpunkte staatlicher Wirtschafts- und Sozialpolitik" kann dem Schüler zuerst nur "portionsweise", wie hier "Preisstabilität", nahegebracht werden. Erst wenn alle Teilaspekte des Magischen Quadrats isoliert voneinander betrachtet sind, kann der Versuch einer integrierenden Zusammenschau unternommen werden.

Teillernziele: Die Schüler sollen ...
1. beschreiben, wie der Warenkorb zustande kommt und als Meßzahl für die Preisstabilität dienen kann;
2. die Begriffe "Preisstabilität" und "Kaufkraft" erklären;
3. Ursachen der Preissteigerungen innerhalb des Wirtschaftskreislaufes aufzeigen;
4. aus den Gründen wirtschaftspolitische Gegenmaßnahmen ableiten;
5. in einer komplexeren Betrachtungsweise das Unterrichtsergebnis aktualisieren und die Situation bewerten.

Literatur:
- BBW e.V. (Hrsg.): Beiträge zur Arbeitslehre in der Hauptschule, Band 5, München, 2. Ausgabe
- A. Kitsche, H. Markmann: Über das Geld, Leseheft für 1982/83, Wiesbaden
- Bayr. Staatszeitung 1983, Nr. 3

Medien: Tafel, Arbeitsblatt, Bildkarten, Modell

Arbeitstext:

In 10 Jahren 40 Pfennig Wertverlust

Nur äußerlich bleibt die Mark immer dieselbe. Innerlich verliert sie Jahr für Jahr an Substanz; denn steigende Preise zehren an ihrer Kaufkraft. Diese innere Auszehrung verlief in den letzten Jahren besonders schnell. Im Durchschnitt müssen die Verbraucher heute 1 Mark ausgeben, wo 1972 noch 60 Pfennig reichten. Die Mark hat also - gemessen an den Maßstäben von 1972 - 40 Pfennig an Wert verloren. Auf manchen Gebieten verlief der Kaufkraftzerfall noch viel dramatischer. Für eine "Heizöl-Mark" können wir uns heute eine Heizölmenge einhandeln, die 10 Jahre zuvor nur 18 Pfennige kostete. Doch es gibt auch Gegenbeispiele. In der Phono- und Fernsehbranche sind die Preise nämlich leicht gefallen, so daß wir heute sogar mehr fürs Geld bekommen als damals. Das ist aber die große Ausnahme. Bei allen Ausgabeposten in unserem Haushaltsetat müssen wir höhere Beträge ansetzen, um die gleichen Mengen zu bekommen wie vor 10 Jahren.

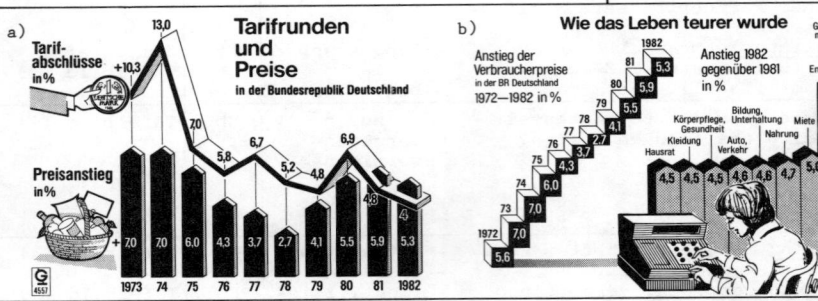

Preisvergleich:	1972 in DM	1982 in DM	Steigerung in %
100 l Heizöl	13,50	75,00	+ 456
Haarschneiden	4,50	9,00	+ 100
1 kg Brot	1,55	2,80	+ 81
Herrenanzug	177,00	290,00	+ 64
1/4 kg Butter	1,92	2,60	+ 35
Küchenmaschine	310,00	348,00	+ 12

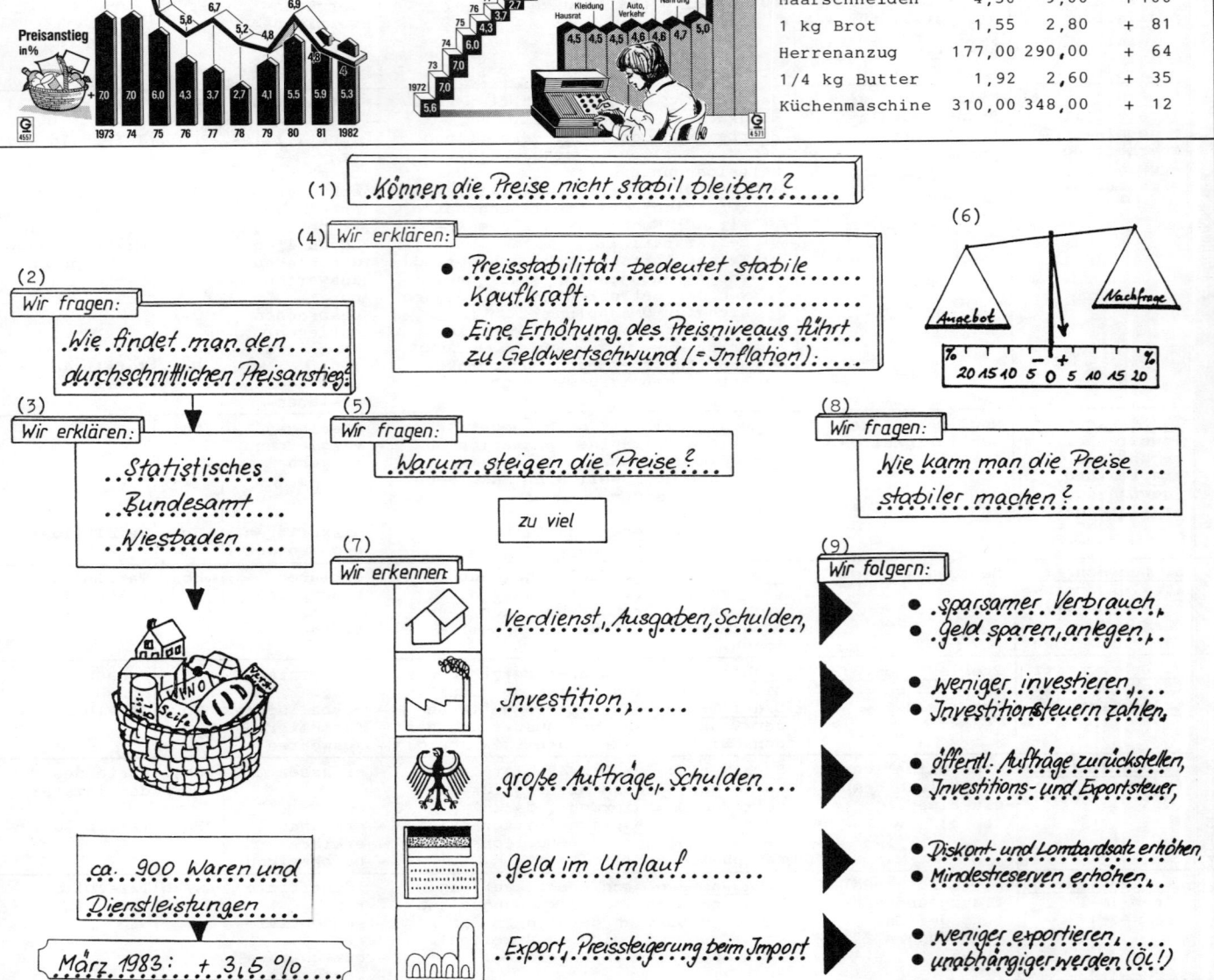

(1) Können die Preise nicht stabil bleiben?

(2) Wir fragen: Wie findet man den durchschnittlichen Preisanstieg?

(3) Wir erklären: Statistisches Bundesamt Wiesbaden — ca. 900 Waren und Dienstleistungen — März 1983: + 3,5 %

(4) Wir erklären:
- Preisstabilität bedeutet stabile Kaufkraft.
- Eine Erhöhung des Preisniveaus führt zu Geldwertschwund (= Inflation).

(5) Wir fragen: Warum steigen die Preise?

zu viel

(6) Angebot — Nachfrage

(7) Wir erkennen:
- Verdienst, Ausgaben, Schulden
- Investition
- große Aufträge, Schulden
- Geld im Umlauf
- Export, Preissteigerung beim Import

(8) Wir fragen: Wie kann man die Preise stabiler machen?

(9) Wir folgern:
- sparsamer Verbrauch
- Geld sparen, anlegen
- weniger investieren
- Investitionsteuern zahlen
- öffentl. Aufträge zurückstellen
- Investitions- und Exportsteuer
- Diskont- und Lombardsatz erhöhen
- Mindestreserven erhöhen
- weniger exportieren
- unabhängiger werden (Öl!)

UG	Lehrschritte (Artikulationsdefinition)	Lehrinhalte und Lernziele (= Lz)	Lehrakte	Lernakte	Sozial-formen	Lernhilfen
Eröffnungsphase	1. Lehrschritt (Problembegegnung)	Bewußtmachen des Problemgrundes. Aktivieren von Vorwissen.	Spielszene: Vergleich von Warenmenge und ausgegebenem Geld (Haushaltsbuch, Kassenzettel). Festellung: Ware X ist teurer geworden. Erarbeitungsgespräch: Die Schüler belegen die Tatsache steigender Preise anhand ihres Vorwissens bzw. der Tabelle.	– zuhören – mitdenken – erkennen – berichten – Beispiele nennen – ablesen	Hb/Pa Hb	Spielszene (Hausfrau/Ehemann) Tabelle "Preisvergleich"
	2. Lehrschritt (Problemformulierung, -fixierung)	Problemfrage: Können die Preise nicht stabil bleiben?	Erarbeitungsgespräch nach Impuls: Jeder Verbraucher hat sich dazu schon oft eine wichtige Frage gestellt.	– nachvollziehen – verbalisieren – formulieren	Hb	Tafelbild (1) Problemfrage 1 (Überschrift)
Erarbeitungsphase	3. Lehrschritt (Hypothesenbildung)	Schülervermutungen.	Partnergespräch nach Problemfrage: Die Schüler äußern zielorientierte, begründete Vermutungen. Verarbeitungsgespräch: Auswertung der Gesprächsergebnisse.	– vermuten – begründen – notieren – berichten – begründen	Pa Hb	Notizblock
	4. Lehrschritt (Problempräzisierung)	Problemfrage: Wie findet man den durchschnittlichen Preisanstieg?	Impuls: bildhaft und verbal: Die Preise steigen ständig. Die Steigerung ist in Prozent angegeben. Aber: Welche Preise? Erarbeitungsgespräch: Formulierung der Problemfrage.	– betrachten – lesen – interpretieren – präzisieren – formulieren	Hb Hb	Schaubild a) Wie das Leben teurer wurde. Tafelbild (2) Problemfrage 2
	5. Lehrschritt (erste Teilergebniserarbeitung, -gewinnung, -fixierung)	Der Warenkorb als Meßzahl für die Preisstabilität. (Lz 1)	Erarbeitungsgespräch nach Problemfrage: Ermittlung der durchschnittlichen Preissteigerung durch Feststellung eines Warenkorbes aus rund 900 Waren und Dienstleistungen entsprechend den Ausgaben eines Durchschnittshaushalts; monatliche Berechnung; Jahresdurchschnitt.	– betrachten – folgern – erkennen – erklären	Hb	Warenkorb (s. Tafelbild) Tafelbild (3)
	6. Lehrschritt (zweite Teilergebniserarbeitung)	Definition "Preisstabilität" und "Kaufkraft der DM". (Lz 2)	Arbeitsauftrag: 1. Erkläre "Preisstabilität"! 2. Was kann man aufgrund der steigenden Preise über den Wert der DM aussagen? Bearbeitung der Arbeitsaufträge	– betrachten – lesen – erkennen – formulieren – notieren	Ga (atlg.)	Schaubild b) Tarifrunden und Preise Arbeitstext: In 10 Jahren 40 Pfg. Wertverlust. Notizblock
	(zweite Teilergebnisgewinnung, -fixierung)		Verarbeitungsgespräch: Ergebnisformulierung: siehe Tafelbild!	– vergleichen – auswerten – erklären – definieren	Hb	Tafelbild (4)
	7. Lehrschritt (Problempräzisierung)	Problemfrage: Warum steigen die Preise?	Impuls: Man weiß, daß steigende Preise zum Verfall der Kaufkraft einer Währung führen. Frage nach den Ursachen!	– verbalisieren – präzisieren – formulieren	Hb	Tafelbild (5) Problemfrage 3
	8. Lehrschritt (dritte Teilergebniserarbeitung)	Ursachen der Preissteigerungen. (Lz 3)	Arbeitsauftrag: Betrachte die Waage! Das Verhältnis Angebot und Nachfrage ist gestört. Überlege, wodurch tragen die folgenden Teile im Wirtschaftskreislauf zur Preissteigerung bei? a) der private Haushalt, b) das private Unternehmen, c) der Staat, d) die Deutsche Bundesbank, e) der Außenhandel. Bearbeitung der Arbeitsaufträge.	– betrachten – vorstellen – schließen – erkennen – diskutieren – notieren	Ga (atlg.)	Modell: Waage (TB), Tafelbild (6) Notizblock
	(dritte Teilergebnisgewinnung, -fixierung)		Verarbeitungsgespräch: Zusammenführen, auswerten, fixieren der Arbeitsergebnisse.	– berichten – erklären – begründen	Hb	Tafelbild (7)
	9. Lehrschritt (Problempräzisierung)	Problemfrage: Wie kann man die Preise stabiler machen?	Impuls: Bundesregierung und Deutsche Bundesbank sind nach dem Stabilitätsgesetz von 1967 verpflichtet, Preise stabil zu halten und die Inflation zu bremsen. Welche Frage müssen sich die Verantwortlichen überlegen?	– zuhören – verbalisieren – präzisieren – formulieren	Hb	Tafelbild (8) Problemfrage 4
	10. Lehrschritt (vierte Teilergebniserarbeitung)	Wirtschaftspolitische Gegenmaßnahmen. (Lz 4)	Arbeitsauftrag: Folgere aus den bekannten Ursachen mögliche wirtschaftspolitische Gegenmaßnahmen! (Gruppenarbeit – arbeitsteilig: Fortsetzung) Bearbeitung nach Arbeitsauftrag; Aufteilung wie Lehrschritt 8.	– lesen – vergleichen – folgern – diskutieren – erkennen – notieren	Ga (atlg.)	Tafelbild (8) Notizblock
	(vierte Teilergebnisgewinnung, -fixierung)		Verarbeitungsgespräch: Ergebnisse zusammenführen, auswerten, fixieren.	– auswerten – begründen	Hb	Tafelbild (9)
Sicherungsphase	11. Lehrschritt (Gesamtzusammenfassung)	Gesamtergebnisfixierung.	Arbeitsauftrag: Ergänze im Arbeitsblatt! Kontrolliere den Eintrag durch Vergleichen mit der Tafel!	– ergänzen – vergleichen – kontrollieren	Aa	Arbeitsblatt und Tafelbild (1) – (9)
	12. Lehrschritt (Problemwertung)	Rückgriff auf die Problemfrage, Wertung, Aktualisierung. (Lz 5)	Frage: Sind die Preise z. Zt. stabil? Erarbeitungsgespräch: Auswertung und Gegenüberstellung des Ausschnitts: **Drei Prozent mehr für Baubeschäftigte**	– betrachten – i. Bez. setzen – vergleichen – transferieren – integrieren	Hb Hb	

Hauptlernziel: Einblick in den ausgewählten gesamtwirtschaftlichen Zusammenhang und Zielkonflikt "Wirtschaftswachstum und Umweltbeeinflussung".	Unterrichtsthema: Wie beeinflußt das Wirtschaftswachstum unsere Umwelt?	Autor: Max-J. Unterreiner
		Unterrichtszeit Empfehlung: 1 – 2 UE

Vorbemerkungen: Der komplexe Zusammenhang mit dem Zielkonflikt "Wirtschaftswachstum – Umweltschutz" erfordert die Kenntnis der Teilaspekte des "magischen Quadrats". Das szenische Spiel zu Beginn dieser UE ist weitgehend frei wählbar, der Standort der "Papier AG" sollte umweltfreundlich liegen; das Spiel endet mit dem Satz aus Lehrschritt 2.

Teillernziele: Die Schüler sollen ...
1. den Zusammenhang von Wirtschaftswachstum und Umweltbeeinflussung erkennen und erklären;
2. die Notwendigkeit von Umweltschutzgesetzen erkennen;
3. den Zielkonflikt "Wirtschaftswachstum – Umweltschutz" erkennen und erklären;
4. allgemeingültige, vorbeugende Maßnahmen zum Schutz der Umwelt an Beispielen erklären.

Literatur:
1. H. Heinrich, J. Huber: Arbeitslehre 3, München 1980
2. D. Eberhardt: Terrapress, Stuttgart, 1982, Nr. 4
3. StMLU (Hrsg.): Umweltschutz in Bayern, München 1980
4. StMLU (Hrsg.): Umweltpolitik in Bayern, München 1978
5. Umweltbundesamt (Hrsg.): Müll kommt uns teuer zu stehen, Berlin
6. Der Staatsbürger, 1983, Nr. 1

Medien: Tafel, Notizblock, OH-Projektor, Folien, Tonband, Literatur 3, 4, 5 in Gruppenstärke, Wort-, Bildapplikationen, Arbeitsblatt.

Zeitungsbericht:

STUTTGART (hst). Geht der Landschaftsverbrauch in Baden-Württemberg weiter wie bisher, schlägt in 186 Jahren die Stunde Null: Anno 2165 werden wir die Güter der Natur verzehrt haben, gibt es nur noch Straßen, Häuser und „ein wenig wüstes Land". Zu diesem Ergebnis kommt eine Hochrechnung des Statistischen Landesamtes im Auftrag des Landwirtschaftsministeriums.

Tonbandeinspielung:

Zu bedenken ist nur, daß wir Umweltschäden verhindern müssen. Beim Entfärben von Altpapier gibt es viel Schmutzwasser; wir dürfen es nicht ungereinigt in den Fluß leiten und müssen das Wasserhaushaltsgesetz bzw. das Abwassergesetz beachten. Die umliegenden Fichtenwälder würden durch die schwefelhaltigen Abgase besonders gefährdet. Das Bundesimmissionsgesetz zur Reinhaltung der Luft ist, wie Sie wissen, besonders streng. Und wenn wir den Fluß stauen, würden ein paar Hektar Naturschutzgebiet überflutet. Da gäb's vermutlich Konflikte mit dem Bundesnaturschutzgesetz.

Schaubild a:

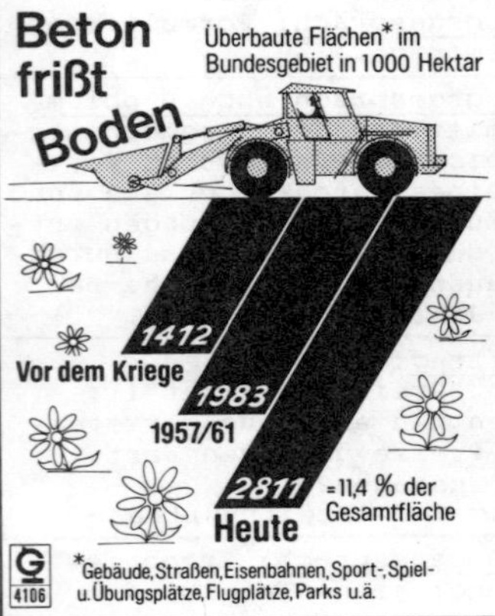

Beton frißt Boden
Überbaute Flächen* im Bundesgebiet in 1000 Hektar
1412 Vor dem Kriege
1983 1957/61
2811 Heute = 11,4 % der Gesamtfläche
*Gebäude, Straßen, Eisenbahnen, Sport-, Spiel- u. Übungsplätze, Flugplätze, Parks u.ä.

Schaubild b:

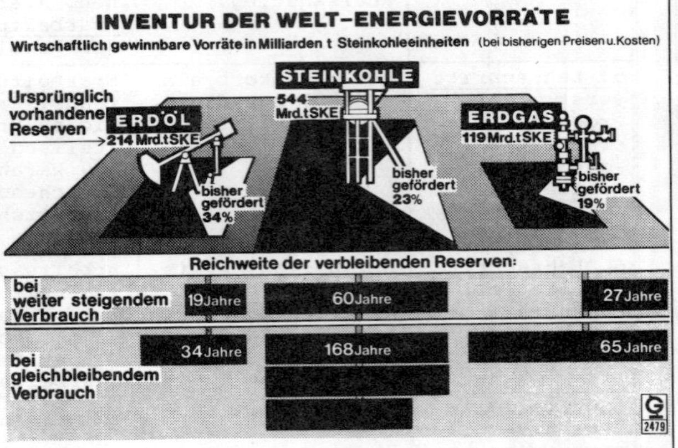

INVENTUR DER WELT-ENERGIEVORRÄTE
Wirtschaftlich gewinnbare Vorräte in Milliarden t Steinkohleeinheiten (bei bisherigen Preisen u. Kosten)

Ursprünglich vorhandene Reserven:
- ERDÖL 214 Mrd. t SKE, bisher gefördert 34%
- STEINKOHLE 544 Mrd. t SKE, bisher gefördert 23%
- ERDGAS 119 Mrd. t SKE, bisher gefördert 19%

Reichweite der verbleibenden Reserven:
	Erdöl	Steinkohle	Erdgas
bei weiter steigendem Verbrauch	19 Jahre	60 Jahre	27 Jahre
bei gleichbleibendem Verbrauch	34 Jahre	168 Jahre	65 Jahre

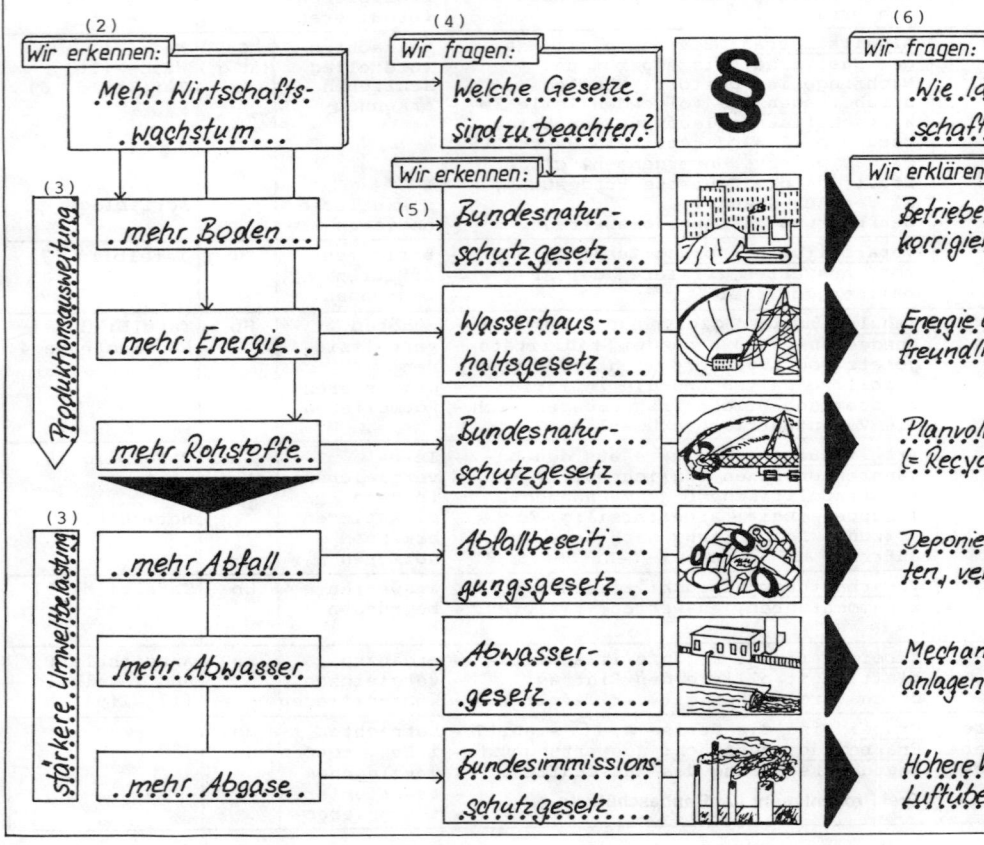

---

(1) Wie beeinflußt das Wirtschaftswachstum unsere Umwelt?

(2) Wir erkennen: Mehr Wirtschaftswachstum...

(3) Produktionsausweitung:
- mehr Boden...
- mehr Energie...
- mehr Rohstoffe...

(3) Stärkere Umweltbelastung:
- mehr Abfall...
- mehr Abwasser...
- mehr Abgase...

(4) Wir fragen: Welche Gesetze sind zu beachten? §

(5) Wir erkennen:
- Bundesnaturschutzgesetz...
- Wasserhaushaltsgesetz...
- Bundesnaturschutzgesetz...
- Abfallbeseitigungsgesetz...
- Abwassergesetz...
- Bundesimmissionsschutzgesetz...

(6) Wir fragen: Wie läßt sich der Zielkonflikt Wirtschaftswachstum – Umweltschutz lösen?

(7) Wir erklären:
- Betriebe modernisieren, Straßenverlauf korrigieren, Mülldeponien rekultivieren...
- Energie einsparen, Müllverbrennung, umweltfreundliche Kraftwerke, alternative Energiequellen
- Planvoll nutzen, Wiederverwertung (= Recycling), Rohstoffersatz suchen
- Deponieren, kompostieren, wiederverwerten, verbrennen, Pyrolyseöl gewinnen
- Mechanische, biologische, chemische Kläranlagen; verbrennen, sicher lagern
- Höhere Kamine, Filter, Brennereinstellung,... Luftüberwachung, bleifreies Benzin

UG	Lehrschritte (Artikulationsdefinition)	Lehrinhalte und Lernziele (= Lz)	Lehrakte	Lernakte	Sozialformen	Lernhilfen
Eröffnungsphase	1. Lehrschritt (Hinführung)	Wecken des Schülerinteresses.	Sachimpuls: Vorstandssitzung der "Papier AG": Errichtung eines Zweigwerkes.	- spielen - referieren - konkretisieren - lokalisieren	Hb	freies szenisches Spiel, Landkarte, Pfeil
	2. Lehrschritt (Problemstellung)	Problematisierung. Problemfrage: Was ist alles zu beachten?	Impuls: aus dem Spiel: "Wenn wir hier unser Werk errichten wollen, dann ist aber einiges zu beachten!" (Ende des Spiels!)	- darbieten - fragen - überlegen	Hb	Seitentafel (Unterrichtsfrage)
	3. Lehrschritt (Hypothesenbildung)	Zielorientierte Schülervermutungen.	Gruppengespräch: Die Schüler überlegen die Genehmigungsfähigkeit des Vorhabens. Verarbeitungsgespräch: Die Schüler erschließen den Zusammenhang Wirtschaftswachstum und Umwelt.	- vermuten - hypothetisieren - begründen - verbalisieren - erklären - diskutieren - argumentieren	Ga Hb	Notizblock Notizen
	4. Lehrschritt (Problemisolierung, -formulierung, -fixierung)	Problemfrage 1: Wie beeinflußt das Wirtschaftswachstum unsere Umwelt?	Sachimpuls: stumm: Magisches Quadrat und Umwelt. Erarbeitungsgespräch: Formulierung der Problemfrage.	- betrachten - lesen - formulieren	Hb Hb	Seitentafel Wortkarten Tafelbild (1) (Problemfrage)
Erarbeitungsphase	5. Lehrschritt (erste Teilergebniserarbeitung)	Zusammenhang Wirtschaftswachstum - Umweltbeeinflussung. (Lz 1)	Sachimpuls: bildhaft: Schaubild "Beton frißt Boden". Erarbeitungsgespräch: Mehr Wirtschaftswachstum - mehr Boden, Energie, Rohstoffe - Produktionsausweitung. Partnergespräch nach Arbeitsauftrag: Denke über die Folgen der Produktionsausweitung nach!	- betrachten - lesen - erklären - folgern - ausweiten - besprechen - folgern - erkennen	Hb Hb Pa	Schaubild a) Tafelbild (2) Notizblock
	(erste Teilergebnisgewinnung, -fixierung)		Verarbeitungsgespräch: Produktionsausweitung - mehr Abfall, Abwasser, Abgase - stärkere Umweltbelastung.	- Zusammenhänge erklären - Folgen beschreiben	Hb	Tafelbild (3)
	6. Lehrschritt (erste Teilergebniszusammenfassung)	Visualisierung und Zuordnung: Wirtschaftswachstum - Folgen.	Arbeitsauftrag: Erkläre den Sachzusammenhang! Ordne die Bilder richtig zu!	- zuordnen - erklären	Aa/Hb	Folienbilder (s. Tafelbild)
	7. Lehrschritt (Problempräzisierung)	Problemfrage 2: Welche Gesetze sind zu beachten?	Impuls: verbal: Das Bauvorhaben der "Papier AG" ist so leicht zu verwirklichen. Auch im Spiel eingangs sind wir darauf aufmerksam gemacht worden. Frage nach!	- erinnern - fragen - formulieren	Hb	Tafelbild (4)
	8. Lehrschritt (zweite Teilergebniserarbeitung, -gewinnung, -fixierung)	Verordnungen zum Umweltschutz. (Lz 2)	Arbeitsauftrag: Notiere alle Hinweise auf Umweltschutzverordnungen! Sachimpuls: Tonbandeinspielung "Zu bedenken ist". Erarbeitungsgespräch: Verordnungen zum Umweltschutz, ergänzt durch Schülervorwissen.	- zuhören - zuhören - notieren - nennen - erklären - ergänzen	Aa Hb Hb	Notizblock Tonbandaufzeichnung Tafelbild (5)
	9. Lehrschritt (zweite Teilergebniszusammenfassung)	Mündliche Begründung.	Arbeitsauftrag: Begründe, was gegen die "Papier AG" spricht!	- konkretisieren - begründen - erklären	Aa/Hb	Tafelbild (1) - (5) Bildkarten
	10. Lehrschritt (Problempräzisierung)	Problemfrage 3: Wie läßt sich der Zielkonflikt Wirtschaftswachstum - Umweltschutz lösen? (Lz 3)	Sachimpuls: Die Schüler erlesen still den Text. Erarbeitungsgespräch: Investition, Arbeitsplätze, Wirtschaftswachstum, Umweltbelastung. Formulierung der Problemfrage.	- lesen - überlegen - folgern - erkennen - verbalisieren - formulieren	Aa/Hb Hb	Zeitungsbericht Tafelbild (6)
Sicherungsphase	11. Lehrschritt (Problemlösung)	Generalisation, Lösungsmöglichkeiten. (Lz 4)	Gruppengespräch nach Gesprächsauftrag (arbeitsteilig): Rohstoffe, Energie, Boden, Abfall, Abwasser, Abgase. - Suche Vorbeugungsmaßnahmen zum Umweltschutz! Verarbeitungsgespräch: Ergebnisse zusammentragen.	- Vorwissen aktivieren - Material sichten, auswerten - konkretisieren - erklären	Ga Hb	Broschüren (Lit. 3,4,5) 6 Folien mit Gruppenergebnisse Tafelbild (7)
	12. Lehrschritt (Ausblick)	Grenzen des Wirtschaftswachstums.	Sachimpuls: Sachverständige: + 4% Wachstum. Umweltplakette. Schaubild: Energievorräte. Erarbeitungsgespräch: Warum der Zielkonflikt Wirtschaftswachstum - Umweltbeeinflussung gelöst werden muß.	- erfassen - diskutieren - argumentieren - erkennen	Hb Hb	Folien: Schaubild b), Umweltplakette
	13. Lehrschritt (Gesamtergebnisfixierung)	Eintrag in das Arbeitsblatt.	Arbeitsauftrag: Ergänze das Arbeitsblatt!	- ergänzen - kontrollieren	Aa	Arbeitsblatt (= Tafelbild ohne Arbeitsergebnisse)

Hauptlernziel: Bedeutung des Sparens in einer Zeit des wirtschaftlichen Auf und Ab.	Unterrichtsthema: Sparen, ein alter Hut?	Autor: Peter Allerberger
		Unterrichtszeit Empfehlung: 2 UE

Vorbemerkungen:
Die vorliegende Einheit versucht vor allem, bereits vorhandenes Wissen der Schüler zusammenzutragen, zu ordnen und in neue Zusammenhänge zu bringen. Das häufig gegen das Sparen vorgebrachte Argument, daß nämlich Ersparnisse durch Inflation verlorengehen könnten, scheint mir eine eigene Stunde wert zu sein; man braucht sich nur vorzustellen, was geschehen würde, wenn niemand mehr sparen wollte: Unter diesen Umständen würden wir den Wirtschaftsexperten nach mit Sicherheit eine dritte große Inflation heraufbeschwören, und zwar auch ohne Mithilfe von Regierung und Zentralbank in Frankfurt. Dies ließe sich gerade am Beispiel der Inflation von 1923 beweisen: Damals erreichte die Entwertung erst dann ein bedrohliches Tempo, als alle versuchten, die empfangenen Geldscheine so schnell wie möglich wieder auszugeben. Das Vertrauen in die Wertbeständigkeit des Geldes ist hier wichtig. Es sollte nur angedeutet werden, daß es in dieser zeitlich zu knappen Einheit wenig Sinn hätte, das Angstargument vor Inflation ohne eingehendere Behandlung als ein wesentliches gegen Sparen vorzubringen. Hierbei sollte auch auf die inflatorischen Einflüsse aus dem Ausland eingegangen werden (importierte Inflation)

Teillernziele: Die Schüler sollen:
1. erkennen, daß Sparen nicht nur bedeutsam für den Sparer, sondern für die gesamte Wirtschaft ist;
2. sich ihrer eigenen Stellung als wichtiges Glied innerhalb des Geldkreislaufs bewußt werden, um aus dem Verständnis für wirtschaftliche Zusammenhänge zu einem positiven Sparverhalten zu gelangen;
3. den Zusammenhang zwischen Investieren, Sparen und Konsumieren am Kreislaufmodell erläutern;
4. Vor und Nachteile des Sparens nennen und bewerten können.

Medien: Film FT 1620: Lohn auf der Waage; Arbeitsblatt, Kreditformular, Sparbuch, Fallbeispiele.

Literatur: Nicht ohne mich, Kieser Verlag, Neusäß

Lernmaterial: Fall 1: Peter verdient als Installateur 1300 DM im Monat, sein Vater bringt 2600 DM nach Hause. Davon zahlt er 160 DM monatlich in einen Bausparvertrag. Sohn Peter hat einen Prämiensparvertrag abgeschlossen und schon einen ansehnlichen Betrag angesammelt. Die Familie A. gönnt sich aber auch etwas: Alle sind modisch gekleidet, gehen sonntags öfters zum Essen und Peter fährt häufig zum Schilaufen.
Fall 2: Ein Unternehmer F. stellt Anlagen zur Wasseraufbereitung her. Der Verkauf geht ausgezeichnet und die Unternehmensleitung möchte den Betrieb erweitern. Zur Finanzierung einer neuen Fabrikhalle und der erforderlichen Maschinen nimmt der Betrieb einen Kredit von 500 000 DM auf.
Fall 3: Die Baufirma M. kann in der Hochkonjunktur gar nicht alle Aufträge annehmen und möchte deshalb weitere Arbeitskräfte einstellen. Neue Baumaschinen wären notwendig. Der Unternehmer will dazu einen Bankkredit aufnehmen. Die Bank hat aber, trotz hoher Zinsen von 12%, die sie für den Kredit verlangt, kein Geld mehr zum Ausleihen. Der Unternehmer muß deshalb seine Investitionspläne zurückstellen.
Fall 4: 2 Jahre später. In der Wirtschaftsflaute hat das Bauunternehmen zu wenig Aufträge. Einige Arbeiter werden schon entlassen. Die Bank würde jetzt sehr günstige Kredite zu 7% vergeben.

Sparen, ein alter Hut?

Gründe für das Sparen

- wer spart:
  - verzichtet auf *Verbrauch* zugunsten von *Vorsorge*
  - für die Wechselfälle des Lebens: z.B.
    - *Altersversorgung*
    - *Heirat, Zukunft der Familie*
    - *Ausbildung der Kinder*
    - *Krankheit, Todesfall*
    - *Reparaturen, Besuch*
    - *Arbeitsplatzunsicherheit*
  - schafft Rücklagen für: *Anschaffungen*: z.B. *Wohnungseinrichtung, Hausbau, Autokauf*
  - nützt der *Volkswirtschaft*

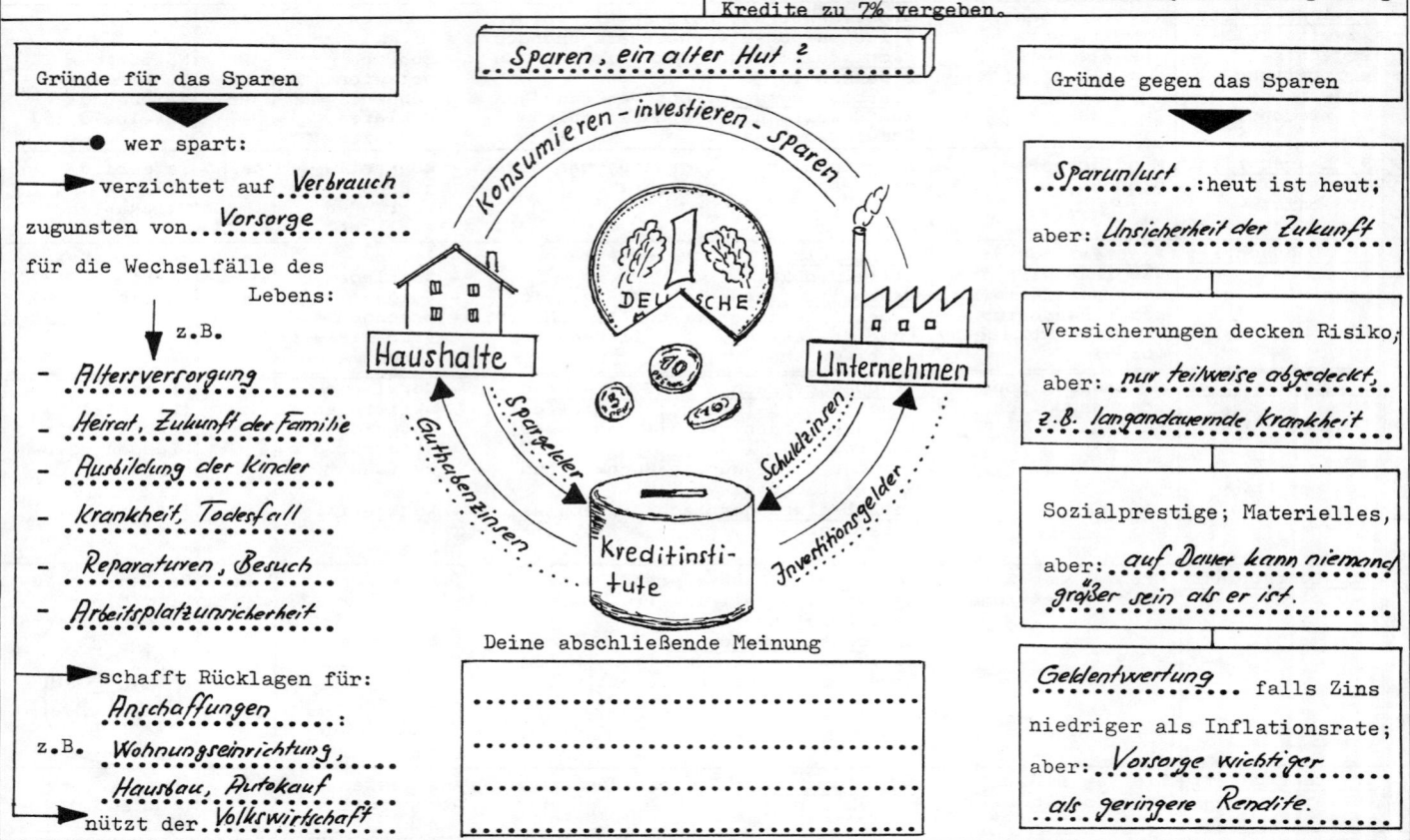

Konsumieren – investieren – sparen

Haushalte → (Spargelder / Guthabenzinsen) → Kreditinstitute → (Investitionsgelder / Schuldzinsen) → Unternehmen

Deine abschließende Meinung
....
....
....
....

Gründe gegen das Sparen

Sparunlust: heut ist heut; aber: *Unsicherheit der Zukunft*

Versicherungen decken Risiko; aber: *nur teilweise abgedeckt, z.B. langandauernde Krankheit*

Sozialprestige; Materielles, aber: *auf Dauer kann niemand größer sein als er ist.*

Geldentwertung falls Zins niedriger als Inflationsrate; aber: *Vorsorge wichtiger als geringere Rendite.*

UG	Lehrschritte (Artikulationsdefinition)	Lehrinhalte und Lernziele (= Lz)	Lehrakte .... Lernakte		Sozial-formen	Lernhilfen
Eröffnungsphase	1. Lehrschritt: (Problembegegnung)	Sparen oder Schulden machen?	Sachimpuls: Spare in der Zeit, dann hast du in der Not oder: Mache Schulden früh genug, denn alles Sparen ist Betrug.	– betrachten – sich äußern – verbalisieren	Hb	Kreditantrag Sparbuch
	2. Lehrschritt: (Hypothesenbildung)	Klasseninterne Umfrage: Was hältst du vom Sparen?	Erarbeitungsgespräch nach Frage: Hat Sparen deiner Meinung nach einen Sinn? Wäre es nicht angenehmer, das Geld gleich auszugeben? Meinungsbefragung in der Klasse.	– aufnehmen – Meinung schriftlich niederschreiben	Hb/Aa	Notizblock
	3. Lehrschritt: (Zielangabe)	Vorlesen von Schülermeinungen; Provozieren der Problemfrage;	Verarbeitungsgespräch: Eure Meinungen zum Sparen zeugen bereits von viel Sachverstand. Vereinzelte Äußerungen kommentieren. Formulierung des Unterrichtsthemas.	– vorlesen – ungeordnete Wiedergabe von Vorwissen	Hb	Seitentafel Arbeitsblatt: Überschrift
Erarbeitungsphase	4. Lehrschritt: (Teilergebniserarbeitung)	Etwa 500 Milliarden Spareinlagen derzeit in der Bundesrepublik; Ankurbelung der Wirtschaft, Arbeitsbeschaffung, Konsum schafft Aufträge; (Lz 1)	Erarbeitungsgespräch nach Impuls: Trotz aller negativen Einflüsse der Geldentwertung vergrößern sich die Ersparnisse der privaten Haushalte bei uns ständig. Arbeitsauftrag: Beurteile die 4 vorliegenden Fälle. Gruppenaufträge: Familie A verwendet ihr Einkommen auf zwei verschiedene Arten; die Familie verbraucht im Monat eine ansehnliche Summe. Welche wirtschaftlichen Auswirkungen haben diese Ausgaben (wie bei anderen privaten Haushalten auch)?	– aufnehmen – verbalisieren – lesen – Informationen entnehmen – kommentieren – Bezüge herstellen – vortragen – verallgemeinern	Hb Ga	Lernmaterial; Notizblock;
	5. Lehrschritt: (Teilergebnisgewinnung und -fixierung)	Gründe für das Sparen: Wechselfälle des Lebens, Rücklagenbildung; Bank verleiht Spargeld in Form von Krediten; (Lz 2)	Verarbeitungsgespräch nach Fragen: Welche Gründe können vorliegen, daß Vater und Sohn A. sparen? Was geschieht mit dem angesparten Geld, solange beide nicht darüber verfügen können? Denke auch an dein Erspartes. Aufgabe: Lückentext ausfüllen	– zuhören – belegen – schließen – identifizieren – fixieren.	Hb Aa	Lernmaterial; Arbeitsblatt: linker Block
	6. Lehrschritt: (Teilergebniserarbeitung und -fixierung)	Zusammenhang von Sparen, Konsumieren, Investieren; gegenseitige Abhängigkeit; einfacher Geldkreislauf; (Lz 3)	Erarbeitungsgespräch nach Impuls: Zwischen Sparen, Verbrauchen und Investieren besteht ein Zusammenhang. Verdeutliche am einfachen Kreislaufmodell.	– Bezüge herstellen – verdeutlichen – eintragen	Hb	Arbeitsblatt: mittl. Block
	7. Lehrschritt: (Teilzusammenfassung)	Kredite für Investitionen; Spargelder „arbeiten" für Kreditinstitute; (Lz 1/3)	Erklärung: Die neue Anlage der Firma F. muß erst finanziert werden. Die Bank muß auch erst zu ihrem Geld kommen. Die Investitionen der Firma F. haben wirtschaftliche Auswirkungen.	– rekapitulieren – zuordnen – nachvollziehen – schlußfolgern	Hb	
	8. Lehrschritt: (Teilergebniserarbeitung)	bei Hochkonjunktur geringe Sparwilligkeit; geringe Auftragslage; umgekehrtes Sparverhalten wäre notwendig; (Lz 3)	Erarbeitungsgespräch: Die Baufirma M. kann im 3. Fallbeispiel die geplanten Investitionen nicht durchführen. Im 4. Fall hat M. trotz der günstigen Bedingungen kein Interesse an Investitionen. Vergleiche die beiden Fälle bezüglich der Sparwilligkeit der Leute.	– lesen – differenzieren – charakterisieren – vergleichen – nachvollziehen	Hb	Lernmaterial;
	9. Lehrschritt: (Teilergebniserarbeitung und -fixierung)	Argumente vorgeben, Schüler finden Gegenargumente; Gründe gegen das Sparen; (Lz 4)	Erarbeitungsgespräch nach Impuls: Besser, man gibt das Geld aus, als es durch Inflation zu verlieren. In einer Inflation wäre der Arme genauso „reich" wie der Reiche. Es gibt doch einige Argumente gegen das Sparen, die aber größtenteils zu widerlegen sind.	– belegen – vergleichen – sammeln – Gegenargumente finden	Hb	Arbeitsblatt: rechter Block
	10. Lehrschritt: (Wertung)	Frage des Sparens am Beispiel eines jungen Mannes; (Lz 1 - 4)	Rundgespräch: Der Film zeigt das Verhalten einer Durchschnittsfamilie. Ist nun Sparen ein alter Hut? Warum fördert der Staat das Sparen?	Film ansehen Meinung wiedergeben	Aa/Hb	FT 1620: Ausschnitt; Arbeitsblatt: Deine..Meinung

Hauptlernziel: Die wesentlichen Grundbegriffe der Kapitalanlage mittels einer Aktie kennenlernen.	Unterrichtsthema: Die Aktie ist ein Wertpapier.	Autor: Peter Allerberger
		Unterrichtszeit Empfehlung: 2 UE

Vorbemerkungen:
Da es sich empfiehlt individuelle Beratung durch einen versierten Wertpapierfachmann einer Sparkasse oder eines anderen Kreditinstituts vor dem Kauf einer Aktie in Anspruch zu nehmen, bietet sich auch in der Klasse eine fachkundige Aufbereitung dieses Themas durch einen Anlagenberater an.
Eine Einweisung in die Aktie als Anlageform läßt sich bestens mit dem Besuch einer Börse koppeln; schließlich sollten die Schüler die Börsenkurse in Rundfunk und Presse in Zukunft besser verstehen und deuten lernen (Kursrückgang gibt wirtschaftliche Tendenzen an und erlaubt Rückschlüsse auf konjunkturelle Veränderungen). Ich habe den Eindruck gewonnen, daß die Schüler nach Kenntnis der Aktien- bzw. Börsenbegriffe (Brief, Geld, bezahlt, u.a.) und eines Besuches der Münchner Börse (unter dem Aspekt: Ablauf der Kursnotierung - Beeinflussung der Kursbildung) gerne den Aktienkurs der Tagespresse aus freien Stücken studieren und „mitzureden" verstehen.

Teillernziele: Die Schüler sollen:
1. die Begriffe Aktiengesellschaft, Aktionär, Nennwert erläutern;
2. den Nennwert als unveränderliche Größe vom aktuellen Kurswert unterscheiden;
3. die Dividende als einen Teil des Gewinns einer Aktiengesellschaft erfahren;
4. die Komponenten erarbeiten, die den Kurswert beeinflussen.

Medien: Arbeitsblatt, Aktienschlagzeilen der Presse, Kopie einer Aktie (siehe Verkleinerung Arbeitsblatt).

Literatur: Wirtschaftslehre, Bayerischer Schulbuch Verlag, München 1972

Lernmaterialien: a) Schlagzeilen der Aktienkurse.

Reaktion enttäuscht — Bankaktien gefragt — Kursgewinne — Gewinn- — Schwacher Start — Kurse weiter fest — Kurse im Aufwind — Börse fre- — Überwiegend Verkäufe — Aktien geben nach — Steigende Tendenz — Gewinne üb- — Trend nach oben — Kurse behauptet — Kurse erholt — Kurse abgeschwächt — Im Aufwärtstrend — Abglanz aus USA — uch Regionalwerte — Kurse un- — deutlich erholt — Neuer H- — AKS legt 2,50 DM zu — Ausland wirkt pos — Kräfti — Leichter Aufwärtstrend — Überwiegend fester — Abschläge bei Rent- — Aktien uneinheitlich — Kfz-Werte gefragt — Kursabschwächungen — NAK legt 3 DM zu — Verluste bei Horten — Ausländ

b) Jeder der drei hat 100 DM; zu wenig, um jedem ein Rad zu kaufen. Legen alle vier aber zusammen, haben sie 400 DM. Das reicht, aber nur für ein einziges Rad. Sie kaufen es, und jede von ihnen gehört nun genau ein Viertel des Fahrrads. An einem Tag darf der eine fahren, am nächsten ein anderer, dann der dritte, der vierte. Damit alles klargeht, halten die 4 das schriftlich fest. Jeder bekommt einen Zettel, und darauf steht, daß der Besitzer dieses Papiers Anspruch hat auf ein Viertel eines Fahrrads, das er nach Vereinbarung zu bestimmten Zeiten benützen darf.

c) Das finanzielle Fundament einer Aktiengesellschaft ist das Grundkapital. Es wird durch die Ausgabe von Aktien (Anteilscheinen) aufgebracht. Beispiel: Ein Unternehmen benötigt bei seiner Gründung ein Kapital von 5 Mill. DM. Es bietet auf dem Kapitalmarkt Aktien an, und zwar 30 000 Stück zum Nennwert von je 100 DM und 2000 zu je 1000 DM. Mit diesem Kapital wird ein Betrieb errichtet, die Produktion aufgenommen und Gewinn erwirtschaftet. Ein Teil des Gewinns fließt als Dividende an die Aktionäre zurück.

d) BASF gehört 355 000 Aktionäre. Jeder von ihnen hat eine oder mehrere Aktien. Wer eine 50 DM-Aktie kauft, mußte dafür Anfang 1982 etwa 132 DM bezahlen. 1981 erhielten die Aktionäre vom Gewinn 7 DM je 50 - DM-Aktie. Von den Eignern der BASF sind 341 000 Privatpersonen, die übrigen sind Banken, Versicherungen u.ä. Niemand besitzt mehr als 2% des Aktienkapitals; man sagt deshalb BASF-Aktien seien „breit gestreut".

Arbeitsblatt:

Die Aktie ist ein Wertpapier

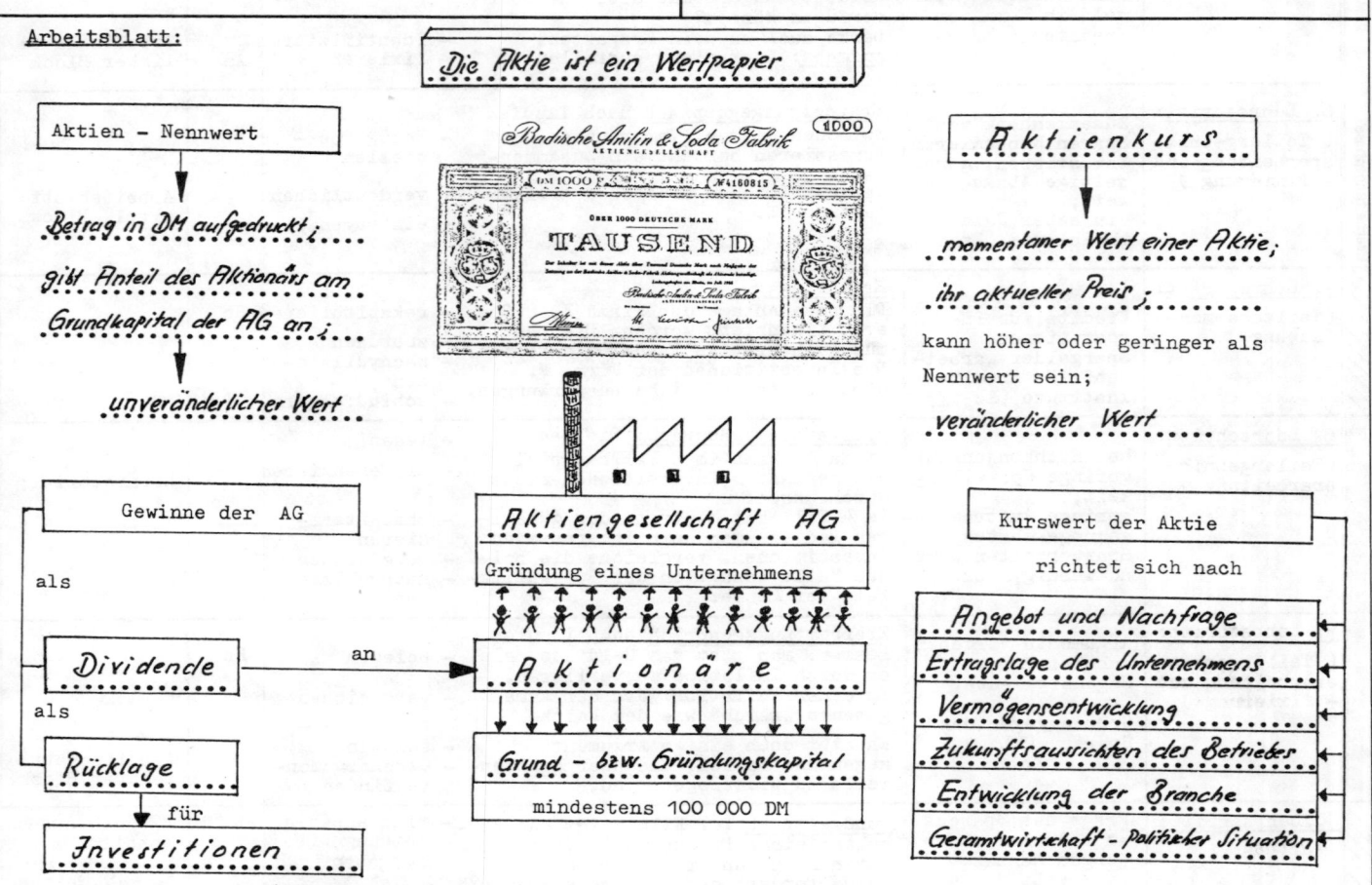

Aktien - Nennwert
→ Betrag in DM aufgedruckt;
→ gibt Anteil des Aktionärs am Grundkapital der AG an;
→ unveränderlicher Wert.

Aktienkurs
→ momentaner Wert einer Aktie;
→ ihr aktueller Preis;
→ kann höher oder geringer als Nennwert sein;
→ veränderlicher Wert.

Gewinne der AG
als Dividende an Aktionäre
als Rücklage für Investitionen

Aktiengesellschaft AG
Gründung eines Unternehmens
Aktionäre
Grund - bzw. Gründungskapital
mindestens 100 000 DM

Kurswert der Aktie richtet sich nach
- Angebot und Nachfrage
- Ertragslage des Unternehmens
- Vermögensentwicklung
- Zukunftsaussichten des Betriebes
- Entwicklung der Branche
- Gesamtwirtschaft - Politischer Situation

UG	Lehrschritte (Artikulationsdefinition)	Lehrinhalte und Lernziele (= Lz)	Lehrakte .... Lernakte		Sozialformen	Lernhilfen
Eröffnungsphase	1. Lehrschritt: (Einstimmung)	Über 2000 Aktiengesellschaften in der Bundesrepublik; etwa 5 Mill. Aktionäre u.a. VW; Börsenschlagzeilen;	Feststellung: Ich kenne jemand, der erzählt jedem, der es wissen will, daß ihm ein Teil des Volkswagenwerks, einer der größten Fabriken Europas, gehöre. Sachimpuls: Schlagzeilen geben Hinweise auf Aktienkurse der Tagespresse.	– aufnehmen – verbalisieren – ungeordnete Wiedergabe von Vorwissen – betrachten – zuordnen	Hb	Lernmaterial a: Schlagzeilen
	2. Lehrschritt: (Zielangabe)	Grundkapital durch Aktien; die Aktie – ein Wertpapier;	Erarbeitungsgespräch: Das Geld zur Gründung eines Betriebes kann nicht immer von einem einzelnen aufgebracht werden.	– kommentieren – formulieren – eintragen	Hb	Arbeitsblatt: Überschrift
	3. Lehrschritt: (altersspezifische Sachidentifikation)	Analogiebildung;	Erarbeitungsgespräch: Stell dir vor: Du und drei deiner Freunde wünschen sich ein Fünfgangrad, aber keiner von euch hat soviel Geld, um sich eines allein zu kaufen. Lies den Fall.	– zuhören – identifizieren – nachvollziehen – lesen	Hb/Aa	Lernmaterial b
Erarbeitungsphase	4. Lehrschritt: (Teilergebniserarbeitung)	Aktie = Anteilschein am Gründungskapital einer Firma (AG); Begriffe: Aktie, Aktionär, AG; (Lz 1)	Verarbeitungsgespräch: Diese Zettel bescheinigen den Besitz am Teil eines Ganzen; es sind Anteilscheine. Solche Wertpapiere werden ausgegeben, wenn jemandem am Grundkapital einer Firma, einer Aktiengesellschaft gehört. Arbeitsauftrag: Ordne folgende Begriffe diesem Fallbeispiel zu: Aktie, Aktionäre, Grundkapital. Lies den Text c.	– konkretisieren – betrachten – zuordnen – verbalisieren – lesen	Hb Aa	Arbeitsblatt: Muster einer Aktie; Lernmaterial c
	5. Lehrschritt: (Teilergebnisfixierung)	Grundkapital = Gründungskapital; Dividende = Zinsgewinn bei Aktien; Nennwert ist aufgedruckt, Anteil am Grundkapital; Dividende vom Nennwert; (Lz 2/3)	Arbeitsauftrag: 1. Erkläre den Begriff Grundkapital. 2. Aktien bringen als Anlagemöglichkeit auch Zinsen. Wie errechnen sich diese? 3. Was versteht man unter dem Nennwert einer Aktie? 4. Was bedeuten 16% Dividende bei einer 100 DM Aktie? Verarbeitungsgespräch: Diese Grundbegriffe tragen wir ins Arbeitsblatt ein.	– erklären – verifizieren – definieren – ableiten – fixieren	Ga Hb	Notizblock; Arbeitsblatt: Aktien – Nennwert... Gewinne der AG.
	6. Lehrschritt: (Teilergebniserarbeitung und -fixierung)	Vom Restgewinn für Investitionen und als Rücklage (bewirkt Anwachsen des Vermögens); Kursgewinn; Aktienwert – Kurswert; veränderlicher Wert; (Lz 2)	Erarbeitungsgespräch nach Impuls: Die Dividende wird als Gewinnanteil an die Aktionäre ausgeschüttet. Den restlichen Teil des Gewinns steckt wohl der Unternehmer ein. Erklärung: Interessant ist der spätere tatsächliche Wert der Aktie. Will jemand eine 100 DM-Aktie nach Jahren der AG-Gründung erwerben, muß er unter Umständen 150 DM dafür bezahlen. Erarbeitungsgespräch nach Frage: Wonach richtet sich der Wert einer Aktie?	– rekapitulieren – ableiten – Bezüge herstellen – begründen – konkretisieren – zuordnen – fixieren	Hb Hb Hb	Notizblock; Arbeitsblatt: Aktienkurs... Kurswert der Aktie...
	7. Lehrschritt: (Teilzusammenfassung)	Nennwert 100; 100 DM = 1/5000 des Fabrikwerts (Gründungskapital 5 Mill DM); Anteil des Nennwerts im Grundkapital; (Lz 2/3)	Erarbeitungsgespräch nach Frage: Will nun jemand eine Aktie erwerben, deren Anteil am Grundkapital 100 DM betrug, so muß er z.B. 132 DM dafür bezahlen. Welchen Gewinn hat der Verkäufer dieser Aktie erzielt? Woher kommt dieser Gewinn? Welchen Wert hat die Aktie bei einem Gründungskapital von 5 Mill. DM?	– aufnehmen – belegen – berechnen	Hb	
Sicherungsphase	8. Lehrschritt: (Anwendung)	BASF-Aktie als Beispiel; möglicher Vergleich mit aktuellen Tageskursen; breit gestreute Aktien; (Lz 1-4)	Erarbeitungsgespräch nach Impuls: Die Abbildung auf deinem Blatt zeigt eine Aktie der BASF. Dieses Chemie-Unternehmen hatte anfangs 1981 ein Aktienkapital von fast 2 Milliarden Mark. Erkläre. Lies weitere Informationen zur BASF - AG. Was versteht man unter „breit gestreuten" Aktien?	– betrachten – kommentieren – lesen – erläutern	Hb/Aa	Arbeitsblatt; Lernmaterial d
	9. Lehrschritt: (Ausblick)	aktuelle Zahlen eines Kreditinstituts;	Rundgespräch: Was hältst du vom Aktienbesitz? Vergleiche den Aktiengewinn mit dem durch Sparzinsen.	– werten – vergleichen – schlußfolgern	Aa/Hb	Zahlenmaterial (Sparzinsen - Aktienkurs)

297

Erziehungskunde

Hauptlernziel: Bewußtsein, daß das Gelingen ehelicher Partnerschaft eine wesentliche Voraussetzung für die gesunde seelische und geistige Entwicklung eines Kindes ist.	Unterrichtsthema: Auf die Eltern kommt es an!	Autor: Max-J. Unterreiner
		Unterrichtszeit Empfehlung: 1 - 2 UE

Vorbemerkungen: Die UE steht am Anfang der Sequenz "verantwortete Elternschaft". Einstellungen und Verhaltensweisen sind für das Gelingen ehelicher Partnerschaft bedeutsam. Anhand einer offenen Problemsituation wird der Schüler sachlich abhandelnd den Überlegungen von großer Tragweite entlanggeführt. Besonderer Schwerpunkt der Unterrichtsarbeit ist die ambivalente Wirkung elterlichen Vorbildverhaltens auf die kindliche Entwicklung. Besonderes pädagogisches Taktgefühl ist bei parallelen Klassensituationen geboten, um nicht die Familienintimsphäre zu verletzen!

Teillernziele: Die Schüler sollen ...
1. für den Problemhintergrund an einem exemplarischen Fall sensibilisiert werden;
2. wichtige Einstellungen und Verhaltensweisen für das Gelingen ehelicher Partnerschaft erkennen und wissen;
3. die Bedeutung partnerschaftlicher Einstellungen und Verhaltensweisen für das Kind erkennen;
4. mögliche Folgen gestörter Partnerschaft für das Kind erkennen;
5. gewonnene Erkenntnisse auf andere Familiensituationen übertragen, anwenden und diese begründend werten.

Literatur:
P. Brunnhuber, u.a.: Erziehen - was ist das? (9. Jgst.), München 1978
H. Wittmann, u.a.: Erziehungskunde (9. Jgst.), Donauwörth 1978
H. Wittmann, u.a. (Hrsg.): Erziehungskunde, Arbeitsheft für die 9. Jgst., Donauwörth 1980
P. Leins, u.a.: Erziehungskunde 9, München/Kulmbach 1978
P. Leins, u.a.: Erziehungskunde 9, Arbeitsheft, München/Kulmbach

Medien: Arbeitsblatt, Tafel, Notizblock, Folie.

Arbeitstext 1:
Frau Mack mußte ein schweres Schicksal ertragen: Kurz nach der Hochzeit war ihr Mann tödlich verunglückt. Wenige Monate später kam die kleine Susanne zur Welt. Sie wuchs ohne Vater heran. Nun geht sie zur Schule, und Frau Mack hat wieder einen Partner gefunden, Klaus, der sich in liebevoller Weise um sie bemüht. Ihre Gedanken kreisen um eine erneute Ehegemeinschaft. Frau Mack stellt aber fest, daß die Beziehungen zwischen ihrem neuen Bekannten und der kleinen Susanne von beiderseitiger Zurückhaltung gekennzeichnet sind. Frau Mack hängt sehr an ihrer kleinen Tochter und sie wird nachdenklich, wenn Susanne sie mit großen Augen anschaut ...

Arbeitstext 2:
Familie Schmid:
1. Natürlich helfe ich beim Abspülen.
2. Heute hat das Essen wieder prima geschmeckt.
3. Wenn du dich nicht wohl fühlst, bleiben wir zuhause.
4. Was meinst du, wo wir heuer Urlaub machen sollten?
5. Das Kleid, das ich heute gekauft habe, war teuer ...
6. Wenn es später wird, rufe ich auf jeden Fall an.

Familie Schuster:
1. Spülen ist Frauensache. Laß mir gefälligst meine Ruhe!
2. Das ist heute vielleicht wieder ein Fraß!
3. Immer hast du etwas anderes. Stell dich doch nicht so!
4. Dieses Jahr geht's im Urlaub nach Spanien. Basta!
5. So gehst du mit meinem Geld um!
6. Du bist vielleicht ein Jammerlappen!

Arbeitstext 3:
Bei der Erziehungsberatung:
Mutter: "Herbert ist 7 Jahre alt. Ich werde mit ihm nicht mehr fertig. Wenn etwas nicht so läuft, wie er will, fängt er an zu toben. Es muß wohl ein frühkindlicher Gehirnschaden sein." - Vater: "Das sind deine blöden Erziehungsmethoden! Du hast ihm alles durchgehen lassen. Letzten Sonntag verbiete ich ihm das Fernsehen, aber du erlaubst es." - Herbert sitzt teilnahmslos dabei.

Eine Familiensituation zuhause:
Christoph ist mit seinen acht Jahren der jüngste der drei Brüder. Es gibt mitunter auch handfeste Zankereien. Kein Wunder, wenn da der Vater mal wieder schimpft. Dann hilft auch kein Klagen bei der Mutter. Sie erklärt die Haltung des Vaters: "Wäre es dir lieber, wenn er nichts sagt und ins Wirtshaus geht?" Das möchte keiner der Buben und sie wissen: Nach dem Donnerwetter scheint wieder die Sonne und die Eltern sind wieder für sie da.

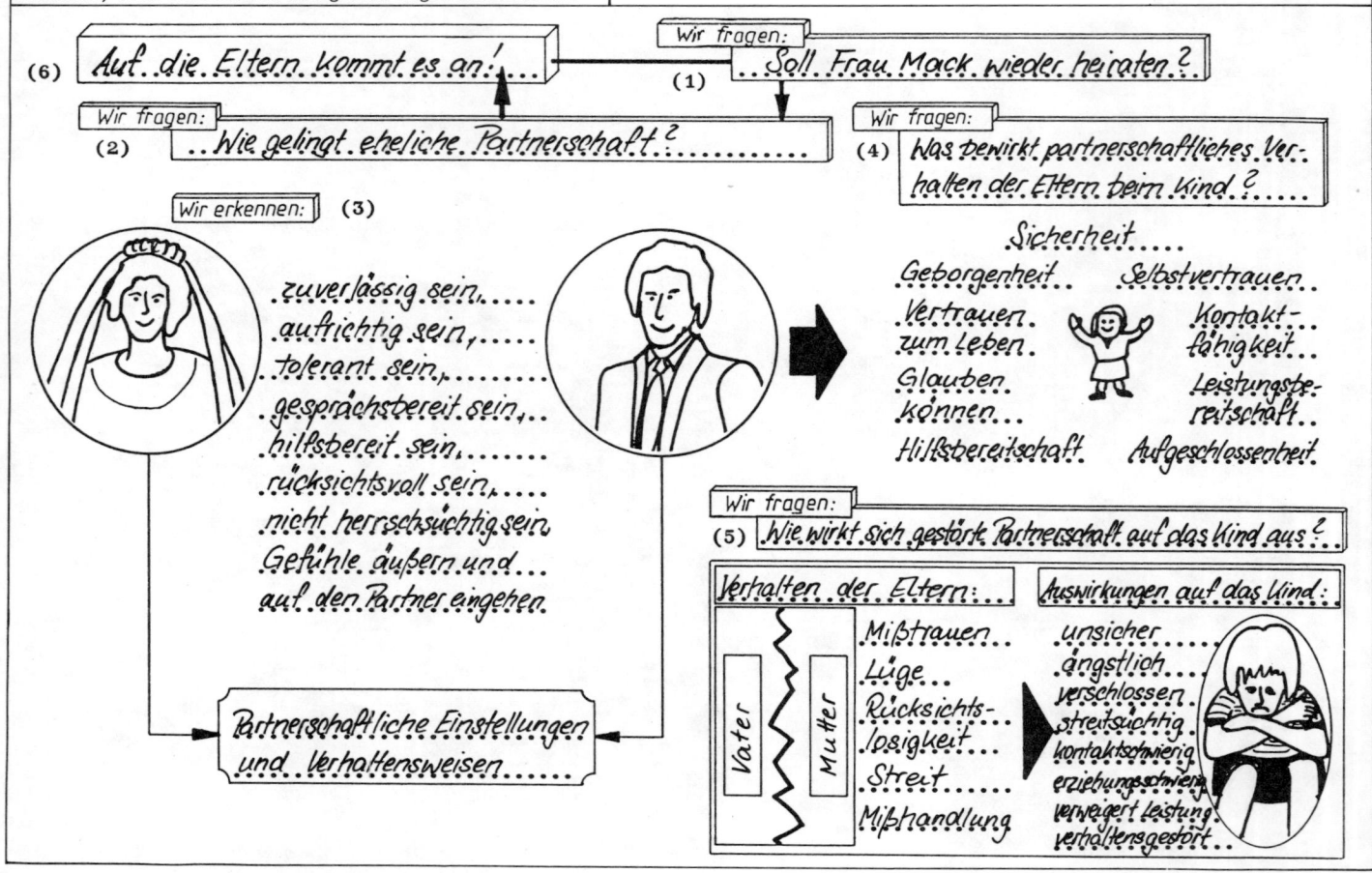

---

(6) **Auf die Eltern kommt es an!** ← Wir fragen: (1) **Soll Frau Mack wieder heiraten?**

Wir fragen: (2) **Wie gelingt eheliche Partnerschaft?**

Wir fragen: (4) **Was bewirkt partnerschaftliches Verhalten der Eltern beim Kind?**

Wir erkennen: (3)
- zuverlässig sein
- aufrichtig sein
- tolerant sein
- gesprächsbereit sein
- hilfsbereit sein
- rücksichtsvoll sein
- nicht herrschsüchtig sein
- Gefühle äußern und
- auf den Partner eingehen

→ Sicherheit, Geborgenheit, Selbstvertrauen, Vertrauen zum Leben, Kontaktfähigkeit, Glauben können, Leistungsbereitschaft, Hilfsbereitschaft, Aufgeschlossenheit

Partnerschaftliche Einstellungen und Verhaltensweisen

Wir fragen: (5) **Wie wirkt sich gestörte Partnerschaft auf das Kind aus?**

Verhalten der Eltern (Vater / Mutter):
- Mißtrauen
- Lüge
- Rücksichtslosigkeit
- Streit
- Mißhandlung

Auswirkungen auf das Kind:
- unsicher
- ängstlich
- verschlossen
- streitsüchtig
- kontaktschwierig
- erziehungsschwierig
- verweigert Leistung
- verhaltensgestört

UG	Lehrschritte (Artikulationsdefinition)	Lehrinhalte und Lernziele (= Lz)	Lehrakte	Lernakte	Sozialformen	Lernhilfen
Eröffnungsphase	1. Lehrschritt (Einstimmung) (Problemfindung, -isolierung)	Sensibilisierung für den Problemhintergrund: Der "Fall" Frau Mack. (Lz 1)	Sachimpuls: Informiere dich über die Situation von Frau Mack.	– zuhören – lesen – informieren – reflektieren	Hb	Arbeitstext 1: Fall Frau Mack
			Erarbeitungsgespräch: Sachrelevante Schüleräußerungen zu möglichen Gründen für die Zurückhaltung; Diskussion von "Sicherheiten".	– nennen – begründen – erklären – diskutieren	Hb	
	2. Lehrschritt (Problemformulierung, -fixierung)	Problemfrage 1: Soll Frau Mack wieder heiraten?	Erarbeitungsgespräch: Erfragen des Problemfeldes aus der Sicht von Frau Mack; Formulierung der Problemfrage.	– beschreiben – verbalisieren – fragen – formulieren	Hb	Tafelbild (1)
	3. Lehrschritt (Hypothesenbildung)	Schülervermutungen zur Problemfrage im Hinblick auf die Situation Kindes.	Gruppengespräch nach Gesprächsauftrag: Diskutiere in der Gruppe das Für und Wider! Begründe!	– meinen – diskutieren – argumentieren – begründen	Ga	
			Verarbeitungsgespräch: Schülerargumente werden vorgetragen, abgewogen, gewertet; Begründung der Fragehaltung von Frau Mack.	– vortragen – abwägen – werten – begründen	Hb	Seitentafel: Argumente (Auswahl)
Erarbeitungsphase	4. Lehrschritt (Problempräzisierung, -fixierung)	Problemfrage 2: Wie gelingt eheliche Partnerschaft?	Impuls: Um die Unschlüssigkeit zu überwinden, sollte Frau Mack sich über die Frage klar werden.	– zuhören – fragen	Hb	
			Erarbeitungsgespräch: Formulierung der Problemfrage.	– versprachlichen – formulieren	Hb	Tafelbild (2)
	5. Lehrschritt (erste Teilergebniserarbeitung, -gewinnung, -fixierung)	Partnerschaftliche Einstellungen und Verhaltensweisen. (Lz 2)	Partnergespräch nach Gesprächsauftrag: Wenn zwei Menschen vor der Ehe stehen, sollten sie sich die Antworten auf diese Frage bewußt machen. Welche Voraussetzungen erscheinen dir bedeutsam?	– zuhören – überlegen – folgern – erkennen – notieren	Pa	Notizblock
			Verarbeitungsgespräch: Trennung nach Einstellungen und Verhaltensweisen bei der Ergebniszusammenführung.	– vortragen – auswerten – differenzieren	Hb	Tafelbild (3)
	6. Lehrschritt (zweite Teilergebniserarbeitung, -gewinnung, -fixierung)	Bedeutung partnerschaftlicher Einstellungen und Verhaltensweisen für das Kind. (Lz 3)	Arbeitsauftrag: (zwei Abteilungen) Das sind wörtliche Äußerungen, wie sie in der Familie Schmid und Schuster vorkommen. Versuche die Familiensituation näher zu bezeichnen!	– lesen – besprechen – erkennen – bezeichnen	Pa	Arbeitstext 2: Familie Schmid, Familie Schuster
			Verarbeitungsgespräch: Auswertung der Ergebnisberichte.	– berichten – bezeichnen	Hb	Tafelbild (4)
	7. Lehrschritt (dritte Teilergebniserarbeitung, -gewinnung, -fixierung)	Bedeutung partnerschaftlichen Verhaltens. (Lz 3) Mögliche Folgen gestörter Partnerschaft für das Kind. (Lz 4)	Partnergespräch nach Arbeitsauftrag: (arbeitsteilig: zwei Abteilungen) Überlege wie a) partnerschaftliches Verhalten in der Ehe b) gestörte Partnerschaft auf die Kinder wirkt!	– überlegen – vergleichen – folgern – erkennen – feststellen – zuordnen	Pa	
			Verarbeitungsgespräch: Zusammenführung und Auswertung der arbeitsteiligen Partnerarbeit.	– vortragen – auswerten	Hb	Tafelbild (5)
	8. Lehrschritt (Gesamtzusammenfassung)	(Lz 1 - 4)	Rundgespräch nach Arbeitsauftrag: Welche Einstellungen/Verhaltensweisen fördern das Kind? Begründe!	– lesen – lösen – feststellen – nennen – begründen	Aa/Hb	Tafelbild (1) - (5)
Sicherungsphase	9. Lehrschritt (Problemlösung)	Klärung des Ausgangsproblems.	Frage: Soll Frau Mack heiraten? Erarbeitungsgespräch nach Impuls: (s. Tafelbild!): Auf die Eltern kommt es an! Partnerschaftliche Einstellungen/ Verhaltensweisen der Eltern - gesunde kindliche Entwicklung.	– zuhören – überlegen – beantworten – erklären – begründen	Hb Hb	Tafelbild (6) Überschrift
	10. Lehrschritt (Problemtransfer)	Situationsvergleich und Wertung der Situationen. (Lz 5)	Sachimpuls: Hier sind zwei alltägliche Erziehungssituationen. Lies nach! - In welcher Familie würdest du lieber aufwachsen? Begründe!	– lesen – überdenken	Hb	Arbeitstext 3: Fall "Herbert" Fall "Christoph"
			Erarbeitungsgespräch: Die Schüler belegen ihre Meinungen anhand der gewonnenen Unterrichtserkenntnisse.	– meinen – belegen – erklären – werten	Hb	

Hauptlernziel: Bewußtsein, daß bei der verantwortungsvollen Entscheidung für Kinder verschiedene Gesichtspunkte berücksichtigt werden sollen.	Unterrichtsthema: Ein Kind – ja oder nein?	Autor: Günter Drachsler
		Unterrichtszeit Empfehlung: 2 UE

Vorbemerkungen:

Die vorliegenden zwei Unterrichtseinheiten stellen ein zentrales Teilgebiet des Themenbereiches "Verantwortete Elternschaft" dar. Da gerade dieser Thematik innerhalb des Faches Erziehungskunde im Hinblick auf die Vorbereitung der Jugendlichen auf eine wahrscheinliche spätere Elternrolle große Bedeutung zukommt, sollten mindestens zwei Unterrichtseinheiten geplant werden, um das Anliegen didaktisch und methodisch gründlich aufarbeiten zu können.
Obwohl versucht wurde, den Schülern das Problemfeld "Kinder – ja oder nein" inhaltlich möglichst umfassend, breit gefächert und differenziert nahezubringen, mußten aus der Fülle der vorhandenen Materialien eine Auswahl getroffen und Schwerpunkte gesetzt werden.
Bei der Konzeption dieser Unterrichtsstunden wurde besonderer Wert gelegt auf die selbständige Informationsgewinnung aus verschiedenen Texten, da diese Arbeitsform der Altersstufe von Schülern einer 9. Jahrgangsstufe wohl am ehesten angemessen ist.

Graphik 1 für Ls 1:
Sterben die Deutschen aus?

Bevölkerungsentwicklung in der BRD (in Tausend)

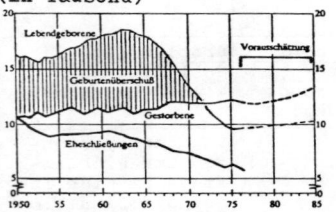

aus: Erziehungskunde 9, Auer, Donauwörth 1979, S. 15;

Teillernziele: Die Schüler sollen:
1. mögliche Ursachen für den Geburtenrückgang nennen;
2. Überlegungen der Ehepartner vor einer Entscheidung für Kinder notieren;
3. mit Hilfe verschiedener Informationstexte Gründe für eine Entscheidung gegen Kinder erarbeiten;
4. mit Hilfe verschiedener Informationstexte Gründe für eine Entscheidung für Kinder sammeln;
5. Maßnahmen zur Ankurbelung der Geburtenfreudigkeit überlegen;

Literatur:
Brunnhuber, Paul, Erziehen – was ist das? (9. Jgst.), München 1978
Geisreiter, Ernst / Schlögl, Rudolf, Erziehungskunde 9, Regensburg 1978
Leins, Paul u.a., Erziehungskunde 9, München, Kulmbach 1979
Wittmann, Helmut u.a., Erziehungskunde 9, Donauwörth 1979;

Graphik 2 für Ls 4:
Ehepaare nach Zahl der Kinder unter 18 Jahren in der Bundesrepublik Deutschland

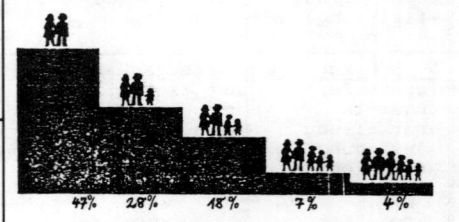

47% 28% 18% 7% 4%

aus: Erziehungskunde 9, Ehrenwirth, München 1979, S. 22;

Medien:
s. Lernmaterialien im Anschluß an dieses Modell!

UG	Lehrschritte (Artikulationsdefinition)	Lehrinhalte und Lernziele (= Lz)	Lehrakte	Lernakte	Sozialformen	Lernhilfen
Eröffnungsphase	1. Lehrschritt: (Problembegegnung)	Graphik über Bevölkerungsentwicklung in der BRD.	Sachimpuls: → Graphik: Lebend geborene, Gestorbene und Eheschließungen 1950 – 1985.	– betrachten – sich äußern	Hb	Graphik im Buch, auf Folie bzw. Arbeitsblatt
	2. Lehrschritt: (Problemfindung)	Geburtenrückgang in der BRD.	Erarbeitungsgespräch nach Arbeitsauftrag: Vergleiche den Verlauf der Kurven "Lebendgeborene" und "Gestorbene"! → Wende: mehr Sterbefälle als Geburten. Ergebnisfixierung.	– zuhören – vergleichen – schlußfolgern	Hb	Graphik 1 Tafelbild (1)
	3. Lehrschritt: (Problemformulierung und -fixierung)	Stundenthema: Ein Kind – ja oder nein?	Feststellung: Die BRD ist neben der DDR der geburtenärmste Staat der Welt (1973 40% weniger Geburten als 1965). Erarbeitungsgespräch nach Impuls: Scheinbar stellen sich immer mehr Ehepaare die Frage ... Formulierung und Fixierung der Problemfrage.	– aufnehmen – durchdenken – reflektieren – formulieren	Hb Hb	Tafelbild (2)
Erarbeitungsphase (1)	4. Lehrschritt: (erste Teilergebnisgewinnung)	Ursachen für den Geburtenrückgang. (Lz 1)	Verarbeitungsgespräch nach Arbeitsauftrag: Auch die Graphik 2 zeigt die Bevölkerungsentwicklung in der BRD. Betrachte genau, besprich dich mit deinem Partner und überlege Gründe für den Geburtenrückgang und für die geringe Zahl von Familien mit mehr als zwei Kindern! Verdichtung und Fixierung der Arbeitsergebnisse.	– betrachten – besprechen – überlegen – sich äußern	Hb/Pa	Graphik 2 Tafelbild (3)
	5. Lehrschritt: (zweite Teilergebnisgewinnung)	Überlegungen der Ehepartner vor einer Entscheidung für Kinder. (Lz 2)	Arbeitsauftrag: Notiere Überlegungen der Ehepartner vor einer Entscheidung für Kinder! Einholen der Ergebnisse und inhaltliche Ergänzung durch Arbeitstext. Verarbeitungsgespräch nach Arbeitsauftrag: Lies folgenden Text und ergänze die Liste der Überlegungen! Zusammenfassung anhand einer Graphik.	– nachdenken – notieren – vorlesen – durchlesen – ergänzen – verbalisieren	Aa Hb/Aa	Text auf Arbeitsblatt Graphik 3 auf Folie

UG	Lehrschritte (Artikulationsdefinition)	Lehrinhalte und Lernziele (= Lz)	Lehrakte	Lernakte	Sozialformen	Lernhilfen
Erarbeitungsphase (2)	6. Lehrschritt: (dritte Teilergebnisgewinnung)	Gründe für eine Entscheidung gegen Kinder. (Lz 3)	Verarbeitungsgespräch nach Arbeitsauftrag: Lies den entsprechenden Text für deine Gruppe! Unterstreiche wesentliche Informationen und fasse kurz zusammen! Einholen, Würdigung und Fixierung der Beiträge. Erarbeitungsgespräch nach Impuls: Der Berater in dem Eheseminar spricht noch andere Gründe an ... Sammeln weiterer Gründe und Fixierung.	- lesen - unterstreichen - zusammenfassen - reflektieren - sich äußern	Ga (arbeitsteilig) Hb	Texte auf Arbeitsblatt Tafelbild (4)
	7. Lehrschritt: (vierte Teilergebnisgewinnung)	Gründe für eine Entscheidung für Kinder. (Lz 4)	Verarbeitungsgespräch nach Arbeitsauftrag: Lies die folgenden Texte durch, unterstreiche die Kernaussagen und formuliere ganz knapp den hier genannten Grund! Zusätzlicher Arbeitsauftrag (Differenzierung): Wenn du damit fertig bist, überlege weitere mögliche Gründe und notiere sie! Einholen der Arbeitsergebnisse und Fixierung.	- lesen - unterstreichen - formulieren - überlegen - notieren	Pa Aa	Texte auf Arbeitsblatt Tafelbild (5)
	8. Lehrschritt: (fünfte Teilergebnisgewinnung)	Maßnahmen zur Ankurbelung der Geburtenfreudigkeit. (Lz 5)	Erarbeitungsgespräch nach Impuls: Wenn nichts unternommen wird, um die Geburtenfreudigkeit anzukurbeln, dürfte sich die Zahl der Bundesbürger in etwa 50 Jahren von ca. 60 Millionen auf ca. 39 Millionen verringern ... Schüler nennen mögliche Maßnahmen. Ergänzung durch Text. Verarbeitungsgespräch nach Impuls: Der folgende Text, dem eine Umfrage zugrunde liegt, informiert dich über Maßnahmen ... Fixierung einiger Maßnahmen.	- zuhören - reflektieren - sich äußern - nachlesen - zusammenfassen	Hb Aa/Hb	 Text auf Arbeitsblatt Tafelbild (6)
Sicherungsphase	9. Lehrschritt: (Kommunikative Wiederholung)	Aktualisierung und Wiederholung der erarbeiteten Gesichtspunkte.	Rollenspiel: Szenische Darstellung folgender Situation: Zwei befreundete Ehepaare treffen sich und sprechen über das Problem "Kinder - ja oder nein?" Ehepaar 1, 2 Kinder: Argumente dafür. Ehepaar 2, kinderlos: Argumente dagegen. Analyse der Spielleistungen nach folgendem Schwerpunkt: Berücksichtigung der erarbeiteten Argumente.	- spielen - rekapitulieren - argumentieren - analysieren	Ga/Hb Hb	Tafelbild als Gesamtdarstellung
	10. Lehrschritt: (Besinnung)	Überdenken des eigenen Standpunktes.	Impuls: Sicherlich hast du dir zu diesem Zeitpunkt bereits eine eigene Meinung zum Thema "Kinder - ja oder nein" gebildet ... Einholen verschiedener Schülermeinungen. Ergebnisfixierung.	- zuhören - reflektieren - sich äußern	Hb	 Tafelbild (7)
	11. Lehrschritt: (Ausweitung)	Gesellschaftliche Bedeutung des Problems.	Arbeitsauftrag: Überlege als Hausaufgabe, warum es für die BRD als Staat so wichtig ist, daß die Geburtenzahlen wieder steigen bzw. was es bedeuten würde, wenn die gegenwärtige Entwicklung anhielte! Notiere stichpunktartig!	- aufnehmen - überlegen - notieren	Aa	
	12. Lehrschritt: (Lernzielkontrolle - schriftlich)	Rekapitulation der Lernresultate.	Arbeitsauftrag: Bearbeite als Hausaufgabe das Arbeitsblatt!	- rekapitulieren - ausfüllen	Aa	Arbeitsblatt (analog Tafelbild)

Lernmaterialien zum Thema: Ein Kind – ja oder nein?

Autor: Günter Drachsler

Tafelbild = Arbeitsblatt

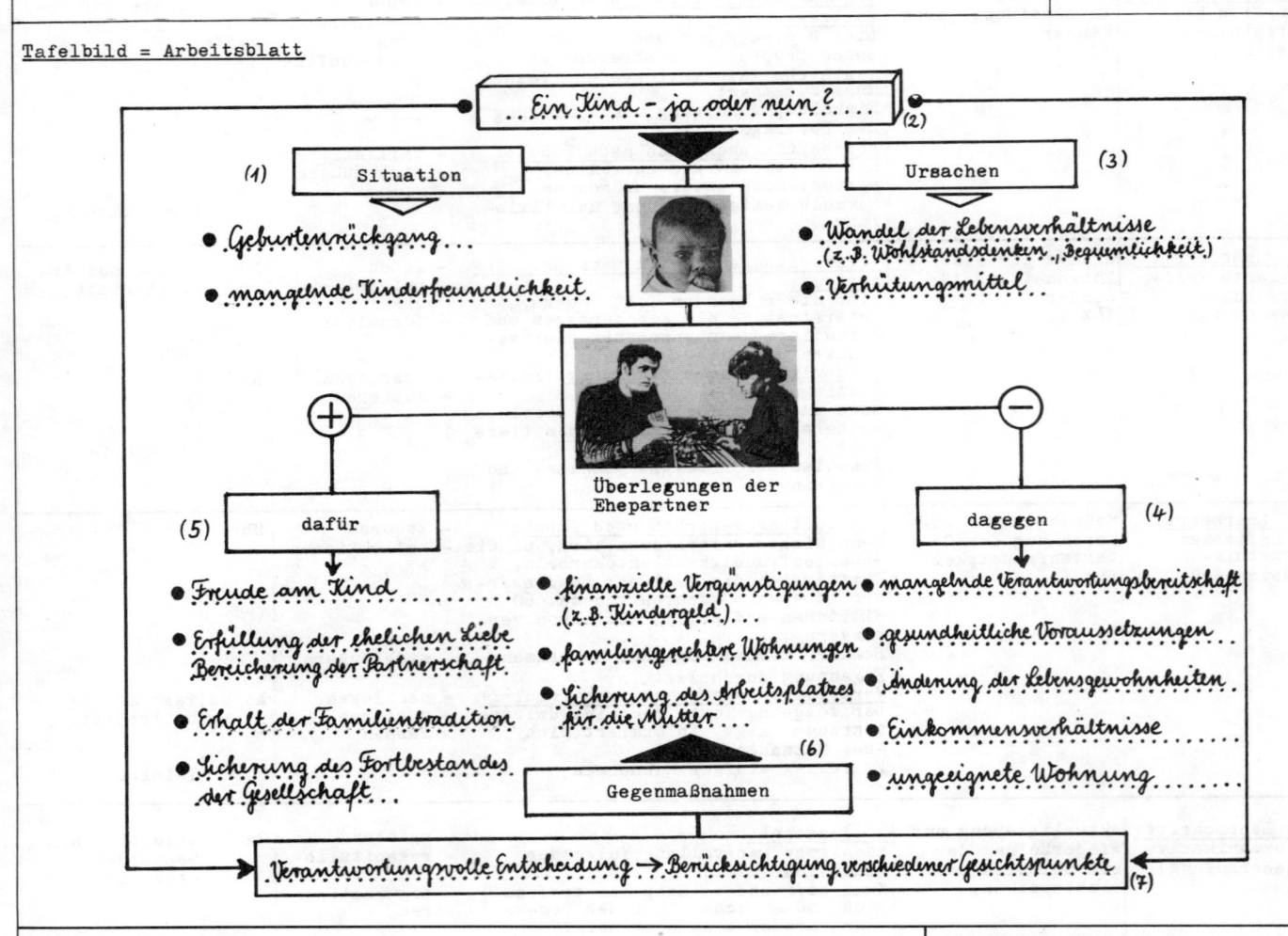

... Ein Kind – ja oder nein? ... (2)

(1) **Situation** — **Ursachen** (3)

- Geburtenrückgang...
- mangelnde Kinderfreundlichkeit
- Wandel der Lebensverhältnisse (z.B. Wohlstandsdenken, Bequemlichkeit)
- Verhütungsmittel

Überlegungen der Ehepartner

(+) (5) **dafür** — **dagegen** (4) (−)

- Freude am Kind
- Erfüllung der ehelichen Liebe Bereicherung der Partnerschaft
- Erhalt der Familientradition
- Sicherung des Fortbestandes der Gesellschaft...

- finanzielle Vergünstigungen (z.B. Kindergeld)...
- familiengerechte Wohnungen
- Sicherung des Arbeitsplatzes für die Mutter

(6) **Gegenmaßnahmen**

- mangelnde Verantwortungsbereitschaft
- gesundheitliche Voraussetzungen
- Änderung der Lebensgewohnheiten
- Einkommensverhältnisse
- ungeeignete Wohnung

Verantwortungsvolle Entscheidung → Berücksichtigung verschiedener Gesichtspunkte (7)

Arbeitstext für Ls 5:
Überlegungen vor einer Entscheidung für Kinder
In einem Eheseminar versucht ein Sprecher den Anwesenden bewußt zu machen, welche Gesichtspunkte bei der Entscheidung für oder gegen Kinder eine Rolle spielen.
Meine Damen und Herren!
1. Voran stellen darf ich die Freude am Kind. Überlegen Sie bitte, wie Sie sich zu Kindern von Verwandten, Freunden, aus der Nachbarschaft verhalten. Mögen Sie Kinder?
2. Kinder machen Arbeit, kosten Zeit und Geld. Sind Sie bereit, eingefahrene Lebensgewohnheiten zu verändern, um die berechtigten Ansprüche des Kindes (z.B. nach Nahrung, Schlaf, Wärme) zu erfüllen.
3. Reicht Ihr Einkommen, um dem Kind ein Zuhause aufzubauen? Nicht Luxus will und braucht es, sondern Geborgenheit und Nestwärme.
4. Sind Sie, meine Damen, evtl. bereit, für begrenzte Zeit auf Ihre Berufstätigkeit ganz oder wenigstens teilweise zu verzichten?
5. Prüfen Sie, ob Sie das Erziehungsrecht, das Ihnen die Verfassung einräumt, annehmen wollen und die damit verbundene Erziehungspflicht ausüben können.
6. Was hält die Zukunft für Ihr Kind bereit? Auf diese Frage müssen Sie letztlich selbst eine Antwort geben. Aus einer so christlichen Grundhaltung heraus kann man mit Vertrauen in die Zukunft gehen, selbst wenn sich heute Probleme im Hinblick auf künftige Lebensverhältnisse abzeichnen.
7. Zum Schluß ein Hinweis auf die gesundheitlichen Voraussetzungen für ein gesundes Kind. Prüfen Sie die Frage, ob in Ihren Familien Erbkrankheiten vorliegen. Die Erbanlagen der Eltern bestimmen wesentlich mit, wie das Kind einmal sein wird.

nach: Erziehungskunde 9, Auer, Donauwörth 1979, S. 13

Graphik 3 für Ls 5:

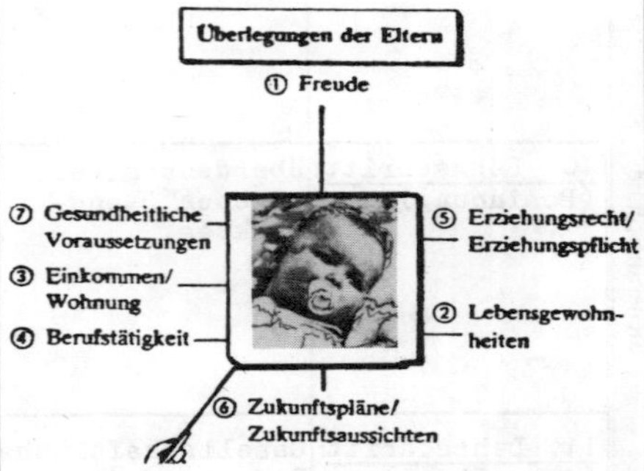

Überlegungen der Eltern
① Freude
② Lebensgewohnheiten
③ Einkommen/Wohnung
④ Berufstätigkeit
⑤ Erziehungsrecht/Erziehungspflicht
⑥ Zukunftspläne/Zukunftsaussichten
⑦ Gesundheitliche Voraussetzungen

aus: Erziehungskunde 9, Auer, Donauwörth 1979, S. 13;

Lernmaterialien zum Thema: Ein Kind – ja oder nein?	Autor: Günter Drachsler

Arbeitstexte für Ls 6:

Gruppe 1:
Sind wir bereit, Kinder verantwortlich zu erziehen?
Wenn Eltern Kinder haben, tragen sie für die Erziehung der Kinder die volle Verantwortung. Sie müssen z.B. wissen, wie man das Kind gesund ernährt, welches Spielzeug das Kind altersgemäß fördert, was man tun muß, damit das Kind gut sprechen und denken lernt, wie man ihm helfen kann, mit anderen auszukommen. Sie werden sich immer wieder überlegen müssen, wozu ihre Kinder später einmal fähig sein sollen.
Berechtigte Ansprüche des Kindes:
Von Geburt an stellt das Kind Ansprüche. So verlangt der Säugling neben der Befriedigung seiner leiblichen Bedürfnisse nach Pflege und liebevoller Zuwendung. Mit zunehmendem Alter ändern und steigern sich diese Ansprüche.

Gruppe 2:
Gesundheitliche Voraussetzungen:
Etwa 2% der Neugeborenen weisen eine körperliche Mißbildung oder eine schwerwiegende Krankheit auf. Solche angeborenen Schäden können erblich bedingt oder durch schädliche Einflüsse während der Schwangerschaft (z.B. Alkohol, Drogen, Medikamente) entstanden sein.
Die meisten Erbkrankheiten treten sehr selten auf. Junge Paare sollten in Erfahrung bringen, ob in ihrer Verwandtschaft solche Krankheiten aufgetreten sind. Sie können ihren Arzt oder eine genetische Beratungsstelle aufsuchen. Dort wird man ihnen sagen können, wie groß das Risiko für ihre Kinder wäre, mit einer Erbkrankheit zur Welt zu kommen. Erbkrankheiten sind z.B.: Fettsucht, Epilepsie, Gicht, angeborene Taubstummheit, Rot-Grün-Blindheit, Bluterkrankheit. Eheleute, die in gerader Linie miteinander verwandt sind, sollten vor ihrer Entscheidung für ein Kind ebenfalls ärztliche Beratung in Anspruch nehmen.

Gruppe 3:
Haben wir so große Freude an Kindern, daß wir bereit sind, den berechtigten Ansprüchen von Kindern nachzukommen und Veränderungen von Lebensgewohnheiten in Kauf zu nehmen? Säuglinge haben z.B. mitten in der Nacht Hunger und müssen dann oft auch noch gewickelt werden. Kinder brauchen Vater und Mutter zum Spielen. Schulkinder beanspruchen die Eltern häufig zum Fertigen der Hausaufgaben. Zeit haben, sich Zeit nehmen – wird von Ehepaaren mit Kindern immer wieder gefordert. Auch die Urlaubs- und Freizeitgewohnheiten der Eltern werden von Kindern verändert.
Wie sich die Lebensgewohnheiten durch Kinder verändern.

Ein Tag im Leben der Familie D.:

1970
- 7.00 Herr und Frau D. stehen auf und frühstücken.
- 7.30 Frau D. eilt zur Arbeitsstelle (Schuhfabrik). Herr D. fährt mit dem Auto zur Firma (Buchhalter).
- 12.00 Herr und Frau D. nehmen das Mittagessen in den Betriebskantinen ein.
- 17.00 Betriebsschluß: Frau D. geht einkaufen.
- 18.00 Frau D. beginnt mit dem Kochen, Herr D. arbeitet im Garten und liest die Zeitung.
- 19.00 Gemeinsames Abendessen.
- 19.30 Frau D. spült ab, Herr D. staubsaugt.
- 20.30 Herr und Frau D. gehen spazieren, besuchen eine Bar oder treffen sich mit Freunden.

Ein Tag im Leben der Familie D.; Peter (3 Jahre), Monika (7 Jahre):

1979
- 6.30 Frau D. steht auf und bereitet das Frühstück.
- 7.00 Vater, Mutter und Tochter frühstücken.
- 7.30 Vater fährt mit dem Auto zur Arbeit, Monika geht in die Schule.
- 8.00 Frau D. kümmert sich um Peter (waschen, frühstücken, anziehen).
- 9.00 Frau D. ist mit dem Haushalt beschäftigt; Peter spielt.
- 11.00 Frau D. bereitet das Mittagessen vor.
- 12.20 Monika und Vater kommen nachhause; gemeinsames Mittagessen.
- 13.15 Vater fährt wieder zur Arbeit, Monika macht ihre Hausaufgaben; Mutter spült ab und hilft Monika wenn es nötig ist.
- 14.30 Frau D. und die Kinder gehen zum Spielplatz.
- 17.00 Frau D. geht mit den Kindern einkaufen.
- 18.00 Frau D. bereitet das Abendessen; Herr D. kommt nachhause.
- 18.30 Die Familie ißt zu Abend.
- 19.00 Vater spielt mit den Kindern.
- 20.00 Die Kinder gehen zu Bett.
- 20.15 Herr und Frau D. unterhalten sich, sehen fern, lesen.

Gruppe 4:
Sind unsere finanziellen Verhältnisse genügend gesichert?
Wo die Berufstätigkeit beider Ehepartner für die Sicherung des Lebensunterhalts unerläßlich ist, werden sie überlegen, ob sie Zeit und Mittel haben, ein Kind großzuziehen. Ein kleines Kind braucht seine Mutter ganz. Es muß dann nicht nur Geld aufgewendet werden für die Ernährung des Kindes. Auch für eine größere Wohnung, für den Urlaub mit Kindern und für die wachsenden persönlichen Bedürfnisse der Kinder entstehen erhöhte Kosten. Reicht das Einkommen?
Manche Eltern behaupten:
- "Unser Lebensstandart ist durch die Kinder gesunken."
- "Kinder kosten in jedem Lebensalter viel Geld."

Gruppe 5:
Genügt die Wohnung?
Bei der Entscheidung für Kinder müssen auch die Wohnungsverhältnisse berücksichtigt werden. Die Eltern sollten sich fragen: Ist die bestehende Wohnung für ein oder zwei Kinder ausreichend? Können wir uns eine größere Wohnung leisten? Ist die Wohnung für Kinder geeignet? (kinderfreundliche Umwelt, Stockwerk ...)

Arbeitstexte für Ls 7:
Eine genaue Auswertung aller Antworten der Umfrage ergab: 70% aller Befragten erklärten, daß ihnen Kinder Freude machen. Dafür nehmen sie viele Unannehmlichkeiten, finanzielle Belastungen und Einschränkungen in Kauf.
Ein Volk braucht Kinder!
Aussagen eines katholischen Geistlichen: "Verwirklichung der ehelichen Liebe und Zeugung neuen Lebens liegen in der Natur und im Sinn der menschlichen Geschlechtlichkeit begründet. Außerdem ist es nach der Hl.Schrift Auftrag an die Ehepartner, Leben weiterzugeben."

Arbeitstexte für Ls 8:
Um Ehepaare mit Kindern nicht zu stark zu benachteiligen, bietet ihnen der Staat finanzielle Vergünstigungen: Kindergeld, Steuererleichterungen, Wohngeld, Vorteile beim Prämiensparen und bei der Vermögensbildung."
aus: Ein Volk braucht Kinder!
Befragt, durch welche Maßnahmen die Geburtenfreudigkeit angekurbelt werden könnte, wurde am häufigsten "billigere und familiengerechtere Wohnungen"(45%) genannt. Es folgten: Erhöhung des Kindergeldes (36%), Einführung eines Erziehungsgeldes (32%), mehr Halbtagsstellen (28%), Sicherung des Arbeitsplatzes für die Mutter bis zum dritten Lebensjahr des Kindes (26%), höhere Steuerfreibeträge für kinderreiche Familien (26%) und zinsermäßigte Darlehen (19%).   nach: Stern 7/78

Hauptlernziel: Einblick in Probleme, die sich im Zusammenhang mit der Alleinerziehung durch die Mutter bzw. den Vater stellen können.	**Unterrichtsthema:** Warum hat Frau Weber Erziehungsschwierigkeiten?	**Autor:** Max-J. Unterreiner **Unterrichtszeit Empfehlung** 1 UE

Vorbemerkungen: Mit vorliegender UE endet die Sequenz "verantwortete Elternschaft". Wenn auch das Modell eindeutig betitelt ist, darf in der unterrichtlichen Realisation nicht gefolgert werden, daß in diesen Erziehungssituationen immer schädliche Folgen für das Kind auftreten müssen. Lehrschritt 12 sollte um die besonderen lokalen Gegebenheiten erweitert werden.

Teillernziele: Die Schüler sollen ...
1. die Problemfragen selbst formulieren;
2. die verschiedenen Gründe für Alleinerziehung erkennen;
3. die Probleme alleinerziehender Elternteile erkennen;
4. aus der Problemkenntnis die Folgen für das Kind ableiten;
5. am konkreten Einzelfall und generalisiert Möglichkeiten der Hilfe aufzeigen

Literatur:
P. Brunnhuber, u.a.: Erziehen - was ist das? (9. Jgst.), München 1978
H. Wittmann, u.a.: Erziehungskunde (9. Jgst.), Donauwörth 1978
P. Leins, u.a.: Erziehungskunde 9, München 1979

Medien: Tafel, Notizblock, Kassettenrekorder, Folie, Arbeitsblatt.

Arbeitsblatt 2:

Bei der Erziehungsberatung: "Mit meinem jüngeren Sohn habe ich auch Schwierigkeiten. Es war am vergangenen Montag. Wie gewöhnlich kam ich gegen 18.20 Uhr nach Hause, 10 Minuten nach Andreas, der um 18.00 Uhr den Kindergarten verlassen muß. Damit Andreas in die Wohnung kann, hat er einen Schlüssel. Als ich die Tür geöffnet hatte, glaubte ich meinen Augen nicht trauen zu dürfen! Wie es da aussah! Ich rief: 'Andreas, wie sieht es denn hier aus! Du hast ja deine Schuhe nicht abgeputzt! Die Schuhe, dein Kindergartentäschchen, dein Anorak, alles liegt im Flur verstreut!' Dann kam Andreas und kaute gerade, der Mund war mit Schokolade verschmiert. Ich fragte ihn: 'Warum ißt du ausgerechnet jetzt die Schokolade? Woher hast du die denn schon wieder? Du hättest doch auf das Abendessen warten sollen! Jetzt hast du keinen Hunger mehr.' - Ich hatte mich so auf den Abend gefreut, und jetzt gab es diesen Ärger!"

Arbeitsblatt 1:

Rollenspiel:

Fr. Weber: (klopft, tritt ein) Grüß Gott, Frau Doktor!

Dr. Wölke: Grüß Gott, Frau Weber. Bitte nehmen Sie Platz. Was führt Sie zu mir?

Fr. Weber: Konrad, mein älterer Sohn. Er macht mir Sorgen. Ich kann mir nicht mehr helfen. Ich brauche Ihre Hilfe. Mein Sohn läßt sich nicht mehr führen, nicht mehr erziehen.

Dr. Wölke: Wie alt ist Ihr Sohn denn?

Fr. Weber: 11 Jahre.

Dr. Wölke: Und seit wann ist Ihnen dieses veränderte Verhalten bewußt?

Fr. Weber: Sein Verhalten - ich glaube, das hat sich so im Laufe des ersten Schuljahres schon verändert. Er mußte sogar die Klasse wiederholen. Ich glaube, die Schwierigkeiten fingen an, als sich mein Mann von mir scheiden ließ.

Dr. Wölke: Können Sie mir sein Verhalten etwas genauer beschreiben?

Fr. Weber: Konrad ist sehr streitsüchtig geworden und kann recht schnell grob und zornig werden. Wenn etwas nicht nach seinem Kopf geht, ich sage Ihnen, da ist was los!

Dr. Wölke: Haben Sie schon mit dem Klassenlehrer gesprochen?

Fr. Weber: Ja. Sicher. Seit der 1. Klasse höre ich immer wieder dasselbe: "Ihr Sohn ist durchschnittlich begabt; er kann sich nicht richtig konzentrieren. Er ist unaufrichtig. Wegen Kleinigkeiten gerät er in Streit und Zorn." Übrigens deswegen hat er auch keine Freunde und kaum Spielgefährten.

Dr. Wölke: Liebe Frau Weber, ich nehme an, daß Sie arbeiten gehen müssen. Ich muß Ihnen sagen, Ihr Sohn ist durchaus kein Einzelfall ...

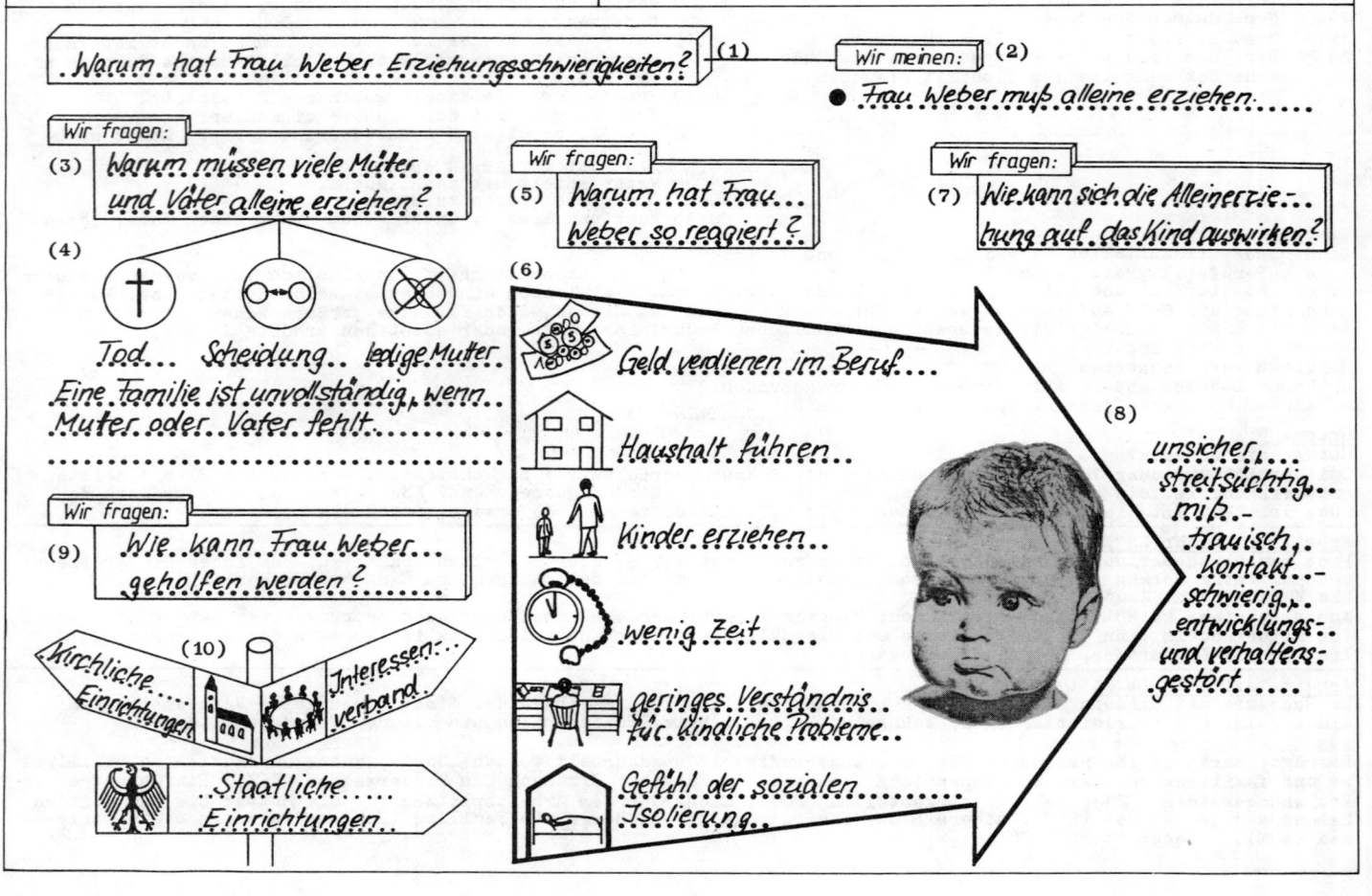

---

(1) Warum hat Frau Weber Erziehungsschwierigkeiten?

(2) Wir meinen: ● Frau Weber muß alleine erziehen.

(3) Wir fragen: Warum müssen viele Mütter und Väter alleine erziehen?

(4) Tod ... Scheidung ... ledige Mutter.
Eine Familie ist unvollständig, wenn Mutter oder Vater fehlt.

(5) Wir fragen: Warum hat Frau Weber so reagiert?

(6) Geld verdienen im Beruf ...
Haushalt führen ...
Kinder erziehen ...
wenig Zeit ...
geringes Verständnis für kindliche Probleme ...
Gefühl der sozialen Isolierung ...

(7) Wir fragen: Wie kann sich die Alleinerziehung auf das Kind auswirken?

(8) unsicher ... streitsüchtig ... mißtrauisch, kontaktschwierig, entwicklungs- und verhaltensgestört ...

(9) Wir fragen: Wie kann Frau Weber geholfen werden?

(10) Kirchliche Einrichtungen ... Interessenverband ... Staatliche Einrichtungen.

UG	Lehrschritte (Artikulationsdefinition)	Lehrinhalte und Lernziele (= Lz)	Lehrakte .... Lernakte		Sozial-formen	Lernhilfen
Eröffnungsphase	1. Lehrschritt (Problem-stellung)	Motivation und Schaffung einer subjektiven Be-troffenheit.	Rollenspiel: Gespräch zwischen Frau Weber und der Erziehungsberaterin Dr. Wölke. Erarbeitungsgespräch: Schüleräuße-rungen zum Problemkreis "gestörte Partnerschaft".	- spielen - betrachten - erkennen - beschreiben - wiederholen	Hb/Pa Hb	Rollenspiel Arbeitstext 1: Rollenspiel
	2. Lehrschritt (Problem-gewinnung, -fixierung)	Problemfrage 1: Warum hat Frau Weber Erziehungs-schwierigkeiten? (Lz 1)	Erarbeitungsgespräch: Aus der Fort-führung von oben ergibt sich die Problemfrage.	- Problem finden und formulieren	Hb	Tafelbild (1): Überschrift
Erarbeitungsphase	3. Lehrschritt (Hypothesen-bildung)	Schülervermutungen.	Erarbeitungsgespräch: Artikulation und Erklärung zum Verhalten des Kindes aus dem Rollenspiel.	- vermuten - Hypothesen bilden	Hb	Tafelbild (2)
	4. Lehrschritt (Problem-präzisierung)	Problemfrage 2: Warum müssen viele Mütter oder Väter alleine erziehen? (Lz 1)	Erarbeitungsgespräch nach Impuls: Es gibt viele Väter und Mütter, die ihre Kinder allein erziehen. Frage nach ihren Gründen!	- erkennen - präzisieren	Hb	Tafelbild (3)
	5. Lehrschritt (erste Teil-ergebnis-erarbeitung, -gewinnung, -fixierung)	Bergründung der Alleinerziehung. (Lz 2)	Arbeitsauftrag: Denke daran, welche Personen zur vollständigen Familie gehören, warum aber trotzdem viele Väter und Mütter allein erziehen! Verarbeitungsgespräch: Ergebnis-zusammenführung und Auswertung.	- nachdenken - vergleichen - erkennen - notieren - vortragen - erklären - auswerten	Aa Hb	Notizblock Tafelbild (4)
	6. Lehrschritt (Problem-präzisierung)	Problemfrage 3: Warum hat Frau Weber so reagiert? (Lz 1)	Sachimpuls: Der Lehrer spielt das "Gespräch bei der Erziehungsbera-tung" ein. Erarbeitungsgespräch: Formulierung der Problemfrage.	- zuhören - mitdenken - präzisieren - formulieren	Hb Hb	Tonbandszene: Gespräch bei der Erzie-hungsberatung Tafelbild (5)
	7. Lehrschritt (zweite Teil-ergebnis-erarbeitung, -gewinnung, -fixierung)	Probleme für den alleinerziehenden Elternteil. (Lz 3)	Arbeitsauftrag nach Feststellung: (arbeitsteilig) Allein zu erziehen ist schwer, weil der allein erziehende Elternteil eine Reihe von Aufgaben und Pro-blemen allein bewältigen muß. Schreibt diese für die Väter bzw. Mütter zusammen! Verarbeitungsgespräch: Ergebniszu-sammenführung und Auswertung der Gruppenarbeit. Hervorhebung beson-derer geschlechtsspezifischer Pro-bleme.	- zuhören - vergleichen - überlegen - besprechen - erkennen - notieren - vortragen - ergänzen - gewichten	Ga Hb	Notizblock Symbole nach Tafelbild (6) Tafelbild (6)
	8. Lehrschritt (Problem-präzisierung)	Problemfrage 4: Wie kann sich die Alleinerziehung auf das Kind aus-wirken? (Lz 1)	Impuls: Alleinerziehung ist deshalb so schwer, weil sie beim Kind Spu-ren und Folgen hinterläßt. Formu-liere dazu eine Frage! Erarbeitungsgespräch: Formulierung der Problemfrage.	- zuhören - überdenken - folgern - präzisieren - formulieren	Hb Hb	 Tafelbild (7)
	9. Lehrschritt (dritte Teil-ergebnis-gewinnung, -fixierung)	Folgen für das Kind. (Lz 4)	Impuls: Die Folgen für das Kind sind ähnlich denen wie bei einer gestörten Partnerschaft. Erarbeitungsgespräch: Gewinnung der der Erkenntnisse durch Wiederho-lung und Transferleistung.	- zuhören - erinnern - nachlesen - erkennen - wiederholen - übertragen	Hb Hb	Arbeitstext 1, 2 Tafelbild (8)
	10. Lehrschritt (Gesamtzusam-menfassung)	Wiederholung durch Lösung des Aus-gangsproblems.	Rundgespräch nach Impuls: Denke an das Verhalten von Konrad. Jetzt kannst du Frau Webers Erziehungs-schwierigkeiten erklären.	- beschreiben - erklären	Aa/Hb	Tafelbild (1) - (8)
Sicherungsphase	11. Lehrschritt (Problem-präzisierung)	Problemfrage 5: Wie kann Frau Weber geholfen werden? (Lz 1)	Impuls: Die Probleme und ihre schädlichen Folgen sind bekannt. Nun muß man etwas dagegen tun. Erarbeitungsgespräch: Formulierung der Problemfrage.	- zuhören - erkennen - präzisieren - formulieren	Hb Hb	 Tafelbild (9)
	12. Lehrschritt (Problem-anwendung, -lösung)	Lösung des Einzel-falles und Gene-ralisation. (Lz 5)	Frage: Wie kann Frau Weber gehol-fen werden? Erarbeitungsgespräch: Vorschläge der Schüler zur Verhaltenstherapie. Arbeitsauftrag: Jede 7.-8. deutsche Familie ist unvollständig. Wer hilft ihne wie? Verarbeitungsgespräch: Die Schüler tragen verschiedene Möglichkeiten der Hilfe vor.	- zuhören - vermuten - vorschlagen - erklären - erfassen - erkennen - notieren - vortragen - erklären	Hb Hb Ga Hb	 Notizblock Symbole n. Tafelbild (10) Tafelbild (10)
	13. Lehrschritt (Gesamt-ergebnis-fixierung)	Eintrag in das Arbeitsblatt.	Arbeitsauftrag: Ergänze das Ar-beitsblatt und kontrolliere selbst!	- eintragen - kontrollie-ren	Aa	Tafelbild (1) - (10) Arbeitsblatt

Hauptlernziel:	Wissen, wie sich die außerhäusliche Berufstätigkeit beider Eltern auf Kinder auswirken kann.	Unterrichtsthema: Wie kann sich die Berufstätigkeit beider Eltern auf die Kinder auswirken?	Autor: Max-J. Unterreiner
			Unterrichtszeit Empfehlung: 1 - 2 UE

Vorbemerkungen: Die Schüler werden mit einem in der modernen Gesellschaft häufig anzutreffenden Problemfeld konfrontiert. So ist das Thema auch als Hilfe zur Bewältigung lebensnaher Situationen zu verstehen: Sensibilisierung der künftigen Elterngeneration. Die am konkreten Beispiel gewonnenen Erkenntnisse und mögliche Auswirkungen auf das Kind sollten so bewußt sein, daß auf dieses Wissen im späteren Leben zurückgegriffen werden kann.

Teillernziele: Die Schüler sollen ...
1. Gründe für die Berufstätigkeit beider Eltern nennen;
2. unterschiedliche Tagesabläufe untersuchen und beschreiben;
3. erkennen und beschreiben, wie sich die Berufstätigkeit beider Eltern auf das Kind auswirken kann;
4. vertiefend erkennen und werten, welche Vor- bzw. Nachteile durch verschiedene Unterbringungsmöglichkeiten sich für das Kind ergeben.

Literatur:
P. Brunnhuber, u.a.: Erziehen - was ist das? (9. Jgst.), München 1978
H. Wittmann, u.a.: Erziehungskunde (9. Jgst.), Donauwörth 1978
P. Leins, u.a.: Erziehungskunde 9. Kulmbach/München 1979
H. Wittmann, u.a.: Erziehungskunde, Arbeitsheft für die 9. Jgst., Donauwörth 1980
P. Leins, u.a.: Erziehungskunde, Arbeitsheft für die 9. Jgst., Kulmbach/München, o.J.

Medien: Arbeitsblatt, Tafel, Notizblock, Folie

Arbeitstext 1:
Brief an Frau Dr. Wölke

Sehr geehrte Frau Dr. Wölke!

Als Silvia "unterwegs" war, hörte ich auf zu arbeiten. Jetzt, da sie bereits 13 Monate alt ist, meint mein Mann, ich solle mir wieder eine Arbeit suchen. Das Geld wäre sicher auch nötig, damit wir uns ein neues Auto leisten könnten. Mein Mann steht außerdem auf dem Standpunkt, daß die Tätigkeit im Haushalt und die Erziehung des Kindes nicht vollwertig ist, weil dadurch kein Geld in die Haushaltskasse kommt. Ich aber bin der Meinung, daß mich meine Tochter in ihrem Alter immer noch dringend braucht. Was raten Sie mir?

Arbeitstext 2:
Statistische Untersuchung

Neuere Untersuchungen der Bevölkerungsstatistiker zeigen einen weiteren Anstieg der Mütterarbeit. Heute ist anzunehmen, daß in der Bundesrepublik 30% - 40% der jungen Mütter mit Kindern unter 3 Jahren ganztägig außerhäuslich erwerbstätig sind. Es gibt sicher wichtige Gründe, schon bald nach der Geburt des Kindes die Arbeit wieder aufzunehmen.

Arbeitstext 3:

Tagesablauf einer Familie, bei der die Mutter zu Hause ist:

Vater geht früh zur Arbeit. Er kommt abends nach Hause, spielt und unterhält sich mit den Kindern und hilft der Mutter.
Mutter versorgt die Kinder, bringt den Haushalt in Ordnung, spielt mit den Kindern, kauft ein, löst Probleme der Kinder, bereitet Essen, geht mit den Kindern spazieren, tröstet die Kinder, bringt die Kleider in Ordnung, betreut die Kinder bei ihren Aufgaben, liest etwas vor, singt mit den Kindern, bringt die Wäsche in Ordnung.

Tagesablauf einer Familie, bei der die Mutter berufstätig ist:

Vater geht früh zur Arbeit, abends kommt er nach Hause.
Mutter versorgt die Kinder, bringt sie zur Tagesstätte, geht zur Arbeit, kauft ein, holt die Kinder von der Tagesstätte, erkundigt sich nach Vorkommnissen, kommt nach Hause, bereitet das Essen.
Die Eltern besprechen Schwierigkeiten des Tages, spielen mit den Kindern, kontrollieren die Aufgaben, versuchen die am Tag versäumte Zuwendung nachzuholen. Sie bringen den Haushalt in Ordnung, machen Pläne für den nächsten Tag.

Arbeitstext 4:
Aus dem Antwortschreiben von Frau Dr. Wölke

... Die Zeit bis 1 1/2 Jahren ist für das Grundverhalten des Kindes bedeutsam; die Mutter ist jetzt fast immer das wichtigste Liebesobjekt und vertraute Vermittlerin zur Umwelt zugleich. Die Trennung von der Mutter und der ständige Wechsel der Bezugspersonen sind immer wieder ein neuer Schock für das Kind. Diese Kinder entwickeln keine tiefe Gefühlsbindung zur eigenen Mutter, die Kontaktfähigkeit wird erschwert, und die Eltern versuchen die berufliche Überreiztheit durch Verwöhnung auszugleichen ...

---

(1) Wie kann sich die Berufstätigkeit beider Eltern auf die Kinder auswirken?

(4) Wir fragen: Wie ändert sich der Tagesablauf, wenn beide Eltern berufstätig sind?

(2) Wir fragen: Warum gehen häufig beide Eltern arbeiten?

(5)
- Wenn die Mutter zuhause ist, ist sie immer für die Kinder da.
- Wenn die Mutter berufstätig ist, ist sie für die Kinder da, wenn die berufliche Tätigkeit und die Zeit es erlauben.

(3)
- niedriger Verdienst des Vaters
- große Familie, große Wohnung
- Verschuldung (z.B. durch Hausbau)
- Luxus beibehalten (z.B. Urlaub, Zweitwagen)
- Freude an der Berufstätigkeit

(6)

Vorteile	Nachteile
+ viele Spielsachen	− Trennungsschock
+ neue Kleider	− wenig Kontakt zur Mutter
+ schönes Zimmer	− oberflächliche Bindungen
+ Abwechslung	− Verwöhnung

(7)

„Ersatzmütter"	Vorteile	Nachteile
Oma Tante	vertraute Bezugspersonen und Umgebung	verschiedene Erziehungsstile, Bindung an Oma oder Tante
Kinderkrippe	Unabhängigkeit, Fachkräfte	relativ geringe Zuwendung, Trennungsschock
Tagesmutter	viel Zuwendung, nur eine Bezugsperson	Wechsel von „Tages-" und „Nachtmutter", verschiedene Erziehungsstile

UG	Lehrschritte (Artikulationsdefinition)	Lehrinhalte und Lernziele (= Lz)	Lehrakte .... Lernakte		Sozialformen	Lernhilfen
Eröffnungsphase	1. Lehrschritt (Problemstellung)	Ausbreitung einer Problemsituation.	Sachimpuls: Der Lehrer läßt den Brief an Frau Dr. Wölke erlesen. Erarbeitungsgespräch: Freie Aussprache zur dargestellten Situation; Darlegung subjektiver Gesichtspunkte von den Schülern.	– erlesen – reflektieren – beschreiben – meinen – darlegen	Aa Hb	Arbeitstext 1: Brief
	2. Lehrschritt (Problemisolierung, -formulierung, -fixierung)	Problemfrage 1: Wie kann sich die Berufstätigkeit beider Eltern auf die Kinder auswirken?	Sachimpuls: Der Lehrer zeigt evtl. auf Folie, wie eine Mutter ihr Kind einer Tagesmutter überreicht. Erarbeitungsgespräch: Deutung der Skizze im Zusammenhang mit Lehrschritt 1; Interpretation des Kindesverhaltens; Verbalisierung der Problematik und Formulierung der Problemfrage.	– betrachten – reflektieren – beschreiben – deuten – interpretieren – verbalisieren – formulieren	Hb Hb	(s. Tafelbild) Tafelbild (1): Überschrift
Erarbeitungsphase	3. Lehrschritt (Hypothesenbildung)	Die Schüler vermuten. Rekapitulation.	Partnergespräch nach Gesprächsauftrag: Die Schüler äußern ihre Vermutungen. Verarbeitungsgespräch: Erklärung und Begründung der Schülervermutungen; Zusammenhang herstellen zu "Auf die Eltern kommt es an!" und "Alleinerziehung".	– vermuten – artikulieren – erklären – begründen – rekapitulieren	Pa Hb	
	4. Lehrschritt (Problempräzisierung)	Problemfrage 2: Warum gehen häufig beide Eltern arbeiten?	Sachimpuls: Der Lehrer läßt das Ergebnis einer statistischen Untersuchung erlesen. Impuls: Rund 2,6 Mio. Mütter mit Kindern unter 15 Jahren gehen zur Arbeit. Formuliere dazu eine Frage! Erarbeitungsgespräch: Präzisierung und Formulierung des Problems.	– erlesen – zuhören – erkennen – präzisieren – formulieren	Aa Hb Hb	Arbeitstext 2: Statistische Untersuchung Tafelbild (2)
	5. Lehrschritt (erste Teilergebniserarbeitung, -gewinnung, -fixierung)	Gründe für die Berufstätigkeit beider Eltern. (Lz 1)	Arbeitsauftrag: Suche Gründe für die Berufstätigkeit beider Eltern! Verarbeitungsgespräch: Vortragen, Auswerten und Fixieren der Schülerergebnisse.	– besprechen – erkennen – notieren – vortragen – auswerten	Pa Hb	Notizblock Tafelbild (3)
	6. Lehrschritt (Problempräzisierung)	Wie ändert sich der Tagesablauf, wenn beide Eltern berufstätig sind?	Sachimpuls: Der Lehrer gibt je einen Tagesablauf vor, wenn die Mutter zu Hause und wenn sie berufstätig ist. Erarbeitungsgespräch: Präzisierung und Formulierung des Problems.	– erlesen – vergleichen – erkennen – präzisieren – formulieren	Hb Hb	(Überschriften von Arbeitstext 3) Tafelbild (4)
	7. Lehrschritt (zweite Teilergebniserarbeitung, -gewinnung, -fixierung)	Der unterschiedliche Tagesablauf. (Lz 2)	Arbeitsauftrag: Untersuche und vergleiche die zwei Tagesabläufe! Stelle Unterschiede fest! Verarbeitungsgespräch: Ergebniszusammenführung und Auswertung.	– erlesen – vergleichen – feststellen – notieren – vortragen – auswerten	Ga Hb	Arbeitstext 3 Tafelbild (5)
	8. Lehrschritt (Teilergebniszusammenfassung)		Rundgespräch nach Gesprächsauftrag: Nenne Gründe für die Berufstätigkeit beider Eltern! Was ändert sich damit im Tagesablauf des Kindes?	– nennen – erklären	Aa/Hb	Tafelbild (1) – (5)
Sicherungsphase	9. Lehrschritt (Problemlösung)	Rückgriff auf das Ausgangsproblem. (Lz 3)	Sachimpuls: Der Lehrer läßt das Antwortschreiben von Frau Dr. Wölke erlesen. Arbeitsauftrag: Erkenne Vor- und Nachteile, wenn beide Eltern berufstätig sind! Verarbeitungsgespräch: Vortragen der Schülerergebnisse; Auswerten der Textvorlage.	– erlesen – reflektieren – besprechen – erkennen – notieren – vortragen – auswerten – erklären	Aa Ga Hb	Arbeitstext 4: Antwortschreiben Notizblock Tafelbild (6)
	10. Lehrschritt (Problemvertiefung)	Vor- und Nachteile verschiedener Unterbringungsmöglichkeiten für das Kind. (Lz 4)	Impuls: Wenn die Berufstätigkeit beider Eltern notwendig ist, müssen sie sich Gedanken machen, wie sie ihr Kind unterbringen. Erarbeitungsgespräch: Unterbringungsmöglichkeiten. Gruppengespräch nach Gesprächsauftrag: Auch hier gibt es Vor- und Nachteile. Stellt sie zusammen und entscheidet euch für eine Möglichkeit! Verarbeitungsgespräch: Auswertung der Schülerarbeitsergebnisse; Begründung der Entscheidung.	– zuhören – mitdenken – nennen – zusammenstellen – zuhören – erkennen – entscheiden – werten – auswerten – begründen – systematisieren	Hb Hb Ga Hb	 Tafelbild (7) Matrix (s. Tafelbild) Tafelbild (8)
	11. Lehrschritt (Gesamtergebnissicherung)		Arbeitsauftrag: Ergänze dein Arbeitsblatt und kontrolliere selbst!	– ergänzen – kontrollieren	Aa	Tafelbild (1) – (8) = Arbeitsblatt

Hauptlernziel: Einsicht, daß Eltern und Kinder im Gespräch bleiben sollen.	Unterrichtsthema: Wie können die Eltern Peter helfen? Ein gutes Gespräch macht froh.	Autor: Max-J. Unterreiner
		Unterrichtszeit Empfehlung: 1 - 2 UE

Vorbemerkungen: Die UE steht am Beginn der Sequenz "Erziehung im Schulalter"; so können jahrgangsbezogene Beispiele für das szenische Spiel selbst konstruiert werden. Alternative Ausgangssituation ist auch ein relativ gutes Zeugnis, das von den Eltern geringgeschätzt wird. In einer weiteren UE sollten Anlässe und Voraussetzungen für ein dauerhaftes Gespräch konkretisiert werden.

Teillernziele: Die Schüler sollen ...
1. subjektive Erfahrungen aktivieren und sich mit der gespielten Situation identifizieren;
2. erkennen, daß es wichtig ist, miteinander im Gespräch zu bleiben;
3. die Vermittlerfunktion des Gesprächs erkennen und erklären;
4. die negative und positive Wirkung des Gesprächs beschreiben;
5. die gewonnenen Erkenntnisse umsetzen und auf das Spiel verbessernd anwenden;
6. aus dem Gesprächsverlauf den Zusammenhang Gesprächshaltung und Wirkung auf den Adressaten herstellen.

Literatur:
H. Wittmann, u.a.: Erziehungskunde (9. Jgst.), Donauwörth 1978
P. Leins, u.a.: Erziehungskunde 9, Kulmbach/München 1978
P. Brunnhuber, u.a.: Erziehen - was ist das? (9. Jgst.), München 1978

Medien: Folie, Notizblock, Tafel, Arbeitsblatt

Szenisches Spiel:
Peter kommt mit einem schlechten Zeugnis heim.
Die Eltern schimpfen, drohen ...
Der Vater ist streng, hart, unerbittlich.
Die Mutter ist streng, doch gutmütiger.
Das Kind möchte mit den Eltern sprechen, begründen, erklären, kommt aber nicht richtig zu Wort.
Im "Gespräch" fallen diese Sätze:
"Du bist dumm!" - "Du schläfst in der Schule und paßt nicht auf!" - "Du machst deine Hausaufgaben schlampig!"
Das "Gespräch" endet folgendermaßen:
Peter: "Aber Mutter, hör mir doch bitte zu!"
Vater: "Schluß jetzt mit dem Gerede! Du gehst sofort auf dein Zimmer und ab jetzt wird gelernt!"

Arbeitstext 1: Peter erzählt seiner Mutter

"Franz und ich fuhren mit unseren Fahrrädern zum Schwimmbad. Wir wollten ausprobieren, wer schneller radeln kann. Und da passierte es. Plötzlich lag auf dem Weg ein großer Stein. Ich wollte ausweichen, aber da fuhr ich schon auf, verriß den Lenker und stürzte zu Boden. Das rechte Bein war aufgeschürft, die Hose zerrissen, das Fahrrad verbogen. Zuerst getraute ich mich nicht nach Hause und ich wollte Hose und Fahrrad verstecken. Doch dann sagte ich mir, daß sowieso alles aufkommen würde, wenn du mein Bein siehst. Und deshalb bin ich zu dir gekommen."

Arbeitstext 2: Andere Gesprächssituationen

Gespräch 1:
Kind: Ria will mit mir nicht spielen. Sie will nie, was ich will.
Mutter: Warum sagst du nicht, du willst tun, was sie will?
Kind: Ich will nicht tun, was sie will.
Mutter: Nun, dann such' dir jemand anderen zum Spielen, wenn du ein Spielverderber sein willst!
Kind: Sie ist die Spielverderberin, nicht ich. Und es ist niemand anderer da zum Spielen.
Mutter: Du bist nur schlechter Laune. Morgen wirst du anders darüber denken.
Kind: Ich bin nicht schlechter Laune und morgen werde ich auch nicht anders denken. Ich mag diese Angeberin einfach nicht.

Gespräch 2:
Kind: Kurt will nicht mit mir spielen. Er will nur tun, was er will.
Mutter: Du scheinst böse mit Kurt zu sein.
Kind: Und wie. Ich will nie wieder mit ihm sprechen. Ich will ihn nicht mehr als Freund.
Mutter: Du bist so verärgert, daß du das Gefühl hast, ihn nie wieder sehen zu wollen.
Kind: Stimmt, aber wenn er nicht mein Freund ist, werde ich niemanden zum Spielen haben.
Mutter: Du würdest ungern ohne Freund sein.
Kind: Ja, ich glaube, ich muß mich irgendwie mit ihm vertragen.

---

(7) ...Ein gutes Gespräch macht froh....

Wir fragen:
(1) Wie könnten die Eltern Peter helfen?

Wir meinen: (2)
• Die Eltern sollen zuhören und mit ihm sachlich sprechen.

Wir fragen:
(3) Was kann man alles im Gespräch ausdrücken?

Wir erkennen: (4)
..offenes Gespräch...
• Informationen
• Gefühle, Empfindungen
• Meinungen, Erklärungen, Argumente, Begründungen

Wir fragen:
(5) Wie wirkt das Gespräch auf den Partner?

Wir erkennen:
"Du bist faul!" — "Du meinst, mit mehr Fleiß schaffst Du das Klassenziel noch."

(6) beleidigend, verletzend... / verständnisvoll, helfend...
Sorge, Angst... / Erleichterung...

Wir merken:
Ein gutes Gespräch
- zeigt Anteilnahme, Wertschätzung,
- entlastet von Sorgen und Ängsten,
- schafft Vertrauen, Verständnis,
- regelt Meinungsverschiedenheiten,
- bewirkt Zusammengehörigkeitsgefühl.

UG	Lehrschritte (Artikulationsdefinition)	Lehrinhalte und Lernziele (= Lz)	Lehrakte .... Lernakte		Sozialformen	Lernhilfen
Eröffnungsphase	1. Lehrschritt (Einstimmung durch Problemsituation)	Aktivierung subjektiver Erfahrung und Identifikation mit dem "Schüler". (Lz 1)	Szenisches Spiel: Der Lehrer läßt relativ frei eine Problemsituation vorspielen. Rundgespräch: Schülerspontanäußerungen zur gestellten Situation.	– spielen – einfühlen – identifizieren – meinen – artikulieren	Aa/Hb Aa/Hb	Szenisches Spiel; Zeugnisformular
	2. Lehrschritt (Problematisierung)	Zielorientierung.	Sachimpuls: Der Lehrer zeigt nochmals den Schlußsatz des "Schülers" evtl. über Folie. Erarbeitungsgespräch: Zielrelevante Klärung der Gesprächssituation.	– lesen – reflektieren – klären – erkennen – formulieren	Hb Hb	
	3. Lehrschritt (Problemformulierung)	Problemfrage 1: Wie könnten die Eltern Peter helfen?	Arbeitsauftrag nach Impuls: Jetzt sitzt Peter in seinem Zimmer und macht sich allerhand Gedanken. Wir sollten auch darüber nachdenken und uns eine Frage stellen. Schreibe sie auf! Verarbeitungsgespräch: Vortragen, formulieren der Schülervorschläge.	– zuhören – nachdenken – notieren – vortragen – formulieren	Aa Hb	Notizblock Tafelbild (1)
Erarbeitungsphase	4. Lehrschritt (Hypothesenbildung)	Wir vermuten ... Erkenntnis; Im Gespräch bleiben. (Lz 2)	Gruppengespräch nach Gesprächsauftrag: Sucht Möglichkeiten und Wege, wie die Eltern dem Peter in einem solchen Fall helfen könnten. Verarbeitungsgespräch: Vortragen und bewerten der Schülerhypothesen. Formulierung der Arbeitshypothese: Im Gespräch bleiben.	– vermuten – besprechen – argumentieren – hypothetisieren – vortragen – erklären – bewerten – formulieren	Ga Hb	Tafelbild (2)
	5. Lehrschritt (Problempräzisierung)	Problemfrage 2: Was kann man im Gespräch alles ausdrücken?	Frage: Der Lehrer stellt die Problemfrage.	– zuhören	Hb	Tafelbild (3)
	6. Lehrschritt (erste Teilergebniserarbeitung, -gewinnung, -fixierung)	Die Vermittlerfunktion des Gesprächs. (Lz 3)	Arbeitsauftrag: Untersuche den Text daraufhin, was mit der Sprache alles ausgedrückt werden kann! Verarbeitungsgespräch: Auswertung der Gruppenarbeitsergebnisse; Fixierung.	– erlesen – untersuchen – besprechen – interpretieren – vortragen – erklären – auswerten	Ga Hb	Arbeitstext 1 Tafelbild (4)
	7. Lehrschritt (zweite Teilergebniserarbeitung, -gewinnung, -fixierung)	Wirkungen des Gesprächs. (Lz 4)	Impuls: Der Lehrer verweist auf "verletzende" Bemerkungen aus dem Spiel. Erarbeitungsgespräch nach Impuls/Frage: Solche oder ähnliche Ausdrücke kamen auch in unserem Spiel vor. Wie wirken diese Bemerkungen auf dich? Arbeitsauftrag: Formuliere die Bemerkungen so um, daß sie nicht mehr verletzen, man aber schon noch erkennt, was gesagt werden soll! Wie wirken jetzt die Bemerkungen auf dich? Verarbeitungsgespräch: Zusammentragen, Vergleichen und Auswerten der Partnerarbeitsergebnisse; Beschreibung des subjektiven Empfindens; Gegenüberstellung; negative und positive Wirkungen des Gesprächs.	– lesen – reflektieren – zuhören – reflektieren – Empfindungen artikulieren – zuhören – umformulieren – notieren – vortragen – erklären – beschreiben – begründen – vergleichen – werten	Hb Hb Pa Hb	Szenisches Spiel Tafelbild (5) Notizblock, Szenisches Spiel Tafelbild (6)
	8. Lehrschritt (Teilergebniszusammenfassung)	Wiederholung und Problemlösung.	Rundgespräch nach Gesprächsauftrag: Erkläre Bedeutung und Wirkung des Gesprächs! Lösung der Ausgangsfrage, Erkenntniszusammenfassung: Ein gutes Gespräch macht froh. Fixierung.	– wiederholen – zusammenfassen – erklären – formulieren	Aa/Hb	Tafelbild (1) – (6) Tafelbild (7): Überschrift
Sicherungsphase	9. Lehrschritt (Problemanwendung)	Anwendung auf die Ausgangssituation. (Lz 5)	Arbeitsauftrag: Wir wissen jetzt, worauf es bei einem guten Gespräch ankommt. Formuliert das Spiel so um, daß Peter hinterher froh sein kann! Verarbeitungsgespräch: Vortragen und Besprechen der Schülervorschläge zum Spiel. Durchführung des korrigierten szenischen Spiels.	– zuhören – besprechen – umformulieren – notieren – vortragen – auswerten – verbessern – nachspielen	Ga Hb	Notizblock Szenisches Spiel in verbesserter Form
	10. Lehrschritt (Problemtransfer)	Wertung des Gesprächsverhaltens von Personen in anderen Situationen. (Lz 6)	Partnergespräch nach Sachimpuls: Der Lehrer läßt andere Gesprächssituationen still erlesen. Verarbeitungsgespräch: Herausarbeiten der Gesprächshaltung; Beschreiben der Wirkung auf den Adressaten.	– erlesen – analysieren – vergleichen – erkennen – begründen – beschreiben – werten	Pa Hb	Arbeitstext 2
	11. Lehrschritt (Problemausweitung)		Impuls: Es gibt auch Situationen, in denen das Gespräch kurz verlaufen muß. Beweise mit Beispielen!	– beweisen	Hb	

Hauptlernziel: Die Problematik berufstätiger Mütter im Blick auf die Erziehung der Kinder erkennen.	Unterrichtsthema: "Warum sind heute so viele Mütter berufstätig?"	Autor: Smola Josef
		Unterrichtszeit Empfehlung: 1 UE

Vorbemerkungen:
Die Struktur der modernen Familie hat sich in der Bundesrepublik Deutschland grundlegend geändert. Während früher die bäuerliche Großfamilie dominierte und die Mutter vorwiegend im Haushalt bzw. im Hof tätig war, sich um Küche und Kinder kümmerte, ist heute die Kleinfamilie mit ein bis zwei Kindern die Regel. Dazu kommt, daß rund 30 bis 40% der Mütter mit Kindern unter drei Jahren ganztägig berufstätig sind. Es liegt auf der Hand, daß diese Tatsache im Blick auf die Kindererziehung sowie im Blick auf die Doppelbelastung der Frauen große Probleme mit sich bringt. Deshalb sollen die Schüler mit solchen Problemen konfrontiert werden, über mögliche Ursachen reflektieren, um evtl. für später Entscheidungshilfen zu erhalten.

Teillernziele: Die Schüler sollen
1. anhand von Fakten die Problematik der Berufstätigkeit vieler Mütter erkennen und entsprechende Fragen formulieren;
2. Gründe für die Mütterarbeit finden und stichhaltige von unwichtigen unterscheiden lernen;
3. die Hauptprobleme erkennen, die sich aus der ganztägigen Arbeit der Mütter ergeben;
4. Alternativen für die Betreuung der Kinder erfahren und hierzu Stellung nehmen;
5. im Vorgriff auf ihr späteres Leben Entscheidungen treffen und diese begründen.

Literatur:
Rauscher, Katharina: Erziehungskunde, Ehrenwirth 1978
Schulbücher zur Erziehungskunde 9. Jgst. aus den Verlagen: Auer, Wolf, Oldenbourg.

Transparent ①

a) Mütterarbeit früher und heute:
   Früher:
   Die Mütter kümmerten sich um den Haushalt, um Küche und Kinder. Nur sehr wenige waren zusätzlich berufstätig.
   Heute:
   Etwa 30 bis 40% der Mütter mit Kindern unter 3 Jahren sind ganztägig im Beruf.

b) Kind → den ganzen Tag ohne Mutter   ?   Mutter → den ganzen Tag außer Haus

Transparent ②

a) Die Anstellung eines Hausmädchens (über 18 Jahre) kommt einem Haushalt auf 1300 bis 2000 DM.
b) Großeltern
   - sind zumeist zu nachgiebig gegenüber den Enkelkindern, sie verwöhnen sie oft;
   - haben nicht so viel Geduld; es fehlt häufig die notwendige Strenge.
c) In Kinderkrippen kümmern sich verschiedene Frauen um die kleinen Kinder. Diese werden oft um 7.00 Uhr morgens abgegeben und abends wieder abgeholt.

Arbeitsblatt:

Warum sind so viele Mütter berufstätig?

1. Warum sind so viele Mütter ganztägig berufstätig?

Fälle:	Gründe:
a) Eine Wohnung kostet heute zwischen 5 und 13 DM pro m² Kaltmiete. Dazu kommen Nebenkosten zwischen 200 und 500 DM.	a) Teure Wohnung
b) Manche Frauen möchten finanziell unabhängig sein.	b) Wunsch nach Unabhängigkeit
c) Manche Frauen haben eine sehr lange Berufsausbildung. Ihr Beruf bereitet ihnen Freude.	c) Freude am Beruf
d) Viele Familien können sich ohne den Verdienst der Frau nicht so viel leisten wie Urlaub, Zweitwagen usw.	d) Wunsch nach Luxus
e) Viele Frauen fühlen sich als "Nur-Hausfrauen" isoliert. Sie wollen beruflichen Kontakt mit anderen.	e) Wunsch nach Kontakt
f) Ledige Mütter sind auf den Verdienst aus ihrer Arbeit angewiesen, da sie sonst von der Sozialhilfe leben müßten.	f) finanzielle Notlage

3. Welche Gründe sind nach deiner Meinung wirklich stichhaltig? Schreibe die Buchstaben auf! ....

2. Welche Probleme können auftreten, wenn Mütter berufstätig sind?
Unterstreiche die wichtigsten Aussagen rot!

a) Dr. Wagner, Psychologe:
Kinder, die jeden Morgen bei fremden Leuten abgegeben werden, kommen sich jeden Tag neu verlassen vor. Sie tun sich schwer, engere Bindungen zur Mutter aufzubauen, da sie ja nur eine "Nachtmutter" oder eine "Wochenendmutter" ist. Bei zu geringem Mutterkontakt aber wird die Entwicklung des Kindes gestört, die Kinder werden schwierig, sie können kaum Kontakt aufnehmen.

b) Frau Oswald, Psychologin:
Kleinkinder bzw. Säuglinge sind noch nicht fähig, sich für längere Zeit von ihrer Mutter zu trennen. Sie reagieren dann schockiert oder betroffen auf die räumliche Trennung von der Mutter.

c) Frau Bergmann, Mütterberatungsstelle:
Die Doppelbelastung der Mütter bringt es mit sich, daß sich die Mütter nur unzulänglich um ihre Kinder kümmern können. Kinder reagieren dann oft gereizt und ungeduldig. Oft verwöhnen Eltern ihre Kinder am Abend oder an Wochenende. Das tun sie wahrscheinlich aus einem gewissen Schuldgefühl heraus.

4. Wenn es nicht anders möglich ist:
   a) Anstellung eines Hausmädchens, das sich um Kinder und Haushalt kümmert.
   b) Erziehung und Aufsicht der Kinder durch die Großeltern.
   c) Kinderkrippen, in denen das Kind ganztägig untergebracht ist.

Tafelbild:

① **Warum sind so viele Mütter berufstätig?**

Gründe: a) Teure Wohnung   b) Wunsch nach Unabhängigkeit
c) Freude am Beruf   d) Wunsch nach Luxus
e) Tilgung von Schulden (Hausbau!)
f) Wunsch nach Kontakt
g) finanzielle Notlage

③ Stichhaltige Gründe: e, g

② Welche Probleme ergeben sich?

a) Störung des Kontakts zur Mutter
b) "Trennungsschock"
c) Verwöhnung der Kinder

④ Beste Notlösung:
Betreuung der Kinder durch Großeltern

UG	Lehrschritte (Artikulationsdefinition)	Lehrinhalte und Lernziele (= Lz)	Lehrakte .... Lernakte		Sozialformen	Lernhilfen
Eröffnungsphase	1. Lehrschritt: (Hinführung)	Situation der Mütterarbeit früher und heute.	Sachimpuls: Vorzeigen des Transparents 1a. Erarbeitungsgespräch: Gegenüberstellung der Mütterarbeit früher und heute; mögliche Gründe hierfür.	– lesen – sich äußern	Hb Hb	Transparent 1a
	2. Lehrschritt: (Problemfindung)	Problemfragen: 1. Warum sind heute so viele Mütter berufstätig? 2. Welche Probleme können dabei auftreten? (Lz 1)	Sachimpuls: Vorzeigen des Transparents 1b. Erarbeitungsgespräch: Verbalisierung der Problematik; Finden bzw. Fixierung der beiden Hauptfragen.	– lesen – verbalisieren – formulieren – schreiben	Hb Hb	Transparent 1b Tafelbild
	3. Lehrschritt: (Hypothesenbildung)	Einbringen des Schülervorwissens.	Impuls: Wenn du die 1. Frage überlegst, so kannst du schon einige Gründe dafür nennen! Erarbeitungsgespräch: Die Schüler nennen Gründe aus ihrem Erfahrungsbereich; Fixierung derselben an der Seitentafel.	– reflektieren – sich äußern – schreiben	Hb Hb	Seitentafel
Erarbeitungsphase	4. Lehrschritt: (Erarbeitung des 1. Teilziels)	Gründe für die Berufstätigkeit vieler Mütter. (Lz 2)	Arbeitsauftrag: Lest den Text unter Punkt 1 durch und schreibt in Gruppenarbeit die Gründe hierfür auf! Verarbeitungsgespräch: Die Gruppensprecher berichten; Fixierung der Gründe an der Tafel und im Arbeitsblatt.	– lesen – argumentieren – berichten – schreiben	Ga Hb	Arbeitsblatt Punkt 1: Fälle Tafelbild bzw. Arbeitsblatt Punkt 1: Gründe
	5. Lehrschritt: (Erarbeitung des 2. Teilziels)	Probleme der Mütterarbeit bei der Erziehung der Kinder. (Lz 3)	Arbeitsauftrag: Zur Beantwortung der 2. Frage habe ich dir einige Aussagen von Fachleuten aufgeschrieben. Bearbeite den Punkt 2 im Arbeitsblatt! Verarbeitungsgespräch: Die Schüler berichten, was sie für besonders wichtig gehalten haben und begründen ihre Meinung. Fixierung der wichtigsten Stichpunkte an der Tafel.	– lesen – unterstreichen – berichten – begründen – schreiben	Aa Hb	Arbeitsblatt Punkt 2 Tafelbild Punkt 2
	6. Lehrschritt: (Wertung)	Rechtfertigung der Mütterarbeit. (Lz 2)	Arbeitsauftrag nach Feststellung: Nachdem wir gesehen haben, daß bei der Mütterarbeit so viele Probleme auftreten können, stellt sich die Frage: Welche Gründe rechtfertigen die Mütterarbeit? Überlege mit deinem Nachbarn und schreibe die Gründe auf das Arbeitsblatt unter Punkt 3! Verarbeitungsgespräch: Stichhaltig sind eigentlich nur finanzielle Notlage, Tilgung von Schulden.	– zuhören – reflektieren – schreiben – sich äußern	Hb Pa Hb	Arbeitsblatt Punkt 3 Tafelbild Punkt 3
	7. Lehrschritt: (Anwendung)	Hilfen für die Betreuung von Kindern (Lz 4)	Arbeitsauftrag: Lies im Arbeitsblatt Punkt 4 und überlege, welche du für die beste Lösung hältst. Erarbeitungsgespräch nach Information: Bevor du deine Entscheidung begründest, lies noch die Punkte auf der Folie durch! Vortrag der Schülermeinungen unter Einbeziehung der Zusatzinformationen.	– lesen – reflektieren – lesen – begründen	Aa Hb	Arbeitsblatt Punkt 4 Transparent 2 Tafelbild Punkt 4
	8. Lehrschritt: (Ausblick)	Entscheidungshilfen (Lz 5)	Frage: Stell dir vor, du wärest verheiratet und hättest ein Kind. Würdest du als Frau eine Arbeit annehmen? Wärest du als Mann einverstanden, daß deine Frau arbeitet? Begründe deine Meinung. Rundgespräch: Jeder Schüler trägt kurz seine Meinung vor und begründet, warum er sich so oder so entscheiden würde.	– reflektieren – berichten	Hb Aa/Hb	
Sicherungsphase	9. Lehrschritt: (Wiederholung)	Zusammenfassung der Ergebnisse.	Arbeitsauftrag: Versuche nun zum Schluß, die Stichpunkte an der Tafel in Sätzen wiederzugeben!	– sich äußern	Hb	Tafelbild

Hauptlernziel:	Bewußtsein, daß der Jugendliche in der Pubertät persönliche Wertorientierungen finden soll.	Unterrichtsthema: Eigenverantwortliches Handeln braucht Wertorientierung.	Autor: Max-J. Unterreiner
			Unterrichtszeit Empfehlung: 2 UE

Vorbemerkungen: Vorliegendes Thema gehört zu den schwierigsten Anliegen der Erziehungskunde der 9. Jgst. Die wertpädagogischen Bemühungen müssen in die Unterrichtspraxis umgesetzt werden, daß einerseits der Schüler einen Einblick in erziehliche Zusammenhänge erhält, andererseits im Bewußtsein der Notwendigkeit persönlicher Wertorientierung diese auch akzeptiert.

Teillernziele: Die Schüler sollen ...
1. eigenes Verhalten ins Gedächtnis zurückrufen, reflektieren, charakterisieren und begründet ordnen;
2. Definitionen pädagogischer Fachtermini kennenlernen;
3. verschiedene Entscheidungsbereiche aus dem Alltag erkennen;
4. Forderungen an die Erzieher im Verhalten gegenüber Jugendlichen zur Werterziehung erkennen;
5. Äußerungen von Schülern identifizieren, Einstellungsbereichen zuordnen, Werthaltungen beschreiben und persönlich dazu wertend Stellung beziehen;
6. sich der Gefahren für Jugendliche ohne Wertorientierung bewußt werden.

Literatur:
P. Brunnhuber, u.a.: Erziehen - was ist das? (9. Jgst.), München 1978
H. Wittmann, u.a.: Erziehungskunde (9. Jgst.), Donauwörth 1978
E. Weber: Wertklärung und Sinnorientierung als zentrale Aufgaben der Freizeiterziehung; in: PW 1982/8, Donauwörth 36. Jg.

Medien: Fragebögen, Tafel, Folie, Notizblock, Arbeitsblatt.

Arbeitstext 1: Fragebögen zur Wertklärung
I. Wochenrückblick:
1. Welche Höhepunkte hast du in der vergangenen Woche erlebt?
2. Welche Erlebnisse hast du als Tiefpunkte empfunden?
3. Hast du etwas Neues
   ... erfahren? - Was? ... erlebt? - Was? ... schätzen gelernt? - Was?
4. Was möchtest du in der kommenden Woche anders machen?

II. Rangordnung / Charakterisierung / Begründung:
1. Was tust du in der Freizeit gerne? Nenne 10 Beispiele und ordne dem Rang nach, charakterisiere, begründe!
2. Was tust du nicht gerne? Nenne 10 Beispiele, ordne dem Rang nach, charakterisiere, begründe!

Abkürzungen: K = Kirche, religiöses Leben; A = allein; G = Gruppe; M = mitmenschliche Begegnung; Si = sinnlich angenehm; DM = Geldausgabe; Se = Selbstschätzung.

Arbeitstext 2: Verschiedene Fälle
1. a) Die Tochter hat sich an die vereinbarte Zeit der Heimkehr am Abend gehalten.
   b) Der Sohn beendet von sich aus das abendliche Fernsehen frühzeitig, um am nächsten Tag für die Mathematik-Schulaufgabe frisch ausgeruht zu sein.
2. "Es nimmt einen mit, wenn man die rasch wechselnden Launen eines Jugendlichen beobachten und sich sein dauerndes Nörgeln anhören muß. Plötzlich paßt ihm nichts mehr. Das Haus ist spießig, der Wagen eine alte Schrottmühle, wir sind altmodisch."
3. "Der junge Mensch macht nur deswegen Schwierigkeiten, weil er Schwierigkeiten hat - in seiner Seele, in seinem Charaktergefüge, in seinem Hin und Her von Wünschen und Sehnsüchten, von Erwartungen und Träumen, vor allem aber in seinen Bemühungen, sich in die Welt der Erwachsenen einzuordnen."
4. Eltern bzw. Erzieher werden gerne in Diskussionen über Fragen der Ausbildung, der politischen Wahl, der Regelung von Konflikten am Arbeitsplatz und in der Weltpolitik, der Freundschaft verwickelt.
5. Mutter, Vater und Jesus Christus führen nach einer Umfrage der Tübinger Wickert-Institute bei 12- bis 18jährigen mit zweistelligen Prozentzahlen die Skala der Vorbilder an. Sie wurde in der Reihenfolge insgesamt von 20, 17 und 12 Prozent genannt. Bei der Person, die bei den Jugendlichen die größte Abneigung hervorruft, erhielt Adolf Hitler 44 Prozent der Nennungen.

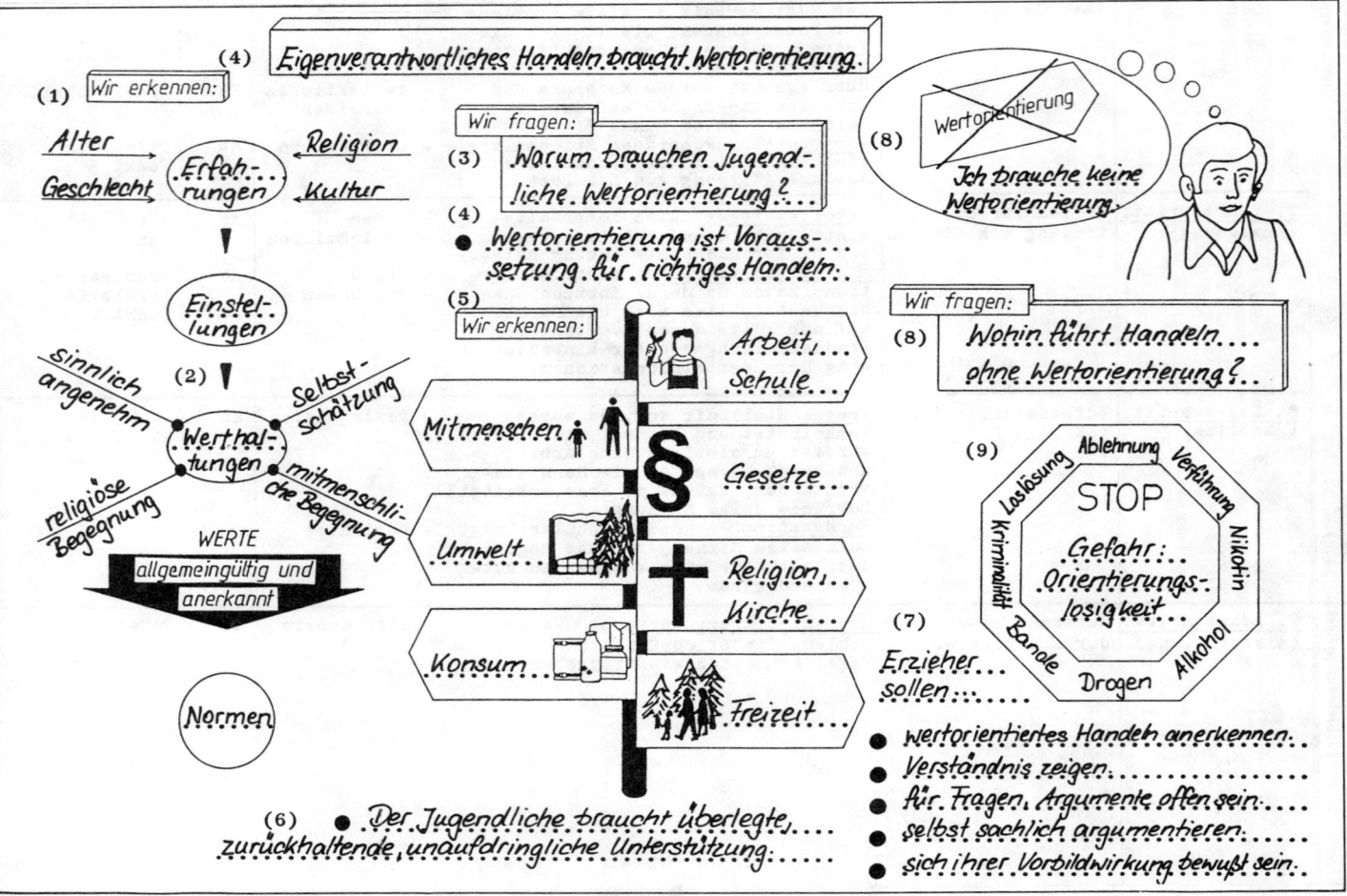

---

(4) Eigenverantwortliches Handeln braucht Wertorientierung.

(1) Wir erkennen:

Alter, Geschlecht → Erfahrungen ← Religion, Kultur
↓
Einstellungen
↓
(2) Werthaltungen
- sinnlich angenehm
- Selbstschätzung
- religiöse Begegnung
- mitmenschliche Begegnung

WERTE — allgemeingültig und anerkannt

Normen

(3) Wir fragen: Warum brauchen Jugendliche Wertorientierung?

(4) • Wertorientierung ist Voraussetzung für richtiges Handeln.

(5) Wir erkennen:
- Arbeit, Schule
- Mitmenschen
- § Gesetze
- Umwelt
- † Religion, Kirche
- Konsum
- Freizeit

(6) • Der Jugendliche braucht überlegte, zurückhaltende, unaufdringliche Unterstützung.

(8) Wertorientierung — Ich brauche keine Wertorientierung.

Wir fragen: (8) Wohin führt Handeln ohne Wertorientierung?

(9) STOP — Gefahr: Orientierungslosigkeit
- Ablösung
- Ablehnung
- Verführung
- Nikotin
- Alkohol
- Drogen
- Bande
- Kriminalität

(7) Erzieher sollen:
• wertorientiertes Handeln anerkennen
• Verständnis zeigen
• für Fragen, Argumente offen sein
• selbst sachlich argumentieren
• sich ihrer Vorbildwirkung bewußt sein

UG	Lehrschritte (Artikulationsdefinition)	Lehrinhalte und Lernziele (= Lz)	Lehrakte .... Lernakte		Sozialformen	Lernhilfen
Eröffnungsphase	1. Lehrschritt (Vorbereitende Hausaufgaben)	Fragebögen zur Wertklärung als a) Wochenrückblick b) Was ich gerne/ungerne tue (mit Charakterisierung) c) Rangordnung. (Lz 1)	Arbeitsauftrag: Einen Monat lang (oder auch länger) teilt der Lehrer am Ende jeder Woche Fragebögen aus, mit dem Auftrag, sie bis zu Beginn der nächsten Woche gewissenhaft und vollständig auszufüllen und aufzuheben.	– erinnern – notieren – auflisten – charakterisieren – ordnen – begründen	Aa	Fragebögen (Arbeitstext 1)
	2. Lehrschritt (Auswertung der Fragebögen)		Verarbeitungsgespräche: zu a) Vergleiche deine Wochenrückblicke! Diskussion der Vergleichsergebnisse. zu b) Stelle fest, welche Bereiche bei dir vorherrschen! Was könnte dies über dich und deine Wertschätzungen aussagen? Reflexion und Darbietung der Wertschätzungen durch Schüler. zu c) Gruppengespräch nach Gesprächsauftrag: Begründe und erkläre in deiner Gruppe deine Rangfolge! Verarbeitungsgespräch: Diskussion verschiedener Rangordnungen.	– lesen – vergleichen – berichten – beschreiben – diskutieren – feststellen – reflektieren – interpretieren – reflektieren – vermuten – nennen – begründen – erklären – diskutieren – argumentieren	Hb Ga Hb	Fragebögen
	3. Lehrschritt (Zielorientierung)	Einstellung, Haltung, Werte, Normen: Definition der Begriffe. (Lz 2)	Erklärung: Der Mensch sammelt im Laufe des Lebens Erfahrungen. Daraus entstehen, abhängig von Alter, Religion, Geschlecht, Kultur sogenannte Einstellungen, die sich zu Haltungen festigen. Die Haltung orientiert sich an Werten. Werden Werte als verbindlich von der Gesellschaft anerkannt, nennt man sie Normen. Impuls: Alle Ergebnisse der Fragebögen lassen sich in 4 Wertgruppen einteilen. Erarbeitungsgespräch: Formulierung der Wertgruppen, Zuordnung von Werten.	– zuhören – mitdenken – erkennen – zuhören – systematisieren – formulieren – einordnen	Hb Hb Hb	Tafelbild (1) Tafelbild (2)
	4. Lehrschritt (Problemformulierung)	Problemfrage 1: Warum brauchen Jugendliche Wertorientierung?	Sachimpuls: Der Lehrer zeigt die Folie 1 ("Wegweiser" ohne Bild/Wort). Erarbeitungsgespräch: Diskussion der Bildaussage; Formulierung der Problemfrage.	– betrachten – nachdenken – analysieren – diskutieren – formulieren	Hb Hb	Folie 1 (s. Tafelbild(5)) Tafelbild (3)
Erarbeitungsphase	5. Lehrschritt (Hypothesenbildung)	Schülervermutungen.	Gruppengespräch nach Frage: Warum brauchen Jugendliche Wertorientierung? Verarbeitungsgespräch: Schülervermutungen zur Wertorientierung.	– vermuten – diskutieren – vortragen – erklären	Ga Hb	Tafelbild (4) und Überschrift
	6. Lehrschritt (erste Teilergebniserarbeitung, -gewinnung, -fixierung)	Verschiedene Entscheidungsbereiche des Alltags. (Lz 3)	Arbeitsauftrag: Im täglichen Leben müssen viele Entscheidungen getroffen werden. Finde die verschiedenen Bereiche heraus! Verarbeitungsgespräch: Feststellung, Identifizierung, Benennung der Entscheidungsbereiche; Begründung der Wertorientierung für Jugendliche.	– betrachten – erkennen – benennen – notieren – identifizieren – benennen – begründen	Pa Hb	Folie 2 (Bilder aus Tafelbild (5)) Notizblock Tafelbild (5): Begriffe
	7. Lehrschritt (zweite Teilergebniserarbeitung, -gewinnung, -fixierung)	Forderungen an die Erzieher. (Lz 4)	Feststellung: Der Jugendliche benötigt bei der schwierigen Aufgabe, eine persönliche Wertorientierung zu gewinnen, überlegte, zurückhaltende, unaufdringliche Unterstützung durch Eltern und Erzieher. Arbeitsauftrag: Wie soll sich der Erzieher in diesen Fällen verhalten? Verarbeitungsgespräch: Vortragen, Auswerten der Gruppenergebnisse; Formulierung der Forderungen.	– zuhören – folgen – lesen – diskutieren – erkennen – vortragen – auswerten – formulieren	Hb Ga Hb	Tafelbild (6) Arbeitstext 2 Tafelbild (7)
	8. Lehrschritt (Teilergebniszusammenfassung)		Rundgespräch: Begründung der Wertorientierung; erzieherische Hilfen.	– erklären – begründen	Aa/Hb	Tafelbild (1) - (7)
Sicherungsphase	9. Lehrschritt (Problemanwendung)	Zuordnung und begründete Stellungnahme. (Lz 5)	Sachimpuls: Der Lehrer zeigt Aussagen von Schülern über Folie. Erarbeitungsgespräch: Feststellung von Einstellungsbereich und Werthaltung.	– lesen – überdenken – beschreiben – feststellen	Hb Hb	Folie
	10. Lehrschritt (Problempräzisierung)	Problemfrage 2: Wohin führt Handeln ohne Wertorientierung?	Sachimpuls: Lehrer zeigt Folie. Erarbeitungsgespräch: Formulierung des Sprechblasensatzes; Formulierung der Problemfrage.	– betrachten – formulieren	Hb Hb	Folie 4 (= Tafelbild (8))
	11. Lehrschritt (Wertung, Ausblick)	Gefahren für Jugendliche. (Lz 6)	Erarbeitungsgespräch: Nennung, Beschreibung von Gefahren; Bezugnahme auf die Fragenbogenaktion zur Wertklärung: Erklärung des Sinns.	– bewußt werden – einsehen	Hb	Tafelbild (9)

Hauptlernziel: Wissen, wie erstrebenswerte Verhaltensweisen angeeignet werden können.	**Unterrichtsthema:** Wie kann ich mein Verhalten verbessern?	**Autor:** Max-J. Unterreiner **Unterrichtszeit Empfehlung:** 1 - 2 UE

Vorbemerkungen: Schwierigkeiten in der Erziehung sind nichts Außergewöhnliches. Darum liegt der Schwerpunkt dieser für Erziehungskunde abschließenden UE auf dem Entwickeln einer Strategie zur Verhaltensmodifikation und der Einübung erstrebenswerter, reflektierter Verhaltensweisen durch individuelle Zielstellung.

Teillernziele: Die Schüler sollen ...
1. Bedeutung, Notwendigkeit und Voraussetzung für Selbsterziehung einsehen bzw. erkennen;
2. ein Strategiemodell zur Verhaltensmodifikation entwickeln;
3. ein Skill-Training zur Formulierung von Verhaltenszielen durchführen;
4. allgemein anerkannte Verhaltensweisen definieren.

Literatur:
P. Brunnhuber, u.a.: Erziehen - was ist das? (9. Jgst.), München 1978
P. Leins, u.a.: Erziehungskunde 9, München/Kulmbach 1978
K. Patho: Der Außenseiter, Unterrichtsbeispiel für die 4. Jgst., in: H. Gröschel (Hrsg.): Das Lehrer- und Schülerverhalten in Erziehung und Unterricht, München 1975
A. Schnitzer, u.a.: Schwerpunkt: Schülerverhalten - Lehrerverhalten, München 1975

Medien: Folie, Tafel, Arbeitsblatt, Notizblock

Folie 2: Weitere "Mangelsituationen"
1. Es ist 8.10 Uhr. Bernhard saust mit seinem Mofa zur Schule. Er denkt: "Schon wieder zu spät!"
2. Mathematik steht auf dem Stundenplan. Der Lehrer kontrolliert die Hausaufgaben. Da sagt Herbert: "Ich habe wieder meine Hausaufgabe vergessen."
3. Eine neue Schülerin ist in die Klasse gekommen. Niemand kümmert sich um sie; sie findet keinen Anschluß. Sie wird zu einer Außenseiterin.
4. Es klingelt. Pause! Petra stürmt an den Verkaufsstand des Hausmeisters. Semmel? Breze? Nein! Milch? Kakao? Nein! - Schokokekse mit Limonade? Ja, ja!

Arbeitstexte:

(1) **Voraussetzungen zur Selbsterziehung.** Der junge Mensch sollte fähig sein, sich selbstkritisch zu beobachten und zu beurteilen. Er muß sowohl seine Stärken als auch seine Schwächen sehen lernen. Diese Selbsterkenntnis wird vor allem von der Eigenliebe behindert, die keine Fehler zugeben will, sondern sie ableugnet, beschönigt oder entschuldigt. Zur Selbsterziehung gehört, daß man den Gefühlen, Gelüsten und Reizen der Umwelt nicht sofort nachgibt, sondern erst überlegt, bevor man handelt. Dabei wird man erfahren, daß man tatsächlich in der Lage ist, sich selbst zu steuern. Wird man z.B. von jemandem angerempelt, kann man sich beherrschen und braucht nicht unbedingt sofort zurückzurempeln. Nicht jedes Kinoplakat soll so neugierig machen, daß man meint, den Film unbedingt sehen zu müssen. Nicht jede Eisbude soll zum Eisschlecken verleiten.

(2) Du bist mit der Art und Weise, wie du deine schriftlichen Arbeiten in der Schule und zuhause erledigst, nicht zufrieden. Auch deine Eltern und Lehrer bemängeln dein Arbeitsverhalten (schlampige Schrift, fehlerhafte Einträge, ...)
Deine oberflächliche Arbeitsweise führt zu einer Verschlechterung der schulischen Leistungen. Mit Eltern und Lehrern gibt es ständig Auseinandersetzungen, viele Arbeiten müssen nochmals angefertigt werden.
Eine Verbesserung des Arbeitsverhaltens würde demnach die Leistungen in der Schule verbessern, Ärger mit anderen vermeiden, die Arbeitszeit verkürzen.

(3) Du setzt dir folgendes Teilziel: "Ich arbeite jeden Tag eine Stunde ohne Unterbrechung so gewissenhaft wie möglich, ohne mich ablenken zu lassen." Widerstände: herumliegende Comics, Zeitschriften und Schallplatten lenken mich ab. Musik oder spielende Geschwister stören mich; wenn in der Nähe Süßigkeiten und Getränke erreichbar sind, stehe ich ständig auf und nasche; wenn mein Freund mich plötzlich zum Spielen abholen will, ist mein Arbeitswille sofort erloschen.

(4) "Ich könnte heute nachmittag von 14.00 - 15.00 Uhr beginnen. Ich versuche, alle Schwierigkeiten auszuschalten: ich wähle einen angemessen großen, gut belichteten Arbeitsplatz, der von allen ablenkenden Gegenständen befreit ist; ich arbeite in der Zeit, in der es in der Wohnung am ruhigsten ist; ich verständige meine Freunde, daß sie vor 15.00 Uhr nicht kommen dürfen."

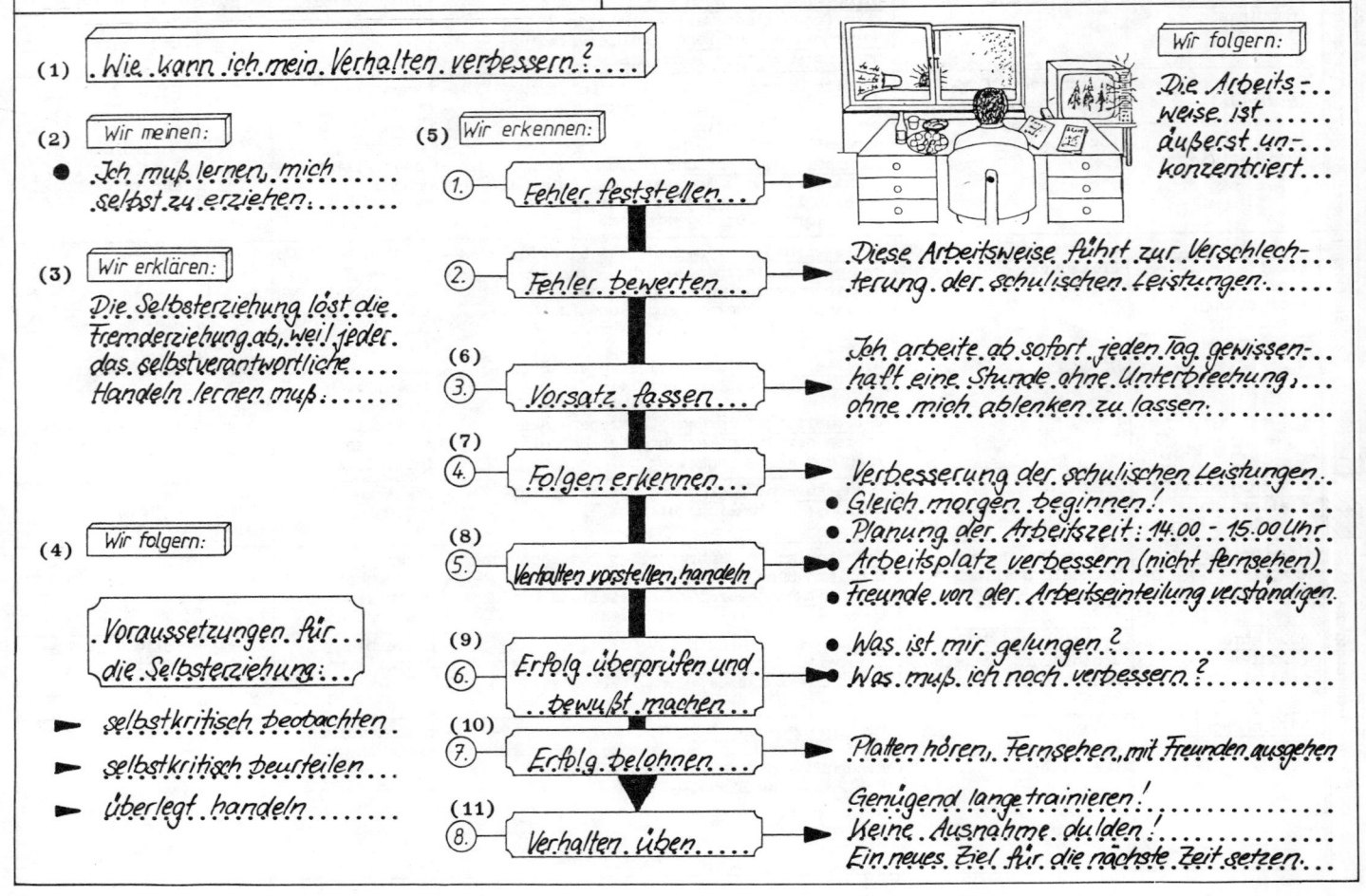

---

(1) Wie kann ich mein Verhalten verbessern?

(2) **Wir meinen:**
● Ich muß lernen, mich selbst zu erziehen.

(3) **Wir erklären:**
Die Selbsterziehung löst die Fremderziehung ab, weil jeder das selbstverantwortliche Handeln lernen muß.

(4) **Wir folgern:**

Voraussetzungen für die Selbsterziehung:
▶ selbstkritisch beobachten
▶ selbstkritisch beurteilen
▶ überlegt handeln

(5) **Wir erkennen:**
① Fehler feststellen → Die Arbeitsweise ist äußerst unkonzentriert.
② Fehler bewerten → Diese Arbeitsweise führt zur Verschlechterung der schulischen Leistungen.
(6) ③ Vorsatz fassen → Ich arbeite ab sofort jeden Tag gewissenhaft eine Stunde ohne Unterbrechung, ohne mich ablenken zu lassen.
(7) ④ Folgen erkennen → Verbesserung der schulischen Leistungen.
(8) ⑤ Verhalten vorstellen, handeln →
● Gleich morgen beginnen!
● Planung der Arbeitszeit: 14.00 - 15.00 Uhr
● Arbeitsplatz verbessern (nicht fernsehen).
● Freunde von der Arbeitseinteilung verständigen.
(9) ⑥ Erfolg überprüfen und bewußt machen →
● Was ist mir gelungen?
● Was muß ich noch verbessern?
(10) ⑦ Erfolg belohnen → Platten hören, Fernsehen, mit Freunden ausgehen
(11) ⑧ Verhalten üben →
Genügend lange trainieren!
Keine Ausnahme dulden!
Ein neues Ziel für die nächste Zeit setzen.

UG	Lehrschritte (Artikulationsdefinition)	Lehrinhalte und Lernziele (= Lz)	Lehrakte	Lernakte	Sozial-formen	Lernhilfen
Eröffnungsphase	1. Lehrschritt (Problemstellung)	Bildhafte Begegnung mit dem Problem.	Sachimpuls: Der Lehrer zeigt über Folie das Fehlverhalten des Schülers.	- betrachten - reflektieren	Hb	Abbildung im Tafelbild
	2. Lehrschritt (Problemfindung, -isolierung)	Diskussion der Bildaussage.	Erarbeitungsgespräch: Analyse der Bildaussage; Isolierung des Problems durch didaktische Reduktion.	- analysieren - bewerten - reduzieren	Hb	
	3. Lehrschritt (Problem-formulierung)	Problemfrage: Wie kann ich mein Verhalten verbessern?	Impuls: Genau an dieser Stelle muß sich "unser Schüler" eine wichtige Frage stellen. Erarbeitungsgespräch: Formulierung der Problemfrage.	- zuhören - überlegen - erkennen - formulieren	Hb Hb	Tafelbild (1) (Überschrift)
	4. Lehrschritt (Hypothesen-bildung)	Schülervermutungen.	Partnergespräch nach Gesprächsauftrag: Suche mit deinem Nachbarn nach Lösungsmöglichkeiten! Verarbeitungsgespräch: Vortragen und Erklären der Schülerarbeitshypothesen: "Ich muß lernen, mich selbst zu erziehen." Begründung.	- vermuten - meinen - vortragen - erklären - begründen	Pa Hb	Notizblock Tafelbild (2)
Erarbeitungsphase	5. Lehrschritt (erste Teil-ergebniserarbei-tung, -gewinnung, -fixierung)	Voraussetzungen für die Selbsterziehung. (Lz 1)	Erklärung: Zur Verhaltensänderung gehört vor allem die Selbsterziehung, welche die Fremderziehung durch Eltern und Lehrer ablöst. Selbsterziehung ist erforderlich, weil der Jugendliche in zunehmendem Maße auf sich allein gestellt und selbst verantwortlich ist. Gruppenarbeit nach Arbeitsauftrag: Lies den Text und besprich mit deiner Gruppe die Voraussetzungen für die Selbsterziehung. Verarbeitungsgespräch: Nennung und Begründung der Voraussetzungen.	- zuhören - mitdenken - mitfolgern - einsehen - erlesen - besprechen - notieren - nennen - begründen	Hb Aa/Ga Hb	Tafelbild (3) Arbeitstext 1 Notizblock Tafelbild (4)
	6. Lehrschritt (zweite Teil-ergebniserarbei-tung, -gewinnung, -fixierung)	Entwicklung einer Strategie zur Modifikation des eigenen Verhaltens. (Lz 2)	Sachimpuls: Der Lehrer zeigt die Abbildung im Tafelbild zusammen mit Arbeitstext 2. Erarbeitungsgespräch: Feststellung und Bewerten des Mangels. Konsequente Forderung: Notwendigkeit einer Zielsetzung.	- betrachten - lesen - feststellen - bewerten - folgern - orientieren	Hb/Aa Hb	Abb./Tafelbild Arbeitstext 2 Tafelbild (5)
			Partnergespräch nach Sachimpuls: Besprechung und Notation; Formulierung des persönlichen Entschlusses; "Zielformulierung". Verarbeitungsgespräch: Formulierung des begrenzten, konkreten Ziels.	- erlesen - konkretisieren - formulieren - notieren - begrenzen - formulieren	Aa/Pa Hb	Arbeitstext 3 Notizblock Tafelbild (6)
			Erarbeitungsgespräch: Bedeutung und Folgen des Ziels; Vergegenwärtigen, bei welchen Gelegenheiten das Verhalten realisiert werden kann.	- vergegenwärtigen - erkennen - folgern	Hb	Tafelbild (7)
			Auftrag: Stilles Erlesen. Erarbeitungsgespräch: a) Situationen aus dem Vorstellungshandeln nennen und beschreiben. b) Konkretisierung des Ziels auf die erste Anwendungsmöglichkeit hin.	- reflektieren - nennen - beschreiben - konkretisieren - realisieren	Aa Hb	Arbeitstext (4) Tafelbild (8)
			Erklärung: Den Abschluß eines jeden Arbeitstages sollte eine "Gewissenserforschung", die Selbstkontrolle und Selbstbestätigung bilden. Überlege: Was ist gelungen? Was ist noch zu verbessern? Gruppengespräch nach Impuls: Dann darfst du dich belohnen. Diskutiert sinnvolle Möglichkeiten! Verarbeitungsgespräch: Vortragen der Möglichkeiten; Erklärung des Belohnungseffekts.	- zuhören - mitdenken - reflektieren - kontrollieren - bestätigen - nennen - diskutieren - vortragen - erklären	Hb Ga Hb	Tafelbild (9) Tafelbild (10)
			Ergänzung: Aus Vergleich von Ziel und Ergebnis kannst du erkennen, ob du - auch bei Schwierigkeiten! - deinen "Vorsatz" durchgehalten hast. Trainiere lange genug dasselbe Ziel! Dulde anfangs keine Ausnahme! Dann setze dir ein neues Ziel!	- zuhören - mitdenken - erkennen - einsehen	Hb	Tafelbild (11)
Sicherungsphase	7. Lehrschritt (Problemlösung)	Reorganisation der Strategie.	Rundgespräch nach Gesprächsauftrag: Erkläre im Zusammenhang, wie man das Verhalten ändern, verbessern kann.	- beschreiben - erklären	Hb	Tafelbild (1) - (11)
	8. Lehrschritt (Problemanwendung)	Übung zur Formulierung von Zielen zur Verhaltungsmodifikation. (Lz 3)	Alleinarbeit nach Sachimpuls: Der Lehrer bietet "Mangelsituationen" dar. Verarbeitungsgespräch: Vortragen der individuell formulierten Ziele.	- formulieren - notieren - vorlesen	Aa Hb	Folie Notizblock Notizblock
	9. Lehrschritt (Generalisierung)	Allgemein anerkannte Verhaltensweisen. (Lz 4)	Gruppenarbeit nach Arbeitsauftrag: (arbeitsteilig): Nenne erstrebenswertes Verhalten: a) wichtig für dich allein, b) anderen Menschen gegenüber, c) für dich und andere! Verarbeitungsgespräch: Nennung, Begründung der Ziele; Wertung durch die Schüler (Strichliste!).	- erkennen - definieren - zuordnen - notieren - nennen - begründen - werten	Ga Hb	Notizblock Seitentafel

Hans-Dieter Göldner

Schwierige Schüler – was tun?

176 Seiten, Kunststoff, DM 29,80
Best.-Nr. 87291

Das Buch bietet konkrete, in Unterricht und Schulleben erprobte Hilfen für Lehrer, die Schwierigkeiten mit schwierigen Schülern haben. Es bietet wissenschaftlich fundierte Praxis, fachgerecht dargestellt und gut lesbar. Autoren, die selbst Lehrer sind oder waren, zeigen zahlreiche Möglichkeiten, Disziplinprobleme vorbeugend zu verhindern und zu beseitigen. Das Buch

- legt dar, wie Einstellungen des Lehrers das Verhalten des Kindes beeinflussen,
- beschreibt, wie ein pädagogisch gestaltetes Klassen- und Schulleben zu einem konfliktarmen Unterricht beiträgt,
- zeigt, wie ein ansprechender Unterricht den Raum für Disziplinlosigkeiten einengt,
- gibt Anregungen, wie sich der Lehrer die Eltern zu Verbündeten macht,
- stellt die Erkenntnisse der Individualpsychologie dar, soweit sie uns helfen, die Nahziele kindlichen Fehlverhaltens zu erkennen und richtig darauf zu reagieren,
- lehrt Techniken der Verhaltensmodifikation, angemessenes Verhalten aufzubauen,
- geht, für den Fall, daß alles nichts hilft, auf rechtliche Aspekte ein
- und liefert schließlich noch einige zusätzliche Anregungen für Lehrer, die ausländische Schüler unterrichten.

Oldenbourg

Friedrich Lehmann

Rechtskunde für Lehrer

Ratgeber für Seminar und Schule
168 Seiten, Kunststoff, DM 29,80
Best.-Nr. 87041

Reihe pgz: Pädagogische Grund- und Zeitfragen

Dieses Buch befaßt sich mit den wichtigsten gesetzlichen Vorschriften der rechtlichen Ordnung der Schule und des Schulwesens, sowie der Rechte und Pflichten des Lehrers in die seine Arbeit eingebettet ist.

Das Buch, in verständlicher Sprache geschrieben, ist für alle, die an der Erziehung und Unterrichtung der Schüler mitwirken, eine Praxishilfe.

Tatsächliche Fälle aus der Schulpraxis machen die „Rechtskunde" zum lebendigen Ratgeber.

NEU

Andreas Langer, Hannelore Langer, Helga Theimer

Lehrer beobachten und beurteilen Schüler

150 Seiten, Kunststoff, DM 29,80
Best.-Nr. 85521

Das Schreiben der Zeugnisse zählt für die meisten Lehrer zu den unbeliebtesten Aufgaben ihres Berufes. Dabei wird ihnen immer wieder bewußt, wie problematisch es ist, ein Urteil über einen Menschen zu fällen, besonders über ein Kind, das mitten in seiner Entwicklung steht.

Erschwerend kommt hinzu, daß die Zeugnisse keineswegs nur für pädagogische Förderung, sondern auch für Selektionszwecke verwendet werden. Sie können bei der Wiederholung einer Klasse, bei der Überweisung an die Sonderschule und beim Übertritt an ein Gymnasium Chancen für das künftige Leben des Schülers zuteilen.

Dieses Buch will durch konkrete Formulierungshilfen (Kapitel 4) die Lehrer bei ihrer schweren Arbeit entlasten. Sie sollen Anregungen für die individuelle Gestaltung von Zeugnisbemerkungen und Gutachten bekommen. Dies kann die Arbeit des Lehrers erleichtern — die Problematik der Schülerbeurteilung vermag es nicht zu lösen.

Eine neue Reihe stellt sich vor

eins bis vier

Lernziele, Lehrinhalte
Methodische Planung

Bearbeitet von: Roman Biberger, Gabriele Bräutigam, Dieter Davidson, Rudolf Eichmüller, Eberhard Goldmann, Hans-Peter Günther, Karl Happ, Gerhard Kempf, Anton Kögel, Marie-Luise Mayer-Harries, Siegfried Papst, Manfred Reichenberger, Gustav Schmidt, Anneliese Schnappinger, Siegfried Schörner, Siegfried Thiel, Gerhard Trausch, Gerhard Wagner, Brigitte Widder

1. Schuljahr
DIN A 4, 240 Seiten
Best.-Nr. 86081   DM 41,—

2. Schuljahr
DIN A 4, 264 Seiten
Best.-Nr. 87361   DM 41,—

3. Schuljahr
DIN A 4, 320 Seiten
Best.-Nr. 87771   DM 41,—

4. Schuljahr
Best.-Nr. 87781   i. Vorb.

Eine Handreichung zur Planung und Gestaltung des Unterrichts für Heimat- und Sachkunde, Deutsch, Mathematik nach dem Grundschullehrplan:
— Praktische Beispiele für eine Verbindung fachlicher Inhalte
— didaktisch-methodische Hinweise und Unterrichts-Empfehlungen zu Lernzielen der Fachbereiche Heimat- und Sachkunde, Deutsch, Mathematik
— Stundenbilder zu verschiedenen Themen
— Hilfen für die tägliche Unterrichtsarbeit

Oldenbourg